中华文史掌故精编

白话野史

历代野史阅读精华

（上册）

主编　颜邦逸

参编　林　宏　姜易辰　高丽华

张桥议　于　红　王　枫

插图　颜海强

大连出版社

图书在版编目(CIP)数据

白话野史:历代野史阅读精华 / 颜邦逸主编.—大连:大连出版社,2007.12

ISBN 978-7-80684-584-4

Ⅰ.白… Ⅱ.颜… Ⅲ.野史—中国 Ⅳ.K204.5

中国版本图书馆 CIP 数据核字(2007)第 159765 号

责任编辑:徐 斌 李 萤
封面设计:张 金
版式设计:英 伦
责任校对:王恒田

出版发行者:大连出版社
地址:大连市西岗区长白街 10 号
邮编:116011
电话:0411-83621171 0411-83620941
传真:0411-83610391
http://www.dl-press.com
E-mail:cbs@dl.gov.cn
印 刷 者:大连天正华延彩色印刷有限公司
经 销 者:各地新华书店

幅面尺寸:170 mm×230 mm
印 张:38.25
字 数:866 千字
出版时间:2007 年 12 月第 1 版
印刷时间:2007 年 12 月第 1 次印刷
印 数:1~4000 册
书 号:ISBN 978-7-80684-584-4
定 价:62.00 元(上下册)

如有印装质量问题,请与我社营销部联系
购书热线电话:0411-83621147/83620941

序言

《汉书·艺文志》说:“小说家者流,盖出于稗官,街谈巷语,道听途说者之所造也。”这里所说的“稗官”,大约就是朝廷为了解民间风情而设立的小官。他们将其所闻所见记录下来,一边会上报朝廷有关部门,一边也会对这些生动的材料加以归纳、整理或者加工、改造。那些被加工后弄得面目全非的东西,有很多就成了今日所说的“小说”,那些基本保持原貌,只被聚拢到一起的东西,有很多就成了后世所说的“杂史”。所谓野史,实际上就是“杂史”类史书,或者至少可以说野史的主体成分是“杂史”。

当然,以上只不过是我们的推测,现今有资格称之为野史的东西,很难说清有多少出自稗官一类人之手。但是,有一点却可以确定下来,野史的作者一般都不是在任史官,即使是也不把撰写野史当作公务,而看作私事。这种态度也就决定了野史与正史相比体制不规范,内容也颇多荒诞虚妄之处。

然而,我们并不能由此而抹煞野史的价值。恰恰相反,离开了野史,我们为之骄傲的正史即使能够存在,也会出现大量空白。许多弥足珍贵的文献资料,往往在正史中查不到只言片语,却可以在野史中寻到踪迹。至于最能反映民情的口碑资料,更是大量录载于野史著作之中。所以,即使像司马光那样伟大的史学家,也都高度重视野史的价值。他呕心沥血经十九年著成的《资治通鉴》,便是于历代各种杂史、笔记、小说、文集等等“无不左右采获,错综铨次”。他还公开申明:“实录正史未必皆可据,杂史小说未必皆无凭。”

读史可以使人变得聪敏、深刻。若从这个意义上说，读野史与读正史相较只有过之而无不及之处。野史的作者不会板起面孔说话，受到的局限较少，因而所辑录的资料很多都是生动活泼，贴近生活，今人读之也会有很深的感慨，也会得到很大的启迪，更会受到一定的教育。

我国文化积淀甚厚，千百年来的野史著作用汗牛充栋来形容也不过分。要想深入这座宝山满载而归，其阅读量就会使一般人望而却步。为了解决这个难题，我们组织了数十名文史工作者，批阅数百种野史著作，从中选译数千条，汇成三卷本的《白话野史》。在此基础上，我们又进一步去粗取精，将提出的内容构成如今上下两卷本的规模。我们希望这样能给读者更大的便利，并激发出更大的阅读兴趣。在这本书的修订过程中，我们改正了《白话野史》中的一些错讹之处，但不免会有遗漏，恳望广大读者指正。

目录

《笑林》

［三国·魏］邯郸淳

《西京杂记》

［东晋］葛　洪

《韩诗外传》

［西汉］韩　婴

《颜氏家训》

［北齐］颜之推

《启颜录》

［隋］侯　白

《朝野佥载》

［唐］张　鷟

《隋唐嘉话》

［唐］刘　悚

《封氏闻见记》

［唐］封　演

《唐国史补》

［唐］李　肇

《大唐新语》

［唐］刘　肃

《大唐传载》

［唐］无名氏

《开元天宝遗事》

［五代］王仁裕

《酉阳杂俎》

［唐］段成式

《玉泉子》

［唐］无名氏

汉世老人

汉代有一个老人，没有儿女，家里很富有，但他吝啬得要命。他自己穿着破烂的粗布衣服，吃着粗茶淡饭，早晨天不亮就起来，晚上直到很晚才休息。营理自家产业兢兢业业，不知厌足地积攒财富，而自己却舍不得用。如果有人实在打发不走了，他就入屋内取钱，拿了十钱，从堂上出来，走一步就减少一个，到乞丐面前，手里只剩下一半了。由于心痛付给别人银钱，就闭着眼睛递给乞丐，接着还要嘱咐说："我倾家荡产资助你，千万别对别人讲，以免别人学你的样子再来。"老人死了以后，其田宅全都被收入官府，财物也全都充公了。

《笑林》

赵飞燕淫乱

庆安世，十五岁，是汉成帝的侍郎，他擅长弹琴，能弹《双凤离鸾》曲。皇后赵飞燕非常喜欢他，就对皇上说了，让他出入内宫，对他宠爱至极。他常常穿着轻丝鞋，带着招风扇，穿着紫绨裘，和赵后同居。赵后想要生个儿子，终于没有。她因为没有生过孩子，借口祈祷，自己准备了一间屋子，皇帝也不能去那儿。她常常派人用带篷的小车载着轻薄的少年人，穿着女子的衣服，到后宫里和她私通。每天都要有几十个少年，没有休息的时候，有人疲惫不堪了，就换别人代替。可是，最终她还是没有孩子。

《西京杂记》

巧匠胡宽

汉高祖刘邦下令为其父建造的新丰，是巧匠胡宽的手艺。新丰建成后，高祖把旧社、大街小巷、房屋楼阁都照原样搬了去，一切东西都和旧的一样。男女老少相扶而行，走到路口都认识自己的房子。把鸡鸭羊狗放出去，它们也都认识自己的家。因为和旧地极相似，搬到新丰的人都非常高兴地感谢胡宽，争着给他赏钱送他东西，一个多月的时间，他就得到了百金。

《西京杂记》

借名获誉

汉代司马相如的赋才华横溢，当时人们都称赞它典雅而绮丽，即使是诗人的作品也不能更好了。长安城里有个叫庆虬之的人，也很会做赋。他曾经写过《肖思赋》，不被人们所看重，他就托名是司马相如的赋，马上就受到人们的极力推重。

《西京杂记》

欲俭反奢

京兆人杨贵，字王孙。活着的时候，生活富裕奢侈；死后不用棺木，裸葬在终南山上。他的子孙们挖土凿石，挖了七尺深的墓室，才把尸体放进去，还在上面盖满石头。这样做本想要节俭反而奢侈了。

《西京杂记》

吕后杀赵王

汉惠帝曾经和赵王吃住在一起，吕后想杀赵王，却没有找到机会。后来，惠帝早起去打猎，赵王不能早起还在睡觉，吕后命令力士用绳子把他勒死在被窝里。赵王已经死了，吕后不肯相信，命令用绿口袋装着他，用四周有障蔽的小车推到她那儿验看。吕后给了力士很厚重的奖赏。力士是东城门外的官奴，惠帝知道后，把他腰斩了，吕后不知道。

《西京杂记》

元帝杀画工

王昭君出塞走后，汉元帝非常后悔，下令彻底追究此事，许多画工被杀死在市上，抄他们的家，都家资巨万。杜陵人毛延寿，画人像无论美丑老少，都画得形象逼真。安陵人陈敞，新丰人刘白、龚宽，都擅长画成群的牛、马、飞鸟，画人物却赶不上毛延寿。下杜的阳望也善于绘画，更善于着色。樊育也善于着色。这些人都在一天被杀。首都的画工，所剩无几。

《西京杂记》

韩嫣金弹

韩嫣是汉朝人，他喜欢打弹子，常常用金子做成弹丸，每天要丢掉十多个。长安人因此说："苦饥寒，逐金丸。"长安城里的孩子，一听说韩嫣出去打弹子了，就跟着他，望着弹丸落到哪儿，就到哪儿去捡。

《西京杂记》

乳母尽忠

战国末期，秦国进攻魏国，大获全胜，但魏国的小公子却因逃亡而未能捉获。于是，秦国告令魏国："有能捉住公子的赏金千斤，藏匿公子的诛灭十族。"原来，是公子的乳母带着他逃跑了。有人对乳母说："献出公子能得重赏，你知道他的下落，应当去报告。"乳母正言厉色地说："我不知道公子的下落，即使知道，我宁可死，也不会去报告。我听说忠不叛上，勇不怕死。凡是为别人养孩子的，都尽力让他活，而不会尽力让他死。我难道可以见利忘义、贪生怕死吗？"于是乳母就带着公子逃到山泽中。秦军发现后众箭齐发，乳母用自己的身体掩护公子，身中十二箭，终于未让箭射中公子。秦王听说后，以隆重的仪礼祭奠乳母，并封其兄为大夫。

《韩诗外传》

里母辨诬

有一位妇人与同里的一位老妇关系很好。有一次，这位妇人被怀疑偷了家里的肉，她的婆婆十分生气，便将她赶出家门。这位妇人心中十分委屈，便去告诉里母。里母听完她的哭诉，说："你先慢慢走，我马上让你婆婆叫你回去。"于是，里母捆好一团乱麻，拿着去妇人家讨个火种。到了以后对妇人的婆婆说:“我家的狗因为争一块肉互相撕咬,结果咬死了一只,现在我借个火去煮狗肉。”妇人的婆婆听了,心中一怔,这才知道妇人是清白无辜的,急忙派人去把媳妇追了回来。

《韩诗外传》

兄弟友爱

南北朝时,江陵有位名叫王玄绍的人,有两个弟弟,一个叫孝英,一个叫子敏。他们兄弟三人,相互特别友爱。一个人有什么好吃的,三个人一定要聚到一起吃,不会有谁先偷偷地尝一口。兄弟三个人平时虽然都非常勤勉不怠,注意互相友爱,但是相见后,仍然感觉自己做得很不够。

后来江陵陷没,玄绍因为身躯魁梧,被贼兵包围在中间,两个弟弟都争先恐后地用自己遮挡哥哥,要求代替哥哥去死。但是,最终也没能把哥哥解救出来,于是一起死去。

《颜氏家训》

不识石榴

隋朝时山东的郑元昌,是个有权有势的人,平素喜欢不懂装懂。有一天,他参加宴会,高踞首席,宴会很丰盛,还有许多水果。他不认识石榴,但又不肯放下架子问人,便装出内行的样子,带皮就啃,觉得又酸又涩,就对主人说:“这个红馍馍好像没煮熟,你们得把它再煮一煮。”

《启颜录》

僧虔妙答

齐高帝萧道成与大臣、大书法家王僧虔比赛书法。比完后,问:“谁可以得第一?”王僧虔答:“我的书法,在臣子中是最好的;陛下您的书法,在皇帝中首屈一指。”高帝笑道:“你可称得上是善于为自己打算的了。”

《启颜录》

怪箭不好

唐时,一次邓玄挺跟谢佑一起射箭。射之前,谢佑夸口说自己是射箭好手,等到射目标时,却一连几十发都没有中的,于是就责怪说:“像这样不好的箭,从来没见过。”邓玄挺说:“你应该责怪自己的射技不高,凭什么去责怪箭不好呢!”旁人大笑。

《启颜录》

君是何人

隋时,王德任尚书省员外。他平素多健忘。有一天,早朝完毕回省,错走进尚书令的屋内,误以为是自己的厅堂,就大声喊叫番官(相当于警卫员)取浅鞋来换靴,说着他就坐在尚书令的凳子上。番官进来一看,告诉他:“这儿是尚书令的厅堂。”王德一听,狼狈地窜出厅去,直向厕所走去,进厕前把手中的笏版交给跟在身后的番官。番官持笏立在厕所外边等候,过了一会儿,王德走出来,见番官站在门口,觉得奇怪,走近前问道："君是何人？"

《启颜录》

留了一手

隋末有个叫昝君漠的人很会射箭，即使闭上眼睛也能射个百发百中，丝毫不偏。有个叫王灵智的人跟他学射箭，自以为已经把他的高超技巧尽数学到了，就想射死师傅，独享善射的荣誉。那天，昝君漠拿了一把刀，把王灵智射来的箭尽数砍断。只有一枝箭，昝君漠不是用刀砍的，而是用牙咬住了箭头，笑着说："你跟我学射三年，我还没有把这种'啮镞法'传授给你呢！"

《朝野佥载》

蛇相吞

开元四年六月，郴州马岭山旁有一条六七尺长的白蛇和一条一丈多长的黑蛇相斗。白蛇吞食黑蛇，吞到粗的地方，两面嘴角都撕裂了，鲜血淋漓。黑蛇头被吞进去后，从白蛇胁上咬穿一个孔，头伸出二尺多，一会儿，两条蛇都死了。

《朝野佥载》

掘井得鱼

杭州富阳县人韩珣在庄子里掘井，才挖到五六尺深，在土里找到几十条鱼，土有些湿润。

《朝野佥载》

桐花鸟

剑南彭州、蜀州之间，有一种鸟，类似手指那么大，羽毛具备五种颜色。头上有冠子，像凤凰。吃桐花，每当桐树开花就来，桐花落去就走，不知去往什么地方。俗称"桐花鸟"。极为驯顺良善，停在妇女头钗上，一席酒宴结束，客人散去，它还不飞开。人们都喜爱这种鸟，没有伤害它们的。

《朝野佥载》

真腊国大鸟

真腊(今柬埔寨)国有座葛浪山，山高万丈，半山腰有个洞。原来，洞里有"浪鸟"，形状像老的猫头鹰，身材有骆驼那么高大，人从这里过就抓来吃掉，然后腾空飞去，老百姓为此而痛苦。真腊国王拿来大块的牛肉，在肉中安放短箭，两头尖利，让人带着走，浪鸟攫取吞食后便死了，再也没有留下鸟种。

《朝野佥载》

隋千里马入唐

隋文帝时，大宛国进献一匹千里马，马鬃拖地，称为"狮子骢"。文帝把它放置在马群里，撒起野来没人能够制服。文帝下令连它所在的马群一齐驱赶过来，对左右说："谁能驾驭它？"郎将裴仁基说："我能制服它。"于是挽起袖子，走上前去，离马还有十几步，耸身一跃而上，一手握住耳朵，一手抠眼睛，马战栗不敢动，便安放马具骑乘，早晨从长安出发，晚上到达洛阳。后来到了隋末，不知这匹马哪里去了。

唐太宗时，敕令天下访寻这匹马。同州刺史宇文士及访到了，它已经老了，在朝邑市上面店里拉磨，马鬃、马尾都已焦秃，皮肉溃破。士及见到后悲伤地哭泣起来。太宗皇帝亲自出城到长安城迎接。马走到新丰，向着西方长鸣、跳跃。太宗获得这匹马非常高兴。马的牙齿已经磨平了，喂它钟乳石，还生了五匹马驹，都是千里马。这匹马后来不知哪里去了。

《朝野佥载》

野象报恩

上元年间，华容县有一只野象进入村庄一户人家院子里躺卧。它的脚底有一根木刺，这家人替它把刺拔出来，它就伏下来让人骑。驮着这个人进入深山，用鼻子拱土，找到几十根象牙，用这个来报答人。

《朝野佥载》

猩猩传语

安南武平县封溪中有一种猩猩，像美人，懂人语，知道过去的事。因为嗜酒而被人诱捕，几百只囚在一间牢房里。人要吃猩猩，它们就自己推选出体肥的送出来，流着泪与之诀别。当地人按时送猩猩给封溪县令吃，用手巾盖着，县令问是什么东西，猩猩竟从笼子里答道："只有我和一壶酒。"县令笑了，很喜欢它，把它养起来，让它为自己传话，人都不如它。

《朝野佥载》

兔灾

永淳间岚胜州兔子成灾。兔子千万成群，将田间所有禾苗都吃尽了，不知道怎么会变成这样。等到灾害过去，所有的兔子都消失了，不知跑到哪里去了。

《朝野佥载》

以姓相嘲

秋官侍郎狄仁杰嘲笑秋官侍郎卢献说："您配上马就变成驴。"卢献说："将您从中间劈开，就变成了两只狗。"狄仁杰说："狄字犬旁是火字。"卢献说："犬边有火，就是煮熟的狗。"

《朝野佥载》

成王恶作剧

成王出使，远至岭南。他让人弄来八九尺长的大蛇，用绳子捆住蛇口，横放到门槛下面。州县官吏前来参拜时，便呼唤他们进门，这些人只知道向前直看，没有上下看的，踩到蛇身上大吃一惊，惊慌得僵直地倒下，被蛇缠绕几圈，过了很久才解开，以此开玩笑。

他又弄来一些乌龟和鳖，让人脱掉衣服，放开鳖龟让它们咬人，咬住就不肯放，死不松口。被咬的人酸痛呼喊，没法再说话。成王和姬妾们一起观看，以此取乐。看够了才用竹子刺鳖龟的嘴，它们便放开人去咬竹子。然后再用艾草炙烤鳖龟的背，烤痛了它们才松口。被他这样作弄过的人往往失魂落魄，直至死亡，始终无法平复如初。

《朝野佥载》

王旭酷虐妇女

殿中侍御史王旭对宅中和外宅有风度、有姿色的妇女一概搜取，有稍不听从的，便用绳子勒住她的阴部，命令壮汉用弹弓射击那里，酸痛难受无法忍耐。

有一次，他将一位妇女倒悬起来，用石块缒着她的头发，让她承认与长安县尉房恒有奸情，经过三天她还不承认。她说："侍御这样做，如果将我害死，我一定要到阴司投诉；如果把我配入宫廷，我一定要向皇帝申诉，决不会放过你。"王旭又惭愧又害怕，便把她放了。

《朝野佥载》

暴躁

衢州龙游县县令李凝道性情暴躁，心胸狭窄。他姐姐的儿子才七岁，故意逗他生气，他就追逐这个孩子，追不上，就用面饼引诱，捉住后，将孩子的胸口和后背都咬出了血，幸亏他姐姐及时来救，才免于一死。

他又曾在街上骑驴，有个骑马的人靴子碰了他的膝盖，便发起怒来，大声谩骂，还要殴打对方。那人骑马跑了，他没打着，一股恶气出不来，实在忍受不了，他便猛嚼路旁的荆棘，嚼得嘴里流血。

《朝野佥载》

喷嚏伤虎

傅黄中任越州诸暨县县令，他部下一个人饮酒大醉，夜间在山里走路，走到山崖边上睡着了。忽然来一只老虎，低下头来闻他，老虎嘴上的须子伸进了醉酒人的鼻孔里，于是，他打了个喷嚏，声音震动了老虎，一下子惊跳起来，便从山崖上跌落下去。老虎腰部、胯部受伤，活动不灵，于是被人生擒了。

《朝野佥载》

鸭粪金

陈怀卿是岭南人，养了一百多只鸭子。鸭圈中除粪时，偶然发现粪中闪闪发光。他用盆子打水像淘沙一样淘粪，得到了十两金子。于是去寻找鸭子吃食的地方，在房后山脚下，凿下很多碎金，烧炼后获得几十斤金子。当时无人知晓此事。于是怀卿成为巨富，官做到梧州刺史。

《朝野佥载》

睡梦通曲

有个叫王沂的人，平生不通音乐。忽然有一天，白天就睡着了，直睡到晚上才醒，醒来就索要琵琶弹奏，弹奏了几支乐曲：一支名叫《雀啅蛇》，一支名叫《胡王调》,一支名叫《胡瓜苑》。人们都没听说过这几支曲子,但听了演奏的人没有不落泪的。他的妹妹要向他学习弹曲,才教了几声,一会儿全都遗忘了,不再能够弹成曲调了。

《朝野佥载》

一心六用

元嘉从小聪明。他曾经左手画圆,右手画方,口中念诵经书、史书,眼睛计算数羊,同时做一首四十字的诗,一会儿就完成了,脚又写了一首五言绝句。六件事情一起完成。当时人们称他为“神仙童子”。

《朝野佥载》

四岁背诵千字文

并州人毛俊生了一个男孩,四岁时,武则天把他召进宫内试字。《千字文》他能全部背诵。武则天赐给他衣服后送回家去。人们都认为这孩子是神灵托生。后来不知他怎样了。

《朝野佥载》

大力士宗令文

宗令文有神力。禅定寺有一头牛顶人,谁也不敢靠近,特意修筑围栏把它圈起来。令文对这种做法感到奇怪,便坦胸露肚进入围栏。牛耸角奔他而来,他伸手接住两只角,向上一掀,牛应手而倒,颈骨折断而死。他又曾用五根手指撮起石碓,用碓嘴在墙上划字,写了一首四十个字的诗。他当太学生时,用一只手把讲堂上的屋柱提了起来,把同学的衣服压在柱子下,直到对方答应好好地备办酒席请他吃喝一顿,才替对方把衣服取出来。

《朝野佥载》

大力士彭博通

彭博通是河间人,身高八尺。他曾在讲堂台阶上面的地方临阶而立,拿来一双鞋用胳膊夹着,让有劲的人在身后拔出,结果鞋底被从中拉断,而博通的双脚始终没有移动。

一次,牛架着车正在走,博通倒拽车尾,让车倒着走了几十步。车辙陷进地里二尺多深,车子纵横双向破裂。他曾到瓜埠游玩,江中有只船在疾风中张帆航行,博通握住船的尾缆一拉,船便停止不前。

《朝野佥载》

彭高斗豪

贞观年间,恒州彭闼和高瓒斗豪。当时,他们在大酺(皇帝特准的聚饮)场上,两方较量,以决胜负。彭闼活捉了一只猪,他咬嚼猪头,一直吃到脖子,然后把猪放到地上,猪还会走路。高瓒抓来一只猫,从尾巴开始吃,一直把肠肚都吃尽了,猫还是鸣叫不止。于是,彭闼五体投地地服输了。

《朝野佥载》

人体隐现图形

唐景龙年间，瀛州向朝廷进献了一位妇女，她的身体上隐隐浮现出佛塔、庙和各种佛的形象。按察使因进献这位妇女被授予五品官衔。她被留在皇宫内道场，作乱的韦氏死后，便不知道她的下落了。

《朝野佥载》

岭南祛病法

岭南风俗：家中有人生病，先杀鸡鹅等家禽祀神，要为病人求福；如果病不好，按顺序杀猪狗祭祀；如果还不好，按顺序杀太牢（牛、羊、猪）祈祷；如果再不好，便认为这是命该如此，不再祈祷了。病人死了，则要在堂上打鼓敲钟，直到下葬完毕，刚死时，要一面跑，一面大哭大叫。

《朝野佥载》

夏侯处信悭吝

夏侯处信任荆州长史，有客人来访，他吩咐仆人做饭。仆人贴着他耳朵说："和多少面？"他说："两个人二升就够了。"仆人进去，很久没出来，客人因事离去了。处信急忙呼唤仆人，仆人说："面已和好了。"处信不满意地弹响手指头说："大怪事。"过了很久，才说："可以烤成饼，等我办完公回来吃。"

处信还曾用一个小瓶装醋自己食用，家里人一滴也不给。仆人告诉他说："醋用完了。"他把瓶拿过来倒扣在手上，控出几滴剩醋，就势用嘴吸进去了。

凡是买东西，他一定要经手才给钱。认识他的人都看不起他。

《朝野佥载》

五溪葬俗

五溪土著人的父母死后，他们按习惯把尸体停放在村外，过三年再安葬。葬时，击鼓唱歌，亲属饮酒宴集，跳舞演戏一个多月。用尽家产置办棺材。找一处临江的高山，在山腰凿石龛安葬。从山顶上悬垂绳索下放灵柩，葬得愈高愈能表现孝顺。从此，终身不再祭祀。刚遭丧时，三年不吃盐。

《朝野佥载》

人　檄

朔方总管张仁亶好杀人。当时有个突厥人归降，仁亶便做了一篇骂默啜的檄文，言词特别无礼。写在这人的腹部和背后，凿刻他的肌肤，再用墨染黑，用火炙烤，这人受不住痛楚，没命地像虫子、鸟一样地号叫。刻好字后，仁亶将这人送到默啜那里。识字的人宣读过后，便将那人碎割而死。匈奴人很怨恨，不敢投降。

《朝野佥载》

误　杀

南朝梁有一位磕头师，持善乐道，

修养极好，很受梁武帝敬重信任。有一次下令呼唤磕头师，武帝正与人下棋，想要杀掉对方一段棋子，随口说："杀掉。"被派去传唤磕头师的使者立即出去斩杀了这位磕头师。武帝下完棋，又说："去叫磕头师。"使者回答说："刚才陛下令人杀掉，我已把他杀了。"武帝流泪悔恨，追悔莫及。

《朝野佥载》

见鬼师报复

唐中宗时，有个见鬼师（以祷祝神鬼为业的专职人员）彭君卿受了一个御史的羞辱。有一天，正当百官集会时，他诈称孝和帝敕令说："御史不检点，除掉头巾腰带！"御史听命除掉。他又说："有敕令用棒子打他一顿。"御使说："御史不接到皇帝直接的敕令，不应用棒子打。"君卿又说："如果不应打，有敕令姑且放过他。"御史把头巾裹好，还是舞蹈一番拜谢后离去。看到的人都感到惊讶。

《朝野佥载》

吞蝇吐肉

夏侯彪性情毒辣，一年夏天，他独自吃肉。手下人很馋，趁他出外送客之际，偷吃了一点。他发现后大怒，就到处捕捉苍蝇，逼那位手下吃下去，说："让你呕吐，还我肉！"

《朝野佥载》

索元礼用酷刑

武则天执政时，索元礼任推事，当时人称他为"索使"。他审问囚犯时，制造一个铁笼头，夹住囚犯的头部，然后不断加楔子，很多人都被夹得头骨破裂，脑髓流出。还制造了"凤晒翅""猕猴钻火"等刑罚，用木棍逼住人的手脚，然后旋转起来，一直到把人的骨头压碎为止。还有一种刑罚是把囚犯倒悬在梁上，用石块缒在他的头部。他的酷刑就是这样残忍。索元礼本是胡人。后来因受贿犯罪，流放岭南而死。

《朝野佥载》

李全交用酷刑

唐代，监察御史李全交专门喜欢给人罗织罪名，御史台官员都称他为"人头罗刹"，殿中王旭被称为"鬼面夜叉"。他审讯囚犯时，把刑枷的把柄伸向前面，名叫"驴驹拔橛"。把刑枷头固定在树上，名叫"犊子悬车"。让囚犯双手捧刑枷，然后叫人在刑枷上堆砖，名叫"仙人献果"。让囚犯站在高高的木桩上，将他所戴的刑枷向后拗，名叫"玉女登梯"。

《朝野佥载》

县尉好吃人肉

唐武则天时，杭州临安县尉薛震好吃人肉。有位讨债的人带着奴仆到临安来，住在旅店里。薛震让人给他酒喝，让他喝醉，然后把他杀掉。把他的尸体和着水银一起煎煮，连骨头都化尽了。后来，又想吃这人的妻子，她知道了，跳墙逃跑了，并告到县里。县令调查清楚报到州里，州里报到朝廷。最后，接到皇帝的命令打他一百刑棍，把他打死了。

《朝野佥载》

残忍的公主

唐代，宜城公主的驸马裴巽在外面私养了一位小妾，被公主发现，派宦官抓回来，割掉耳朵、鼻子，还把阴部的皮剥下来蒙在驸马的脸上。同时，还割断驸马的头发，让公堂上的官吏们围观。为此，公主和驸马都被人告到皇帝那里。结果，公主被降为郡主，驸马也被贬官。

《朝野佥载》

驱蝎蜇人

北齐南阳王入朝，皇帝问他用什么取乐。南阳王说："看人被蝎子蜇死最高兴！"于是皇上令人收集蝎子，仅一宿就得到了五斗。把这些蝎子全都放在大浴缸中，让一人脱衣进去。这人被蝎子蜇死。曲折挣扎，放声哀叫，痛苦得难以用语言形容，一顿饭的工夫就死了。皇帝与南阳王在旁边看着取乐。

《朝野佥载》

滕王荒淫

唐代，滕王极为荒淫。手下官员的妻子，长得漂亮的，他就谎说王妃召唤，叫进宫中奸污，无人能逃过他的手心。内签（相当于现在的文字秘书）崔简的妻子郑氏初来乍到，滕王派人来召唤。不去，害怕滕王的淫威；去，又难免受辱。郑氏说："古代愍怀王的妃子能够不受暴虐胡人的侮辱，今天世道清平，他还敢乱来吗？"于是，她进入王府中门外的小阁里。滕王正在里面，郑氏一进门，滕王就要侮弄她，郑氏大喊大叫。周围侍从告诉她："这是滕王本人。"郑氏说："王爷怎能如此粗暴无礼，一定是家中奴仆。"她脱下一只鞋，把滕王头部打破，又用手把他面部抓得流血。王妃闻声而出，郑氏趁机脱身回家。滕王十分惭愧，十天不出门办事。

《朝野佥载》

金牛御使

唐武则天当政时，洛州司佥严升期暂时兼任侍御史的职务，到江南道去视察官员任职情况。他这人生性嗜食水牛犊肉，一路所到的州县杀了很多水牛犊。不仅如此，找他的人无论有大错小错，只要送上钱，什么事都可以消解。凡是他走到的地方，金银价格都要暴涨。所以江南人称他为"金牛御使"。

《朝野佥载》

宁死不枉法

徐有功任大理寺司刑丞时，每次看到武后将要杀人，一定要根据法律条文当众与之争辩。有一次，他又跟武后反复争论，言词和神情愈来愈严厉，武后非常生气，下令把他拽出去杀掉。他还是回过头来喊道：“我的身体虽然被杀死了，但法律始终还是不可改变的！”到了市上，在即将施刑的时候又得到了武后的赦免，但被革除官职，降为普通百姓。像这样的事情发生了几次，但他的锐气并没有受到挫折。当时，在武则天的淫威下，他保护了很多大臣，直到后代人们还在怀念他。他的儿子参加科举考试，负责官吏都说：“徐公的儿子，怎么能用常规来限制呢？”

《隋唐嘉话》

皇后贺直言

一次，唐太宗退朝回宫，愤怒地说：“早晚得杀掉这个庄稼佬！”皇后听到了，对他说：“谁触犯了陛下？”太宗说：“哪有比魏征再过分的？他常常在朝廷上羞辱我，使我不自在。”皇后退下去，整整齐齐穿好朝服，站在殿堂上。太宗吃惊地问：“皇后为什么要这样？”皇后说：“我听说君主圣明，臣子就尽忠；现在陛下圣明，使魏征敢于有话直说，我在后宫充数，哪敢不道贺？”

《隋唐嘉话》

巧拍马屁

有一次，唐太宗站在一棵树下，称赞了这棵树几句，宇文士及就顺着太宗的意思赞不绝口地称颂这棵树。太宗板起面孔说：“魏征经常劝我要远离谄佞的人，我一直不清楚谁是谄佞的人，也曾经怀疑过你，但却难以确定，现在看来，果然是你。”宇文士及赶忙叩头道歉说：“每次你到宰相官署时，群臣总是跟您争论，使您常有抬不起头的感觉，现在有幸在您身边侍候，如果不能稍稍顺从一点，您虽然贵为天子，那还有什么意思呢？”听了这番话，唐太宗的怒气又消解了。

《隋唐嘉话》

以饼拭手

唐太宗让宇文士及切割熟肉，士及割完后，随后拿过一张饼揩拭手上的油污。太宗不满，看了他几眼。士及假装不明白，继续擦拭，然后顺手把饼放进嘴里吃掉了。

《隋唐嘉话》

因才送命

隋炀帝很会写文章，但却不想让别人超过他。司隶薛道衡因此而得罪了他。后来，被他借故杀掉了。隋炀帝在他临刑时说：“看你这回还能不能写出‘空梁落燕泥’这样的诗了？”

《隋唐嘉话》

唾面自干

武则天当政时，李昭德任内史，娄师德任纳言，两人相随入朝。娄身体胖，行动迟缓，李边等边回顾，见他还跟不上，便发怒道：“这个庄稼汉实在叫人无法忍受！”娄听到了，反而缓缓地笑着说："师德不是庄稼汉，还有谁是庄稼汉？"

娄师德的弟弟被任命为代州（今山西代县）刺史，兄弟将要分别时，师德对他说："我没有才干，却身居宰相要位；你现在又获得了州刺史的职务，我们占有的超过了应有的限度，这是要遭人忌妒的，怎样做才能保全先人遗留下来的毛发肌肤呢？"弟弟直身跪着说："从今以后，人家即使把唾沫吐在我的脸上，我也不敢说话，只是自己擦掉算了。用这种精神来要求自己，大概不会使哥哥担忧了吧。"师德说："这样做正是我所担忧的。那个人唾你，是因愤怒而起，你却把唾沫擦掉，这是表示厌恶那人的唾沫，这样做就会使那人加倍愤怒。唾沫不擦自己也会干，哪如笑着让他唾呢？"在武后的时代，娄师德竟然能够保住自己的地位和俸禄，全是用的这种办法。

《隋唐嘉话》

欧阳询学古碑

唐欧阳询走路时看见一块古代的石碑，原字是晋代索靖书写的，他立马观赏，很长时间才离开。走了几百步又回来，下马站着看，疲倦了就坐下来看。最后就宿在石碑旁边，过了三天才离去。

《隋唐嘉话》

阎立本学画

阎立本一家，世代善画。有一次，阎立本到荆州去，看到张僧繇留下的画迹，说："真是虚有其名。"第二天又跑去看，说："盛名之下的确没有假名士。"他坐着观赏，躺着观赏，留宿在画底下，十天还舍不得离开。

《隋唐嘉话》

宰相煮粥

李勣身为宰相，每当他姐姐生病时，他一定要亲自为她煮粥。烧火时，不小心把胡子燎着了。姐姐说："底下男女奴仆很多，你为什么要这样自己找苦吃呢？"李勣说："哪里是因为没有人呢！只是看到姐姐和我都已经老了，想要长远地给姐姐煮粥，又怎么办得到呢？"

《隋唐嘉话》

行秘书

有一次，唐太宗将要外出，有的官吏请求将宫中秘籍的副本装载车上，以便随时查阅。太宗说："没有必要。有虞世南在身边，这就是会走路的宫廷秘籍。"

《隋唐嘉话》

虞世南默写《列女传》

唐太宗让虞世南书写《列女传》，用来安装屏风。没等找到书，虞世南就动笔凭记忆默写，写完后，没错一个字。

《隋唐嘉话》

李靖知侯君集必反

唐太宗命令李靖教侯君集兵法。不久，君集对太宗说："李靖想要造反，每当教到精微的地方，他就不告诉我了。"太宗因此责备李靖。李靖回答说："这正好证明侯君集想要造反。现在国内安定，我所教的，足够制服边疆各国了，他却不肯满足，还要把我的兵法经验全部学去，这不是别有用心吗？"后来，侯君集果然反叛了。

《隋唐嘉话》

假佛齿

唐贞观年间，有个印度和尚说自己得到了佛的牙齿，坚硬无比，没有任何东西顶得住它。当时，人们纷纷跑去看佛齿，他的住处像市场一样。傅奕这时正卧病在床，听说这事，就对他儿子说："这肯定不是佛的牙齿。我听说金刚石最坚硬，万物都敌不过，只有羚羊角可以破坏它，你可以拿羚羊角去试一下。"印度和尚把他那个"佛齿"包裹得非常严密，请求了好久才见到。傅奕的儿子拿出羚羊角去磕它，随手就破碎了。众多围观的人这才散去。

《隋唐嘉话》

不准打后背

唐太宗翻阅医书，见到标注人体经络、穴位的图画，心肝五脏都汇聚在背部，黯然伤神地说："当今的法律体罚人用木棒、板子，这让大腿和后背怎么能承受得住呢？"于是下令，以后惩罚犯人不准打后背。

《隋唐嘉话》

富不易妻

唐太宗对尉迟敬德说："我打算把女儿嫁给你，你满意吗？"敬德笑着说："我虽然庸俗浅薄，但还没有丢掉做夫妇的道德。我经常听到一句古话说：'富贵了，不改换妻子。这是仁义的表现。'我仰慕这种行为，希望您能收回这项恩赐。"说完，连连叩头，坚决推辞，太宗表扬了他，同时也打消了这个念头。

《隋唐嘉话》

同执一法

李日知任大理寺丞，正当武后大肆杀戮朝臣的时候。有一次，大理寺少卿胡元礼秉承武后旨意，要把一个已经判刑的人处死，命令李日知改判，说了几次，李日知也没有听从，胡派人对李说："有我胡元礼在，这人别想找活路。"李站起来对来人说："日知报告少卿，李日知在此，这人不会死。"这人终于免除了死刑。

《隋唐嘉话》

不欺买主

武则天时当过宰相的陆元方，曾经在东都洛阳出卖一所小宅院，买卖双方已经办好了一切事宜，陆家人只等收取房款了。买房子的人请求见一见陆元方，元方告诉他说：“这所房子很好，只是没有出水的地方。”那人一听，立即辞退不买了。陆元方的儿子、侄子们都埋怨他。而他却说：“你们也太奇怪了，难道可以为了钱去欺骗别人吗？”

《封氏闻见记》

出使改姓

兼御史大夫韦伦奉命使吐蕃，以御史苟曾为判官，出发的日期已经确定了。有人对韦伦说：“吐蕃讳狗，大夫您带着一个苟判官，这怎么能办好事呢？”韦伦立即将这个情况奏报给皇帝。皇帝下令将“苟”字改为“荀”字，这样就不用换人了。出使回来后，苟曾就势改姓“荀”，不再恢复旧姓了。

《封氏闻见记》

王锜宅第富丽

武则天以后，王侯公主在京城的宅第一天比一天高大、华丽。天宝年间，御史大夫王锜有罪，皇帝让他自尽，县官登记他建在长安城太平坊内的宅第，登记了几天都没记完。王宅内有“自雨亭”，亭盖上不断有飞泻的流水向四下喷射，夏天坐在里面，凉爽得像深秋。还有以宝石装饰的井栏，无法估计它的价值。

《封氏闻见记》

不言人非不忿人骂

唐代，代理刑部郎中程皓，性格谨慎，办事周到，从不谈论人家的短处。每当在同僚中看见别人毁谤人，从不随声附和，一直等到人家把想说的话全说完，才慢慢地替被谤者辩解道：“这些情况都是人们随口乱传的，其实并不是这样。”然后，再讲一些那个人的好事。曾经有一次，在大庭广众之中，他被人骂了一顿，满座人都惊愕得目瞪口呆，他却毫不动气，从容地站起来一边躲开这个人，一边说道：“他喝醉了，怎么能跟他说话！”

《封氏闻见记》

犯罪罚戴绿头巾

唐代李封任延陵（今江苏武进）县令，属下官吏犯了罪，不用棍棒体罚，只让犯罪者裹上绿头巾来侮辱他。根据犯罪轻重确定裹绿头巾的天数，罪越重天数越多，一直到裹满期限才准许解下头巾。当地人如果裹着这种头巾出出进进，都会当做奇耻大辱，于是人们互相告诫，没有敢犯罪的。因此，这个县缴纳赋税常常比其他各县要早。一直到李封任期满了离职而去，竟然没有用棍棒体罚过一个人。

《封氏闻见记》

自枷家人

唐李铦，是李锜的堂兄弟，任宋州（治所在今河南商丘）刺史。听到李锜谋反的事，他十分悲痛地哭了一场，然后把自己的妻子、儿女、奴仆、婢女全都赶到一起，不管是老的还是小的，各人脑袋的大小、脖颈的粗细，每人做一个刑枷，全部拘禁起来，送到观察使那里。后来，朝廷同情他，只给了他较轻的贬谪。

《唐国史补》

皇帝求情遭拒绝

唐玄宗的御用歌舞班子——梨园弟子中有一个叫做胡雏的人，善于吹笛子，很受玄宗青睐。有一次此人冒犯了洛阳县令崔隐甫，他就跑到皇宫禁地中躲了起来。唐玄宗借故召见崔隐甫，故意让胡雏站在旁边。玄宗指着胡雏说："向您请求把这个人给我行不行？"崔隐甫回答说："陛下这样说，是轻视臣子我而看重乐工。请让我辞职。"说完，他就再一次跪拜，然后起身往外走。玄宗马上说："我这是跟你开玩笑。"于是，命令手下把胡雏拉出去。才拉到门外，崔隐甫就用杖刑把他打死了。过了一会儿，又得到玄宗释放胡雏的敕令，但人已经死了。玄宗赏赐给崔隐甫一百匹绢。

《唐国史补》

没有一天不奏乐

唐李晟、马燧两家，没有一天不奏乐。如果太阳升起后，这两家没有传出乐音，京城治安官就会向皇帝报告。一会儿，就会有宫中派出的宦官来询问："大臣今天为什么不奏乐？"担心发生了什么意外事情。

《唐国史补》

韩愈登华山不敢下

韩愈好奇，曾经和朋友们一起登上华山最高峰。上去后，看到山势太险，估计自己下不去了，像疯子一样悲痛地大哭，还写了遗书。后来华阴县令想了很多办法，才把他们接下来。

《唐国史补》

王锷散财

王锷多次担任重要方镇的官职，搜刮的钱财堆积成山。有位老门客用能聚财也能散财的道理劝诫王锷。过了几天，门客又来见王锷，王锷说："前次承蒙您指教，我已照您说的做了，把钱财大大地散掉了。"门客说："请问如何分散？"王锷说："儿子们各给了一万贯，女婿们各给了一千贯。"

《唐国史补》

恩将仇报

唐天宝以前，社会上刺客很多。李勉任开封尉办案时，犯人中有来向李勉哀求给条生路的，他觉得有意志、有气概的都设法让他们逃脱出去。又过了几年，李勉离任，路经河北，偶然遇见一个过去的囚犯，那人当时就把他请回家中，盛情款待。那人告诉他的妻子说："这是使我活命的人，我们怎么报答他的恩德呢？"妻子说："给他一千匹双丝细绢，行不行？"丈夫回答说："不行。""给他两千匹，行不行？""不行。"妻子说："大恩难报，不如把他杀了。"那人被妻子说得动了心。他们的家僮可怜李勉，偷偷把消息告诉了他。李勉披上衣服骑上马就逃走了。到了半夜时分，走了一百多里来到渡口的旅店。店里老人说："这一带猛兽很多，为什么半夜赶路？"李勉就向他诉说了原因。没等把事说完，屋梁上突然跳下一个人来，说："差一点错杀了可尊敬的长官！"说完就走了。天还没亮，这人就拿着过去那个囚犯夫妻二人的头跑回来给李勉看。

《唐国史补》

宁饿不苟

唐长安年间，文人们争相为人撰写墓志铭，求取润笔费，像是做买卖一样。一个大官人去世，他家门口便像市集一样热闹，甚至互相争写，竟出现了不由丧家自己做主的现象。裴均当过宰相，他死后，儿子请求另一位宰相韦贯之为自己的父亲写墓志铭，并声言准备拿出一万匹细绢做润笔费。这是很可观的一笔财产。但是，素以刚直著称的韦贯之却不肯为声名狼藉的裴均歌功颂德，他说："我宁肯饿死也决不能苟且写这墓志。"

《唐国史补》

夜不开女墙

唐代，吕元膺任鄂岳都团练使，夜间登城，城上女墙的门已经锁了。守城的人说："按照军法，夜里不能开门。"元膺就告诉他说自己是城中长官。守城的又说："夜里看不清是不是长官，你说是长官也不能开。"元膺只好回去。第二天，他把守城的人提拔到更重要的职位上。

《唐国史补》

剖腹明志

唐睿宗做太子时，有人诬告他有异谋，武则天命令来俊臣查问此事。太子左右的人因为熬不过酷刑，都胡乱招供，只有一个叫安金藏的人对来俊臣大声叫道："既然你不信我的，那我就剖心以证明太子没有反意！"于是拔出佩刀割腹，五脏皆露，流血满地，当时气绝。武则天听说此事后，命人将他抬入宫中，派医生将其五脏归入腹内，用桑白皮缝合，外边敷上药。过了一夜，安金藏苏醒过来。武则天前往探视，叹道："我儿不能自明，不如你这样忠义！"于是停止审理此案，太子终于得免。

《大唐新语》

不许养猫

王皇后及萧淑妃被废后，囚于别院，唐高宗对她们仍思念，曾前去探望。武则天听说此事后，命人将她们杖打一百，截去双手，投到酒缸里，对左右说："让这两个老太婆骨醉！"然后又派人向她们宣读诏令，萧淑妃大骂道："但愿他日我托生为猫，阿武托生为老鼠，让我掐住她的喉咙，以报今日之仇。"从此，宫中就不许养猫。

《大唐新语》

不许养猫

杜郎远虑

李勣准备征讨高丽国，请女婿杜怀恭与他同行，想借此让他立功。杜怀恭生性诙谐，李勣很器重他。怀恭推辞不去，说家里贫穷，李勣便给他钱财；又推说没有马匹奴仆，李勣又给他马匹奴仆。怀恭托辞已尽，只好跑到岐阳山中躲了起来，对别人说："老爷子是想拿我做榜样，好执行军法呀！"坚决不去。李勣听说后，泫然泪下说："杜郎放荡不羁，不拘礼节，这样的事有可能发生。"于是不再逼迫他。当时的人都说："英公（李勣）是个执法严格的人，杜怀恭有深谋远虑。"

《大唐新语》

杨再思释盗

杨再思任玄武尉时，出使京城，住在客栈中。有一个小偷盗走了他的行囊，正好被他遇上了，小偷向他谢罪，杨再思说："您有不良行为，不要再声张了，恐怕别人听到了会伤害您，请把公文留下来，其余的都送给您。"后来，杨再思官至纳言。武则天当朝时，只要一遇上旱涝灾害，就要关闭坊市南门，以求禳解。有一天，再思早晨入朝，正遇上一辆载货很重的车，将要牵出西门。道路又陡又滑，赶车人大声喝叱，牛也拉不动车，于是赶车人骂道："这群呆宰相！不能调和阴阳，却来关闭坊门，让我绕路，受这么多辛苦！"再思和缓地对他说："你的牛力气小，不要责怪宰相！"

《大唐新语》

八砖学士

李程当翰林学士时，以台阶前的太阳为入朝的标志。一般人都是在太阳到五块砖时入朝，李程生性庸懒，每次入朝时，阳光都超过了八块砖，人们就称他为"八砖学士"。

《大唐传载》

向火乞儿

盛唐，满朝文武官员都依附杨国忠，争着求取富贵，只有张九龄从来没有登过他的门，杨国忠因此怀恨在心。张九龄常跟人谈论说："现在的朝廷大员，都是些凑到火边取暖的乞丐，一旦火灭灰冷，再到哪里去找暖气？那时，一定会冻死冻裂，把尸骨扔在沟壑里。这样的灾祸不会很远了。"后来，果然由于安史之乱，趋炎附势的人受连累而被治罪，甚至被灭族的数都数不过来。张九龄的确有先见之明。

《开元天宝遗事》

知雨石

唐代，学士苏颋有一块锦纹花石，他将其雕刻成一个笔架，常常放置在砚台和座席之间。每天将下雨时，这个石架沁出水来像出汗一样，过一会儿便下雨。苏颋常用这个来判断是否下雨，从来不出差错。

《开元天宝遗事》

❀ 瑞　炭

唐代，西凉国进贡一百条炭，每条一尺多长，颜色青黑，坚硬如铁，称作"瑞炭"。放到火里燃烧，不起火苗，即有火光。每条炭能烧十天。烧时，热气逼人不能走近。

《开元天宝遗事》

❀ 夜明杖

唐代，隐士郭休有一只手杖，颜色好像用朱红染过一样，敲击它会发出声音。每次出行，天黑后，这只手杖便会放光，可以照亮十步之内。借此登高历险，从不失足。

《开元天宝遗事》

❀ 知更雀

裴耀卿工作勤恳，夜里处理文件，白天审理案子。常年养着一只雀儿，每天晚上到一更时就会鸣叫，到五更时就急鸣。耀卿称之为"知更雀"。

另外，厅堂前面有一棵大的桐树，到天亮时就会有很多鸟儿飞落树上，大家便用这个作为裴耀基出厅的预示，所以称这些鸟为"报晓鸟"。当时的人以此为美事。

《开元天宝遗事》

❀ 变色牡丹

唐玄宗时，有一棵牡丹花，栽种在沉香亭前面。有一天，牡丹的一条枝上忽然开了两朵花。早晨是深红色，中午是深碧色，傍晚是深黄色，夜间则是粉白色。昼夜之后，香气也不一样。唐玄宗对左右说："这是花木之妖，不值得惊讶。"

《开元天宝遗事》

❀ 醒醉草

唐代，长安城中兴庆池南岸，有几丛草，草叶是紫色的，草心殷红。有一个人喝醉了从草边经过，不知不觉就失去了醉态。后来有人喝醉酒摘下草叶用鼻子闻，立即清醒过来。所以就将这种草称做"醒醉草"。

《开元天宝遗事》

❀ 精神顿生

唐明皇执政时，如果政事发生错误，他一定谦虚地接受意见，让士人们畅所欲言。一次早晨上朝，百官列队进殿时，明皇看见张九龄衣着整齐，风度超凡，便对左右说："每次见到张九龄，都使我顿时之间精神倍增。"

《开元天宝遗事》

❀ 射风中鹅毛

唐玄宗当政时，禁卫军将领刘洪，善于骑马射箭。一次，皇帝赐宴，与群臣共饮，让人在风里扔鹅毛，刘洪连连发箭射击，没有射不中的。

《开元天宝遗事》

解语花

唐明皇执政时，一年秋八月，皇城中的太液池几枝千叶白莲花盛开了。明皇和皇亲国戚们在那里设宴观赏。人们不断地称赞着，叹赏着。过了很久，明皇指着杨贵妃对大家说："莲花再好，怎么比得上我这朵会说话的花呢?"

《开元天宝遗事》

选婚窗

盛唐宰相李林甫有六个女儿，各有各的姿色。很多沾皇恩的权势之家求婚，他都不答应。李林甫在大厅的墙壁上凿开一个横窗，用各种珍宝加以装饰，用大红的纱帘遮挡。平日，让六个女儿在窗口窥望，选择可心的对象嫁给他。

《开元天宝遗事》

肉腰刀

盛唐，李林甫妒贤嫉能，不协群议，每当与皇帝对答时，常诬陷别人，大家都称李林甫为"肉腰刀"。又有人说，李林甫曾经用甜言蜜语引诱别人犯错误，然后到皇帝面前告状。当时人都说李林甫话说得像蜜一样甜。朝廷大臣互相说道："李公虽然脸上有笑容，但肚子里却铸了一把剑。"人们日益憎恨他，大家都是异口同声。

《开元天宝遗事》

烛　奴

盛唐时期，申王极力追求奢侈，这大概是社会风气的影响。每当夜间，在王宫中和诸位王爷、贵族聚会饮宴时，都拿出用龙檀木雕成的头上只有一个发结的童子，给它们穿上绿色的衣袍，系上腰带，让它们端着蜡烛，排列在宴席旁边，称做"烛奴"。各王宫贵族家都向申王学样。

《开元天宝遗事》

富　窟

王元宝，盛唐时期都城里的豪富。常把金银堆积起来建成房屋，用红色的泥土涂墙。他在宅院中建起一间礼贤堂，用沉檀木做栏杆，用似玉的石头铺地面，用带有锦纹的石头做柱子的基石，又用铜钱串联钱币铺在后园的花径中，取它泥雨不滑的优点，四面八方来的宾客，在这里好像回到自己家里一样舒服。所以，当时人把王家称做"富窟"。

《开元天宝遗事》

随蝶施爱

唐代开元年间，唐明皇每到春天，朝夕在宫中举行宴会，让众多妃子插戴艳丽的鲜花，他自己动手捉一只蝴蝶，然后把它放飞，看它落到哪位妃子的身上，当晚便由哪位妃子侍寝。后来，因为杨贵妇专宠，就不再进行这种游戏了。

《开元天宝遗事》

香肌暖手

盛唐，岐王年轻时就迷恋女色，每到冬季，天寒冻手时，他不去烤火，却把手伸到漂亮歌妓的怀里捏弄她们的肌肤，声称取暖，就这样习以为常。

《开元天宝遗事》

助情花

唐明皇宠爱杨贵妃那个时期，不过问朝廷政事。当时，安禄山刚开始受到明皇的另眼相看，因而进献了一百粒助情花制成的香精，大小与粳米粒相当而颜色是红的。在行房事的时候，口里就含上一粒，助情发兴，精力不衰。明皇视为珍秘之物，说："这和汉代的慎恤胶是一样的东西。"

《开元天宝遗事》

风流阵

唐明皇与杨贵妃每到酒喝得酣畅时，便让杨贵妃统领一百多个歌舞伎，明皇统领一百多个显贵的小宦官，在内庭里排成两个阵，称做"风流阵"。用霞帔和锦被做大旗，互相攻击打斗，打败的一方就要用大酒杯罚喝酒，以此游戏取乐。

《开元天宝遗事》

梦中有孕

盛唐时期，杨国忠到江浙一带公出，他的妻子思念不已，积久成疾，忽然有一天白天睡着了，做梦与丈夫性交，因而怀孕。后来生下一个男孩，取名叫杨朏。等到杨国忠公出归来，他的妻子向他详细讲述了梦里的事情，杨国忠说："这可能是夫妻互相思念，那种挚情所起的作用。"当时的人没有不讥笑他们的。

《开元天宝遗事》

肉　阵

盛唐宰相杨国忠，过冬时，经常挑选一些胖大的侍妾和婢女，一个挨一个地站在自己周围，让她们替自己挡风。这是借人的暖气给自己取暖，所以称做"肉阵"。

《开元天宝遗事》

扫雪迎宾

唐代巨富王元宝，每到冬天下大雪的时候，就派仆人从自己宅第所在里巷的巷口起扫雪，扫出一条路来，自己亲自站在巷口迎接前来造访的宾客。他还在自己家中备办酒席宴客，举行"暖寒"的集会。

《开元天宝遗事》

忍　字

盛唐时，光禄卿王守和，从不和别

人争论。曾在桌子上大写一个“忍”字，至于屋中帘幕一类，都用线绣上或画上这个字。唐明皇听到他的姓名和处事态度后，特地召见他，问道：“您的名字叫守和，已让人知道是不争了，又好写‘忍’字，更能看出您的深意。”他回答道：“我听说过于坚硬就一定会折断，世上一切事情中，‘忍’字最高。”明皇说：“好！”赐他锦帛，以示表扬。

《开元天宝遗事》

王勃腹稿

初唐诗人王勃每当要写碑颂文时，总是先磨好几升墨汁，自己用被子蒙着脸睡觉。睡醒后，拿过笔来，一挥而就，文不加点，当时人们都说这是“腹稿”。

《酉阳杂俎》

鱼石

衡阳湘乡县有座石鱼山，山中的石头颜色黑，纹理像生雌黄。揭开一层，常能见到鱼形，鳞、鳍、首、尾俱全，像画出的一样，有几寸长，放到火里烧，会发出鱼腥味。

《酉阳杂俎》

醋石

成式（作者段成式自称）的侄子们曾说：小时曾毁坏鸟巢，得到一颗像雀蛋一样的黑石，圆滑可爱。后来，偶然放进盛醋的器皿中，忽然觉得黑石动了一下，慢慢看过去，还有四只脚像蜗牛，拿起来，脚也随着缩回去了。

《酉阳杂俎》

瑞龙脑香

天宝末年，交趾进贡龙脑，像蝉蚕的形状。波斯人说，只有老龙脑树的节子才有龙脑，宫中将其称为瑞龙脑。玄宗赐给杨贵妃十枚龙脑，香气能传到十几步之外。玄宗夏天曾与亲王下围棋，让贺怀智一个人弹琵琶，杨贵妃站在棋盘前面观棋。玄宗数一数棋子，知道要输了，贵妃故意把手中抱着的康国小狗放在坐位旁边，小狗便爬上棋盘将棋子踩乱，玄宗非常高兴。当时，风吹贵妃的领巾落到贺怀智的头巾上面，过了很久，等到他回过身来，领巾才脱落。怀智回家，觉得浑身香气异常，这才摘下头巾，贮藏到锦囊里面。等玄宗当了太上皇回到旧宫时，对杨贵妃追忆不已，贺怀智才进献所藏的头巾，并详细奏明了当年的事情经过。太上皇打开锦囊，流着眼泪说：“这是瑞龙脑香啊！”

《酉阳杂俎》

冷蛇

申王有胖病，肚子下垂到小腿，每次外出，就用白绸子裹着。到了夏天，常常喘息难受，难以度日。玄宗下令，让南方派人找来两条冷蛇，都赐给了他。蛇长几尺，白色，不咬人，拿在手里像握着冰。申王肚子有几道折，夏天把蛇放在折里，不再感到烦热。

《酉阳杂俎》

蓝 蛇

蓝蛇头有巨毒，尾能解毒，出在梧州陈家洞。南方人用蓝蛇头合成毒药，称作“蓝药”，用它药人，立即就死。把它的尾巴晒干，反成了解毒药。

《酉阳杂俎》

运粮驴

西域厌达国有个为佛寺服役的民户，用几头驴运粮上山。驴没有人驱赶，能够自己往返运粮，寅时（3时～4时）出发，午时（11时～12时）赶到，差不上一刻钟。

《酉阳杂俎》

诗境的刺青

四川小将韦少卿，是韦表微的堂兄。他从小不喜欢读书，却嗜好刺青。他的叔叔曾让他解开衣服露出身上的刺青给他看：胸口上刺一棵树，树梢停着几十只鸟，下面悬着一面镜子，镜鼻子里系着绳子，有人站在树旁拉着绳子。叔叔不明白画的意思，便向他询问，少卿笑着说：“叔叔没读过张燕公（张说）的诗吗？这就是‘挽镜寒鸦集’的诗境。”

《酉阳杂俎》

刺青免打

李夷简，元和末年在四川当官。当地市上有个叫赵高的人好打架，经常入狱。他整个背上都是刺青，刺着毗沙门天王的像。官吏要杖打他的背部时，见到天王像便住手了。身上有天王，他反而成为坊市上的一个祸害。左右将此事告知李夷简，李大怒，把赵高擒拿到公厅前，要来新造的结实棒子，头上直径有三寸，喝令用棒子打赵身上的天王，打到看不见为止，打了三十多棒还没打完。过了十来天，他还光着身子露出打烂的地方挨门乞讨“修治功德钱”。

《酉阳杂俎》

有色井水

石阳县有口井，水半青半黄，黄水像灰汁，汲取上来做粥喝，全变成金色，气味很芳香。

《酉阳杂俎》

河北军将

唐建中初年，有一位姓夏的河北将军，能拉开几百斤的弓。他曾在球场上，把十几个钱摞成一叠，骑马跑过时，用击球的棒子打钱，打一棒一个钱飞起六七丈。又在新砌的泥墙上安放几十根棘刺，相距一丈远，用煮烂的豆子，一个一个地投掷过去，个个都扎在棘刺上，投出一百个也不会有一个投错。

《酉阳杂俎》

右足写字

唐大历年间，东都洛阳天津桥有个

乞丐没有两手，用右脚夹着笔抄写佛经，借此向人讨钱。每次要写字时，先把笔抛起来几次，高一尺多，从未失落过。所写的字都是正楷，一般人手写的都跟不上。

《酉阳杂俎》

蝇虎布阵

唐代有一位隐士叫王固，拜访于頔受到慢待，于是改去拜访判官曾叔政，曾叔政很有礼貌地接待了他。王固说：“我听说于相公好奇，所以不远千里来拜访他，实在令我失望！我有一艺，自古没有，现在我要回去了，蒙您厚待，现在特为您表演一番。”于是，来到曾的住所。王固从怀中取出一节竹子和一个小鼓，只有数寸大小，过了一会儿，把竹子塞去掉，用一小棍敲打小鼓，个个筒中就有灰蜘蛛几十个从里面出来，蜘蛛排成两队，就好像是对阵似的，每当击鼓时，蜘蛛就随着鼓声变化成阵，进退俯仰，比人做得都好。变化的阵势达到几十种之多。又击一种鼓声，蜘蛛全都钻入竹筒。

《酉阳杂俎》

泰山之力

唐玄宗李隆基登泰山祭祀天地，任命张说为封禅使。按照惯例，泰山封禅之后，三公以下的官吏都能升迁一级。张说的女婿郑镒，本来是九品官，这次因张说是封禅使一下晋升为五品官，并得皇帝恩赐的红色官服。一次大酺（为表示欢庆，皇帝特许民间举行的大会饮），唐玄宗见郑镒的官位升迁这样快感到非常惊奇，并问他其中原因，郑镒无言以对。这时在旁边的黄幡绰一语双关地说：“这是‘泰山’的力量。”

《酉阳杂俎》

摧残婢女

唐代房孺复的妻子崔氏生性忌妒，身边的婢女不准施浓妆，梳高髻，每月只给少得可怜的一点脂粉钱。有一个新买来的婢女，打扮得稍微好看了一点，崔氏就发怒说：“你好漂亮啊，我替你打扮打扮。”于是让人用刀刻她的眉，用青色颜料填充；烧她的鼻梁；炙她的眼角，使她的皮肤焦糊翻卷，然后，又涂抹朱红的颜料。等到疮痂脱落后，瘢痕像化的妆一样。

《酉阳杂俎》

以小见大

吕元膺任东都留守时，有位隐士常陪他下棋。有一次，两人正对局，来了很多公文，吕元膺只好拿起笔批阅公文，那位棋友以为吕一定不会注意棋局了，偷偷地挪动了一个棋子，最后胜了吕元膺。其实吕元膺已经看到他挪动棋子了，他还不知道。第二天，吕元膺就请那位棋友到别处去谋生。内外人都不知辞退他的原因，他自己也不知为什么被辞退，临走时，吕元膺还赠送了五匹帛。过了十年左右，吕元膺病危，把子侄都叫到床前，对他们说：“人活在世上交朋友要有所选择，我任东都留守时，曾借故辞退一位棋友。当时他挪动了一个棋子，并不是什么大事，但他的这种用心可怕。当时我立即说破，怕他难为情；始终不说，又怕你们不知道我当年到底为什么要把他辞掉。”说完，就闭上眼睛咽了气。

《玉泉子》

“白侯”

唐宰相白敏中想要选取新登第的进士侯温做女婿。白的妻子说：“您姓白，又拿侯家的儿子当女婿，人们一定称做白侯(猴)。”敏中便打消了这个念头。

《玉泉子》

苗耽租棺材

苗耽进士及第后，困居洛阳好多年没得授官，穷得不得了。偶尔想到将来的穷富可以用响卜(暗听别人言语以占吉凶)测得，于是就让儿侄辈洒扫庭院，设上香案，焚上一炉好香，自己整衣端坐，静候别人的一句话。他住的地方属穷乡僻壤，等了很久也听不见别人说话。傍晚，来了个卖干鱼的，苗耽听到卖鱼人的叫卖声，又祈祷了一番。他家的书僮连声呼叫卖鱼人，并把鱼提到院子里，其实家里一分钱也没有，拿进好长时间又提出来了，卖鱼的人很不满意。小书僮讨厌，用手把鱼皮刮掉了一些，卖鱼的人见了，怒声骂道：“臭要饭的早晚得饿死，你耽误我这么长时间干什么?”此前还有一次，苗耽外出往回走，途中得了急病走不动了，忽见路上有人用车载着一副棺材，以贱价租了下来，苗耽就躺在棺材里睡觉休息。走到洛阳城门口，守城门的人不知棺中有人，问棺材从哪里来的。苗耽怕他惊讶，缓缓地回答道：“我是一个读书人，途中得了急病，雇不起别人的车，只好用这个了，请不要见怪。”守城门的人后来对别人说：“我守了三年城门，还从来没见过会说话的神棺。”苗耽后官至江州刺史。

《玉泉子》

李福喝尿

唐宰相李福的妻子裴氏，生性好嫉妒。家中侍妾虽多，李福却不敢接近。镇守滑台时，有人献来一名女奴，李福想和她同寝却没有办到。一天，他找个机会对妻子说：“我已经是节度使了，可是侍候我的都是老仆人，夫人对我不是太薄情了吗?”裴氏说：“对。但不知道你想要什么人?”李福说出那个女奴，裴氏答应了，可只允许她拿拿衣服侍候侍候吃饭，李福还是没有机会亲近她。李福又对妻子左右的侍女们说：“如果夫人洗头，一定马上来报告我。”不久果然有人来报告，李福马上谎称肚子痛，并且叫来那个女奴。侍女们以为裴氏刚开始洗头，不能马上就停止，便告诉了她。裴氏以为李福真病了，马上把头发提出盆，光着脚去问李福哪儿不舒服。李福不得不做出痛得难以忍受的样子，裴氏非常担心，急忙把药投到儿子的尿里让李福喝下。第二天，部下来探病，李福把实情都告诉他们，他笑着说："好事没办成也没什么，可是苦了我白白咽下了一瓯尿啊！"听的人都大笑起来。

《玉泉子》

焚僧集军资

李抱真镇潞州（今山西长治市），军费匮乏，想不出好办法。当时潞州有个老和尚，州里人都非常敬服。李抱真找到老和尚，同他商量说："能不能借重一下师傅，为军中筹集点资金，以解燃眉之急？"和尚满口答应，说："没有什么不可以的。"李抱真出了个歪点子，请老和尚声言要在蹴鞠场举火自焚，李事先在焚身处挖好地道，等到点火后，让老和尚再从地道里钻出来。老和尚认为这个办法好，很高兴地同意了。李抱真事先贴出和尚要自焚的布告，并在蹴鞠场堆上柴草，灌上酥油，做了七天道场，昼夜灯火香烟不断，并暗暗让人挖好地道，亲自领着老和尚去钻了一次地道，好让他放心。到了自焚那一天，老和尚端坐在柴草堆上，当众说法，李抱真率领僚属顶礼膜拜，各自把自己的俸禄钱施舍给主祭者，摆放在柴草堆旁。全州士女在他的带动下，施舍的钱财以亿万计。李抱真指使人偷偷地堵塞了地道的入口，道场做完，钱财收得也差不多了，即命点火，并击钟念佛。可怜那个老和尚，顷刻之间，与柴草俱化为灰烬。李抱真立即将人们施舍的亿万钱财用车载入军中仓库，在别处找了几十粒所谓的舍利，为他建了一座小塔，将其贮存其中。

《玉泉子》

《龙城录》

［唐］柳宗元

《燕丹子》

［汉前］无名氏

《因话录》

［唐］赵　璘

《独异志》

［唐］李　伉

《独醒杂志》

［宋］曾敏行

《云溪友议》

［唐］范　摅

《金华子》

［五代］刘崇远

《渑水燕谈录》

［宋］王辟之

《刘宾客嘉话录》

［唐］韦　绚

《北梦琐言》

［五代］孙光宪

《幽闲鼓吹》

［唐］张　固

《墨客挥犀》

［宋］彭　乘

《墨庄漫录》

［宋］张邦基

《归田录》

［宋］欧阳修

太宗沉书滹沱河

唐太宗平定王世充时，得到数百封自己部下与王世充交结的书信，太宗命杜如晦将这些书信收藏起来。杜问太宗这些书信怎么处理，太宗说："交给各有关官署。"不久，就传来有大臣自尽的消息。太宗连忙让人把这些书信取来，亲自密封，绑上石头，命令中使沉进滹沱河，不许再看。

《龙城录》

田光吞舌而死

田光去请荆轲，太子丹亲自送行。他拉着田光的手说："这是国家大事，希望不要泄露出去！"田光笑着说："是。"见到荆轲，田光说："我冒昧地把您介绍给太子丹。燕太子真是个有作为的人啊，对您真心相待，希望您不要犹疑。"荆轲说："我有个原则，心意相投不顾性命，情义不投一毛不拔。现在先生让我和太子结交，我从命。"田光又说："您大概听说过讲信义的人不被怀疑。太子送我来时，说这是国家大事，希望我不要泄露，这是不信任我。被人怀疑还活在世上，是我的耻辱。"说完，在荆轲面前咬掉舌头吞下，自杀身死。

《燕丹子》

断美人手

樊於期得罪了秦王，逃奔燕太子丹，太子设酒宴招待他。席中，太子丹让美人出来弹琴，荆轲说："好手啊，弹琴的美人！"太子丹就要把美人送给荆轲，荆轲说："我只喜欢她的手罢了。"太子就砍断美人的手，用玉盘装着，送给荆轲。

《燕丹子》

皇帝亲家

有一次郭暖（唐代名将郭子仪之子）与其妻升平公主发生口角，骂公主道："你倚仗你父亲是天子吧？我父亲看不上天子不肯作！"公主哭着去找父皇告状，皇帝说："你不知道，他父亲确实是不愿当天子，要是愿当，天下还能归我们家吗？"说完竟流下了眼泪，只管命令公主回家。郭子仪把儿子捆起来，亲自进宫等候治罪。皇帝安慰他说："俗话说，不痴不聋，不能作公婆。小儿女们闺房帷帐里说的话，大臣用不着去听。"

《因话录》

宰相之母教子谨慎

唐刘玄佐，已经当上了宰相，他的母亲还是每月织绢一匹，以示不忘本。每次观看玄佐办公，看到县令从台阶下跑过，回去一定要跟玄佐说："我刚才看见长官报告那样谦卑、恭敬，不知不觉产生了一种恐惧感。想起你父亲在本县当县吏时，常常因为害怕长官而出汗，现在你坐在厅上案前如此对待原来的长官，心里怎么能安稳呢？"她借此嘱咐儿子，朝廷把重任寄托在你身上，一定要舍身为公。刘玄佐任职期间，从来没有干过什么不合臣子身份的事。

《因话录》

拿白还红

广州录事参军柳庆，生性贪小刻薄。他独住一室，不论用具还是食物都放在卧室里，唯恐失去。如果有人私下里拿了他一撮盐，他一定要追还。这人没还，就会被鞭打得鲜血淋漓。柳庆恶狠狠地说："拿白还红！"

《独异志》

豪爽扬名

陈子昂是四川人，后来搬到京城去住。他虽然满腹才学，但在名士聚集如云的京城里却不被人知，想一展他的才情苦于没有机会。有一天，一个商人在东市卖一把胡琴，要价百万，每天有豪门贵族传看，但却没有识货的。陈子昂当众以百万钱买了下来，并对众人说："如果谁想听听这琴的音色，就请到我家。我将备下酒席敬候诸位的光临。"果然，当时许多才子、名流都聚到他家。陈子昂在酒席撤去之后，拿起那把琴说："蜀人陈子昂有文百轴，但奔走京城，却不为人所知，这把琴算得了什么呢？"说着就把那重金买来的琴摔在地上，然后把他所作文章卷轴赠给在席的每一个宾客。酒席一散，陈子昂的名字很快被京都人知晓，从此诗名大振。

《独异志》

封戛羹侯

汉高祖刘邦没发迹时，常与客人一起到大嫂家吃饭。客人要添羹(用肉或菜调和五味做成的带汤食物)，嫂子讨厌小叔，每次总要敲打铁锅以表示羹已吃光，实在是不想给小叔吃，刘邦渐渐忌恨起嫂子来。后来称帝，汉高祖故意封侄儿为戛(敲打的意思)羹侯。有人问高祖为什么，答道："这是他母亲最擅长的。"

《独异志》

米从何处出

蔡京的孙儿辈从小娇生惯养，根本不知粮食是怎么样来的。有一次，蔡京问孙儿辈说："你们每天都吃米，你们跟我说一说，米是从什么地方出来的。"一个孙儿立即说："是从臼中出来的。"蔡京大笑起来。另一个孙儿说："你说的不对，我见到了，是从席子中出来的。"这个孙儿看见过京师运米，都是用席子包裹装运的，所以才这样说。

《独醒杂志》

老鼠衔书助考

北宋的杜镐当举子时，进京应试，住在旅馆里。考期将近，有一天，杜镐正在午睡，忽然听到地下发出微小的响声，杜镐睁开眼睛一看，只见一只老鼠拖了一本书从门底下钻进来。杜镐连忙下床赶跑了老鼠，捡起地上的书一看，是一本被咬烂了的《孝经注疏》。他觉得这件事挺奇怪，就把《孝经注疏》从头至尾仔细看了几遍。巧的是，入了考场发现，试题正出自这本书里，杜镐因此考中。

《独醒杂志》

嗜书画如命

宋代书法家米芾有嗜古书画的癖好，每当见到别人所收藏的书画，他就临写一份，临写得相当逼真，几能乱真，有一次他与蔡攸一块出外游玩，在船上两人共同欣赏王衍写的字。他把王衍书法的卷轴装入怀中，站起身来就要往水里跳。蔡攸吃惊地问道："你这是为什么呢？"米芾说："我生平收藏的书画中，还没有这样高超的书法珍品，我宁肯抱着这幅作品去死。"蔡攸不得已，只得把这件珍品赠送给他了。

《独醒杂志》

米　颠

宋代书法家米芾风度飘逸，自认为是晋时人物。他的行为不受礼节束缚，被人们称为米颠。他喜欢穿唐代的衣服，宽宽的袖子，宽大的带子，当时人们大多认为他是个怪人。他有洁癖，无论家里有什么器具，决不许别人拿。有一次，他整理好衣冠出门拜访别人，由于帽沿太高，不能够坐轿子，米芾就叫人把轿子盖拆掉。见到这种情景，人们都嘲笑他。

《独醒杂志》

严武杀父妾

在武则天当政时，严挺之进入政府重要部门，颇有声望。他在家中，待妻子不好，却喜爱她所生的儿子严武。严武八岁时，问他母亲说："我爸爸厚爱玄英（严挺之妾），从来也不关照妈妈，怎么会这样呢？"他母亲说："我和你是母子，你还太小，不懂事，你父亲为人轻薄，嫌我长相丑陋，只在一起睡过几夜，我就怀了你。从此以后他就把我扔在一边，我是你父亲遗弃的媳妇啊！"他母亲语声哽咽，他也满腔愤怒。等到他父亲外出，玄英刚睡着，严武握着小铁锤砸碎了她的脑袋。严挺之回来后，惊愕异常，一看人已经死了。身边人都说："这是你的小儿子玩铁锤造成的结果。"严挺之斥责严武说："你的游戏玩得也太过格了！"严武说："哪有圣明朝代的大臣厚待他的侍妾，却欺侮儿子的母亲的道理？所以，她应该被打死，这可不是游戏。"他父亲说："你真是严挺之的儿子。"

《云溪友议》

崔涓记属吏姓名

崔涓才华出众，为人爽快，记忆力极强。他刚任杭州刺史时，到职才几天，召见都押衙（管领仪仗侍卫的总头目）说："我刚到任，还记不住各位吏员，轮值的官兵一共有多少人？"回答说："轮值的共有三百人。"于是，下令每人拿一张纸，用大字写上自己的姓名，贴在胸前，他把每个人都看过一遍。自从看过这一次以后，一直到他三年任满，从没错喊过一个人的名字。

《金华子》

假罗汉真骗钱

宋代，江南某县郊外有一古寺，因地僻山险，人迹罕见，僧徒们苦于施舍不足，生活贫困。一天，来了个游方僧，说有办法让寺庙变得富裕起来。寺里有五百罗汉像，游方僧挑选了一个相貌和自己相像的，穿上佛像的衣服，带着其斗笠和僧杖，去县里理发。游方僧故意在理发时弄破了头顶，解下衣带上的白药敷上，当场包扎好后，留下僧杖作抵押，约好时间让理发匠去古寺取理发费用一千钱。理发匠到了古寺叙述了事情由来，说明了理发僧人的模样与穿着。寺里的和尚故作惊讶，打开罗汉堂的门，领理发匠进去。罗汉堂里到处积满厚厚灰尘，看上去长久没开过门。一眼看见模样穿着相似的罗汉像，头顶伤痕、血迹与包扎的药粉痕迹都在，跟前还有一千钱，都是古钱，穿钱眼的绳子都要朽烂了。于是寺僧和理发匠惊叹不已，都说罗汉显灵了。消息传开，无论远近的人们都来烧香礼拜，每天都有人施舍。冷落的古寺于是兴旺起来。几年以后，寺里的僧徒们因分财不匀，这件事才逐渐露出来。

《渑水燕谈录》

崔颂多疑

宋人崔颂，任谏议大夫，学问渊博，是道德君子。但他生性多疑，几乎成了病。防范自己的妻妾，尤其严密。他请工匠来粉刷房屋，用绸子蒙住他们的眼睛，唯恐工匠们偷看了自己的妻妾。

《渑水燕谈录》

柳永不会说吉利话

北宋著名词人柳永，在仕途上极不顺利。景佑末年进士及第，直到皇佑年间，很长一段时间没有获得官职。宦官总管史某爱惜柳永的才华，同情他的潦倒，正好赶上官家教坊献上新曲《醉蓬莱》，需要填词，就乘宋仁宗高兴，推荐了柳永。柳永也想趁此机会得到重用，欣然提笔，十分得意。词写完后进呈，题目叫《醉蓬莱慢》。仁宗见一开头就有个“渐”字，脸色就有点不高兴。读到“宸游凤辇何处”一句，正好同仁宗写的真宗挽词一模一样，仁宗的神态更加阴沉。又读到“太液波翻”一句，仁宗说：“为什么不写波澄？”把词章掷在地下。自此以后，柳永再没受过任用。

《渑水燕谈录》

情有所钟

宋代艺人翟院深，在营丘（今山东临淄）当乐工。营丘是北京著名画家李成的家乡，翟院深业余时间学习李成的山水画技法，已经很有成就。有一天，州府宴会演奏音乐，由翟院深击鼓担任指挥。忽然之间，他停下了鼓槌，举头仰望，鼓声随之中断，左右的人十分惊讶。太守把他召去问什么原因，他回答说："正在奏乐时，见有孤云横飞，缥缈之态相当可爱，想着把它摹画下来，凝想出神，不知不觉就停了鼓点的节拍。"太守笑着原谅了他。

《渑水燕谈录》

智除宦官监军制

北宋景佑末年对西夏用兵，结果大败，大将刘平战死。大家都认为是朝廷让宦官监军，主帅无法统一指挥，所以刘平才失利。仁宗皇帝下令处死监军黄德和。也有人提出，要免除各路军队的监军。仁宗征求宰相的意见，吕夷简认为不必免除，只要挑选谨慎厚道的担任就是。仁宗让选人，吕夷简说："身为宰相，不应与宦官私下交往，所以也无法得知哪些人可用。请下令宦官总监保举，如有不称职的，一道治罪。"仁宗同意了。第二天宦官总监就自己磕头，要求免除名路军队中的宦官监军。大家都称赞吕夷简有智谋。

《渑水燕谈录》

谁叫相爷有求于我

宋人史延寿，原籍嘉州（在今四川乐山），以擅长相术来游京城，权贵人家争着邀请他。但对他来说富贵与贫贱没什么两样，总是大大咧咧地坐着，说话也直呼"你""我"，毫不客气，人称"史不拘"，也称"史我"。有一次宰相吕夷简邀请他，到了以后看门人没有给他开门，他发火打了看门人。看门人说："这是相爷府第，即使皇上跟前的近臣来了，也得在门外依次等候。"史延寿说："那些人来都是有求于相爷的，我可不求他，是他自己要见我。不开门，我就回去了。"开门人连忙跑去向吕夷简报告，回来开门把史延寿迎了进去。

《渑水燕谈录》

胡旦文思敏捷

宋代的胡旦，文思敏捷，文辞清丽，被当时的文人学士所推重。但胡旦晚年眼睛失明，只能在家里闲居。有一天，当时史馆中的文人共同商议为一贵族作传，但是这位贵人在年轻时从事过杀猪的低贱工作。如果不写就是违背事实，有背史官的道德，如果照实来写又有损这位贵人的身份，大家商议了很久，也想不出有什么好的处理方法。这几个人就一块去找胡旦讨教，胡旦说："为什么不说'这个人年轻时曾经亲手操刀，表示自己有宰割天下之大志'。"在场的人没有不叹服的。

《渑水燕谈录》

草包将军

北宋时，将军王景咸曾经当过邢州的郡守。一次，使臣王班受命到郡，王景咸宴请他。席中王景咸以为"王班"是官爵名，于是便大声直呼其名："请王班喝一满杯！"他手下人告诉说："'王班'是使者的姓名啊！"王景咸感到很不光彩，就训斥手下的人说："你们为什么不事先告诉我？"满座的人都笑起来。

《渑水燕谈录》

擦胡子的参政大臣

北宋时，寇准为宰相，丁谓任参知政事（相当于副宰相）。有一天，大家在中书省聚餐，菜汤弄脏了寇准的胡须，丁谓上去替寇准擦胡须。寇准说："你是参政大臣，做的事就是替宰相擦胡子吗？"弄得丁谓羞愧难当，狼狈不堪。

《渑水燕谈录》

用人耳下酒

北宋初年有个王彦升，本来是市镇上贩绸缎的商人，壮年参军，屡立战功，官做到防御使。他性格极为残忍，俘获了少数民族士兵，就摆酒开宴会，把俘虏带进来，亲手撕下耳朵，对着客人大嚼，一边慢慢地喝酒。俘虏血流满面，王彦升却谈笑自如。先后被他吃掉耳朵的有几十上百人。

《渑水燕谈录》

李勉制吏

唐李勉当开封县尉时，特别善于捕捉盗贼。当时有位捕盗小吏想要试探他执法的宽严，就暗中接受了人家的贿赂，故意让李勉知道。李勉对小吏和兵士说："有人接受人家贿赂，我都知道了。现在由你们自己坦白，但不能超过三天，过了就抬着棺材来见我。"那位纳贿的小吏故意过期不坦白，却自己带着棺材，若无其事地来见他。他让人把石灰和荆棘放在棺材里面，让这个小吏躺进去，然后下令把棺材钉上，扔到汴河里去。事情办完，他才去求见观察处置使，上级不仅没有处分他，反而赞叹了很久。

《刘宾客嘉话录》

杨国忠授官

唐杨国忠有一次会见亲属，当时他正管理吏部量才授官的事情，便想借此开玩笑让亲戚高兴一下。他呼喊等待授官者的名字，带领他们进入庭院中，也不询问他们的资历，只要个子矮小就授道州参军（道州出矮人），有胡子的人就授湖州文学。杨国忠的亲戚躲在帘子后，看到如此滑稽的情况，不觉哈哈大笑。

《刘宾客嘉话录》

箭射不动

唐张巡部将雷万春，在城上与张巡谈话时，攻城叛军用暗箭射中他的面部，但他依然不动。令狐潮怀疑射中的是木头人，派间谍探问，才知道是雷万春。

《刘宾客嘉话录》

门生谏师

薛昭纬恃才傲物，每次入朝时，手里摆弄着笏板，高视阔步，旁若无人，一边走一边唱《浣溪沙》词。薛昭纬主持礼部考试后，有一位门生辞别他返回家乡，临别时劝谏自己的老师说："弟子受您教诲，感戴不尽，但有一言献给恩师：请您今后上朝不要再摆弄笏板，不要再唱《浣溪沙》了，这就是我的大幸！”当时人以为这是至言。

《北梦琐言》

宣宗好儒

唐宣宗倾慕儒雅，每当值殿的学士们不忙时，他没有一回不去与他们议论前代兴亡的历史。他很留心科举考试的事，曾在殿内柱子上自题道：“乡贡进士李忱。”有时宰相出京做地方官，他也要作诗相赠。凡是要见大臣和进言的人时，一定要事先修饰容貌，换衣服，洗手，然后才召见。说到国家政务，就会整天不知疲倦。

《北梦琐言》

宣宗责女

宣宗的女儿万寿公主嫁给尚书郑颢为妻。有一次，郑颢的弟弟郑𫖮得了重病，宣宗派人去探问。使官回来后，宣宗问万寿公主去探过病没有，使官回答说：“没有。”宣宗问女儿在何处，使官答道：“在慈恩寺看戏。”宣宗大怒，叹道：“这就难怪士大夫不愿与我结亲呀！”随即命令召见公主，公主来到后，立在阶下，宣宗很长时间都不看她一眼。公主大为害怕，宣宗责备他说：“哪有小叔有病，嫂子不去探视而去看戏的道理？”立刻命令她回家去。

《幽闲鼓吹》

临文不讳

侍读赵师民的学问道德，为天下人所共同称赞。宋仁宗时，他为皇帝在后殿讲解图书，当谈到乾卦四德，讲到了“贞”字时，不用别的音代替，直接念“贞”字音。宋仁宗名叫赵祯，“祯”与“贞”同音，当时是避讳这个音的，更何况是在宋仁宗本人面前了。近臣都掩口笑了。赵师民却慢慢地说：“临文不讳。”讲完了，宋仁宗目送着他，对左右说：“这个人真是古代的儒者啊！”

《墨客挥犀》

流　星

有个小孩夜间在溪边玩耍，看见一颗星星掉下来了。到眼前一看，是一块石头，像鸡蛋那样圆。拿回家去，当天晚上，他的家里发生了火灾。第二天，把石头扔到道上。一个士人拿回家去了。过了几天，他家又发生火灾，又把它扔到溪里去，化为流星飞走了。

《墨客挥犀》

蜈蚣杀蛇

我（彭乘）的伯祖曾在野外看到蜈蚣追赶一条大蛇，追得很急，大蛇穿过一条小溪，蜈蚣紧随其后，穷追不舍。蛇知难以逃脱，便回身张开巨口，欲吞蜈蚣，蜈蚣遂钻进蛇口中。过了一会，蛇死，蜈蚣穿蛇腹而出。剥开蛇腹一看，已经没有肠子了。

《墨客挥犀》

岭南异虫

岭南地区有一种异虫，状如蚯蚓，长约一尺，嘴尖似锥，半夜出来活动，一半身子着地，一半指向空中而行。人如果无意中碰了它，它就会一直钻进人的心腹，把人咬死后又钻出来。当地人称这种虫子为“夜虎”，非常怕它，躲着它。

《墨客挥犀》

无名毒虫

有个路人在长安道上行走，途中劳累，倚着一棵老松树坐下休息，忽听附近草丛中有响声，走近一看，只见一条丈余长的蟒蛇在荆棘中宛转抖动，好像受了伤或得了什么病。路人仔细一瞅，只见蟒蛇头上叮了一只像谷粒大的红虫子，当即将虫子抓住，扔到地上用脚踩死。蟒蛇不大一会儿爬走了，不料路人只觉得脚心发痒，过一会儿毒气渐渐升到脚上。十天之后，腿肉腐烂而死。一个小小的虫子，它的毒气竟能致人于死，实属罕见，但到底不知这是一种什么虫。

《墨客挥犀》

骨托鸟

河州有一种鸟叫骨托，体形像雕，高约三尺，其叫声似“骨托”，所以人们称它为骨托鸟。这种鸟能吃铁石。本州知州捉到一只，养在府中，每当府中宴会，就把这只大鸟弄出来让宾客们观赏。有的人认为铁石坚硬，根本无法消化，不相信鸟能吞食，于是当场试验，取一块三寸白石，系以丝绳，掷到大鸟跟前，大鸟见了，啄而吞食之，过了一会儿，人扯着丝绳将白石拽出，发现白石已软烂如泥。

《墨客挥犀》

虎　鹰

鼓山有位老和尚说，他数十年前曾登灵源洞，看见了一只大鸟从海上飞来，身如大牛，翅膀张开有两丈多长，在村野间低飞掠食，不大一会儿攫走二只公羊，向海面上飞去。有认识这种鸟的人说，它叫虎鹰，能捕捉虎豹。

《墨客挥犀》

空船案

崔易字伯度，有一次赴宣州任知州，走的是水路。崔易坐的船在江上行驶，夜里发现后面有一条船随之而来，船上毫无声息。崔易坐的船遇港口停泊，后面那条船也靠上岸来。崔易觉得有点怪，派人到船上一看，原来是一条空船，船上有血渍，搜遍全船，在船尾处发现一条黑色丝带，系了一张有文字的纸。仔细一看，这张纸是租船的契约。崔据契约得知租船者、船家及中介人的姓名，到了州里，派衙役拘拿契约上所写的人归案审讯。结果真相大白，原来是船家图财，谋杀了租船的商人，劫走了商人的财物后将船抛弃。最后，杀人的船家受到了法律的制裁。

《墨客挥犀》

杀人祭神

湖南风俗好杀人以祭鬼神，读书人为上品，和尚为中品，其他各类人为下品。有个书生走到郴州、连州之间，天色将晚，向路旁遇到的农夫问路。农夫问："秀才，你想到什么地方去？"书生告诉他要去的地方。农夫对书生说，前面有猛兽出没，不宜夜行，最好到附近村子里去投宿。书生听信了他的话，走到一高墙大院人家门前求宿，主人见了，十分高兴，很客气地把书生让到一间非常讲究的居室中，并端出丰盛的晚餐招待书生。到了晚上，又让一个漂亮的女子来陪伴书生。书生恋女色，一连在那家住了好几天，与那女子有了感情。女子偷偷地告诉书生："主人家是想谋杀你以祭鬼神，故意指使我来缠住你，我也是被他们劫持到这里来的，你要赶快想办法脱离虎口。"书生听了，大吃一惊，晚上掏穿墙壁，带那个女子逃出，一连跑了四十多里，等到天亮，到县衙报告。县令派捕役拘捕那家主人，经过审讯得知，前后已经被他杀了好几十人，书生问路所见的农夫，也是他们一伙的。杀人者及其同党伏法，书生破案有功，受到官方赏赐，后来与那位女子白头偕老。

《墨客挥犀》

吃胎盘之俗

古时，广西某些地区的妇女生了男孩子，家里人就把胎盘拿来洗干净，细切好，调和五味煎炒。招来至近的亲属宴会，边喝边吃。如有谁不肯赴宴便视为不给面子，一定会因此发生争吵打斗。

《墨客挥犀》

以天下为念

和黄庭坚在一处任职的范纯甫很能和皇帝谈论政事。范纯甫当初在凤翔当官时，还很年轻，家人经常看见他卧在房中，忽然又坐起来，穿上办公的服装，拿着手板，端端正正地坐很久。大家对此都已经习以为常了，但却不知道他在想什么。有人曾经问过他，他回答说："我有时忽然想起天下安危的大事。"一个人能以天下安危为念，岂可不敬？

《墨客挥犀》

丁谓寄信

丁谓被贬到远方，大臣们都远远地躲避嫌疑，不敢跟他说话。一日，忽然丁谓有一封信给宰相。宰相得到丁谓的信不敢拆开看，立即奏明皇上。打开一看，原来是他给皇上的表，叙述自己的情况，语调很哀切。其中两句说："虽迁陵之罪大，念立主之功多。"因此，皇上下了让他北还的命令。丁谓足智多谋，善于变通。因为被流放的人无法上达奏章，便假托是给宰相的信，以便上达皇上，因而受到了宽大处理。

《墨客挥犀》

借刀杀人

曹玮知渭州，号令严明，西夏人很害怕，因此边境无事。有一天，正召集诸将吃饭，有叛卒几千，逃往西夏境内。负责侦察的骑兵将这件事报告给他，诸将惊慌失色。曹玮谈笑如平时，慢慢地对骑兵说："这是我下的命令，你们不要泄露。"西夏人听说了，以为这些叛卒是来搞袭击的，就把他们都杀了。

《墨客挥犀》

贺　礼

李寰任晋州刺史，其表兄武恭性格狂妄荒诞，喜欢道教，好收藏古物。遇到李寰过生日，没有什么可送，便用箱子装了一件旧的青袄送给李寰，说："这是李令公（李晟）收复东京时所穿的青袄，愿你的功业和西平王李令公一样。"李寰写了一封信，郑重答谢。后来，李寰听说武恭要过生日，也用箱子装了一件破的油腻的幞头送给武恭，说："知道表兄向往神仙。我得到洪崖先生刚成仙时的幞头送你，愿表兄像洪崖先生一样成仙。"客人、下级无不大笑。

《墨客挥犀》

如见父母

杨亿七岁对客谈论，有老成的风度。十一岁，宋太宗听到他的事情，召对便殿，授秘书省正字。还对他说："你久离故乡，能不想念父母吗？"他回答："臣见陛下，就像见到父母一样。"宋太宗叹赏很久。

《墨客挥犀》

园外狼

参知政事石中立，性格滑稽。宋天禧年间，为员外郎。当时西域献狮子，在御花园饲养，每天给羊肉十五斤。有一次，他带领同僚去参观。有人说："它是个兽，却给这么多羊肉。我们是郎曹官，一天也不过几斤，反而不如兽了。"石中立说："你是多么不知本分啊！它是园中的狮子，我们是园外狼（员外郎），怎么可以相提并论呢？"

《墨客挥犀》

增　俸

按旧的规定：三班奉职月俸七百，驿券肉半斤。宋代祥符年间，有人在驿舍门上题诗一首说："三班奉职实堪悲，卑贱取寒即可知。七百料钱何日富，半斤羊肉几时肥？"皇帝听说了，说："这样怎么能要求官吏廉洁？"便商议增加了月俸。

《墨客挥犀》

送信人

蒋堂为淮南转运使时，所属各县按例给他送祝贺冬至的书信，都是把信送来就走了。有一个县令指派的送信人却不肯走，要索回信。左右的人劝他走，他也不听，斥责他也不走。他说：

“宁可得罪，不得书信不敢回县。”当时苏舜钦在座，感到惊奇，说：“小吏这样野狠，那个县令也就可想而知了。”蒋堂说：“不然。这个县令必定是一个坚强的人，能使人这样不敢怠慢。”便写了一个便柬作为答复。小吏走了。苏舜钦回到苏州，过了一个多月，得到蒋堂的来信，说：“那个县令果然是个坚强的人。”便为他树立声誉，后来果然成为名臣。有人说，此人就是天待阁待制杜杞。

《墨客挥犀》

嫁妇休妻

王雱是王安石的次子，娶妻抚州庞氏，过一年生了一个儿子。王雱素有心疾，与其妻不和睦。王安石考虑儿媳妇并没有什么过错，就让王雱和庞氏离婚，又给她找个女婿出嫁。工部侍郎侯叔献死了，他的妻子隗氏不守妇道。王安石把这件事上报皇帝，把隗氏赶出侯家。当时有顺口溜说：“王太祝生前嫁妇，侯工部死后休妻。”

《墨客挥犀》

千年无益

蒲传正任杭州知府时，有个术士请见，年过九十岁，脸色还像小孩。蒲传正接待他，很是高兴，问他长寿的方法，答道：“其办法简单而易行，其他的事都不忌，只断色欲就行了。”蒲传正低头想了好久，说：“如果这样，活一千年又有什么好处。”

《墨客挥犀》

宰相自觉是微尘

王安石辞去相位，退居钟山，常常一个人独游山寺。忽见一人，有许多士卒前呼后拥，按膝据床而坐，骄气满脸，谩骂左右，周围人都吓得不敢近前。安石问寺僧：“这是什么人？”僧人回答是押纲张殿侍（朝中的一个小官）。安石于是要来一枝笔，在门上题诗道：

口衔天宪手持钧，
已是龙墀第一人。
回首三千大千界，
此身犹是一微尘。

《墨客挥犀》

可惜国色

宋代大诗人黄庭坚在荆州时，邻居有一少女，闲静妍美，很有风度，黄深为叹惜。此女生在蓬门小户，不久，便嫁给了同里的一个很庸俗贫下之人。黄庭坚为此赋《水仙花》诗云：

淤泥解作白莲藕，
粪壤能开黄玉花。
可惜国色天不管，
随缘流落小民家。

《墨客挥犀》

择婿

宋代有一个风俗，达官贵人喜欢从刚考中的进士中间择婿。择婿时，也不用通过别人介绍，派人把他前呼后拥地拉来就是了。这样的女婿，被人称为

“脔婿”。有一次，有一个新考中的进士，年轻漂亮，被一个达官贵人看中了。十几个仆人将他拥到达官贵人的府中，年轻的进士也高兴地跟他们走。到了府中，观看的人形成人墙。不一会，达官贵人出来了，说：“我只有一个女儿，模样不丑，愿许配于你，行吗？”年轻的进士鞠了个躬，感谢道：“我一个出身贫寒的人能够与高门成亲，深感荣幸。请让我回家，跟妻子商量如何？”大家大笑着散去了。

《墨客挥犀》

错赏

王安石酷爱读书，即使吃饭睡觉，也手不释卷。白天有时间闲居或默坐，也在研究经文含义。知常州时，对客人谈话，没有笑容。有一天，大会宾客同僚，也有倡优（演员）在场。王安石忽然大笑。大家很奇怪，便给倡优较多的赏赐，说：“你的技艺能使太守开颜大笑，真该奖赏。”有人怀疑王安石的笑不是因为这个，就趁一个机会去问王安石。王安石说：“刚才席上考虑咸常二卦，忽然明白了它的深刻含义，自己感到很高兴，所以不由自主地笑了。”

《墨客挥犀》

终于进言

按着御史台的规定，凡御史一百天不进言，就罢为地方官。有个侍御史叫王平，上任将近一百天，却没对国事进言，同僚都很惊讶。有人说：“王公将等待机会发言，如果他一张口，必定说什么大事。”一天，听说他上了奏章。大家都打听他说了什么事，结果他说的是御膳（皇上吃的饭菜）中有毛发。

《墨客挥犀》

胡批

锺弱翁每到一地，总喜欢批评那里亭台楼阁匾额上的字画，把旧的牌匾额去掉，自己重新构思，重新书写，让工匠雕刻，然后挂上。他写得不好，大家都叫苦。有一次，经过庐陵一个山寺，高阁壮丽。锺弱翁跟部属站在那里，看到匾上写的是“定慧之阁”。旁边题写的姓名已经看不清了。锺弱翁肆意批评字写得不好，让僧人搭梯子把它取下来。擦干净一看，写的是“鲁国公颜真卿书”。原来是唐代大书法家颜真卿的手迹。这可傻了眼。锺弱翁便对周围的人说：“像这样的字画，怎么不刻石？”马上命令刻石。大家都把这件事当作笑话。

《墨客挥犀》

背诵奏章

黄宗旦晚年眼睛闹病，每逢向皇上奏事时，先要写好奏章，然后背诵下来。到皇上面前，他就打开奏章，开始背诵，其实他的眼睛是看不见奏章上的字的。别的大臣要害他，秘密地用别的文字换了他的奏章。黄宗旦不知道，到皇上面前，所朗诵的内容与奏章不一致。回家后才觉察到，便要求退休。

《墨客挥犀》

剃眉仿古人

彭几,字渊材,刚见到范仲淹的画像时,惊喜再拜,上前深深鞠躬说:"新昌布衣彭几,幸获拜谒。"接着,他又仔细地看范仲淹的画像,说:"有奇德的人,一定有奇特的形貌。"又拿镜子照自己,捋着自己的胡须说:"我和他长得大略相似,只是耳朵上缺几根毫毛。我年纪大一点的时候,就长得和范仲淹一样了。"他到了庐山太平观,看见了狄仁杰的画像,眉目伸入鬓角。他又上前拜了两拜,说:"宋朝进士彭几谨拜谒。"他仔细看了狄仁杰的画像很久,招呼下人剃掉自己的眉尾,作成高挑的树枝伸入鬓角的形状。家人们看见他这个样子都吃惊地笑了。彭渊材大怒,说:"笑什么?我以前看见范仲淹,恨自己耳上没有毫毛。今天看见了狄仁杰,不敢不剃眉。笑什么?耳上没有毫毛是天生的,剃眉属于人为。君子修人事以应苍天,为什么你们认为可笑呢?我经常要行古道而不被人了解。真是古人今不见,我道真难行啊!"

《墨客挥犀》

酌酒自得

侍郎崔坚白,口不谈别人的过错,对于权势也淡泊。祥符中,掌右史将近十年,每次立在宫殿台阶上,自己常常退避,怕皇上见到自己。他精通《周易》,善于弹琴。所租的房舍有小阁,自己种竹子数竿。退朝之后,在那里默坐,自己酌酒独饮,悠然自得。

《墨客挥犀》

喜怒有常

程丞相性格严肃刚毅。出镇大名府时,每天早晨起来,就在办公桌上决定各种事情,左右的人都很恐惧,不敢喘息。到了举行宴会的时候,召集同僚和部下饮酒,却笑容满面,经常开玩笑,对谁也不责问。因此,人们既害怕他的刚毅果断,而又喜欢他的旷达。

《墨客挥犀》

以诗求和

张宗永,华州人,倜傥不羁,善于写诗。宝元年间,为建安知县,当时陈宰相为京兆尹,张宗永因为一件事,使陈宰相不满意。陈宰相有别墅在户县和杜陵县之间。张宗永知道陈宰相喜欢绝句,便抽空到了别墅,在墙壁上写了一首诗:"乔松翠竹绝纤埃,门对南山尽日开。应是主人贪报国,功成名遂不归来。"别墅的管家抄下来报告陈宰相,陈宰相看了,认为写得好,对待张宗永又像当初一样。

《墨客挥犀》

范仲淹幼年苦学

范仲淹年少时,与同学刘某在长白山僧舍住,刻苦求学。因为家贫,每天用两升米熬成粥。过一宿,粥就凝了。范仲淹用刀切成四块,早晚各两块。掺和十几块切碎的咸菜、半钵醋，还有一点盐，把粥烧热了吃掉。这样的生活，坚持了三年。

《墨客挥犀》

观　画

藏书画的人多取空名。偶而见到一幅画，传说为钟、王、顾、陆的手笔，人们便抢着买。这就叫做耳鉴。又有人观画，用手摸画，相传画上的颜色沾不到手指上，这样的画是好画。这样的鉴别方法，又在耳鉴之下，被称为“揣骨听声”。欧阳修曾经得到一幅古画，是一丛牡丹，牡丹下有一只猫。欧阳修不知道它的精妙。丞相吴正肃公与欧阳修家相近，一见到这幅画，就说：“这是中午时的牡丹。”欧阳修问：“为什么呢？”吴正肃公说：“这花披散而颜色干燥，这是中午时的花。猫眼睛黑得成了一条线，这是正午时的猫眼。带露水的花就花房收敛而颜色润泽。猫眼在早晚眼珠是圆的，正午时就眯成一条线。”

《墨客挥犀》

蔡襄善鉴茶

蔡襄，字君谟，善于鉴别茶叶，后人比不上他。建州能仁院有茶树，生在石缝中。寺僧采得茶叶制成饼，号石岩白。把四块茶饼送给蔡襄，又把四块茶饼派人进京送给王寓玉。过了一年，蔡襄被召回到朝廷。他去拜访王寓玉。王寓玉命子弟从茶笥中挑选精品招待蔡襄。蔡襄捧着茶碗没喝，便说：“这茶叶极似能仁院石岩白。你从哪里得到的？”王寓玉拜访过蔡襄。蔡襄听说王安石来了，很高兴，亲自取来绝品茶叶，洗器皿，烧茶来招待他，希望王安石表示欣赏。王安石从夹袋中取出清风散一小撮，放入茶碗，一起喝了。蔡襄愣了。王安石慢慢地说：“大好茶味。”蔡襄大笑，并感叹王安石的真率。

《墨客挥犀》

西平王训女

崔枢的夫人是太尉西平王的女儿。西平王过生日，举行盛大宴会，有个小婢女对崔夫人耳语很久，崔夫人点点头就走了。过了一会，崔夫人又回来了。西平王问：“什么事？”崔夫人说：“婆婆昨夜身体有些不舒适，派人去看看。”西平王扔掉筷子，很生气地说：“我不幸有这样的一个女儿。真奇怪，你当人家的媳妇，婆婆有病，不侍候汤药，而为父亲过生日。我有这样的女儿，还过什么生日？”马上叫女儿乘檐子（一种无屏障的轿子）回去，接着自己也到崔家问候，还道歉说对女儿教训得不好。亲戚听说了，无不惭愧。勋臣之家，数西平王家有家法。

《墨客挥犀》

王公豁达

王安石有气喘病，要吃紫团山人参，一时没有找到。当时薛师政自河东回朝，正好有，便送给王安石几两，王却不接受。有人劝他：“你的病非这味药不可治。你的病很重,药不能不要。”王安石说:“从前没有紫团参,也活到今天。”王安石面目黧黑,门人担忧,去问医生。医生说:“这是污垢,不是病。”门人端来一盆热水让王安石洗脸,王安石说:“我是天生就这么黑,洗脸又能怎样?”

《墨客挥犀》

大儒气度

罗可是沙阳的大儒,气度宽宏,文词富丽。曾经考进士,没有考上,便慨然不再有进取意,以放纵快意,乡人都把他当老师那样尊重。有人偷他菜园中的蔬菜,正好被罗可看见了,罗可便蹑手蹑脚地藏在草丛里躲避,那人走后才站起来。还有人偷他的鸡杀了,罗可就带了一壶酒去跟他同饮。那个人惭愧地认罪,罗可拉着他的手说:“我和你是同乡,不能炖鸡来招待你,我实在惭愧。”又设宴席,把偷鸡人的妻子、孩子招呼来,一同围着桌子坐,喝醉了酒,才回家。此事他始终没有对别人说。因此,人们都互相告诫,不要偷他家的东西。他年六十七岁去世,所作的诗赋多传播人口。曾经作一百韵的咏雪诗,其中“斜侵潘岳鬓,横上马良眉”,实在是佳句。

《墨客挥犀》

打人出钱

鞠真卿任润州太守,百姓有打架斗殴的,除治以本罪之外,又叫先动手的出钱给后动手的。一般人都舍不得钱财,也不愿意把钱给对手,结果每天都有争论瞪眼睛的,却没有敢先动手的。

《墨客挥犀》

包拯的避讳

包拯到开封府当府尹,一群官吏都到包拯面前问包拯的避讳。包拯说:“有什么避讳呢?”那群官吏说:“祖先的名字,我们应当避讳。”包拯瞪起眼睛说:“我没有什么避讳,只避讳官吏有贪赃的。”那群官吏心怀恐惧地退走了。包拯当开封府尹十多年,百姓、官吏都称赞他的神明。为大尹十多年,近代也很少有。

《墨客挥犀》

《新唐书》署名

欧阳修修《新唐书》,最后到书局,专修“纪”“志”,“列传”是尚书宋祁修的。朝廷以为一本书出于两人之手,体例不能统一,便命欧阳修仔细审阅列传,删改为统一的体例。欧阳修虽然接受了命令,回家后却感叹道:“宋公是我的先辈,再说人们的见解多不同,怎么都能跟自己想的一样?”于是一点也没有改动。等到《新唐书》修完了奏献皇上,按照修史的旧例,只列书局中官高的一人姓名,欧阳修的官最高,应当署名。欧阳修说:“宋公对列传也下了很深的功夫,写了很长时间,怎么能埋没他的名字,而夺取他的功劳呢?”于是“志”“纪”写欧阳修的姓名,“列传”写宋祁的姓名。这样的体例前所未有，自欧阳修开始。宋祁听说后高兴地说：“自古文人不相让，而好欺凌、埋没对方，这样的事前所未闻啊！”

《墨庄漫录》

章友直篆书有名

章友直，字伯益，以篆书得名，召至京都。翰林院篆书待诏数人，都听到过他的名，但心里不服。章来到后，大家都来见他，说：“听说先生的技艺已经很久了，想看看你的笔法，作为榜样。”章友直叫粘纸各数张，作两个图。一张图纵横各十九划，画成了一个棋局。另一张图画了十个圆圈，成为一个箭靶子。笔划的粗细、间架的疏密，连一根头发那样的失误也没有。大家见了，惊叹声不已，再拜而去。

《墨庄漫录》

蜡烛诗

浮休居士张舜民，字芸叟，久经贬官，回到朝廷，仍然快快不平。有一次举行家庭宴会，分题写诗。他的女儿得蜡烛，写诗说：“莫讶泪频滴，都缘心未灰。”张舜民感到惭愧，从此再也没有急于求进的想法了。

《墨庄漫录》

不可使斯民有菜色

题跋最为难事。惟有东坡（苏轼）山谷（黄庭坚）题徐熙画菜云：“士大夫不可不知此味，不可使斯民有此色。”

《墨庄漫录》

苏轼改旧例

宋代，西京洛阳的牡丹花天下闻名。每当牡丹花盛开时，太守都要举行万花会，举行宴会的地方，用花当屏障。梁栋柱拱之处，都用竹筒装水，插上花，用钉挂在上面，抬眼望去都是花。扬州产芍药，其中美丽的不比牡丹花中的姚黄、魏紫两个品种差。蔡京知扬州时，也模仿洛阳举行万花会，以后年年都沿习举行。人们都认为这是一件坏事。元佑七年，苏轼知扬州，正赶上花开时节，官吏们说举行万花会是旧例。苏轼决定不举行，人们都非常高兴。苏轼写信给王定国说：“花会，查旧案，用花千万朵，官吏们趁机做坏事，乃是扬州一大害，已经不举行了。虽然杀风景，但也避免了一些人造孽。”

《墨庄漫录》

老不被喜

徐遹子是闽人，博学，讲义气，屡次考进士都考不中。宋崇宁二年，因为特别恩准，当了状元，当时已经老了。到琼林苑参加喜宴回来，骑马经过妓院，别的进士所戴的花都被妓女要去了，只有他的花到住所还有。他于是戏题一绝句说：

白马青衫老得官，
琼林宴罢酒肠宽。
平康过尽无人问，

留得宫花醒后看。

后来他当了朝官，知广德军，辞官而归。

《墨庄漫录》

刘安世贬昭州

北宋绍圣初年，对反对王安石变法的元佑党人进行贬逐。被贬官的，多贬到广西一带。谁的罪行大，就被贬到水土最不好的地方。谁的罪行小，就被贬到水土较好的地方。宰相们在议论刘安世贬官的时候，蒋之奇说："人们推算，刘安世的命极好。"章淳用笔在"昭州"上点了一笔，说："刘安世命好，且去昭州试命一回。"昭州是个水土很差的地方。

《墨庄漫录》

薛公柳

扬州蜀冈上有大明寺平山堂。宋代大文学家欧阳修曾亲手在这里种了一株柳树，人们称为"欧公柳"。欧词中所说"手种堂前杨柳，别来几度春风"，就是指此。薛嗣昌任此地太守时，对着欧公柳也种了一株柳树，自己标榜为"薛公柳"，人们无不暗中嗤笑。他离任以后，被人砍掉了。

《墨庄漫录》

不留痕迹

张安道守成都时，眷恋官妓陈凤仪。过了几年，王仲仪从京都出发去守蜀。临行前，张安道写了一封信，请王仲仪捎给陈凤仪。王仲仪到了成都，对陈凤仪说："张尚书跟你有情吗？"陈凤仪掉下了眼泪。王仲仪说："他曾经给你写过信，还保存吗？"陈凤仪说："至今一直保存。"王仲仪说："你把信都拿来，我要看看，不可隐瞒。"陈凤仪便拿出一个锦囊，保存得很严密。王仲仪说："张尚书以刚劲立朝，少朋友，多仇人。你不要因为这个害了他。"说完便把那封信交给陈凤仪，连锦囊一起烧了。后来，王仲仪把这件事对张安道说了，张安道很感谢他。王张两家是亲家。

《墨庄漫录》

风尘女书法乱真

徐州有个营妓，叫马盼，既美丽又极聪慧。东坡任徐州太守时，非常喜欢她。马盼能模仿东坡书法，写得大致相似。有一次，东坡写《黄楼赋》，还没有写完，马盼模仿东坡字体，偷着接在东坡赋上写了"山川开合"四个字。东坡见了大笑，略为润色，不复改换。

《墨庄漫录》

照脸安用二百里

吕蒙正做宰相为人宽厚，宋太宗特别赏识、信任他。朝廷上有一人，家里藏有一面古镜，自称能照二百里，想通过吕蒙正的弟弟献给他，以便取得任用。吕弟找到机会，提到了这件事，吕蒙正笑了，说："我脸只有碟子大，哪里需要照二百里？"他弟弟再不敢提起。

大家听说了，都敬佩吕蒙正不因为贪图稀奇古物而败坏了自己名节。

《归田录》

张齐贤善吃

北宋丞相张齐贤，体态肥大，食量过人。尤其喜欢吃肥猪肉，每次一吃就是好几斤。天寿院的风药黑神丸，一般人服用不过一丸，他要五七两为一大剂，用薄饼包卷着一顿就吃掉了。淳化年间，张齐贤罢去相位，去安州当了知州。山区小郡从未见过达官贵人，见他吃喝不同常人，无不惊愕万分。一次与宾客会餐，厨师在大厅边上放了一个金漆大桶，见他吃喝什么就往里放什么，到傍晚，酒浆菜肴，装满一桶，都溢出来了。

《归田录》

皇帝不拜佛像

宋太祖首次进相国寺，到佛像前烧香，问："该拜不该拜？"和尚赞宁说："不用拜。"问他原因，回答说："现在佛不拜过去佛。"赞宁读书不少，又善言辩，此话虽接近插科打诨，但颇合太祖心意。从此，皇帝见佛像不拜成制度。

《归田录》

慢性子与急性子

北宋初年，能讲述五代时事的前朝遗老说：冯道与和凝一起做宰相，冯道性子慢，和凝性子急。有一天，和凝问冯道新买的靴子多少钱。冯道举起左脚给和凝看，说："九百。"和凝急忙回头问手下的小吏："我买的靴子怎么要花一千八百？"于是厉声责备了好久。半天，冯道才举起右脚说："这一只也九百。"这一来引起哄堂大笑。

《归田录》

夫妻妙对

北宋大诗人梅尧臣，其诗知名于时，但仕途不顺利，三十年来始终未能在翰林院供职。晚年参加编写《新唐书》，书稿完成后，没来得及上报朝廷就去世了。大家都为他叹息。当初接受朝廷命令参加修史时，他对妻子刁氏说："我修史书，可谓'猢狲入布袋'。"刁氏回答说："您在仕途上，难道还不是'鲇鱼上竹竿'吗？"

《归田录》

《五总志》

[宋]吴　坰

《五杂俎》

[明]谢肇淛

《儒林公议》

[宋]田　况

《儒林琐记》

[清]李克敬

《南村辍耕录》

[元]陶宗仪

《南园漫录》

[明]张志淳

《南渡录》

[明]李　清

《南唐近事》

[宋]郑文宝

《南唐书》

[宋]陆　游

《南部新书》

[宋]钱　易

《青琐高议》

[宋]刘　斧

《青磷屑》

[明]冯梦龙

《旧闻证误》

[宋]李心传

《小名录》

[唐]陆龟蒙

《玉壶清话》

[宋]释文莹

不甘受压

唐朝张彖，素来熟悉官吏的工作。初次做官任华阴主簿，当时，县令、郡守都不称职，每次向他们提出建议，都被压抑、阻挠，便说："大丈夫有凌云之志，被局限在下位，就像七尺之躯，站在矮屋之下，使人抬不起头。"于是辞官而去。

《五总志》

骆宾王续诗

骆宾王（唐朝著名诗人）尚未成名时，受雇佣在杭州梵天寺做事，整天干杂役，到夜晚才休息。有一天他凭栏而立，当时月色很美，有一个老和尚反反复复吟诗，没完没了，接着长声叹息。骆宾王问道："和尚，你怎么不去睡觉，而在这冥思苦想成这个样子？"和尚说："我在为梵天寺作诗，只作出了两句：'桂子月中落，天香云外飘。'我动尽了脑筋，都不能把这首诗完成，所以叹息。"骆宾王说："我来为你续成。"和尚说："你是什么人，也敢来谈诗？"但又不能制止骆宾王。骆让和尚再把诗的前两句说一遍，和尚刚说完，骆宾王接着吟道："楼观沧海日，门听浙江潮。"和尚听了大吃一惊，这才知道骆宾王不是一般人。

《五总志》

防微杜渐

魏国的长公主（皇帝的姊妹）曾身穿装饰着翠色羽毛的衣服进入皇宫，宋太祖赵匡胤看见后说："你应该把这件衣服给我，今后不要再穿这样的衣服了。"魏国公主笑着说："这能用多少翠鸟羽毛？"太祖回答说："就怕宫中的女眷和他们的亲戚朋友们都竞相仿效穿这样的衣服。一些小人受利欲趋使，就会愈来愈多地伤生掠取漂亮的羽毛，这就是由你导致的了。"

《五总志》

识　才

梁湘东王记录忠臣，用笔分三等。对于忠孝两全的大臣，用金制的笔管记录；对于德行高尚者，用银制的笔管记录；对于有文采的大臣，用斑竹制的笔管记录。唐明皇初临政，对于大臣们的意见、建议无不采纳，并且把那些好的奏章存放在金匣中，置于身旁，一有空闲就拿出来读一读。

《五总志》

如此惩罚

李载仁平素最讨厌吃肉和油酥。一天，见随从的两个士兵忽然打起架来，大怒，叫人赶快到厨房拿来了肉和饼，罚打架的立着对吃。还警告说："下次再打架，定要用肉另加油酥的东西惩罚你们！"

《五杂俎》

夜戴皇冠

一天，唐玄宗坐在勤政楼上，看见

一个补帽匠，便召唤道："我有一顶破损的太平帽，你能修补吗？"答道："能。"说完就着手整修，修好将帽子递上。玄宗说："我帽子很多，用不着它了，送给你吧。"补帽匠十分惊恐，跪在地上不敢接受。玄宗笑道："你只要在半夜里关着门一个人戴着玩玩，不让人看见，就不会惹麻烦的。"

《五杂俎》

张咏待民

北宋的名臣张咏任余杭太守时，正赶上大灾之年闹饥荒，百姓多数违犯禁令卖私盐。张咏对抓到的私盐贩子，不论贩盐多少，鞭笞一顿就放掉了。这样一来，贩私盐的更多了。负责抓捕的官员就来找张咏，以为这样做扰乱了国家的法纪，张咏欣然接受，并留下夜饮，席间他亲自斟酒，说："杭州十万户人家，挨饿的有八九成，不靠贩私盐维持生活，一旦铤而走险，造反起事，你们诸位还对付得了吗？我只待秋天收成上来后，就会严格按法律办事的。"人们听到他的话都心服了，甚至有流下眼泪的。这一年到了秋天，果然盗贼绝迹，老百姓的生活也得到了维持。

《儒林公议》

赵匡胤激将

李汉超率劲旅五千人驻守高阳关，以抵御契丹。他时常忧虑自己的兵少，于是派自己的儿子拿着奏章赴京请求增兵。宋太祖迎接他，对他说："你父亲是派你要求增兵的吗？"于是赏赐饭食，过了一会说："你父亲不能办我的事，那我等契丹人杀你父亲的头吧！我另有能办我的事的人，兵我是不能增加的！"接着解下身上的宝带加上金帛厚厚地赏赐给李汉超。于是，李汉超发奋自励，终于抵御住了北面敌寇的侵略。

《儒林公议》

心事难侦破

宋太祖赵匡胤曾秘密派人去军队探察情况，宰相赵普极力反对。宋太祖说："周世宗时曾这样做过。"赵普说："世宗正是这样做的，但岂能看出你的心事？"宋太祖是靠发动兵变夺取了周世宗的政权，听赵普这样说也就不吭声了，派人去军队搞秘密侦探的事也就这样算了。

《儒林公议》

皇帝同样文人相轻

北宋著名诗人杨亿，为人较正派，但不够检点，说话随便。当时陈彭年受宠幸，帮助宋真宗修改诗文。有人就诽谤杨亿，说他在背后议论皇上的诗文是自己亲笔写的。宋真宗听了非常不高兴。有一天，召杨亿进宫内宴请他，酒菜极为丰盛，器具也是平常见不到的。忽然皇帝叫小太监捧出几个书箱来，里面都是文稿，修改涂抹处，全是皇帝亲笔所为。杨亿跪伏在地，一一拜读，盛赞文笔精美。皇帝顿时变了脸色，说："这都是我自己写的，没有请别人代笔。”杨亿不知原因，但也不敢辩解，只得惶恐退出。随后找了个借口退职在家，晚年再三请求才复了官。

《儒林公议》

善解人意巧断案

北宋时，张咏当杭州太守。有一天，有一个平民同他倒插门的姐夫为争家产打官司。父亲遗嘱上写得很清楚，家产十分之七归女婿，十分之三归儿子。但儿子不服。张咏了解案情后，颇受震动，先请双方喝酒。酒酣时，才对当儿子的说：“你父亲太聪明了。他死时，你刚刚三岁，把你托给女婿抚养。要是遗嘱把家产十分之七分给你，你早就死在你姐夫手里了。如今应该把这七分家产还给你。”那一家的儿子和女婿听后都号啕大哭，叩头而去。人们都称张咏“神明”。

《儒林公议》

天书其实不可信

宋真宗时候，有人报告天上降下了天书，宋真宗十分高兴，改年号为“大中祥符”。有军士上告，说他所在军营的将领对天书说了些诽谤的话，宋真宗大怒，要治将领的罪。当时马知节在枢密使府，极力劝说不可，并且上言说：“降天书的事，像我们这些大臣如不亲听皇上宣示，也不敢相信，何况一个军官？如果因此处罚他，军队就会不安定。”此事就此罢了。

《儒林公议》

赵匡胤惜将

北宋大臣李汉超率领军队在高阳关驻扎，跟老百姓借钱财而不归还，老百姓击鼓上告。宋太祖赵匡胤对上告的百姓说：“你们乡里是否也被契丹掠夺过？”上告的百姓说：“是。”太祖说：“自从李汉超率军驻扎后还被契丹掠夺过吗？”百姓回答说：“没有。”太祖说：“过去契丹掠夺你们，你们不来告，现在李汉超跟你们借点钱财就来告啦！”太祖愤怒地将上告的百姓撵走。之后，秘密将李汉超的母亲召来，对她说：“你儿子手头不宽绰，不来告诉我，怎能从老百姓那儿拿取呢？”于是赐人白金三千两。从此，李汉超发愤要以死相报。

《儒林公议》

好坏宰相贴两壁

北宋，寇准当宰相，以纯正廉洁大得天下民心。丁谓当宰相，专权贪贿，天下人都恨他。民间歌谣唱道：“欲时之好，呼寇老；欲世之宁，当去丁。”两人相继遭贬斥罢去宰相后，民间流行把两个相貌画成图像，相对贴在墙壁上，卖酒肉的铺子里往往能见到。即使是目不识丁、头脑鲁钝、地痞无赖之类的人，也都指指点点，称颂寇准而骂丁谓。

《儒林公议》

宋代状元荣耀

宋初，极为重视科举制度。宋太宗

时，陈尧叟、王曾两人刚考上进士，就入朝廷任太史。以后凡状元及第的，不出十几年，都执掌朝廷大权。此后大家都习以为常，觉得理应如此。每当宫殿上宣报谁考上状元时，公卿大臣们都踮足张望，连皇帝都注目相看。状元从崇政殿到东华门出宫，一路传呼其名，观众塞满了街道，水泄不通，甚至还有爬上屋顶观看的。达官贵人和平民百姓都如此羡慕，以至轰动了整个京城。洛阳人尹洙，心气高傲，善于言辞，曾说："状元登第太荣耀了！虽领兵数千万恢复幽蓟十六州，将强虏驱逐到荒漠之外，凯旋班师，献俘太庙，也及不上。"

《儒林公议》

挑衅造成失败

宋初，西夏元昊刚掌权，曾上表朝廷，要求册封。当时从宰相到各部大臣，议论纷纷却拿不出对策，最后认为西夏弱小，就拒绝了这一要求，并派夏竦、范雍带兵驻防。开始时双方和平相处，时间长了，范雍以为西夏果真弱小而胆怯，屡屡派兵骚扰抢掠。这下激怒了元昊，并有了借口，于是乘虚直攻延安城下。范雍下令部将刘平出兵华池增援，但刘平轻敌，元昊又扔下牛马人口引诱官兵去抢，乘宋军队伍混乱之际发动攻击，刘平大败，自己被生擒。以后两年，宋军年年吃败仗。宰相吕夷简不禁感叹道："一仗不如一仗，太可怕了！"

《儒林公议》

再试不灵

北宋初年，西夏元昊尚未骚扰宋朝边境时，所属部落有叫山遇的，来延州（今延安）告发元昊的阴谋。当时郭劝驻守延州，为了表示朝廷对元昊没有任何怀疑，把山遇用镣铐拘禁起来送了回去，结果元昊把山遇一族人全杀光了。因此，西夏人怨宋朝，怕元昊，断绝了归顺之心。后来元昊对北宋威胁越来越大，朝廷又发下诏书招降，职位高低任选，只要来归顺就给予高官厚禄，甚至答应封郡王。但再也无人来投顺了。

《儒林公议》

契丹驸马的悲剧

北宋时候，契丹占有幽燕十六州和雁门关以北地区，后也举行科举考试，收罗读书人才。幽州刘家五兄弟，都因科举得官，其中三嘏、四端两人，还当上了驸马。庆历年间某个秋季，刘三嘏带着爱妾和一个儿子来投奔北宋广信军驻扎地，自诉契丹公主性格凶狠，另有情人；夫妻早已离异，但今秋契丹首领逼令他们夫妻重新结合，这一来其爱妾和儿子必死无疑，所以投顺北宋。他了解契丹内情，报告说今秋契丹要攻打西夏，幽燕地区空虚，是北宋夺回失地的好机会，并献了七条计策。但朝廷考虑双方和约签订已久，没有采纳；刘三嘏又地位显赫，留下怕引起争端，就送了回去。刘三嘏因兄弟们都在契丹当大官，侥幸免了一死，被关押起来。他的爱妾和儿子都被当妻子的公主杀死。北宋人士议论起来，深为此事可惜。

《儒林公议》

挟私报复

宋代的谢绛是江苏人，容貌标致文秀，善于写文章，词藻华美。景佑年间担任起草朝廷正式文书的官职。他性格轻浮狡黠，利嘴快舌，一般人摸不透他的心思。他曾利用起草文书的机会，在文词中挟私报复，大家都怕他。不久他被派往南阳当太守，死在任上。病重临死时，自己把舌头都咬碎了，连血带肉吞食下去。人们都引为鉴戒。

《儒林公议》

曹彬谦让避祸

宋太祖部下名将、后封翼王的曹彬，战功卓著。平定后蜀时，众将领争着抢掠财宝，唯独曹彬秋毫无犯，于是宋太祖更加赏识他。曹彬性格谨慎，从不自大。率军攻破南唐后回到京城，吩咐守宫殿门的太监只报告说，从江南办完公事回来。以后他的功勋与名望越来越大，但他愈加卑谦，以便保住官位。出镇外地时，中央有关部门来检查，尽管是最下等的官吏，他也不带随从，端着朝见皇帝的笏板在路边迎接，弄得派来的使者反倒惊惶不安。部属有人对他说："这样做太过份了。"曹彬说："这是皇上派来的人，是来窥探我的。"

《儒林公议》

汤斌毁祠

清朝人汤斌，字潜庵，河南睢州人。他在江苏做巡抚时，江苏上方山有五通神祠，非常灵验，老百姓常载歌载舞办赛会祷祝，前往的人都像发狂似的。汤斌嫌这个神祠迷惑百姓，上书朝廷请求毁掉它。巫师就传出神语说："汤某想要毁坏我的祠庙，我将要让他死。"当地人信神，但又爱汤斌，急忙前来谏阻，汤斌不听。在前往毁祠庙的路上，老百姓捧着香火拦住路，跪着请求的人成百上千。汤斌笑着说："谢谢父老们的厚意，但我已经上报朝廷，不能够中途停止。"于是前往把祠庙毁了，把神像烧了，过了很久也没有出现什么事。在这之前当地挖地得到一个碑，上有字写着："内出酒海，遇汤而败。"到这时才得到验证。

《儒林琐记》

悔作随园门下士

清朝人袁枚，字子才，浙江钱塘人。少年时就有文才，试博学宏词科，没被录取。乾隆四年考取进士，由庶吉士改知县，不久请求病休，寓居江宁，建筑了随园，在其中读书。他写的诗文才气横溢，语言必定标新立异，尤其喜欢奖掖后进，即使不完整的篇章、孤零的句子，他都称誉不已。当时的文士们大都以他为宗师。公卿拿着礼物前往，把与他相见当作荣幸的事。高丽、琉球等国人士也争着求购他的诗。他死后名声大减，人们都瞧不起学他的人，然而也无法完全否定他。有一个袁枚的学生曾刻了一枚私印曰“随园门下士”。袁枚死后，人们对袁枚的毁谤一天天多起来，他又刻了“悔作随园门下士”的私印。

《儒林琐记》

朱彝尊巧求好书

朱彝尊是清代浙江秀水人。以布衣的身份应博学宏词试，被授予翰林院检讨。他精通考据，又能文善诗，尤其喜好古书。他到江南主持考试时，听说钱遵王写了一部《读书敏求记》的书，这书考求图书的原委非常详尽，他多方求借也未得到，于是就安置酒席，招钱遵王及其他士人来聚餐，让他们大喝狂醉，一直喝到天亮。在这时朱氏私下里用钱买通钱遵王的侍从，让侍从回家取来这部书，事先安排抄写的人十几个，分类抄写，仅一夜之间就把整部书抄写完了。

《儒林琐记》

刁包崇拜高攀龙

刁包是清朝人，字蒙吉，直隶祁州人。年少时跟从大学者孙奇逢学习，后来得到了高攀龙的书，读过书后高兴地说：“我没见到这本书之前，就如同死人一般，读此书后，到今天才重新活着做人。”于是在家里设立了高攀龙的牌位，早晚祭祀。自己有过错，就跪拜在牌位前自己谴责自己，一直到老死也不敢松懈。

《儒林琐记》

武亿求碑

清朝人武亿，字虚谷，偃师人，学问广博，精通考据，尤其喜好金石。同县有一农家挖井，得到晋朝刘韬的墓志，武亿听说后，急忙前去购买，自己背着回来，石碑重有几十斤，走了二十多里才回到家，累得几乎死去。他性情迂腐孤僻，很善于哭。他曾经到京师，住在大兴朱筠家里。除夕夜，朱筠送给他猪肘子、蒙古酒，他都下肚了。享用完后就大哭起来，惊动了主人家的整个宅院。朱筠估计武亿是长久在外做客想家了，就急忙上前慰问他，武亿说：“没有其他原因，只是从远处来说怀念古人，从近处来说为洪亮吉、黄景仁这样的人才生不逢时而伤心罢了。”

《儒林琐记》

借宅而死

待制周仁荣，字本心，建一房屋，刚建成，他的友人杨道舆匆忙来到门前说：“希望借你新宅而死。”周先生让他住进正屋。妻子和孩子都不满，周先生不理会。不久，杨死了，遗留财宝二十八箱，没有人来领取。杨的弟弟拜访周先生，请求分得其兄的财宝。周先生说：“你的哥哥寄死在我这里，就是怕你夺取他的财产。”周先生出了丧事的全部费用，最终也未给杨弟一文。他当众把箱子封上，从平阳招来杨的儿子全数交给了他。

《南村辍耕录》

雨坚果

元至正十六年春天，笔者(陶宗仪)从杭州迁到湖州避难。三月二十三日，黑气连天，雷雨闪电。有一种像果核似的东西夹杂在雨里降落下来，五色交错，光亮坚硬。劈破坚壳，吃起来味像松子仁。人们都说这是娑婆树子。当年闰三月十二日又降了这种雨。八月，到杭州，因而得知三月十八日杭州也像湖州一样降了这种雨。

《南村辍耕录》

面磨

元代，尚食局进呈一种麦面。磨客面用的磨在楼上，在楼下安置机轴使磨旋转。驴在楼下拉磨践踏，干活的人走来走去都不影响磨的转动，而且不受尘土、臭秽之气侵染。这是巧匠瞿氏创制的。

《南村辍耕录》

猴盗

夏雪簑说，曾经亲自听到戏剧演员杜彦说：以前，他从江西回到韶州，在旅店住宿。店里先有一位叫做相公的客人住着。他穿着刺绣的衣服，戴着琢玉顶的帽子，却只穿着一双皮制的鞋。杜生很奇怪，就准备了酒菜请他。问他姓名履历，他都一一详答，一点看不出是盗贼。第二天，那位客人设席酬答，请杜生到他的屋里去。杜见到柱子上锁着一只小猴子，形状精悍，神气奸狡。一会儿，放开它在席间活动。忽然用番语叫它去做事。过一会儿，捧来一只碟子。客人又用番语骂它，它又换了一只碗。杜生惊异，询问猴子的来历。客人说："我有个侍婢，生了个孩子，刚满月就死了。当时这只小猴才生下十五天，生它的母猴被猎犬咬死了，整天号叫，很可怜。因此，让这个侍婢去给小猴喂奶。等猴子长成后，便能够听随人的指使，而且还能听懂番语。"

杜生和那位客人道别后，来到清州，留宿在吴同知家中。忽然手下报告说有一个客人带着一只猴子进城了。吴对杜生说："这人是江湖巨盗，每次来到人家，就窥看人家房屋的通道和储藏物品的地方，到晚上便让猴子进去偷窃，他自己在外面接应。我一定要夺下这只猴子，为民除害。"第二天，那位客人来拜见吴同知。吴款待他吃饭，向他索要那只猴子。开始，客人坚决不给。吴说："不给的话，就砍掉猴子的脑袋。"客人不得已才答应了。吴给他酬金十两银子。临走，客人用番语向猴子嘱咐了一番。正赶上译员在场听到，走来告诉吴说："客人教猴子说：'你如果不喝不吃，他一定会给你松绑，那时你要快点逃出来，我就在十里外小寺里等你。'"吴听了还不相信。到了晚上，试着给它水果、坚果、水、食物等都不吃，吴急忙派人去侦察，这个客人果然没走。回来报告吴，便把猴子拉出来杀掉了。

《南村辍耕录》

坐怀不乱

扬州人秦君昭，正当妙年，要到京城去走走。有个姓邓的让人用轿子抬了一位生得极美的女孩子到他面前，让她拜见秦君昭，指着她说：“这是我替部主事某人所买的妾，希望能借你的方便船为我带到京里去。”秦不敢答应。邓变了脸色，说：“即使你自己收留了她，也不过两千五百贯钱罢了，为什么如此固执地推脱呢？”秦勉强答应下来。经过逶迤的航程，船来到了临清。天气渐渐热了起来，夜里蚊子多得吓人，他便让女孩子也进入他的蚊帐同睡。就这样一直到达京城，把女孩子安置在旅馆主妇家里，自己拿着邓的书信去见主事。主事问他：“您是带家眷同来的吗？”他回答：“没有。”主事心里非常不高兴。随后用小车把女孩子取回去了。过了三天，来谒见秦君昭，表示谢意说：“您是位可敬的长者，昨天我已写了回信，交付驿站送交我的朋友邓公，而且要让他知道您果能不辜负他的寄托和信任。”于是，和他一起尽情痛饮。

《南村辍耕录》

金果

成都府江渎庙前有六棵树，社会上传说这些树从汉唐以来即有。树有五六十丈高，有三四寻粗，挺直如箭，树干上没有旁杈，直到树顶才长枝叶，像棕榈树一样。树皮像龙鳞，树叶像凤尾，果实像枣却比枣大。每年仲冬，有关官员备齐牺牲馔食来祭祀，然后开始采摘。摘下后，用金鼓仪仗迎进官府办公厅，差派医工用刀逐个削掉青皮，用石灰汤焯一遍，放进锅里熬熟。用冷蜜浸五至七天，捞起来控干，再换用熟蜜浸。像这样的程序经过三四次，然后装进瓶罐里面，封存起来等待进献，不这样加工，则生涩难吃。

泉州有三棵万年枣，认识的说这就是四川的金果。

《南村辍耕录》

想肉

当天下混战的时候，淮西军队嗜食人肉。以小孩为上品，妇女其次，男子又差一等。有的人，让他们坐在两缸之间，缸外烧火逼烤；有的人被放在铁架上生烤；有的人被捆住手脚，先用开水浇烫，然后用竹帚刷掉表皮；有的人被盛装在口袋里放进大锅里煮；有的人被碎割后腌渍起来。如果是男子则只砍断两只脚，如果是妇女，则特别要剜掉她的两只乳房。千情万状，极为残酷，无法一一描述。总起来，都称作“想肉”，意谓吃着使人产生浮想遐思。

《南村辍耕录》

洁癖

毗陵倪元镇（倪瓒）有洁病。有一天，他把眷爱的歌女赵买儿留宿在自己的别墅里。但是，心中怕她身上不干净，便让她洗澡。买儿洗干净后上床，倪又用手从头顶摸到脚后跟，扪一下伸到鼻子底下闻一闻。扪到阴部,倪觉得有秽气,又让她洗澡。像这样,一连重复了几次,直到东方放亮,没法再做巫山之梦了,只得白白把钱送给买儿。有时买儿自己谈起这件事,总是俯仰大笑。

《南村辍耕录》

锁　锁

回纥地区野马川,有一种树木,名叫锁锁。把它点着火,烧起来火经年不灭,而且不留灰。那里的妇女都拿这种树的根做帽子,放进火里也不着火,像火鼠布一样。

《南村辍耕录》

歪戴帽子

元时,胡石塘应聘入京,元世祖忽必烈在便殿召见时,胡石塘头戴棕皮编织的帽子,因紧张而没有觉察到稍有歪斜。忽必烈笑道:"自家的一顶帽子尚不端正,又怎能平天下呢?"但是怜悯他的贫寒,特地授予扬州路儒学教授之职。

《南村辍耕录》

姚忠肃巧断案外案

元世祖忽必烈至元二十年,姚忠肃公任辽东按察使。武平县(今内蒙古宁城西)百姓刘义,控告他的嫂子和其私通者合谋杀死了刘的哥哥刘成。县尹丁钦,因为刘成的尸体没有伤痕而忧虑吃不下东西。其妻韩氏询问,丁钦说出了忧懑不食的缘故。韩氏说:"恐怕死者的头顶囟门处有钉子,涂抹掩盖了伤迹。"检验后果然如此。诉讼完毕后,呈交上级定罪。姚忠肃召见丁钦详细询问了这个案件,于是丁钦就夸起了他的妻子是如何的有才能。姚忠肃听后问道:"你的妻子嫁你时是处女吗?"丁答:"是二婚。"于是姚忠肃令人打开丁钦老婆的前夫棺材,其被害处和刘成一模一样,当即定了丁钦老婆的罪,丁钦惊吓而死,当时人们都把姚公比作宋包孝肃公包拯。

《南村辍耕录》

聂以道审案

聂以道任江右一邑邑宰时,有一个村夫早晨出门卖菜,拾到至元钞十五锭。回到家送给老母,老母很生气地说:"不会是你偷来的,反而骗我吧?即使有人丢失,也不过三两锭罢了,哪有丢一束的道理?况且我家未曾有过这些东西,可能会马上招来灾祸,应该急速送还。不要连累我啦!"再三说,儿子就是不听,老母说:"一定要送还,不然我就告到官府。"儿子说:"捡来的东西,送还给谁呀?"老母说:"只要在拾得之处等候,定会有失主来取。"于是儿子依从老母带钞前往。不久,果然见到一个寻钞者。乡村之人本来就质朴,竟然不问其丢的钱数就送给了他。旁观者让寻钞的拿出一些赏给村夫,那人说:"我丢的银钞原本三十锭,现在才一半,怎么可以赏他呢?"众人争闹不止,相持到公堂上。聂以道推问村夫，其言辞诚实，又暗中唤来其老母细问之，与其子的言语吻合。于是令二人各具文状：失者确实丢三十锭，拾到者确实拾到十五锭。之后聂以道对失者说："这不是你的银钞，一定是天赐贤母以养老的。如果是三十锭，则是你的，你可以自行到别处寻找去吧！"于是便把十五锭银钞交给村夫母子。闻者无不称快。

《南村辍耕录》

耶律楚材劝戒酒

元太宗窝阔台平常特别喜好饮酒，到了晚年喝得更厉害，每天与大臣们酣饮。文正王耶律楚材多次劝他也不肯听从。一天，耶律楚材捧着酒槽的金口，觐见太宗说："这是铁制的，被酒所腐蚀，尚致如此，何况人的五脏，能不被酒所损伤吗?"太宗听后很高兴，赏赐给他金银玉帛。又告诫左右，以后饮酒只三盅就停止。

《南村辍耕录》

臣如狗

元世祖忽必烈至元二十四年，桑哥任尚书丞相，专权擅政，欺压百姓，收受贿赂，无所顾忌。中书平章武宁正献王彻里当时任利用监，独自奋然在世祖面前数其奸赃。世祖大怒，以为他有意中伤大臣，令左右打其嘴巴，彻里仍辩解不止说："臣早已深深地考虑过了。国家设置臣子，如同人家养狗一样。假如有贼来而狗叫，主人刚开始没看到贼，便用棍子打，于是狗就不叫了，这难道是忠实的狗吗?"世祖大悟，逮捕桑哥，没其家属为奴。第二天升彻里为御史中丞。

《南村辍耕录》

司马明里善谏

御史大夫也先贴木儿，和夫人不和已有几年了。翰林学士承旨阿目茄八剌死了，贴木儿派司马明里代他前往吊唁。回来时，贴木儿问他所见到的情况，司马明里说承旨戴罟罟冠(古代蒙古和元朝上层妇女戴的一种高冠)的娘子共有十五人，都忙于争家产，没有一点哀痛悲戚之情，只有正室夫人坐守在灵帏前，痛哭不止。贴木儿默不作声，当天夜里便和夫人同寝一室，欢爱如初。

《南村辍耕录》

杀虎张

真定新军(今河北正定)万户张兴祖，平生射杀老虎达数十只。一天，遇到一只老虎，一箭射出立刻将老虎射倒。他对旁边的人说："我曾经听说活老虎嘴边的胡子对于去除牙痛可起到止风的作用。"于是就去拔。老虎狂怒地挥动虎爪，抓裂了张兴祖的靴子。大概由于老虎已气息奄奄，未能抓伤其脚。看见这件事的人都称张兴祖为"杀虎张"。后来张被元朝赐予蒙古名字拔突(即拔都，指勇士)。

《南村辍耕录》

聂以道审案

盗 技

元太祖至元年间，有一个偷盗之人进入浙江省丞相府。这天夜里，月色微明，丞相从纱帷中窥见偷儿是个留有美胡须身长七尺多的人。当时一个侍妾也看见了，大声呼喊有贼。丞相急忙阻止她，说："这是相府，什么贼敢来？"他这样说是担心偷儿有所伤害。他任凭偷儿拿走七宝系腰、金玉器皿，扬长而去。第二天早晨，丞相立刻命令有司领兵照形貌去搜捕，限期抓到偷儿。有司挨家搜查最终却没能搜到。第二年，那个偷儿在绍兴诸暨州败露被抓获。拷问他偷相府的情形时，他说，他刚到杭州时，住在相府的东侧，距相府有三十多家。那天夜里，他在外面喝醉了，回来时倒在门外。主人扶他上楼休息。不一会，他吐了一地，乱七八糟。到二更时，他打开楼窗，沿着房檐，潜入相府，脚上穿着一尺多长的木鞋，脸上带着优人(旧指演戏的人)的假胡须。盗得物品后一直带到江头放在白塔上，又回到了住的地方。第二天早晨，搜查的人来抓偷儿，而他却还没有醒酒，酣睡正浓，并且身材矮小，几乎没有胡须，因此没被怀疑。几天后拿着所盗之物到达浙东，因此被抓住。

《南村辍耕录》

曹操的疑坟

曹操设疑坟七十二座，均在漳河沿上。宋人俞应符有诗曰：

生前欺天绝汉统，
死后欺人设疑冢。
人生用智死即休，
何有余机到丘垄。

《南村辍耕录》

卢挚座右铭

韩林学士卢挚，字处道，号疏斋。汲郡(今北京附近)人。他的座右铭是大写的一个"天"字，其下细注六个字是：有记性，不急性。

《南村辍耕录》

曹鉴还金

曹鉴，字克明，号以斋，宛平(今属北京丰台)人。任湖广行省员外郎时，麻阳主簿顾渊白向他致信问候，并寄来一包辰砂。他当时没来得及打开看看，就随手放入箧笥(藏物之竹器)之中，后来有个宪官来访，谈论到制火药苦于无质量好的辰砂时，曹鉴这才想起来，说："我有一个老朋友曾经送给我辰砂，应当奉送给你。"等到取来打开看时，发现有三两砂金夹杂其中，曹鉴惊叹道："渊白把我当成了什么人？"当时顾渊白已过世。于是曹鉴叫来顾的儿子归还了那三两砂金。

《南村辍耕录》

沈仲悦不娶故人女

沈仲悦是姑苏人，年已四十，未有儿子。他的妻子邹氏趁他外出的时候，为他选了一个美貌的小妾。等到他回来时，命小妾出来拜见，侍候他睡觉。仲悦问她的乡籍、祖父和她的来历。刚开始那小妾不肯说，再三询问后，她才哭着说："妾是范复初的女儿，因父亲去世，家境贫困，老母把我卖到这里。"仲悦听说后潸然泪下，于是对妻子说道："这个女子的父亲是吴中的名士，是我过去的朋友，岂可做我的妾，应当看成我的女儿。"当即找到她的母亲，让她选择佳婿，仲悦为其准备嫁妆。邻里人都称赞沈仲悦。

《南村辍耕录》

钱璧嫁妾

钱璧先生，字伯全，云间（今上海松江县）人，元至大年间进士。他端重清慎，语言和气。有一个丫环，风姿秀丽雅致，特别讨人喜欢。其妻劝他自己收用。先生正色答道："我之所以要这个丫环，只是想让她服侍我洗沐，哪有其他的用意？你反要来败坏我的德行吗？"当即准备嫁妆嫁出了这个丫环。那丫环果然仍是处女。

《南村辍耕录》

许鲁斋雇仆役

许鲁斋先生任中书时，命牙人（旧时集市贸易中介绍买卖为业的人）雇一奴仆。牙人特意选中一个能应对娴于礼节者进见。许拒绝说："只要个老实人。"又一天，牙人领来一个蓬头垢面的愚痴者来见，于是就雇用了他。牙人请求说明理由，许鲁斋说："谚语说：'马骑上等马，牛用中等牛，人使下等人。'马上等能致远，牛中等善良，人下等易训。倘若他人聪明过我，则我反为他所役使了。"

《南村辍耕录》

盗娼仁义

明代，某郡有一个盗贼，得知一户人家丈夫不在，老母和妻子屋中织布。贼人想等婆媳二人睡下后再穿墙偷东西。忽听到婆婆大骂儿媳，而后，婆婆自己生气先睡了，儿媳一时想不开就在织布机旁悬梁自尽。贼人一看，救命要紧，马上大呼邻居和婆婆，把儿媳救下来，得以不死。

又有一个卑贱娼妓，接来一位云南的士人醉宿家中，他袖中藏着很多银两，睡觉时藏在枕下。早晨忽然有朋友来喊他，告诉他家中有祸，士人惊起便返归于家。走了十里多地，忽然觉得身上银子丢了，想起昨夜置于娼家枕下。自以为肯定找不回来了，抱着一丝侥幸返回来找，娼妓把银两包好了拿给他，说："你的银子都在这里，完好封还。"可见，盗娼中也有仁义的。

《南园漫录》

钱能贪钱

明代有个太监钱能是女真人，兄弟三人，都受宠于皇帝，成化年间号为"三钱"。钱能镇云南，贪淫侈虐，古所未有。有两件事最为可笑。云南有一个大富翁，患癞疾，他的儿子很孝顺。钱能就把他儿子找来说："你父亲有癞疾，在军士中传开，恐不好听，再加上他已老了，现在要把他投入滇池淹死！"他儿子只好拿出许多钱财才得免。又有一个姓王的人，以卖槟榔而致富，人呼为"槟榔王"。于是，钱能把他抓起来，说："你是个平民，却敢僭称王号，要治你谋反罪！""槟榔王"只好拿出自己的所有积蓄，以求免罪。他的继任虽然也贪求无厌，但闻此二事也未尝不发笑。

《南园漫录》

金主杀母

贞元三年，金主完颜亮命令诸将修整兵器铠甲，有要向南征伐的意思。完颜亮的母亲是契丹延禧的姑姑，完骨悉的妻子。一天，她来见完颜亮，劝说他道："不要兴师动众南伐，我听说，兵器是凶器，不能总用，何况你是杀死国君才篡夺了天下的，又不行君道来治理，你能保证再没有杀你的人了吗？"完颜亮斥责他母亲说：" 不应干涉政事。"说完后就命令手下把她拉了出去。他母亲又说："我家里过去气势也是这样，现在哪里去了？"完颜亮更火了，就让人把她关了起来，大臣们都不敢劝谏。过了不久，完颜亮就用毒药把他母亲毒死了。

《南渡录》

陈沆嘲道士

庐山九仙使者庙里有个道士长得魁伟高大，又能喝酒又能吃肉，一顿能吃几个人的饭，晚年服食丹药，急着成仙。镇守浔阳的魏王，在公署里养了两只鹤，随风飞到庙里，落在庭院中歇息，鹤飞落时，叫声清厉嘹亮，像从天而降一样。道士又惊又喜，烧香持简，望着前方缭绕的烟雾云霞，自以为就要成仙上天了。他命令山童按住鹤自己骑上去，鹤载不动道士，羽毛脱落，骨头折断，血洒了一地，当晚就都死了。第二天，养鹤的人问知实情，告到官府。处士陈沆听说后，做了一首诗讽刺道士，诗中写道：

啖肉先生欲上升，
黄云踏破紫云崩。
龙腰鹤背无多力，
传语麻姑借大鹏。

《南唐近事》

雨怕抽税

南唐皇帝李昪在位时，因关税过多，商人不胜其苦。一年京城地区大旱，皇帝在北苑举行宴会，问大臣们："现在境外都下起雨来，唯独京城不下雨，难道是我们监狱中有冤枉的事违背了天意吗？"教坊长申渐高笑道："这雨是怕抽税，所以不敢进京城呀！"李昪大笑，于是下令免去一切额外税收。

《南唐书》

弈　棋

唐代，李讷性情暴躁，脾气刚烈，性子急，但是他非常喜欢弈棋。每当他下棋时，态度就变得安详宽厚。家里人知道他有这个毛病，每当李纳生气发怒时，就悄悄地把棋盘放到他的面前。无论怎样盛怒，李纳一看棋盘，立即露出欣喜的神气，拿过棋子，摆布搬弄，把生气的事都忘了。

《南部新书》

王安石退妾

宋朝王安石任知制诰的时候，吴夫人为他买了一个小妾。王安石看见后问她是谁家的，小妾回答说，她丈夫是军队里的大将军，因为运送粮食的船失事，家产全被没收还不够，又把她卖了偿还。王安石听了不愉快地问："夫人用多少钱买的你？"回答说："九十万。"王安石找来她的丈夫，让他们像过去一样做夫妻，把钱也全部给了他们。

《青琐高议》

李仲容善饮

侍读李仲容，身材魁梧，很能喝酒，在两京(开封、河南两府)号称李方回。宋真宗的酒量也是身边大臣不能比拟的，想找个对手时就召见李仲容。李仲容不健谈，也不善背诵，但一喝上酒就大醉，称皇帝为"官家"，皇上问为什么称皇帝为"官家"，他回答说："我记得蒋济在《万机论》中说：三皇官天下，五帝家天下，皇帝兼备三皇五帝的美德，所以称'官家'。"皇上非常高兴，又从容地喝了几杯，说："真所谓君臣千载遇。"李立即说："唯有忠孝一生心。"即使苦苦思索也很难想出这么巧的对语。

《青琐高议》

张乖崖分财明断

尚书张咏(乖崖)治理杭州时，有个叫沈章的状告其兄沈彦分家不公，求张公处治。张咏问他为什么不向他的前任告状，回答说告过了，反倒受罪。张咏说这就是你的不是了，于是又打了沈章一顿。半年后，张咏借进香的机会找到沈章和沈彦，问沈彦："你弟弟告你分家不均，到底均不均呢？"沈彦回答说："均。"问沈章，沈章仍说不均。张咏又对沈彦说："看来你怎么也说服不了沈章，现在你带领全家到你弟弟的屋子里去，你弟弟带领全家到哥哥的屋子里去，现在马上对换，谁也不准回屋。"

《青琐高议》

贵妃袜

唐朝天宝十三年，秋雨连绵成灾，唐明皇登兴庆宫远望，见到处是白茫茫的一片，非常痛心，产生传位给太子的念头。这时杨贵妃提出施舍衣物做道场以拯救百姓的建议，被皇上应允。当时有个叫常秀的小和尚，从庐山来，正碰上施舍衣物，便拿出身上所有的钱物，赎到贵妃一双袜子带回江南。后来李远主持温城政事，征求贵妃遗物，听说小和尚那里有一双贵妃袜，就去征求。小和尚迫不得已，就献了出来，李远给了十万钱做报酬，将袜子收藏在箱匣里，供好奇的人参观。

《青琐高议》

胡宾枉杀张宿

宋仁宗庆历年间，殿直张宿被派往湖南讨伐作乱的蛮人，归胡宾统辖。胡宾命令张宿领几百人深入敌人洞穴刺探军情。张宿深入后被蛮人断了后路，他激励兵士说：“现在若不拼死争战，没有一个人能回得去。”士兵奋勇杀敌，无奈敌人占据高处，木石交加，士兵多有死伤。张宿又领兵往回突围，从早晨杀到中午，敌死伤近千人，张宿的兵士也伤亡十分之七八，终于不能脱身。最后士兵全部阵亡，张宿也身受十多处伤跌落山崖。三天后张宿才返回军营，胡宾却责怪他：“士兵全死了，你怎么一人回来了？”张宿直言相告，毫不屈服，顶撞了胡宾，胡大怒，下令推出去斩首，尽管张宿请求带罪立功，也未被允许。

《青琐高议》

朱氏夺权

曹圭的妻子朱氏，性情刚烈凶狠。有人劝曹圭的儿子诵读《关雎》来规劝她。朱氏就问：“《毛诗》(《诗经》)是谁作的？”儿子回答：“这是周公作的。”朱氏便说：“如果问周婆，一定不会作这样的诗。”后来曹圭做了县令，凡是有男的和女的打官司，女的虽然没有理，朱氏却让女的赢。

《青琐高议》

范仲淹直笔不阿

宋朝范仲淹任庆州（今甘肃庆阳县）知州的时候，有人托他写碑铭，碑文中涉及一贵人的丑闻。一天夜里，他梦见贵人告诉他说：“我是有这个事，但没人知道，现在你写出来就暴露了，希望你能改了。”范仲淹梦中谢绝说：“如隐瞒了这事，就坏了我的名声，你既然有这事，我不是阿谀奉承的人，不能改。”贵人恐吓说：“你如不改，就夺走你的长子。”范仲淹说：“死生是命中注定的。”不久，其长子纯佑果然病死。一天他又梦见贵人说：“你到底改不改？如不改再夺走你一个儿子。”范仲淹还是说：“死生是命中注定的。”不久次子纯仁也病了。接着他又梦见那个贵人告诉他真情说：“你长子命里该死，我怎能夺走他？现在你为我改了，你的次子就平安了。”范仲淹始终不改，纯仁几天之后就痊愈了。后来范仲淹当了宰相。他的刚直不阿，在此可见一斑。

《青琐高议》

曹觐守节

曹觐，字觌道，东鲁人，宋仁宗皇佑年间为康州刺史。正好赶上侬智高作乱，所经过的地方，官员都纷纷弃城躲进山谷。作乱者如入无人之境，百姓深受其害。只有曹觐例外，他对自己的部下说：“刺史是我的职务，我不能走。假如我有几百人，一定能打败这伙强盗。”尽管他以重赏召兵，还是没有一个应征者。作乱者逼近城池，全州的官吏都逃走了，只剩下主簿一人在曹觐身旁哭泣。曹觐劝他也去逃难，主簿哭着劝曹觐：“你一个人怎么能抵御那伙强盗？

你还是避一避吧。躲避的也不是你一人,你又何苦呢?况且你一个人死了,也于事无补。"曹覲说:"我是奉命守康州的,怎能遇到危险自己躲避?哪有皇帝的官员躲避强盗的道理?你有亲人,你快走,不要空守在这里。"主簿只得哭着走了。作乱者进入官府,曹覲就怒目大骂他们:"皇帝给你们封了官,每年给了你们不少钱物,你们也向皇上进贡,朝廷也很夸奖你们,怎么敢无故出来抢掠郡县,杀害官民!一旦皇上发怒,派一位将军,率几千士兵切断你们的退路,你们就必死无疑,那时再想归服,就晚了。你们还是回到你们的巢穴里去吧!"敌兵稍微退后一些,曹覲大骂不止,最后竟被乱兵杀死。直到死,仍是大骂不止。当时他的儿子才几个月,强盗刚进入官府,妻子就把儿子放在房后的竹园中,躲走了。三天后,强盗走了,妻子回来,看到孩子还在草中呱呱而泣,便给他喂奶,把他哺育成人。皇上知道后很是赞叹,给曹覲的儿子加封了很高的爵位,以表彰曹覲的忠心。

《青琐高议》

崇祯焚符

明思宗朱由检即位初年,在五凤楼前发现一个黄色包袱,里面有一幅小画,画上题字:"天启七,崇祯十七,还有福王一!"当时由宫中内侍拾得,献于思宗,思宗下令传讯巡视皇城各官,追究其责任。袁槐眉上书思宗说:"这件事实在很荒诞,在内殿中怎么会有这种东西?况且我们在皇城各地巡视都没有发现,而偏偏为内侍发现?怎么知道不是坏人故意造伪传谣呢,如果追究起来,必有人借机造谣生事,惑乱圣上之心了。"思宗觉得他说得有理,于是,命人立即将此画焚毁。

《青磷屑》

白发宰相

宋朝著名宰相寇准在掌握朝中大权时,还比较年轻。太宗赵光义曾经对人说:"寇准可做个好宰相,但是年龄还比较小。"于是寇准便将何首乌泡在酒里,连喝药酒三杯,胡须头发都变了色,于是太宗便拜他为宰相。

《旧闻证误》

妒　妇

贾充字公闾,娶李氏女为妻,生了两个女儿。李氏的父亲李丰犯法被诛,李氏也被株连遭流放。贾充又续娶阳城太守郭配之女郭槐。郭槐生性妒忌,李氏遇赦放回,皇帝特下诏命,让贾充收纳,贾充怕郭槐,竟不敢复纳李氏。贾充的二女儿筌裕是齐王的妃子,哭着请贾充去看望李氏,贾充也不敢去。郭槐与贾充生了个男孩名叫黎生,已经两岁了。有一天,贾充从外面进来,正碰见奶妈抱着黎生在院子里。黎生看到贾充,高兴得直招手,贾充过去抚弄黎生,郭槐远远望见,以为贾充与奶妈有私情,于是醋意大发,一怒之下,杀了奶妈。奶妈死后,黎生一个劲地啼哭,不吃别人的奶,活活饿死,因此贾充没有儿子了。

《小名录》

许攸以言杀身

魏武帝曹操字孟德，小名阿瞒。南阳人许攸，年轻时与曹操、袁绍有交情。官渡之战时，许攸劝袁绍不要和曹操作对，袁绍不听，许攸舍袁绍而投曹操。袁绍败走，冀州被曹操夺得，许攸对曹操有大功。许攸恃功自傲，常常与曹操半真半假地开玩笑，在大庭广众中竟直呼曹操小名："阿瞒要没有我，如何能得冀州？"曹操笑应而衔恨在心。后来许攸出邺城东门，对同行的人说："曹家如果不是得到我，就不能出入此门。"有人把他的话告诉曹操，于是招致杀身之祸。

《小名录》

段氏鹦鹉

有一个姓段的大商人，养了一只很聪明的鹦鹉，能诵陇客诗以及李白的宫词和《心经》，每当客人来到，它就喊人倒茶，问客人安否，寒暄一阵。主人对它很珍惜，精心喂养。后来，段氏因事入狱，半年后才被放出，他一到家，就到笼子前问鹦鹉道："鹦哥，我在狱中半年不能出来，从早到晚只想着你，你还好吧，家人有没有不按时喂你？"鹦鹉回答说："你在狱中只几个月就受不了了，和我在笼中禁闭这么久没有什么区别。"商人一听，很有感触，于是就答应他说："我要亲自送你回家。"

于是，商人特意准备了车马，带着鹦鹉到了秦、陇一带，揭开笼子哭着放了它，并对它祝愿道："你回以前的窝去吧，好自珍重。"那鹦鹉整理着羽毛，徘徊流连，似乎不忍离去。后来听说这鹦鹉经常在官道边的树梢做巢停息，凡有吴地的商人驱车进入秦地，它就在巢外鸣叫，并且说道："客人回去后去看看我的段二郎是否平安。"又悲鸣着道："如果见到他，就对他说鹦哥很想念二郎。"

《玉壶清话》

太宗御马

宋太宗御马厩中有一匹马，名叫碧玉霞，它的口角有花纹像青绿色的云霞，一直延伸到络头两面。饲养员喂此马时，稍微怠慢不恭，它就踢咬吼叫，怒不可遏。它曾随征太原，上下山冈坡路，如履平地，下山时它伸前腿屈后腿，登高时则相反，太宗对它甚是喜爱。皇上酒杯中剩下的酒，有时让它喝，它就嘶鸣喜跃。后来太宗驾崩，此马悲伤过度，以致于形销骨立。真宗让它随太宗的车驾到了熙陵，几个月后就死了，皇上于是下令用旧帏把它装殓后埋在桃花犬的旁边。

《玉壶清话》

中箭不死

王舆是江南杨氏军中的一名小军官，年轻时曾经随军包围润州，被巨弩射出的箭穿进右耳，又从左耳穿了出来，又射死了他旁边的两个人。王舆卧床百余天就痊愈了，到老了耳朵也不聋，也没留下什么疤痕。

《玉壶清话》

异相累身

建州的老僧人卓岩明，持戒甚严，自我检束，毫不懈怠，信徒很多。他的右眼中有两个瞳仁，垂手可以过膝。卓岩明自己很讨厌这长相，对信徒们说："这是我前世的罪孽啊，有这样的异相，肯定会累及我的，出家人要这样的长相有什么用！"

后来，大臣李义以为卓岩明有双瞳仁的异相，可以立为首脑，就推戴他为建安王。卓岩明笑着对众人说："施主错了，我修真断妄，现身如梦，你们虽然推举我，可我并没有统帅众人的办法呀！"果然就被李义杀掉了。

《玉壶清话》

张咏暴躁

张咏的性格刚烈暴躁。在蜀中时，盛夏的一天，吃馄饨时，脖子上的头巾带总是垂落到碗里，他不得不用手把住，老是这样，他便烦躁起来，把头巾摘下，扔进碗中说："就让你吃吧！"说完就扔下勺子站起身来走了。

《玉壶清话》

韩熙载巧设美人计

北宋初年，朝廷派陶谷出使南唐，以借书为名，实是窥探虚实。丞相写信告诉他的老同学南唐大臣韩熙载，陶谷甚为自尊，让他好好接待。陶谷到了南唐，果然一副凛然的神色，连宴席上都不苟言笑。但韩熙载告诉亲信，陶谷并非真正的古板君子，他有办法对付。陶谷把六朝书抄写完毕，在驿馆中住了半年之久。与此同时，韩熙载派歌女秦弱兰，扮作驿馆士卒之女，穿破衣，戴竹钗，早晚为陶谷打扫卫生。秦弱兰是绝顶美女，宫廷中都无人可以相比，陶谷终于堕入情网，与秦弱兰有了一夜风流，分手之际还写了首词送她。过了几天，南唐中主李璟宴请陶谷，用玻璃大杯倒满酒请陶谷喝，陶谷照样十分威严，不为所动。正在这时，秦弱兰出现了，唱着陶谷送她的词劝酒。陶谷又羞惭又高兴，捧腹大笑，头发上的帽饰几乎掉地，不得不喝。喝完了别人又灌，直到醉得呕吐，南唐君臣还不放过他。这一来，陶谷威信大损。回宋朝的那天，南唐有关部门相当怠慢他，只派几个下级人员送了送。以后北宋朝廷也没有重用陶谷。

《玉壶清话》

状元行骗

宋代有个状元叫胡旦，出任明州（今浙江宁波）知府，路经扬州。同年考中进士的董俨正好在扬州当知府，两人见面分外高兴，董俨硬把胡旦的船截留了下来，盛情款待。一天，董俨把胡旦请来内室，姬妾们出来拜见，摆上各种菜肴，所用都是朝廷宫殿用的高级器皿。酒喝到兴头上，胡旦对董俨说："我俩都是书生出身，享受到这一份上也算过得去了。我的破船上也有几个丑丫头，仪表装饰可赶不上你家。只是人生难得相逢，你若不嫌弃，明天能到我那里去喝上几杯吗？”董俨被胡旦的热诚感动，十分高兴。胡旦随即又说：“你这些高贵器具，穷人家出身的可是从没见过，能否借我带到船中，让妻子开开眼界？”董俨笑着说：“状元兄也太见外了。”忙着命手下人把各种器具洗刷干净，装在大箱笼里，用封条当面封好，送到胡旦船上。谁知第二天一大清早，胡旦就升帆开船，乘风而去，不辞而别。

《玉壶清话》

冯道之子善琵琶

五代时，宰相冯道性格凝重，他经历过好几个小朝廷，体貌十分威严。但其子冯吉，轻浮而不知检点，官为少卿，擅长弹琵琶，技艺高妙超过乐府的专业人员，举世无比。冯道极严厉地禁止他弹琵琶，但冯吉丝毫不改所好。有一次家宴，冯道为了羞辱冯吉，让他和社会地位低下的乐工们一道站在院子里演奏。几支曲子奏完，照例要给绸缎银两做报酬。冯吉把绸缎银两放在左肩，抱着琵琶深深跪下，大声喊谢再退了，家里人都大笑。冯吉临走还回头对冯道说：“你能想办法让我把这套本事献给天子吗？”

《玉壶清话》

王彦俦凶狡起家

五代人王彦俦，是上蔡郡（在今河南汝南）的军校，体格魁伟，刚毅有谋，勇敢过人，久想拥兵起事而苦于没有机会。有一晚，另有军校六人对王彦俦说：“如今天下大乱，有能力的就可以自立，我们何苦只求温饱，为什么不一道起兵图个荣华富贵呢？”王彦俦觉得机会来了，就告诉说今夜正好他值夜，他们可杀进刺史衙门，他在里头作内应。这几个人很高兴，便照计行事，没想到王彦俦安排了伏兵，将这几人都杀了，然后带着他们的首级去向刺史报警，并请刺史出面安抚士兵。刺史既惊且喜，来到士兵中间，正在表示安慰时，王彦俦又把刺史斩杀了。于是王彦俦占有了上蔡郡，第二天又把那六个军校的家属全部杀光。全郡震恐，没有人敢出来反对。以后北周屡加征讨，王彦俦抵挡不住，带着老母投奔南唐，南唐封他为和州（在今安徽和县）刺史。

《玉壶清话》

《涑水记闻》

[宋] 司马光

《孙公谈圃》

[宋] 刘延世

《谈渊》

[宋] 王　陶

《画墁录》

[宋] 张舜民

《随手杂录》

[宋] 王　巩

《随隐漫录》

[元] 陈世崇

《诚斋杂记》

[元] 林　坤

《狄云行馆偶刊》

[不详] 王家碧

《麈史》

[宋] 王得臣

《梦溪笔谈》

[宋] 沈　括

《续梦溪笔谈》

[宋] 沈　括

《梦粱录》

[宋] 吴自牧

《仇池笔记》

[宋] 苏　轼

《东坡志林》

[宋] 苏　轼

《东轩笔录》

[宋] 魏　泰

诚信感顽羌

宋仁宗庆历年间,种世衡由青涧城调往环州。其地归附宋王朝的羌人多怀二心,而种世衡平素深得羌人之心,故调他来镇抚。羌人有部落首领叫牛奴讹的人,平素性格倔强,从未出见过当地州官。种世衡到此后,与奴讹相约定于某日亲到其帐前慰劳他的部落。头天晚上下了大雪,雪深三尺。左右的人劝世衡道:"奴讹凶诈难信,道路又险,决不可去。"世衡说:"我正要以诚信与诸羌人结好,怎么能失信呢?"于是顶风冒雪前往,来到时奴讹尚睡未醒,世衡把他喊起来,奴讹大吃一惊,说:"我世代居此山,汉官员没有敢到此地来的,你竟然对我一点不疑心啊!"于是率部落人下拜,感激心服。

《涑水记闻》

种世衡教射

种世衡,北宋时人,曾驻守延州青涧城。其地临近敌境,然而守备力量薄弱。于是,世衡令官民皆学习射箭,即使是僧、道、妇女也要学习此艺。为使人习射成风,世衡用银子做箭靶子,谁射中了银子就归谁。渐渐的能射中靶子的人越来越多,然而银子轻重仍与以前无异。只是将靶子渐渐加厚、缩小。有的人因为承担徭役的轻重而发生争执,也让他们比试射箭,射中目标者可承担较轻徭役。有的人有了过失,也让他们射箭,如能射中目标,就可以免除罪责。因此,此地人皆擅长射箭。

《涑水记闻》

文彦博平市乱

宋仁宗至和年间,雩(今属陕西)人毋湜向朝廷进言:陕西通行铁钱,民众使用起来不方便,请求将所有的铁钱全部废掉不用。朝廷虽然没有采纳他的建议,但同乡多有知道此事者,风传朝廷将废铁钱,于是,人们争先恐后地用铁钱购买物品,而卖主又不肯收铁钱,长安一带因此而骚乱不已,以致民间许多店铺为之关闭。当时文彦博掌管永兴军,他的下属请求官府出面干涉。文彦博说:"如果这样做,就会使民众更加惑乱骚动。"于是召集丝绢行的商人,拿出自家的数百匹丝绸,让他们去卖,并嘱咐他们:"卖丝绸一定要收铁钱,不要收铜钱。"这样做的结果,使民众知道朝廷没有废铁钱之意,集市贸易才安定下来。

《涑水记闻》

涂草解围

宋仁宗庆历初年,西夏主赵元昊率军围麟州。连续围困了二十七天,城中无井,在地上挖坑贮存雨水。到这时,坑中水都干涸了。麟州知州苗继宣令军民用湿泥涂抹草堆,以防敌军用火箭射击。这时,西夏军的密探混入城中,回报元昊说:"城中水已枯竭,不出两天,此城当不攻自破。"元昊望见城中用湿泥涂草堆的事,怀疑密探所报有虚,便说："城中无水，哪里还舍得用水和泥呢？"于是斩了密探，率军离开麟州，解围而去。

《涑水记闻》

苦肉计

北宋仁宗时边将种世衡曾经以犯罪为名，怒使人用大棍打一位番将的后背，部下求情不准。那个被打的将领不久即逃奔西夏主赵元昊处，甚得赵元昊的信任，能够出入于枢密院。一年后，尽探听到西夏的机密事而归。众人方知当初种世衡用的是苦肉计。

《涑水记闻》

知州为疯婆主持公道

宋人王罕被任命为潭州知州，此州一向号称多事之州。前任知州多以威严治理州事，王罕独以仁义宽容治事，而州中诸事也都治理得很好。此州有一疯老婆。屡次向前任知州申诉冤情，言语混乱，没有条理。知州不听其申诉，她就对其乱骂一通。先后几任知州都认为她是疯子，就命人将其赶走。王罕上任后，这老太婆又来申诉，王罕手下想要将她赶走，王罕阻止并命人将老太婆领到办公之处，让她慢慢说。老太婆说话虽然语无伦次，但仍有能听明白之处。原来她本是某人的原配正妻，因为她没有生孩子，而她丈夫后娶的小老婆生了孩子，等丈夫一死，她就被小老婆赶出家门，家中财产尽为小老婆所占有。她曾屡次诉讼于官府，都没有为其主持公道，故尔气愤成疯。王罕审明此事，秉公断案，追还小老婆侵占的家产。当地官民无不称赞王罕。

《涑水记闻》

断案奇闻

宋代有个叫李南公的人，在长沙做县令时，该县有两人因事打斗，甲强乙弱，但两人身上都有青紫色的伤痕。南公让两人来到近前，用手指捏其伤痕处，认定乙是真伤而甲则是假伤。一逼问，甲果然承认是伪作伤痕。原来，当时有一种做伪伤的方法，即用柜柳叶涂抹皮肤，就会呈现出好似被人打伤一样的青紫色。剥下柳树皮横贴在皮肤上，用火熨烤，就会呈现出好似被棒子打伤的伤痕，用水洗也洗不掉。南公说："被打伤处血凝聚而皮肤发硬，做伪的就不是这样，所以我知道甲是伪伤。"又有一个河北提点刑狱的同僚犯罪被关押在狱中，多次审讯也不服罪，闭口不食，有一百多天了。狱吏不敢拷打审讯，很是忧虑，南公说："我能让他进食。"于是将此犯带上来，问他说："我想用东西将你鼻孔堵上，你还能坚持不进食吗？"那犯人害怕了，于是开始进食，而且认罪不讳。别人问其中的缘故，南公说："这个人一定会一种叫做'食气'的修炼之法，如用东西堵住鼻孔，就会气息凝聚。这样他的'食气'之法就被破了，所以他便害怕了。"

《涑水记闻》

固谏

曾经有一个官员很不讨宋太祖赵匡胤的喜欢，所以，当这个官员有功应提升之时，赵匡胤就不予批准。大臣赵普坚决请求照章办事，赵匡胤和气地说："我就是不给他升官，你有什么办法？"赵普说："刑罚是用来惩治坏人坏事的，赏赐是用来酬劳有功之人的。从古至今都是如此，赏罚制度为天下人共同拥有，不是您个人的事情，怎么能以您个人喜怒而任意为之呢？"赵匡胤更加生气了，转身进入宫内。赵普就一直站在宫门外等候。过了很久，赵匡胤醒悟过来了，觉得赵普说得很在理，便答应赵普的请求，给那个官员提升了。

《涑水记闻》

赵德昭畏罪自杀

魏王赵德昭是宋太祖赵匡胤的长子，跟随宋太宗征讨幽州（今河北北部及辽宁一带）。有一天晚上军中惊扰，不知太宗所在何处。众人中有商议拥立魏王为帝者。正在这时，有人找到了太宗，于是谋议乃止。太宗对此事略有所闻，含恨在心而不言。当时太宗认为北征不利，便长时间拖延不颁布奖赏，有人议论不应该这样。魏王找了机会入见太宗言及此事，太宗大怒，说："等到你自己做皇帝时再来决定此事也不晚。"魏王害怕了，回宫中对左右的侍从问："带刀来了吗？"侍从说宫中不允许带刀，所以未带。魏王等人送上茶果之时，关上门窗，用切削水果的小刀自杀了。太宗听说此事，大惊，很后悔，前往抱住魏王尸体，大哭说："傻孩子，何至于到这种地步！"

《涑水记闻》

手搏争状元

王嗣宗，汾州人。北宋初年中进士，与赵昌言争状元于殿前。宋太祖命二人以手相搏斗，约定胜者为状元。昌言秃头，嗣宗用手一下子打掉昌言的帽子，于是赶快向前对太祖说："臣胜了！"太祖大笑，于是，以王嗣宗为状元，赵昌言为第二名。

《涑水记闻》

怀牙谏主

宋太祖曾经在后花园用弹弓打雀。群臣口称有急事求见，太祖马上召见他们。然而群臣所说的不过是很一般的事情。太祖大怒，追问其中缘故。有一臣回答说："我认为此事总比用弹弓打雀重要。"太祖更加生气，举起手中拄持的斧子，用斧把撞击那人的嘴，打掉两颗牙齿。那人慢慢地拾起牙齿放在怀中。太祖骂道："你揣起牙齿难道想告我不成？"那人回答说："我自然不能告您，但自有史官来记载这件事。"太祖转念一想，此人说得实在有理，遂转怒为喜，赐给这人许多财物来安慰他。

《涑水记闻》

恩仇簿

宋人王嗣宗生性忌人之能，而欲居人之上，因而常常与人结仇。世传王嗣宗有专记恩仇账本，已还报的就用笔划掉。晚年与他来往的人，都入了仇簿。

《涑水记闻》

巧言中伤

王钦若为人阴险狡诈，善于以诡诈之言陷害人，而被陷害之人往往还蒙在鼓里。宋真宗时，王钦若与王旦同为宰相。当时翰林学士李宗谔很有名望，王旦很器重他，想推荐他做宰相副职，就把这个想法先告诉了王钦若。王钦若说："此事甚好。"王旦说："还应禀告皇上。"当时李宗谔家里很贫穷，所得俸禄不足以用来娶妾。王旦曾前前后后资助他一千多贯钱。这些事王钦若都知道。按以往的规矩，任宰相副职向皇帝谢恩之日，朝廷赏赐之物价值将近三千贯钱。王钦若便趁机密告真宗说："李宗谔平日欠了王旦很多钱还不上，王旦推荐李宗谔任宰相副职的目的是让他得此赏赐还自己的债，并不是为国家选拔人才。"第二天，王旦将推荐宗谔之事对真宗一说，真宗当即变了脸色，不予批准。

《涑水记闻》

慕名痴

谏议大夫程师孟曾经向王安石请求说："您的文章举世闻名。师孟有幸生与您同时，希望能得到您写的志铭，也许可以借此传世不朽。但求您能答应我这一点小小的请求吧！"王安石问："不知您家故去的先人官居何职？"师孟说："不是我家先人，而是我自己恐怕不久于人世，想请您事先写好墓志铭，等我死后便刻在墓碑上。"王安石虽然笑着表示不答应，但心里着实很可怜他。又有习学检正张安国仰慕王雱（王安石的儿子）。及王雱死，张安国披散着头发在王雱灵柩前大哭，并说："公不幸没有子嗣，听说公夫人有身孕，我情愿死去，托生为公的子嗣。"故尔京城流传着这样两句话："程师孟生求速死，张安国死愿托生。"

《涑水记闻》

奢物亡国

宋太祖赵匡胤平定了后蜀，进蜀宫见蜀后主孟昶宫中有镶嵌宝物的便盆，立刻命人将它打碎，并说："他追求这种奢侈的享受，还想不亡国，哪里能做得到？"于是，凡看到诸侯、大臣们有奢侈品，一律命令予以焚毁。

《涑水记闻》

先见之明

宋真宗已经与契丹和亲。王旦问李沆："你看和亲如何？"李沆说："好是好啊，可是边境上祸患平息了，恐怕君主会渐渐滋生奢侈享乐之心。"当时王旦听了并没有把他的话当做一回事。

等到宋真宗晚年大修宫殿楼阁,各处巡视游玩时,王旦才私下里感叹说:“李公可称得上是有先见之明呀!”

《涑水记闻》

举贤不避亲

侍中曹彬将死,宋真宗亲临探视,问他有何后事嘱托。曹彬说:“臣无事可言。”真宗一再追问,他才说:“臣有两个儿子璨和玮,都有才能可以任用为将。”真宗问二子优劣如何,曹彬回答说:“璨的才德不如玮。”后来事实证明果如其言。

《涑水记闻》

言者无罪

石熙政任宁州(今甘肃一带)知州时,上书宋真宗:“前几天清远(县名,今属广东省)军失守,是因为朝廷一向对此地没有给予充分重视。”并由此提出向宁州增兵三五万的请求。真宗说:“西边之事,我从来不敢忘记,只是熙政远离朝廷不知内情罢了。”周莹等人说:“清远失守,是将帅无能的缘故,而石熙政敢于如此 出言不逊,一定要治他的罪!”宋真宗说:“群臣敢于进言,是非常难得的。如果其言可用就采纳,不可用就算了。假若一定给熙政治罪,那以后谁还敢进言?”于是下诏书表彰石熙政。

《涑水记闻》

寇母严教

寇准小时候不注重小节的修养,爱好携带鹰、狗去游猎。他母亲教子严厉,有一次怒其浪荡,举起秤砣砸他,打中了他的脚,流了血。寇准从此改过,努力学习。等到他做了高官时,母亲已死去了。每当寇准摸到脚上的疤痕时就会落泪,因为他想起没有当年母亲的严教,怎会有自己的今日。

《涑水记闻》

郭进宽容

宋太祖让郭进守卫西边疆土。郭进部下一军校告郭进谋反。宋太祖细细盘问,那军校被追问得无言答对,便只好服罪说:“郭进对部下管束得实在太严了,我非常怨恨他,所以以此来诬告他。”宋太祖当即命人将这个军校押送给郭进,让他自行诛杀。郭进却释放了这个军校,并不再追问此事。让他前往河东防御盗贼,临行时对他说:“你此去若有功我就奏明皇上给你升官,若是失败了就投奔河东吧,不要再回来了。”那军校真是感激万分,结果前往河东,拼死作战,终于立功而还。

《涑水记闻》

逼　租

胡顺之,北宋时人,曾为浮梁(今江西景德镇市)县令。该县有一大户人家,户主叫臧有金,不肯交租。他家养了好几十条狗,只要里正(乡官)到他家来催租,就放狗来咬,且在墙外密密麻麻栽种了一圈橘树,人都进不去。每年都是里正代他交租。前县令不肯去管这件事。胡顺之上任后，让里正搜集来许多干草，自己亲自率人到那家门前，让人用干草堵在门口点烧。臧氏一家都逃出去了。胡顺之命将其一家全部抓到县里来，凡是男子在十六岁以上的都用棍子痛打。并且对他们说："胡顺之行天道，既焚尔宅，又杖尔父子兄弟，你们赶快到州府去告我吧！"臧氏一家都非常恐惧，表示顺服。从此臧氏总是全县第一个交租者。

《涑水记闻》

寇准敢犯龙颜

寇准任虞部员外郎时，有一次议事与宋太宗的想法相抵触，宋太宗拂衣而起，想要回宫中。寇准伸手拉住太宗的衣服让他重新坐下，将此事决断之后才告退。太宗因此表彰了他。

《涑水记闻》

吕公著遇事不惊

宋代吕夷简生了四个儿子，分别是吕公弼、吕公著、吕公奭、吕公孺。在这四个儿子都很小时，吕夷简对他夫人说："这四个儿子以后都可以做官，只是不知道谁能做宰相，我要试一试他们。"有一天四个儿子都在外面的屋子里，夫人让小丫环捧着四个宝器，宝器中装着茶送过去，让小丫环故意在屋外跌倒摔碎。有三个儿子大惊失色，其中有的跑去告诉大人，只有吕公著凝然不动，神色泰然。吕夷简对夫人说："这个儿子以后必定能做宰相。"后来到元佑年间，吕公著果然被拜为宰相。

《孙公谈圃》

李煜怕死

宋代建隆年间，曹彬和潘美统率军队平定江南。这两位将领都英勇善战，而曹彬尤其足智多谋。这两位将领攻破了李煜的城池后，李煜穿戴着白纱衫帽投降。两位将领各自登上一条船，召唤李煜上船来饮茶。船前设置一块独木板当桥，李煜走到独木桥前，心惊胆战，徘徊不敢走。曹彬就命令手下人扶助着李煜走过去。喝了一口茶后，曹彬说："李郎明天办置好行装，一早咱们在这里相会，一块到京城去。"第二天早晨李煜就按时来到了。潘美感到疑惑，说："你不怕李煜自杀吗？"曹彬说："李煜连独木桥都不敢过，是非常怕死的，既然让他活着到京城去，他能自杀吗？"众人这才明白过来，都佩服曹彬有胆有识。

《谈渊》

饮酒有名

北宋诗人苏舜钦、石延年等人喝酒是出了名的，被人称为"鬼饮""了饮""囚饮""鳖饮""鹤饮"。所谓"鬼饮"，就是夜间喝酒，而不点灯烛；"了饮"是饮酒时，边唱挽歌边哭；"囚饮"则是几人围坐，不戴帽子，光着脑袋唱酒；"鳖饮"则是自己用毛席把自己裹起来，只伸出头喝酒，喝过之后再把头缩进毛席里；"鹤饮"则是喝过酒之后爬到树上，下来接着再喝。

《画墁录》

徐积奇节

山西人徐积，博学而敬慕古贤，养母至孝。四十岁不娶妻，也不求做官，家中不养仆人，做饭洗衣之类的家务活完全由他自身去干。所以不结婚，是担心妻子是异姓之人，不能尽孝于婆母；不求作官是考虑作官后不能终日尽孝于慈母跟前。后经乡邻亲友一再规劝，参加乡举得中，及进京应试，以双轮小车载其母，他身穿布衣，脚登草鞋，亲自推车入京师。北宋治平四年，状元徐安世榜下及第为进士，未授官而其母病逝，于是不再求官，隐居故里，安贫乐道，衣食自给。他到市上买东西，当地人钦敬他的为人，都不肯收钱，他就退还要买的物品，有时穷得甚至一天吃不上一顿饭，淮南的学者尊其为宗师。路振任楚州通判，说服他娶了妻子，后来生了儿子，取名叫路儿。

《画墁录》

潘美之侄

宋太祖赵匡胤兵变后进踞皇宫，看见宫妃抱着一个孩子。一打听，是周世宗柴荣的儿子。当时范质、赵普、潘美等人都在一旁。太祖问赵普等人处置的办法，赵普等人说："除掉他。"潘美和另一将官在后边没有说话。太祖问潘美，潘美不敢回答。太祖说："接了别人的皇位，又杀了别人的孩子，我不忍心这样做。"潘美说："我和陛下都曾是周世宗的臣子，劝陛下杀这孩子，对不起周世宗；不劝陛下杀，陛下又会怀疑我。"太祖说："让他给你当侄子，世宗的儿子不能给你当儿子。"潘美就把孩子带回去了。此后，太祖也不再过问，潘美也不再提此事。孩子起名潘惟吉，官做到刺史。这是后来潘家人自己透露出来的。

《随手杂录》

钱贱物贵

北宋时，在陕西，用一贯铜钱可以换一贯三十六铁钱。后来，由于常平司通知各州不要往外放铜钱，其他各司又都仿效，民间就传说铁钱将作废。这样，家家都把铜钱贮存起来，而大量使用铁钱，于是钱贬值而物价上涨。

《随手杂录》

曹彬深知宋太祖用心

北宋初年，曹彬、潘美领兵攻打太原城。即将攻克之时，曹彬指挥军队退却，潘美力争继续进兵，终究曹彬没有听潘美的。回到京城，潘美询问曹彬退兵的原因，曹彬不慌不忙地说："皇上领兵亲征都攻不下来，我们却攻下来了，这样我们的死期也就近了。"等宋太祖召见时，问起情况，曹彬说："陛下神武圣智，还攻克不下，何况臣子们？"宋太祖点头而已。

《随手杂录》

淹死鬼偷葡萄

南宋时，杭州城外北新桥，有一老人在河边居住，在家门前种了七架葡萄，当时天旱，老翁辛勤灌溉，所以长得比别家都好。为防别人来偷窃，老人一人在葡萄架下值夜。一天夜里，忽然有两三个淹死鬼从河里浮出水面，相互庆贺说："明天中午，从北边来一个带方巾穿白衫的人要投河，有他替死，我们就能超生了！"老人听得这话，第二天中午就守在河边，到时候果然有这么一个人，大笑着投入水中，老人急忙把他救了起来。当天夜里，那些淹死鬼又出现了，对老人骂道："我们苦等了几十年才找到替死的，你倒夺走了我们这个机会。非杀了你不可！"说着，就拿淤泥瓦砾扔过来，老人吓得逃进屋里，他们又嘭嘭地敲门。到早晨开门一看，七架葡萄颗粒不存。原来是小偷伪装成淹死鬼，做成圈套，然后用小船把摘下的葡萄运走了。

《随隐漫录》

丝绸铺骗案

南宋时，杭州丝绸就名闻天下，但丝绸店铺也经常发生诈骗案。如净慈寺前，有个盲老太，会摸骨相、听语声给人算命。有一天，一个小军官带了八个士兵，抬着轿子来请她，说某府的娘子邀请她去算命。到了清河坊张家绸帛铺前，轿子停下来，小官对铺中伙计说："娘子亲自来买绸缎几十疋。"随后他同一个士兵拿着绸缎走了，说回府拿银子。其他七个士兵列坐在店铺前。等了好长时间，不见小军官回来，就有两个士兵回去催。过了一会，又有两个士兵去催。最后，士兵全走光了，就剩下那顶八人抬大轿和轿内的盲老太在。

《随隐漫录》

槟榔报羞辱

刘宋刘穆之年少时，家里非常贫困。出于生计，常到他岳父家去吃饭，每次吃完饭后，都要槟榔吃，他的妻兄就开玩笑地对刘穆之说："槟榔帮助消化，你常常饿肚子，为什么忽然要槟榔吃呢？"刘穆之明知在讥笑他，也只能忍气吞声。后来，刘穆之做了丹阳尹，就故意召集妻家兄弟到家里聚宴，让厨师在客人吃完饭后，送上一金盘的槟榔让大家吃，以此洗刷过去所受的耻辱。

《诚斋杂记》

八字相同

湘阴人吴伟才是左宗棠三姑的第二个儿子。他和左宗棠都是嘉庆十七年十月初七寅时出生。算命先生测他俩八字相同，将来都能用刀刃建立功业。幼时也都被乡里视作神童。到了道光十二年，左宗棠中了举人，吴伟才则做了屠夫；左宗棠当了闽浙总督，吴伟才仍以杀猪为业，而且还说大话："姜子牙不曾也以杀猪卖酒为生吗？何止我一个呢！"同治八年十月，左宗棠平定了甘肃的回民起义，吴伟才仍健在，虽然不再以杀猪为业了，但到了过年，谁家请他去杀猪，他还是拿着杀猪刀高兴地去。

《狄云行馆偶刊》

争牛案

王恭戍边，将六头母牛留给舅舅李琎家。养了五年产犊三十头。王恭回来后要牛，舅舅说："母牛死了两头，现应还你四头老母牛，其余的不是你的牛生的。"王恭到县衙告状。县令裴子云将王送进狱中，追盗牛贼李琎，李惶恐而来。县令斥责说："贼引你一同盗了三十头牛，藏在你庄内。"李不服。县令唤"贼"对辞，将一人用布衫蒙住头站在南墙下。李急忙说："那三十头牛是我外甥的母牛所生，不是盗来的。"县令叫摘去那"贼"头上的布衫，原来是王恭，李惊讶地说："他是我外甥！"县令说："是就还牛，还有什么话说？"又对李说："五年养牛辛苦特给你五头，余下的一并还王恭。"听的人都很佩服。

《麈史》

秀才不知农家事

北宋的宋痒，曾任河南令。他觉得农民种麦很费耕耨之功，于是便命令农民用长锥刺地来下插麦种，结果从早到晚连一亩也不能播完。又值蝗虫为虐，又命令百姓每户养一只鸡，说鸡可去蝗灾。又让百姓把所养的鸡集中在一起，于是，群鸡斗争，翻天复地，满地鸡毛。百姓们围观大笑不止。

《麈史》

晏殊诚实

北宋名词人晏殊，小时候就作为神童被推荐到朝廷。真宗皇帝召见时，正遇上殿试进士，便让他也参加考试。晏殊一见试题，就说："这题目我十天前刚做过，草稿还在。请换个题目吧。"宋真宗为此非常赏识他。晏殊后在史馆供职，当时天下太平，允许馆阁大臣挑好地方举行酒宴，京城的酒楼饭店，几乎到处客满。晏殊当时很穷，上不起饭店，只好和兄弟们在家讲习学问。宋真宗听说此事，在挑选太子东宫的官僚时，特意选用了他。但晏殊在接受任命面见皇帝时，仍如实地说："臣下如果有钱，也必定会去酒楼饭店的。只因为穷，出不了家门而已。"

《梦溪笔谈》

放光巨珠

嘉祐年间，扬州有一颗珍珠，特别大，常在阴天出现。最初出现在天长县湖塘中，后来转入甓社湖，再后来出现在新开湖里，先后共延续十几年，居民过客常常见到。我（沈括）朋友的书斋在湖上，一天晚上，他忽然在很近的地方看到了这颗珍珠。起初，看到蚌壳稍稍张开一点，光从开口中射出，好像横着一根金钱；一会儿，蚌壳忽然展开，有半张席子大，壳里白光如银，珠大如拳，光辉灿烂不能放眼直看，十几里之间，树木都投下了影子，像早晨太阳刚刚升起时照耀的情况，远处只见天红得像野火燃烧一样。倏然之间远远离去，行驶如飞，浮在水中，像明亮的太阳。古代有明月珠，而这颗珠子不像月亮，闪闪有光焰，大致像日光。近几年不见出现，不知到哪里去了。

《梦溪笔谈》

雷击异闻

北宋时期，宦官李舜举家曾被暴雷击中。雷火从他家正堂旁的西偏室窗户里飞出来，明晃晃地掠过屋檐。家人都以为堂屋已经着火，全跑到外面去躲避。等雷停了，他家房屋完整无损，但墙壁和窗纸却都黑了。有一只木制的格架，上面杂放着各种器皿，其中镀银的漆器上的银子都熔化了，流在地上，而漆器本身却一点儿焦灼的痕迹也没有。有一柄宝刀，钢口极好，就在刀鞘中熔为铁水，而刀鞘却依旧完好。

《梦溪笔谈》

吃不饱

江南旅馆中有一位老年妇女，吃东西吃不饱。徐德占来到这家旅馆，老妇向他诉说自己吃不饱的情况。她儿子感到羞耻，便当着德占的面给她馒头吃。她吃完了一竹筐，大约有一百个，还是不停地喊饿。老妇每天要吃一石米的饭。进食之后，立即排泻出来，又和没吃一样饥饿。

京兆府醴泉县主簿蔡绳，是我（沈括）的朋友，也患了这种饥饿症。每当饥饿时，必须立即进食，稍有迟延就会倒在地上昏死过去。因此，他的怀里经常揣着面饼之类食物。即使面对贵客，饿时，也顾不得礼貌便大吃大嚼起来。蔡绳品行良好，博学有文彩，是当时名人。终因此病而遭遇不幸。没人知道他得的是什么病。

《梦溪笔谈》

发光物

卢秉家住太湖一带。曾天未亮起身，在墙柱下面发现有东西熠熠闪光，就近看，发光体像水那样动。急忙用油纸扇撮起来，这东西在扇子上晃动，就像水银，但光彩灿然，用火光照看，便什么也看不见了。

另外，魏国大主（皇帝姑母）家也曾发现过这种东西。

团练李评曾对我（沈括）说过同类见闻，和卢秉所见情况一点不差。

过去我在海州，曾经夜里煮鸭蛋，其中一只蛋灿然有光，通体明亮，像荧荧闪光的玉石，屋子都被它照亮了。存放到器皿中，经过十几天，臭烂得不剩多少了，反而更加明亮不熄。

苏州钱僧孺家煮的一只鸭蛋也像这样。

《梦溪笔谈》

削钉利剑

钱塘人闻人绍珍爱一柄剑。他曾把十只大钉子钉在柱子上，挥剑一削，十根钉子全都齐根截断了，隐在木头里，像秤杆上的星一样，而剑锋却没有留下丝毫痕迹。用力弯屈这柄剑,可以弯成钩;一松手,铿然一声,又恢复原状,挺直如弦。关中人钟谔也藏有一柄剑,可以弯曲后放在盒子里,拿出来又会恢复原来的挺直。

《梦溪笔谈》

怪　病

吕夏卿由知制诰任颖州知州。忽然患病,一个劲地缩小,临终时,只有小孩那么大。古人没有得过这种病,始终也没有人知道这是什么病。

有位松滋县令姜遇,没有什么病,忽然就不认识字了,过了几年才渐渐恢复。

有一家的侍妾,眼睛看任何东西都是弯曲的。弓弦、界尺之类在她眼里都像钩子。奉直和尚是个医生,他曾亲眼见到过这个人。

《梦溪笔谈》

巧辨獐鹿

北宋名相王安石之子王雱自幼聪慧。他才几岁时,有人把一头獐子一头鹿关在一个笼子里,问他哪个是獐子哪个是鹿。王雱实际上并不认识,看了半天,回答说:"獐子旁边是鹿,鹿旁边是獐子。"问的人大为惊奇。

《梦溪笔谈》

分明有诈

北宋丞相张昪担任润州知府时,有一妇人,她丈夫外出好几天没回家。忽然有人报告,菜园子的井里有死人,妇女一惊,到地方一看,就号哭起来,说:"这是我丈夫。"于是报了官。张昪命令部下召集邻居们去检验一下是否确系她的丈夫,大家都说井深看不清楚,要求把尸体弄出来。张昪说:"既然大家都看不清楚,这个妇人怎么知道是自己丈夫?"立即派人逮捕讯问。原来是妇人的奸夫杀了她丈夫,事先告诉了这妇人。

《梦溪笔谈》

铜钟辨盗贼

北宋时,陈襄任建州浦城县(今福建浦城)知县。有人失窃,抓了一些嫌疑犯,无法确定谁是真正的盗贼。陈襄骗嫌疑犯们说:"某庙里有一座钟,能辨认盗贼,最灵验了。"于是派人把钟抬到后厅,把嫌疑犯带到钟前,告诉大家,只要是盗贼,手一摸钟,钟就会响。陈襄带领官吏们举行了隆重的祷告仪式后,就用帐幕把钟围了起来,同时派人暗中在钟面上涂了墨。过了很久,把嫌疑犯领到钟前,让他们一个挨一个地伸手进帐幕里去摸钟。最后检查大家的手,大家手上都有墨,只有一人手上没有墨,经过讯问,他就是盗贼,原来他害怕铜钟发出声响,不敢去摸。

《梦溪笔谈》

千轴不如一书

北宋倡导古文的文学家柳开,年轻

时性格狂放，喜欢口出大言，贬低众人。他参加科举考试时，送呈给主考官作参考的文章装裱了一千来个卷轴。考试那天身穿短衣，亲自推着独轮车把这些卷轴送进考场，准备以此造成轰动，赢得名声。同时的张景，写文章也有名声，只随身带了一部书稿呈献给主考官。主考官读后大加赞赏，把张景选录为优等。当时人便编了一句俗语："柳开千轴，不如张景一书。"

《梦溪笔谈》

一道菜失一座城

南唐灭亡后，大将胡则据守着江州（今江西九江），北宋将领曹翰率军攻打了三年，由于城池坚固，始终没攻破。有一天，胡则的厨师做鲙鱼，做得不好，胡则发怒要杀这个厨师，妻子劝阻住了。厨师连夜由城墙上放绳索逃出去，投奔敌军，把城内虚实都报告了曹翰，又亲自率领宋军从依险而不设防的城西南角攻了进来。当夜江州城就失守，胡则一家全部死难。

《梦溪笔谈》

李士衡出使高丽

宋代李士衡有一次出使高丽，让一武官作为副手。高丽人给李士衡的礼物钱财很多，但李士衡都不关心，全交给副手经管。回来时，船底有点漏水，那个副手便用高丽赠给李士衡的布匹绸缎等垫在船底，然后才把自己的物品放上去，以避潮湿。船到了海中，遇到大风，船将要倾覆，船夫非常惊恐，请求把船上所有的物品都扔出去，以减轻船的重量，否则会人船两亡。副手在仓皇之中，把船里的物品都投入海中，没有闲暇挑拣。等到船中的物品投入海中将近一半时，风雨平息了，检点一下，扔到海里的物品，几乎全是副手的物品。李士衡的东西由于放在船底，竟没有一件投入海中。

《梦溪笔谈》

举人通关节

北宋时，许怀德任殿前指挥使，有一个举人，通过许怀德的奶妈，要求当门客，许怀德同意了。举人跪在庭院里行大礼，许怀德不客气地靠在座椅上接受他的跪拜。有人觉得许怀德是武夫不懂礼节，背地里告诉他："举人行大拜之礼，你应该起身迎接才对。"许怀德回答说："对借奶妈通关节的秀才，只配我如此对待他。"

《梦溪笔谈》

病危犹除恶

北宋时，国子监博士李余庆出任常州知府。他处理政事能力很强，打击恶势力十分果敢，坏人与不法官吏把他当作天神，很敬畏他。李余庆晚年得了重病，常州有个医博士，做了不少坏事，一直担心李余庆揭发并惩处他，就乘机下了烈性的药加以毒害，李余庆服用后大泻不止，已经病危。李余庆察觉到其中有鬼，让人抬扶着坐上公堂处理此事，把医博士当场用刑打死才回家，没来得及躺到床上就死去了。死后葬在横山上，至今经过的人没有敢不下马的。据说犯疟症的人，只要抓一把横山李余庆墓上的土放在病床边，病就会好。

《梦溪笔谈》

欧阳修力挽文风

北宋嘉佑年间，士人刘几参加国子监考试，屡获第一。但他写文章喜用怪险之语，初学者都摹仿他的文风，一时成了风尚。欧阳修对此深恶痛绝。正好欧阳修主持科举考试的文章评选，凡按刘几风格写时髦文章者，一律不加录取，时兴的文章体式才为之一变。这都是欧阳修的功劳。

《梦溪笔谈》

价贵未必有用

北宋时，有人送给孙甫一个砚台，价值三十贯钱。孙甫问："这砚台有什么特殊的地方，值这么多钱？"送砚的客人说："砚台是因砚石滋润而名贵的，这块砚石哈一口气就出水了。"孙甫说："即使一天能哈出一担水来，才值三个铜钱，化大价钱买这个砚台有什么用？"到底没有接受这个砚台。

《梦溪笔谈》

狄青不冒充名人之后

北宋名将狄青当上了枢密使，有一个唐代名相狄仁杰的后人，带着狄仁杰的画像和十多份任职的委任状来进献，让狄青认狄仁杰为远祖。狄青拒绝说："只是一时侥幸，哪里及得上梁国公狄仁杰？"赏赐给那人许多钱帛，把狄仁杰的后人打发走了。

《梦溪笔谈》

王旦雅量

北宋时，太尉王旦气量宽宏，从未有人见他发过脾气。手下人伙食弄得不干净，就不吃算了。家人想试一试他的度量究竟有多大，特意在肉羹里放了点炉烟灰，他就只吃饭。问他为什么不吃肉羹，他说："偶而不喜欢吃肉罢了。"有一天，又在饭里放进了炉烟灰，他看到了，就说："我今天不想吃饭，做点粥吧。"子弟们向他抱怨，厨师克扣肉的份量，每人一斤肉只能吃到半斤，另外半斤被厨师揩油了。他就吩咐，此后每人给一斤半肉，除了厨师克扣的，保证每人有一斤肉可以吃够。他不愿揭发别人的过失，大致上都类似上述情况。

《梦溪笔谈》

范仲淹救饥荒新法

宋仁宗皇祐二年，东南一带发生了大饥荒。饿死的人横七竖八被抛弃在路上。当时，范仲淹在浙西任地方官，调发官仓粮食，充作薪饷，招募百姓服役，想了很多完备的办法抗灾。东南一带，百姓喜欢竞渡，又好做佛事。范仲淹便任随百姓搞竞渡活动。作为太守，他每天太阳一出来就在湖上开宴。从春到夏，居民空巷出游。又召集各佛寺主事僧人，告诉他们说："荒年雇人干活工钱特别低贱，你们可以大兴土木。"于是，各寺土木工程大兴。又新建粮仓吏员馆舍，每天都要使用上千人干活。所有这些，都被监察官看在眼里，他们向皇帝上奏章，弹劾杭州地方首长不考虑救济饥荒的法令制度，游玩取乐毫无节制，再加公家私人都在大兴土木，伤耗民力。于是范仲淹亲自向皇帝上书，一条一条地陈述为什么要宴游和兴造，说明这全是为了开发有余的财力，施惠于贫民。那些做生意的、经营饮食的、有技艺的人卖力气，仰赖公私兴事才能吃上饭的，每天不下几万人。救济饥荒的法令制度，没有比这种办法效果更显著的了。这一年，两浙地区，只有杭州安然无事，老百姓没有流亡。这全是得范仲淹的恩惠啊！

《梦溪笔谈》

乘　隙

濠州定远县(治所在今安徽定远县东南)有一位弓箭手，善于使用长矛。远近的人都佩服他的武功。有一个小偷也善于用矛击刺，常常蔑视官兵，只承认与这位弓箭手不相上下，曾扬言："我见到这位弓箭手，一定与他决一生死。"

有一天，弓箭手因事走到一个村子，正逢小偷也在集市里喝酒，当时形势，无可回避。两人就拉过长矛，格斗起来。围观的人像墙一样。交战很久，谁也没有占到上风。弓箭手忽然对小偷说："县尉要来了！我和你都是强健的人，你敢和我在县尉的马前决一生死吗？"小偷说："可以！"弓箭手应声刺去，一举将小偷刺死。这就是利用对方稍有疏忽的空隙，奇袭的成功。

《梦溪笔谈》

不受贵砚

有人送给孙甫一方石砚，价值三万钱。孙甫问道："砚有什么特别的地方，能值这么高的价钱？"那位客人说："砚以石质润泽为佳，这块砚，只要呵一口气，就会有水流出来。"孙甫说："即使一天能呵出一担水，也仅值三个钱，买这方石砚有什么用？"他终于没肯接受这方石砚。

《梦溪笔谈》

李顺、王小波起义

四川最凶的起义军首领李顺攻下剑南、两川(四川大部分地区)时，函谷关以西的地区都震动了。朝廷深为忧虑。后来，朝廷军队击败起义军，收复两川。记载功勋，颁行赏赐，都很顺利，一点没有听到别人说闲话。直到三十年后的景祐年间，才有人告发说，李顺还活在广州，被巡检使臣(路治安长官，常由路行政长官兼任)陈文琏捕获，这才是真的李顺，年龄已经 70 多岁了。检核清楚，押送京城，经朝廷复核验实的确是真的李顺。朝廷因平蜀将士的功劳奖赏早就颁行过了，不愿再暴露这件事的实情，便只是杀掉李顺，赏给陈文琏两个官职，不了了之。陈文琏是泉州人，康定年间，告老回到泉州。我还记得，文琏家里存有《李顺案款》，记载始末很详细。李顺本是味江（今四川范县西南一带）人王小博（即王小波）的妻弟。起初，王小博在四川造反，不能理顺手下部属，于是，大家共同推举李顺当首领。李顺刚上来时，把乡里中的富家大姓都召集在一起，让他们申报家里所有的财产和粮食，除了留足他们家中人口需用的之外，全部调发出来，大规模地赈济贫困百姓。他录用有才能的人，安抚良民善类，号令严明，所到之处，对百姓一点没有侵犯。当时四川广大地区发生大饥荒。十来天的功夫，归顺他的人就有几万之多。所要进攻的州县，都大开城门迎接。战书下达的地方，再不会有完整的壁垒。到他失败之后，人们还是怀念他。所以他能够脱身逃走，过了三十多年才被杀害。

《梦溪笔谈》

凿澳修船

本朝（宋）建国初年，两浙向朝廷进献龙船，船长20多丈。船的上部是多层的楼房，特设皇帝专用的御榻以备皇帝前来游玩。年代久了，船的腹部毁坏，想要修缮，但因水上不便施工而搁置下来。熙宁年间，宦官黄怀信建议在金明池北边开凿一个大凹坑。大小以能容纳龙船为度，在坑下立木柱，柱上安大木横梁，然后放水进来，顺水引入龙船，停在横梁上面。然后，用水车将水排出坑外。船便安然地架在了空中的大木横梁之上。等修膳完毕，再引水浮船。撤掉梁柱，建筑一座大房子覆盖在船上，于是便成了藏船的库房，从此，再不会有暴露在阳光风雨中而生的种种弊病了。

《梦溪笔谈》

钱塘江堤

钱塘江，在钱镠统治时期，建造了石堤，在堤外又埋置了十九行大木柱，称作“滉柱”。在宝元、康定年间，有人提出建议，说取出“滉柱”，可以获得良材几十万。杭州地方长官采纳了这个建议。不久，旧木出水，都已腐败不能用了。而“滉柱”被抽取一空。石堤被洪涛冲毁，年年决堤。大概过去的人埋置木柱，是用来减弱江涛急骤的来势，使石堤不跟水斗力，所以江涛不能为害。杜伟长当转运使（掌一路或数路财钱，兼察官吏，兼理边防、治安、钱粮等），有人建议，从浙江税场以东，退后几里修筑月堤，用以退避急骤的水势。众多水工都认为可行，只有一个老水工认为不合适。他私下跟同伙说：“把江堤移动后，每年就没有水灾了，那你们这些人靠什么维持衣食呢？”大家为了自身的利益，便都应和他的意见。杜伟长不明白他们的计谋，耗费了亿万金钱，但江堤的水害，仍然每年都有。直到最近几年，才开始探讨月堤的作用，波涛的患害才渐渐少了。但还是比不上埋置滉柱好，而耗费的资金极多，再也没有什么办法了。

《梦溪笔谈》

石　油

鄜州和延州(今陕西富县和延安一带)境内有石油。过去说高奴县(今延安延水东岸)出产“脂水”,就是这种东西。生在水边,在沙子、石头和泉水之间,时快时慢地涌出来。当地土著人用野鸡尾巴上的翎毛蘸取,采集到瓦罐里。很像清漆,燃烧起来像麻炬。只是烟特别浓,被沾染的帐幕都变黑了。我估量这种烟可以派用场,试着扫取它的煤烟当作墨,墨亮好像漆,松墨都比不上它黑。于是便大量制作这种墨,墨上有标志文字是“延川石液”的就是这种墨。这东西以后一定会在社会上大规模地使用,这是从我开始实行的。

石油大概非常多,生在地里面无穷无尽,不像松木有时会用尽。现在,齐鲁间(山东一带),松树林已经伐尽了,这种情况逐渐延至太行、京西、江南,松山已经大半都秃了。造烟墨的人大概还不知道石油的好处,碳的烟也较大,容易染黑人的衣服。我曾戏作《延州诗》说:“二郎山下雪纷纷,旋卓穹庐学塞人。化尽素衣冬未老,石烟多似洛阳尘。”

《梦溪笔谈》

食盐品种

食盐的品种极多,从前史书所记载的仅在夷族、狄族之间即有十多种。中原地区出产的也不下几十种。现在公私通行的有四种:一种叫“末盐”,就是海盐。河北、京东、淮南、两浙、江南东西路、荆湖南北路、福建、广南东西路,共有十一路都食用这种盐。其次一种叫“颗盐”,是解州盐湖和晋、绛、潞一带湖中出产的。京城附近南京、京西、陕西、河东、褒、剑等处都食用这种盐。又其次一种叫“井盐”,是挖井开采的。益、梓、利、夔四路食用这种盐。再其次一种叫“崖盐”,生在土崖之间。阶、成、凤等州食用这种盐。

《梦溪笔谈》

道理最大

宋太祖曾问赵普:“天下什么东西最大?”赵普正在深思熟虑还未回答之间,宋太祖又问了一遍。赵普回答说:“道理最大。”宋太祖屡屡称好。

《续梦溪笔谈》

孝女冯氏

唐代杭州有个姑娘姓冯,是个独生女,因而没有兄弟共同侍奉母亲,只有母女相依为命。为了奉养母亲,冯姑娘决心终身不嫁。后来在母亲病重时,她毅然割下自己大腿上的肉为母治病,但终于医治无效死去。她把母亲埋葬之后,就在母亲的坟旁盖了一间草房住下,早晨为母亲上香,晚上为母亲点灯,侍奉得就像母亲还活着一样。

《梦粱录》

孝妇盛氏

宋代杭州有个姓盛的孝顺媳妇。她侍奉公婆极尽孝心。她不仅细心为婆婆烧茶做饭，而且亲自为婆婆织布裁衣。她婆婆性情特别急躁，而盛氏总是和颜悦色，常常陪伴在婆婆的身旁，从不怠慢。她和妯娌们也能和睦相处，使她们都受到她的感化。后来，婆婆病重，她家因贫穷而无钱医治，盛氏就毫不犹豫地把自己的首饰衣物等一并拿去卖了，换钱全力医救婆婆。

《梦粱录》

看茶啜墨

真正的松煤远烟墨，自身有一股龙涎、麝香味。世上喜欢好墨的人如腾达道、苏浩然、吕行甫等，遇到晴暖的闲暇日子，就研墨水几盒，弄笔之余，往往啜饮几口。

蔡襄嗜好饮茶，年老时患病不能饮茶，只好赏看。看茶、啜墨，也算得上令人发笑的趣事了。《仇池笔记》

河阳猪肉

苏东坡住在岐山时，听说河南的河阳猪肉味道很美，就派人采购。差人贪酒，当赶着两口猪快到岐山时，在附近村镇上喝起来，一醉方休。待他酒醒时，河阳猪早跑得不见踪影了，只得买了两口本地猪回来交差。苏东坡不知此事，猪肉做好后邀请众友前来品尝。席间客人大加赞赏，说："到底是河阳猪，名不虚传，要是本地猪，绝对做不出如此美味！"大家正在交口称赞时，忽有乡人求见，说："昨天，我家菜园里窜来两口猪，听人说是您府上从河阳买来的，路上走失的，特来相送。"众人一听，都呆了，有的没趣地溜走了。

《仇池笔记》

告讦之风不可长

元丰初年，白马县民户有一人被贼人杀死，其家害怕贼人报复，不敢到官府报案，于是写了一封匿名信投到县衙。

县衙里弓手甲得到此信，但他不识字，于是让看门人乙看。乙为他读了这封匿名信。甲按信上所写，抓住了贼，而乙与他争功。县吏认为：法律上禁止匿名信，而贼人却是以匿名信为线索捕获的，不敢将他处死。按法律规定：投匿名信者当判以流放，但就事情本身来说，又情有可原；从法律来说，又很重。这两件事，都须上奏。

苏颂任开封府尹。白马县原属滑州，当时正值滑州被取消，白马县成为京畿。于是，苏颂上殿论奏道："贼可减死，投匿名信者可以免罪。"皇上说："这件事（指投匿名信控告杀人凶手）案情虽极轻，但是，告讦之风却不可长。"于是，对投匿名信者杖数十又加以抚慰，目的只在于惩戒告讦之风。

《东坡志林》

池鱼踊起

眉州人任达对我(苏轼)说:“小时候,看见一家在深水池中养了几百条鱼。水池边上都铺着砖,四周都是房屋,环绕其间,有一丈见方。共有三十多年,鱼在逐日长大。有一天,天晴,没有雷声,水池里忽然发出巨大的声音,像风雨声一样。鱼都踊跃而起,呈羊角状升入空间,不知飞到了哪里。

《东坡志林》

不取埋藏之物

过去,我(苏轼)的母亲在眉州纱縠行租房子居住。有一天,两个婢女熨帛,脚陷进了地里。一看,几尺深处有一只大坛子,上面盖着乌木板。母亲忙叫人用土填塞。坛子里有东西,常常发出人咳嗽似的声音,过了一年才停止发声。人们都认为其中有过去埋藏的东西想出来。母亲的侄儿程之问听说此事,想要发掘。正巧我家迁居,之问就租下了这栋房子。挖掘了一丈多深,没有找到那只坛子。

后来,我在岐山任官,所住的房子在一株大柳树下。下雪时,有一尺见方的地方无积雪。雪晴后,地凸起几寸高。我怀疑是古人埋藏丹药的地方,想要发掘。妻子王弗劝我说:“如果我婆婆还活着,一定不肯发掘。”我听了她的话,自感羞愧,便没有发掘。

《东坡志林》

东坡梦中诗

昨夜梦见参寥和尚带着一轴诗来看我(苏轼)。醒后还记得他的《饮茶诗》中的两句:“寒食清明都过了,石泉槐火一时新。”梦中,我问他说:“火当然是新火,泉为什么也说是新的呢?”他回答道:“按习俗在清明时淘井。”我应当把它续成一首完整的诗,用来纪念这件事。

《东坡志林》

梦中作《鞋铭》

我(苏轼)任杭州通判时,曾做过一个梦,梦见自己被神宗召入内宫,宫女围在身边侍候。有一位穿红衣服的女孩子手捧一只红色的靴子,让我作铭文。梦醒后,还记得文中的一联是:“寒女之丝,铢积寸累;天步所临,云蒸雷起。”梦中,写完后,进献给皇帝,皇帝极为叹赏我文思的敏捷,让宫女将我送出宫。我细看宫女的裙带上有一首六言诗:

百迭漪漪风皱,六铢縰縰去轻。
植立含风广殿,微闻环佩摇声。

《东坡志林》

须发变黑

李方叔说:蜀公范镇逝世前几天,胡须、头发都由白变黑,郁然如画。蜀公平生心无杂虑,注意养气,寿数已尽,神魂离去,而血气并未衰竭,可能这就是血气的外露吧?

《东坡志林》

太祖以仁取越

北宋之初，江南尚未统一。吴越王钱俶入朝，太祖赵匡胤对他非常礼遇。然而，朝臣从宰相以下都向太祖上奏章，请求扣留钱俶而收取其地。太祖没有采纳这个意见。后来，太祖赐吴越王归国，在便殿设宴为他饯行。太祖命内侍取出一个小黄包，封得十分严密。太祖把它赐给吴越王，并告诉他在途中秘密观览。在归途之中，钱俶打开黄包一看，内里包着几十件群臣奏疏，都是请求太祖扣留吴越王收取土地的。钱俶从这以后，既感戴太祖之恩，又惧怕宋朝之威，于是，便献地称臣。

《东轩笔录》

枢密使治淋病

王曙得了下淋病，百药不愈，及官升枢密副使，淋病顿时好转，及罢职，旧病复犯。有人取笑他说："要治淋病，非服'枢密副使'一味灵药不可，而且必须常服，才能根除。"梅询字金华，久任侍从，急于升官而不能如愿，晚年多病。参知政事石立中素知其心病，于是当面取笑说："你的病有一副清凉散就能治愈。"因为官至两府，当时规定就可以张青盖伞出行，"清凉散"即喻青盖伞。

《东轩笔录》

李国舅

宋仁宗生母李太后刚进宫时只有十几岁，当时有个弟弟七岁。姐弟俩临别时，太后将一个刻丝革裹交给弟弟，抚着他的背哭着嘱咐说："你以后不管流落到什么地方，一定不要把这件东西失落，以后如果我交了好运一定设法找你，以这件东西为凭证。"说罢泣不成声而去。后来其弟在某位凿纸钱匠人家里当佣工，谨遵姐姐的嘱咐，将革囊挂在胸前，一刻也不离身。有一天，他得了痢疾，眼看没救了，被纸匠扔到道旁，正巧被宫内的一个看门人路过看见了，见他可怜，就将其领回家中收养。看门人见他衣服破烂，但革囊却总是挂在胸前，怪而问之，他把经过告诉了他，他感到十分惊异，因为太后曾经说过此事，并让他到处访求失踪的弟弟。看门人又问他小名、姓氏、家世，然后把革囊解下，第二天进宫禀报太后。当时李太后已为真宗生下仁宗，得封宸妃，得到这个消息后惊喜万分，立即告知真宗，将其弟接进宫中相认。真宗封他为右班殿直，人称李国舅。李国舅名用和，后官至殿前都指挥使。

《东轩笔录》

李定陷苏舜钦

北宋年间，每到春秋赛神节日，京城各司衙门都以本司的多余物品，换取酒肴，同僚列座，合乐终日。庆历年间，苏舜钦主持进奏院，到秋天赛神时，他循例卖掉院里一些废旧纸张，自己又添了十金，召集馆阁同舍，以为节日之欢宴。与会的客人也都或多或少出了一份钱。太子中舍李定也要参加进奏院的宴会，苏舜钦素来不喜此人，便拒绝了他。李定怀恨在心，便在朝廷中到处毁谤苏舜钦。恰好御史刘元瑜受王辰的指使，一直想借机整垮范仲淹这派革新人士，苏又是这派的骨干，于是马上弹劾苏舜钦，指控他监守自盗。后来，苏舜钦果然被以监守自盗定罪，削籍为民。当时参与进奏院宴会的官员，都受到贬职处分，梅尧臣也在其中。梅与苏都是北宋著名诗人，号称“苏梅”，政治上观点也相一致，两人关系颇好。苏舜钦被削职为民，梅尧臣也被斥逐。梅尧臣作《客至》一诗说：“客有十人至，共食一鼎珍。一客不得食，覆鼎伤众宾。”即指李定因为未能与宴而伤害苏舜钦及众人之事。

《东轩笔录》

仁宗仁恕

宋仁宗性仁恕，尤其忌恶深文周纳，狱官如果制造冤狱的，终身不再录用。而仁民爱物，惟恐不及。一天清晨起来，仁宗对近臣说：“昨天夜里，朕因睡不着觉而甚感饥饿，很想吃烤羊肉。”侍臣马上说：“陛下何不降旨取索？”仁宗说：“近年听说宫廷一有取索，外面就变成了常例。我实在担心从此而逐夜宰杀，以备不时之供应，天长日久，害物恐多。哪能不忍耐一夜之饥，而开启无穷之杀？”左右皆呼万岁，有人感动得流了泪。

《东轩笔录》

《国老谈苑》

[宋] 王君玉

《国初群雄事略》

[明] 钱谦益

《隆平记事》

[不详] 无名氏

《闲谈录》

[不详]无名氏

《菽园杂志》

[明] 陆　容

《枫窗小牍》

[宋] 袁　褧

《春冰室野乘》

[清] 李岳瑞

《眉庐丛话》

[清] 况周颐

《吹影编》

[清] 垣赤道人

《吹剑录外集》

[宋] 俞文豹

《石林燕语》

[宋] 叶梦得

《龙川别志》

[宋] 苏　辙

《能改斋漫录》

[宋] 吴　曾

《曲洧旧闻》

[宋] 朱　弁

《香饮楼宾谈》

[清] 陆长春

《消夏闲记摘抄》

[清] 顾公燮

狂生责相

宋真宗大中祥符末年，王旦在中书省任职。这一年大旱。一天，王旦由中书省回家，途中经过潘氏酒楼，有一个叫做王行的狂生在楼上指着王旦大喊："百姓们遭受旱灾，穷愁困苦，相公却稳稳当当地享受着朝廷丰厚的俸禄，心里就这么坦然吗？"说着，又用手里拿着的经书向王旦打来，正中王旦头部。王旦的随从人员立即将王行捉住，准备扭送他至执法部门，却被王旦拦住了，他说："此人之言，正说中了我的过错，他有什么罪呢？"于是命人将王行放了。

《国老谈苑》

窦仪戒太祖

宋太祖赵匡胤曾有一次在后苑乘凉，召翰林学士窦仪草拟诏书，处理边疆事宜。窦仪来到苑门口，见太祖头巾推在脑后，光着两只脚坐在那儿，窦仪便退回立于门口。太祖让人催促他进见，窦仪说："官家(指皇帝)正处在无拘束的状态，我不敢进门。"使者怒而奏明太祖，太祖看了自己这副样子，微笑了一下，马上使人取来衣冠、靴子之类，穿戴齐整方召窦仪进来。还未开口宣示诏书内容，窦仪便说："陛下新即帝位，四方之人瞻望，应当以礼仪来给天下人做出样子来。臣不才，不足以让陛下看重，但恐贤能之人，闻知陛下待贤人不恭而离去。"太祖严肃地向他道谢，从此以后，即使接见近臣，也从未有过冠带不整之事。

《国老谈苑》

各为其主

明太祖朱元璋俘获元将纳哈出，认为他是元世臣子孙，待他非常好，而纳哈出终日闷闷不乐。朱元璋让降将黄俦探察他的心意。纳哈出说："蒙主公不杀，实难报答。然而我是北人，终不能忘本。"黄俦将他的话报知朱元璋，朱元璋说："我本来就知他有此心。"于是对徐达说："纳哈出是元之世臣，终有归还北方之心，现在即便强留住他，也不合情理，不如放他回去。"徐达认为其心难测，如果把他放走恐怕遗留后患，不如杀了他。朱元璋说："无缘无故就杀了他，不合情理，我已经决定了，暂时放他回去吧。"于是召见纳哈出和降臣张御史，对他们说："为人臣者，各为其主，何况你还有父母、妻子，怎能不思念。现在放你回去吧！"给他路费打发他走。纳哈出辞谢而行。后于洪武二十六月前来归降明王朝。

《国初群雄事略》

铁石心肠

元末起义军首领之一明玉珍与元军战于嘉定。明军俘获元军参政赵资之妻与子，明玉珍以礼相待，令其招降其夫。第二天，两军会战，明玉珍让赵资妻与子临阵呼赵资来降，其妻高喊："我和你儿子锁儿被擒获在此。明公待我以礼，参政念我们夫妻一场，救救我们母子的命吧!"说完,放声痛哭,其子也大喊其父。两边军士无不下泪。而赵资则在马上持弓箭大叫:"臭娘们儿,不死还等什么!"说着一箭射中其妻心窝,当时毙命,又欲射其子,众人用盾牌掩护,其子才免于一死。明玉珍挥兵前进,大败元军,擒赵资斩之于大十字街。

《国初群雄事略》

朱元璋单骑劝降

元末起义军领袖郭子兴率兵占据了定远县,但形势很危急,后有元军大队人马进逼,前有城口张寨挡路不能前进。郭子兴召集将士问道:"城口张寨目前已成了我们的心腹大患,你们当中谁能招降寨兵,就让他率领这些寨兵。"朱元璋表示愿意前往,郭子兴说:"你不行。"第二天又向将士们问起此事,朱元璋又请求说:"我一定能让该寨主来降!"郭子兴问:"你前去招降需要何物?带多少人去?"朱回答说:"只需单人匹马即可。"第二天,朱单人匹马来到寨门前求见寨主,张寨主领马步兵百余人出见,问道:"你是谁?来此何干?"朱元璋说:"我是郭元帅部下朱总管,来此有机密事相告。"于是寨主邀朱进寨。朱元璋诡称:"今夜鞑子兵(指元军)来劫寨,我奉郭元帅令前来密报,望您谨慎防备。"张问:"你们怎么知道?"朱说:"我们抓获了鞑子兵俘虏,故此知此事。"并趁机向他陈述利害、分析形势,劝其归降郭子兴义军。至夜晚,鞑子兵果然来劫寨,因已有防备,故俘获大部劫寨人马。张寨主盛赞:"郭元帅好人啊,我应当怎样报答他呢?如果没有你,可能已经坏事了,现在同你一起去见郭元帅。"于是当即点齐人马、钱粮与朱元璋一起来见郭子兴,郭大加慰劳,授以名爵,令朱元璋出告示安抚本寨军民。

《国初群雄事略》

一说便俗

元代人倪瓒字无镇,号云林子,无锡人。正赶上元末战乱,就把家资全都散发给众人了,独自往来于江湖之间。张士信听说倪瓒善画,就让人拿着绢,带上厚重的礼物求倪瓒的画。倪瓒发怒道:"我不能做王门的画师。"于是就撕裂绢。张士信听说这事后,深深地怀恨在心。有一次,张士信与诸位文人游太湖,闻到一小船上有异常的香味,张士信说:"这里一定有一不平常的雅士。"急忙让船靠近对方,原来就是倪瓒。张士信发起怒来,要用刀杀了他,诸人竭力劝解,张士信改用皮鞭抽打倪瓒。倪瓒被鞭子抽打,却不发一言,有人问倪瓒说:"为什么一句话也不说呢?"伊瓒回答说:"一说便俗。"

《隆平记事》

冯道大度

后晋开运年间,冯道官拜中书令。当时有人要戏弄冯道,就在街市中买了一条驴子,在驴头上用一片布写上两个大字:"冯道。"冯道的亲友看到以后,告诉冯道,冯道慢慢地回答说:"天底下同姓名的人不可胜数,那只不过是失去主人的驴子正在寻访它的主人，这有什么可奇怪的呢？”冯道就是这样大度。

《闲谈录》

人卑画贱

钟钦礼，上虞人，善画山水。因为上司多喜欢他的画，因此对人骄傲。后来因为仗势诈取人财物，事情败露，发配充军。有人把他的画送给陆容，陆容说：“我的屋子虽然很差，但也不挂这类人的画。古人看书画，一要师法古，二要人品高。人品不高，再好的画也不值钱。”

《菽园杂志》

朱元璋的画像

明太祖朱元璋曾经召集画工，给他画像，多不合他的意。有笔意逼真的，自以为一定受赏，等到给朱元璋看，也不合意。有一画工了解了他的意图，在形似之外，又稍稍加进肃穆庄严的姿容，献给朱元璋，朱元璋很高兴，传命画几幅赐给诸王。原来他的意图，别的画工不理解。

《菽园杂志》

胡子爷爷

明朝苏州陈镒为都御史，在陕西任巡抚时，执行法律宽松而公平，办事简易。几年间，风调雨顺，五谷丰登，老百姓很喜爱他。因为他有大胡子，人们都呼他为“胡子爷爷”。有一次他要到朝廷议事，人们误传他要离任，在道路上有几千人请求他留任。陈镒说：“议完事还要回来。”人们才渐渐散去。到他回来时，也有几千人烧香欢迎、等候。谁的父母及自己有病，都要给他抬轿。一出府，人们争着抬，虽然禁止，也禁不住。据说给他抬过轿病就好了。

《菽园杂志》

争当宦官

京城和京郊的民家，羡慕宦官的富贵，私自阉割幼男，以求宫廷收用。也有已婚又自阉的。礼部经常为他们申请。皇帝多判处他们免死，送往口外，号称净军。遇赦之后，送到南苑种菜。遇到宫内缺人，就选他们入宫。也有聪明会来事的，达到显要的位置。被军队阉割的更受重视，有的可以送学堂读书，多为皇帝的近侍。

《菽园杂志》

依附名族

今世富家有从微贱起家的，往往依附名族。苏州一带这个风气特别盛。如太仓人孔士学，是孔子五十三世孙，但他家很穷，常州某县一富家，要跟他通家谱，士学坚决拒绝。死后无子，家里人活不下去了，富家便用一船米把他家家谱换去了。

《菽园杂志》

留待今日又如何

陈某，常熟涂松人，家境相当富裕，

但很奢侈,没有节制。每次设宴席,每人面前必有全鸡、全鹅,头尾俱全。曾经停船于苏州城沙盆潭,买蟹作蟹螯汤,因为螯小,都扔到水中。狎一妓女,给妓女制作金银首饰,妓女说他吝啬,他便全都抛到水中,又叫人重新制作。多年以后,因欠租税很多,官府追逼偿还,因而破产。便租房子居住,亲自种菜,妻子织布,以维持生计。邻居老翁可怜他太辛苦,送给他一壶白酒、一盆豆腐,他吃后泄肚好几天。妻子问他:"沙盆潭的首饰在今日用,会怎么样?"

《菽园杂志》

宦官认娼为母

闽中有一娼妓色将衰,想嫁个人以求终身的归宿。人们看不起她,没有娶她的。以后几年,闽人有经过阉割而到皇宫的,富贵后,听说他的母亲还活着,派人找到了,安排在外面的住宅,第二天出来拜见,远远看见其母面目丑陋,不拜而去,对左右说:"这不是我的母亲。应该再找。"左右了解了他的意思,又到闽中,找仪表美丽的女人,便把那个娼妓找出来。娼妓已经六十岁了。到了京城,两个相对痛哭。那个宦官对老娼妈奉养甚好,过了十几年她才死。

《菽园杂志》

补神像

王冕,绍兴人,明初名士,住在一个神庙附近。有一次,做饭缺柴,他就用斧子砍神像来烧。他的一个邻居恭恭敬敬地对待神灵,看到王冕毁了神像,他就刻木补神像。但王冕一家每年都无病无灾,而邻居的妻子、孩子却常常闹病。一天,他去请女巫降神,问神说:"王冕屡次毁神像,你不加罪于他,而我经常补神像,神为什么不保佑呢?"女巫一时语塞,便假装生气了,说:"你不补神像,他怎么能砍去烧火呢?"从此那人不补神像,那座庙就废了。大家都把这件事当作笑话。

《菽园杂志》

夏尚书气度

户部尚书夏原吉,长沙人,道德高尚,度量大,喜怒不形于色。永乐年间,因为治水来到昆山,住在千墩禅寺。居住的地方不设仪仗随从。几个乡民入寺游玩,夏原吉正坐在室中看书,乡民也不知道,就杂乱地坐在夏原吉身旁。过了一会儿,他们到别处去,问僧人说:"尚书在哪里?"僧人说:"在室内看书的那个人就是。"乡民害怕了,赶快跑了。夏原吉喜欢吃炒猪肝。一天,厨夫把饭菜端上来了,夏原吉吃饭而不吃猪肝。他们感到奇怪。过一会大家把猪肝分开来吃,才知道盐多了,咸得没法吃。人们都很佩服他的度量。

《菽园杂志》

不见尚书

俞汉远,上虞人,能诗善画。曾经被人保举,进入京城。吏部郭尚书知道他能画画,派人召见他,他不去。召他去的人说："县令想要见他一面都办不到，你为什么不去呢？"俞汉远说："我是被推荐来的。如果今天去给他画画，假如有一天当上了官，人们会说我是靠画画得的。"他后来死在旅舍，贫穷得没有积蓄，同乡人凑钱把他埋葬了。

《蕺园杂志》

马做将军

有一次，宋高宗骑着一匹青白相间的骏马来到太和宫前，忽然把一个自己平素喜欢的人宣来，那人骑着马来到皇帝面前，那匹马却不肯往前走，不管人们怎么鞭打，它仍然又叫又跳，越闹越厉害。这时，一个掌管养马的人进言道："它是想要得个官做。"皇帝说："猴子都能官居供奉，哪能让它白身呢？"于是就封它为龙骧将军，立刻这匹马就老老实实地听从调理了。

《枫窗小牍》

丁谓迷信吉兆

北宋丁谓倾情尽意讨好寇准，希望借此拜相。然而事情难以料定。他生平最相信吉凶的征兆，每天早晨都要推测喜鹊的鸣叫，夜里要注意灯芯的情况。即使出门时，也一定要偷听家人说的话，以此占卜吉兆。当时有个无业游民于庆，十分贫穷，自己估计一下，将要冻饿而死，去找一个落第的老儒生商量摆脱贫困的办法，老儒生说："你要想自救，一定要改换姓名，那就可以得大利了，但希望你不要忘了我。"于庆拜谢，答应听他的话。老儒生便将于姓改为丁姓，将名也改为宜禄，让他投身到丁谓门下，丁谓非常高兴，将他收容在家中。门下人都很奇怪，问他为什么高兴接纳这样一个人，而丁谓却不予回答，只说："我得到这个人，肯定要当宰相了。"果然，不到十个月丁谓便当上了宰相。于是这个人也成了最受宠的仆人。即使是朝廷大臣、地方首长也没有不借助他向宰相进言的。不过一年，宜禄已有十万钱的家产了。那位老儒生也因他的引见竟然在一个大郡得到了教授的官职。这件事直到现在人们还在传说，不知其中有什么道理。最近，笔者阅读沈约所著《宋书》，其中说："宰相苍头（仆人）呼为宜禄。"这才明白，再说，于庆不仅改名，还把姓也改为丁，那就更加合乎丁谓的心意了。

《枫窗小牍》

挟嫌报复

嘉庆年间，名士吴谷人任国子祭酒。宰相和珅慕其名，想招致门下，吴谷人辞而不登相府之门，和珅怀恨在心。吴谷人参加某科考差（选拔乡、会度考官的考试），他的考卷已被别的大臣阅过，决定要录取了，和珅又特地把吴谷人的考卷再重阅一遍，发现诗中有"照破万家寒"一句，就说："此卷有'破家'语，怎能送呈皇上（考差中选的考卷皇帝要亲自过目）。"于是撤掉了吴卷，所以吴谷人一生没当过考官。

《春冰室野乘》

杨瑞莲巧遇乾隆帝

江苏常州人杨瑞莲，是朝官梁诗正的亲戚。杨瑞莲书法工篆隶，乾隆年间开西清古鉴馆，梁诗正推荐他到馆中担任书写人员。这一年的农历八月十三日午后，只见一位高个子的男子进了古鉴馆，当时馆中只有杨瑞莲一个人，他并不知进来的是谁，仅客套作揖让来人坐下。那人问杨瑞莲，都到哪儿去了，杨回答说都去贡院应乡试了。又问杨为什么不去，杨瑞莲回答说，怕宫廷内不时有传写事宜，所以让自己一人留在馆里。来人又问杨瑞莲籍贯姓名，看到桌子上写的字，赞不绝口。正在这时候，几名皇帝的内侍闻声寻至，杨瑞莲这才知道高个子男人原来就是乾隆皇帝，连忙跪下叩头，乾隆帝笑了笑，就离开了古鉴馆。第二天，乾隆帝对梁诗正说："你的亲戚杨瑞莲为人很诚实，篆隶也写得好，没参加乡试太可惜了，朕赏给他一个举人。"梁诗正连忙叩头致谢。杨瑞莲后来被任命为湖南湘潭县令，不知为了什么事情得罪了湖南巡抚，被参了一本。乾隆帝看了奏疏，不高兴地说："杨瑞莲是个老实人，朕非常了解他，所奏不准！"当即把奏疏扔到地上。杨瑞莲后来被提升为知府。

《春冰室野乘》

翁心存助子夺魁

江苏常熟人翁同和是大学士翁心存之子，济宁人孙毓汶礼部尚书孙瑞珍之子，翁孙两家是世交。清同治元年，翁同和与孙毓汶会试同榜高中。翁同和殿试有夺魁之望，翁心存认为孙毓汶是翁同和夺魁的对手。正在核计这件事时，正巧孙毓汶登门拜访，翁心存客气地接待他。谈到殿试事时，翁心存对孙毓汶说："世侄在京师住的时间不长，对殿试的规则还不熟悉，幸而与小儿同榜，何不搬到我家来住，两个人可互相切磋，老夫有空，也可以给你们出出点子。"于是孙毓汶就搬进翁府，与翁同和一起练习殿试卷，作试贴诗，翁心存也尽心指点。殿试前一天，翁心存让二人放假休息养精蓄锐。到了晚上，翁同和回内宅睡觉去了。孙毓汶仍住在外宅书房里，刚刚准备就寝，翁心存来到书房，就考试的事和孙毓汶又谈了近两个小时才离去，孙毓汶刚刚躺下，翁心存又来了，问笔墨考具是否都准备好了，笔好不好用。并要来纸笔，书写殿试卷样本，每写一行，就停下笔来仔细端详，说："看起来我这老眼还没花。"写了一篇多，又扯些别的闲话，才说："明天考试，你该好好休息。"匆匆离去，时间已过了半夜。翁心存走后，孙毓汶翻来复去睡不着。不大一会，府里的人就起来做饭、套车，孙毓汶竟一夜未合眼，胡乱吃了几口饭，就进了考场。这一天因精神不佳，试卷临场发挥不好。及榜发，孙毓汶得了第二名，翁同和夺得了状元。

《眉庐丛话》

一生大事不离五

北宋进士何执中，未第之前找人算

命,求问前程。报了生辰八字,算命先生问他:“你在兄弟当中排行第五吧!”何执中点头。算命先生拍掌大笑,连称奇命,说何执中只要遇五就有喜事,何执中将信将疑。后来何执中于神宗熙宁五年中乡榜第五名,崇宁五年任宰相上,时年五十五岁。每逢迁官或生子,不是五年就是五月,或五日,总离不开五。金朝的田彦实,家住半十里,排行第五,五月五日端午节生,小名叫五儿。二十五岁中乡试,得第五名,后来府试、会试、殿试(金代科举分乡、府、会、殿四级考试)皆中第一名,五十五岁那一年的八月十五中秋节死去。这两个人都是一生大事不离五,也算是少见的奇事了。

《眉庐丛话》

奸人骗帽

清代苏州通贵桥边姓邱的说:城里住着一富贵人家,这家的小孩头戴一顶珠帽,价值数百金。有一天,奶妈领着这个孩子在堂屋站着。忽然一个穿着体面的人,大大方方地走进来对这个孩子说:“叫我一声公公。”奶妈也说:“阿官叫声公公。”小孩不叫,这人说:“不叫公公,要拿你的帽子了。”于是开玩笑地把帽子摘下来拿在手里,说:“你如果不叫,我就把你的帽子拿走。”小孩不叫,这个人把帽子放在怀里,缓步走下台阶,说:“你如果真的不叫我,我真的要把帽子拿走了。”于是拿着帽子从庭院中昂然走出去。又回转身来,站在门外说:“不叫公公,拿帽子走了,不回来了。”奶妈以为这人是亲戚中的长者与孩子玩耍,也没介意。过了一会儿,见那人仍不回来,出去一看,那人已不知去向了。

《吹影编》

范仲淹救饥荒新法

北宋名臣范仲淹,任苏州知州时,遇上灾荒之年,有许多饥民。范仲淹于是召集各寺庙的主持僧,责令他们大搞修建。官府同时也大兴土木。这样,每天都有一千多饥民干活。他们靠着给寺庙和官府干活开支的工钱,度过了饥荒。

《吹剑录外集》

处事明断

魏韩琦任宋仁宗山陵使。当时两宫常常为近侍奸人所离间,一天夜里忽然有中使持御封到,韩琦手拿御封久久不拆开看,突然站起来到烛边去烧御封,使者大为惊慌,恳求道:“有事应当另有章表论奏,怎么可随便烧毁御封呢?”韩琦说:“这是我的事,不是中使的罪,你回去禀奏就可以了。”最后终于焚掉御封。不一会中使又来到说:“奉旨追回前一个中使,取回御封。”魏公韩琦说:“御封未拆,已经烧掉。”中使回报慈圣太后,太后说:“韩琦真有远见,而且处事果断。”

《石林燕语》

白纸圣旨

宋太祖赵匡胤命大将曹彬率军下江南，潘美做副帅。将发兵时，皇帝赐宴于讲武殿，酒过三巡，曹彬等将校跪到太祖御座前，请皇帝面授行军征战的有关事宜。太祖从怀中取出一密封书信递给曹彬说："一切处分尽在这里，自副帅潘美以下，有犯罪的，只拆看这书信，可直接斩首，不必向我禀奏。"二人战战栗栗而退。一直到江南平定没有一个违犯军纪的。班师回朝，太祖又赐宴于讲武殿，酒过三巡。曹彬、潘美又跪于御座前说："我们有幸没有败坏君王大事，上一次陛下给我们的圣旨不敢私自藏在家里。"说完便将圣旨献给皇帝，皇帝慢慢拆开让大臣们看，原来竟是白纸一张。

《石林燕语》

皇帝翰林

南唐后主李煜降宋以后，宋太祖赵匡胤曾在一次宴会上问他："我听说你在南唐做皇帝时很喜欢做诗。"便让他举出最为得意的一联诗，李煜沉吟了好一阵，背诵了他的咏扇诗："揖让月在手，动摇风满怀。"太祖开玩笑说："满怀之风，却有多少。"另一天，他又宴请李煜，回顾近臣说："好一个翰林学士！"

《石林燕语》

慎火停水

宋时，陈希夷临终之际，封好一封书信交给他的弟子，命令弟子等他死以后把信交给皇帝。陈希夷死了之后，弟子按照他的遗嘱把信交给真宗皇帝，真宗拆开信一看，信上只有"慎火停水"四个字。有人认为这是道家养生之言，多数人认为是意在指国家某一件大事，但当时没有人能解释得清楚。后来，祥符年间，皇帝内院多次发生火灾，于是人们认为"慎火停水"得到应验。皇帝认为军营是军士聚居之地，尤其应当注意预防水火，于是命令诸将校写"慎火停水"四字贴到营门上，所以宋朝后期军营都贴有"慎火停水"四个大字。

《石林燕语》

帝妃嫁卒吏

后周高祖柴后，本来是后唐庄宗的嫔妃，庄宗去世后，明宗打发她回家。走到黄河边，父母前来迎接。正赶上刮大风，下大雨，便在旅馆里住下了。过了几天，有一个男子汉从门前经过，衣服破裂，不能遮掩身体。柴后看见他，大吃一惊，说："这是什么人呢？"旅馆的主人说："这是马铺的卒吏，叫郭雀儿。"柴后召见他，跟他说话，感到他很出奇，便对父母说："这是个贵人，我应当嫁他。"父母很生气，说："你是皇帝身边的人，回来也应当嫁给节度使。为什么要嫁给这样一个要饭的？"柴后说："我久在宫中，能够识别贵人。这人贵不可言，不能失去他。我所携带的财物分一半给父母，我留一半。"父母知道她的决心不能动摇，便让他们在旅途中结了婚。这个郭雀儿，就是后来的周太祖。

柴后经常资助他钱财，让他事奉汉祖，终于使他成为汉的佐命大臣。

《龙川别志》

声色改变人

宋真宗当皇帝的时间长了，国内外没有什么灾祸，与群臣闲谈，有的人便劝他以音乐、美女自娱。宰相王旦平时很俭朴，也没有妾侍，家里用两个直省官管理钱财。宋真宗把他俩找来，要求他们在限期内给王旦买妾，还赐银三千两。二人回去告诉王旦，王很不高兴，但也不能违背皇帝的旨意，只好听之任之。此后王旦身体逐渐衰弱，不几年就死了。

起初，沈伦家破落后，子孙卖银器，都是钱塘钱氏过去送给朝中将相的，不是一般人家有的。那两个直省官跟沈家商议，要用银子换，王旦得知此事皱眉说：“我家怎能用这个？”后来有了妾，便问二人沈家的东西能买到不，二人说：“以前私自用银子换了。”王旦听了很高兴，使用起来也很习惯。声色就是这样容易改变人。

《龙川别志》

晏殊幸免深谴

章懿太后死了，李淑护丧，晏殊为其写墓志铭，只写她生女一人，早卒，无子。宋仁宗对此怀恨在心。到宋仁宋亲理政事时，拿出墓志铭给宰相看，说：“太后生了我，晏殊为侍从之臣，怎么不知道？竟说只生一公主，还死了，这是什么意思？”吕夷简说：“晏殊是有罪，但宫里的事秘密，我虽然是宰相，当时只知大略，不知详情。晏殊不了解，也许是可能的。但在章献太后垂帘听政时，如果明言章懿太后生了皇上，那能安全吗？”宋仁宗沉默了好久，命令晏殊出守金陵，第二天又觉得金陵远，改为守南都。后来宴殊做宰相，八王病危，宋仁宗亲自去探望，八王说：“叔父好久不见皇帝，不知今天谁当宰相？”宋仁宗说：“晏殊。”八王说：“这个人的名字在图谶里，为什么用他？”宋仁宗回来一看，果然有成败一类的话，再加上墓志那件事，想要重重地贬谪他。当时宋祁负责起草文件，替晏殊说情，才使他只降了两级。

《龙川别志》

李沆与王旦

北宋祥符末年经常举行大规模典礼。每次举行典礼，就捧着天书走。王旦是天书使，经常郁郁不乐。宋真宗刚即位的时候，李沆是宰相，王旦是参政政事。李沆经常把天下水灾、旱灾、盗贼向宋真宗报告。王旦以为这是小事，不应该麻烦宋真宗知道。李沆说：“人主正是少年，应当让他知道四方的艰难。如果血气方刚时把精力用于声色犬马，就会大兴土木，发动战争，或者祈祷一类。我老了，来不及见到这些了，这是以后你的事了。”后来王钦若、丁谓等人与宋真宗一起干起了祈祷一类的事，王旦谏阻不了，宋真宗对他又很好，不忍离开，这时才感叹道：“李沆，真是个圣人啊!"王旦病危时,要削发为僧来装殓。他虽然终生富贵,实际上是不得志的。

《龙川别志》

偿值取马

北宋时,翰林学士陈尧咨家有一匹劣马,脾气暴躁,不能驾驭,踢伤咬伤了许多人。有一天早晨,陈尧咨的父亲走进马厩,没有看到那匹劣马,便向马夫询问,马夫说:"翰林已将它卖给商人了。"陈父急忙去找陈尧咨,对他说:"你身为重臣,手下人还不能完全控制那匹劣马,一个到处流动的商人哪能养得了它呢? 这不是嫁祸于人吗?"命他立刻将马要回,还给商人买马的钱,并告诫陈尧咨,将马一直养到老。

《能改斋漫录》

羌俗不食鱼

临洮枹罕地方,自唐朝天宝末年就被羌人(今藏族人的祖先)占领,经历数百年,当地风俗已与汉俗迥异。北宋熙宁初年,王韶主谋,复取其七州之地。临川黄毅曾到过那里,说羌人风俗不吃鱼,鱼长得像椽子、柱子、臂膀一样粗,自由自在地在河里游耍,人到水里洗澡,鱼也不惊不避。王韶在熙河,开始命人用网捕食。当地的羌人见了,惊奇地叹道:"怎么这种东西也能吃啊?"

《能改斋漫录》

增谷价

北守时期,范仲淹治理杭州时,适逢浙江地区发生饥荒,谷价飞涨,每斗一百二十钱。老百姓已叫苦不迭,范仲淹却命令将谷价增加到每斗一百八十钱,众人都不知他究竟要干什么。同时,他又命令沿江张榜,告知杭州饥荒及米价所增加的数目。各地商人知道,不分昼夜地往杭州运谷,唯恐落后,谷米源源而来,大大缓解了饥荒,于是范仲淹又命令减价,谷价又回落到每斗一百二十钱。

《能改斋漫录》

曹玮行兵

北宋宣徽使曹玮驻守陕西,颇有美誉,能安抚手下军士。有一天,曹玮带兵行军,将士走得精疲力尽,太阳也已经偏西了。曹玮却命令军队再往前走二十里,到某镇宿营,将士都不高兴。曹玮接着又命令道:"命令某镇准备好酒,不得卖给百姓,只许卖给军人。"此令一出,将士争先恐后奔赴某镇,一点儿也不感到疲劳了。

《能改斋漫录》

叔不认侄

北宋时期,侍郎李若谷做并州太守。有一次,有个人告他的叔叔,说他叔叔不认自己为侄而且想并吞应属于他的财产。这件事已闹了很长时间,几任太守都未能公平解决。李若谷想了一下，便让那个人回家殴打他叔叔，那个人连说不敢。李若谷强迫他这样干，他不得已，只好按照太守的话，回家揍他叔叔。很快，他叔叔便到州里告状，说他侄子动手打人，无尊卑之分。李若谷一看他承认了自己的侄子，心中暗喜。于是便治了他不认侄儿的罪，同时将属于侄子的一份财产分给其侄。

《能改斋漫录》

杨家鞋底

杨亿是宋太宗淳化三年进士，博闻强记，素有盛名。曾因起草文告，被执政者涂改了很多而不满，就取来原稿，在被涂抹的地方，又用浓墨涂了一个黑黑的大鞋底样，并在旁边题道："祖传杨家鞋底。"有人问是什么意思，杨亿回答说："我这句话是说我在踏别人的脚印。"一时传为妙语。此后，凡是中书舍人起草文告被点抹，人们便相互打趣说："这天又遭鞋底踏了。"

《能改斋漫录》

屠城之禁

北宋时期，枢密使王子纯攻打洮州，久未能拔。他与左右坐在城下，商量攻入洮州后要屠城。忽然，城墙坍塌一口，有两个士兵拿着刀向王子纯冲来，左右急忙上去阻挡，将二人抓住杀死，于是，屠城的计划便定了下来。洮州城攻下后，王子纯指挥屠城，杀人将近一半时，他忽然看到有一个小婴儿还躺在亡母的身边吃奶，心中油然而生恻隐之情，急命令停止屠城。

《能改斋漫录》

高琼劝帝

北宋时期，宋太祖亲自率军征伐北狄，直抵幽州，将幽州城团团包围起来。这天晚上，突然刮起一阵狂风，使宋军人马惊散，东奔西藏。慌乱中，诸将都不知道太宗的车驾在哪儿，只有节度使高琼始终随驾左右。太宗被风吹得狼狈不堪，不免迁怒于诸将。第二天风息之后，太宗便想对没来见自己的诸将施行军法，严加惩处。高琼奏道："昨天晚上的事出其不意，诸将如果知道陛下的确切位置，难道就一定是好事吗？我侥幸护驾左右，也不过是偶然的事罢了。诸将不可治罪。"太宗恍然大悟，便打消了这个念头。

《能改斋漫录》

曾鲁公责妓

北宋时期，曾鲁公任京兆尹，他的前任因为不辨是非，好坏不分而被免职。曾鲁公到任没有三天，有一个妓女就来告状，说有官吏宿在她家。曾鲁公看完状纸，明白她的意思在于诋毁诬陷，于是不动声色，只是命人检查一下这个妓女是否怀孕。检查的结果是无孕，曾鲁公这才以故意诬陷官吏的罪名，对她施以重刑，并监押起来。消息传开，京城的善良百姓全都欢欣鼓舞，拍手称颂，而一些小人则心怀畏惧。很快，曾鲁公便有效地行使职权了。

《能改斋漫录》

腐粟为俸

北宋时，厥天休任湖北转运使。当时，荆南屯驻的禁卒大发牢骚，说仓库里的粟米已经腐霉，不能吃。郑天休便命令掌管仓库的官员，将库里的粟米支出做自己的俸米。有一次会客，就是用仓米做的米饭，他大口大口地吃，把碗里的饭吃得一干二净，并说："谁说这米不能吃呢？"消息传出后，禁卒再也不发牢骚了。

《能改斋漫录》

家法甚严

北宋时期，谏议陈省华有三个儿子，其中尧叟做了枢密使，尧咨做了节度使，尧佐做了丞相。陈谏议家家法甚严，尧叟的妻子是尚书马亮的女儿，但这位千金小姐也得天天做饭。有一次，马亮在上朝的路上告诉陈省华，自己女儿在家从未做过饭，请求免去她做饭之责。陈省华答道："不曾让她独立做饭，只是让她跟婆婆一起下厨罢了。"马亮一听，连陈谏议的妻子也得做饭，便再也说不出什么了。

《能改斋漫录》

贵贱在命

有一次，宋仁宗驾临便殿，忽然听到两名近侍在争辩什么，叫来一问，才知道他们两人在争论贵贱，甲说贵贱是命中注定的，乙说贵贱是皇帝决定的。仁宗听了，沉默了一会儿，命人取两个小金盒来，各写了几个同样的字藏在小金盒里，这几个字是："先到的人，请保奏给事之职，有劳对他施恩。"放入小盒后，封闭甚严。然后仁宗先命乙携带一只小金盒，送到内东门司去。仁宗估计他已走到半路，又命甲携带一只小金盒，也送往内门司。不久，内东门司保奏的却是甲。仁宗大惑不解，询问之后知道，原来乙走到半道，摔了一跤，脚跌伤得厉害，于是甲反而先到了。

《能改斋漫录》

少见多怪

宋太祖建隆初年，朝廷大军南下湖南。澧州、朗州一带的百姓从来没见过骆驼，而这次军中带了不少骆驼承担运输任务。村子里的妇女看到了骆驼，都非常惊奇，争先恐后地跑来围观。有的人甚至跪在地上祈祷说："山王灵圣，愿赐福保佑。"等到他们看到骆驼屈膝卧倒时，都急忙四处逃散，说："我们这些卑微小人，怎敢劳驾山王还礼。"军士们见了，都哈哈大笑起来。当地居民又拾起骆驼的粪便，用线穿在一起，挂在男男女女的脖子上，用来禳除兵疫的邪气。

《能改斋漫录》

聪明的皇姑

宋仁宗敬业守成，事不分大小，一

律遵照先朝法度。当时,已很久没有嫁公主的事了,仁宗晚年只有一位公主,便想很隆重体面地将她嫁出去。可是,他又怕超越旧例,便向皇姑询问当年下嫁的体例。皇姑魏国大长公主觉得皇帝只有一个女儿,不可与自己相比。嫁妆如果说多了,与事实不符;说少了,又恐怕扫了仁宗的兴,于是就回答说,时间已久,全都忘了。仁宗听罢,放了心,便以丰厚的嫁妆将女儿嫁了出去。

《能改斋漫录》

剜眼治目

北宋徽宗大观二年,邓州南阳东海村有个张三婆,患眼病,双目疼痛,一片模糊,看不见光亮。她的儿子张清为了给老母治病,用左手抠出自己的眼睛,以铜针穿过,然后用小刀子割下来,让老母吃了。从此,张三婆所患的眼病豁然而愈,不曾再疼痛过。朝廷知道此事后,特降旨补张清为太医助教。

《能改斋漫录》

善别水味

唐代的陆羽以嗜茶出名,他认为扬子江的南零水在煎茶用水中可排第七。有一次,他曾让船夫去扬子江里取南零水。不久,船夫把水取来了,陆羽用勺子舀起水又倒下去,说:“这确实是江水,但不是南零水,好像是岸边的水。”他将取来的水倒了一半,用勺子舀起来又倒下,仔细看了看说:“这是南零水了。”那个船夫大吃一惊,说:“我昨天取的确是南零水,但刚到岸边,就洒了一半,我害怕水少,就又取了一半岸边的水。”

《能改斋漫录》

滕宗谅办学

北宋时期,滕宗谅任湖州知府。他为了集资办学,花费了民钱数千万,但是,这项工作尚未完成他就被调离了。他走后,有人说办学的这笔巨款出入不明,账目不清,于是,通判以下的官员都不愿意在财物出纳的账簿上签名。当时,滕宗谅的继任者是胡宿,他知道了这一情况后说:“滕侯这样做确实不合适,但你们为什么不早说呢?等他走了之后你们才提出非议,难道是想推卸责任吗?”众人听了,都十分羞愧,便纷纷在账簿上签了名,最后终于成就了办学大业。

《能改斋漫录》

不认己银

北宋张知常还在国学读书时,家里曾给他送来十两银子。和他住在一起的一个学生,乘他外出的机会,打开他的箱子,将十两银子偷走了。事情发生后,学官将同一舍的人都集合起来,细加检查,终于发现了他的银子。但是,张知常却不承认是自己的银子。半夜时分,那个偷银子的同舍生将银子揣在袖子里,悄悄还给张知常。张知常知道他很穷,就将银子的一半送给他。他们的前辈知道后对张知常说:“你将银子送给别人,这是人们都能做到的;但你看到了自己的银子却有意不认,这就不是人们所能做到的了。”

《能改斋漫录》

章丁会博

北宋时,有一年的寒食节,正字章得象与丁谓赌钱,结果章获胜,赢了丁一大笔钱。第二天,丁将输掉的数百两白银封好,送给章。第二年寒食节,两个人又以赌钱为乐,结果章却输给了丁,丁急着向章讨账,章便拿出去年赢丁的银两来赔给他。丁一看是去年旧物,银两的封条还和原来一样,上面已积满了尘垢,不禁油然而生钦敬之情,佩服章的雅量。

《能改斋漫录》

驸马斗富

北宋仁宗当朝时,有两位驸马,一个叫柴宗庆,一个叫李遵勖,这一对连襟都很贤明。有一次,李驸马到柴府,只见柴氏夫妇全身盛装,华贵异常,而左右的人却都穿得很平常。轮到柴驸马到李府,李氏夫妇仅穿着朴素的道装,而左右的人却都穿得非常漂亮。李氏夫妇又慢慢叫出两个儿子,对柴驸马说:“我们所有的,也就是这两个儿子罢了。”柴驸马听了,不禁满面愧色。

《能改斋漫录》

状元改名

北宋时期,青州人王沂公中了状元,将荣归故里。太守听说后,即命当地父老和鼓乐队去近郊迎候。而王沂公却改换了服装,骑着头小毛驴,从别的路回到了家。突然去谒见太守,太守大吃一惊,说:“听说您回来,我已派人去迎接。门卫还未通报消息,您怎么就屈驾到了呢?”王沂公笑道:“我侥幸中第,怎敢烦劳郡守父老相迎,这是加重我的过错了。所以,我改变姓名,欺骗了欢迎的人和门卫,悄悄来谒见您。”太守感叹地说:“您才称得上是真状元啊!”

《能改斋漫录》

查道督税

查道是江宁人,小时家贫,宋太宗时中进士,在河北任县主簿。他为人清廉耿介,饥荒时与妻子一起挖野菜,和米夹杂一起煮成薄粥。有一次,因税收超期未办,州里将各县官吏全都召来,戴上木枷,以示惩罚。出门之后,别的县吏都自己脱去木枷,只有查道仍然戴着,亲自下乡督收赋税。乡里有一家富户,摆下酒宴来款待他,他却拒不赴宴,反而因富户逃税而用棍棒打了他一顿。其他人听说了,大吃一惊,急忙交了赋税。查道家十分贫困,他曾经与妻子商议,想辞官后回家卖药。后来,几经转迁,才做了虢州知州。

《能改斋漫录》

司理执法

侍御史王平字保衡,侯官人,真宗

时期任许州司理参军。一个乡村女子骑着驴单身赶路,被盗贼杀害于田间,身上的衣裳也被剥去了。她骑的那头驴跑了,被田旁的一户人家捉住收养。事发之后,捕吏在这家找到了驴,便指控户主是杀害女子的凶手。但审讯了四十天,他只承认了收养驴这一事实,拒不承认杀害女子。王平心中起疑,觉得那位农家不像凶手,便将具体情况和自己的想法一五一十地报告给府里。知州是位老吏,平素十分固执,根本不听王平的陈述,断定农家是凶手,命令赶快结案。王平知道后,据理力争,态度更为坚决,知州生气地说:"你也太胆小了!"王平说:"我今天冒犯了您,被指责为怯懦,不过被免职罢了。这与迎合您的错误意见,滥杀无辜,从而又使您陷入不义相比,哪个重哪个轻呢?"知州始终不能改变王平的态度。过了几天,河南转押来一名逃兵,详加勘问,才知道他是杀害女子的凶手。那位农家被无罪释放。知州见到王平后,向他道歉说:"如果不是您,以前几乎误杀人命。"

《能改斋漫录》

鲁公刚直

鲁宗道在宋仁宗时任参知政事。京城有一富豪陈子城打死了一个磨工,事情发生后,朝廷下诏悬赏缉拿。过了几天,忽然宫中下旨停止追捕。鲁宗道在刘太后帘前争辩道:"尽管陈某家豪富,也不应如此包庇。"刘太后大怒,说:"你怎么知道他家豪富?"鲁宗道说:"如果他家不豪富,怎么能把宫中的关节打通?"刘太后听了,只得默然不语。宋真宗平素赏识鲁宗道的刚直,曾将他的名字写在宫殿柱子上,所以刘太后选拔任用了他。

《能改斋漫录》

仗义赎女

北宋元佑年间,曾鲁公到京城游历,住在市场旁边。晚上,听到旁边的房舍里传出哭泣的声音,十分悲伤。第二天一早,曾鲁公就过去询问根由。旁边房舍里的一位书生模样的人,表情非常悲恸,想说什么却欲言又止,而且面有愧色。曾鲁公说:"你只管说,或许碰到仁人君子,动了恻隐之心,为你排忧解难也未可知。否则,你就是眼睛哭出了血,也没有用。"这位书生环顾了一下左右,又抽噎了半天,才说:"我前些时候在某处做官,因为一件事而借用了一些官钱,上司催款甚急,我实在无力偿还,只好与妻子商量,将女儿卖给一位商人,得钱四十万,现在就要与女儿诀别,所以悲从中来。"曾鲁公说:"商人到处奔走,而且没有情义。你的女儿一旦人老色衰,就可能被商人抛弃。我是士人,不如把你女儿给我。"书生直身跪着说:"没想到您如此体恤小人。我把女儿给您,就是一文钱不给,也比卖给商人强几倍。只是我已写了文书,受了他的钱,没有挽回的余地了。"曾鲁公说:"你只管把钱还给他,索回卖女的文书。他如果不同意,就去告官。"那位书生点头称是。曾鲁公于是拿出四十万钱交给他,并约定:"三天以后你带着女儿来,那时我将登上小船,在水门之外等候。”书生按照曾鲁公的话去还钱退文书,商人果然不敢不从。

到了约定的日子,书生带着女儿如约来到水门之外,可是根本就没有曾鲁公的小船。向其他船上的船夫打听,才知道曾鲁公的船已经离去三天了。

《能改斋漫录》

姚雄重信

北宋时期,姚雄为将,他将女儿许配给边寨一位寨主的儿子。尚未成婚,这位寨主突然去世,他的妻子和儿子也都沦落他方,不知下落。后来,姚雄以边帅的身份赴朝廷奏事,叫一位老妇给他洗衣服。姚雄见她虽为干粗活的人,却有士人家风,气度不凡,便问她从何而来。这位老妇说:“过去我丈夫在边寨为官,曾有位姓姚的将军将女儿许配给我的儿子。后来丈夫去世,不能自养,如今只能靠儿子卖饼度日。”姚雄问:“你还记得姚将军的面容吗?”老妇说:“长期流落困苦,记不得了。”姚雄说:“我就是姚将军呀!自从我将女儿许配给你儿子之后,再不曾给他人提亲,日夜盼望女婿来到身边,从来不考虑他父亲在还是不在。”老妇听了,潸然泪下,哽咽着说不出话来。姚雄留下老妇,并让人将她儿子叫来,给他们换上新衣服,一起乘车回去,并为女儿和女婿举行了婚礼。

《能改斋漫录》

不弃残女

唐朝的孙泰是山阳人,年轻时顺从皇甫颖,操守颇有古代圣贤之风。孙泰的妻子是他姨的女儿。他姨临死的时候,曾将两个女儿托付给他,说:“大女儿小时候瞎了一只眼,你可娶她妹妹。”他姨死了之后,孙泰却娶了大女儿。有人问他为什么要这样做,他回答说:“正因为她有残疾,我不娶她的话,她能嫁给谁呢?”众人都十分敬佩孙泰的品德。

《能改斋漫录》

鹳雀求救于县令

仇徽猷说,近年他曾在东州担任过某县县令。有一天早晨,刚刚升堂办公,突然有一只鹳雀飞临庭下,盘旋舞蹈,不肯离去。费了好大的周折,才把鹳雀赶走了。不料第二天鹳雀又飞来了,仍像头一天一样,久久不肯离去。仇心动,觉得有点怪,就让一个吏人跟踪鹳雀,看它到底想干什么。吏人一直追随其后,出城数里,见一大树,鹳雀直飞到树上落下。吏人抬头一看,原来鹳雀的巢就在大树上边,巢里传来幼鸟的叽叽叫声。只见树底下有几个人拿着斧锯绳索,正要伐树,吏人当即制止,领着那几个人一同回到县衙,仇问他们伐树干什么,回答说准备砍倒当柴烧。又问树能值多少钱,答曰可以值五千。仇当即从自己腰包里掏出五千钱送给伐树人,告诉他们说,鹳雀已连来两日,好像是向我求救,你们不要伐这棵树了。

那些人拿着钱回去，再也不敢砍那棵大树了。

《曲洧旧闻》

凌霄花成树

宋代宰相富弼在洛阳居住时，家里花园有一枝凌霄花，它不需要攀附在其他树木或支撑物上，而是独立地生长起来。年代一长变成了大树。高几丈，亭亭而立，十分可爱。

《曲洧旧闻》

王安石衣冠不整

王安石性情非常简率，不修边幅，不会保养，衣服污秽不堪，饮食粗恶，完全没有选择，他从小时就是这样。苏明允在《辨奸》一文中说王安石："穿着如同囚徒一样的衣服，吃着如同狗猪所吃的饭食，蓬首垢面，却坐在那儿谈论诗书。"他认为不近人情的行为，大概就是说的这种情况。有一次王安石与友人到外边游玩，来到一个寺庙中洗澡。朋友见他的衣服太破了，就把他的破衣服拿走，换上一套新的衣服放在那里。王安石洗完澡后，拿起新衣服就穿上了，竟然不知道穿的是别人换来的新衣。他执政时，有人说他喜欢吃獐子胸脯肉。他的夫人听到了，表示怀疑说："王公平日对饮食没什么偏好，为什么忽然喜欢吃獐子胸脯肉？"回答说："他每次吃饭时，不管其他食物，而只把这种肉吃尽，因此知道。"夫人又问："吃饭时，把这种肉放在哪里？"回答说："在他眼前。"夫人说："明天姑且把其他食物换到他眼前。"后来，王安石果然把眼前的其他食物吃尽了，而獐子胸脯肉还在。此后，人们才知道，他只是因为食物离得近，才吃得多。

《曲洧旧闻》

皇帝用纸扇

宋哲宗在宫内听侍讲读完书后，赐侍讲学士坐，按惯例赐扇。文彦博见哲宗手中却独用一把纸扇，马上率群臣跪于阶下向哲宗称贺。宣仁太皇太后听说后高兴地说："老成大臣，用心就是与众不同。"当晚，她问哲宗："陛下知道群臣称贺之意吗？用纸扇是君主的俭德，君主俭约国家才能富足，国家富足百姓才能富裕而有寿。大臣们不仅是贺陛下，更是为百姓庆贺呀！"

《曲洧旧闻》

"掉包"之计

北宋时，郭逵任防御西夏的统兵元帅，王韶也为筹备防务初次到了边关。郭逵觉得王韶终将滋生事端，造成边患。由于王韶在准备军防钱粮时侵犯了商人利益，郭逵下了文书责问。王韶读后，怒形于色，把公文扔在地上，过了很久才慢慢地拾起来放进怀里。进去了一趟再出来，当着使者的面把文书撕得粉碎。郭逵上告，皇帝召见王韶询问，王韶把原来的文书一字未损地呈上。皇帝不知王韶用了"掉包"之计，以为郭逵说话不实，从此对郭逵参劾王韶的话一概不听，王韶最终把持了边防大权。

《曲洧旧闻》

可笑的本命年

宋代崇宁初年，范致虚上书，以十二生肖为十二宫神，说宋徽宗属狗，狗是皇上本命，但如今京城有以屠狗卖狗肉为生的，应下令禁止。皇帝于是降旨，禁止天下杀狗，并赏给范致虚二万钱。太学生听说此事，有的就在大庭广众中说："眼下事事都学宋神宗熙宁、元丰年间办事的法子，宋神宗生在戊子（鼠年），还没听说当年禁止养猫呢！"

《曲洧旧闻》

借幼虎暖脚

宋代的芙蓉禅师道楷，起先住在洛阳的招提寺，因觉得应酬接待的事情太烦，就进了五度山，在老虎洞的南边修了草庵住下。日夜苦于脚冷，正遇上老虎产仔，他就抱了两只幼虎来暖和双脚。老虎回洞，不见幼仔，咆哮跳跃，声震山林。过了一会，老虎来到草庵，发现了幼虎，瞪眼看了道楷半天，道楷说："我不想害你的小崽，不过暖暖脚。"老虎也就叼起虎仔，夹着尾巴跑了。

《曲洧旧闻》

"带脚书楼"

宋人赵彦若，博览群书，记忆力惊人，人称"带脚书楼"，但其为人特别恭谨，一点不张扬。有一次翰林院众学士议论一个药方，有一味药不知出自何处，连参加过修订本章的掌禹锡大卿也不知道。有人说："赵彦若在哪里？只管问他，他一定能记得。"当时赵彦若坐在下坐，应声说在某一卷附在某药下，见第几页第几行。一查书，果然不差。别人奇怪地问他："刚才大家议论纷纷，你为什么不发话？"赵彦若说："大家没问我，所以我不敢说。"

《曲洧旧闻》

钱　翁

某村有个姓钱的老人，从事农耕，拥有薄田十多亩，田租可以保障生活自给。钱翁为人宽厚，喜欢行善，人们尊称他为长者。一天，村中来了一个要饭妇女，满体疮癞，污秽丑陋，不可接近，躺卧在钱翁家的门外，处于生命垂危之际。村中人都来呵叱她，想撵她走。独有钱翁很可怜她，给她粥喝并买药让她敷治病体。过了一夜，女子的皮肤病略有好转，却留下来没有走，每天向钱翁要东西吃，钱翁毫不吝啬地施舍给她。一个多月过去了，她身上的疮痂都脱落了，妇人对老翁说："我恶病染身，加上饥寒交困，终未成沟中尸体，这是您的恩德所致。现在疾病虽然好了，但丈夫死了，我的生活没有依靠，要饭乞讨终不是长久之计，我甘愿在您家中做事，不要代价，能吃口饭就够了。"钱翁答应了。从此女子早起晚睡，勤劳操作，盐米经她掌管，必定力求节省，毫不含糊，钱翁与家里人都很信任她。几年后，钱翁的妻子死了，钱翁孤身一人，他的儿媳认为那个女子能料理家事，而且年纪还不到四十岁，就劝钱翁娶她。亲友听说这件事后，都来鼓动钱翁。于是钱翁收女子为续妻。过了一年，女子生了一个儿子。后来她告诉钱翁，她是大盗的妻子。大盗死在狱中，有一万两银子埋藏在某处大树下。钱翁取出这些银子，成为当地的大富人。后来，她又生了两个儿子，钱翁到七十多岁才死去。

《香饮楼宾谈》

南昌秋

江西南昌县某一位商人，夜里送客到门口，见到一个人提着红毡包，站立在庭院旁边。因为正与客人说话，没抽出身来上前盘问。客人离去后，那个人就不见了。商人怀疑有盗贼，就拿着蜡烛搜索起来。搜遍家宅内外也找不到人，忽然在厅角上见到了红包，打开一看，原来是一颗人头，血淋淋的好似刚割下来的。商人大为惊恐，报告了官府。官吏命令将头悬挂在长竿上，让人们辨认，几天后也没有人认识，也没有人来控告杀人的事。街市上的人听到贡院中群鸦乱叫，好像在争夺什么东西，感到其中必有缘由，就报告了官府。官府派人打开贡院，见到人的肠子盘绕在堂柱上，肝肺挂在庭院的树上，于是就把肠子、肝、肺、头等埋葬了，把商人关进了大狱。贡院终年闭锁，不知从哪儿进来的，肢体又在何处。商人关在狱中几年，此事最终也没得到澄清。后来用重金贿赂当官者得到释放，但家资已耗尽了。

《香饮楼宾谈》

武进盗案

武进庄氏三兄弟，老大与老三都是武学生员，横暴乡里而无所顾忌。乡邻们都敢怒不敢言，人们称他们“庄氏三虎”。当时县中多有盗贼，富户人家因为被抢劫而控告于官府的很多。官府严令捕役在限期内破案，并把捕役妻子收捕下狱，但是盗贼的踪迹一点儿也没有。有一位姓顾的捕役，向众捕役献策说：“抢劫案这样多，都是因为盗贼窝藏赃物的地点严密。庄氏兄弟平素横行乡里，不法之徒每天都满盈他家，他家或许是盗贼的藏身之处，我将前往侦察一番。”到了夜里，登上庄氏家的房屋，埋伏在隐蔽处，暗暗地察看他们都干些什么。只见屋中灯烛照耀如同白昼一般，数人围在一棺材周围，好像是观看盛殓似的，但是众人都在嬉笑，没有一点愁容，也没有妇女哭泣的声音。顾氏感到很奇怪。第二天，自己伪装成乞丐，到庄氏家乞讨，见到新棺材才涂上油漆，就私下里询问庄氏仆人说：“这死去的人是谁？”仆人回答说是庄氏兄弟的叔叔。探访庄氏邻人，则知半月前果然有一叔叔死去，那棺材早已安置到荒野去了。顾氏把这情况报告了县令，县令率兵带着顾氏前往庄氏家。庄氏兄弟穿戴整齐出来迎接，问棺材里的人是谁，回答同仆人说的一样。顾氏请求把棺材打开查验，庄氏兄弟说：“尸体收敛已很长时间了，现在无故要打开棺材，这开棺之罪谁来承担呢?”顾氏就立下文书,答应自己承担开棺之罪。于是一同开棺验尸,打开一看,是一位皤然老翁在棺材里。顾氏大为惊恐,县令也逡巡想要避开。庄氏兄弟一块殴打顾氏,并且将要殴打县令,全室沸沸扬扬。顾氏考虑到罪名既然不能逃脱,而尸体终究可疑,于是揭开尸体的衣服,见有金银藏在衣服底下,尸体头颅是真的,而衣服覆盖的,则全是金银。庄氏兄弟一见大惊,县令下令让士兵把庄氏兄弟逮捕。用刑审讯,这才知道棺材中所藏的东西,全都是盗赃,因为追捕得急迫没有地方藏匿,正好庄氏叔叔病死了,于是,就把他的头颅割下来放在棺材中,以防止开棺验尸。而所放置在荒野中的棺材里,则仅仅有身体而已。案情已大白,又审讯出大盗十几人,他们同庄氏三虎一起在街市上被处以极刑。

《香饮楼宾谈》

额外生员

南昌彭元瑞尚书到两浙巡视教育状况,在禾郡岁考时,有一位童生,年龄六十岁了,交卷时,长跪陈述说:“我自从发蒙到今天,已经经过了三十多次考试,现在将要去世了,希望能够得一功名当作自己的光荣。”彭笑着答应了他。考试结果公布出来了,批准让他作一名额外生员。在他的试卷上批道:“年在花甲之外,文在理法之外,字在红格之外,进在额数之外。”听到这件事的人都笑了。

《香饮楼宾谈》

医疣

纪昀喜欢开玩笑,朝中人士常被他侮弄。有一位太守入京,递上名片来求见。纪见太守左额有一赘疣大小如核桃,就吃惊地说:“您坐在太守的厅堂上,管理大郡,但这个赘疣不除去,也太不雅观了。将来如果再加提拔,开设幕府,独当一面,尤其不能威慑下属,为什么不快点除去呢?”太守回答说:“曾找过许多医生诊治,都不奏效。”纪说:“烂面胡同有刑部郎中某,是蒙古人,善于诊治赘疣,屡次诊治都手到病除。只不过此郎中保密他的医术,不轻易给别人诊治,你如果备了厚礼前去诊治,才有可能。”太守答应了。第二天,备了厚礼前去,某郎中因他无故备厚礼求见感到奇怪,穿戴整齐出来相见。某太守见郎中右额也有一赘疣,大小与自己的差不多。这才醒悟纪昀与自己开玩笑,不觉哑然失笑。但是自己带的礼物,却不能拿回去了。

《香饮楼宾谈》

逃走唐明皇

吴江一位姓周的人,喜欢唱昆曲,每天都与戏班的人厮混在一起,于是就熟习了演戏。他的父亲恨他沉沦在下贱人中,屡次打他,严禁他与戏子们厮混,但他始终不改。有人问他演戏有什么乐趣,他回答说:“我们是平民百姓,最终也不能做大官,而在演戏时,一会儿是卿相,一会儿当帝王,旗帜在前导路,随从跟在后头,人们把这作为演戏,我把这当作真实的,这种乐趣怎能承受得起呢?”一天,城外演戏,周某又潜入到戏班中,扮演唐明皇,演长生殿一剧。刚登场,瞥见自己的父亲在台前观剧,周某窘迫极了,没有办法,来不及解下冠带,从台上一跃而下,迅速跑开。观剧的几千人,不知什么原因,都大声喧哗起来,寻找戏班领班殴打,几乎把他打死。以后,人们都称周某为“逃走唐明皇”。他从此再不敢演剧了。

《香饮楼宾谈》

抢　亲

某甲的儿子与某乙的女儿订婚了,年长想要成婚,乙女家索取很重的聘礼,男方家里却没有这份钱财。这两家本来是同村邻里,姑娘与男方本来就相识,偶然在野地里采桑遇到,姑娘就对男方说:“我父母想要得到很多很多彩礼,你家又穷,这样事情最终难以成功。我有一个姑姑嫁到了某村,独居,我于某日到姑姑家去,留宿在她家,你在夜里把我抢劫走,这样成就了婚礼,父母知道这件事,也无可奈何了。”男方答应了这件事,到了这一天,知道姑娘已前往姑家,就率领了许多人驾着船到了某村,把船系在隐僻处,等到夜深了再抢劫姑娘。姑娘到姑姑家里要借宿,姑姑却与邻近的寺僧有私情,常常前来欢会。留下姑娘恐怕她把实情泄露出去,执意不让姑娘留宿,并且很冷淡地对待她。姑娘无奈,只得返回家中。到了夜里,正好僧人到了,姑姑刚要与僧人解衣寻欢作乐,听到敲门的声音很紧迫,起身来看,忽然有许多人蜂拥而进,直接进入卧室,见到被子中似乎有人蜷缩在那里,认为一定是那姑娘,于是用被把他裹起来,命令男方背着他离开了。到了船上打开被子一看,却是一个庞然的僧人,都很惊讶,僧问:“为什么要抢劫我呢?”众人就解释造成误会的原因,并叙述因为聘礼太重,不得已,只能出此下策。僧人笑着说:“这是小事,我能解决。”于是资助他一些资财,使他具备了聘礼而前去迎娶姑娘。

《香饮楼宾谈》

铁肚皮

“铁肚皮”是清代吴门(今苏州)人。其人肚子大于五石的葫芦,而且坚硬如铁,故而人称他为“铁肚皮”。他曾经在集市上行走,故意用肚子触人,对方立刻倒下。有人用棒子击他肚子,声音橐橐。他没有一点痛苦的感觉。一天,吴县的城隍庙里演戏,“铁肚皮”在台前站着看,没人敢靠近。一个老头走到他的眼前,用手摸他的肚皮,说:“真是好肚皮,应该用铁来命名!”说完就走开了。不一会儿,“铁肚皮”的肚子渐渐疼起来。不多时,疼痛加剧。回到家里,便出血水一斗多,疼痛也没停止。有人对他说:“这个老头,精于拳脚武术,得少林正传之法。你的肚子是被他所伤,不去向他求救,恐怕你就没命了。”“铁肚皮”大惊失色,于是在集市上找到老人,叩头求命。老人笑着说:“我喜欢你的肚子,不过略微抚摸一下罢了。何至于到这种地步呢?”说完便给他一点药,吃完之后,疼痛即刻停止。“铁肚皮”从此以后,不敢再与别人较量,而肚子也渐渐瘪下去了。

《香饮楼宾谈》

医 贫

吴(今苏州)人叶天士精通医理,求治者接踵而来。一日乘轿子外出,有一乡下人跪迎道边,请求看病。叶天士停轿诊病说:“你脉象很正常,何病之有?”乡人说:“您是名医,奇病险症,无不洞悉,小人所患的是贫穷病啊,不知叶公能否医治。”叶公笑着说:“这个病,也颇易于治疗,您于晚间来取药方,一服即愈。”到了傍晚,乡下人敲其门,乞求治疗贫穷的良方。叶公让他拾取城中橄榄核种在地里,待苗茁壮后再来告知,当获厚利。乡下人按他说的做,不久,苗生得很茁壮。这人跑来告诉叶天士,叶说:“今天就会有来求苗的,卖贵一点,不要贱卖。”从此,叶公开药方皆用橄榄苗为药引,病者争往抢购,乡人获钱无数。不久乡人备礼来谢。叶公问:“病愈乎?”乡人曰:“赖公之力,已痊愈了。”吴人传为美谈。

《香饮楼宾谈》

孙传庭智破孝子案

代州人孙传庭担任永城县令时,性格耿直不畏权贵。有一个孝子刚刚结婚还未同房,父亲便去世了,他便为父守墓,妻子和他母亲各住一间屋子。一天夜里有个盗贼装扮成孝子的模样,进到媳妇房间调戏她,逐渐被他母亲察觉,媳妇便将实情告诉了他母亲。母亲便责怪孝子,孝子大惊,藏在别的房间里窥视,等到半夜时,那个盗贼又来到媳妇房间,刚刚脱衣就寝,孝子冲出来赶跑了他。媳妇羞愧不已,上吊而死,孝子随即也自缢而死。其母亲便抱着装扮之人遗下的孝服告于公堂。孙传庭接了此案却不做处理。隔了几天,将境内所有裁缝全部拘捕起来,将孝服拿出让他们辨认是谁做的。一个裁缝说:“这是某宅公子有一天让小人偷偷做的。”孙当即抓来此人,一审便招供了,便把他处死在狱中。这个盗贼的父亲是六卿,曾为魏忠贤献过黄金做的溺器,气焰薰天。孙根本不予理睬。孙传庭后来升任七省,与李自成战于潼关,兵败而死。

《消夏闲记摘抄》

酒坛之用

李自成出齐化门向西逃跑,总兵赵良栋先秘密准备了几千个酒坛子,装满石灰,在夜里埋在道上,上面覆盖上一层浮土。李自成人马众多,急驰而过,酒坛皆破,坛中石灰飞扬,迷离人马眼目,阵势大乱,丢弃无数辎重而逃。

《消夏闲记摘抄》

《邵氏闻见录》

[宋] 邵伯温

《中州野录》

[明] 李梦阳

《古今笑史》

[明] 冯梦龙

《澜言长语》

[明] 曹　安

《古今怪异集成》

中华书局版

《默记》

[宋] 王　铚

《群居解颐》

[宋] 高　怿

《北窗炙輠录》

[宋] 施德操

《次柳氏旧闻》

[唐] 李德裕

《埋忧集》

[清] 朱翊清

《渭南集》

[宋] 陆　游

《埋忧续集》

[清] 朱翊清

《梵天庐丛录》

[民国] 柴　萼

《寓简》

[宋] 沈作喆

寇准俭素

寇准是北宋的名臣，为朝廷立过汗马功劳。他先前曾经很贫寒，后来才位至宰相。寇准富贵腾达后，有一次把当月的薪俸随手放在堂上，他家的一个老女仆看到钱后，不由得哭了起来，对寇准说："太夫人去世的时候，家里贫寒，想买一匹绢给太夫人做套衣服都没钱，要是能活到今天，看到您腾达富贵该有多好！"寇准听后，十分悲痛，决意以俭约治家。他的家里十分俭素，他住的床上的青帐二十年不换。魏野赠寇准的诗中称他："有官居鼎鼐，无宅起楼台。"后来，辽使到北宋朝廷，指着寇准说："这就是'无宅相公'吗？"

有人说寇准奢华豪纵，此言不实。原来，寇准常常主持偏远地方的政务，在公家宴会方面，寇准确实极下功夫，搞得十分豪华气派，那是为了维护大国朝仪场面，而对个人生活，自奉却是俭朴的。

《邵氏闻见录》

柏中大蛇

兴元府发生火灾，火烬飞落天庆观殿下的古柏树上，柏树已经中空，被火引着便烧尽了，其中发出的臭味传得远近都是。第二天，从灰烬中找到类似羊肋骨的骨头几百块，看来是大蛇的骨头。府帅杨掌武常常拿出这种骨头给客人看。

《邵氏闻见录》

面如猫之龙

庞孝祖说：过去在成都茶马司任职时，夏天，坐在后园堂上，忽然听到身后铁锁的锒铛声，急忙看窗外，一个动物从小池中出来，是龙的样子，面部像猫，尾巴拖在石砌上，鳞甲发出声音。一会儿，雷雨突发，无影无踪。孝祖怀疑世上所画的龙都不对。我（邵博）读《华岩合论》，知道龙类最多，其中有像猫的，大概就是孝祖所见到的吧？

《邵氏闻见录》

吃人巨人

我（邵伯温）的父亲邵尧夫曾听一位道士说："我曾在海上航行，遇大风泊船靠岸，同几个人下船打柴，都被一伙巨人捉去了。这些巨人身高一丈多，互相呼喊的声音像鸟兽一样，一共有十几个。把我们捉住后用竹竿像穿鱼一样把我们穿成一串，用来下酒。我碰巧穿在竹竿末端，巨人喝醉酒睡着了，我逃出来，登上船，才得以解脱。"道士说着，解下衣服给我父亲看。可以看到用竹竿穿的痕迹还在肋骨下方。

《邵氏闻见录》

虎豹知山脉

北宋熙宁年间，少华山崩，压了七个村的人，数都数不过来。山崩之前，山洞中的虎豹之类全部避开，只有人不知道，于是遇难。山是夜间崩的，声音震动一百里外，而州府离山才二十里，竟然一点没听到声音，事情就是这样怪异。

《邵氏闻见录》

生而有齿

我(邵伯温)的祖父祖母有一次在山间走路，在云雾中看见一只黑色的大猿，心有所感，祖母就怀了孕。临产时，慈鸦满庭院，人们都认为是瑞兆。这样就生下了我的父亲，康节公邵雍。父亲刚生下来时，头发很长，披在脸上，有牙齿，会喊妈。

《邵氏闻见录》

蜘蛛疗毒

有位隐士刘易，住在王屋山。他曾看到一只蜘蛛被大蜂子蜇了，肚子胀得要裂开，蜘蛛急忙爬到草里，咬断一根芋梗磨擦肚子，肿胀得快便平复下去。刘易使用这个办法治疗被蜂子蜇了的人，立即便能止痛。

《邵氏闻见录》

囊中包泪

许应逵作东平郡守时，很有清正廉明的政绩，但为同事所中伤。上司偏信谗言，给许定罪，把他调离东平。百姓送行时，哭泣不绝。许应逵晚上到旅舍，对仆从说："我在东平一无所有，只不过落得百姓几滴眼泪罢了！"仆从叹道："您囊中没有分文，如今也可将这眼泪包去权作礼物送亲友了！"

《古今笑史》

李谐妙答

北朝使者李谐到了梁国，梁武帝陪同他到各处游览，偶尔到了放生的地方，武帝问李谐说："你们国家也放生吗？"李谐答道："不捉，也不放。"武帝面露愧色。

《古今笑史》

以剑刺蝇

三国时魏国的司农官王思，性格非常急躁。一次写字，苍蝇嗡嗡地飞在笔尖上，挥笔驱逐后又飞回来纠缠，三番五次都是如此。王思便起身拔出佩剑砍杀苍蝇，还是达不到目的，他万分恼怒，将毛笔摔在地上，用脚狠命地践踏。

《古今笑史》

朱博治"病"

西汉末年，朱博改任琅琊太守。琅琊地处山东。这地方的人习惯于办事慢腾腾，爱摆架子。朱博新上任察事，手下属官都上书称病辞职，朱博不解，就问其中一个人什么缘故，这人答道："这是按以往的规矩，每当新太守到来都是这样，只有等太守来探视慰问，表示恳请之后，才肯出来就职。"朱博气得直吹胡子，说："齐人想要把这种毛病当成风俗习惯传下去吗？"于是统统罢去这些爱摆架子的下官职务。这些下官后悔已来不及了。

《古今笑史》

阴沟之物

王黻为北宋末年大臣，他的住宅与一个寺庙相邻。有个和尚，每日都把从王家阴沟中流出的雪白的饭粒捞出来，洗净晒干。过了几年，不觉已积成一囤。靖康二年金兵攻破北宋都城汴梁，王黻家妻儿断食将饿死。那和尚便把所囤积的米泡软蒸熟送入王家，王黻家老幼靠着这些粮食才免除了饥饿。哪知道正是他家的阴沟之物。

《古今笑史》

侥幸言中

明穆宗隆庆年间，绍兴岑郡侯的姬妾怀孕。有一天，岑郡侯外出，有个行人躲避不及，冲撞了岑郡侯，被缚至府内。问他是干什么的，他说是占卜的。岑郡侯顿时来了兴致，问道："我夫人有娠，是弄璋还是弄瓦？（弄璋意为生男孩，弄瓦意为生女儿）"那个算命的不懂这是什么意思，就含糊地回答："璋也弄，瓦也弄。"岑郡侯大怒，痛斥卜者无能。不几天，岑郡侯姬妾临产，正好生下一男一女，卜者从此名声大震。

《古今笑史》

煎药放锡

明朝初年，名医戴元礼应召到南京。只见某医生家门前，人声吵嚷，医生应酬不暇。戴元礼想：这一定是个名医，就留神注视，只见那个医生总是开一个药方。戴元礼回去后，感到奇怪，天天去看。偶然见到医生追了出来，对一求药者说："刚才忘了关照，临煎前，下锡一块。"戴元礼大感惊奇，从未听说过汤药中加锡的事，就进医家叩见主人，一问原来是古方。戴求得他的医书一看，只见上边写的是"饧"（古"糖"字）字，戴元礼急忙告诉那个医生，并让他纠正过来。

《古今笑史》

枭浇之误

北齐人宋鸿贵曾任北平府参军，见法律条文中有"枭首"（斩首示众）罪，误以为是"浇首"（"枭"与"浇"音近），于是每当处置犯有"枭首"罪的犯人时，就先斩断囚犯的手，用热水来冲，然后再斩杀。

《古今笑史》

误怯为勇

张亮从建安城下经过，还未做好防守准备，高丽兵突然杀到。张亮平素胆怯，见此情状吓得一语也发不出，直愣愣地坐在交椅里，将士们见他这样，以为他胸有成竹，丝毫不怯，便奋力与高丽兵厮杀，最后高丽兵败退走。将士回来禀报张亮，见他仍然坐在交椅里，两腿还直打颤。

《古今笑史》

防误得误

晋明帝的女婿、东晋名将桓温准备举荐殷浩作尚书令,事先写了一封信告诉殷浩。殷浩欣然复信,写好后,恐怕有误,封了又拆开看,看了再封,反复竟达四五次。到最后送出去的竟是个空信封。桓温接到信后,一看是空的,不由得大怒,殷浩也就没当成尚书令。

《古今笑史》

不知昼夜

北宋大臣宋祁喜欢把窗子遮得严严实实,屋里点起名贵的大蜡烛,歌舞相继。所邀客人在这种环境下都忘记了疲劳,只感到这个夜怎么这样长,拉开重幕一看,方知已是第二宿了。

《古今笑史》

不肯洗脚

南北朝时梁朝将领阴子春身穿污垢的服装,数年也不洗一次脚,他说:“洗脚会洗去财物,败坏事情。”妻子痛恨他的恶习,反复劝他洗脚。有一天,阴子春总算同意洗了一次脚。但不久后,遇上梁州之败,阴子春非常恨他的妻子,说这是洗脚所造成的。此后,便终身不再洗脚。

《古今笑史》

侍郎贪位

武则天时,兵部侍郎侯如一,因为上了年纪,朝廷命令他退职。侯如一不愿意退,就在上朝时装着不老的样子,有意跳跃奔跑,好让皇帝看自己是何等轻捷。

《古今笑史》

东昏侯

南朝时,宋雍州刺史萧衍,乘齐内乱,起兵攻齐帝东昏侯,在建业城外筑起包围圈,断绝外援,情况万分紧急。东昏侯仍然爱惜金钱,不肯赏赐。有人叩头请求给将士颁奖。东昏侯说:“强盗来了光抢我吗?为什么光找我要东西?”茹法珍向东昏侯献策,要动用后堂储藏的数百具厚木板,用做守城的器具。东昏侯仍吝啬不改,说:“这些都是用来做殿堂的材料,动不得!”最后将士离心,东昏侯被萧衍所杀,齐灭。

《古今笑史》

杖打琼花

扬州有一株琼花,天下无双。隋炀帝听说后,特地派人去移栽至金陵,但不久即枝叶枯萎。炀帝见后,很不开心,怒令杖打琼花八十,重新发回扬州。花又活了,过了一年就枯死了。

《古今笑史》

崔弘度难服侍

隋时,太仆卿崔弘度最难服侍。他告诫左右侍从说:“你们谁也不准骗我!”一次,吃甲鱼,他问手下人:“好吃吗?”手下人说:“好吃!”弘度顿起疑心说:“你们不吃,怎么知道好吃?这不是在骗我吗?”于是命人将侍从杖打一顿。当时长安人都这样说:“宁食三斗醋,不见崔弘度。”

《古今笑史》

禁月照晚

晚唐昭宗时,风翔节度使李茂贞下令油类归他的官署专卖,所牟利润充当军饷。老百姓于是改用松明子,灯油卖不出去了,李茂贞又下令禁止砍伐松树。艺人张廷范求见李茂贞,说:“您单单禁止老百姓砍伐松树恐怕还不管用,天上还有月亮呢?我建议您下令禁止月亮照明。”李茂贞笑着解除了禁令。

《古今笑史》

抱瓮酿酒

晋武帝时散骑常侍羊琇在冬月里酿酒时,常令人抱着酒瓮,用人的体温酿酒。过一会便换一人,酒速成而味道好。

《古今笑史》

如此孝子

有个叫郭纯的人,其母去世后,每次悲哭时都有一群乌鸦云集而来,大家都说他是孝子。官使听到报告便来调查,确有此事,就在他家门口立牌坊加以表扬。后来,有人一打听,原来他每次哭时总是把饼渣撒在地上,群鸦就争着来吃,这样多次以后,只要一听到他哭,乌鸦就争着来吃饼渣。

《古今笑史》

荆条试威

隋朝的燕荣任幽州总管时,经常虐待下级。一次,他在出外巡行途中,看见一丛荆条生得又长又粗,令人砍下,握在手里挥舞,并唤进一个部属使劲鞭打,试试荆条的威力。那人申诉自己无罪,燕荣说:“那么以后你有了罪再赦免,相互抵消吧!”不久,那人犯了小错,燕荣又要鞭打,那人申诉道:“前次小人承蒙大人亲口答应,有罪赦免的呀。”燕荣大怒道:“前回你没有过错尚且受责罚,何况现在你有了过错呢!”抡起荆条又是一顿狠揍。

《古今笑史》

叔公在上

宋朝崇宁末年,读书人蔡嶷进京参加科举考试,因奉承巴结权贵而考取进士第一名,便去权臣蔡京家拜谢,冒认蔡京为叔父。蔡京叫儿子蔡攸、蔡絛出来接见,蔡嶷急忙道:“刚才出了大错,您是我的叔祖,二位尊长才是我的叔父辈啊!”

《古今笑史》

香唾盂

东晋人谢景仁好整洁,每次吐唾,就唾在随从的衣服内。然后放那个人一天假洗衣服。到了后来,每次他要想唾,左右人争抢不止,都想受此“恩赐”。又有明相严嵩的儿子严世蕃吐唾,皆用漂亮侍女之口承接,刚刚发出呵痰声,婢女已经张开口巧妙地等待着了,严世蕃称此为“香唾盂”。

《古今笑史》

无人相随

名画家沈周画《五马行春图》送与某太守,太守看后生气地说:“难道我出行只一人,就无人相随吗?”沈周知道后,便另画一张有随从的送去,告诉太守说:“无奈绢短,只画仪仗前导三对。”太守笑着说:“三对马马虎虎也可以了。”

《古今笑史》

吃　诗

唐代诗人张籍崇拜杜甫诗才。有一日,他取过杜甫诗作一函,焚作灰烬,拌入膏蜜中吃了下去,自祷说:“令我肝肠从此改换吧!”又有一个人叫李洞,羡幕贾岛诗句,便铸了个贾岛铜像,像神一样对待它,还每日诵念“贾岛佛”。

《古今笑史》

何不煮肉粥吃

晋惠帝在华林园里,听到蛤蟆的叫声,就问身边的人说:“这叫声是为公家,还是为私人?”侍中贾胤回答说:“在公地上叫的就是为公家,在私地上叫的就是为私人。”当时天下正闹饥荒,老百姓饿死了许多,晋惠帝听说后就说:“为什么不吃肉粥呢?”

《古今笑史》

郑妃妄想当太后

明代,光宗皇帝的身体本来很健康,可后来忽然得了病。在光宗得病时,郑妃命令太医崔文升给皇帝吃了泄药,光宗皇帝一昼夜便三四十次,再也起不来床了。而此时,郑妃和李选侍都在皇帝身边服侍,一个想封皇太后,一个想封皇后,都拉拢熹宗附和自己。结果,光宗很快去世,她们一无所得。

《古今笑史》

刺史榨油

简州刺史安重霸,贪财无厌,有个卖油郎姓邓,会下棋。棋力还可以。安重霸便召他来对局,但又不许卖油郎坐着与他下,每下完一子,总要让卖油郎退到西北墙角处站着等他算棋路,待他算好棋路,再让卖油郎来看。一天也下不了十几个子。卖油郎久立,饥饿、疲倦不堪。次日又召他去下棋。熟知安重霸贪财的人对他说:“这是等你给他送礼啊!他并不是为了下棋,你这样站着不如献礼求退!’卖油郎送上几锭银子,果然安重霸不再召他下棋了。

《古今笑史》

何不煮肉粥吃

❀ 好客挂牌

元朝鼎盛时，江西人胡存斋特别好客。每次不见客人来访总要怀疑守门人挡驾，不通报进来。后来，他在家时就干脆挂出一块牌子，上写："胡存斋在家。"

《古今笑史》

❀ 好好先生

东汉司马徽从来不说人家的短处，同人谈话，无论好坏总是说"好"。有人问他平安吗，他答："好。"有人向他诉说自己家儿子死了，他也说："大好。"妻子责备他说："别人认为您是有道德的君子，所以将私事告诉您，怎么能听说人家儿子死了，反而说好呢？"他答道："你说的话，也大好。"现在常说的"好好先生"，原来指的就是这个司马徽先生。

《古今笑史》

❀ 奇宾奇主

姑州城中蒋氏为大家族，有个儿子刚八岁，想给他找个老师。当时杨铁崖先生住在吴淞。他纵情山水，每天带着宾客、妓女，以作文饮酒为乐。姓蒋的去请，他说："你能依从我三件事，我便去教你儿。聘金不值得计较，一是不限定每天功课；二是提供我行乐费用；三是用十间别墅接住家人。"蒋氏欣然允诺，杨铁虎留此三年，后来，蒋家的儿子都成为名士。

《古今笑史》

❀ 饮不谈事

何承裕做周至、咸阳两县县令时，往往召豪吏饮酒。一次某小吏看到他有些醉了，便怀着私心向他汇报事情，何承裕说："你这是要想欺骗我呀！应当受杖！"待杖打完，又召小吏饮酒，像没发生过任何事一样。

《古今笑史》

❀ 不会残客

张缵与何敬容同在吏部，但志趣不同。何敬容娶梁武帝长女，为驸马，有权势，宾客都讨好巴结他，到他身边去的很多，而到张缵身边的人寥寥无几。此后，张缵便不再会客，每有客至，他便这样拒绝："我不会何敬容的残客。"

《古今笑史》

❀ 风流学士

解缙去探访驸马，恰巧驸马不在家。公主久闻解学士大名，想一睹风采，便隔帘叫人留解缙用茶。解缙索笔题诗道：

锦衣公子未还家，
红粉佳人叫赐茶。
内院深沉人不见，
隔帘闲却一团花。

公主大怒，奏报父亲明成祖朱棣。成祖笑道："此等风流学士，见他怪做什么？"

《古今笑史》

守财奴韦庄

晚唐诗人韦庄是个守财奴，平日里数米而炊，称柴烧灶。有一年，幼子夭折，妻子痛心，以当时通行的衣服给孩子成殓，不想韦庄却剥掉了幼子身上的衣服，换席子裹尸。出殡后，韦庄仍不舍得，竟把裹尸的席子拿回了家。

《古今笑史》

擅破家资

韶州邓佑家巨富，有奴婢千人，庄田绵延不断，但他却从不请客吃饭。有一次，孙子把家中一只鸭子请朋友吃掉了，邓佑心痛得要命，以"擅破家资"为理由，打了孙子二十鞭。

《古今笑史》

誓不吃肉

唐宪宗时工部尚书归登，吝啬到连亲人也不让多吃一点的程度。有一次，家里把一只羊肚子煮得烂熟，他自己边割边吃，剩余的做了个封记。外出归来，见封记已无，原来是妻子割下少许尝了尝。归登大怒，发誓今后再也不吃肉了。

《古今笑史》

章铁拳武艺高超

清代有一个叫章铁拳的人，是江湖上卖艺的，他握紧两拳，就如同钢铁一样，即使是刀斧也砍不伤他。他本来是农家的孩子，给富人家做佃户。因欠租还不上，沦为富人家奴。富人每天让他舂米，舂米必须要用杵锤，但富人嫌他太慢，就让他用拳头砸。时间一长，他的拳头就如同铁一样了。谁知富人故意欺侮他，说他到期没有把米如数舂完，想让他终生为奴。章铁拳深夜到富人家乞求，富人不答应。他勃然大怒，举起拳，竟一拳把富人打死了。当天夜里他赶回家，把房屋烧了，改姓易名，装作乞丐，领着父母到处流浪卖艺。

《古今怪异集成》

陆其标吃砒霜

清代康熙年间，张又瞻的仆人叫陆其标，能吞服砒霜，大兴的刘继庄曾经亲自去探问过，确实不虚。陆其标说："自从祖父以来，我家三辈都服食砒霜。把砒霜碾成末，可吃尽二钱，能御寒，并且能治虚寒疮疥等疾病。但是夏天不能服用。如果夏天吃了发热，赶快用豆腐拌着皮硝服食就可以化解。如果是没有经过长期服食的人，误吃砒霜中毒，可用乌桕叶四五片嚼食，吐出清水一大碗就可以安然无恙了。"

《古今怪异集成》

淳郡王无行

淳郡王奕誴，是清宣宗的儿子。性情高傲，不喜爱读书。有一天，老师督促他读书急了一些，忽然不知他到哪儿去了，老师让宫内侍从到处寻找，很久也没有找到，后来他自己从正大光明殿出来。又有一天，淳郡王手里拿着一杯茶水，递给老师说：“我非常愚笨顽皮，多次承蒙您的教诲，我非常感激您，所以把这杯茶献给您。”老师喝茶时却发现里面有尿，非常生气。正巧宣宗皇帝经过此处，说：“大概又是为五阿哥(淳郡王)不学习吧？”老师说：“不是，是淳郡王赏赐给我一杯茶，很有些不平常的味道，请皇上闻一闻。”皇上一闻，大怒，淳郡王由于此事被贬斥。

《古今怪异集成》

皇子无行

康熙于四十八年下令将太子允礽废为庶人。因为允礽依仗权势，欺压众人，残忍粗暴，淫乱无度。他经常白天沉睡，到半夜才起来吃饭，饮酒数十巨杯也不醉。每当遇见皇上，就惊慌失措，不成礼节。一到阴天雨天打雷闪电，就畏惧惊慌，不知所措。生活失去常态，语言颠倒，好像鬼魅附体，不能安稳睡眠，屡次地变换住处，吃饭七八碗还不知饱，喝酒二三十杯也不醉。

《古今怪异集成》

怪才毛奇龄

清代毛奇龄生来就具有异常的禀赋，能够五官同时并用。曾经以右手批改学生的作业，左手打算盘，耳朵听着学生背诵经书，眼睛看小僮浇花，嘴里又回答学生的提问，中间还时常与夫人吵嘴，五官各行其事而没有一点紊乱。他曾经同别人到染店与伙计闲聊，坐下后吸烟，一边翻阅账册，这时有火星落在账册上，一阵风吹来，把账册烧毁了，伙计急得大声喊叫，毛奇龄说：“不要怕，再拿些纸来。”然后把刚才看到的账目一一写出，所有染东西人的姓名、绸布日期，没有一点差错。又曾经与友人骑马经过街市，把街市两旁店铺的招牌名称默记下来，回来后写在纸上。第二天，友人拿着纸到市上核对，竟然一字也不差。

《古今怪异集成》

飞来巨物

康熙年间，南安知府孔举训某日渡鄱阳湖，发现一个物体，有几里长，身上有两个翅膀，从空中飞到湖里，黑地、黄纹，在波面曲折而行，走了几里，仿佛在水中还能看到。当时风和日丽，船也安全无恙。

《古今怪异集成》

桂花蝉

广东人吃桂花蝉。这种蝉颜色形状都像一般的蝉，但要大一倍，身体也要长一些。广东人捉来加盐熬煮，嚼着吃，当作茶前酒后的零食。雌雄都能吃，雄性的味道更好。发出一股薄荷的香气，微有辣味。

《古今怪异集成》

怪才毛奇龄

两头蛇

同治十一年，上海老闸镇南的新街一个姓王的家里，从柴垛上搬柴到太阳下晒。忽然发现一个东西从垛中跳起一丈多高，又跌落地上，形状像蛇，长约八寸，两端都有脑袋。一个脑袋像子鱼，一个脑袋略小一些，像蛇，各自有口有眼，长有四条腿，背部黄而腹部白，有细细的鳞甲。一打就死了，把它钉在竹梢上，放到太阳下晒。到第二天，腿还能伸缩，立即又用火烧，然后埋进了土里。

《古今怪异集成》

蛇偷蛋

吴中(今太湖一带)某人以开设鸡鸭蛋行致富。行里存放的蛋不知有几万几亿，月终统计进出数目，一定会缺少几百只。后来十天一统计、一天一统计，没有不缺少的。这人怀疑是主管其事的人偷走了。管事的人不甘心，便从早到晚等在那里窥看。发现一条一丈多长、碗口粗的大蛇，高高地盘踞在屋梁上，把头垂下来吸吞，离蛋约一尺，蛋就升上去，吞食十几只蛋以后，就一圈一圈地缠在柱子上，使劲收缩身体将蛋挤碎。这样，一顿饭就吃完了。第二天晚上，蛇又来了，也像头天一样吃蛋。管事的人恍然大悟。于是找来硬木，削成蛋形、共削了若干只，放置在筐里，把真蛋压在木蛋上。第二天，蛇来了，像以前一样吸取。真蛋和木蛋混在一起进入蛇的肚子里。蛇吸完还和以前一样缠在柱子上，这次愈缠愈紧，尾巴左右甩动，好像很不舒服。过了很久，直接窜到院子里，旋转翻滚不停。院子中有块空地，绿草丛生。又窜进草里，自起自落，跳跃跌落，一上一下都有几尺高，但木蛋始终化不开。像这样，经过三昼夜蛇才死掉。管事的人把开蛋行的人找来，破开蛇的肚皮，找到木蛋，才说清始末，洗清了自己的冤屈。

《古今怪异集成》

兰　蚕

福建山中盛产兰花，兰花多的地方，生一种虫子，当地俗称为“兰蚕”。它的形状似蚕，饮兰花上面的露水，虫色淡碧，怕盐。捉到后，待到吃时，点上少许白盐，虫子便化成清露，一滴入口，满口芳香，是山中食物中最高级的。

《古今怪异集成》

长白山小咬

长白山多小咬，虫体像米粒，夏天最多，早晨、傍晚尤其厉害。夹皮沟、汤河的马贼所用的一种酷刑——咬刑，就是用绳子把人捆在树上，让小咬咬他，经过两昼夜就露出了筋骨，俗名“喂咬”。人们都像怕老虎一样害怕这酷刑。

《古今怪异集成》

草　扒

草扒是长白山的一种虫子，藏身草

里，如果进入人的身体，它的头就深入肌肤，长久不出来。人受它伤害的地方，即使过了三年，也还会觉得痛痒。唯有在刚进入人的肌肤时，用手指弹那个地方，它的头就会出来，然后再将患处的毒水挤出来，直到见血才行。这样处理了才安全。

《古今怪异集成》

火　城

乾隆三十八年夏六月，嘉定南翔镇西郊，一天晚上，忽然有几十万萤火虫团聚在一起，周围有三四里，远远望去，好像火城。光辉烛照天空，观看的人像市集一样，五天后才消失。

《古今怪异集成》

蛙　斗

光绪六年夏天，广东南海的盘步乡野外，有几千只青蛙在田畔争斗。这种蛙体形很小，背上的纹路中有一丝红线，横系腰间。相斗之蛙各自组成一队，阁阁的怒吼声，接近雷的轰鸣。乡间农民聚集在那里观看，过了两个小时才散。

《古今怪异集成》

巨　蝎

蓟州有座石桥，相传下面有毒物，旅客们互相告诫，没有人敢在这里休息。一天，有位贩生辣椒的人，赶着两头驴，驮着辣椒笼子路过这里，苦于天气炎热，在桥上小憩。把装辣椒的笼子卸下来放在桥栏上，把驴放到草地去吃草，他自己敞开胸怀，躺下休息。因过于疲倦，躺下就睡着了，梦里，好像听到风声，又有什么东西窸窣作响，怕有人偷他的辣椒，但一下子又醒不过来。过了很久才站起来，一看，辣椒还放在那里没动，却多了一个大东西挂在桥栏旁边，形状像琵琶，灰青色，原来是只大蝎子。他吓坏了，想逃跑，但因蝎子一动也不动，他又细看了一下，原来已经死了。这大概是因为蝎子生性害怕辣椒吧！

《古今怪异集成》

蝎子自尽

从来只听说人自尽的，没有听说昆虫有自尽的。只有蝎子，性子最急躁，也会自尽。试着捉一只蝎子，装进玻璃器皿中，用放大镜聚集阳光照射它。它受到光线的直射，愤怒地躲避，又没有地方可躲，就会倒过毒锋刺自己，一会儿就死了。

《古今怪异集成》

巨　鲤

同治十二年，吴淞口捕鱼船上的一位渔民网到一尾鲤鱼，重一百一十三斤。鱼鳍上缀有一块铜牌。经验看，是康熙时某人的放生鱼。一位客人拿出银币三圆买下了这尾鱼，又放回江里去了。

《古今怪异集成》

四翼鸟

长白山中有一种四翼鸟，头圆尾细，前两翼长，后两翼短，颜色淡黄，形状像蝴蝶，鸣声像黄鹂。有人见过这种鸟雌雄双飞。

《古今怪异集成》

乌鹊斗蛇

新安山中有人曾见到几十只乌鹊斗一条蛇。蛇有一丈长，黄底色上有黑斑纹。乌鹊一会儿飞上去，一会儿落下来，喧噪不停。而蛇则盘屈成一团，张口吐舌抵御乌鹊的攻击。时间久了，蛇抵敌不住，钻进了草里，乌鹊还是追逐、啄击。

《古今怪异集成》

黑夜见物

纪昀自己说他小时候，半夜睁开眼睛，满屋子的东西没有看不见的。等年龄超过二十岁时，就只能看见一两件东西了。

《古今怪异集成》

发　泄

光绪年间，广东水师提督方曜秉赋奇特，精力过人。每天晚上一定要与女人交媾，以资排泄。按照惯例，谷埠的妓船每天出四个妓女到提督府当班侍候，这样便不必再向官府交费。方在任时，定为两个人交费，两个人进府当班。每晚上轮流陪方睡觉，没有一回虚设。

《古今怪异集成》

清高宗千里寻香妃

回回国王某位妃子，由于身体天然有一股奇异的香味，被称为香妃，是位绝色美女。清高宗(乾隆)早已听说她的美丽，乾隆二十三年在征讨回部区域之前，召见将军兆惠，让兆惠尽全力找香妃。在乾隆二十四年终于找到了香妃，并把她带回京都。高宗命人把香妃安置在西苑，香妃意气泰然自若。高宗经常去看望香妃，问她一百句话也不回答一句。高宗于是命令在香妃住的楼外仿照西域的楼台建筑，建筑了清真寺和街市，让香妃感到如同生活在故土。

香妃成天郁郁寡欢，清高宗就命令宫女去劝解取悦香妃。香妃从袖中取出匕首说：“国破家亡，我早想以死来报答君主，只是白白地这样死去，没有价值，如果你们坚持逼我，我现在就死。”众人上前夺刀，香妃笑着说：“我的内衣里藏有十余把匕首，如果你们再上前来，我就先自杀。”宫女们也无法。太后知道这件事后，担心高宗会受到香妃的伤害，就劝说高宗把香妃杀死或放逐出宫，高宗不听。太后无奈，趁高宗去祭天之际，把香妃召进慈宁宫，把门关闭起来对香妃说：“你不屈服，想干什么？”香妃答说：“想死。”太后说：“今天就赐你死。”香妃向太后拜了两拜说：“我志在复仇，不想白死，现在可以与君主在地下相见了，我不会忘记太后恩德的。”

于是自杀而死。等到高宗回来相救时，却已经晚了。

《古今怪异集成》

长 须

顺治初年，浦江有位生员名叫沈沧雨。他的相貌奇丑。一只眼睛瞎了，胡须有一丈多长。自胸部以下，连绾三个大结，还剩一尺多长拖地。计算一下胡须的总长度，大约超过身长一倍半。这人小有才气，仗恃自己懂得道士的秘法，胡作非为。后来被官府巡察出不端之事，被收捕杖打，打折腿死去了。

《古今怪异集成》

吃黑饭

寄居在处州的畲人能吃，所以当地人把食量大的人称作"畲客吃"。这些畲人每个月一定要进山三次，去求取一种黑色树的树汁，拿回来泡米做饭。他们称吃这种饭为"吃黑饭"，用以表示不忘祖先。他们自己说祖先盘瓠是龙犬，曾经吃过黑饭。

《古今怪异集成》

嗜死尸的女人

吴江有个女人得了精神病。她跑到郡城里面，到处寻找死尸吃。找到后就挖出肠胃来吃，臭味很大，别人都没法靠近。她自己却说味道极美，精美的菜肴也比不上这个。每天吃的死尸计算不过来。街上的小孩子成群地追随她。官府把她拘禁起来，过了很久才释放，后来不知她怎么样了。

《古今怪异集成》

以酒为食

学士卢琦，是仁和人。生来就有异常的秉赋，自从断奶后，不吃其他东西，一昼夜饮酒三五升就够了。饮时，一口喝尽，人们称他为"酒仙"。

《古今怪异集成》

吃蜈蚣

道光以前，青浦的佘山人喜欢吃蜈蚣。所吃的蜈蚣都很精美，颜色白，有三四寸长，手指粗。想要吃时，提前四五天煮一只鸡，装进蒲包里，放置在山的北坡，过一夜再取回来，其中一定满是蜈蚣。连包煮熟，然后抖出蜈蚣，去掉头和腿，扒掉皮，再杀一只鸡炖汤煮蜈蚣。这可不是说要吃，立即就可以准备好的。

《古今怪异集成》

生吃蝎子蜈蚣

北方人有喜欢生吃蝎子和蜈蚣的。他们一听到哪里有大蝎子、长蜈蚣，便想尽办法乞求。要到手后便截头去尾，咀嚼起来，有滋有味。他们有个做法：先用酒浸泡，然后再用油煎一下。

《古今怪异集成》

吸鸦片养成怪瘾

鸦片害人,流毒全国。按时而吸,称作"瘾"。瘾有特别奇异的。如果刚开始吸鸦片,在烟馆,一定要破帷帘破席子才能过瘾,那么后来把他领到洁净的房间里,即使吸食两倍的鸦片,也还是不能过瘾。其他种种,如解衣脱袜而成瘾,或侧卧而成瘾,或左一口、右一口而成瘾,千奇百怪,一定要按着他的习惯才能过瘾,如果想要改变,非得竭力抑制不可。

道光年间,吉安有个妓女,外号叫"金字招牌"。嫖妓的人,正在她吸鸦片烟时,褪下了她的贴身衣裤,从后面进入。于是成了改不掉的毛病。从此以后,不这样做就不能过瘾。这个妓女年龄愈来愈大,后来便没有人跟她来往了。她便出钱雇几个健壮男人,每天三次给她过瘾,一定要尽力取悦她,才算完事。

《古今怪异集成》

吕晚村巧建别墅

清代人吕晚村在石门埭溪建别墅,称为风雨庵,屋子十几间,中间曲折有致。吕晚村经常夜晚出外访友,一定要三更天才回来,由小书童拿灯笼导引。有一天晚上外出访友,笑着对朋友说:"今天晚上将有不速之客来。"朋友问:"是谁?"他不回答。再问,他说:"是梁上君子。"到了三更天,大门打开了,这时有两个人呆在院中就是跑不出去。这两人大汗淋漓,气喘嘘嘘,疲惫万分。这时吕晚村说:"蠢虫,何苦如此。"这两个贼人伏地叩头告饶,哀求活命,吕晚村笑着把这两人放走。吕晚村盖别墅时预先布置迷宫,这两个人偷了东西出来,觉得不是原来的路了,山路崎岖,乱石纵横,愈走愈远。

《古今怪异集成》

小鼠能演戏

清代康熙年间的王子巽在京城的时候,曾经见到一个人在长安市上演鼠戏。只见这个艺人后背上背着一个布袋,布袋里装有十几个小老鼠,每当到了人多的地方,就从怀中拿出小木架,放置在肩上,就好像是戏楼似的。然后拍打鼓板,唱古杂剧。歌声刚刚唱起,就有老鼠从布袋中出来,蒙戴着假面,穿着小戏装,从艺人的后背爬上戏楼,像人一样站立着跳舞。无论是演出人间悲欢还是男女之情,竟都与戏情吻合。

《古今怪异集成》

蚂蚁排战阵

袁枚少年时曾在杭州见到蚂蚁排战阵。其过程是这样的:打出红色白色两面旗帜,各长一尺左右。乞丐倾斜他的竹筒,就有红色白色的蚂蚁从筒里跑出来,大约有一千多只左右,在柜台上乱跑。这时乞丐摇摆红旗,说:"归队。"红蚂蚁就排作一行;如果用白旗摇摆,则白蚂蚁就排作一行。又把白色旗和红色旗交叉摇摆，说："穿阵走。"红蚂蚁和白蚂蚁就穿插而行，左盘右旋，一点也不紊乱。这样行走几圈，就可再用竹筒接住蚂蚁，让它们进入其中。

《古今怪异集成》

小鸟有神通

清代嘉庆二十四年秋天，江宁市上有一个饲养蜡嘴鸟卖艺的人，个个鸟都有神通。他共有六只鸟，其中四只鸟能自己开箱，从箱子里衔出面具，自己登上小台演戏。有一只鸟能识字，能飞起来前去衔取写着百家姓的小纸牌。这个艺人先把百家姓分别写在一张张小纸牌上，散放在席上。艺人任意呼叫小鸟取某一姓，鸟就能够自己在这众多书写姓氏的小牌中选取某一姓，几乎百发百中。还有一只鸟能斗天九牌，可以与三个人对局。

《古今怪异集成》

棋坛高手有奇术

清代有一位术士，善摆棋阵。曾经用手拿棋子在桌上摆阵。棋阵纵横交错，外人不大容易看明白，外面有八个门，其中各门都清清楚楚。往里面放一只小老鼠，如果是从生门进入，则小老鼠在棋阵中曲折宛转，总能够寻找门路走出来；如果是从死门进入，则终日在棋阵中盘桓，直至气死也不能从棋阵中走出来。

《古今怪异集成》

某艺人无中生有

清代嘉定人葛存恕曾经在上海住在某一姓沈的艺人家中。有位厨师擅长撮仙法的技艺。在暑天乘凉时，沈家的小主人让他给大家表演。先在桌子上铺一个红毯，口中喃喃地说些什么，一会儿打开毯子一看，里面有三四碗水。按同样方法，一会又可出现水果饭菜，尝一尝完全是真实的食物，只是要先付钱几十文然后才可能从中取出，否则就不灵了。葛存恕当初不相信，那位厨师说："现在有一盆盐，请让我放置在您的房中，我在这里不动，您前去看看就知道了。"葛存恕于是走出自己房间扣上门，等再进门时，果然见到一盆盐放在屋里，只是不明白这盆盐是怎么搬进去的。

《古今怪异集成》

何人显贵

唐代萧瑀有一次与皇上以及各位显贵大臣喝酒。唐太宗对近臣们说："谁认为自己是座席当中最显贵的人，就先端杯饮酒。"长孙无忌和房玄龄互相看了看，都没说话，而萧瑀却伸手把酒杯拿了过来。皇上就问萧瑀说："你有什么理由认为自己是最显贵的呢?"萧瑀回答说："我是梁朝天子的儿子、隋室皇后的弟弟、唐朝的左仆射、又是天子的亲家翁。"唐太宗听罢大笑起来，众人欢喜饮酒而散。

《群居解颐》

喷 帝

唐玄宗对于他的各位兄弟感情特别深厚,称呼宁王为大哥,常与诸位王兄王弟一块吃饭。有一次,在吃饭的过程中,宁王一不小心,打了一个喷嚏,喷到了玄宗皇帝的胡子上。宁王惊慌不已,玄宗皇帝见他恐惧的样子,就想安慰他。黄幡绰在旁看到这种情景,就说:"这不是喷嚏。"玄宗皇帝问道:"为什么不叫喷嚏呢?"黄幡绰说:"这叫作喷帝。"玄宗听后很高兴。

《次柳氏旧闻》

郑侠自弈

宋代,有一个叫郑侠的人,他很爱拉客人和他下棋,每遇到有人推辞说自己不会下,他就让人家在一旁看着,让自己的左手和右手对局,左手执白子,右手执黑子,每一招都要经过认真的思考,就好像真有两个人在下棋一样。最后,如果白棋胜了,他就用左手斟酒,用右手喝酒,如果黑棋胜了就反之。郑侠这样自己和自己下棋,竟坚持了二十多年的时间。

《渭南集》

同舟共济

陈宝箴是曾国藩的门生,也当过左宗棠的幕僚。有一次,他从湖北左宗棠的军营出发,到南京去见曾国藩。见面时他满脸是汗,曾国藩问他怎么回事,陈宝箴笑着说:"刚替人做完和事佬。我来时所坐的船上,掌舵的与摇橹的因驶船意见不合,起初是相互辱骂,后来竟扔下船上岸殴斗,船无人管,来回摇晃,几乎翻了。我害怕,也上了岸,对他俩说:'你俩因船殴斗,说明你们都喜欢这条船,现在却扔下船上岸打架,船没人管,很快就要翻了,何不同舟共济保住这条船呢?'这两人觉得我说得有理,于是不再殴斗。我到酒店请他俩喝顿酒后,便和好如初。再开船时遇到顺风,很快就到了这里。但我还是怕晚了,所以出了一头汗。"曾国藩听了后,沉思良久,长叹一声:"我难道不如船工吗?"尽管以后左曾二人还是意见不合,但在军事上不再相互掣肘了。

《梵天庐丛录》

何梅谷劝妻有方

元代鄱阳何梅谷的妻子到了晚年特别喜欢念佛,从早晨到晚上,一定口念"观音菩萨"一千遍。何梅谷当时以儒学驰名,妻子如此念佛令他左右为难:制止她,她不会听从;不制止她,又怕在士林中遭到舆论的嘲笑。有一天,何梅谷呼唤他的妻子,一声二声三声,一连喊了许多声,一直到夜里也不停口地呼喊。他的妻子生气地说:"为什么这么烦人,总喊我干什么?"何梅谷说:"我才呼唤了你几声,你就向我发怒。观音菩萨一天被你呼唤了一千遍,怎么会不对你发怒呢?"他的妻子立即醒悟,以后再也不念佛了。

《中州野录》

政在德不在异

宋代王益为韶州知州时，属县翁源县多有虎为害，王知州令县官捕杀老虎，消灭虎害。县官为了讨好知州，便谎称老虎自己死了，又写颂文献给知州。王益把颂文驳回，斥责县官说："政在德不在异。"

《澜言长语》

欧阳修考场助人

王拱辰作状元的那一榜，欧阳修是省元(会试第一名，也称会元)。这一科会试的时候，有个姓李的考生，临进考场时，突然得了急病，为了不失去难得的考试机会，他带病进了考场。不料入场后，病得越发厉害，无法答卷，李某只得伏在桌子上昏昏欲睡。天已经过了中午，李某忽然觉得有人捅他的腋下，抬头一看，原来是邻座一位考生，问他为什么不答卷，李某说得了病，无法下笔。那位邻座劝他说："考试的机会很难得，既然进了考场，就要咬牙坚持。"李某受到鼓励，就勉强开始答卷。邻座考生见李某已动笔，非常高兴，在一旁指点他该用哪些典故，并将自己的答卷拽过来铺在李某的面前，对他说："我是解元欧阳修，我的答卷你可作参考，没有关系！"李某遇到这样一位热心的邻座，顿时觉得病好了大半，到傍晚时也完了卷，其中一半是抄袭欧阳修的。榜发，欧阳修得了第一名，李某也中在前列，殿试皆中进士第。后来李某官至郎中，为了感戴欧阳修的相助之恩，特在家庙旁设一神位，供奉欧阳修的画像。

《默记》

皇上的指甲

明太祖朱元璋有一个整容匠姓杜，专门负责给朱元璋梳洗和剪指甲。一天，朱元璋看见杜某将指甲用一张好纸裹上，放在怀里，就问他："你要把指甲放到哪里去?"杜某说："圣体之余怎敢乱扔？我要拿回家保存起来。"朱元璋说："你这个人太奸诈了！我前前后后的指甲都在哪里?"杜某说："都在我家供奉。"朱元璋派人去取指甲。杜某的家人从佛龛上取下来，用个匣子盛着，香烛供奉着。回来向朱元璋奏明，朱元璋大为高兴，封他为太常卿，专门掌管礼仪。

《默记》

杨置侥幸得状元

宋仁宗庆历二年，杨置参加殿试，其兄杨察按规定必须规避，不能介入考试事宜。杨察是枢密使晏殊的女婿，杨置应试，夺魁有望，未放榜前，让杨察向晏殊打听自己的名次，晏殊告诉他，向皇帝呈进的前十本卷子中，杨置被排在第四名。杨置考试完毕正与几个朋友在饭馆喝酒，听到这个消息，用手一拍桌子，骂道："不知哪个驴子抢了我的状元！"等到放榜唱名时，杨置却意外地得了第一名。原来初拟的状元是王安石，仁宗见王卷中有"孺子其明"句，不大高兴地说："这句话不好，不能作状元！"第二名是王圭，按当时考试条例规定，有官职的人不能作状元，王圭当时在朝任官。再看第三名韩绎，官殿中丞，也不能作魁，至第四名杨置，乃白身，于是仁宗将王安石和杨置的名次互换，杨置侥幸得了状元。

《默记》

善使权术的太后

章献太后刘氏，是宋真宗的妃子，仁宗登极，她以太后身份垂帘听政。刘氏聪颖过人，善使权术，有一天，她哭着对大臣们说："国家这样的多事多难，若不是你们大家同心协力，哪会有今天。现在先皇的丧事已经办完，皇亲国戚也都推恩得到升迁，惟有宰执和众大臣的亲戚没有受到恩泽，你们回去后详细开列子孙及亲戚的名单，我将根据常规一一推恩授官。"宰执大臣们不知是计，于是详尽地开列了三族亲戚的名单交上来，刘氏把所有的名单都汇到一起，制成一张表格，贴在寝殿的墙壁上。每当朝臣上报要升转一官，刘氏都要先看看那张图表，只有图表上没有的人才予以批准。

《默记》

投其所好

王溥是五代时期的状元，曾做过周高祖郭威和周世宗柴荣的宰相，入宋后仍官位显赫。王溥的父亲王祚曾任周观察使，后退休。其家显贵而且富有，生活上很奢侈，惟一不知足的就是寿数。王家住在京师洛阳里，有一天，听说来了个算命先生，王祚令一名老兵去把算命的找来。算命先生是个瞎子，问那个老兵："谁找我算命？"老兵偷着告诉他："是王相公的父亲，他现在既贵且富，最关心的是自己的寿数，我如实告诉你，等你多得了赏钱，出来时可得好好谢我。"算命先生记在心里。等到入内替王祚算命时，布卦推算，故意惊异地说："这个命怎么只有寿呢？"王祚听了，很高兴地问道："能活七十岁吗？""何止七十岁！"算命先生笑着说。王祚又问能否活到八十、九十岁，算命的还是摇头，说还要长。"能活一百岁吗？"王祚迫不及待地又问。算命先生装模作样地叹道："依我看，你至少能活一百三十到一百四十岁。"王祚听了，大喜过望，又问："中间不能闹什么病吗？"算命先生说："没什么病。"接着，又故弄玄虚地捏了一阵手指头，说："只是一百二十岁那年，春夏之间，内脏会微微受点苦，不过时间不长就会好的。"王祚信以为真，高兴地回头对侍立在身后的儿孙们说："你们都要千万记住，到了那一年不要让我喝冷汤。"

《默记》

陶四翁

宋朝人陶禹锡的高祖被人称为陶四翁。他开了一个染店，曾有人送来一种能染布的紫草，四翁就用四百万钱买下来，几天后，有个市场经纪人来到染店，看到紫草说："这都是假的！"四翁问："怎么是假的？"那人说："这是蒸坏草，颜色都没了，现在颜色在外面，确实是假的，不能用。"四翁试了一下，的确是这样。那人说："你不要愁，我替你拿到各个小染店卖了。"四翁说："好！"第二天，那人来了，四翁把用四百万钱买来的草全部拿出，一把火烧光了，说："宁可我被骗，怎能再骗他人！"当时陶四翁的家底还很薄，以后大富并连续几世，子孙中登第者多人，陶禹锡就是其中之一。

《北窗炙輠录》

卖　饼

子韶说，他老家里弄间有一个人以卖饼为生，以吹笛为娱乐。只要有能够吃饱肚子的钱，这个人就回家躺卧，拿出笛子来吹。笛声嘹亮，左邻右舍都爱听。就这样，有好多年了。这个人的邻居有个富人，对卖饼人了解很深，说可以把钱财委托给他。有一天富人对卖饼人说："你卖饼很辛苦，为什么不换个别的事干呢？"卖饼人说："我卖饼很高兴，为什么要换别的活干呢？"富人说："卖饼固然好，但你兜里剩不下一点钱，如果不幸患病或者有为难之事，你将依靠什么呢？"卖饼人说："那我怎么办？请指教。"富人说："我想拿出一千贯钱让你使用。平时可以保证你的温饱生活，一旦有病或有事，有这些钱可以补贴，这同你卖饼的收入相比，可多多了。"卖饼人不同意，富人执意劝说，他就答应了。等到钱一到卖饼人的手里，就再也听不到笛声了，只能听到打算盘的声音。那人很后悔，连忙收回所有的钱，送还富人，又去卖饼了。第二天，笛声又响起来了。

《北窗炙輠录》

魏公应

魏公应是徽州（今歙县一带）司理。当地有两个人互相约定五更时分乙到甲家去相见。乙按时去甲家。鸡叫的时候，甲去乙家喊乙的妻子说："既然约定五更，现在鸡都叫了，乙还没到，为什么？"乙的妻子吃惊地说："已经去了很长时间了！"甲回到家还没有看到乙，于是告诉了众人，到处找乙，终于在一个竹丛中找到一具尸体，正是乙。乙随身带的东西都不见了。乙妻悲痛大哭，对甲说："是你杀了我丈夫！"于是同甲去打官司，很长时间，不能定甲有罪。有一个狱吏问甲："乙和你约定，乙没到，你去乙家，应该喊乙，你不喊乙而喊乙的妻子，是你杀了乙。"甲于是无话可说。一句话，这个讼案便成立了。

《北窗炙輠录》

程明道断窖藏

程明道在金华作知县。当地有一个租借别人的房子居住的人，偶然从宅居里发掘出窖藏的钱一千多缗。房主人来了说："这是我藏的！"借住者说："这是我藏的！"于是到县里打官司。二人争论不已，程明道问房主人："你藏这些钱在什么时候？"房主人回答说："很久了，从建造这个宅第时就把钱埋在地下了。”程明道又问借住者:“你什么时候借的房子?”借住者说:“有三年了。”于是,程明道把这些钱拿来,按钱上的文字将所有的钱都分了类。验过钱后,就对借住者说:“这是房主人的钱!”借住者争辩说:“是我的钱!”程明道说:“你还敢这样说?!你借这座房宅才三年,我看了这些钱上的文字,都是很久以前的年号,没有一个钱是最近年号的,这怎么能说是你藏的呢?”借住者这才服气了。

《北窗炙輠录》

无锡老人

清代无锡有位老人,小偷在除夕晚上凿墙进入他屋里。老人起身把他抓住,一看,原来是老朋友的儿子。老人一点也没声张,低声问他:“贤侄怎么搞到这个地步?你父亲跟我交情很厚,想来你也是为贫困所迫,实在没有办法才这样干的。”说完赠给他一些钱过年用,又赠他一些钱作资本。这人非常惭愧,没脸在原地继续居住,就迁居到其他地方了,后来他还真的做出了一些事业。过几年,他租船探访老人。半夜,来到老人门外,发现有一个人吊死在老人的门上,便喊同船的人帮忙,把尸体抬到船上,扔进河里,悄悄回去了。又过了一年,再次来探访老人,并把去年的事告诉了他。老人说:“我借你的光大了,上次那个吊死的人,他白天曾和我的儿子闹事,如果没有你,那么我今天也就见不到你了。”

《埋忧集》

奇淫

周草庭曾说,他在山东兖沂道署时,见过一个捉奸案:一位丈夫捉奸,杀掉一个奸夫,跑了一个奸夫,他到衙门公堂前去击鼓自首。观察使讷公升堂,下令拘捕他的妻子审讯。这个妇女年近三十,肌肤如雪,光彩照人。自己招供说,她一向都是跟一个男人玩,始终觉得没能尽情尽意地畅快一番,所以约了两个人在这天一起来,让他们前后夹攻,正在极为酣畅适意的时候,却意外地被丈夫发觉,真是败兴。大概这两个男人是她所私通的男人中的阳物最伟岸的。讷公大笑着说:“既然如此,你可称得上是宽容、量大的了。”讷公欣赏她的直率,略加责备,便把她释放了。

《埋忧集》

臀痒

姚庄的顾文虎,祖上世代当官,过惯了富贵荣华的生活。忽然有一天,催逼仆人拿竹板子,他解开裤子,让仆人打他屁股二十板。后来便习以为常。仆人厌倦此事,板子下得稍微轻点,便加以斥责,有时还会因此夺过板子打仆人。仆人下手重他才喊痛快。像这样持续了好几年,逐渐感觉板子打在身上疼了,才不再让人打。

《埋忧集》

谄媚者的运气

清代乾隆年间,一位广平县的知县

到京，在朝房遇到大学士和珅。知县疾走以示尊敬，并向他施跪拜礼，和珅客气地扶他站直，不让他拜下去，他却一定要跪拜。就在这你推我让之间，他竟误将和珅挂在胸前的数珠（佛教徒用来记数诵经次数的串珠）扯断，珠子像雨点一样洒了满地。和珅气得脸上变了颜色，心想，将来一定要狠狠整他一顿来泄恨。可表面上却满脸堆笑，详细地询问他的职位和名字，牢牢记在心上。过了一些天，皇帝召见和珅，事情说完后，皇帝想起磁州县令缺员，问他谁适合担任这个职务。仓猝之间，和珅脑子里出现了一片空白，平时与自己交好者的名字一个也想不起来了，在皇帝面前又不能暴露自己的无能，不得已，便把那个县官的名字说了出来充数。皇帝当即同意，于是，这人就得到了这个好差事。

《埋优集》

扛　米

清代，松江某位相国的孙子，贫困得过不下去了。他家过去的仆人中有一个现在很富有，便前去求帮助。他带了五斗舂好的米准备路上吃，让仆人背着米跟随自己一起走。仆人叹息道："我本来不是仆人，我去世的祖父是某学士。"他吃惊地说："要是这样，那我们就是亲戚了。"两个人都不能负重，因此互相抱着哭泣道："哀哀父母，生我劬劳。"（《诗经·蓼莪》）市上人都来围观，一位年长的人递给他们一根竹竿，于是两人抬着米走了。这两个人的祖父都是明朝崇祯年间的宰相。当时有人为他们写了一首诗："五斗米，两公子扛不起，枉读诗经怨劬劳，乃祖贻谋岂料此！"

《埋忧集》

古　俗

古代，台湾某些地方的土著，没有日历，不祭祀祖先。除父母外，没有伯、叔、甥、舅的称呼。重视生女孩，不重视生男孩。无论是否生过孩子，男女之间往往互相交换配偶。天气炎热的时候，男女都裸体对面而坐。过性生活，长辈要避开小辈，而弟妹子女对兄姊父母则一点不怕羞，不躲避。

乌浒人如果娶到一个美丽的妻子便让给他的哥哥。

《埋忧续集》

二人有定力

宋人苏端明，每晚睡觉时，一着枕便安然不复翻动，一直到天亮。刘元城不论是对宾客，还是独坐，虽在暗室之中，也从不偏倚。此二人如此有定力。

《寓简》

《鸡肋编》
[宋]庄绰

《本事词》
[清]叶申芗

《太平广记》
[宋]李昉

《槐厅载笔》
[清]法式善

《蜀碧》
[清]彭遵泗

《槐西杂志》
[清]观弈道人

《天香阁随笔》
[清]李介

《立斋智集》
[明]邹智

《轩渠录》
[宋]吕本中

《阅微草堂笔记》
[清]纪昀

《董心葵事记》
[清]不著撰人

《现果随录》
[清]释戒显

《枣林杂俎》
[明]谈迁

《蟫精隽》
[明]徐伯龄

《梁溪漫志》
[宋]费衮

《洞天清录》
[宋]赵希鹄

艺人骗术

北宋时，有一个人自己说能使两个石磙子自动相互搏击。说完，向观众收钱。先用两个瓢做试验。他把两个瓢放在相隔一二尺的两处，而能使两瓢跳跃着向一起聚拢，忽上忽下，宛转不止。观众见其人果有奇术，为了能观赏两石磙搏击之精彩节目，竞相出钱。有人向官府告其人以妖术惑众，官府即将其人拘押于狱中，用大铁锁将门紧紧锁住，并用猪血浇灌其人以驱邪气。其人自供说：那两个瓢揣在他怀中，是用磁石捣成碎末掺以铁屑，用胶水将其涂在瓢的半边，铁为磁石所吸引，便可达到这种效果。至于说能使两石磙相搏一事，不过是欺骗众人以收些钱罢了。

《鸡肋编》

养柑蚁

广南耕地少，百姓大多种柑橘求利，但常担心小虫咬坏其果实。只有蚂蚁多的树才不生虫。所以经营果园的人家都向别人买蚂蚁。于是，有了专门收集蚂蚁出售的人。他们把油脂盛在猪羊的尿脬里，打开口摆在蚁穴旁边，等蚂蚁进入里面，就把它拿去卖。当地把这种蚂蚁叫养柑蚁。

《鸡肋编》

病体缩短

洛阳人范季平的儿媳妇病了几年，愈来愈瘦，也愈来愈矮。绍兴六年春，死在临川，看上去只有六七岁小孩子那么大。

《鸡肋编》

少妇捉虱

我（庄绰）曾坐船旅行，路过严州城，在那里停泊了一段时间。见到一位茶馆里的少妇，衣服鲜艳，打扮漂亮，戴着银钗，簪着花，她家门窗也涂金刷银，雅致精洁。这位少妇却把自己的内衣铺放在桌子上捉虱子，捉住一个就扔进嘴里嚼，几乎不停手，一边还与旁人说笑，不以为羞。而周围看见的人也不觉得有什么奇怪。

《鸡肋编》

井鸣如钟

绍兴四年，温州瑞安县的井像钟一样发出鸣声。不久，州中的井也这样。这是以前史书未曾记载的灾异。有人说，上一年福建也发生过同样的情况，后来发生了大水淹没当地的灾害。

《鸡肋编》

中伤夺职

宋徽宗宣和年间，余深为太宰（尚书左仆射），王黼为少宰（尚书右仆射）。当时宋徽宗经常暗自便服出行。司谏曹辅知其事而言之，徽宗不悦。一天，徽宗单独留下王黼，问他曹辅怎么会知道自己便服出行之事。王黼回答说：

"曹辅是剑南人,而余深的门客是曹辅的兄弟,恐怕是余深与门客谈及此事,由门客传到曹辅那里。"徽宗认为他说得有理,即传旨拘捕余深门客,将其押送回原籍并禁锢终身。人们闻知此事,无不惊恐,谁也不知其中缘故。其实余深从未敢与门客谈及此事,况且门客与曹辅只不过是同郡同姓,并非兄弟。不久,徽宗赐玉带,只赐给王黼一人。余深因此请求免去太宰之职,徽宗当即批准,于是王黼夺得了太宰的职位。

《鸡肋编》

神仙大足

女皇武则天爱"吉兆",喜听好话。有一年,被关在大理寺里的三百多个犯人,唯恐秋分过后受大刑,便用计在监狱的围墙角边,假做一个足有五尺长的大脚印。待半夜时分,一齐叫喊起来。宫内侍卫追问下来,犯人们说:"昨夜有神仙出现,高三丈余,满面金光,对我们说:'你们都是冤枉的,不要害怕。当今皇帝能活万年,准对你们开恩,赦放你们。'"侍卫们听后,再看地上,果然有一个巨大的脚印。回宫后即上报武则天,女皇当即下旨大赦天下,为纪念神仙的"大脚",改年号为"大足元年"。

《太平广记》

青　石

唐显庆四年,有个打渔的人在江里网到一块青石,长四尺、宽九寸,颜色光亮润泽,和普通石头一样。悬起来敲击,发出的音响清澈激扬。过路的人听到后,没有不停下脚步的。都督滕王上表献呈皇帝,被纳入王府收存。

《太平广记》

走　石

宝历元年,资州资阳县清弓村山上有一块大石,约三间屋大。本在这座山的下面,忽然发出吼声,腾踊而动,下山越涧,转又上坡,移动了近百步。这块石走动时,有几个锄禾的人见到了,各自手里握着锄头,赶到石头停止的地方。这石有两丈高。

《太平广记》

应声石

南岳峋嵝峰有块响石,人呼唤它会答应,好像和人谈话,不知是什么道理。

南州南河县东南三十里,丹溪回弯处有块响石,高三丈五尺,宽两丈,形状像伏卧的野兽。人呼喊,它答应,笑,它也答应。因此石独在一处,也称作"独石"。

《太平广记》

犬吠石

婺源县有一块大黄石,从山上坠落到溪边,莹亮透明,非常可爱。群狗见到便竞相吠叫。过了几天,村里人受不了狗的喧闹,便一起把这块黄石推进了水里。狗又俯临水面吠得更急,大家又把黄石取出来,砸碎了,狗才停止了吠叫。

《太平广记》

热 石

新北市是景云观的旧地基。这里有一块巨石，有屋柱子的基石那么大。人有时候坐一下、踩一下，走来走去像被火烧了一样，随着就觉得心中烦闷燥热，因而患病，往往致死。

又蜀州晋原县山中，有两块大石，各自直径有三尺左右，高出地面七八寸。人有时坐上去，心痛往往不可救药。

《太平广记》

天然石

洪州建昌县界田中，有天然生成的石碑、石人和石龟，散在田地中，不知道有多少。都像人工雕琢的样子，但却有文字。石人多数都是倒卧的，偶尔也有站立着的。

又有人说：附近有一眼石井，很深却没有水。有好事的人拿着火把进入里面，井侧有横通的地道，不知道能通多远，道边也都是石人。

《太平广记》

红飞鼠

红飞鼠多出产在交趾和广管陇州。都有茸茸的深毛，只有肉翅是浅黑色的。多数成对地趴伏在红蕉花之间。捕捉者如能捉住一只，另一只也不肯逃走。南方妇女，买下这种鼠带在身边，当作媚药。

《太平广记》

拱鼠与义鼠

拱鼠形状像普通老鼠，在田野间穿行，见到人就拱手而立。人走近要抓它便跳跃逃去。秦川有这种鼠。

义鼠形状也像普通老鼠，尾巴短。每当行走时，递相咬住尾巴，以三只五只为一群。受到惊动便散开。俗传，见到这种鼠是吉兆。成都有这种鼠。

《太平广记》

百鼠人立

宝应年间，有一位姓李的，家住洛阳。他家世代不好杀，所以家里从不养猫，目的就是不杀害老鼠。到他的孙子，也能继承祖父的遗志。有一天，李家大规模召集亲友在堂屋聚餐。坐定后，门外有几百只老鼠都像人一样站立着，用前脚鼓掌，好像非常高兴的样子。家中僮仆感到惊异，便报告了姓李的主人。于是，李家的众位亲友都跑出来看，屋子都走空了。当人要走尽时，堂屋忽然坍塌，李家没有一个受伤的。屋子倒塌以后，群鼠也都跑了。

《太平广记》

黄犬爱子

宋元徽年间，有个叫石玄度的人养了一只黄狗。黄狗生下一只狗崽，毛色是白的，它异常喜爱这只狗崽，常常口衔食物喂给它吃。等狗崽长成后，玄度每次出门打猎未回家时，黄狗都在门外观望等待。后来，玄度患了咳嗽气喘病，逐渐趋向病危。医生给他开了个处方，须用白狗的肺子。到市上去求购没得到，便杀了所养的白狗，取出肺子供熬汤下药用。此后，黄狗腾跳嗥叫，连续几天都不停止。这家人煮狗肉给客人吃，吃完把骨头扔在地上，黄狗衔到屋里，狗肉吃完，它就把骨头都移放到后园子里的一棵桑树下面，扒土掩埋。每天傍晚都向着桑树嗥叫，一个多月才停息。

石玄度的病始终也没有治愈，一直到病死。临终时对左右说："狗汤也没有救得了我的命，实在是枉杀了这只狗。"

《太平广记》

义犬火中救人

卢言是上党人，经常旅居外县。有一次，在路上遇到一只瘦弱将死的狗。卢言可怜它，收养下来。经过十天，这只狗又肥又精神。从此，无论到什么地方都领着这只狗。后来，卢言要到亳州去，在市集上忽然遇到朋友请喝酒，喝得大醉，回房就寝。一会儿，邻店着火，狗急忙爬上卧床，在卢言头边狂吠，又咬住他的衣服拖拽。卢言突然惊起，这才见到火已烧上房柱。穿房而出，方才脱险。

《太平广记》

熊助人

晋升平年间，有一个人进山射鹿。忽然掉进一个坑里，坑特别深暗，里面有几头小熊。一会儿，有一只大熊进来，瞪眼看着这个人。这人心想，它一定会来伤害自己。过了很久，大熊取出所收藏的山果、栗子等食物分给这些小熊，最后分一份放在这人面前。这人饿久了，便冒死拿来吃。后来，渐渐就与熊熟悉了。母熊每天觅食回来，都分给这人，这人赖以维持生命。后来，小熊都长大了，母熊将它们一个一个都背了出来。小熊都出去了，这人以为自己一定要死在坑里了，他怎么也找不到出路。不久，母熊又回来了，进坑坐在这人身边。他看懂了熊的意思，便抱住熊的腿，于是跳了出来，没有出现其他意外。

《太平广记》

酒狂

武元衡到西川，大举宴客。从事杨嗣复酒醉发狂，拿大杯逼元衡饮酒，元衡不肯饮，他便把酒都浇在元衡的头发上。元衡拱手不动，直到他把酒浇完才徐徐站起来去更衣，始终没让宴席不欢而散。

《太平广记》

女人杀牛

南海杀牛多用女人，人称屠婆、屠娘。她们都是把牛绑在大树上，拿着刀数说牛的罪过：某时牵你耕地，你不肯往前走；某时骑你过河，你不听指挥，今天怎能免你一死呢？一边数说一边鞭打，使牛抬起脖子，然后挥刀杀死。

《太平广记》

产翁

南方有一个少数民族，妇女生下孩子后便起来，而她的丈夫却躺到产床上去，饮食都像产妇一样。护理稍有不慎，这个所谓的产妇就会生病，而他的妻子却什么毛病也不出，做饭、烧火、打柴，一切正常。

越地风俗，妻子生下孩子，过三天便到河里洗澡。回家后，煮粥给丈夫喝，丈夫盖着被，包着孩子坐在床上，称做“产翁”。

《太平广记》

大竹路

兴元南边，有一条大竹路，通到巴州。这条路经过深深的溪谷和陡峭的山岩。攀登时要拉着藤萝，攀着山石，一连爬三天才能到达峰顶。走路的人中途休息过夜，要用藤萝系腰，缠绕树上固定，然后才能睡觉。不然就会堕入深涧，那就像沉进了黄泉，一去无归了。

《太平广记》

絮语被杀

农民军进入江南地区，攻占了桐城，城里的人都逃走躲避起来。有一个老人自己扶着拐杖走出家门，见到几个农民军，就絮絮叨叨地说起自己平生是多么的穷苦，因而不能尽主人之礼来招待他们。这几个农民军听了，就笑着说：“你既然这么穷苦，何必还活在世间呢？”于是就杀了他。

《蜀碧》

忌讳

张献忠的农民军在四川时，把各处石碑及牌坊等上边的明朝年号全部铲掉。另外，凡是各种文告上有“献忠”二字，也都必须除掉。张献忠还命令下属不得触犯自己的名讳，如有违犯的，一定要处死。

《蜀碧》

治下苛严

张献忠在四川做皇帝后，有一个祭酒在生日时接受了学生的礼物，这礼物仅值十钱，就被用生剥人皮法杀死了，扒皮时还叫来学生们观看。右丞相严锡命的家在绵州，张献忠有一次路过那里，看到他家的宅第极为壮观富丽，就命人把他杀了。

《蜀碧》

禁藏金银

张献忠在时，禁止民间私藏金银，如果发现有人藏了一两，全家人都要为此被杀掉，如果发现有人藏了十两，就要活扒下他的皮来。有的人把金银沉到井里，有的藏在地窖里，只要被找到了，也都要按连坐法治罪。有告发的人，就把被告人家的妻妾及马匹都赏给他，于是豪奴悍婢争相告发他们的主人。

《蜀碧》

献忠发誓

有人说，张献忠小时曾随父亲到四川内江贩卖枣子，他把驴系在乡绅的牌坊上，驴的屎尿弄脏了石柱，结果被豪绅的仆人骂了一顿，还鞭打了他的父亲，又喝令他父亲用手把驴粪捧到别的地方去。这时，张献忠在一边圆睁怒目，却不敢争辩，临离开时，他发誓道："等我再来的时候，要把你们都杀光，才能解我的心头之恨！"

《蜀碧》

张献忠试士试武

张献忠在成都诡称试士(读书人考试)，在贡院的前、左、右设置长绳，离地四尺(明尺)，将读书人按名册依次排列，凡站立高过绳索的人，都被驱赶到西门外青羊宫杀死。这样，先后被杀的近万人，贡院中笔砚堆积如山。这次来参加考试的人，只有二人因年幼未超过长绳，被留作书记员，才幸免于难。张献忠还诡称试武生。当时，禁止民间养马，应试的武生很少有人骑过马。考试这天，命令武生齐集在教场，选择最凶猛、最不驯服的马匹千余，驱使武生驾驭。等他们骑上马，周围大声喧闹，士兵发射大炮，振响金鼓，顿时场内马狂人堕，武生们一会儿便被踏成肉泥。见此情景，围观的人却鼓掌大笑。

《蜀碧》

书生被杀

张献忠的农民军找来很多书生，拿出一面新做的黄旗，纵横各一丈。他让书生们尽着旗的大小写一个大大的"帅"字，要求笔画要像斗那么粗，并且要一笔写成，能写的人就可以免于一死。有个夹江的生员叫王志道，他用草扎起一支大笔，用大缸装满黑汁，把笔在里边浸了三天，然后拿出，一挥而就，与要求的一点也不差。张献忠仔细地看完后说："你有如此的才能，将来算计我的肯定是你。"说完，就让人用他来祭了旗。他死时才二十七岁，是笔者(彭遵泗)的外曾祖父。

《蜀碧》

滥杀医生

农民军攻占成都后，太医院中有一尊标有人体穴位的铜人。农民军用纸把铜人身上的穴位都盖上了，然后叫来医生们，考核他们下针的本领。如果有一个穴位下得不准，马上处死，一时之间，行医的人都杀光了。

《蜀碧》

杀人计功

农民军在四川时，曾杀人计功，封给官爵，凡交上二百双男子手脚的人，授给把总之职，如果是女子的手脚，就要加倍，孙可望等人有时一天可以杀四五个县的人，儿童的手脚不算数，只计算成年男女的。他们早出晚归,有人杀的人超出了赏格十倍。有一个小卒一天杀了几百人,立即升为都督。后来张献忠军队中公、侯、伯很多,都是因为屠杀四川人民积功而得到的。

《蜀碧》

杀人成性

张献忠嗜杀成性,偶尔夜静无事,忽然说道:"这时候没有可杀的人!"于是就杀了他的妻子和爱妾十几人,只有一个儿子也杀掉了。他的命令素来极严,没人敢与他抗争。早晨起来时,他呼叫那些妻妾,左右的人告诉他已经杀死了。他又因为这些人当时没有劝阻他而大发雷霆,于是又把身边的几百名奴仆杀掉了。

《蜀碧》

朝天蜡烛

张献忠有一次偶患疟疾,他对天发誓道:"病好后,我要贡奉两盘朝天蜡烛。"别人听了都不明白。等到病好后,他命令砍下妇女的小脚,堆成两座小山,将要焚烧前,又一定要把一只最窄小的脚放在尖上,斩遍了,可就是没找到合意的。忽然,他看见自己的妾的脚最窄小,于是就把它砍了下来,然后在脚山上浇上油,点燃了。一时间气味熏天,张献忠以此为乐。

《蜀碧》

袖箭

顾言作南昌太守时,刘綎为大将军。

一次顾太守宴请刘大将军,酒喝得酣畅时,顾太守问刘:"听说您的袖箭百发百中,怎么能达到这样奇妙的程度的呢?"刘回答说:"这不过是应急小技。您想看看吗?我请您多多指教,就发射一次袖箭,给您助乐吧!"于是就移至前庭,让人在自己坐后数十步远的地方挂一个铜环。只看刘将军左手持杯照样喝酒,右手向后甩去,连发袖箭皆穿环而过。十发没有一发不中的。

《天香阁随笔》

"硬雨"

宋高宗绍兴十七年五月初,临安发生大雨和冰雹,太学屋上的瓦都被打碎了。学府官员向朝廷申报维修,苦于无法说"雹"字,怕谐音犯上,就把"雹"字说成"硬雨"。

《轩渠录》

魏忠贤佚事

有个姓刘的,在魏忠贤没发迹时曾侍奉过他,后来就无从见到他了。一天魏到海甸游玩,到野地里小便,正好姓刘的路过此处,于是魏就连忙叫道:"刘篦头怎么不来服侍我?"姓刘的连忙跪下说:"不敢。"魏最喜欢与故人说以前的事,还喜欢认识的人穷困,他好开恩施舍，于是他就问道："你认识字吗？"姓刘的回答道："不识。"魏又问："能认数目字吗？"回答说："小时候读过千字文百家姓，十百千万倒是会写。"魏一听，又说道："这就可以了，我现在要在琉璃桥北盖一座无梁药王庙，你就来管收砖收灰，计价计数吧，明天就到衙门里领银子。"姓刘的一听，连忙叩头谢恩。

《董心葵事记》

盲夫人

密县人郭达，字伯羽，万历丙子年贡士。曾任真定同知。小时候家里给他订了亲，下了聘礼。女方姚氏偶然双目失明。听说郭达做了大官，女家就主动与郭家商议退婚。郭达对天盟誓，并且说："我不娶她，哪里是她的归宿呢？"于是马上和姚氏完婚，而且夫妻恩爱，生了六个儿子。

《枣林杂俎》

小星入月复出

崇祯三年七月六日，有一颗小星进入了月亮。过了很久又出来了，从东向西运行，到离月亮约二尺的地方，竟然停止不动了。

《枣林杂俎》

白　塔

来安县北六十里有一座白塔寺，寺前有路通到盱眙。寺中有一座砖塔，被雷击中，削掉了顶上的三层，落到了泗州境内的伏虎山。现在只剩下半截白塔。白塔何年修建、何年遭雷击都不得而知。

《枣林杂俎》

天涯海角石

成都有天涯石和海角石。天涯石在中兴寺，老人传说，人坐在石上，脚就会肿起来，不能走路。直到现在，没有人敢踩踏这块石头。海角石在罗城内西北角，高三尺，因此石而建了一座庙，现已不存在了。

《枣林杂俎》

双鱼石

涪川江心有一处积石，进入水中一千多丈深。夏天涨水时淹没不见，冬春枯水时像桥梁一样，可以走上去游玩。石深入水下部分刻有双鱼，双鱼露出水面，那年就会丰收。唐、宋、元在上面题名的人很多。

《枣林杂俎》

鱼骨桥

海门县礼安乡用大鱼的骨头造桥，长一丈八尺多。元至正年间，倒塌在江里。明万历二十六年，随着江沙又涨出了水面。吕四场的百姓发现了，廖县令派人把它移建在儒学的前面。这座鱼骨桥颜色黝黑，有铁打的痕迹，毫无朽烂虫蚀之处。

《枣林杂俎》

蛙鸣有序

峨眉山天乐池里有一种蛙。游人鼓掌后,先有一只蛙鸣叫,其他的蛙依次和鸣,将结束时,则有一只蛙大声鸣叫,群蛙的鸣叫立即停止,好像一个乐队。

《枣林杂俎》

异　兽

顺治八年七月,宁波府发现一只异兽,它有两只角,长着驴的脸、马的鬃毛、猪的蹄子。尾巴只有三寸长。像鹿,是黄色的。它从祖关落进了老龙湾,跳上岸后,郡里百姓惊慌地追赶,它越城而逃,跑到湖西百姓家中,接着追赶,它就出了西门,跑了二十里,在高桥被捉住。谁也不知这种野兽的名字。有人说是山羊,因为它的粪像山羊的。几天后死了,人们吃它的肉,味道像鹿。

《枣林杂俎》

争状元被罚戍边

永乐四年,莆田林环应进士试,被取为第一名。同县庶吉士陈实对自己的才学十分自负,上疏说取状元不公。皇帝下诏召见他当面询问。他对皇帝说:“可以任意向我提一百个问题,我都能够正确回答。”于是,皇帝让学士解缙草拟一道百问策。解缙拟的策文是:“圣门七十二贤,贤贤何德?云台二十八将,将将何功?”皇帝亲临考场命林环、陈实当面答题。他们两人都详尽圆满地当场交上了答卷。两人谁也不肯服输,竟然在朝廷上争吵起来,使皇帝大为不满。降旨令陈实永戍边卫。陈实到达流放地不久便死了,两个儿子也相继丧命,还累及旁系亲属,直到嘉靖年间才不再追究。

《枣林杂俎》

考卷被风吹走

正德十二年,进士刘淮正在考场里答卷,一阵风吹过来,将他的试卷卷起来,吹过了五凤楼,在南御河边找到。杨阁老在卷面上批了“不谨”两个大字,刘淮因此落榜了。

《枣林杂俎》

庆成王子孙

明代,晋府庆成王钟鉴有四十四个儿子。除长子继承王位之外,有一个早夭、两个被废为普通百姓,其余四十个全部被封为镇国将军。他有四十九个女儿、一百六十三个孙子、五百一十个曾孙。

《枣林杂俎》

皇宫瓜子

皇宫内珍奇东西很多,每年检看一次,拿到厅中来。有一种瓜子长五六寸,宽与之相称。不知是什么地方的出产。推算一下,那颗瓜应该有屋子那么大。这是古来史册上未曾记载的事。是袁贵妃的父亲袁祐记录的。

《枣林杂俎》

种牙

嘉靖年间，闽县邓云翁遇到异人，获得了一个种牙的方子。患者吃饭后，吞服七颗药丸，再用药末汤漱口，满口牙立即脱落。把活老鼠皮扒掉，和上药捣烂。按照牙齿原来的生长次序，逐个蘸上这种鼠肉泥再栽回原来的牙孔中去。一直到死，牙齿都坚固得像青壮年的一样。有的老人掉了牙，用其他人的牙栽上，也像天生的一样。

《枣林杂俎》

古醋

延平府城东北的报国寺，是五代后唐时所建。创建时，僧人曾留存了一罐醋。经过了几百年，醋的颜色、味道还是没有变。

《枣林杂俎》

宦官宫女结成“对儿”

有一回，崇祯皇帝召见田贵妃。照例，妃子应该乘凤舆，由小太监抬，这天，田贵妃却由宫女抬着。皇上询问原故，田妃说小太监大都放肆无礼。皇上又追问具体情况。田妃说：“听说坤宁宫(周皇后所居)小太监猥亵宫女，所以我跟他们保持距离。”皇上变了脸色，立即下令搜查那里，搜出很多淫猥的器具。原来宫女各自都与太监结成伴侣，就是所谓的“对儿”。皇上骤然发怒，马上驱逐那些小太监。

周皇后又气又恨，因而患病呕血。有位老宫女进言道：“难道田氏宫中就没有‘对儿’吗？也应该搜一搜。”一搜，果然也搜到很多淫猥器具。皇上对周后的怀疑这才消解。

《枣林杂俎》

宫女被逐

天启初年选宫女，南京送於氏、端氏两位少女应选，一起被纳入后宫。偶然一次吃面条，端氏吃了一筷子，於氏吃了两筷子，被认为礼仪有失而被逐出宫。

《枣林杂俎》

石树

云南普定，进山四十里，有精巧的石树：一棵是桃树，绿干红花；一棵是李树，青干白花。

《枣林杂俎》

特产

闽中的红茉莉，蜀中的紫绣球，楚中的红梨花，燕中的黄石榴，天台的白玫瑰，洛阳的黄芍药都是特产，是其他地区所没有的。

《枣林杂俎》

鼓楼失而复出

崇祯十五年，凤阳鼓楼忽然失踪不见了，那里成了一片平地。太守亲自前往查验属实，坐了很久。忽然，天昏地暗，传来一阵雷霆似的声音，鼓楼又出现了，和原来一样。

《枣林杂俎》

燕子洞

贵州平越府有个燕子洞。冬季，千百成群的紫燕都藏身洞里，不必迁徙。洞口有两丈，那里的泥土疏松而粘，又黑又肥，当地土著用它肥田。拿着火把，从洞口向里走二里，就来到一个大洞，泉水流动，声音清脆，像敲击金属一样，有时又像划船的声音。

《枣林杂俎》

盐　井

四川的盐井是从李冰开始的。大都是竹井，井的粗细和竹子差不多，仅能容下一根竹子。这种盐井开凿特别艰难，入地很深，汲取上来很不容易。盐水出自山岩之下，上淡下咸。有时凿到五六十丈才见到淡水，凿到一百丈才见到盐水。铁钎、漕钎、刮筒、吞筒等工具，全部都要备齐，比山西、河北等地取水制盐要艰难得多。

《枣林杂俎》

广东温泉

广州府清远县东九十里的汤泉，有石头像铜钱一样流淌出来，泉水温度高得可以煮熟食物。

韶州府城东南五十里有汤泉，能煮熟食物。每到下霜下雪的时候，泉上水气蒸腾，常能见到红色的鱼，但没人能抓到。

琼州府感恩县北七里，温泉夏冷冬沸，能治风、疥、瘴气。

《枣林杂俎》

疑　像

明太祖朱元璋相貌很丑，但形象很特别，很容易认出来。他特别喜欢穿上普通人的衣服，像普通百姓一样到各地去察访，又怕让人认出自己来，所以就找来画工给他画像，要求画出来的像必须不怎么像他本人。当时把这种画像叫疑像。朱元璋把些疑像赐给诸王侯，每人一张，只有一幅真像藏在太庙里。

这样一来他到各地去，别人就认不出他来了。

《枣林杂俎》

祸从天降

万历二十年，前太子太保、吏部尚书王国光，住在家中。有个姓李的寡妇，有人劝王国光娶她，他没有娶。王当时年岁已高，并不介意此事。碰巧李氏遇到其他不顺心的事自刎了，杨城县令过去与王有仇，就说是王国光威逼李氏而死。实际并不是。巡按乔璧星就上疏报告朝廷，削去了王国光官籍，所树的石坊也把他的名字全部糊掉。

《枣林杂俎》

荒 惨

明万历四十五年，山东连续饥荒，后来竟到了人吃人的程度。莱州公开卖人肉，种种惨状不忍尽述。

有两个中州(河南)人，是兄弟俩，都没有儿子，到山东来买妾。有两个女子用姑嫂的身份来欺骗兄弟二人，招待他们住下了。夜里兄长得到了小姑子，她的态度极为诚恳朴实，告诉兄长说："你的弟弟已经被我嫂子放在锅里做成肉羹了。"兄长急忙跑去看，发现弟弟的人头扔在炕下边，兄长吓得赶快跑掉，到县里告状。官府判决让嫂子抵罪，兄长携带小姑子走了。

《枣林杂俎》

误 奏

朱鸿谟在吴中任巡抚。当时常有警报，太仓王士骐等人常常在一起练习弓箭。有人告他们谋反，搜到他们写的东西。发现有一张纸上写着："君实有心追季布(项羽手下的名将)，蓬门无计作朱家。"鸿谟便以此为证上奏朝廷。圣上指令兵部伍袁萃察处此案，伍启禀尚书石星说："这是元杂剧《拜月亭》里的两句唱词，并不是反诗。"并给他看了当时的刊本，这才放了王士骐等人。

《枣林杂俎》

七日不食

杨春元，固安(今河北省大兴县一带)人。娶荣晶长公主，成为当朝驸马，任都尉之职。这个人与众不同。身份显贵但很孝顺父母，身为富豪但能礼遇下属众人，每当客人来都亲自过问厨房的饭菜。他儿子杨光夔在锦衣卫，带俸任都督。还有两个儿子名叫光皋、光旦，都是锦衣都指挥使，读书守礼，有父亲的风范。杨春元的父亲死在京城，春元悲哀得不能自持。扶灵柩回故乡固安安葬，徒步走百余里，并且在墓地搭庐住在里边守孝。母亲死了，七天不吃饭，守孝三个月不解衣带，竟瘦瘠而死。

《枣林杂俎》

焚船称钉

相传明太祖朱元璋初定天下时，要造运粮船。动工前，太祖命先焚烧一艘，命人当众称一下铁钉的重量。因为宋代发生过利用造船贪污铁钉的事件，那时每到造船时，总是上报超支多少多少钉子，因为船已造好，钉子全钉在木头里，也无法计算。当时许元任发运判官，他下令将所造的船拉来，当众纵火焚烧，然后，取钉过秤，实际重量仅是上报废品的十分之一。从此立下定额，使其中不得有奸。

《枣林杂俎》

潘大临重阳句

北宋诗人谢无逸，曾经向潘大临(也是北宋诗人)求近来诗作。潘回答说："秋来景物件件是佳句，只是为俗氛所遮蔽。昨天清晨，躺在床上，听到搅林风雨声，欣然而起，在墙上题了一句诗：满城风雨近重阳。忽然，催租人进来，诗意一下子被打消了。”这句诗再也没有续上，只留下这一名句。

《梁溪漫志》

恶习不改

范寥，字信中，四川人，他的名字见于《山谷集》中。倚恃才智，强横放任，不受拘束。他家开始很富裕，跟他叔分财产，家财一个月就光了。冷落无依赖，想去参加科举考试，别人对他说：“你从不学习这个，怎么行呢？”范信中说：“我就是要去。”随即以成都第二名被录取推荐上去了。他更加放纵地喝酒，打死了人，因而逃亡在外，改了姓名叫“花但石”，这大概是增减自己姓名的笔划做成的隐语。于是隐匿在临近的郡做园丁，时间久了，技痒忍不住了，在亭子的墙壁上写了一首诗，主人见了那首诗很惊讶地说：“你不是园丁。”送给他半筋(约二十五两)银子打发他走了。于是他自称进士，拜见一大官，大官和他说话，很器重他，邀请他到书房教自己的儿子。范信中晚上出去，归来就喝得大醉，打大官的儿子，他家人没办法，把范信中打发走了。于是他就梳着椎形的发髻，穿着山野人的服装到了一个州，拿着自写的介绍信投奔太守翟思，请求当个书吏。翟思看他写的字极其精妙，就留下了他。当时翟思的儿子翟汝文任副宰相，站在屏风后面，翟思办公退下来，汝文上前问道：“刚才这个道人是干什么的？”翟思把缘故告诉他，汝文说：“我看他的眼睛，不是平常人，应该询问他。”于是就召见他，问他从哪里来，范信中都说了实话。问他学习什么经，说研究《周易》《尚书》，翟思出了五道题考他，不到一个时辰都答完了，文理高妙。翟思父子非常吃惊，恭恭敬敬对待他。不久回到南徐，把他安置在州学里，给州中教授官一百缗，让他在范寥短缺时周济他，同时嘱咐他说：“不要都给他，那他一天就会花光。”不久，翟思得到教授的信说：“自从留下范信中，整个学校的读书人都得不到安宁，已经付给他一百缗，不知道他到哪里去了。”不久，翟思在南徐去世了，忽然有人用袖子掩着脸大哭，推门一直来到灵帐前，守门人挡不住他，翟家的人都很吃惊。翟汝文暗想这人一定是范信中，哭着出来，果然是他。互相问候，留他住宿。天亮，翟家案子上陈列的银制器皿，全部丢光了，找范信中也找不到。当时灵帐中的婢女、仆人、家里家外的人也很多，都猜不出他怎么能把东西全拿走而不见他的人。后来，黄庭坚去世，他又拿出从翟家带走的所有银器卖掉，为黄办后事。

《梁溪漫志》

黠　盗

高邮有个叫尉九的人，腿脚快，善于奔跑，一天能跑好几百里，不碰到树木不能停止；在当地做盗贼，逐渐扩展到临近的郡，淮河流域的人都深受其苦。他住在高邮的街市间，白天开食铺，夜间就去做盗贼。一天早晨，他刚在食铺里坐下，有个道人来吃汤饼(汤煮的面食)，吃完，邀请尉九到僻静处，称呼他为师父，并且向他下拜。尉九惊讶地说："为什么呢？"道人说："我也有些微小的技能，但是比起您来低得多了。听说楚州城外有一个富贵人家，今天愿和师父您一起去，凭借您，差不多能有收获。"尉九答应了，让他先走，道人马上飞驰而去。到了夜里，尉九点上灯关上店，恼怒他的仆人办事不谨慎，殴打他们，仆人们都不服气，于是就喊巡逻的官兵，把他们主仆都捆起来了，等第二天把他们送到郡里。尉九私下里对巡逻的人说："我和你挺好的，并且家住在这里，一定不会逃跑。假如你先放我回去，明天我一定还回来。"巡逻兵答应他了。尉九得到了释放，当即就翻越城墙，跑了二百里到了楚城外，正好咚咚地敲二鼓。道人果然先来了，两人相见非常高兴。尉九从窗户爬到屋里，约好道人等在外边。已经进到了屋子里，看见了人家收藏的金银珠宝、绣有花纹的丝织品，满目都是鲜明耀眼的光彩，就把百匹缣扔出去，道人分两口袋背着。过了一会儿，尉九又从屋子的窗中出来。道人想：天下只有尉九能超越自己，不如杀了他。当即拔刀砍下他的头，头随即落到地上，看那头，原来是纸做的。尉九由另外的门又跑回高邮，接受逮捕。天才放亮刚能辨别物体的颜色，道人背着重物走得很慢，被人追上，抓住送到楚州监狱。他把与尉九共同做盗贼的情形一一自首了，州里发檄文给高邮，高邮的报告说："那天晚上，尉九另自和仆人打官司，正被官吏拘捕，怎么可能做盗贼呢？"道人终于落入他的圈套，最终自然伏罪而死。

《梁溪漫志》

米元章拜石

宋代大书画家米芾(元章)任濡须太守时，听说河边有一块很大的怪石，人们不知道它从哪里来的，都以为怪异，无人敢取。米元章便让人把怪石移到府里，以供赏玩。怪石抬到庭院以后，米芾见到这块怪石，很为惊异。于是，马上设席拜于庭下，以石为兄。米芾拜道："我要见石兄二十年了。"有人竟以此来弹劾米芾，米芾因此而罢官免职。

其后，周紫芝路过此郡，看到此石，十分感叹，写了一首诗道：

唤钱作兄真可怜，
唤石作兄无乃贤。
望尘雅拜良可笑，
米公拜石不同调。

《梁溪漫志》

声东击西

有一位士大夫因选调官职来到京城，住的某一旅店前面有一个茶坊，和一个染房相邻。这人闲暇无事，就整天坐在旅店的茶桌边上一边喝茶一边观看路过的人，有一天，他见到有数人在门前来来往往，好像是偷偷观察染房，他很吃惊。突然有一个人走上前来，对他耳语说："我们都是经营买卖的，想要得到这家晒在外面的缣帛，希望你不要告诉他人。”他说:“这与我有什么关系?怎肯多嘴多舌呢!”那人拱手道谢,退了出去。他私下里却想,这些缣帛高高挂在大道上,白天万目共睹,他们如果有办法偷到手,那可真是聪明的小偷。就坐在那儿仔细观察,看他们是怎么偷窃的。只见那些人时时经过,时左时右,开始很多,渐渐地少了,到了傍晚,却都看不见了。这人笑着说:“他们是些狂乱的人,果然骗我。”回到自己的房间准备吃饭,一回房间,才发觉自己房间里的东西已被偷盗一空。

《梁溪漫志》

张九成读书

宋代名士张九成贬到南安,患了眼疾,读书很不方便。他便每天倚着柱子,捧着书,朝着有光线之处看。前后十四年,天天如此,久而久之,墙砖上靠出了两道痕迹。

《梁溪漫志》

人比黄花瘦

北宋女词人李清照填写《醉花阴·重阳》词,赠寄丈夫赵明诚,其中有一句是“莫道不消魂,帘卷西风,人比黄花瘦”。赵明诚收到这首词后,想填一首词胜过她。他废寝忘食,苦思苦想三日,共填词五十首,把清照的词杂放其中,让好友陆德夫评阅,并选出一首最好的词。

陆德夫吟咏玩赏半天,说“只有‘莫道不消魂,帘卷西风,人比黄花瘦’三句最佳,其他词都赶不上这首词。”

《本事词》

偶然的巧合

江南嘉兴文士徐自俟是个有学问的人,明崇祯六年考中了举人,此后屡困于会试。徐自俟与苏州缪某是朋友,有一次到缪某家中,谈到会试落第事竟伤心落泪。当时缪某的小儿子只有几岁。他看到徐自俟那个样子,学着大人的口气安慰徐自俟说:“徐伯伯,你不用发愁,将来我叫你中进士。”缪某喝道:“你小孩子懂什么,出去!”巧的是,徐自俟此后会试,还是回回落榜,而缪某的小儿子却年纪轻轻就考中了进士,官翰林修撰。清康熙九年,小缪出任会试同考官,徐自俟这一科考中了进士,正好出自小缪的房中。徐自俟这时七十岁,距其中举已三十八年了。榜发之后,徐自俟来到一位朋友的住处,朋友们向他表示祝贺,徐自俟说:“我中进士的愿望是达到了,可是为什么就偏偏让我出自小缪的房中呢?”不料当时小缪正坐在他朋友的里屋,听了这话,立即出门相迎,笑着说:“徐伯伯,小缪在此!”徐自俟连忙行弟子礼,脸上露出了不好意思的神色。

《槐厅载笔》

徐步蟾济人之危

江南兴化人徐步蟾,乾隆十二年赴南京应乡试。有一天,徐步蟾和一位朋友偶然步入怀清桥的关帝庙,见神位前有一纸包，拣起来打开一看，是二十两白银。徐步蟾主张等失主来寻时还给他，他的朋友却说："你真是迂腐的书呆子！你不要我要！"说完，一把夺去银子就走了。不大一会儿，只见一个老太太神色慌张地奔进庙里，找遍了所有的地方之后，伤心地哭起来了。徐步蟾估计她就是丢银子的人，上前搭话说："老婆婆为什么事这样伤心？"老太太哭着答道："我丈夫被仇人陷害，押在监狱里，昨天县里书吏来跟我要二十两银子，说这样就可以免罪。我卖了一个女儿，得了二十两银子，巴望能赎出丈夫，又怕书吏骗我，所以到这里问卜于神。银子放在袖子里，不知什么时候掉了，我这不是白白丢了一个女儿还救不了丈夫吗？"徐步蟾听了，很同情她，说："你的银子是我拣到的，你跟我去拿吧。"他领着老太太回到自己的住处，他的那位朋友已经把二十两银子输掉了大半，剩下的也不肯归还。徐步蟾没办法，就把自己的全部考费都送给了老太太，又从其他朋友手里借了一些，凑足了二十两。老太太感动地跪在地上叩头，流着眼泪说："相公积这样的阴德，应该中今科解元。"徐步蟾却笑着说："我不是想指望得到什么善报，只是觉得这样做心里会好受一些。"乡试榜发，徐步蟾真的得了解元。

《槐厅载笔》

阴差阳错

清代某省乡试，有个写榜的书吏儿子也参加了考试。书吏在发榜前做了一个梦，梦见自己的儿子得了第十名。及进闱写榜，快要到第十名时，书吏惊喜交加，脸色大变，握笔的手也不听使唤了。监临官在一旁见了，问他为什么有失常态，书吏说了实话。监临官怀疑他是暗通关节，假说是作梦，于是和其他考官商量，把第十名考卷与最后一名互换，并另换一人写榜。及唱到第十名时，那个书吏从坐上一跃而起，惊喜地叫道："这真是我的儿子！"

《槐厅载笔》

舞弊一绝

清大学士翁方纲提任江西学政使时，有一次在考场稽查坐号，发现有一名考生打小草舞弊，竟能在指甲上书《四书》文一篇，字的笔划像蚊子腿那样细。翁方纲本来就以擅书蝇头小字而闻名，见了这个考生写在指甲上的细字，自叹不如。这个考生的名字叫梦松。

《槐厅载笔》

杀人灭口

笔者（观奕道人）先师江由敦说，有人想谋害异党，苦无善计。有一个狡猾的人秘密侦查知之，暗地里献上一种药说："此药入腹即死，然而死时情状与病死无异，即使蒸骨检验，也与病死无异。"其人大喜，留之饮酒，那个人回去当天晚上就死了。原来，他献上此药后，先被灭口了。

《槐西杂志》

罗一峰无私

明代，广东按察使陶某想用五十两银子请罗一峰撰写《大忠祠记》，他答应了下来，并且在收到钱的当天，就把钱都分给了罗氏家族的人们，自己一点没要。

《立斋智集》

一件袍子

明朝时，高州太守饶秉鉴看到罗一峰（明代一文士）穿得过于单薄，就送给了他一件茧丝袍子。一次，罗一峰穿着那件袍子到金牛县去，看到路旁有一个死去的乞丐，当即就把袍子脱了下来，给那个死在路旁的乞丐盖在了身上。后来，他又买了个棺材，把那个乞丐埋葬了。

《立斋智集》

捐金拒色

河北献县史某，为人不拘小节，而豪爽刚直，蔑视龌龊虚伪之徒。某夜，他从赌场回家，路过某村，看到一户人家夫妻母子相抱痛哭，邻人告诉他说："这家人欠了财主的债，还不了，只得卖妻偿债。他们夫妇本来感情很深，孩子又没断奶，现在要离弃而去，所以伤心痛哭。"史某问欠债多少，答称"三十两银子"。又问卖妻价钱多少，答称"五十两银子，给人做小妾"。又问是否可以赎回，答称"卖妻券才写成，尚未会钱"。史某问罢，当场拿出在赌场赢来的七十两银子，送给那家男人，说："三十两偿债，四十两养家糊口，不要再卖老婆了。"夫妇转悲为喜，感恩戴德，杀鸡烫酒，硬将史某留下，酒酣之际，丈夫抱着儿子走开，用眼神告诉妻子，让她陪史某睡觉。妻子心领神会，俏眼流盼，软语亲热，史某虽然已有三五分醉意，却看出了名堂，立即板起脸来说："史某半世为盗，半世为捕役，即使杀人也未曾眨眼。但叫我乘人之危奸人家妇女，那可绝对不行！"饮食完毕，摆手出门而去。半月后史某所住村庄发生了一场特大火灾，被烧死的人占十分之九，而被烈火包围的史某夫妻和儿子恰巧免难，幸存的邻居们都说是他"阴德得了善报"。

《阅微草堂笔记》

蝎　虎

提督俞金鳌夜行戈壁滩，远远看见一个动物，似人非人，高近一丈，猛地向他追来。他弯弓搭箭，射中那动物的胸部，它倒地后又站了起来。俞又连射两箭，它才倒毙。到跟前一看，原来是只大蝎虎（壁虎）。蝎虎如此之大，而竟能像人那样站立、奔跑，太奇怪了！

《阅微草堂笔记》

荔姐智退歹徒

纪昀弟弟乳母的女儿荔姐，出嫁到邻村某家。一天，听说母亲病了，不等丈夫回家跟自己一起走，便一个人匆忙赶去。当时已是夜间,月色朦胧,她正急赶慢赶,听到后面有脚步声,回头见一个男子飞快追来。荔姐料想那人必是歹徒,而身处旷野无可呼救,便跑到路边一座古墓的白杨树下,摘下簪钗耳坠揣在怀里,又解下裤带套在脖子上,披发吐舌,瞪目直视。那人转眼追到,荔姐向他直抬手,示意请坐,他凑近一看,发现遇上了"吊死鬼",顿时吓倒在地。荔姐急忙狂奔得免。进门后,全家见状大骇,慢慢问明情由,又气又笑。次日,人们议论纷纷,说是某少年遇鬼中邪,那个鬼到现在还跟他纠缠。

《阅微草堂笔记》

明知县明断雷击案

雍正十年六月某夜,雷雨暴作,河北献县城西有个村民被雷击死。知县明晟前往验看后,让死者家人将遗体收殓入棺。过了半个多月,明公忽然逮捕了一个人审讯,问他:"你买火药干什么啊?"那人回答说:"用为鸟铳火药。"明公又质问道:"鸟铳打鸟,火药少不过几钱,最多一两左右,足够一天所用。你为什么买了二三十斤呢?"那人称"预备用许多天"。明公又问道:"你买火药不满一个月,计算一下,用掉不过一二斤,剩下的现在放在什么地方?"那人无言以对。明公即令刑讯,果然供出了因奸谋杀内情,那人与被害人之妻两个通奸杀人凶犯一并伏法。

事后有人问明公怎么知道是那个买火药的人作的案,他说:"火药不用数十斤,不能伪作雷;合药必须有硫磺,现在正值盛夏,不是过年放爆竹之时,买硫磺的人屈指可数。我暗中派人到市场上察访谁买硫磺最多,都说是某木匠。又察访某木匠哪个店家买火药,也搞明白了,所以便知道是那木匠作的案。"又问:"怎么知道雷是假造出来的?"明公答道:"雷击人,自上而下,不会击裂地面;有时击毁房屋,也是自上而下。而受害人家苫草屋梁都飞开,土炕炕面也揭去,可知火是从下面而起的。此地离城五六里,雷电相同,那一夜雷电虽然迅烈,但都是盘绕于云中,没有下击之状,更可知道绝非雷击。当时被害人的妻子先回了娘家,难以追问,所以必须先抓到那个木匠,然后才可以审问奸妇。"这位知县可谓明察善断的法官。

《阅微草堂笔记》

守财奴死前哀鸣

孙天球以财为命,从白手起家积钱到千金。即使妻子儿女受冻挨饥,他也视同路人,无动于衷。自己也能忍饥耐寒,从不轻用一个铜板。病危时,将平生所攒下的钱一一陈放于枕头前,又不停地用手一一抚摩着,边摸边说:"你们竟然不归我所有了吗?"哀鸣咽而死。

《阅微草堂笔记》

举人失盗

有一位举人很善于攒钱,但生性吝啬。他妹妹家非常贫穷,将近除夕,揭不开锅。妹妹顶风冒雪,徒步奔波数十里,向哥哥求借三五两银子度过年关,待来春丈夫教书得了钱一定偿还。举人说是家里没剩钱,困窘至极,坚决予以拒绝。母亲可怜女儿女婿,在旁边哭着帮助求情,而举人硬是推说没钱。母亲无奈,当即摘下簪子耳坠放到女儿手里,让她回去,举人仿佛没看见似的。

当天夜里,有个盗贼挖穿举人家的墙壁,钻进去把所有的钱财席卷一空。举人害怕遭人议论,不敢向官府报案。过了半年,那个盗贼在别县作案时被抓获,供出曾盗窃该举人家财,赃物尚存十分之七。别县衙门移送公文来问其事,举人不敢承认,也不敢前往认领失物。他老婆怜惜财物,心不能忍,便叫儿子去认领。举人心中愧疚,半年里躲在家里不肯见客。

《阅微草堂笔记》

景州寺僧骗局

景州城南有一座破旧寺庙,四周没有居民,庙内只住着一个和尚及其两个弟子,掌管香火之事。师徒三人看似蠢然,如同乡下佣工,见人不会施礼交谈,但实际上却非常狡诈。他们偷偷买来一些松脂炼成碎末,夜里用纸卷起来,点燃后抛撒空中,弄得焰光四射,照耀远近。人们望见后跑到庙里询问,结果发现师徒三人都在关门大睡,叫醒后又都推说不知道。他们又偷偷买来演戏用的佛衣,穿在身上,扮作菩萨、罗汉模样,月夜或站在屋顶之上,或隐映于寺门树下。人们望见后跑到庙里询问,他们合掌说道:“佛在西天,到这破落寺院干什么?官府正在查禁白莲教,鄙师徒跟你们没有怨仇,何必捏造这种话语祸害我们!”他们越是这样说,人们越是相信神佛现灵现身,向庙里施舍的财物也就越来越多了。然而,这座破庙日益颓敝,和尚师徒不肯补一瓦,修一椽,并且说:“这地方的人喜欢制造虚言妄语,经常说敝寺多怪异。如果将我们的破庙修葺一新,使它显得庄严宏丽,势必让造谣惑众的人更加有了借口啦!”如此这般过了十多年,他们渐渐成了富翁。忽然有一天,闯进来一群强盗,向师徒三人索要财物,他们不给,最后全被拷打而死,所有钱财也被席卷而去。这是明朝崇祯末年的事。

《阅微草堂笔记》

郝巫婆奸计终暴露

河北沧州某村有个姓郝的老巫婆,自称狐仙附体,能预言别人吉凶祸福,别人家鸡毛蒜皮的小事她都能说得一清二楚,所以信奉她的人非常多,在雍正、乾隆之际可以算得上一方“活神仙”。实际上是她广泛布置徒党,结交婢女、老太太,由她们代为刺探人家隐事,以售其骗。曾经有一位孕妇,向她求问生男生女,郝预报肯定为男。后来生了个女孩,那位妇女质问为什么神明说的不灵验,她瞪起眼珠子,一本正经地说:“你本应生男孩。某月某日你娘家送来二十个烧饼,你拿了六个给公婆,剩下十四个自己偷着吃了。阴司责罚你不孝顺公婆,所以转男为女,你现在还不醒悟吗?”那位妇女不知道这件小事被郝巫婆徒党事前侦察得知，还以为她真是狐仙附体，所说全都是真言，当时又悔又怕，连忙跪下认罪求饶。诸如此类的奸骗巧饰不胜枚举。后来她在焚香召神时偶尔大发神经病，自我揭露了一番，并将其徒党姓名一一交待无遗，听众莫不大吃一惊，如梦方醒。她醒转来后狼狈逃走，莫知所终。

《阅微草堂笔记》

讼棍失算

有个讼棍，极其善于唆使别人打官司而自己从中渔利。某日，他替人写状子，心里盘算如何株连许多人，想来算去，头绪纷乱如麻，始终纠缠不清。他想静坐构思，便告诉家人不得引进客人，连他妻子也必须躲避在别的屋里。他的娇妻原先与邻家的小伙子眉来眼去，暗送秋波，两心相许，只是家里没空子可钻，熬了一年多也没机会亲近。到了这个时候，才得了天赐良机。此后，每当讼棍静坐构思之时，妻子必定故意弄出动静捣乱，讼棍也一定喝斥妻子，要她滚出去逃避，邻家的小伙子便乘机来与情人欢会，成了定例。如此这般，终其身也没败露。讼棍死后一年多，其妻怀孕，被冤家告到衙门，县官审讯她外遇的来龙去脉，她才口吐实情。县官听罢，喟然长叹说："那人刀笔巧妙到家了，哪知造物主比他更巧妙呢?!"

《阅微草堂笔记》

吕四投河

河北沧州城南上河涯有个无赖吕四，凶横无所不为，人们惧怕他如畏虎狼。一天傍晚，吕四跟一群流氓在村外乘凉，忽听雷声隐隐，风雨将到，远望好像有个少妇躲进河岩古庙里。吕四对同伙们说："哥儿们可以去干她!"这时天已黑下来了，阴云如幕，吕四一马当先，冲进庙门一把捂住少妇之口，众流氓紧跟着一拥而上，七手八脚扒下了她的裤子衣裳，你戏他弄……突然间一道电光直射窗内，吕四发现少妇模样好像是他老婆，连忙放手相问，果然不错。吕四顿时悔恨交集，痛不欲生，抓起老婆要扔进河里。老婆大叫道："你想奸污别人老婆，却招来别人奸污我，天理昭彰，现世现报，你还想杀我吗!"吕四噎得一句话也说不出来，急忙摸索衣服裤子，而衣裤已经随风刮进河里了。吕四彷徨无计，只得背着他的裸体夫人回家。这时云散月明，满村男女老少无不看得一清二楚，争着瞧稀奇，凑热闹，喧笑腾跃，纷纷向前套近乎，问长问短，一反平日避之唯恐不及的常态。吕四无可奉告，把老婆扔到屋里后，越想越窝囊，终于在夜深人静时跳进了浑浊河水之中。原来他老婆回娘家，提前返回。吕四事前不知，而造成如此奇耻大辱，结束了他罪恶的一生。

《阅微草堂笔记》

食古不化

沧州人刘羽冲生性孤僻，好讲古制，而那些古制实际上都迂阔不可施行。某日，刘偶然得到一部古代兵书，伏案苦读，经年累月，自称可以统率十万雄兵上阵，干出一番大事业。适逢当地冒出一股土匪，刘即训练乡兵与土匪较量，结果全军溃灭，他本人也差点儿被擒。后来，刘又得到一本水利方面的古书，又伏案苦读，经年累月，自称可以使千里瘠土变为沃壤良田，并绘图加上文字说明，呈送给州官。州官也是个好事的人，让他在一个村庄做试验，挖沟修渠尚未峻工，适逢大水袭来，顺着沟梁灌入村庄，村民差点儿变为鱼鳖。刘从此抑郁不乐，每天独步庭阶，摇头自语说："古人岂欺我哉！"此六字一天重复千万遍，不久发病而死。据说人们常见他的灵魂在墓前松柏下摇首独步，所念叨的还是这六个字。

《阅微草堂笔记》

神仙对谈

某乡有一位修炼气功以求得道成仙的人，因坐着运气，出现偏差，致使手足拘挛，但他仍然练功不停。另有一位先生听了他的说教后心里喜欢，拜他为师，天天跟着练功，时间长了也导致手足拘挛。两人的妻子儿子害怕他们停歇下来而造成郁闷症，一商量便各做一把椅子，把他们抬到一间屋里坐好，让他们对谈丹诀。于是乎两人促膝大讲其玄，寒暑不停，总以为神仙奥妙，天下只有他俩知晓，没有第三个人能摸到边儿。有人偷偷笑话他们，他们听到耳里，长声叹息道："朝菌不知初一十五，蟪蛄(蝉的一种)不知春夏秋冬，这话说得真对！神仙难道可以用形骸如何来说长道短吗！"两人至死不悔。死前还频频叮嘱子孙秘藏其书，以待五百年后之有缘者。

《阅微草堂笔记》

岑生击鬼

江南岑生，曾借住在沧州张蝶庆家中。墙上挂着一张钟馗像，像高如人，前面又安放着一架自鸣钟。岑生酒醉后睡下，这些摆设都视而不见。半夜酒醒后，窗外月明如昼，他听见钟里齿轮走动的声响，莫名其妙，心里十分惊讶，抬头忽见钟馗画像，以为是个奇鬼，顿时毛骨悚然，连忙拿起桌上端砚，仰而击之。一声巨响，门窗震动，主人家僮仆推门闯入一看，只见岑生头脸墨黑一片，桌、床、墙、地墨汁淋漓，画前钟及玉瓶、磁鼎全都碎裂了。知道的人无不捧腹笑倒。

《阅微草堂笔记》

于氏拒婚

明朝宦官魏忠贤窃国弄权时，视王侯将相如粪土。只是由于他从小生长在肃宁县(今属河北)，耳濡目染，把当地大族于氏看成王谢(东晋大族王氏、谢氏)一般，心里倾慕不已，为自己一个侄子求婚，非于氏女儿不可。这年正巧于家小儿子参加科举考试，魏忠贤硬是把他"邀请"到家里，当面商议。于生心里盘算：如果答应这门亲事，则将来必遭株连大祸；不答应，惨祸就在眼前。犹豫不决，最后借口有老父在家，做儿子的不能擅作主张。魏说："这个容易。

你快写封信，我能立即送到令尊那里。”于生无法，只得照办。于翁见信后，马上回信许婚，信末附言自己病重，叫儿子快回来。肃宁距京城四百余里，而送信人返回时天才黎明，仅奔驰半夜，魏家演剧尚未散场。于生接到父亲亲笔信，匆匆整装返回，考试也不管了。归途中，迎候的大小官员早已供应好一切，一处跟着一处。到家后，于氏父子都推说有病，不出家门一步。这年是熹宗天启甲子岁。过了三年，魏忠贤被治罪，而于氏终于避免了一场灾难。事后，于翁驾车遍游郊外，对亲朋好友说：“我杜门不出三年，只博得今天能够看花饮酒。想起来真是危险！”

《阅微草堂笔记》

慈恕

清代太仓人钱伯韫作富阳县令，为人过于仁慈宽恕。有一天，抓到了一个强盗，这个强盗胡说自己是冤枉的，钱伯韫发怒道：“你烧了别人家的屋子，劫杀无数的老百姓，按照法律，要让你抵命。”强盗听说要让他抵命，心想这辈子算完了，就突然跃起来，抓起公堂案上的锡砚朝钱伯韫打去。钱伯韫负痛倒地。卒役见状，一块上前捆绑住强盗，奋力痛打，过了一会儿钱伯韫站起身来，一边用手抚摸着胸部，一边急忙拉住卒役说：“别打啦，我这儿不痛了！”

《现果随录》

醉归捷对

元代著名文学家虞集（人称邵庵先生）未发迹时，曾给当时的理学大师许衡当家塾先生。虞集落魄不羁，天天外出游逛。许衡每到家塾中查看，学生们总是告诉他，先生又出去了。许衡很生气，曾婉转地劝止虞集。虞并不在乎，依然如故。一天，许衡在虞集床头屏风上写了一句话：“日日嬉游，知虞公之不可谏。”是用《孟子》原句。到了傍晚，虞集大醉而归，一头躺在床上，抬头看见这个句子，提笔就在右边写了下句：“朝朝絮聒，何许子之不惮烦。”真是天造地设的一副对联。

《蟫精隽》

异画

石恪画飞鼠，挂在墙上，老鼠便不敢入室。何尊师画猫，老鼠见了，躲得远远的，关仝在霅川长兴画成山寺罗汉壁，猿、鹤都走而复归。

《洞天清录》

《中吴纪闻》

[宋] 龚明之

《也是录》

[明] 自非逸史

《鹤林玉露》

[宋] 罗大经

《拊掌录》

[宋] 邢居实

《贵耳集》

[宋] 张端义

《小腆纪传》

[清] 徐　鼒

《脞说》

[宋] 张君房

《妙香室丛话》

[清] 张培仁

《金壶遁墨》

[清] 黄钧宰

《唐诗纪事》

[宋] 纪有功

《此中人语》

[清] 程趾平

《闻见一隅录》

[清] 夏　炘

《县笥琐探》

[明] 刘　昌

《闻见录》

[不详] 无名氏

《华峰文抄》

[不详] 无名氏

《厚德录》

[宋] 李元纲

虾子和尚

宋代承平时期，有个虾子和尚，好吃活虾。他在市上行乞，得到钱就买虾，收藏在袖子里，一边走一边吃。有人好奇，跟踪前行，暗中观察，发现他遇到有水的地方就呕吐，一群群的虾都欢跃着游跑了。这人后来不知哪里去了。

《中吴纪闻》

朱氏盛衰

宋徽宗时，朱勔日益受宠，其父与他都执持节符，居地建双节堂。他又得到徽宗的画像，把它放在一座殿堂内，监司、郡守必须在朔日望日到此朝拜。朱勔曾经参加御宴，徽宗亲密地握着他的手臂与他交谈。于是朱勔用黄罗将此臂缠起，与人作揖，此臂竟然不举。他的族弟族侄数人，都与帝族联姻，因此居高官显位的人很多。盘门（苏州城西南门名）内有座极大的花园，种植着数千株牡丹，开花时节用彩缎为幕覆盖于花上，每株花标上名称，用黄金制成牌子，像这样排列起来有一里多长。那些善于种植牡丹精品并能叠石为山的园丁，朝夕即成显贵，像这样的人不可胜数。花园之中还有水阁，通向水阁的路设计得九曲回肠，春季允许妇女游赏，有迷路的人，朱勔之父设酒食招邀，或者送她们簪环之类的物饰。当时的人都鄙视他们的丑行。一日朱勔败迹，检查估量他的家资，有个素与朱勔不和的刑司老者，受命之后，黎明带人闯入他家，他的家人妇女都被驱逐出门，即使是贫民百姓之家，也没人敢收留他们。不过数日，花园已成废墟。那些牡丹都被折毁当作柴薪。每一个牌子，用三钱计其值。朱勔死后，他的家人被放逐于海岛，从前受封诰的官职都被剥夺了。

《中吴纪闻》

鸭能人言

唐末诗人陆龟蒙，养有一群斗鸭，极为驯服。有一天，驿使经过，用弹子打死了其中最好的一只。陆龟蒙质问道：“这只鸭子擅长说人的语言，马上就要由苏州太守献给皇上，你怎么把它打死了？”使者只好拿出口袋中所有金钱来赔偿。然后，使者慢慢问起鸭子会说什么话，陆龟蒙说：“它会叫自己的名字。”使者又气又笑，翻身上马要走。陆龟蒙叫住他，把金钱递还过去，说：“同你开个玩笑罢了。”

《中吴纪闻》

花　纲

宋徽宗时，朱勔因用花石贿赂朝廷权贵而受宠幸，时时进奉不绝，称为“花纲”。大凡林园亭馆，甚至坟墓间所有的奇花异木，全部用黄纸封住标上记号，不问哪家，径直取走。做官的人，有稍稍违逆他意愿的，就以违犯皇上的命令为名治他们的罪。浙人畏之如虎。“花纲”经过之处，巡尉护道，遇桥便拆毁以便行舟，即使用数千缗钱建造的桥梁，也毫不吝惜地拆毁了。当初，江淮发运司在真州（今江苏仪征县）、扬州（今江苏扬州）、楚州（今江苏淮安且）、泗州（今江苏盱眙）设有转般仓运粮。负责粮纲的军队划分地盘互不侵越。朱勔既进花石，就派新装运船，充做送往御园的纲船来载运花石，而用余下的旧船载粮，直接运达京师，因而转般仓就被废弃了，粮运因此不能接续，禁卫军达到了缺乏粮食的地步，朝廷对此事也不闻不问。朱勔败迹后，当初进奉的花石都聚集在京师的艮岳（旧址约在开封铁塔上方寺左右）之上。因为花木从很远的地方移根而来，被风日摧残，种植没多久就枯萎了，不时要用新花来换旧花，因此花纲在大道上纵横交错。一日朝廷内宴，滑稽演员对此加以讽谕。一人持梅花而出，指着梅花问他的同伴说："这是什么东西？"同伴回答说："芭蕉。"有人持松桧而出，那人又问，同伴还用"芭蕉"回答他。这样答了四次，他就打同伴的嘴巴说："这是某花，这是某树，你为什么一概都称'芭蕉'呢？"同伴说："我只见巴巴地讨来，却都焦了。"连皇帝都被他们逗笑了。

《中吴纪闻》

针熨道人

南宋时的理学家、教育家朱熹患了脚病，请来一位道人用针法和熨法为他治疗，不久就觉得好多了。朱熹非常高兴，用重金谢他，并且以诗相赠，诗曰：

几载相扶藉瘦筇，
一针还觉有奇功。
出门放杖儿童笑，
不是从前勃窣翁。

道人得到诗就离去了。

没过几天，朱熹的脚病又犯了，比没用针法治疗前还严重。他急忙命人寻找道人，但已经不知道他的去向了。朱熹叹息道："我不是要惩罚他，只想追回那首诗，担心他拿着这首诗贻误别人。"

《鹤林玉露》

象山学棋

陆九渊因结茅讲学于象山（今江西省贵溪县西南），世人称其为象山先生。他少年时，常常一连几天坐在临安街头，观看别人下棋。有一个棋手问他道："官人天天来看棋，一定是高手，愿意求教一局，如何？"象山道："不行。"三日后，他却来到街头，买了一副棋盘，回到家，悬挂在室内。躺卧仰视两天，忽然省悟说："这是《河图》数啊！"于是到街头跟那棋手下棋。那人连负两局，起身抱拳道："我是临安第一棋手，凡来下棋的，都让他一先。今日跟官人下棋，却让我一先，官人真乃天下无敌手！"象山笑而离去。

《鹤林玉露》

前辈勤学

南宋时，胡澹庵参见著名理学家杨龟山，龟山举起两肘给他看，说："我这两肘不离书桌三十年，然后在道的探究上，才有进步。"

张无垢被贬谪横浦(今广东北江浈水),寓居城西宝界寺。他的卧室有一个小窗,每日天将亮未亮时,就拿着书,站在窗下,就着微明读书,十四年如一日。乘船北归时,窗下石上双足的印迹隐然可见,至今犹存。

《鹤林玉露》

专切葱丝

北宋时,有位士大夫在京都买来一妾。她说自己是太师蔡京府上包子厨中人。一日,命她做包子,她推辞说不能,有人诘问道:"你既然是包子厨中的人,为什么不能做包子?"她回答道:"妾在包子厨中,是专门切葱丝的。"

《鹤林玉露》

好尚不同

汉人尚气好博,晋人尚旷好醉,唐人尚文好狎,宋人尚名好贪。

《贵耳集》

黄巢赋诗

黄巢是唐末农民大起义的领袖,自幼抱负不凡。他五岁时陪其祖父做菊花联句。祖父尚未想好,黄巢诗句已经出口:"堪与百花为总首,自然天赐赭黄衣。"黄巢的父亲在旁,听此诗句十分惊异,便要打黄巢。祖父说:"孙儿能诗,只是不知轻重,可让他再赋一篇。"黄巢应声道:"飒飒西风满院栽,蕊寒香冷蝶难来。他年我若为青帝,移共桃花一处开。"可见他从小便有帝王之志。

《贵耳集》

宣仁太后劝神宗

宣仁太后劝宋神宗说:"不可轻易用兵,当以两国生灵为重。纵使大捷凯旋,献俘阙下,也不过是主上坐于正殿受贺而已,然而,生灵肝脑涂地成千上万。"自此以后,神宗很少说到出兵。

《贵耳集》

母以子贵

宋代乾道年间,有一位侍女作为陪嫁之女来到单家,为单家生了一个尚书,就是单夔;后来又改嫁给耿家,为耿家又生了一个侍郎耿延年。她死之后,尚书和侍郎都争着厚葬自己的生母。此事为皇帝得知,皇帝说:"两位卿家不必争执,我为你们的母亲举行葬礼吧!"士大夫之家,将此事传为美谈。

《贵耳集》

记曲娘子

张红红是唐代的一位女性。"安史之乱"刚过的大历年间,她随父亲乞讨为生,遇到将军韦青。张红红善于唱歌,便被韦青纳为姬妾。而这个红红果真是聪慧绝伦。一次,一位乐工到韦青宅中唱他新谱的乐曲。韦青让红红藏在屏风后面,用小豆粒数这新曲的节拍。韦青骗那个乐工说:"我的女徒弟唱此曲已经很久了,不是什么新曲!"红红隔着屏风演奏一遍，一声不差，并且说：“曲子中的一声不稳，我已为之纠正过来了。”那个乐工听后大惊，十分佩服。红红后被皇帝召入内庭宜春院，对她特别恩宠，宫中称她为“记曲娘子”，封为才人。

《脞说》

武展元

盐城武展元，性嗜酒。中举之后，朋友设宴祝贺，他便深陷醉乡了。第二天，兵部召他到朝廷，要向皇上引见他。这天晚上他还在与朋友共饮大醉。早晨他匆匆策马前行，正好西华门外民房着火，道路阻塞，他不得不绕道而行，但是，皇上已经升殿。他因为误期迟到，被革去殿元头衔。

《金壶遁墨》

冯　雄

镖客冯雄，山东人，勇敢超群，游历各省，没遇到过拳棒能超过他的。所以，绿林中的人听到他的名字，没有不破胆的。一天，他保镖护送饷银到陕西某县，船泊于大岭下。日将过午，想略休息片刻，闭上双目，恍惚之间，突然觉得船稍上摇晃了一下，冯雄睁开眼睛，看见一人，穿着短衣窄袖，在舱面上拿走一个银包，跃上岸，向大岭逃去。

冯雄勃然大怒，急忙追赶。那人有时跑有时跳跃，像只麻雀，冯雄竭力追赶，始终没能追上。不一会儿，来到高墙下，墙上有一个形圆如月的洞口，有盆子那么大，那人纵身跃入，冯雄也随后跳进墙内。这是一个大院落，房屋相连，却不见人迹，他很是惊异，缓步进入房里，屋内空空如也，全无摆设。只在最后一个屋子里，看见有张床，罗帐低垂，帐中露出一只小脚，瘦小迷人，纤细得不满一握，那包银子恰好在小脚之下。冯雄更加惊诧，不敢掀起帷帐，上前直接取银包，银包分毫不动，他自知不敌，急忙退出，刚退几步，只听得身后有呖呖莺声，回头看时，原来是一位十七八岁杏脸桃腮，姿容绝色的美丽女子。冯雄以为好欺，急速甩镖，那女子一一接住，冯拔出佩刀抗拒，女子从容以飞剑破解。冯汗流浃背，急忙请罪。女子笑道：“这有什么罪呢？我们兄妹隐居在此，将近一年了。久闻君的大名，如雷震耳，知君今日来此。家兄拿银包，并无他意，只想与君一较武功而已。”

于是请兄出来相见共饮。席散，女郎带冯雄到后园。园中有木柱七十二根，一半插入泥土中，她问冯能否弄倒这些木柱。冯用尽平生之力，仅弄倒几根。女郎微笑，一抬脚，余下的木柱纷纷倒地。冯十分佩服。经询问，才知道他们兄妹姓韩，他们的父亲也是个豪爽的侠客。妹妹喜欢习练父亲的轻功，身轻如燕，能在水上行走。哥哥虽然得父亲传授，但远不如妹妹。因为父亲已死，兄妹俩有这样的高超武艺，担心别人产生其他疑心，才隐居在这里。冯雄告辞兄妹，女子将银包还给他。冯雄回家后，心想天下能人不计其数，从此不敢再夸耀自己的勇武了。

《此中人语》

❀ 童子毙虎

金陵(今南京)赤山下,有一片荒芜的田地,长满许多野菜。有几个孩子,拿着筐去采摘野菜。突然,有一只老虎从山上直奔山下而来,叼起一个孩子,迅速离去。

那孩子开始时昏迷不省人事,过了一会儿,睁开眼睛,发现自己躺在一棵树下,旁边蹲坐着一只老虎。那老虎亮铮铮的牙齿龇龇着,双眼荧荧冒火,凛然可怖。孩子想逃走,但一想,我若是逃走,老虎一定会立刻吃了我,这是加速我死。他踌躇再三,心生一计,伸手抚摩老虎全身。老虎的凶残威风顿时消失,低垂着脑袋,舒服得就好像只小猫。那孩子看看老虎,是只雄性虎,就偷偷解下身上的绳子,系住老虎的阴囊,把绳子一头系在树上,然后再抚摩老虎一遍,就悄悄地躲开了。

老虎见那孩子逃走了,一声怒吼,向前直奔,想要捉住孩子,不料阴囊已被挣下来,疼痛已极,昏倒地上,那孩子拣起大石头,胡乱击打,很快就把老虎打死了。

《此中人语》

❀ 忠义刺客

五代时,葛从简任忠武节度使,听说许州有一富人家中有一条玉带,很想据为己有,但却无从得手。于是他就派遣两人夜入其家,杀而取之。晚上,那两个人越墙隐藏,在树林里,见那家夫妇相敬如宾。二人叹道:“主人想要玉带却要杀这样的人,我们肯定逃不脱灾祸。”于是走出来告以实情,让他们快把玉带献出去。然后,这两个人跳墙而走,不知道何处去了。

《县笥琐探》

❀ 怕是被打出来的

左宗棠驻军福建时,过年那天,问左右:“今天是什么日子?”身旁的人回答:“今天过年。”左宗棠说:“娃子们,都在福建省城过年吗?”部下回答:“是。”左宗棠说:“今天不准过年,洋人会趁咱们过年来打厦门。娃子们,出队!我做前敌先锋。”那天正好福建总督杨昌浚来给左宗棠拜年,劝左宗棠说:“洋人怕中堂,自然不敢来,用不着去。”左很不满意地说:“这话哪可靠?当初我以四品京堂,在浙江打长毛(太平军蔑称),不是他们怕我吗?打陕甘回子,打新疆回子,不也都是他们怕我吗?还是要打!怕,是被打出来的。”

《华峰文抄》

❀ 国玺充资

南明永历十四年九月,马吉翔奏告永历帝说:“有的大臣已三天没有点火做饭了!”帝怒令掌印玺的太监李国用打碎皇帝的玺来周济群臣。李国用叩头说:“臣万死不奉诏!”不久,马吉翔、李国用竟然凿碎印玺,分散给众人。

《也是录》

大小胡孙

孙巨源为翰林学士，向刘贡父索要字画，而刘的仆人将字画送给了中丞孙莘老。孙巨源因为没得到字画而责怪刘贡父，刘说已送给你了。后来知道是孙莘老误收了字画。因为他们都姓孙，又都在馆中供职，所以仆人难以区别。刘说："为什么不按他们的胡须相区别？"仆人说："都有胡须，难以区分。"刘又说："既然都有胡须，为什么不以他们身材的大小相区别？"仆人回答说："好。"于是馆中称孙莘老为大胡孙学士，称孙巨源为小胡孙学士。

《拊掌录》

痴儿夜读

周西是明末定海人。从小就喜欢读书，他的父母看他体质孱弱，尽管他爱看书也总是加以节制。这样，周西每天晚上只得等到父母睡熟了以后，重新点起灯烛，因为害怕光影射出去被父母发现，他就用被子把灯罩起来。时间一久，周西的被竟熏得像墨那样黑。邻家有个女子总是挑逗周西，周西却从不与她搭话。那女子气得骂他是"痴儿"。

《小腆纪传》

代帝受箭

明末清初之际，周之藩任福建参将，又被升为总兵、御营右先锋，护卫隆武帝去赣州，一路上，周之藩细心周到地服侍皇帝。八月二十八日五更，忽然有十几个骑马的跟了上来。他们自称护驾，其实是追兵，高呼着："哪一个是隆武帝？"这时周之藩毫不犹豫地挺身而出说道："我就是大明皇帝。"那些追兵便一齐张弓向他射了过来。周之藩拔掉身上的箭，亲手击杀了数十名敌兵，最后终因脑后中了一箭，落马被杀。

《小腆纪传》

黄得功神箭

明末的抗清大将黄得功素以勇猛善战闻名，而且还射得一手好箭。他曾经让一个士兵额上戴着一只金锣，他搭箭射那个锣，百发百中，而人竟丝毫不受伤害。

《小腆纪传》

一语碎百缸

陆启浤是明朝平湖的一个贡生。有一次他在金陵的桃叶渡大摆酒席，宴请当时有名的词人。席间有一个叫延红菊的妓女说："今天的集会可惜两岸没有芙蓉花开。"陆启浤听了立即让人又重新准备酒席宴请宾客。客人到时，两岸果然有荷花盛开。原来是宴会的前一天让仆人买了上百口带有荷花的缸，把这些缸砸碎之后沉在江的两岸水中，所以才有这样意想不到的场景。

《小腆纪传》

肃绣从军

钱肃绣是肃乐的第八个弟弟，钱家

世代是书香门第，唯有肃绣勇武异常，喜欢喝酒，酒至数斗，愈醉，胆愈壮，还曾经射中了一只老虎。肃乐起兵抗清时，怕肃绣年少逞强，没有让他参加。没想到肃绣偷改了名姓，仍然注册在他哥哥的军中，直到肃乐发兵誓师那天，才看到他站在队伍当中。哥哥惊骇地说："你是一定要随征啊！"到了两军交战之时，肃绣一马当先，挺抢冲在前列，奋勇击杀。不幸小腹中了一刀，肠子流了出来，来不及塞回去，便用一只手揽着，一只手持枪格斗，一连斩杀了两个人才回到营中。军中的士卒没有一个不惊异他的勇猛，而肃绣自己却意气自如，好像根本没受伤一样。当时肃乐军中有许多壮士，如都督江汉、王征、南某，都是百里挑一的。而肃绣因是肃乐的兄弟，更加勤谨地护卫，很像魏武（曹操）有了许褚。肃绣虽然积功很大，最后却只是个参将。

《小腆纪传》

茹略文捧头而走

茹略文是明代余姚人，曾经做过抗清大将吴易的部将。他作战勇敢、顽强，屡建战功，闻名于军中，敌兵都怕听到他的名字。在一次非常激烈的交战中，茹略文亲手斩了数十人，身上已有十多处伤，最后终因流血过多，不能自持而倒在地上。敌兵怀疑他是装死，又上来连砍了几刀，然后才放心地离去。又过了一会儿，茹略文竟然苏醒过来，强撑着站了起来，用两只手捧住自己的头，忍着巨痛，踉踉跄跄地走到一座古庙里。庙里的执事恰好与他相识，便给他上了些好药，过了百日身上各处伤口竟然愈合，他又开始了抗战。

《小腆纪传》

崔子忠掷金

崔子忠（明末莱阳人）素耿介正直，虽然贫苦但从不被金钱所打动。有一次，一个在吏部当官的友人派人送去一些银子，向他致意。他立即把银子扔在地上大怒道："念我贫苦，只能分他的俸饷供应我，怎么能拿这种外来的东西来污我声名呢！"史可法和崔子忠的交情也很好。一次偶然的机会，史可法到他家去，恰巧他家粮米皆尽。史可法便把他骑的马交给崔子忠，说："姑且用这个助你一夜的用度。"史可法自己走回家去。崔子忠果然把马卖了，买回一些酒菜，并把朋友找来聚饮，说："这酒是史道邻（史可法）给我的，不是盗泉，你们放心饮用吧！"共喝了一天酒就把钱用光了，还是和过去一样挨饿。

《小腆纪传》

义　婢

有一个婢女名叫妙聪，是明代保安（今陕西怀来县西北新保安）右卫指挥张孟哲家中的婢女。永乐年间，孟哲被征调去防卫宣府。适逢北境盗贼侵入保安，张府遭劫掠，而张孟哲又不在家，张妻李氏与孟哲的妹妹为了免受污辱，双双跳井，想以死来守住自己的贞洁。妙聪也跟随其后跃进井里，到了井中，她发现姑嫂二人并未死去，想到李氏已经怀孕，她担心水凉会伤其身，于是她背起李氏，使其不至沾水受凉。不知持续了多长时间，盗贼退去后，孟哲的弟弟仲哲在井里找到妙聪等人，他用粗绳将嫂与妹拉出井口，她二人安然无恙，而婢女妙聪已经死去很久了。

《妙香室丛话》

狗鼠鳖同穴

孙曼青曾带着兵驻扎在广西，扎营在某一土山的顶上。四野空旷无人家。不时听到狗吠声，就让兵士根据狗吠声寻找。发现狗吠声来自地下，大家非常惊异，孙曼青让人挖掘，大约挖了数尺，果然发现有一只小狗，一只鼠，一只鳖，在同一个洞穴中和平相处。把鳖烹熟了吃了，也没发现有什么不同之处，把狗带回去畜养长大，也同其他狗相同。挖掘发现这种情况不止一处，真不可理解。

《妙香室丛话》

焦山水怪

镇江有一位读书人，在焦山避暑。晚间喝酒喝得小醉，当晚月色很明朗，这位读书人平素善舞铜鞭，于是就自己走出山门，对着明月舞鞭。他盘旋往复，舞得很高兴快活。忽然江中跳出一个怪物，鱼的头却是人的身体，长一丈有余，掌如蒲扇，臂很短，腿很粗壮，几乎同楹柱一般，跳跃着逼上来。读书人很害怕，急忙要躲入室内，但怪物已经跃到面前，估计不能脱身，不如先发制人。于是用铜鞭迎击怪物的头，打中了它的鼻子，怪物吱吱出声，好像是很生气。怪物伸出手臂来捉人，却不能接近读书人。读书人看它的腿不能屈伸，就低下身来像猿猴一样前进，用鞭子击打怪物的腰胯。怪物更加发怒了，往来跳跃。读书人气喘吁吁，汗流浃背，力气将要支撑不住了，就逃避到御碑亭中。怪物身子太长，进不了亭子中，就掀揭亭上的瓦块投掷亭中，用两手摇撼亭子，亭子眼看就要塌毁。这时有一只雄鸡高鸣，怪物突然害怕了，随后群鸡都随着鸣叫起来，怪物慌忙跳入江中，读书人才得以脱险。从此以后，这个山门在夜间再也不敢打开了。

《妙香室丛话》

瑞金奇案

恽子居先生在江西瑞金做县令时，有一位专治溃疡的陈医生，忽然发作癫狂病，拿着菜刀奔向官署，杀了几个差役，又直接进入住宅的门，守门人夏贵被砍成数段，又杀了五六个人。又奔到捕衙杀死了五人。守门人伸头探望，刚伸头，就被砍了，急忙用手按住头，跑入衙内报告外面有人持刀杀人的情况，刚说完，头已经掉下来了。两个官署共杀了二十四人。召集很多人才把陈医生擒获，陈医生说："今天吃完饭后，忽然有相貌狰狞的几个恶鬼送给我刀，进入到官署杀了许多牛马猪羊，不知道他们都是人。"所使用的刀极其钝，切肉尚且切不动。恽子居的一位家奴叫陆顺，当时正在署门内,看到有人行凶,就躲藏在鼓架下,陈医生竟然没看见。当时恽子居正为公事外出,侥幸能够免于处分。后来给陈医生定下死罪,未等到处决,他自己却先病死在狱中了。

《妙香室丛话》

老童生初次应试

清代湖北某一主持学政的人在某郡主持考试,见到一位满头白发的应试童生,询问他的年龄,回答说已经有七十岁了。问他曾考了几次,老童生则回答说是初次上场考试。这位官员很奇怪,就详细地询问他,他回答说:"参加考试,就要查考他的真才实学,这就要考生一定循序渐进地刻苦努力;攻夫做到家了,才可以出来问世,这样才有利于国计民生。如果稍稍涉猎一点,读几篇破烂的八股文章,就排着队前去应试,即使侥幸地得到科第,对于国计民生和学问又有什么帮助呢?我只想到此点,废寝忘食,希望达到这一步而问心无愧。不知不觉已经老了。"这位官员听后笑了,让他做一篇文章,果然不错。

《妙香室丛话》

曹　大

曹大是常城观子巷人,以贩卖南方货物为生,家资够上中等。喜好拳勇,两手能举起千斤重量。有一云游的僧人路过,听说了他的名声,就到曹大卖货的地方买核桃,用两个手指捏碎,说这些核桃都不好。曹大于是拿出核桃一斗多,在上面略微用手一拂摸,核桃个个都碎了,僧人点头称服,就离去了。城中每到九月,各位商贩都到灵观庙去祭祀神录,每一天都演剧。曹大前往观看,站在台前,成百上千的人推搡拥挤,他屹然不动,每年都是如此。有一天,有个小矮人身高不过三尺,略微有些胡须,脸长得很窄,径直站在曹大的前面,用后背贴着曹大的腹部。曹大推他,他却感觉不到,用力推他,他仍然不动。那矮人回头问曹大说:"你要干什么?"合并两个手指头捺了曹大的肋骨一下,然后从人丛中离开了。曹大急忙用手按住肋骨,面如纸灰,嘴已不能说话了。邻居见到这个情景,急忙把他扶回家。左肋都是青黑色,被捺按的骨头条条都断了,曹大呕吐了数升鲜血后死了。矮人也不知去向了。

《妙香室丛话》

道士奇技

江西张真人处的道士来到笔者的家乡,在庙中戏台上作法,台下观看的人很多。道士用一陶器烧炭,把炭烧得里外通红。他将陶器放在手掌上,绕场转几圈,便用衣袍扇拂火炭,木炭的火马上就灭,陶器也就马上冷了,就好像没烧过炭似的。道士又用手拿着一块厚二寸多的城砖,向空中用力抛掷过去,正要落到观赏者的头上,大家正在惊恐之时,城砖马上碎落,如同细粉一样。

《妙香室丛话》

珠子王家

清京城隆福寺每月九日,各种货物都云集到这里,称之为“庙会”。有个姓王的老头,携带十岁的小孙子去游玩,看见一把紫檀木界尺,小孙子很喜欢,便强求老人给他买下来。回到家里玩弄时,偶然击在几案上,突然界尺上甩出一个小抽屉,里面藏有东珠(一种名贵珍珠,产自松花江下游及其支流)十枚。老人狂喜,售出得钱用以经营获利,王家于是成为富有之家,到现在还称“珠子王家”。

《妙香室丛话》

暴 富

清毗陵县(今江苏常州)有一个姓薛的老人,白手起家,发展成拥有数十万财产的巨富。年轻时,以贩卖蔬菜水果为生,困窘到极点。到祠堂中请求神灵梦中昭示祸福,梦中被神责打二十板,醒后,一位老翁给他圆梦,说是应贩笋干。他经一老叟指点,便到苏州一个商业街区买下一篓笋干,启开篓盖,看见四个元宝藏在笋干中,大概是强盗藏的。他急忙回去,将所有笋干都买了下来,结果每篓中都有银子。由此薛翁开始积聚财物,薛家终成豪富之户。

《妙香室丛话》

墙洞解元

湘城(今湖南长沙)一个上舍生赴浙江参加乡试,进了考场,文思枯竭,快到傍晚了还没有写出一个字来。邻近的考生询问题义,那位考生厌烦地对他说:“你到现在还是白卷一张?”他回答说:“是这样的。你看怎么办?”考生说:“题我已经作完了,自己觉得不太好,我把草稿放在墙洞中了,你可以拿去。不要再来打扰我。”上舍生非常高兴,径直把那人的稿纸取来抄录。发榜那天,他被录取为第一名,当时称其为“墙洞解元”。

《妙香室丛话》

老妇巧嫁少夫

清代石埭(今安徽石台县东北广阳镇)有个姓苏的年轻人,性情轻浮,虚荣好骗。读书没有成就,典当家产,换得数百两银钱作盘缠,赶往北京,希望谋得一个小官做做。刚到京城时住在东长安门,正巧有个姓陈的亲戚要回南方的家中去,由于行李很重,就把十多个衣箱寄存在苏生那里。苏生想借这个机会向友人炫耀一番自己的阔绰,便私自取出箱内华贵的衣服穿在自己身上,来往于酒楼舞榭中间,别人不知道他只是个贫士。客人中有人谈论,广东来的陶太太,其丈夫是某省的同知,进都城候选时病死。陶太太现在拥有雄厚的资产,想要找个官位与财产都和前夫相当的人作倒插门的丈夫。苏生贪得其财产,就对那个客人说:“你看我合适吗?”他诈称自己是部郎改捐同知,想参加科举考试,所以没有去投供验到,又已丧偶,孤身一人生活。苏生为达成此事向来客许诺，事成以后将予以重谢，客人也贪图钱财，便对陶太太介绍了苏生的意思和情况，但陶太太坚持要面见苏生本人才能作出决定。于是苏生盛服华冠来到陶家。只见大门敞开，俨然一等府第。坐等了一会儿，在众使女的簇拥下，陶太太走出来，立在琉璃屏风里，侧身低头，高卷发髻如云如山，看起来好像绝顶美艳，苏生狂喜不已。当下双方商议决定，定亲财礼为一千两银子，苏生入赘其家。抵押其家的所有财产还不够，又将陈旧物品押上，才补足定聘礼。按北方风俗，晚间饮交杯酒，新人拜堂，揭盖头后对面而坐，喝同心酒，吃子孙饽饽，然后上床就寝。苏生成亲这天，轮到喝同心酒吃子孙饽饽时，一位婢女对苏生悄声说："娘子牙疼，不能奉陪你了。"苏生会意，没多久，二人脱鞋上床睡觉，百般欢爱融洽。天明之后，新娘子起来梳头洗脸，苏生才发现，原来是个六十多岁、牙齿脱落、头发光秃的老太婆。苏生庆幸陶太太还有丰厚的妆奁可以满足他的欲求。但忽然外面来了男女大小二十多人，陶太出去迎接，原来都是陶太太的儿子、儿媳、孙子等晚辈人。细查其家庭情况，也是一无所有，家中上下四十多口人都要依靠苏生养活，她家的宅地也是租借别人的。苏生气愤已极，向刑部告状，老妇人挺身与他对质，口若悬河，刑部长官不能反驳，只得把陶太太断给苏生。苏生无奈之中，趁夜间剃发改妆逃走。老妇人找到苏家，并到京城控告苏生，因苏没回家，只好悻悻离开了。

《妙香室丛话》

淫妇奇智

清时扬州某绅士家里有一个女仆，相貌很平常，但会搔首弄姿，流目送笑，善于探视人意，很得老爷欢心，又与少爷私通。一天夜里，少爷刚进内室与她亲热，老爷忽然赶到，她急忙将少爷藏在床下。老爷正要解衣上床时，听见仆人走来，惊惶失措，女仆却慢声说："不要怕。"她让老爷一手举着蜡烛，一手拿着短棍，口里大声叱骂走出屋门。那个仆人见老爷如此大怒，不知其中原因，就屏息退避。老爷离开后，仆人问："老爷在做什么？"女仆说："找少爷，准备把他痛打一顿。"于是向床下招手说："危难时期已过去了，你可以出来了。"少爷踉踉跄跄地逃开了。片刻工夫，女仆放走了两个奸夫，不露任何蛛丝马迹。

又有一个木工出去看戏，他的妻子白天与别人通奸。木工回来了，急促敲门，奸人惶恐不安。妇人慢慢起身，穿上裤子，取出滕斗在手中，一边开门让丈夫进屋，一边笑着说："你偏偏背着我去看戏。"同时将藤斗罩在丈夫的头上，说："让你也调弄个大头给我看。"她的丈夫以为在游戏，正要取下头上的藤斗，趁这个时机，奸夫从她丈夫的腋下冲出门外逃走了。

《妙香室丛话》

义　妾

张氏，明代南京人。松江（今上海松江）商人杨玉山到南京贩卖货物时，纳她作妾。两个人共同生活了一个月，但好景不长，杨的正妻妒忌，张氏被逐回家。出杨门以后，她闭门隐居，独自一个人生活，而杨玉山还常与她往来，并且赠给她数以千计的财物。二十多年后，杨获罪服劳役，丧尽家中财产，终日抑郁不快而致使双目失明。张氏知道这些情况以后，不及多想，径直来到杨家，先拜见了女主人杨妻，而后手捧杨玉山的衣袖，大哭不止。哭罢，拿出先前杨玉山给她的全部财物，包括金银和珍珠首饰，用来给杨妻的两个女儿置办嫁妆，送她们出嫁，还替杨妻两个儿子娶了妻子。这些办完以后，她留下来服侍杨玉山，为他煎汤熬药。一年以后，玉山亡故，张氏仍不肯离去，又留守灵柩，直到服丧结束。父母强令她回家，她没有从命，为杨守节一直到死，终生不再见一个外人。

《妙香室丛话》

王维知乐

唐代著名诗人王维，在盛唐开元、天宝年间诗名流传甚广，他和弟弟王缙游宦于京都，那些亲王驸马权豪势要，都以结交王维为荣，对他们待若上宾，热情迎候。宁王、薛王待王维如友。有个人得到一幅奏乐图，却不知其名，王维看看图说：“画上乐师奏的是霓裳羽衣曲的第三叠第一拍。”有好事的人请来乐师，按图上动作演奏，果然丝毫不差，人们更加佩服王维的精鉴。

《唐诗纪事》

左公送牛

左宗棠在婺州时，地方上送来两头牛犒劳他的部队。左宗棠不忍心杀掉，命令把牛分别送给两户老实的种田人家。

《闻见一隅录》

伴喜暗藏奸心

张寅伯家里富有，有个女儿名叫张禅娘，已十六岁了，需要一个丫环随嫁。家里买来个丫环叫伴喜，留在禅娘身边，和她做伴儿。伴喜做事机灵，处处叫人满意，禅娘很喜欢她，就是洗头、洗澡的时候也让她在身旁侍候，没想到伴喜因此而起了坏心。一天晚上睡觉时，伴喜装作做了恶梦，说有一个青面鬼扑到她的身上。禅娘非常害怕，马上让她上床一起睡，久了，就跟禅娘狎玩，总说些可怕的事吓唬禅娘。又一天晚上，两个人睡一个枕头，伴喜问禅娘：“小姐马上就要出嫁了，可知道成亲之后罗帐中要做些什么吗?”禅娘说：“就知道做女工的事，别的就都不知道了。”伴喜说：“也应该知道大意啊。我是个女的，却又是个男的。遇到女的就变成男的，遇到男的就变成女的了。”说完就边干边教禅娘怎样做。禅娘正是情窦初开，被伴喜玷污后，就管不住自己了。后来伴喜终于被同房别的丫环揭发，被押送到衙门后判了重罪。

《闻见录》

百姓不知是灾年

宋代明道末年，天下闹蝗灾。通州知州吴遵路，趁百姓还未挨饿的时候，便从富人那里募集了几万贯钱，分别派遣衙役和下级军官出海，从苏州、秀州买米回来，使物价没有提高。他又让老百姓打柴草，官家收购，用这些钱买官米。到冬天下大雪时，又以原价把柴草卖给老百姓。官方不损伤钱财，老百姓又能得到好处。他还修建了茅屋一百间，以安置流民。他拿出自己的俸禄，买草垫子、席子、食盐、蔬菜，每日和饭食一起分发下去。有病的，给药治疗；愿意回去的，准备好船，带上食品，送还本土。这一年，各州死了很多人，惟有通州，老百姓安宁，好像不知这年是灾年。所以老百姓敬爱他如父母。第二年，范仲淹为淮浙安抚使，上报吴遵路治灾救民的办法，皇上又把它颁发各州。熙宁年间，又有人到通州当官。那时，距离吴遵路治理通州已经超过四十年了，而老百姓还是赞扬、歌咏不停。

《厚德录》

小题大作也受惩

宋仁宗时，天下提刑、转运使、知府，多因自己的爱憎喜怒，揭发指摘其他官吏的小过失，使自己快意。御史里行陈洙上奏道："凡是奏到朝廷的公案，如果所陈述的过失并不能构成罪过，那么，就要从严处理举奏之人，还要调到邻郡，互相回避。并要把这件事情的材料颁行天下，目的是警戒那些监司、州郡的苛察者。"皇上深以为然，便下令给审刑院、大理寺：今后诸处凡收到命官、使司的奏案内，有不应该检举揭发的小过失，显然是罗织别人的罪过的，要参奏有关系的官吏。从此，很少有人再敢以个人的喜怒爱憎来陷害其他官吏了。

《厚德录》

马亮施仁政

太子少保马亮，做常州通判时，有一个官吏把官物丢失了，结果其妻子遭到逮捕，受连累被逮捕的有几百人。马亮把他们都放了，允许他们赔偿所欠的钱。不到一个月，这些人就把钱交完了。咸平初年，朝廷命令他到京西、河东二道。免收积欠官物奏请皇帝允许，免除数百万钱的东西。回来向皇帝禀奏，皇帝很满意。

《厚德录》

盐井该废

马亮为西川转运使时，施州的盐井因年代久远，都已经干涸了。而官吏们还是一个劲儿地催促采盐的人交纳所欠的税钱，为此每州各逮捕了数百人，马亮把他们全放了，把井也报废了。一共免除拖欠的税钱二百余万。

《厚德录》

宰相抚仆女

宰相李沆，有忠厚长者的声誉。一个跟随他家几世的仆人拖欠房钱数十贯，忽然一个晚上逃跑了。这个仆人有个近十岁的女儿，长得很漂亮。他临走前写了一张纸条拴在女儿的衣带上，愿卖给李家来还债。李沆很怜悯她，嘱咐夫人说："愿你像对自己的孩子那样抚育她，用妇女应有的品德教导她。等到她长大成人后，找个合适的女婿，让她出嫁。那时，请夫人亲自主婚。"夫人便照他所说的那样做。到了女孩结婚的年龄，选择了一个女婿，也相当好，并准备了嫁妆和钱嫁了她。那女孩的品质和操守都非常好。后来，女孩的双亲回到京都，知道此事后刻骨铭心地感谢。李沆病了，他们夫妇俩割下脚上的肉做成羹汤送给李沆喝。李沆死后，他们服了三年丧来报答他。

《厚德录》

林积还珠

林积是南剑州人。他年轻时上京都，途经蔡州，在州里休息，感到褥子下有什么东西硌背。他打开席子一看，有一个布袋，其中有锦囊，锦囊中有北珠数百颗。第二天，他问店主："前天晚上是谁住在这里？"店主告诉他，是一个大商人。林积说："这是我的朋友。如果他再来，请他到上庠(太学)找我。"又在室内写道："×年×月×日，南剑林积住在这里。"写完便走了。再说那个商人，到了首都后，要以珍珠买东西，却找不到了，急忙沿着原道到处寻找。到了蔡州那家旅店，见到林积写的字，立即到上庠来拜访林积。林积告诉他，珍珠都在，但不能这样取，要到知府那里交验文书或证件，然后才能全部归还。商人按他说的办了。林积到了知府的府中，把珍珠全都给了商人。知府提议让他们两个人平分。商人说："这正是我的愿望。"林积不接受，说："如果我想要的话，早就据为己有了。"商人无法勉强他，便拿出几百贯钱，在佛寺里作大斋，为林积祈福。林积后来考上了进士，官至中大夫。生个儿子名又，字德新，官至吏部侍郎。

《厚德录》

两箱财物

京都有一个人，把金银缯锦装满两个箱子，托付给他朋友。几年后他死了，他的朋友把这些东西送给那人的儿子。那人的儿子说："我父亲平日没有一句话提到这件事，也没有证券可检验，大概是您老人家弄错了。"朋友说："这些东西是我亲自从你父亲手里接过来的，还要什么证券，也没有必要跟你说。"两个人互相推让，谁也不要。没有办法，那位朋友便拿着东西去报官。当时包拯任京城长官，验究其中的实情，把财物断给了死者的儿子。

《厚德录》

两箱财物

自做主张

侍郎张溥任楚州知州时，正赶上闹饥荒，便写信请转运使发放粮食，却无人理会。他感叹道：“老百姓眼看就要死了，还要等待上边的答复吗？”便自做主张发放仓库里的粮食赈救饥民，救活了上万人。他又上奏章请罪，朝廷不但没有治他的罪，还夸奖了他。

《厚德录》

范仲淹还金

范仲淹少年时贫穷憔悴，依睢阳朱氏家，常与一个术士为朋友。术士病危时，打发人把范仲淹叫来，告诉他说：“我擅长把水银炼成白金。我的儿子幼小，不能交给他，今天就交给你吧。”便把药方和所炼成的白金一斤，封起来并做了标记，放到范仲淹怀中。范仲淹正要推辞躲避，那个术士已经断气了。十多年后，范仲淹为谏官。术士的儿子长大了，范便把他招呼来告诉他：“你的父亲有神术，因你还幼小，让我收存遗物。今天你已经长大成人，应该还给你。”说着便拿出了那个药方和白金交给了他，当时封存记号还清清楚楚。

《厚德录》

高防救人一命

高防曾在澶州防御使张从恩手下任判官。军校段洪进偷盗官家的木材给自己打家具，张从恩想杀了他。段洪进欺骗他说：“这是判官高防让我干的。”张从恩问高防，高防便胡乱承认了。段洪进从而免去一死。张从恩给了高防钱十贯，马一匹，打发他走。高防走了，始终没有说出真相。不久，张从恩又派一人骑马把高防追了回来。过了一年，张从恩的亲信告诉张从恩，高防是自己诬陷自己，目的是救人一命。张从恩赞叹不已，对他越发尊重。

《厚德录》

人的性命重要

韩国公富弼，为枢密副使时，因受到石守道的诽谤，从河北宣抚使改知郓州，后又迁到青州。但攻击他的人还是不停止，大家都为他担心。其时正赶上河北发大水，流民往东方逃荒的有六七十万人。富弼全都接纳下来，并劝说有粮食的人家拿出粮食，富弼亲自给他们规划，在境内散发。他还给饥民提供饮食、医药、住处，安排得周到细致。来的人像赶集市一样。有人劝富弼，说：“这样做不是解除上边的怀疑和诽谤的办法，而且不知还会出现什么祸事呢！”富弼傲然不顾，说：“我难道不能拿自己的一条命去换这六七十万人的性命吗？”从此干得更起劲了。第二年，河北大麦小麦都丰收了，流民才背着抱着孩子回老家了。这都是富公保全存活下来的。这样一来，就连攻击富弼的人，也不能不对他表示敬惧佩服了，而上面对富弼的怀疑也因此解除了。

《厚德录》

弃粮救人

有一个叫桑怿的人，一次遇水灾，他有两库粮食，就用船运走。正好看见百姓逃避大水，便把粮食都抛弃了，而用船载人，那些百姓都被救活了。又有一年闹饥荒，他让一群饥民到自己家吃饭，直到把粮食吃尽了才停止。

《厚德录》

县令嫁女

五代时的南唐，有一个县令姓钟离，与邻县的许县令结为婚姻。钟离县令的女儿将要出嫁，买一个婢女陪嫁。一天，那个婢女拿着畚箕、笤帚扫地，走到堂前，细看地面的凹处，哗哗掉泪。钟离县令正好看见，感到奇怪，问她是怎么回事。婢女哭着说："小时候，我父亲在这里挖个坑当球窝，领着我玩。过去了这么长时间，但这里的凹处却没有改变。"钟离县令吃惊地问："你父亲是什么人？"婢女说："我父亲是两任以前的县令。后来身死家破，我便流落民间，又被卖为婢女。"钟离县令马上找卖婢女的人来问，又访问老吏，了解到实情。这时，许县令送来彩礼好多天了，钟离县令马上写封信给许县令，暂停女儿出嫁，说："我买到县令的女儿，我很喜欢她又很可怜她。按照道义，不能让她长时间受屈辱。我准备用我女儿的嫁妆，选择个贤婿，先把前县令的女儿嫁出。再过一年，另外给我女儿办嫁妆，再嫁给你的儿子，可以吗？"许县令回信说："蓬伯玉是孔子的学生，他认为只有自己当君子是一种耻辱。你为什么把仁义给垄断了呢？我请求把前县令的女儿，嫁给我的儿子，然后你再另求贤婿，以嫁你的女儿。"就这样，前县令的女儿嫁给了许家。

《厚德录》

义仆赵延嗣

赵邻几好学，善著述，宋太宗提拔他为知制诰，可他过了一年就死了。他的儿子赵来之，也有文才，后来因出差死于塞下。他家里极其贫穷，三个女儿都很幼小，没有田地养活自己，也没有住宅居住。赵家有个仆人叫赵延嗣，侍奉赵邻几很久，义不忍去，费尽心力营办衣服、食物以供给她们，无论怎样劳苦，都不躲避。这样做了十几年，赵家的三个女儿都长大成人了，赵延嗣却未曾见过她们的面。赵延嗣来到京都，寻访赵邻几旧日的朋友，想请他们帮忙，让赵邻几的三个女儿出嫁。他见到翰林学士宋白、侍郎杨徽之，放声大哭，详细说明情况。宋、杨二人大吃一惊，深为感愧，说："我们穿的是儒者的衣服帽子，还和赵邻几是朋友，不能抚恤他的遗孤，远远赶不上你。"便迎接赵家的三个女儿进京，选择优秀的士人，把她们嫁出去了。赵家的三个女儿都有了归宿，赵延嗣这才走。徂徕先生石介给他做了传，以激励天下人。

《厚德录》

父子同心

范仲淹在睢阳,派儿子尧夫到苏州运麦子五百斛。尧夫当时还年少,回来的路上,船停在丹阳,见到石延年,便问道:“你寄居这里多长时间了?”石延年说:“两个月了。我有三件丧事,棺材都埋在浅土,想要深葬,还想回西北,却没有帮忙的。”尧夫把运麦的船交给他,一个人骑马经长庐的捷径而走。回到家中,拜见父亲,侍立一旁很久。范仲淹说:“到苏州去看见故旧没有?”范尧夫说:“石延年因为三件丧事办不了,正滞留在丹阳,没有唐朝郭元振那样侠义的人物,求告无门。”范仲淹说:“怎么不把运麦船交给他?”尧夫说:“已经交给他了。”

《厚德录》

李玉救孤

李玉曾经在沧州吕兖的门下为食客。刘守光破沧州,把吕兖全家都杀了。吕兖的儿子吕琦当时才十四岁,李玉背着他逃跑了,靠乞讨衣服食物来供养他。燕赵间的人们因他能保存吕氏的孤儿,推他为义士。清泰年间,吕琦官至给事中,端明殿学士。当时李玉已经死了,吕琦便推荐其子李度参加科举考试,考中了进士甲科。

《厚德录》

缓　罚

曹彬为人仁爱宽恕,北宋初先后平定几个国家,都没有乱杀人。曾任徐州知州,有小吏犯罪,立案一年以后才用棒打责罚他。人们都不了解这样做的意图。曹彬说:“我听说这个人新娶媳妇,如果立即杖打他,她的公婆一定会以为这个妇人对家不利而厌恶她,早晚打骂,使她没法存身,所以我才延缓处理这件事。但按照法律,我也不能宽恕他。”

《厚德录》

告示救弃儿

刘彝所到之处多有善政。他做虔州知州时,正赶上江西歉收挨饿,老百姓多把孩子扔在道上。刘彝在大道上贴出告示,号召人们收养,每天给广惠仓米二升。每天一次,抱到官府验看。此举推行到县镇。小民图每天二升米的小利,都来养育弃儿,所以境内的小孩没有夭折的。

《厚德录》

须思未有时

尚书杨玢退休回长安,旧居多为邻居侵占,他家的子弟想要到府里上诉,把状纸交给杨玢。杨玢在状纸的末尾批道:“四邻侵我我从伊,毕竟须思未有时。试上含元殿基望,秋风秋草正离离。”子孙读后,不敢再提此事。

《厚德录》

不露隐私

韩琦当丞相时,每次见到文字中有

攻击别人隐私的，便亲自将其封存起来，不让别人看见。

《厚德录》

从轻发落

王曾留守洛阳时，一年歉收，乡间有囤积粮食的，饥民成群结伙地到他家去强取。邻州都按强盗论处，处死的人很多。王曾却只是重打一顿，便把他们放了。远近诸州听说了，都按这个办法处理，因此而救活的人有数千。王曾还提醒皇上说："开国初年，淮、浙没有打下来的时候，曾经命令陕、雍、晋、绛诸州，每年通过水道运粮食到京都。"皇帝便下诏，供给陕州粮食二十万石。这样，陕州仓库充实而百姓安乐，到现在不依赖它。

《厚德录》

礼遇妇女

侍中曹彬征讨蜀地，刚攻克成都时，抓到了一些妇女。曹彬命令把这些妇女全都关在一个大院子里，凿个窟窿给她们送饭吃。他告诉别人说："这些人将送给皇帝。"又命令军士们严密地保卫她们。等到战事平息下来后，他派人寻找她们的亲属，归还了她们。没有亲属的便帮她们出了嫁。

《厚德录》

两罪罚一

稽适为荆南石首县主簿时，有父子二人犯了重罪，知州命稽适来审判。他免去儿子的死罪，只对父亲绳之以法。县令对别人说："稽主簿是个仁人，应该生一个好儿子。"

第二年，稽适便得稽颖，天圣年间进士及第，官内翰。

《厚德录》

不报私怨

宰相魏仁浦，曾经受到贾延徽的谗言攻击，几乎遇到一场大祸。有一次，他带领军队出征，有人把贾延徽捉来献给他，魏仁浦说："因为战争而报私怨，我不忍这么干。"人们佩服他是个忠厚长者。当初他曾事奉过后周世宗，世宗性情急躁，经常草率地杀人。经过魏仁浦营救而免去一死的，十个人中常常有七八个人之多。他多次跟随后周世宗出征，在他的刀剑之下没有横死的。

《厚德录》

囚犯移地

沙门岛是宋代流放罪犯的地方，这里有旧规定：每当囚犯数目增多，就选取一个人，投到海中。马默，字处厚，任登州知府时，上书建议朝廷，既然宽大处理，就应该允许囚犯生存，将其投入海中，这有背朝廷本意，今后囚犯数目若超过定额，请挑选在岛上年深月久，自从来到发配地点再没犯过错的犯人，移居登州。宋神宗认为他说的很对，立即下诏，将此作为制度。

《厚德录》

还钱救命

燕肃的女婿张淇在江阴军主持政务时，一个小吏盗窃了三百万钱，此事已经过去二十多年了，其时被彻底揭发出来，被捕的有数十人。……张淇把那个小吏找来，命他还钱，这样就可以将他释放，如若不然，就要将他处死。小吏的亲属们听了，争着出钱来还。不出十天，就把钱还完了。张淇找两个已死去的人为罪魁祸首，其余的人全放了，不再问罪。

《厚德录》

失察者获罪

参知政事李若谷曾上奏说："转运使、提点刑狱，如果不能查出所属官员接受贿赂、贪赃枉法，一律受降职处分。但他们所管的地方很广，到一个地方视察不过停留三两天，大概不能普遍了解每个人的情况。如果州郡派官吏先举报朝廷，那么转运使、提点刑狱就会有受不完的贬黜。"皇帝接受了他的意见，诏令转运使、提点刑狱以后要是两次不能觉察所属官吏受赃，才受到降职和罢免的处分。

《厚德录》

王畴拒开棺

王畴是枢密王博文的儿子。至和初年，任开封府判官。宦官李允良，怀疑有个人毒死他的叔父，要求开棺验视。王畴却说："验而无实，便是无故暴露人家的尸首，这怎知不是李允良有奸诈之心？"接着他着力查究此事。果然那个人与李允良的叔家有私怨。

《厚德录》

胁从不问

天禧四年，皇上派王博文查究朱能、王先伪造乾佑天书事。受牵连被逮捕的人很多。他只办首恶，胁从者都被免去一死。当时沿边军民逃入敌国很多，以前凡能将之活捉的，就赏给锦袍玉带茶叶彩帛，被抓获者，按着法律都被处斩。王博文派遣能办事的人，拿着自己的信，秘密召集他们回来，回来后就宽大处理，免去死罪的很多。朝廷下诏书嘉勉，并把他的办法推广到边疆各州。

《厚德录》

空言不处罪

张世逊罢相，是因为范仲淹弹劾所致。后来张世逊又当上了宰相。一天，宋仁宗对张世逊说："范仲淹曾经有奏疏，请求废掉朕，应处置他。"张世逊说："按着法律范仲淹该杀，然而不见奏疏。"宋仁宗说："虽然没有见到他的章疏，但屡次有人跟我这样说，先议定他的罪该怎么处理。"张世逊说："他的罪很大，但没有证据，就没法执法，请陛下查访。"每过几天，他就跟宋仁宗要一次章疏。这样过了一个多月，他要求了十几次。宋仁宗说："我一定没见到他的奏疏，但很多人都跟朕这样说，可以从轻判他的罪。”张世逊说：“人臣而要废君，没有轻刑。既然没有文字证明，不能因空言处罪。”宋仁宗的怒意稍为缓解。张世逊又说：“范仲淹在外地任职，以前对他有怀疑，现在既然不怀疑了，可以稍微升升他的官，以便安慰他的心。”宋仁宗很同意他的话。

《厚德录》

李允元办案

给事李允元任宁州通判时，州里士兵酝酿叛乱。事情被发觉后，遭逮捕的人很多。李允元极力加以辨别分析，只杀了首恶数人。在他任利州转运使时，正赶上闹饥荒，便发放官仓里的粮食赈济灾民，使人们不至逃荒要饭。

《厚德录》

宣法救弃儿

据尚书左丞叶梦得自述，有一年他在许昌时，正赶上发大水，京西尤其厉害，漂浮的死尸自邓州、唐州一直进入许昌境内，数都数不过来。叶梦得命令把常平仓所藏的粮食都拿出来，并得到皇帝允许，不按旧时的制度赈济他们。几十万人，渐渐地都能保全性命了，只是对那些被遗弃的小孩没有办法。有一天，他问左右的人说：“没有孩子的人，为什么不收养呢?”有人回答说：“人们本来愿意收养，但怕长大后，有人来认领。”叶梦得找来法律条文，看到上面是这样写的：“凡伤灾弃遗小儿，父母不得复取。”由此可见，制定这条法律的人，也是仁者。孩子既然已经被抛弃，父母的恩义就没了。如果别人不收养，他们又怎么活呢？于是叶梦得便做了数千个空白证券，记上这条法律，发至城内外各界：凡得小孩者，都要说明来历，写在证券上，并进行登记；按时上报领养数，领养多的给赏钱；分给一些常平仓剩余的粮食，贫者按人数发给粮食。事后统计，共发出证券三千八百张，这样就使三千八百个小孩从死亡线上被救回来了。

《厚德录》

为民除害者免罪

马亮任潭州知州时，属县有一个亡命徒，到处抢劫，被乡下人合伙把他谋杀了。按着法律，应死的有四人。马亮对其部下说：“能为民除害，而让他们犯死罪，这怎能是制定法律的原意呢?”于是他便在这个案件上写了批语，把他们都宽大了。

《厚德录》

只惩首恶

谏议大夫李应言，从小死了父亲，以孝顺母亲知名，被任为侍御史。郓州百姓中有传妖法的，同党有几百人。逮捕他们的人想邀功请赏，便极力夸大他们的罪行，说他们要造反。上面命令李应言去查办这件事，他只杀了为首的几个人，其余的全都保全了性命。

《厚德录》

张咏嫁婢

自王钧、李顺造反之后，凡到蜀地当官的，多不携带家眷去。至今成都还有这样的禁忌。张咏做益州的长官，是单骑赴任。当时一府的官吏下属，都惧怕张咏的严峻，不敢蓄养婢女。张咏不愿意使人们断绝人情，就自己买了一个婢女，以侍候穿衣戴帽。从此后官吏下属才渐渐地买起姬妾来了。张咏在蜀四年，被召还朝廷。临走前，把婢女的父母叫来，自己出钱让婢女嫁人。那个婢女，至此还是处女。

《厚德录》

不敢以私害公

至和年间，范景仁当谏官，赵抃为御史，在议论陈恭公的事情上，两人有了矛盾。熙宁年间，王安石执政，恨范景仁，多次在皇上面前说范的坏话。他还说，只要一问赵抃，就知道范的为人。有一天皇上便问赵抃范景仁怎么样，赵回答说："忠臣。"皇上说："你怎么知道他忠?"赵回答说："嘉祐初年，仁宗身体不好，范景仁首先请求立皇嗣以安社稷，难道这不是忠吗?"退出后，王安石问赵抃："你不是和范景仁有矛盾吗?"赵抃说："不敢以私害公。"

《厚德录》

怕人惭愧

翰林学士李宗谔，在他父亲李昉执掌大权时，极力躲避嫌疑，远离权势，随他出入的马匹和仆人，与贫寒的士人没有两样。曾有一次在半路上，遇到了他父亲李昉跑在前面的仪仗马队，因为不知他是李昉的儿子，立即呵斥他、侮辱他。以后他每遇见呵斥、侮辱他的人，都要躲起来，怕那个人知道后惭愧。

《厚德录》

不忘前约

朝臣刘廷式，本出身农家，邻居的老者有一女儿，约定与刘廷式为婚姻。后来分别几年，刘廷式读书中了进士，回到故乡访问邻居那个老者，他已经死了，他的女儿也因病两眼瞎了，家里贫困以致挨饿。刘廷式打发人申述以前的约定。而女子的家里，以有病推脱，还说给别人种地吃饭的人，不敢跟当官的结为婚姻。刘廷式坚决不同意，说："与老人有约定在先，怎么能因老人死了，女儿有病而弃前约呢?"在他的坚持下，终于跟老人的女儿成婚了，婚后家中极为和睦。刘廷式曾犯过小过错，监司想赶走他，但赞赏他有美好的品德，便为他活动。后来刘廷式管理江州太平宫，其妻子死后，他哭得很悲哀。苏东坡喜爱他的正直，曾写文章赞美他。

《厚德录》

李沆不攻讦前任

李沆当宰相时，专门以方正重厚镇服浮躁，尤其不喜欢人论说短长，依附自己。秘书监胡旦被贬官，知商州，朝廷很久没有召见他。他曾经与李沆同为知制诰，听说李沆当了参知政事，便写了一封信表示祝贺，并攻击以前任职的人。他在信中说吕参政因为无功而拜参知政事，郭参政因为喝酒而为少监，辛参政没有才能而推托自己有病，却拜为尚书，陈参政新上任，不得皇帝欢心而退居两省，反过来却极为卖力地赞誉李沆，目的是要依附于他。李沆看了很不高兴，命小吏把信封上，放到另一个箧中。他说："我真比他们都优秀吗？也不过是遇到机会罢了。在人家后面接任而说他们不对，这样的事我不能干，况且还要张扬自己，而攻击其他四个人呢！"在他当宰相的时候，一直没有起用胡旦。

《厚德录》

公私不混

侍郎杨偕，知审官院时，西夏元昊请和而不称臣。杨偕对皇上说："连年出师，国家财力紧张，不如去封信表示同意，慢慢地想办法消灭他。"谏官欧阳修、蔡襄分别上奏章弹劾他，说杨偕的职务是从官，不考虑为国家讨贼，却支持元昊不称臣的请求，他的罪该杀。杨偕深感不安，要求去做越州知州，中途改为杭州知州。当时正好蔡襄来到杭州迎接双亲，却随便到街市上去游玩。有人对杨偕说："为什么不上告朝廷？"杨偕说："蔡襄曾经因公事攻击我，我怎么可以因为私事去报复他呢？"

《厚德录》

挨整无怨

李昉在相位时，谨慎小心，遇事多宽恕。他与张洎、卢多逊友好，但却瞧不起张泌。有一次皇上问李昉卢多逊这个人怎么样，李昉便为他辨解、开脱。皇上说："卢多逊曾经说你不值一钱。"李昉说："臣不敢没有根据地说他的坏话。"罢相后，张洎起草诏书，极力攻击他。张泌却时时到他家探望他。有人问张泌这是何故，张泌说："我为廷尉时，只有李昉没有因私事求过我。现在他虽然退居，仍可和他见面。

《厚德录》

张齐贤代他人负责

司空张齐贤，前前后后判决了很多案件，存活了很多人。在相位时，出了一件拉关系、走后门的案件，供词涉及到李沆，而张齐贤把责任全都承担过来了，世人都对他交口称赞。

《厚德录》

吕夷简不念旧恶

宋景佑年间，吕夷简执政，范仲淹以天章阁待制知开封府，屡次攻击吕的短处，因此被降职，做饶州知州，又改为越州知州。康定元年，恢复天章阁待制，范仲淹被任命为永兴军知府，很快又改为陕西都转运司。当时正赶上吕由大名府知府重新入朝做宰相，对宋仁宗说："范仲淹是个贤人，岂可只拜旧职?”皇上听从了他的建议,马上拜范为龙图阁直学士、陕西经略安抚使。皇上认为吕夷简是个忠厚长者,天下人也赞美吕不念旧恶。范仲淹当面向吕道歉说:“以前因公事冒犯宰相,没想到相公竟然这样奖励提拔我。”吕夷简说:“我怎敢再把旧事挂在心上?”

《厚德录》

以德报怨

赵概与欧阳修同在使馆,并同修起居注。赵概稳重、忠厚,很少说话,欧阳修从心里轻视他。欧阳修提升为知制诰,当时韩琦、范仲淹在中书省,以为赵概没有文采,便让赵概去做天章阁待制。赵概一点也不把它当作一回事。等到韩琦、范仲淹出去做地方官,才又让他当知制诰的官。当时正赶上欧阳修的外甥女嫁给欧阳修的侄子欧阳晟为妻子,与人淫乱的事被发觉,闲言也牵连到欧阳修。欧阳修当时为龙图阁直学士、河北都转运使,朝廷中对韩琦、范仲淹怀恨的人,都想罗织欧阳修的罪,说他与外甥女淫乱。皇上大怒,案情紧急,群臣没有敢说话的。赵概便上书给皇上,说欧阳修是靠文才学问当上近臣的,不能用闺房暧昧之事,轻易污蔑他的人格。“臣与欧阳修相处,一向关系很疏远,欧阳修对我也很薄情,我所珍惜的只是朝廷的大体罢了。”书奏上之后,皇上看了很不高兴,大家都为他担心。赵概却淡然像平日一样,不当作一回事。过了很久,欧阳修因为这个罪,由知制诰降为滁州知州。执政大臣暗中向赵概透露风声,让他要求降职出外,便出做苏州知州,正遇到丧事,便离官居丧。服丧完毕,拜为翰林学士。赵概又上表退让,认为欧阳修资格老,不能超越他,应让他先当翰林学士。他的奏章虽没有被理睬,但当时的舆论却都赞美他。

《厚德录》

宰相与小偷

韩琦以枢密使、宰相的身份,镇守相州。有一次因祭礼孔子,住在斋馆。夜里有小偷进入他的房间,掀起帘子,挺着尖刀,看着韩琦说:“我的生活不能自给,故来求你周济。”韩琦说:“桌子上的器具,可值百千,都给你。”小偷说:“不是指这个。我想要你的脑袋,献给西夏人。”韩琦就把脖子伸出来。小偷把刀扔下,向韩琦行礼说:“因为您道德、度量过人,所以来试探您。但桌上的东西,你已经赐给我了。希望您不要泄露这件事。”韩琦说:“好。”第二天从私宅的仓库中如数取来器具,将损失赔偿了,但始终没有对别人说这件事。以后那个小偷因为别的事犯罪当死,便在街市上细说了那件事,他还说:“我要是不说,怕我死后,韩公的好品德不在世上流传。”

《厚德录》

玉　杯

魏公韩琦在北都当知府时,有一亲戚送给他一只玉杯,说是种地的人进入坟里得到的，这只玉杯里里外外没有一点毛病，是稀世之宝。韩琦非常喜欢它，以一百两银子答谢。有一次他举行宴会，召集漕使、显官，特意设了一桌，铺上绣衣，把玉杯放在上面，还要用它喝酒。忽然下级一个军官不小心把桌子碰倒了，玉杯摔个粉碎，座上的客人都愣了。那个军官正要爬在地上请罪，韩琦却神色不动，笑着对座客说："东西坏也有一定的时间。"又对那个军官说："你是不小心碰的，并不是故意的，有什么罪？"

《厚德录》

李京之妻

宋代庆历三年，有个名叫李京的小官，与皇帝的侍从吴鼎臣是通家之好。有一次，李京向吴鼎臣推荐他的朋友，请求在朝廷让他的朋友出名。吴鼎臣就把他的书信交给了朝廷，李京因此犯罪贬官。临行前，李京的妻子拜见吴鼎臣的妻子，目的是告别。吴鼎臣的妻子很惭愧，不出来接见。李京的妻子站在大厅里，对吴鼎臣的仆人说："我来此的目的，既是为了两家往来很久，告别告别，也是为了你们家的男主人还有几封信是求我丈夫办私事的，恐怕你们家以后一直有疑心。"说着便向仆人要来火种，把那几封信烧掉后走了。

《厚德录》

厚礼待仇

张知白刚任参知政事的时候，受到宰相王钦若的排挤。到他知南京时，王钦若被贬官，正好属他管辖。大家都说张知白一定会报复他，而张知白却待他更好。张知白后来当了宰相，清苦得像个贫寒的士人，提拔谁当官都很慎重，人们都佩服他的公正。

《厚德录》

待以宰相礼

宋真宗天僖年间，陈从易犯了错误，宰相寇准向来对他不好，便贬他为吉州知州。后来寇准贬官道州，而当时陈从易为湖南转运使。有人对他说："你忘了当吉州知州的事了吗？"后来寇准来了，陈从易以对待宰相的礼节对待他，说挑拨话的人很惭愧。

《厚德录》

脸无怒色

宰相李沆掌权时，有个狂士扣马献书，一一指责他的短处。李沆谦虚地答谢道："回家后我要仔细看看。"狂士怒气冲冲，跟在他的马后大叫："居高位，不能康济天下，还不能引退，久妨贤路，难道你心里不惭愧吗？"李沆只在马上再三说："我屡次要求退位，但皇上没有答应。"始终没有怒色。

《厚德录》

文彦博不记个人恕仇

御史唐介因上疏弹劾文彦博，被贬为英州别驾。唐介还没有到达英州的时候,文彦博就对皇上说:“对唐介的处理太重了。陛下不应因为臣而贬退敢言之士,请您召用他。”唐介很快就来到漳州任通判,接着又改任复州知州。后来,又召为言事御史。

《厚德录》

宋庠做人坦荡

沈邈曾经为京东转运使,几次因事冒犯宋庠。后来担任御史时,他又弹劾宋庠,说宋庠不可以当枢密使或宰相。后来宋庠在洛阳当官,沈邈的儿子监管酒坊,是宋庠的下级。有一个人因出借县里的东西,被沈邈的儿子用木杖打了一顿,在路上死了,不过其因是由于有别的病。沈邈的儿子为洛阳的僚属所恶,便假借法律重重地治沈邈儿子的罪。宋庠却不允许,说:“这样做了,我又怎么做人呢?”人们因此称赞宋庠是个忠厚长者。

《厚德录》

怎敢荐贼

张齐贤以右拾遗的身份任江南转运使。一日家宴,一个奴仆偷了几件银器放在怀中,张齐贤在帘下看得清清楚楚,但没有出声。以后张齐贤三次做宰相,门下的仆役往往都当上了官,而这个奴仆竟没有得到一官半职。有一次,这个奴仆趁一个机会,向张齐贤再拜之后问道:“我侍奉相公的时间最长,比我晚来的人都当上了官,相公单单把我落下了,为什么呢?”边说边掉眼泪。张齐贤也很可怜他,说:“我本来不想说,但你竟然怨我。你回忆一下在江南的时候,你有没有偷我几件银器?我把这件事放在心中三十年,没有告诉别人,就是你自己也不知道。我是个宰相,提拔或贬黜百官,目的在激浊扬清,怎么敢推荐一个盗贼呢?念你侍奉我时间很长,今给你钱三百千,你就离开我门下吧,自己选择一个合适的地方。因我揭发了你以前的事,你会对我有愧,不可再留在这里了。”那个奴仆很害怕,哭着拜谢而后走了。

《厚德录》

苦闷才睡

有一次,张咏办完公事退回后院,见一个人在大厅上熟睡。张咏问他:“你家里有什么事?”那人回答说:“我母亲病了很久,哥哥出外很久没有回来。”仔细了解,果然如此。张咏第二天派人资助他,并且说:“有人敢在我的厅上睡觉,一定是心里太苦闷造成的,所以我怜悯他。”

《厚德录》

王旦烧书

宋真宗时,有一个算卦的给皇帝上书,所说的事涉及宫中。宋真宗大怒,下令逮捕他。按法律治了他的罪,并抄了他的家。在抄家时得到一些朝廷大臣跟他往来的书信,宋真宗说:“这个人狂妄,果然大臣们跟他有往来,都要交给御史来追查,严肃处理。”王旦把这些书信拿回家去。第二天，他单独跟宋真宗说："臣看过算卦人家里所藏的文字，上边写的都是给大臣算命、造吉日的草稿，没有一句话涉及朝廷的。臣也和他有过往来，也请他算过卦，那个底稿还在。"说着，就拿出来给宋真宗看，接着又说："如果处理，请根据这个草稿将我一同问罪。"宋真宗说："你的意见怎么样？"王旦说："臣不想因为一个算卦的连累朝廷大臣。"宋真宗的怒意这才缓解了。王旦回到自己的办公地点，马上就把那些书信都烧了。不久又有大臣极力请求处理与算卦者有往来的朝臣，想借这件事来排挤王旦。宋真宗命令宦官去取那些材料，王旦说："得到皇帝的圣旨，不处理这件事了，我已经把它们烧了。"

《厚德录》

捐钱救囚

孙觉，字莘老，做福州知州时，老百姓有欠市易钱的，被捕入狱的很多。这时，正好有些富人要出钱五百万修葺佛殿，向孙觉请示。孙觉慢慢地说："你们施舍钱财的目的是什么？"众人说："愿得福罢了。"孙觉说："佛殿没有怎么坏，也没有露天坐着的佛像。不如拿这些钱替监狱里的囚徒偿还所欠的市易钱。这样，便可使几百人脱离枷锁的痛苦，你们得福不就更多了吗？"富人们不得已，只好答应了。当日就把钱交给官家，监狱里顿时一空。

《厚德录》

从轻处理

宋仁宗刚开始执掌大政时，问宰辅大臣说："刚才有刑事案件奏上来，不知怎样裁决。怎么办才行呢？"吕夷简说："凡是上奏的案件，往往有疑问。有疑问的可以从轻处理。"宋仁宗认为他说得很对。从此以后，凡是遇到有疑问的案件，宋仁宗一律从轻处理。

《厚德录》

烧书

后周太祖镇蒲津时，将王溥召至幕府，跟随自己征讨李守正。其时，王景崇得到朝廷大臣互相交结的书信，被后周太祖得到了，他想暴露这件事，王溥坚决请求把它烧掉。后来，后周世宗问过后汉宰相李崧用蜡丸藏书信勾结辽人之事，有没有人记得其中的言辞。王溥说："如果李崧有这样的事，怎肯给别人看？这是逢吉他们干的事。"后周世宗便从优封了他的官。

《厚德录》

孝顺继母

刘温叟，官中丞，端厚方正，行动必合礼仪。他的父亲名岳，他便终身不听音乐。人们都认为这样做太过。刘温叟事奉继母以孝顺出名，即使盛暑季节，不穿戴整整齐齐也不敢见。他曾经叫他的儿子买药，药中有天灵盖。他问这味药产在哪里，人们告诉他这是人的头骨，他就马上派人将之埋在郊外。

《厚德录》

❀ 司马池为人忠厚

司马池是司马光的父亲，官为待制。杭州转运使江钧、张从革憎恶司马池，便挑出司马池所决定而有误的事十多条，奏明皇上，司马池因此降官，去做虢州知府。转运使弹劾完司马池之后，正好有一官吏偷盗官家的银器，被捕入狱。据他交待，他是江钧喜欢的厨子，所得财物一多半都为江花费掉了。还有一个越州通判私运货物，违反税法，实际上是张从革暗中主使的。江钧和张从革向司马池说情，说："请多加怜悯，饶了我们吧！"有些人认为司马池不会放过他们，可司马池却不加计较，人们因此称赞他为人忠厚。

《厚德录》

《书斋夜话》

[宋]俞 琰

《冷斋夜话》

[宋]释惠洪

《夷坚志》

[宋]洪 迈

《续夷坚志》

[金]元好问

《绿窗新话》

[宋]皇都风月主人

《癸辛杂识》

[宋]周 密

《谢赫画品》

[南北朝]谢 赫

《筠廊偶笔》

[清]宋 荦

《侯鲭录》

[宋]赵令畤

《文苑滑稽谈》

[近代]雷 瑨

《簪云楼杂说》

[清]陈尚古

《壶天录》

[清]百一居士

《丹午杂记》

[清]顾公燮

《寄蜗残赘》

[清]汪 堃

代考中第

宋人刘之杰参加科举考试，策论题刚作了一道，便觉腹疼难忍，顺手拿起试卷奔向厕所，把试卷插在厕所门上。腹泻之后，忘了试卷，直接回来，再回去找时，已经不见了试卷，他以为这次肯定没有希望了。没想到，揭榜之后，他却名列前茅。

刘之杰后来累迁到置制史，有一次，他到州邑视察，邑宰向他禀告公事后，邑宰说："前时我曾登第，恰好与大人您同榜。我有一语奉告。"刘之杰有所察觉，问道："你是说考场中事吗？"邑宰说："正是。"刘之杰把邑宰请到屏风后面，问他究竟是怎么回事，邑宰答道："当时我在考场上，也去上厕所，见到您的试卷，还欠第二、第三两道大题没作，我便带回去，为您代作补足，然后交给了考官。"刘之杰十分感动，说："我一生官场仕宦，都是您所赐给的呀，为何不早相见！"刘又呼妻子儿女，都来拜见这位恩公，他对邑宰说："生我者父母，成我者公也！"于是，从那以后，重重报答了这位邑宰的恩情。

《书斋夜话》

书生无福

北宋时，范仲淹镇守鄱阳（在今湖北），有一个书生来献诗，诗写得很好，范仲淹盛情招待他。书生自己说，他是普天下最受穷挨饿的人。当时盛行唐代书法家欧阳询写的荐福寺碑拓本，每本值一千钱。寺碑就在鄱阳，范仲淹就准备纸墨，准备拓印一千本，让书生带到京城去出售。纸墨都准备齐全了，但当天夜里雷声大作，突然之间把那块碑击得粉碎。

《冷斋夜话》

云庵法师

云庵法师住洞山时，有一次到某信徒家去，途经山林，猛听得有人哀叫，叫声中夹杂着流水之声，顺声音寻觅，发现有个人蹲在山涧水中。云庵急忙命两个跟随的力夫下去相救，自己在涧旁石上伸手相拉。一看落难之人原来是个双目失明的女子，年纪大约十七八岁。询问盲女为何坠涧，盲女对云庵说："我妈妈死了，父亲给人家当长工，远离家门，我哥哥穷得没有饭吃，就把我带到这里，突然把我推下山涧。"云庵听了，不觉泪下，对其中的一个力夫说："你还没有成亲，就把她接回家去，我负责你们的一生衣食。"力夫答应了，就用云庵所乘的竹滑杆把那个盲女抬回庙里，云庵步行随后，盲女后来与力夫连生三子，长大后都为庙里做事。云庵后来到别的地方做主持，仍派人不断地送来衣食，一直把盲女的儿子视为子侄。

《冷斋夜话》

周贯迂阔

周贯，不知是什么地方人，自号木雁子，北宋治平、熙宁年间，往来于西山，常常到高安县，和我（释惠洪）的祖父交往密切。他每天都喝酒，随身带一酒瓢，外出时夜里就用酒瓢当夜壶。工诗，赋诗成癖。有一次宿在奉新龙泉观，半夜时突然敲门，道士惊醒，散发披衣，开门问他有什么急事，周贯笑着说："我偶然想到了好诗句，特来相告。"道士很不高兴，问有什么好句，周贯指手画脚吟道："弹琴伤指甲，盖席损髭须。"因为当晚天气较冷，周贯用席子盖在身上，所以咏出这两句诗来。

《冷斋夜话》

何不早问我

宋朝有个张丞相，喜欢写草书，但写得不好。当时人都笑话他，但他本人却毫不在乎。有一天作诗来了灵感，提笔疾书，满纸龙蛇飞动。写完，让他侄子誊抄一遍。抄到潦草的地方，侄子抄不下去了，就拿去问他："这是什么字？"丞相打量了半天，也认不出来，却责怪侄子说："为什么不早点问我，弄得我也忘掉了！"

《冷斋夜话》

一举入高空

侯蒙从少年时便投身科举，可一直到了三十一岁，才弄了个乡贡生。人们都觉得他年长而且貌丑，都不尊敬他。有个轻薄子弟，把侯蒙的形象画在了风筝上，引线放飞。侯蒙的画像随着风筝飘来飘去，引得人们哄笑。侯蒙看了不但没有生气，反倒忍俊不禁，大笑起来，并且作了一首《临江仙》词，题在风筝上，词中写道：

未遇行藏谁肯信，如今方表名踪。无端良匠画形容，当风轻借力，一举入高空。才得吹嘘身渐稳，只疑远赴蟾宫。雨晴时候夕阳红。几人平地上，看我碧空中。

后来，侯蒙果真一举中第，不到四十岁，便成为执政的大官。

《夷坚志》

世忠诛盗

韩世忠任京东淮东宣抚处置使时，捕获凶恶的强盗好几十人，把他们带到金山，在庭下陈列刀剑，依次斩杀，强盗们都两脚战栗等着被杀，只有一个强盗跃出作揖，指着最大那口刀说："想向相公请求吃这口刀。"韩笑着说："很好！"当时有朝廷中来宣读旨意的宦官在一旁就座，说此人临死不怯，似乎可以重用。韩说："也不过是用计想逃脱一死罢了。"终于把此人杀了。

《夷坚志》

耿愚侍婢

大观年间，京城医官耿愚买了一个侍婢，美丽又聪明。过了一年多，侍婢站在门外，有小孩从此经过，把她当作母亲，眷恋她不肯离去，侍婢也爱怜地抚摸着小孩。小孩回家后对他父亲说："我母亲在某某家。"当时他母亲已经死后安葬了，他父亲没有相信，试着到坟地看一看，好像被盗贼挖过似的，而尸体也不见了。回家后，携带儿子拜访耿家的邻居，悄悄地询问耿家婢女的姓名，原来真是他死去的妻子。于是就假装成商贩，在道上徘徊，等候耿愚的侍婢出来后见她。耿愚的侍婢知道了，就把他叫到跟前，和他叙说别后的相思之情，接着就哭了，对人说："这是我丈夫呀，小孩是我儿子。"耿愚听了后非常生气，诟骂责备侍婢说："去年买你时，你本没有丈夫，有契约和牙商可以验证，你怎么敢这样呢？"婢女的丈夫到开封府打官司，详细地述说了经过。侍婢昏昏然不能够回忆，只是说："我走到一座桥上时，迷了路，被牙婆引去，由于饥寒交迫，所以把自己给卖了。"牙婆也说："确实是和她相遇在广备桥，她想找个吃饭的地方，就把她给卖了偿还债务。"京兆尹没有时间追究事情的始末，叫侍婢原先的丈夫将侍婢卖身的余钱偿还给耿愚，然后把妻子领回家去。耿愚不服，侍婢的丈夫又跑到御史台去打官司，审讯还没有开始，又丢失了妇人，官司才作罢。不到一年，耿愚就死了，他家也衰落了下来。

《夷坚志》

狗做眼线

福州人奉议郎郑某，宣和年间出任乐平县知县，从乡里携带一条狗来，平时，狗很温驯，不乱咬人。这个县境内有个做买卖的妇女，以卖花粉之类的东西为生，经常出入县署，郑氏对她也很敬重。妇人曾经白天进入堂屋，狗迎上来咬住她的乳头，妇人倒在地上，几乎死去。郑氏叫家人把狗绑起来，念及它是从家乡那么远的地方带来的，不忍心杀它，把它送给本县寺庙的僧人。当天晚上郑家被盗，过了半个月捕到贼人，一审讯，才知道这个卖花粉的妇人是贼的向导，方领悟到狗的灵性，于是又把狗给叫了回来。

《夷坚志》

树中盗物

王深之家住临川，经常丢失碗、碟、瓶、盒及衣服之类的东西，每次都要责骂身边的仆婢，可是还是找不到。一天晚上，起了暴风，把王家旁边的大皂荚树吹折了，断的地方中空，王氏积年所有丢失的衣物都放在其中，已经有一半都坏了。那棵树现今还在。

《夷坚志》

吕氏绿毛龟

吕德卿家在盆里养了一只绿毛龟，时间长了，这龟很驯顺，每到中午，用小竹棍敲击水面，小龟就会应声而出，于是就在小棍头上插上几小块生猪肉喂它，吃完又进到水中。这样子一共有两年，从未改变。吕家的小孩子想逗小龟玩，就在中午时敲打水面，小龟一出水面就抓住它放到另一个盆中，第二天才又放了回去。到了中午，绿毛龟不再出来了，过了六七天。让小童把手伸进水中掏摸，发现它已经死了。这样小的一个小动物，因为人的失信而气恼，宁可不吃东西而死，也真奇异啊。

《夷坚志》

✻ 巨　蚕

宿州符离北边的农民王友闻，住在蔡村，和他的弟弟友谅同住。他娶了同乡秦彪的女儿　秦氏天性狠毒，日夜说友谅的坏话，后来终于分家，有时成年也不见面。一次友谅向他哥哥要蚕种，秦氏把蚕种在火烤过后才给他。友谅的妻子按照通常的做法操作，等待出蚕。时间过了，只出了一只蚕，这只蚕渐渐长大，重量几乎达到百斤。秦氏又疑又妒，趁着友谅夫妇到东村作客，只留下小女儿看家的机会，叫上丈夫一起到她家把友谅的小女儿骗到厨房，她就直入蚕房。秦氏看到那蚕正躺在窗下，喘息如牛，吃树叶的声音就像风雨声。秦氏拿一根大棍子击打那蚕，每打一下，那蚕就吐出几斤丝，秦氏吓得魂飞魄散，急忙叫上丈夫回家，由此就得了个心跳的毛病。过了一天，友谅家的巨蚕结成了茧，就像一只大瓦罐一样，缫出丝正好得到了一百斤。

《夷坚志》

✻ 画眉报警

黟县人黄祝是鄱阳主簿。庆元二年四月，有小偷进入他家，小偷收拾了衣被等物，分装三两只口袋中，想要逃走。黄家养了一只画眉鸟，很驯良而又聪明，能听懂人的话，这一夜，一家人都熟睡，这只鸟忽然在笼子里又跳又撞，不断鸣叫。听到声音的人以为是猫在抓鸟吃，赶忙起来看，小偷一看，又惊又怕连忙逃走，丢下了一只口袋。这时黄主簿也醒了，他派仆人去追赶小偷，但小偷已经逃得无影无踪了。

《夷坚志》

✻ 杜郎中驴

杜泾郎中，是河中府荥河县上原村人，他家世代行医，渐有积蓄，就买下了同乡人王氏家的驴。这头驴只有四尺高，但却有力而又善鸣，能快速奔跑。杜泾每天早晚都骑这驴，并喜欢在醉酒后驱驴无节制地狂奔，稍慢一点就狠狠鞭打。于是，每当加鞍子的时候，驴就退缩战抖，悲鸣不止。他一点也不知道这驴有怀恨报复之心。杜泾到了丁村喝酒，很晚才回来，走到半路，离家还有十里，想要赶快回家，就鞭打得更急了。随从小童赶不上他了，就背着衣服药箱在后边走。那驴忽然把杜泾蹶翻在地，他还没来得及起来，就被驴踢了一脚，驴又咬吃他的腹部，快要吃尽了，仍未断气。驴无所适从地回到家中。家人吃了一惊，以为杜泾一定遇到了虎狼，而一看驴嘴上净是血。杜泾的儿子们打起火把赶到出事的地方，当时，杜泾忍着痛还能说话，抬回家就死了。

《夷坚志》

✻ 刘承节马

浙西人刘承节从赣州税官任上回来，被调往他处，他把家安顿在赣州，就只与一个儿子和一个仆人骑马东行，走到贵溪，住在旅馆中。在旅馆中，遇到几个商人，带了些广香。刘承节与他们同坐时问他们从哪里来，想要买他们的香。取来一看，这香很不好，刘就对他们说："我带的东西虽然不多，但是比你们香强多了。"于是就拿出箱子打开给他们看，箱里装着百余两银子，这几个商人暗暗地看在眼里。正好天晚了，他们都住了下来。原来这几个人都是强盗，夜深了，他们手持棍棒闯入刘的房间。刘本是军人出身，很有力气，挥刀砍断了其中一人的胳膊，强盗们吓跑了。

旅店主人是强盗们的同谋，他骗刘承节说："他们没有得逞，一定会再叫一些同伙，你们不能在这安睡了，不如天不亮就上路，躲过他们。"刘不怀疑其中有诈，就叫起仆人，不等备饭就离去，走到高岗下就与强盗们相遇，虽然与他们打斗，但因为寡不敌敌，连儿子带仆人都被杀死。正好有一名邮卒路过此地，亦被杀掉，他们的尸体被抛进沟里。强盗们分掉抢来的东西就逃散了。

刘承节的坐骑在路上徘徊，正好县主簿外出视察农田，这匹马就迎到车前，前腿弯曲，如同下拜，退下后再上前来，前后一共六七次。主簿感到奇怪，说道："它一定是有冤要诉。"于是就派几个人跟着马走，到了山边沟坎下，马刨着土不再走了，只见满地血污，四具尸体横在沟中，肢体还未僵冷。主簿马上责成里正录访缉捕凶手，不到一个早晨就全部抓获，都判处了死刑。

《夷坚志》

母鸡殉情

鄱阳地方一个叫王揖的算命先生，租住了旅馆的一间房子，养了两只鸡，一公一母，母鸡养了小鸡，正在栏里带小鸡吃食。一天，王揖来客人了，王揖叫小童抓来公鸡，要杀掉煮了吃。公鸡鸣叫，母鸡闻声走出鸡窝，直瞪瞪地看着王揖哽咽悲鸣，像是在对他倾诉，求他免除公鸡一死。王揖没理会，终于杀了公鸡。母鸡徘徊哀鸣，不再照顾小鸡，整宿都在唧唧叫着，早晨起来也不吃食了，在台阶下呆立，昏沉沉的就像喝醉了一样，一会儿有气从脖子中冲出，于是喘息而死。

《夷坚志》

奇　羊

淳熙十三年冬，隆兴进宝县的舒致政送给商德正一只活羊。商把这只羊在家留了十几天就送到塔园去饲养。第二年的夏天，把它卖给了东湖边的屠户孔生叔。到初冬时，屠户要杀此羊，此羊却忽然走失了。这一天中午，商德正在家里，看见一只羊从外面跑进来，到堂上就跪了下来，做出诉告哀鸣之状。过后又喘息着卧在厨房中。商德正认出这是自己卖的那只羊，就叫来孔屠户询问，得知了事情的原委。他叹息道："这羊当初在我家没有几天，到现在相隔一年了，我住在升平坊，离塔园有五里，中间有不少岔路，不易辨识，而它却能避死逃生，大概是冥冥之中有神助，以此来警戒世人的吧。”于是就退还卖羊的钱留下了这只羊。

《夷坚志》

牛犊救母

桐庐有个人养了两头牛，一头是母牛，一头是牛犊。这人在同一天把这两头牛都卖了，牛犊卖给了农民，母牛卖给了屠户。两头牛一同拉出门，屠户拉着母牛过河回家，而小牛则站在河边抬头长鸣，农民鞭打它也不动，后来硬逼着它走，它每走几步，就要回头看一看。越过了几座岭，穿过了小路，到了田间，农民把它放在牛栏中。

屠户当晚准备好大汤锅，第二天早上要把牛杀掉煮了，忽然听到门外牛叫声，叫得很急，而母牛闻声也急叫起来。屠户暗想：已经是三更天了，一片漆黑，四周无人居住，怎么会有牛跑到这儿呢？急忙点上灯火出去一看，原来是农民白天买去的那头牛犊。牛犊冲门而入，在它母亲身边蹦跳着，母牛也连连舔着它的脖子。屠户虽然凶悍心狠，但是看到此景也怦然心动，倒掉水熄灭了火才睡去。

农民丢了牛犊，找了好几天，后来遇到了屠户，屠户把事情都对他说了，二人叹息了一阵。农民用原价向屠夫赎来母牛，终于使两头牛像当初一样一起生活。

农民家离屠户家有十五里路，路又曲折复杂，并不是人们常走的，牛犊从来未走过，但它却能知道怎样走，异类的天性竟能如此。《夷坚志》

幼狗救母

德兴詹村的一户农民，养了一只母狗生了小崽。这农民家极穷，没有东西给大狗小狗吃，整天也不喂它们，致使它们瘦骨嶙峋。离农家半里远的鹿坡有个姓王的，把小狗崽要回家去，喂它糖和酒糟吃。小狗每次吃完，就掉头回到原来的家，呕吐出所吃的东西，给它母亲吃。到傍晚又这样重复一次，即使是风雨之天也不间断。

《夷坚志》

母鸭变公鸭

婺源张村的村民张时住的地方靠小河，他养了几十只母鸭子，每天都把它们放到小河中，自己撑着小船看守它们，每年可以收获四五千只鸭蛋。庆元三年春，张时忽然得了咽喉病，不能看鸭子了，就让他儿子代替自己。过了几天，有一只鸭子的羽毛和叫声都改变了，过了不久就变成公的了。张家的人以为这不是好兆头，就打死了它，剖开它的肚子，只见里边还有许多细小的鸭蛋。这时，张时也死了。

《夷坚志》

怪鸡雏

婺源乡张村的洪胜家的母鸡在庆元三年春孵了十一只小鸡雏，其中有一只黑色的稍大，长了三只脚，过了十天就能打鸣，啄食时不合群。外边的人很多都来讨要这只鸡,张家谁也不给。过了一个月来,这只鸡身体大得超过了它的母亲。有一天,它腾空飞走了。

《夷坚志》

猪生怪胎

石黄坑吴漆匠的义子王发家的猪下了十二只小崽,身上都是虎斑纹,有的三只脚,有的两只脚,有的一只脚,还有的没长脚,几乎没有四脚不缺的。王家的人非常厌恶,就把小猪崽都捆绑起来扔进深水中,把母猪也卖掉了。这样全家人还是担心灾祸会突然降临,但是后来也没发生什么事情。

《夷坚志》

猴祸

广州海山楼下有一只客商的船,船上的商人养了一只猴很驯顺,养的时间长了,与人亲密无间。商人的老婆生了个孩子,已经三四岁了,猴子经常抱着他,习以为常,家人也熟视不问。一天,商人上岸去了。他老婆去睡觉,猴子就抱着小孩一直爬到了桅杆的顶端,有几丈高。满船的人都惊惧起来,但是又无法救下孩子,只好在桅杆的四周铺满帆席帏帐之类,以防孩子落入水中。又派撑篙的爬上桅杆,快要爬到时,猴子一下子放开了孩子,小孩子就掉下来摔碎脑袋死了。商人把猴子杀死,沉到海中,痛悔无及。

《夷坚志》

人遇奇祸

饶城的百姓严四,在潭津湖之南种菜,一天,他正蹲在地上种韭菜,他的布裤已经破了,突然有一只狗从后边咬住了他的阴囊,吃掉了他的一只睾丸,严四倒在了血泊中,邻居来救护,过了两天他才知道疼痛。

福州闽清县有一个小孩,才八九岁,在野田里大便,一只猪过来吃屎,连这小孩的两个睾丸都咬吃了。小孩仅仅得以不死,伤好后,阴中只剩下了筷子粗的一个小孔,屎尿都从那里出来。

《夷坚志》

早熟胎儿

朱琪有一个妾叫喜奴,怀孕六七个月时,婴儿在她肚子里啼哭,全家人既吃惊又害怕。过了几天,腹中胎儿又能说话了,有时笑有时哭,有时又尖声呼叫父母。等婴儿出生时,头发牙齿齐全,形象让人吃惊,见到的人疑心这不是吉兆。

《夷坚志》

罗伯固脑瘤

罗伯固未做官时,脑袋后边长了一个瘤,几个月后,就有能装半升的容器那样大小,连头发都无法梳了。听说婺源有个专治疮伤的外科医生医术精妙,罗伯固就叫仆人去把他请到家中。那医生在一根线上涂上药,然后在瘤子的根部系了两圈，在线头打结，剪断了余线，就到外间歇息。过了两个时辰，系线处痛极了，罗伯固紧咬衣袖也无法忍受，于是就叫他儿子给他解开线，他说："我宁可每天受瘤子之苦，现在都痛到骨髓了。"儿子遵命，可是线头全部剪掉，无法动手解开。这时正是冬天，罗伯固躺在大席子上，逐渐睡熟。等他醒来时，枕头边像水沾湿了一样，旁边还有一片皮囊，摸摸瘤子，已经没有了。儿子们拿着灯烛上前一看，发现连一点瘢痕都没有。

《夷坚志》

复州防库犬

复州的佥判厅，是主管各部门钱物的，因此养狗防盗，称之为"防库"。有一只黄狗在这里有十多年了。吴兴的周砺负责佥判厅时，对这只黄狗特别精心地喂养，而这只狗也像是很感恩的样子，经常在他旁边坐卧。周砺任期满后，由笔者(洪迈)的侄儿洪皋之取代了他。洪皋之因为年幼的女儿多，怕被狗惊吓或咬着，就把这只狗牵走送到了浮桥南边二十里外的莲台寺。第二天，狗回来了，又抓住送走，不久又回来了。这时周砺尚未离去，一天来拜访皋之，知道狗的意思，就让周砺在回乡的船上带上了狗。过了几天，船到了巴州，狗上岸还没有回来，船上的人就解缆东下。狗在岸上看见了，蹦跳嗥叫，紧追不舍，一直跟了三四十里。周砺回头看见了，就让小船把狗载上。那狗上船后，非常高兴，于是就到了湖州。

《夷坚志》

王氏婢女

司农王丞的族弟在淳熙年间买了一个小妾，在立契约时，妾的父母事先声明不可以让此女靠近水火。时间久了，一天，女主人晚上上厕所，边上没有别的人，就让这个卖妾拿着灯烛随行。女主人小便未完，就听那妾叫道："这回可完了！"一会儿她身上就起火了，顷刻间就烧成了灰烬。

《夷坚志》

人长尾巴

临安荐桥门外米市小儿桥边，有个卖豆子的人，腰间长了一条尾巴，有四尺多长，每次都要用绳子捆扎几道，才能出门。他经常受到市人的戏弄追逐，一定要看一下才肯罢休。另有一个乞丐也长了一条尾巴，但只有几寸长。

《夷坚志》

眼中赘肉

绍兴年间，吕德卿做赣州石城县的知县。冬月时，向饥贫的百姓散发官米。他看到有一个老百姓脸颊上有个东西，隆起很长，下垂超过了脖子，于是就把这人叫到跟前来仔细看。原来这人左眼上长出一块赘肉，从眼眶中突出来，将近二尺长，原用纱布遮护着。揭开纱布仔细一看，眼球竟然长在肉的表面，能够眨动而且有光亮，那眼光闪动着，十分可怕。吕德卿感到厌恶，赶他走了,没再问他怎么会成这个样子。

《夷坚志》

韩缜吃驴肠

韩缜丞相爱吃驴肠,每次宴请宾客都少不了它,有时还要上几次这道菜。他吃驴肠一定要脆美,但是驴肠进锅后过熟就煮烂了,稍不注意就坚韧了。厨师们害怕刑罚,就把活驴绑在柱子上,席上才喊斟酒,这边马上就到驴腹取出肠子洗净,略煮一下就取出,调和五味端上。同时厨师们手拿纸钱在门缝中偷看,等韩丞相吃完放下筷子没说什么,就向天焚烧,谢谢老天保佑。韩公在秦州时,他的一位客人在席间起身上厕所,从厨房边经过,正好看见有几只驴在柱子下又踢又叫,都是肠子已被掏出,没有马上死的。这客人一看,毛骨为之悚然,此人生于关中,经常吃驴肉,从此以后,就再也不吃了。

《夷坚志》

不食而孕

东京牛家的媳妇,年纪不到二十。有一天,她突然做了个怪梦,从此再也不吃东西了,如果吃了就会呕吐而生病,这样过了好几年,也不见她消瘦。乙巳年,她生下一女孩,自己用奶水喂养。她的婆婆领着她去见道士,范道士对她的婆婆说:"你儿媳已经不吃饭了,又没有大小便,怎么不让她入道呢?"她婆婆回答说:"我媳妇恋她的孩子,不能离开。"有识者认为这个女人有采食生气的特异功能,所以动作像平常人一样,月经按时来到,而性欲也未能割断,所以生下孩子。这种事在书传中也不多见。

《续夷坚志》

王生冤报

定襄邱村的王胡,以烧窑制造陶瓦器皿为业,明昌二年由于收成不好,他便与儿子王生去山东寄居。一天,有九名强盗,被尉司紧急追捕,实在无处可逃,便在王家躲藏起来,而且告诉了王家父子真情,并说:"我们这几个人拥有大量金银财宝,如果你们救我们一命,得以幸免,愿意与你们平分财物。"王家父子于是便把他们藏到满是破砖坏瓦的地窑中,尉司的兵经过这里什么也没发现。当这些兵走后,王胡父子心中不安,又贪图他们的财宝,便放了一把火,不一会儿九个人都被熏死了,父子俩携带财宝回到家乡,成为当地首富。泰和年间,王生到五台山朝拜,将走到与善镇时,恍惚中好像看见了什么,从马上堕地致伤,回家后,日渐萎颓,病中说出了致富真情,不多天便死了。

《续夷坚志》

大力士王增寿

地处秀蓉东南的双堡有一人名叫王增寿,擅长摔跤,与他交手的人中,没有能赢过他的,所以就送他绰号"外力",即今天所说的"大力士"。金章宗泰和末年,当地官吏绑来一头骆驼与他比试高下，王增寿便使用诡计，用钉子钉骆驼的脚，使骆驼腿瘸，诡称自己摔败了骆驼。便从羊头村背着骆驼到了代州，代州太守一看竟信以为真，认为王增寿果然名不虚传。王增寿又把骆驼背回去了。

《续夷坚志》

牛腰子里的金狮

金朝正大初年，张驿俞客居舞阳县城北街。有一天，张家的女婢从一弓手家买回一个牛腰子，用刀切不动，剥开一看，腰子里包了一块石头，作狮形，呈泥金色，前蹄一只向内屈，一只枕在头下作酣睡状。金狮高约二寸，夜夜放光，可能是秉受异气变化而成。张驿俞的嫂子吴氏将其收藏，不知现在是否还保存着。

《续夷坚志》

济水飞鱼

淳祐二年，济源水中有鱼飞起，乌鹊见了，凌空啄食，坠于地面，人捡起来吃，也没有发生什么异常的现象。淳祐四年冬天安贤镇西南方的马陵，大白天无风云，突然从空中落下七八条鱼来，也不知来自什么地方，这些从空降下的鱼比济源飞鱼稍小一点。传说春秋时期陶朱公范蠡养鱼法，鱼池里要放鳖，不然鱼就飞走了。

《续夷坚志》

碑子鱼

海里有一种鱼，足和尾长得与龟一样，背上聚一硬壳，像碑石一样直立着。这种鱼退潮时就到岸上爬果壳，百十成群，听到人声，就从沙上爬回海里，海边上的人称之为“碑子鱼”。说它是鱼也可，是兽也可，实是一种半鱼半兽的动物。

《续夷坚志》

田鼠

金哀宗正大三年，内乡县北山的农民告称田鼠为患，毁食庄稼。田鼠像兔子一样大小，或数百只或数十只为一群，所过将庄稼全部吃光。当地猎户射得数只，其中有的重十余斤，毛色如水獭，从来没听说有这么大的老鼠。

《续夷坚志》

锅铁生虫

忻州的会长老住在飞狐县的团崖。刚进庙的时候，典座和尚对他说：“本寺厨房有一口大锅，煮饭可供千人之食，但一点火锅里就发出怪声，现在已有二年了。人们认为锅响不吉利，已废弃不用，因而影响庙里做饭，大师看这事怎么办？”会长老令和尚们来到锅前，命人当众将锅砸碎，发现锅底洞里有一条深红色的虫子，长约二寸，原来是这条虫子一遇火就发出声响。溜川的杨权能也曾看见芒山均庆寺的大锅破了一个窟窿，有拳头大小，里面藏了一条虫子，形状像蛴螬而呈红色。

《续夷坚志》

熊群迁徙

癸卯年春天，有数十万头野熊从内乡、硖石两县境迁往西南山。它们成群结队，不嗥不叫一起迁徙。由于走路较远，熊掌都磨出血来了，有瘦弱而倒毙者，其他熊就把死者吃掉了。所过州县曾有移文传报，我(元好问)在彰德曾亲眼见过。

《续夷坚志》

孝顺马

金宣宗时，有名随身卫兵养了一匹铁青色马，非常通人性。卫兵值宿，马就自动把卧具送来，下班时，马又将卧具驮回。别人如果拦挡或牵拽它，那马就乱踢乱咬，谁也不敢靠近它。即使在军队之中，遇到那名卫兵去别的地方，马也能自己找到他。有一次，卫兵参加南征，掉到大坑里爬不上来，那匹马竟将两条前腿跪下，让他拽着马辔爬了上来。军中都称其为“孝顺马”。有一天，一位显贵的宦官到淮上劳军，故意命卫兵藏起来，让马自己去寻主人。只见那匹马振辔长鸣，竟然不费周折就找到了主人。宣宗听说后，特为卫兵增加薪水。

《续夷坚志》

生饮仇人之血

有个名叫戴十的人，不知是何方人氏，遭受战乱之后，居住在洛阳东南左家庄，靠佣作为生。淳祐三年秋八月，有一通事(翻译)在豆地中放马，戴十撵他出去。通事蛮横不讲理，用马鞭将戴十活活抽死。戴十之妻梁氏，叫人抬着尸体到营中投诉。通事是某权贵的家奴，深受其主人倚重，主人出面讲情，用牛两头，白银一笏向梁氏赎罪，并对梁氏说：“你丈夫的死也是命里注定，现在你两个儿子都小，得到这些钱财可以养活他们长大。就算你杀了通事，对死去的人会有什么好处呢？”梁氏义正辞严地答道：“我丈夫无罪而死，怎么能去谈‘利’呢？只要让这个奴才替我丈夫偿命，我母子就是讨饭吃也心甘！”众人不知不可夺其志，又对梁氏说：“你敢亲自杀死此人吗？”“有何不敢！”梁氏取刀在手，要手刃仇人。众人怕梁氏愤恨通事，不能痛快地杀死，让他活受折磨，就抢先杀了他。梁氏见通事已死，捧起他的血来喝，然后领着两个儿子离去。

《续夷坚志》

范元质决牛讼

范元质担任平舆县令时，本县函头村彭家兄弟都是富豪之家。彭李三家的母水牛生了个牛犊子，数日后犊死，扔进水里。其邻居张某家中水牛也生一犊。彭李三受放牛娃的诱惑，将张家牛犊偷回，让自家水牛替它喂奶。张某丢了牛犊，痛打放牛娃，放牛娃只好实招，告诉他说："彭李三家的牛犊死后扔进水里，他家现在那头牛犊是偷你家的，你去告官，我替你作证。"张某告到县里，彭李三拒不承认，县令范元质说："此案子不难断清。"命人打两盆清水，刺两牛耳滴血水中，两牛血不相融和。又逮牛犊刺血水中，与张家母牛血相融而凝结在一起，于是将牛犊判归张某，县里人都称其神明。范元质名天佑，河北磁州人，此事进士赵公祥亲眼所见。

《续夷坚志》

巫婆装神救包女

世间传说，包公生前刚正严明，死后主持东岳速报司，山野小民皆信以为真。南宋嘉熙四年，蒙古兵南下，在泰安掠一妇女，自称是包公的孙女，颇有姿色。娼妓之家想出高价买之，包氏女誓死不从。掠得包氏女的主人家贪钱财，捶楚威逼，包氏女被折磨得死去活来，邻居们见了都于心不忍，但也没有办法救她。有个巫婆知道了，私下里对别人说："我能想法救她，让她嫁给好人家。"巫婆来到主人家，闭目吁气，身体一屈一伸，搞了很长时间，装出神仙降体的样子。然后睁开眼睛，喊主人出来，大声责骂他。主人害怕，焚香伏地请罪，问触犯了哪家尊神。巫婆大骂道："我是泰山速报司包拯，你怎敢起恶念，把我孙女卖到娼家？限你十日之内，将我孙女嫁给好人家，不然我灭你全家！"主人叩头谢罪，几天后将包氏女择婿嫁出。

《续夷坚志》

天赐夫人

广宁（今辽宁省北镇县）医巫闾山神庙据说十分灵验。庙里的神像狰狞可怖，庙周围树木丛杂，就是大白天，人进了庙也会感到毛骨竦然，阴森可怕。附近的人又传说夜深人静之时，常常能听到审讯和拷问犯人的声音，所以如有事经过都故意绕路避开。参知政事梁肃家住广宁的牵马岭，他当举子时，与众秀才会课，谈及鬼神之事，大家历数当代有胆量者，梁肃都不赞成，对众秀才说："我敢于昏黑之时，到医巫闾山神庙的廓庑走一圈。"众秀才问："你要敢去，拿什么证明你确实沿廓庑周游一圈？"梁肃回答说："我走过的地方用东西画上记号，以此为证。"第二天晚上，大家一同来到医巫闾山上，众秀才呆在庙外，梁肃自己摸黑闯进庙里，一边走一边画记号。当他画到庙的东边角落时，摸到有一个人倚着站在那里。梁肃以为真的是遇到了鬼，但他并不害怕，摸黑将这个人背了出来。众秀才见他出来，都问他看到了什么，梁肃笑着说："我背回一个鬼来，你们取火照照看。"众人点火一看，原来是一位漂亮的女子，身上的装束也不同凡响。想询问她的来历，但此时那女子气息奄奄，好像喝醉了一样。大家都以为真是鬼物，将其团团围住守护着。过了很长时间，那女子慢慢睁开眼睛，见眼前站了一群人，惊恐异常，急问这是什么地方。众人告诉她这里的地点及发现她的经过，问她是鬼还是人，从什么地方来的。女子答道:“我是扬州大姓某某之女,结婚那天被接往婿家,途中忽遇狂风,从轿车里被卷上天空,神志恍惚,不知怎么落到这里。”大家听了,高兴地说:“梁生还没娶亲,神灵竟从扬州送来妻子,可能是天公故意玉成此事吧,可别违背了天意。”梁肃于是把此女领回家中成亲。不久中了进士。十九年后,居显官之位。这个夫人一连生了好几个儿子,当时人都称她为“天赐夫人”。

《续夷坚志》

越州女姿色冠代

唐宣宗时,越州(今浙江绍兴)太守献上一位美人,美丽绝伦。皇上开始时非常喜欢她,忽然又说:“明皇因为一个杨贵妃,被天下怪怨,我怎么敢忘记呢?”于是召见美人,对她说:“我不该留着你啊。”身边的人都请求放美人回家,皇上又说:“放她回家,我一定会想她。”于是下令让她喝毒酒而死。

《绿窗新话》

失而复得

刘伯宣任宣慰司同知,离职时,住在北关外俞碗盏家的闲房里,一天晚上,被小偷偷去银匙银筷两副、毛衫、宽袖长布袍三件,第二天差点就没有衣服穿了。俞碗盏家打算告官抓捕小偷。刘伯宣不同意。刘伯宣在门前对邻居说:“这种人只知偷东西,而不知道我是个穷官,我所有的东西也就这些。一旦他被抓获,就坏了他的生计。银匙银筷他拿去了,我也不想要了。但衣服没有了,很不方便。我希望能还给我,希望能体谅我的心意。”人们都笑他迂腐。过了两宿,刘伯宣在屋后空地上忽然发现有一个竹箱,打开一看,丢失的三件衣物全在里面。

《癸辛杂识》

济王致祸

济王赵竑被宋宁宗立为皇子,其夫人吴氏是杨皇后的侄孙女,生性极爱妒忌。济王有几个宠爱的美姬,她特别不能接受,每次进宫,一定让杨皇后了解这些,说尽济王的短处。一天皇后在后宫所设的宴会结束后,拿水晶莲花一枝,命济王亲自给夫人簪上,并劝戒他们夫妇要和睦。不久,济王和吴氏又有小的争执,济王生气失手打碎莲花。等到吴氏再入宫中,就对济王打碎莲花的事说坏话,因此,皇后的内心很恼怒,已经有了废除后储的意思。

《癸辛杂识》

彦古刁诈

韩彦古字子师,诡谲有心计,性情不定。做京兆尹时,范仲西任谏议大夫,宋孝宗很器重韩,不久就要重用了。范平时厌恶韩,要上奏罢黜他,言语泄出去了,韩很窘急,想要中伤范,范家清廉,没有空子可钻,他就用白玉小盒装满大北珠,封在大盒中,厚赂看门老兵,让他乘机交给范。范大怒,叱责他,让他拿走。范的爱妾也在旁边,惊奇那盒子大而轻，说："这是什么东西！"试着打开看，就看到玉盒，更奇怪了，正要再拿起看，因玉滑珠圆，分迸四出，一失手落在地上。盒已破碎，更不可收拾。范看见更愤怒，亲自起来揪爱妾的冠，自己却被气出气中(类中风)，倒在地上，竟不能起来了。

《癸辛杂识》

乞食歌姬院

韩熙载做南唐宰相，后主即位后，很怀疑北人，常用鸩酒毒死人。熙载害怕得祸，就纵情狂荡，不遵守礼法，耗费他的家产，买来数百名妓女乐工，荒淫做乐，无所不为。他所领的月俸，到不能自给的地步，就穿着破衣服、破鞋子装成聋子，拿着弦琴，让门生舒雅拿着檀板挽着他，挨户乞讨，来满足每日的饮食。后人用《夜宴图》这幅画来讽刺他。

《癸辛杂识》

天　花

宋理宗绍定元年五月初二日以来，阳光中，有一种像柳絮又像雪片的东西飞舞乱落，人们都哄传是天花。等到初四日大雷雨，飞落的雹子大的相当于一当三的钱币，这才知道连日所说的天花，就是雪。到落下来后则以为是雹子。大概是小片的雪花在半空中已被烈日融化，其中大片就乘风坠落下来了。

后来又听说沈家丢失了一窨冰，第二天，王子才从越地来，才知道越地端午那天下了大雹子，西廊门的冰也丢失了一半。

《癸辛杂识》

雷　雪

元至元二十七年正月二十九日(这年二月三日春分)，我(周密)送女儿出嫁吴家，来到博陆。早晨开始下雪，到下午一二点钟时出现闪电，接着响起了惊雷，大雪降落好像倒水一样，而雷声隆隆不止，天地因此陡然黑暗。这是我生平从未见过的事。

《癸辛杂识》

三更巨响

元成宗元贞二年十一月十七日冬至。这天晚上三更时，听到发射火炮似的巨响，巨大的震动相当可怕，所有鸡狗都发出叫声。第二天，金一山(似应作"金一之")从山里来说："山里面的声音更可怕，连野鸡都在鸣叫。"有人说，这是天狗下坠发出的声响。

《癸辛杂识》

华夷图石

汴京(北宋京城开封)天津桥上有一大片奇石，上面有自然生成的华夷(汉族居住的中心地区和少数民族居住的边远地区)图，图上，山青水绿，河黄路白，明朗如画。真是奇异的东西。现在听说已移放到汴京文庙里，被当作

"拜石"。

《癸辛杂识》

蜘蛛珠

福建一个百姓家的妇女,以织麻为业,每天晚上都在大水盆里沤麻。有一天,忽然发现盆里的水干了,细看水盆一点裂缝也没有,一连几天都是这样。她感到奇怪,到晚上,便等在旁边想看个究竟。过了半夜,果然来了个东西,直接进入盆里饮水。它的身体全部透明,像月亮一样,光辉照亮一屋。妇女细细辨认,原来是一只白色的蜘蛛,像能容五斗的笆斗。那位妇女急忙用大鸡笼将蜘蛛罩住,割开它的肚子,从里面找到一颗珠子,像弹丸一样大,照亮了一间屋子。这天晚上,那一带的军人都看到她家火光烛天,他们怀疑是失火,第二天便去问那位妇女,什么情况也没问出来。军人中的聪明人便用话引诱她,她终于隐藏不住,便拿出珠子给他看,那个士兵便威胁她,用十五贯钱买下了这颗珠子。不久,千户知道了这件事,又把士兵杀掉夺取了这颗珠子。后来转了几次手,死了几个人,最后归属于蒙古(复姓)歹之。他把这颗宝珠和所得的福王玉枕一起进献给皇帝,于是得到江、浙省平章的官职。

《癸辛杂识》

重窖

自从战乱以来,人们家中的窖藏,多数都被奴仆、盗贼和军人发掘,极少有幸免的。独独听说一个有地位的宦官家中,有种窖藏的独特妙法。用这种方法窖藏,必须挖下去很深,放置很多物品后,用土石掩盖,石上又用土掩盖,然后又把贵重物品藏存在里面,像这样埋放三四层,才用砖砌上。将来,如果被发掘,只见到上层的物品就不会再挖下去了,却不知下面还有东西,而且更多的东西都在下面。

《癸辛杂识》

冰蛆

西域雪山有万古不消的积雪,冬夏都一样。其中生有一种虫子,样子像蚕,它的味道甘如蜜,又清冷如冰,名叫"冰蛆",能够治疗积热病。

《癸辛杂识》

铁蛆

鲜于伯机说,过去听他父亲说:北方有座古寺,寺里有一口大铁锅,可以做几百人的饭食。一天晚上,锅中忽然发出牛吼声。天亮一看,铁锅已经破了。在铁锅的裂口中发现了虫子,颜色全是红的,共有几百只,还有正在蠕动的。铁里生虫子,这是前所未闻的。

《癸辛杂识》

火蝎

北方有一种蜇人的毒虫,名叫火蝎,比普通蝎子小得多,但它的毒性却特别酷烈。曾有几个人,夏天坐在磐石上小憩。其中一人忽然感觉大腿上奇痛彻心,忍耐不住,便急忙站起来寻找,而石面上很光洁,什么东西也没有。他才走了几步,便浑身肿起、溃破而死。在一起的人感到奇怪,心想石头底下一定有异常,便翻开石头检查,发现一只特别小的黑蝎子,其中一个人用竹杖打它,竹子都爆裂了,而握竹杖的手也肿起溃破,没等转身便死了。

《癸辛杂识》

蝗虫吃人

元大德元年七月,蝗虫从北方来到武城,遮天蔽日。有个叫崔四的人,到田里去摔倒了,他儿子去寻找,只见蝗虫堆积如山。拨开蝗虫一看,他的父亲躺在地上,被蝗虫埋起来了。头发、胡须都被吃光,衣服破碎成筛孔网眼,约过了一个时辰才苏醒。

晋天福年间,蝗虫吃猪。平原县一个小孩被蝗虫吃掉,血被吸空,只剩下一张空皮裹着骨头。

《癸辛杂识》

桐蕈鳊鱼

天台所出产的桐蕈味道极佳,然而运往远处一定要用麻油浸渍才能保存,这样一来,颜色味道都要减损很多。在京的谢太后族人本来都是天台人,尤其嗜食这种蕈。于是连带蕈的桐木一起抬运到京城,临做菜时现摘下来用,非常鲜美,远非油渍者可比。

贾似道当政时,特别喜欢吃茹溪的鳊鱼,赵与可因此而制造了一种大盘,养鱼达到千头。又制造了机械装置,可以不停地供水换水,鱼在其中游泳跳跃自由自在,好像在江湖里一样。几条船此来彼往运输不断。

《癸辛杂识》

大野猪

北方野猪大的有几百斤,最为粗野强悍,难以猎取。这种野猪常用身体揩擦松树,沾取松脂涂身,然后躺在沙子里,将沙子沾在身上的松脂上。时间久了,它的皮就变得坚硬粗厚像穿了双层甲衣,被人称为"带甲野猪",即使强弓劲箭也射不透。它的牙齿更是坚硬锋利如戟,马来了就用牙去攻击,马的腿部立即受伤,即使虎豹也不如它凶猛。

《癸辛杂识》

先怒后喜

葛天民字无怀,后来当了和尚名叫义铦,字补翁。后来又还俗,住在西湖边上。一时所交结的都是有名望的人士。他有两位佳妾,一位叫如梦,一位叫如幻。

有一天,下大雪,他正在炉边烤火煎茶,忽然,有一个穿黑衣服的人闯进门来,原来他是奉大宦官张知省命令,请他到总宜园去。他到那里后,张和他不吃不喝地高谈阔论了一整天。当时下大雪非常冷,他感觉腹中饿得厉害,而对方竟一杯酒也不端出来,一直到天晚,两人作个揖道别。

葛天民非常生气，步行回家，认为自己无缘无故被太监侮辱了，一到家中，却发现从院庭到门里罗列着几十只礼筐，几十个红布袋子，钱币、柴米、酒肴，甚至香茶之类需用之物，无所不备。原来，这位宦官故意让他先怒后喜，跟他开了个玩笑。

《癸辛杂识》

狗蚤颂

侯峰和尚《狗蚤颂》说："摸不着时寻不见，十二时中绕身转，若还离得这众生(生物)，聊是不挂一条线。"也自有旨意。

《癸辛杂识》

盗马遗患

宋度宗咸淳十年元兵渡江的祸事，是因盗马引起的。事先，驻守淮河的将军派遣无鼻孔回回偷偷涉水渡过江北偷马，有时多达三百匹。后来，便被元人擒获。元人逼问他们渡江所踏过的水浅之处，他们召出从阳罗堡来。于是，长江可以徒涉而渡的地方，元人都知道了，便从那个地方渡江进攻。

《癸辛杂识》

押不芦

回回国往西几千里的地方，出产一种毒性极大的东西，整个像人形，类似人参的样子。当地人称为"押不芦"。生长在几丈深的土里，人如果不小心碰上了它，沾着它的毒气就一定会死。求取它的办法是：先在它的四周挖大坑，挖到可以容下一个人的时候，用皮条缠住它，另一头系在狗脚上，然后拿棒子赶狗，狗逃跑便把它连根拔出来了。狗接触了毒气，随后也就死了。此后就地将押不芦埋进坑里，过一年再取出来晒干，另加其他药制成成药。每次使用，只拿很少一点放在酒里给人喝，就会浑身麻痹昏迷过去，使用刀子斧头去砍他也没有知觉。过三天后，另用少量解药给他服用就可以苏醒。

《癸辛杂识》

梨　酒

李仲宾说，过去他们家有一个梨园，其中的大树，每棵能收梨两车。忽然有一年丰收，到处都一样，收的梨是往年的几倍，因此卖不出去，甚至用来喂猪，梨价有多贱就可想而知了。其中有称作"山梨"的，仲宾有些舍不得糟践，便随便用几个大坛子贮藏了几百颗，盖上坛口后又糊上泥土封严，想要久藏，准备随意取食。时间一久便把这事忘了。等半年后，因事来到梨园，忽然闻到酒气熏人，疑心是看守园子的人自己酿酒酿熟了，便向他要酒喝，那人却没有酒。因而打开藏梨的坛子，已经化成了水，清冷可爱，醇厚甘美，真是佳酒，仲宾取酒畅饮，竟然喝醉了。

《癸辛杂识》

倪氏窖藏癖

倪思是我(周密)家乡的一代名流，

曾与秀邸是邻居，两家常有侵越地界的争执。秀邸曾针对他说过："住场好，不如肚肠好；坟地好，不如心地好。"大概是有所指而说的。有人议论说倪有窖藏的癖好，但是我不敢相信。后来他的子孙发生了分配窖藏不公的诉讼，对他这位前人的名声颇有影响。我这才开始有所怀疑，但却不敢信以为真。

后来，我收纳了一个侍婢，是从倪思孙子家中出来的，她为我详细地述说了倪家窖藏的事。她说："有一天下暴雨，房屋漏水，积水泄不出去，就喊来瓦匠修房子。在屋檐下接水槽底板下找到一只大箱子，一看，里面全是黄金和白银。还有的财物窖藏在墙壁之间，一共有好几处。因此才兴起了诉讼，官司打了几年也不停止。"

《癸辛杂识》

蜀人不浴

宋代，四川人不洗澡，即使天最热时也不过用布擦身。有谚语说："蜀人生时一浴，死时一浴。"

《癸辛杂识》

男　娼

书信所记载的龙阳君、弥子暇的事非常丑恶。到汉代则有籍孺、闳孺、邓通、韩嫣、董贤之辈，竟然达到涂脂抹粉取媚于人的程度。史官说道："娇柔美丽倾覆国家，不局限于女性。"大概其中也有男色。

听说东都(北宋首都开封)繁盛时期，无业男子也用这个来谋取衣食。政和年间才制订法令，经人举报捕到男子当娼妓的罚一百棒，举报人奖钱五十贯。吴地民俗，此风更盛，新门外就是这类人的巢穴。那些男子都涂抹脂粉，十分讲究穿戴打扮，善于做针线活，称呼也和妇女一样，以此求食。其中为首的号称师巫行头。官府判决诉讼案时，遇到涉及男子性功能障碍的纠纷时，便把他们找来帮助验证。

《癸辛杂识》

南丹婚俗

周子功说：南丹州，未婚男女在每年七月聚集在州主的厅堂里。地上铺一块大毯子，女的穿青花大袖衣裳，用青绢盖头，手执小青盖；男的手捧发髻，黑衣黑帽，男女各自分组而立。过一会儿，左右队长各自把一个人推倒在地毯上，一男一女，互相拥抱，张口互相呵气，叫做"听气"。如果相合，就结为配偶；如果不合，就另选一人相配。大概一定要经过这样的程式然后才能成婚，否则就按通奸论罪。

《癸辛杂识》

剖腹验胎

安吉县的一个村庄有位孕妇，每天到田间给丈夫送饭，来回都从祠庙的旁边走。祠庙前有一个外来人，以算卦为业，每天看到孕妇往来，于是搭话，慢慢地有了交情。有一天，孕妇又从这里走过，卜卦人招呼说："今天我做馄饨，咱们一块吃。"孕妇同意了，和卜卦人一起走入庙里的一个僻静之处。卜卦人笑着说："你肚子这么大，一定是怀的双生子。"孕妇说："你怎么知道？"卜卦人说："你伸出舌头我看看，就能检验出是男孩是女孩。"孕妇随即把舌头伸出，被卜卦人用东西钩住，于是作声不得。卜卦人剖开她的肚子，果然是一对孪生子。接着卜卦人将孕妇的尸体分解，煮了祀神，并把孪生胎烤成腊肉作为"鸣童预报之神"。到了晚上，孕妇家人寻不见她，有一个村翁说，孕妇每天同卜卦人往来，怀疑她被奸了。于是进庙抓卜卦人，看到尸体，抓到了卜卦人，押解到县里。

《癸辛杂识》

大宋"忠臣"

南宋末年，湖州有个副州官，名叫蹇材望。有一年，元兵进犯，湖州危在旦夕。他面向临安，慷慨发誓："城在我在，城亡我亡。"并预先制作一块锡牌，上刻"大宋忠臣蹇材望"七字。另在两锭大银上镌上几行小字："仁人君子，如得到我的尸首，望代为掩埋。"然后他就把锡牌和银锭挂在胸前穿街走巷，痛哭流涕地遍告城中亲友百姓，表明他誓死报国的决心。人们见此悲壮举动，无不心酸。几日后城陷，人们不见蹇材望，都以为已捐躯，只可怜一代忠臣死后连尸骨都找不到，可没过两日，见一位新州官身穿蒙古装，骑在高头大马上，被随从前呼后拥开进城来，眼尖人一见就认出他来，正是那个蹇材望，早在城陷前，他就偷偷溜出城去投降了。

《癸辛杂识》

袁茜画图除病

南北朝时代南齐有一个叫袁茜的画家，是陈郡人，无论画什么，没有不肖似逼真的。当时的南康郡太守叫刘绘，他的妹妹是鄱阳王的妃子。这个妃子与鄱阳王感情相当深挚，当鄱阳王被齐明帝杀了以后，就成天追想思念，由于思虑过重，终日精神恍惚，最终导致精神失常，到处医治也不见效。刘绘心痛妹妹，就让袁茜画几幅画。袁茜就画了鄱阳王与其他宠爱的妃子照镜子的情景，看样子像是正在同床共寝的情景。刘绘秘密地让宫廷中的老婆婆把这些画拿给妹妹看，刘绘妹妹看到后，就朝画吐了几口口水，骂道："怎么不早点把这个老混蛋杀死。"于是悲情逐渐地消解了，病也慢慢地好了。

《谢赫画品》

三不要

某一年老的县令相当残暴贪婪，但却总是标榜自己如何廉洁清正。有一天，这位县令让人写了一大横幅悬挂在厅堂正中，上面是三个大字："三不要"，又在下面作注说："一不要钱，二不要官，三不要命。"第二早晨一看，大横幅上每行字后都被添上了两个字："一不要钱'嫌少'，二不要官'嫌小'，三不要命'嫌老'。"

《筠廊偶笔》

东坡墨迹“换羊书”

宋代大诗人苏轼又是大书法家。他的朋友韩宗儒好吃，每次得到他一幅手迹，就到禁卫军军官姚麟许那里换十多斤羊肉大吃一顿。另一位大诗人黄庭坚把这事告诉苏轼说：“以前王羲之的字叫‘换鹅书’，你的字可叫‘换羊书’了！”苏轼听了大笑。有一天，苏轼正在翰林院忙着写皇家的应景文字，韩宗儒又一连写来好几封信，希望苏轼回信，好得到一幅墨迹，还派人来到庭院里，不断催促。苏轼笑着对来人说：“回去传个话，本官今天不开宰了！”

《侯鲭录》

断不敢娶

清代某一位官员在山东当学政，巡视某一郡。在审阅一份试卷时，见其中夹有一张纸条，上边写道：“同邑某相国，是童生亲戚。”但是纸上把“戚”字写成了“妻”字。这位学政就在上面批道：“该童生既是相国的亲妻，本院不敢娶。”这位官员故意把“取”错写成“娶”字，正好与那张纸条针锋相对。

《文苑滑稽谈》

朱元璋写对联

明太祖朱元璋定都金陵（今南京）时，除夕那天忽然传下圣旨，谕令公卿百官和寻常老百姓家的大门上必须贴一副春联。朱元璋又乔装打扮，出宫观赏春联，作为消遣。他偶而发现唯独有一家没贴春联，一询问，方知道这是一个从事阉猪行当的人家，未曾请人书写对联。于是，朱元璋亲自动手为这家书写对联：“双手劈开生死路，一刀割断是非根。”写完，朱元璋丢下笔，悠然自得地走了。嗣后，朱元璋又一次出宫路过这家时，仍然不见贴出春联，便问其缘故，那家人回答道：“小人知道是皇帝亲手写的春联，不敢怠慢，早已将春联高悬在中堂上，烧香祝颂，作为奉献给新年的祥瑞。”朱元璋听后，非常高兴。

《簪云楼杂说》

兵祸

清顺治九年，漳州长期被包围，最后，城中百姓只剩下一二百人。房屋万间都洞开不闭，房中空空无人。这一二百人指着沟中的白骨，一个个地向人说明他们生前姓名，居住地点，不差丝毫。当城中危急的时候，有位读书人，带着妻儿，关上房门痛哭一场便全死了。邻居有个年轻人，偷着煮食他们的尸体，看到肠子里都是没有消化的纸絮，他扔掉筷子也自杀了。

《簪云楼杂说》

人骨筷子

清顺治五年，徽州人许裕侯从京口到苏州去，有位姓朱的客人请求搭船同行。行了一程，停船时，朱带着小锯上岸了。黄昏时，带了两块骨头回船。干了一整天活，做成二十双筷子。许问他这是什么骨头，他说是骆驼骨。许直视着骨头说："唉呀，这是人骨，你的谎撒得也太大了！"朱吐露实情说："你说的的确不错，这是昨天在河滩上拾到的，看这骨头晶莹可爱，只差没有花纹。明天到锡山就可以卖掉一半，这就有钱买丰厚的饮食了。"许问："人骨与骆驼骨有没有不同？"朱说："骆驼骨色白而无神采，人骨则晶莹光泽较好。"许问："人骨之间也有不同吗？"朱说："埋进土里久了就脆，病死的就枯朽，都受不住加工切削；老年的呈黄色，特别像旧牙；女人的光滑细腻可爱，但不如男人的丰厚出货。"许问："专诸巷有卖这种筷子的吗？"朱答："象牙筷子少见，骆驼骨筷子也难得，这种人骨筷子哪里都有，只是人们不认识罢了。"许问："这种事一被发觉，罪行等同杀人，谁敢经营这个呢？"朱说："有几个乞丐很久以来就独擅其利了。再说，根据货物质量的高低定价，还怕不获利吗？"

《簪云楼杂说》

见利忘义

南昌有一乞丐，原是兄弟三人。父母在世时已经娶妻，全家合力耕作，衣食颇为富裕。一天，他整治菜园，发现有窖藏银子。告诉他妻子后，妻子说，现在没分家，取出银子，必然要平均分配，不如催促分家后取出来。于是夫妇二人互相诟骂，一开始还轻些，接着就越吵越凶。父母都很惊异，他妻子便直说了要分家的意思，并表示由哥哥和弟弟共分家产，他们则分毫不要。父亲看他们如此慷慨，就按他们说的分了家。他夫妇俩见已分家，便高兴地去挖掘所藏的银子，以为可以独吞银子成为富翁了。不料挖土开瓮，一看原来银子累累，现在则是一水汪汪。两人懊恨而回，赤手空拳，沦为乞丐。家族邻里，过了很久才知原委，都鄙视他们见利忘义。

《壶天录》

王始妖贼

东晋妖贼王始聚集徒众盘踞在泰山，自称是太平皇帝，称他的父亲为"太上皇"，称他的哥哥为"征东将军""征西将军"。慕容行去讨伐。捉住王始要在街市上处斩。监刑前，别人问王始的父亲兄弟在哪儿，他笑着说："太上皇正在外地避难，征东征西将军都在乱兵中遇难，只有朕一人还没有什么事情。"他的妻子对他发怒道："你一辈子只因为嘴不好，看你以后还能说不能说了？"他又说："皇后，自古以来哪有不灭亡之国、不灭亡之家呢？"行刑前刽子手用刀环敲他，他又自语道："我皇帝将要驾崩了。"直到临死，他也不改变自己的帝号。

《丹午杂记》

伪造古砖

清代名士毕沅在陕西做巡抚时，过

六十多岁生日，下属的官吏都来送礼，他一概不接受。一位县令送来了二十块古砖，上面有年号题识，都是秦汉时代的古物，毕沅看到后非常高兴，召唤送礼人的家丁说："我曾规定过寿礼一概不收，你主人的物品非常合乎我的心意，所以就留下来。"家丁跪拜道："我家主人为大人您庆寿，就雇来工匠在署内制造古砖，主人亲自监工，挑选最好的古砖奉送到府上。"毕沅听到这话以后，不觉大笑，又把古砖退回去了。

《寄蜗残赘》

《女聊斋志异》

[清] 贾茗

《凌霄一士随笔》

[民国] 徐凌霄

《三朝野史》

[明] 顾炎武

《异苑》

[南北朝] 刘敬叔

《异辞录》

[清] 刘体仁

《谐语》

[明] 郭子章

《杜阳杂编》

[唐] 苏鹗

《蝶阶外史》

[清] 高继衍

《懒真子》

[宋] 马永卿

《芝田录》

[宋] 丁用晦

《妒记》

[南北朝] 虞通之

《洛阳缙伸旧闻记》

[宋] 张齐贤

《虫鸣漫录》

[清] 采蘅子

《越园记事》

[近代] 余绍宋

《云仙杂录》

[唐] 冯贽

《契丹国志》

[宋] 叶隆礼

假刀退敌

唐卢龙节度使李公，粗通星学推算，善于测算人的寿夭，百试不爽。有个爱女聪明美丽，据李公推算，她将来应当被封为诰命夫人。因此，对于求婚者，如果不是公侯的命便不肯许婚，所以过了及笄之年还没有许配人家。有位吴生，本是世家子弟。素来游手好闲，而性格乖巧，垂涎李家姑娘，又不敢直接通媒议亲。便暗中拿出百钱贿赂算命先生，让他替自己捏造一个特别高贵的命格，书写在一张红笺上。当李公外出时，故意有所冲撞。李公生气地喝斥手下军官把他拘到车前，厉声讯问冲撞的原因。吴某叩头说："小人由于贫困难以为生，特意找算命先生占卜吉凶，先生说我贵不可言。自顾贫寒至此，从哪里能发迹？因此正在低头细看他所评的命纸，沉吟犹豫，没想到您的仪仗忽然来到，致使我冒犯了您，罪该万死。"李公向他要过算命先生所写的评笺，推算一番，果然很好，面容顿时和气起来；详细询问吴某的家庭世系，听了吴某的回答后非常高兴，命令将吴某用后面的车载回府中，给他薰沐更衣。问他："你娶了妻子吗？"他回答："因为贫穷，尚未婚配。"李公更加高兴，于是，选定吉日良辰，将爱女嫁给了他。一个贫寒失意的读书人，一旦坐享富贵荣华，顿时骄气倍增。左右的人又忌妒又怨恨，纷纷向李公进谗言。时间久了，李公也看出他没有什么才能，暗中懊悔而讨厌轻视他。想杀掉他，苦于没有合适的办法。正赶上吐番大举入侵，李公便推荐女婿吴某领兵退敌，实是借刀杀人。出兵前夕阅兵讲武，吴某对诸将说："你们各有所长，如咱们上下一体，齐心协力，敌人容易消灭，我少年时别无所好，只喜欢跑马射箭，舞刀弄枪，为助大家一笑，献上一点小技。"众人都说"可以"。于是数人抬过一把大刀，重有千钧，吴某身着戎装，跨上骏马，手执大刀，上下左右挥舞，有如舞一枝柳树枝条，舞完下马，显得毫不费力。全营将士欢声雷动，拜倒在地，祝贺说："将军神武，真是天人！"吴某命令把大刀悬挂在营门上，择吉日出征。吴某阅兵舞大刀之事被吐蕃暗中派遣的间谍侦察到了，见吴某如此神力，很是惊奇。深夜无人时，悄悄到营门边举一举大刀，大刀纹丝不动。于是间谍把情报上报吐蕃王室，君臣相顾失色，商议退兵讲和，并上表谢罪，岁岁朝贡。皇上以卢龙节度使李氏所荐得人，晋升左仆射，封代国公；以吴某征虏有功，授岭南节度使，封万户侯。后李氏女问吴某，才知道以前所舞大刀，是用木片饰锡铂作成的，又如式铸大铁刀悬在城门上，故意让吐蕃间谍知道大刀有千钧重，以震慑他们。

《女聊斋志异》

考场大烟鬼

考场中的号舍，每号多则五六十个，少则二三十个。每号有号官一个负责管理，号军一至三人做勤杂事务。光绪三十年，我(《凌霄一士随笔》作者)在汴京(河南开封)应会试,到第二场时,国号邻舍的一名考生突然大叫起来,连喊“不得了”。我过去一看,他躺在号舍内打滚,原来他是朝里某显官之子,瘾头十足的大烟鬼。他进考场时,仆人替他整理考具,误把空烟盒装进箱子里,现在上了瘾头,无法自控。询问同号的考生,还有三个抽大烟的,但他们所带的烟土也有限,匀不出多少来,而且质量低劣,还不合乎显官之子的口味。没有办法,只好向号官求援。号官欣然应诺,不大一会儿拿来二两上等“广膏”。大烟鬼高兴极了,在号内拱手点头,一个劲地道谢。号官笑着对他说:“但愿你今科高中,将来作了大官,多多关照我们这些小官吧!”

《凌霄一士随笔》

假状元

清末山东河务局长张庆沄是河北沧县人,光绪三十年,张庆沄在浙江任职。有一天,有人拿着一尺长的大帖到张家造访,张一看,名贴上写的是新科状元刘春霖的大名。刘春霖是河北肃宁人,工书法,早在当拔贡生时书法就很有名气。张虽与刘算是河北同乡,但互相并不认识,见了名帖后,连忙将客人让进家里,先致祝贺钦慕之意,然后顺手取下挂在墙上的一把扇子,请来客题字,不料来客脸色大变,支吾其辞,但挨不过面子,勉强写了几个字。正在这时,来客的随从闯进屋里,在他耳边嘀咕了几句,来客急忙起身,说寓所有要事,匆忙辞去。张庆沄仔细看了写在扇子上的字,还算清楚端正,但和刘春霖的字比就差远了,断定来客是个假冒的状元。张为人厚道,估计是一个穷酸的读书人所为,也没有去追查。清末社会流行“送朱卷”的习惯,新科进士把自己的考卷复印多份,送给自己的亲朋,接受者按亲疏远近回赠不同数量的银两。这个假冒状元的人正是想到张家骗几两银子,不料写字时露了马脚,从人怕完全败露,才闯进屋内,暗示他快点离开。后来张偶然与同寅谈及此事说:“我虽然不认识刘春霖,但我认识他的字。因为我的女儿整天临仿刘的字贴。”其中有个同寅跟刘春霖很熟,听了张的话后,突然发话道:“刘春霖现在丧偶无续,与张公之女正好一对,我来作这个媒吧!”大家都表示赞同,后来这门亲事真的结成了。假状元想骗张没有得逞,张却因此而得了一个真状元作女婿,一时被传为佳话。

《凌霄一士随笔》

王国钧以姓名受累

江南武进人王国钧,同治七年中进士,字写得非常好,殿试卷已列前十名。西太后阅卷,见了这个名字,说:“好难听!”因为王国钧音与“亡国君”同,于是被抑置三甲。后被发往安徽任某县知县,又改任教官,担任山阳县教谕达二十年之久,又改任云南某县知县,未到任就死了,潦倒终身。

《凌霄一士随笔》

夏贵降元

元朝至元十三年春，南宋淮西军统帅夏贵归附元朝，被授予中书左丞。至元十六年死。有人赠诗一首：

自古谁无死，惜公迟四年。

闻公今日死，何似四年前。

至元十三年宋端宗被俘，南宋朝廷实际已灭亡。此诗讽刺夏贵未能以死殉国。还有人到他的墓上赋诗挖苦他：

享年八十三，何不七十九？

呜呼夏相公，万代名不朽！

《三朝野史》

树洞活鱼

会稽石亭埭有棵大枫树，树干空朽成洞，每遇下雨时，就从树洞里往外流水。一天，一个商贩从大树下经过，把车上装的活鳝鱼抓了一条放进树洞里，然后悄然离去。附近的村民见了，大吃一惊，他们认为鱼本不是生在树洞中，一定是神鱼。于是就在大枫树跟前修庙宰牲祭祀，新修的庙就叫“鳝父庙”。前来致祭求神的人络绎不绝，据说非常灵验，求神的人常常是福祸立至。后来那个商贩返回时，听说了这件事，立即把那条鳝鱼抓走熬汤喝，人们才不再去求神了。

《异苑》

扶南王

扶南王范寻曾饲养五六只老虎和十几条鳄鱼。如遇到审不清的案子，他就把犯人投进虎圈或鳄鱼池，虎、鳄鱼不吃谁，谁就算有理。秽貊人祭虎为神，看起来不是没有道理的。

《异苑》

左宗棠去台湾

中法战争时，左宗棠负责福建海防，打算率兵坐帆船进驻台湾。部下知道他年老糊涂，于是白天送他登船出航，晚上便把船驶回。这样反复多日仍未到达台湾。部下说：“现在是逆风，船无法靠近。”左宗棠只好作罢上岸。

《异辞录》

王公争相出国

镇国将军载振出使英国，祝贺爱德华七世的加冕礼，回来后，被任命为商部尚书。各位王公们都非常羡慕，都想作海外之游，来猎取高位。贝子溥伦到美国，参观赛会；镇国公载泽到欧美两洲，考察宪政；贝勒毓朗到厦门，招待美国军舰；镇国将军载搏到美国，充当一等参议；贝勒载询、勒涛到各国考察海陆军政；使节们连绵不绝于道路。诸王公们年纪很轻不学无术，除了声色狗马之外，别的一无所知，因而一举一动，都足以辱国。检阅船队，约好了是十点钟，结果过了时间才去。到了柏林，在众人面前夸赞德国的强大，多有失言，引起英国人的不满。贝勒载涛要到英国去，差点遭到英国的拒绝，正好爱德华七世去世，于是坚持以吊唁使者的身份前往，这才获许，但是定好日期三日起程，结果到四日才动身。诸王在国外，都有玩弄妓女的名声，特别是载搏，充任参赞之职，尤其肆无忌惮。

《异辞录》

出题犯忌

光绪中叶，皇帝刚亲理政事，各省乡试考官出题，有很多的忌讳。甲午科四川省的乡试，正考官是朱琛，副考官是徐仁铸，第一题是《必也正名乎》。事后正好朱琛请假回乡，徐仁铸先回京。皇上召见徐仁铸，问他道："要正什么名？"因为皇上是宗族的支脉，不是嫡出，所以忌讳说正名。徐仁铸回答说："按旧例正考官出第一题、第三题，副考官出第二题和诗题。"没过多久，朱琛就在三年一次的官吏考核中被免职。

《异辞录》

瓦德西

瓦德西是德国人，是八国联军的统帅，不用说条顿、罗马、斯拉夫、东亚人不能完全一致，就以法国兵来说，哪有服从德国将领的道理。虽说他是多国公认的统帅，但也就是姑且这么看而已。《瓦德西日记》中译本中记他刚受任时自认为是莫大的荣幸。他到中国后却没有一个国家的兵肯听从他的，而他仍自鸣得意，可以说是厚颜无耻之极了。他还不知收敛，竟然让天津税务司德璀琳劝李鸿章称帝，李鸿章说："我今年七十九岁了，明年是八十岁，就要死了，你看我儿子，像皇帝的样子吗？"说完就笑着把他打发走了。

《异辞录》

大兵抢劫

武卫中军（荣禄亲自招募的亲兵万人组成武卫中军）的大兵趁战乱抢劫，这些兵大半都是旗籍的，对世情几乎一概不知。此时孙家鼐已退职闲居，大兵们来到他家，一听主人的姓名，就犹豫着不敢进门，于是问道："孙中堂是在衙门里呢，还是在家中？"仆人回答说："孙中堂已经罢官 。"大兵们不等仆人说完，就涌进了门，劫掠一空而后逃走了。事后，孙家鼐笑着对别人说："京城中的贼匪也怕法度，问清了我不在位才敢抢。我辞去职务一年多了，而那些人竟一点儿也不知道，他们也太不了解外界的事情了。"

《异辞录》

湘军酷制

湘军中不收乌合之众，组建时，谁能招选十名急难时可以依靠的兵士，便可以当什长，各级都是这样。能得到十个这样什长的人就可以当哨弁，能得到五个这样的哨弁的人就可以当管带营官。临阵时，如果什长阵亡，那么他手下活着的士兵要斩首；管带阵亡，则其部下活着的哨官要斩首。再由此类推，如果一营人全阵亡了，那么营官要斩首，一哨人全部阵亡了，哨官就要斩首，一哨人全部阵亡了，什长就要斩首。

《异辞录》

僧人存款

有一个僧人到杭州城一家典当行要存入五百元钱,伙计因为出家人书写姓名不便,就拒不接受,于是僧人就在门外敲了三天三夜的木鱼,业主胡光墉偶然经过这里,询问缘故,就答应了僧人的存款请求。后来,僧人来取款,典当行不给,僧人又不停地敲木鱼,伙计笑着对他说:"和尚,当初你敲了三天三夜才存上款,今天想再敲三天三夜取走款,是不可能的了。"僧人不停地敲木鱼,伙计没办法了,只好用女人的衣裤折价顶了那五百元钱。僧人拿着这些衣服哭着说:"我带着这些衣服到别处去,连死在哪里都不知道。"说完挥泪而去。

《异辞录》

优惠收费

叶志超提督被逮捕入京,张荫桓侍郎被遣戍新疆,都是房县知县曹景郕任押差。在监狱里,二人房间相邻,饮食起居都很安适,只是花费极大。张是广东人,身沾洋气,狱吏指望从他身上揩更多的油,在这里一天就被勒索一万多钱,张侍郎无奈,只好向叶提督请教。叶提督说:"我入狱,每天实际花费六千八百钱。"这时一旁的狱吏说:"您的数目本来是八千,因为二八折扣,所以才减到这个数。"

《异辞录》

如此县令

江西提刑按察使任筱沅曾谈及他做县令时的一段经历:我经办了一个谋害亲夫案,因为查无实据,就判被告无罪。将要放人时,死者的弟弟不断上诉,省里下文让县里复审。我反复思考,无计可施,于是就把那女人叫进内室,赶走别人,让那女人私下坦白。我让夫人对她说:"现在本县令和你在同一条船上了,如果真相大白你被判罪,县令也要被革职,你何不告诉实情,我们一起商量办法?你丈夫是你和奸夫毒死的,这没错吧?"那女人过了好久才说道:"没错,奸夫买了八两砒霜,让我每天在食物中放一分,不到半年毒性就发作了。"药性逐渐浸入体内,所以验尸时无法验出。到了这地步,我也没有办法,不得不为凶手保密了。

《异辞录》

代杖顶死

轻罪找人代替受杖刑,重罪找人顶死,是很平常的事。有一个犯人,因为多挨了几板子而大呼小叫,询问原因,原来是代人受刑,原先说好了打多少板,给多少钱,没想到主审人又增加了板子数。顶死之事常出现于械斗中,某人本来够死罪,于是就用他一人的死来使大家免死,而大家则答应赡养他的妻子儿女;也有的是同犯中穷的,或者不穷但却有不治之症的人顶死。这类事件虽多,但大致都是此类。而河南杀掉的犯人胡体安临刑时喊冤一事，则兼有以上两方面：他是王树汶劫案的要犯，本应处死，差役接受了胡体安的贿赂，放掉了他，而让王树汶兼受两罪，没想到王树汶当场告发，反倒使自己罪减一等，可算是狡猾的了。

《异辞录》

狱中等级

清人周瑞清等人因罪进了刑部监狱，他花了三千两银子，龙继栋等人被关在关帝庙，花了两千两银子，周瑞清在狱中得到三间小屋，而龙继栋只有一间，他们都可以带进仆人做饭，并且还可以与家人、宾客来往。如果不花钱，那就只能有一个小土炕，由两个破衣烂衫、蓬头垢面的狱卒夹持着，饮食极为恶劣，不许送进一件东西。方苞在《狱中杂记》中记载监狱有老监现监和板屋之分，穷人捆绑手脚进入老监，有钱人则可以脱掉刑具住进板屋，只要花几十两银子。而到光绪初年，则需要出百倍以上的钱了。

《异辞录》

放纵作弊

清咸丰年以前，春秋两次考试，对于私带文字材料进场的人处罚还比较重。到同治初年，因为皇帝年幼，多年不亲理政事，负责考场搜检的王公大臣渐渐放宽。同治四年的会试，有个举人把带来的书掉到了地上，被小吏捡起交给监考的王某，王把书放进袖子中说了句“怎么把账本带进场来了”，就放过此事。同治十二年的乡试，有一名考生带在书篮子中的书纷乱地掉到地上，监场的王某眼瞅别的地方装着没看见。光绪年间，考生们都用带四个轮子的藤箱满载着书籍，拖着进入考场，公然违反考试规定而官方不加禁止。北考场中不许不按号乱坐，所以替试的人还不多；而南考场号房仅关闭一天一夜，近于儿戏。殿试只着重于考试题目的出处。开始时还只是几个人约好，分别携带《佩文韵府》，藏在靴筒中，到后来干脆放在箱子中，用的时候就放在小桌子上，根本无人过问。监考的王磊臣只是频频地叫吸烟的人到殿外去，就好像他们的责任只在于防火。

《异辞录》

丁鬼自讨没趣

丁日昌作知县时，因为失地而被革职，于是找到江苏刘铭传营中，没过几年，升为负责一方的大员。江苏人因为丁日昌熟悉洋人事务，而俗称洋人为洋鬼。所以就叫他“丁鬼”。刘铭传要游惠山，此时战乱刚平，山上尼姑极多。丁日昌听说此事，就一本正经地说：“您是提督大员，居然有此行，恐怕要被人耻笑吧？”刘一听，又好气又好笑，就叫着他的字说：“雨生，你怎么忽然说出这样的话？当初你刚刚到军营时，每天拿西洋春宫图册送我手下官员，以谋取我的保奏，你忘记了吗？”此事当时在军营中被传为笑谈。

《异辞录》

宝侍郎娶妓

同治十二年，侍郎宝廷到浙江主持考试，回来买了一个船妓，进京时，船妓走水路，由运河运到通州，待宝侍郎从京城中亲自带着车马去迎接时，人船都跑没影儿了。此事一时传为笑谈。光绪八年，宝侍郎又到福建主持考务，走钱塘江，又玩一个妓女，这个妓女脸上有痘瘢，宝侍郎眼近视，没有发觉。在归途中就娶此妓女为妾。鉴于前一次的教训，他与妓女一同北上，一路上人们都指着他看。到了袁浦，县令责斥宝侍郎是假冒的，要扣留审问，侍郎很害怕。他平时刚直，得罪了不少人，这时担心地方官告发他，就上书请罪，最终被革了职。

《异辞录》

如此勾引

有一名女子，在楼上看见有一个人在墙外撒尿，那人指着自己的小便给那女子看，使女子又羞又怒，自尽而死。官府要治那人的罪，但是那人既没有言语调戏，也没有动手动脚勾引，有一个老吏这样批道："调戏虽无言语，勾引甚于手足。"于是就定了那人的罪。

《异辞录》

李彭殴斗

李鸿章在曾国藩的湘军中作幕僚时，从不因自己是外籍人而委曲求全。有一次彭玉麟谒见曾国藩，谈话中对安徽人多有讥评，彭的父亲当过很长时间的合肥青阳司巡检，李鸿章即以此反唇相讥。彭玉麟被说急了，即挥拳打李鸿章，李鸿章也动手打彭玉麟，二人相互殴打，抱在一起在地上滚来滚去，座上的客人都来拉架，才把他们俩分开。许多年后，李鸿章对此事仍是忿忿而不能忘怀，说："老彭有许多把戏。"

《异辞录》

押来蝗虫

钱穆甫在如皋当县令时，天不作美，闹起了蝗灾。邻县泰兴也有不少蝗虫，但泰兴县令却对郡将虚报情况："本县境内无蝗虫。"不久，蝗灾大起。郡将质问他，泰兴县令居然申辩道："本县原来没有蝗虫，这都是从如皋飞来的。"郡将便派人拿了官府公文通知如皋县令，要求他们加紧捕杀蝗虫，不要让它们侵入邻县。钱穆甫见后便写了一篇判文，其中说："蝗虫本是天灾，并非县令不才，既从敝县飞去，还请贵县押来。"

《谐语》

求官得祸

唐代王沐，是王涯的远房堂弟，家在江南，又老又穷。知道王涯当了宰相，不远千里，骑驴来到京城。等了三十天才见到王涯，只是希望能得到一个县主簿、县尉一级的小官。但是，王涯嫌他太衰颓，没有引荐的意思。太和九年秋季，王沐去请求王涯得意的家奴帮忙，并给以好处，王涯才召见他一次，答应安排他当一个小官。从此，他日夜往王涯家里跑。等到王涯获罪被杀，仇士良逮捕王涯家族时，王沐正在王涯家里，被当作王涯的族人一起处死了。

《杜阳杂编》

仙人镜

大历年间，日林国向唐朝进贡灵光豆和龙角钗，这个国家在海东北四万里处。国的西南部有一块怪石，方圆几百里，光辉、透明，可以照见人的五脏六腑，也称做仙人镜。这个国家的人有病就去照自己，于是就能知道病起自哪一脏、哪一腑，然后自己去采集神草服食，没有不痊愈的。

《杜阳杂编》

碧芙蓉

元载园中有一株碧芙蓉，花朵明洁芳香，比常见的都大。元载闲暇时凭栏观望，忽然听到清亮的歌声，好像十四五岁的女孩子在唱，那个曲子就是《玉树后庭花》。元载很惊奇，不知道这人在哪里唱。仔细听，原来就在芙蓉花里。低头看，听到了人呼吸的声音。他非常厌忌，便剖开了那朵花，但却一无所见，于是保守秘密，不让人向外说。直到他被杀后，他家跑出来的奴仆当了平卢军的士卒，人们才知道实情。

《杜阳杂编》

虎口夺母

赵瓒是柏乡佘舍村的农民，家里很穷，对老母非常孝敬。一天，赵瓒出去打水，他的母亲到院子里拿柴火，突然有一只老虎跑入村子里，直接奔向赵瓒家。赵回到村子，人们老远地就对他喊道："老虎闯进你家了，不要回去了！"赵瓒急忙拿起柴担，闯入自家院子，正好看见老虎嘴里叼着母亲出来，便奋力打虎，由于院子小，老虎不能转身，况且又叼着人，不放下来不能和他搏斗。赵瓒更使劲地和老虎斗，老虎无奈只好放下他的母亲，将要向赵瓒扑来。这时，县中官吏带勇士赶来，射死了老虎。县令在赵家门前树一旗，上写"纯孝"二字。

《蝶阶外史》

空青石

庞玉溪藏有一块空青石。形状类似鹅蛋而稍长一些，颜色青绿，摇动它，里面有水声。要价千金。

椒园廉访使说，他在云南曾经见到过一块石头。黄白色，晶莹透明，像浊水晶，中空，有水不满，水不向下流却向上流。

《蝶阶外史》

弹子涡石

蓬莱阁下面有个弹子涡，这里的石头被漩涡冲击，都变得圆润如珠，白如凝脂。献陵崔次龙秀才赠给我(《蝶阶外史》作者)二十枚这种石头。我把它们供在定磁的盂钵中,用清泉养着,好像对着雪白的浪花和清秀的涟漪,令人开心豁目。

船山太史有天马石,扁而圆,石黄色,中间含着一个白马的形象。将石头放置水中,马形呈现得愈真切。先生诗所说:“一幅小河图”,就是指此。

《蝶阶外史》

皮　球

京城骨董店里有一只皮球,浑然一体,看不到缝。十几年了,摆在那里无人问津。后来有人问价,店家答说要五百,那人就掏出钱来准备交付。店主开玩笑说:“这是至宝,没有五百金不卖。”那人笑道:“哪有一只皮球值五百金的?”然而,爱不释手。市上的人也来评议,终于被那人用五十贯钱买去了。店主问他拿这东西干什么用,他不肯回答。店主跟随他来到住所,再三叩问,并发誓说,既已卖出,决不后悔。那人忽然拿出一把锋利雪白的刀,割开皮球,原来中间是一颗巨大的珍珠,有李子那么大,圆润光莹、透明,光辉照亮几百步。因为珠子出产于海外,渡海时,夜里发光,怕蛟龙发现,兴风作浪来抢夺,便藏到了皮球里,这才免除了水上的灾厄,顺利运到中国。后来,那人卖珠成了巨富。

《蝶阶外史》

稳瓶金

天津古董店卖花瓶,很长时间卖不出去。这只花瓶和人一般高,是成窑(明成化年间)景德镇官窑烧制的瓷器,五彩斑斓。一天,有人问价,要价五十贯制钱。那人拿出钱来付给店家,便把花瓶拿到了街心,用石头将花瓶打碎。围观的人像蚂蚁一样多,都说这人可能是疯了。过一会儿,他将瓶底也敲破了,掉出一块金饼,大约有一百两,他揣进怀里,扬长而去。整个市上的人都被震惊了。原来,瓶子过高,没有金子便不能稳定。这是前明的御用物。

《蝶阶外史》

梁葫芦

蝈蝈,北方好事的人多用葫芦装,放置在暖和的地方,可以经冬不死。葫芦长的像鸡心,截掉一半,用象牙镶嵌,或用紫檀木做盖子。那些扁的,在旁边开玻璃窗,用刀刻上各种花卉。这东西在京城尤为贵重。有个叫梁九公的人,是个太监,住在京城,以种葫芦为业。他售货,一定能获得巨款。当葫芦未长成的时候,他用特制的模子来控制,方圆大小随心所欲。大的像斗,可以做果盒;最小的可以做妇女的耳坠,尤为精巧。其他奇形异制说不尽。花纹图案具备山水花鸟的形状,细如毫发,都不是雕刻上去的。空隙的地方都有梁九公的小方印。其他人怎么学也赶不上他。所制的蝈蝈葫芦尤为佳妙,人都称他为“梁葫芦”。

《蝶阶外史》

※松　鸭

盘山异禽多，入食谱的，以松鸭、沙鸡最著名。松鸭生着乌鸦的身子鸭子的嘴，羽毛黑紫。生性喜欢松树，在松树顶筑巢栖息，每天只吃松子，从不栖息在其他树上。渴了喝泉水，泉水一定要在松树下面的，因为其中浸有松脂。叫声哑哑，总是群动群飞，百十成队。土著人用鸟网捕捉，做成菜肴，肉有松子的清香，清腴甘美，与鸡鸭迥异。《畿辅志》物产类和《盘山志》都没有记载，名家诗文集中，也没有咏及的。向山僧询问，得到回答说："这种鸟，开山时即不少，近山各村和其他山却没有。将来有注《禽经》的，应当补进去。"

《蝶阶外史》

※玉　鹑

鸿僧是蔡村兴善寺的住持。这个村庄隶属武清县，距京城一百多里。僧喜欢养鹌鹑，曾养过上万只，最后得到一只玉鹑。这只鸟浑身纯洁如雪，长颈短尾，俨然是一只小鹤。玉鹑喜欢搏斗，它扇动一下翅膀便会飞起三四尺，像俊鹘一样。它发动攻击，肯定击中要害，斗过了千百只鹌鹑，没遇上过对手。一位西域商人养了只黑色的鹌鹑，颜色是纯粹的墨黑，短小精悍。每当与玉鹑相遇时，都会张开两翼，伏在地上，像燕子掠水一般。人们称玉鹑为天龙，墨鹑为地虎。这两个人因鹌鹑的缘故，非常友好，谨相告诫，一定不能让这两只鹌鹑搏斗，各自都怕伤害了拥有的尤物。

时间久了，其他人都不敢让自己所养的鹌鹑与这两人斗。两人不得已，只好请别人带自己的鸟进入斗场，而自己则潜藏一边偷看。所托的人不知他二人原来相约不互斗的情况，竟安排黑白二鹑相斗。等斗起来，鸿僧和西域商人才知道，大惊失声，但也无可奈何。只见玉鹑怒气冲冲地伏以待敌，墨鹑张开两翼伏地逼近，以尖嘴啄玉鹑的胸脯，使之受创几十处，鲜血已经染红了羽毛。突然，玉鹑也张开两翼，效法墨鹑的姿势，往来搏击冲突不下四五百个回合。到最后，人们连鹌鹑也看不见了，只见一道黑影、一道白影飞驰相逐，往来如梭。观看的有上千人，都屏着气，不时发出叹赏声，认为从来没有见过这种场面。玉鹑忽然跃起五尺高，突然向下一击，黑鹑的眼珠已被它抉出来了，垂下翅膀逃走了。西域商人发了怒，掏出白刃要杀了玉鹑报仇。鸿僧道歉说："我本来也不知道这件事。墨鹑被击败实在可惜，让我拿玉鹑赔偿给你怎么样？"西域商人感到惭愧，便罢手了。从此，鸿僧再也不让玉鹑参斗了。用一只雕笼将它闭锁起来，笼边拴一条恶狗，有人接近笼子狗就狂咬。别人喂玉鹑，玉鹑不吃，只有鸿僧亲自喂食它才吃。当时，玉鹑替鸿僧赢的钱买下了一百顷田。任城一位公子因好斗鹌鹑输了千金。他以十分谦恭的态度向鸿僧送厚礼将玉鹑借去。结果，将输掉的钱全部赢回来了。老僧活到七十多岁，和玉鹑相依为命。一天，他手里正拿着玉鹑，忽然去世了，玉鹑也在老僧的手里死去。

《蝶阶外史》

激猿取宝

云南边疆各山出产宝石。山势高危，人上不去，而满山都是猿猴，像穿梭一样来往。当地人用惯了弓弩，便用弹丸打猿猴，使之发怒，成群的猿猴拾起石头向人投掷，人走来走去地躲避。过一会儿，又发射弹丸，激怒群猿，猿猴又投掷石头。这些石头，大小不一，人们拾回去后，扔掉那些无用的顽石，剩下的都是猫眼石、红靺鞨、祖母绿等宝石，五色斑斓，大家欢歌起来，庆幸获得了宝贝。也有藏在璞石中的宝石，经过加工打磨才能成器，出卖这种宝石可以得高价。世间万物没有比人更巧的了，哪里有利，人们便会趋之若鹜。即使常有被石头打中的——打破脸，伤了骨头，甚至被打死——依然在所不惜。

《蝶阶外史》

谢生娶石女

谢生住在京城燕支胡同。肌肤如玉，自幼称为璧人。家中本来富有，跟着叔叔到中州(泛指黄河中游地区)做买卖。少年老成，很受叔叔倚重。自幼与张家女儿订婚。张小姐是亲戚邻里中最美的姑娘，但生来就是一个石女。婚期到了，叔叔让他回家完婚。女方父母为女儿忧虑，不惜千金买了一个美丽的婢女陪嫁。婚礼举行后，谢生觉得新娘子特别如意。一位老年妇女把那个美婢交给他，说明女方父母的意思。谢生挥手赶美婢走开说："去！去！哪用这样！快点替我完璧奉还。"从此，夫妻感情极好，如鱼得水，好像忘记了她是石女似的。叔叔催谢生快点出来继续帮他经商，谢生眷恋新婚燕尔，屡次请求缓期。叔叔因重要贸易都由他经手，便写信严厉敦促。不得已，他只好匆匆上道。妻子自谢生出门后便忧愁流泪，寝食不甘，逐渐患病，半年之间，便香销玉殒。谢生闻讯，连夜急速赶回家中。进门后，拍抚着棺材，哭得十分悲痛，一下子就哭死了。

《蝶阶外史》

听　银

邵公，是大兴人。他家世代经商。他拿起一封银子在耳边摇动，然后扔在桌子上，发出铿锵的声音，听过后，就可以说出银子有几两几铢(一两的二十四分之一)，成色如何。上秤一称，不差丝毫；用炉子熔化，成色也与他说的一样，好像他亲自铸成银锭后才这样说的。百试百中，人们问他原因。他说："只是熟能生巧罢了。"因此，都中银市，邵公不到，价格定不下来。他也以此为生。

《蝶阶外史》

瓜瓤酒

内邱乔锡，任鸿胪寺叙班。夏天，他挑选几百颗大西瓜，全都洗干净取汁，和上酒曲子，酿成酒窖藏起来，以备佳客来时享用。这种酒甘甜、凉爽、芳香、青冽,比凉州的葡萄绿还美。

《蝶阶外史》

猴儿酒

永平一带多山,山上多猿猴。有一天猴群搬家,百十只猴子一队,拿着、带着、抱着、保护着,漫山遍谷都是。山下居民围观的很多,有一个小孩子拍着手喊猴子。群猴以为人要袭击它们,都狂奔乱窜而去。扔下很多土盅子,都是用土做的,大的容量一斗,小的也有几升,都做得很圆整,像铸造的。居民拾得后,将其凿破,里面贮满清汁,有的深红色,有的浅绿色;有的酸,有的甜,有的涩,但都是芳香、清冽的。原来,这是猴子们杂采山果酿成的酒,遇到大风雪天气,不能外出便打开来饮用,也是一种御冬的储备。因此,人们将其命名为"猴儿酒"。

浮槎散人《秋坪新语》记载:四川有一种猢狲酒。游山的人携带菜肴果品和酒壶,都放在山里面,人藏在附近观察,群猴看酒肴齐备,便要享用,打开壶一看没有酒,便各自将壶带回山洞,打开自己所贮藏的酒装满酒壶,再成群结队地走回原处。这时人们便跑出来捕捉,群猴如鸟兽散,于是,人们便获得了猴子的酒。

《蝶阶外史》

父事十主女配九龙

宋代,同州澄城县(今陕西澄城)有九龙庙,供奉九个龙王像,但只有一个妃子像。大家说,这是五代宰相冯道的女儿。夏县司马题诗开玩笑说:"身既事十主,女亦妃九龙。"原来冯道是著名的"不倒翁"宰相,只知明哲保身,先后侍奉过十个君主(包括契丹君主)。过往旅客读到这首题诗,无不发笑。

《懒真子》

"物归原主"

卢钧任朝廷中郎官的要职,出任衢州(今浙江衢县)刺史。有位进士带着礼物求见,卢公打开他带来的文卷一看,十几篇文章全部都是卢公本人写的,便问来访者:"这些文章你从哪里弄来?"那位进士回答说:"我自己辛辛苦苦写出来的。"卢公说:"这些文章都是我写的,现在还能背诵呢。"那人这才承认,说:"我得到这些文章,也不知道作者姓名,没想到竟然是您写的。"

《芝田录》

王导怯妻

东晋王导的妻子曹氏特别嫉妒。王导做丞相时,曹氏不许有其他女人在他身边,即使在左右听使唤的男人,也很少有年轻漂亮的。王导设法,就在别处又偷偷地建立一所别馆,里面安置了一些漂亮女人,生了几个儿子。但这事曹氏知道了,又惊又气,就领了侍从和婢女二十人,拿着厨房用的刀子前来兴师问罪。王导听到风声,马上逃走,嫌车慢,亲自用麈尾柄帮助赶车的打牛快跑,狼狈奔驰才得以逃脱。司徒蔡谟听说这件事以后，就找到王导说："朝廷要想为您加九锡，您知道吗?"王导说："我无德无才，怎么担当得起呢?"蔡谟说："我没有听到别的，只听说您的短辕牛犊车和长柄麈尾。"王导听后非常惭愧。

《妒记》

朱温杀阿谀奉承之徒

唐末，朱温有心篡夺国政，想在幕僚宾客中间寻找直言不讳有气节的人。有一次，出开封城外数十里，歇在一棵大柳村下。柳树枝干极大，树荫可遮五六十人。朱温自言自语道："好柳树!"然后盯着随行的幕僚宾客，一一打量过去。这些人都站起来说："好柳树。"朱温又说："这好柳树，好做车头。"末坐五六人又欠身说："好做车头。"朱温看见恭翔等人站起来回答说："虽然是好柳树，做车头需要用夹榆树。"朱温勃然大奴，厉声说："这一帮穷酸，爱顺口要弄人。柳树岂能做车头? 车头需用夹榆木，你们是顺着我说。我听人说秦朝有人指鹿为马，看来不难做到!"便对左右喝道："还等什么!"立刻上来六七十壮士，把刚才顺口说柳树好做车头的人统统抓起来，指出他们的阿谀奉承之罪，当场打死了。

《洛阳缙伸旧闻记》

以石为银

龙江关查税最严，有一个人携带绸缎过关，被查出来受罚，东西被没收。他怀恨在心，于是，租了距税关只有一里左右的小房子居住下来，天天叫人收集关上有字迹的纸，两个多月以后得到很多废簿纸。便用它当衬纸包石头四十封，当作二千两银子，锁在箱子里，叫仆人先带着箱子过关。关上检查的人想打开检查，仆人说："钥匙在主人身上，请稍等一等。"一直等到晚上，主人也没到。仆人说："箱中装的东西很贵重，须要存在关上的里屋才妥当，我催促主人明天早晨来，当面查点。"被允许了。仆人在外面借宿。第二天早晨，主人到了，打开箱子检查却发现是石头，气愤地让税关赔偿。关上不服，于是提出诉讼。法官前来验封，这个人以自己是外乡人，不可能有龙江关簿纸为由，提出索赔。关上无话可说，不得不如数赔偿他的银子。

《虫鸣漫录》

花旋疯

有一客店主妇，年近六十，忽然发狂，要裸体跑到市上去找男人。当时有三位青年店伙计把她拉进里屋。有人偷看，发现这三人在轮流和她淫乱。过了很久才完事。老妇人穿好衣服走出来，安安静静，完全正常了。据知情者说，这位老妇人患了一种叫做花旋疯的病。发起病来，必须几个人跟她交媾才能除病，这三位年轻人就是准备她应急用的。不然，她就要到市上去乱找男人苟合。

《虫鸣漫录》

左曾攻讦

左宗棠和曾国藩少年时是同学。左宗棠很自负，曾国藩作一联讽喻左宗棠：“季子自命太高，隐不在野，仕不在朝，与我意见大相左。”左对下联：“藩臣以身许国，进未能战，退未能守，问君经济又何曾？”这副对联不但把对方的名字包含在内，而且在诙谐中暗藏机锋。后来，两个人作了封疆大臣后，仍相互攻讦。左宗棠晚年与人谈话内容主要是攻击曾国藩。曾有人做说客让他俩重新修好。曾国藩说：“他现在百尺高楼，我怎能和他攀谈？”但曾国藩死时，左宗棠撰写了一幅挽联：“谋国之忠，知人之明，自愧不如元辅；同心若金，攻错若石，相期无负平生。”立意中肯，情感真挚。

《越园记事》

入酒中沐浴

石方明酿了一大缸好酒，有一天突然脱光衣服，跳到酒缸里尽情洗了个澡。出来后对家里解释说：“我平生喝酒，只恨身上的毛发不识酒味，今天叫它们也尝尝滋味，免得说我厚此薄彼。”

《云仙杂录》

断腕太后

辽太祖述律皇后，凶悍专断，又善权变。太祖死后，她召集诸位酋长的妻子，说：“我现在已经寡居，你们必须效仿我！”又召集她们的丈夫，哭泣着问道：“你们思念先帝吗？”众人回答说：“我们受先帝的恩惠，岂能不思念？”王后说：“你们果真思念先帝，就应当去拜见他。”于是下令把他们全杀了。

述律皇后左右有一批桀黠擅恣的大臣，皇后对他们说：“你们到先帝那里，替我传个话吧。”到皇帝陵墓前，就把他们杀了。这样前后杀了一百多人。

最后，轮到平州（今辽宁省辽阳市）人赵思温应当替皇后到先帝那里传话，他拒绝去。皇后说：“你侍奉先帝时，常常亲近先帝，现在为什么不去了？”赵回答说：“如果说亲近，臣不如皇后。皇后先行，臣一定跟在后面。”皇后叹息道：“我不是不想跟先帝到地下去死，只是担心太子幼弱，国家无主，不能去啊！”于是砍断一只手，放进太祖的棺材里。朝野人士因而称她为“断腕太后”。赵思温也因此免遭一死。

《契丹国志》

《幸存录》

[明] 夏尊彝

《安禄山事迹》

[唐] 姚汝能

《剧谈录》

[唐] 康　骈

《雅谑》

[明] 浮白主人

《鉴戒录》

[五代] 何光远

《却扫编》

[宋] 徐　度

《庆元党禁》

[宋] 沧洲樵叟

《经筵玉音问答》

[宋] 胡　铨

《吴下谚联》

[清] 王有光

《读书堂西征随笔》

[清] 汪景祺

《志雅堂杂抄》

[宋] 周　密

《耳邮》

[清] 俞　樾

《耳目记》

[唐] 张　鷟

《鹿樵纪闻》

[清] 吴伟业

《炀帝迷楼记》

[宋] 无名氏

《庸庵笔记》

[清] 薛福成

魏忠贤剥活人皮

有五个人在京城的旅店里喝酒，忽然其中一人说起魏忠贤的种种罪恶，说他用不了多久就得完蛋。其他四个人有的不说话，有的吓得让他谨慎些不要多说。那个人越发大声地说："魏忠贤虽然凶恶，却不能剥了我的皮，怕什么？"半夜，睡得正香，忽然有人破门而入，用火照一照那个人的脸就把他抓走了。一会儿，另外四个人都被抓进去了。他们看到那个人的手脚都被钉到门板上，魏忠贤对这四个人说："这人说我不能剥他的皮，今天就试试。"说完命令取来沥青，给那人浑身浇上后，又用槌敲，不一会儿，整个身体就和皮脱落了，那皮壳就像个人一样，那四个人吓得要死。魏忠贤赏给每人五两银子压惊，把他们放了。

《幸存录》

亡国之臣

李自成进皇宫后，把崇祯和皇后的尸体放在大路口，没有准备帝后专用的梓木棺椁，传说只是用破棺材装着放在席棚下。有个和尚用麦饭做为供品，老百姓无不感慨悲恸。可是群臣没有去拜哭的，除了殉国的二十几个人外，都没有声息了。李自成下令各官报名出来相见，群臣都赶紧跑去，在院子里站等了一天。

《幸存录》

假天子淫威

安禄山叛乱后占领了东都洛阳，大设歌舞庆祝。他思量着幽州燕国地方的南征北战的君王和边疆各小国的首领大多都没见过大的排场，于是向他们吹嘘说："自从我得了天下，犀牛大象从南海奔来，看到我便拜舞，飞禽走兽都知道天命归属，何况于人呢？天下怎么能不听从于我！"他命令周围的人把大象牵来了，大象瞪着眼睛忿怒地望着他，没有一点要舞的样子。安禄山非常羞愧，心怀忿怒地命令手下的人把大象推进捕兽的陷井中，用烈火焚烧，把大象的力气消耗尽了。再叫强壮的士兵将大象从高处扔下，大象摔死了，血流了有好多石。原朝廷中的乐师们看见了，都捂着脸哭了。

安禄山表示过特别喜欢乐师，于是寻找访查得很急迫，不到十天的时间里，找到梨园弟子数百人。叛贼们相互约定在凝碧池聚会，宴请伪朝的官员几十人，前前后后摆放着皇帝仓库里存放的珍宝。乐曲已经响起来了，可是这些梨园弟子们不知不觉地抽泣起来，互相望着眼泪淌了下来。这群叛贼马上拔出刀子，拿着戈逼迫他们，他们伤心得控制不住自己。有个叫雷海清的乐师，把乐器扔在地上，朝着西方痛哭。叛兵便把雷海清捆绑在戏马台上，肢解他来给乐师和舞女们看。听说过这事的人没有不悲伤痛心的。

《安禄山事迹》

李林甫用蕃将

唐玄宗刚即位时，用了李适之等人，都从大将直升为三公。右相李林甫陷害了李适之，于是就改变作法，任用那些依附唐朝为臣的外族人做大将，用来巩固自己的权势。李林甫曾经向玄宗进言："靠陛下雄武的才能，国家富饶强大，然而边疆各国没有被消灭，是由于文职官吏做大将胆小怕事不能胜任军事。陛下如要消灭四周各国，震摄天下，则不如用武将，用武将不如用边疆各族的将领，他们必然为您去死，这样周围各族就不值得忧虑了。"玄宗非常欢喜，开始使用安禄山，最终成为战乱的主谋，这是李林甫的罪过。

当初，大夫王铁受皇上信任仅次于李林甫，可是害怕李林甫的权势，事奉他愈来愈恭敬。安禄山依仗皇帝的恩宠，曾在见李林甫时，怠慢而不礼貌。李林甫要向安禄山表示自己的权势，假装要讲其他的事，派旁边的人去把王铁叫来，王说话恭敬谨慎，相比之下安禄山也不得不恭敬有礼。李林甫就用这样的办法保持自己的权威。

《安禄山事迹》

哥舒翰失策

安史之乱时，驻守潼关的唐朝将领哥舒翰制造了一种毡车，用兽毛制成的毛毯蒙盖战车，用马驾车，上面画上龙和老虎的形状，各种颜色互相辉映，又以金银来装饰龙虎的眼睛和爪子，用马驾车作战。将要向敌人发动进攻时，马被车上画的龙虎惊吓得突然奔跑起来，跟随的兵士们把兵器放在一块儿去追赶马。叛军知道了哥舒翰的计策，在险要的路段堆积了柴火和杂草，等候毡车一到，顺着风势点燃了柴草焚烧毡车，驾车的马愈加惊恐地狂奔起来，毡车和柴草一起燃烧，浓烟夹着火苗遮天盖日，昏暗一片，两军之间相互看不清楚。唐朝军队以为叛军在烟火之中，于是聚集了弓弩手一齐射去，叛军已经撤走了，直到太阳偏斜时才发觉烟火中没有敌人。

《安禄山事迹》

白痴应第

唐天宝三年，有个候选官员张奭，是御史中丞张倚的儿子，他分辨不出麦子和大豆，靠别人代他答辩，中了甲科。当时有个没考中的人做蓟县(今北京西南大兴县)县令，把这事告诉了安禄山。此时安禄山越来越受唐玄宗的宠爱，经常可以见到皇上，他便把这事奏明了。唐玄宗召集应试考中的人，在花萼楼亲自考试测定这些人的水平。张奭手里拿着写着试题的卷纸，竟然一天没写下一个字，被人叫做曳白。玄宗大怒，将吏部侍郎宋遥贬出为武当太守，张倚为淮阳太守，并写下一句话告诫他："在家里不能教诲儿子，选调官职的时候，仍然依托别人。"这件事被应考的人讥笑。

《安禄山事迹》

佳人难再得

北齐文宣帝高洋,为人凶暴。贵嫔薛氏仅有小小过错,便被他杀掉并分尸。突然,高洋大发慈悲,抱着被肢解的薛氏大腿,作弹琵琶状叹道:“佳人难再得,佳人难再得!”

《剧谈录》

不敢有胡须

明朝正统年间,有个侍郎官,名叫王佑,人长得漂亮,但就是没长胡须,人品也极差。为讨好太监王振,就拜他为干爹。一天王振问他:“侍郎,你怎么不长胡须呢?”王佑肉麻地答道:“爹爹你没有胡须,儿子我怎么敢长胡须呢?”

《雅谑》

都统畏妻

唐朝末年,王铎非常怕老婆。一年,农民起义军领袖黄巢率兵进攻京城长安,王铎被任命为都统镇守江陵,他上任时随身带着姬妾,但夫人没有同行。一天,忽然有人来报告说:“夫人离开京城起程了。”王铎大为惊骇,对下属说:“黄巢从南边渐渐攻来,夫人又怒冲冲从北面到来,叫我怎么对付?”幕僚开玩笑道:“还不如投降了黄巢吧。”

《雅谑》

徐县令讨官

陈瑄太师出任西川时,有个爱姬徐氏,是郫城(今四川成都平原中部)徐县令的女儿。徐县令想得到彭州刺史的官职,就用数寸长的红绢,做了一首二十八字的诗,让妻子暗地里送给女儿看。诗中写道:“深宫富贵事风流,莫忘生身老骨头。因与太师欢笑处,为吾方便觅彭州。”人们知道了此事,都很鄙视徐县令。

《鉴戒录》

禅　钻

宋代大臣吕公著耽爱佛教。他当了宰相之后,务求简静,很少与士大夫交游,只有那些能谈禅说道的,才能与他相处很好。于是,一些急功好利之徒,便幅巾道袍,每天游于寺院,和僧人一起吃斋粥、谈禅说理,希望能够爬上去,时人称之为“禅钻”。

《却扫编》

枢密院副使的由来

南宋相韩侂胄宠爱一个姬妾,但因小过失把她赶了出来。钱塘(今杭州)知县程松听说后,连忙贿赂牙商,用八百贯钱把她买到家里,供给衣食十分豪华,让她住在正厅,知县夫妇亲自伺候吃饭,态度恭敬得很。对这种反常的态度,这个姬妾非常惶恐,不知该怎么办。过了几天,韩侂胄火气消了,又要把这个姬妾找回来。听说程松把她买去,不禁大怒。程松立即拜见韩侂胄,说:“据说有个来京城的太守,要买下她。唯恐边远地区的小土官,不识大体,将来您脸面上过不去。我身为京城地区的县令,职责所在,所以先帮您保护起来。”韩侂胄听罢解释稍微平静了一点,但心中还有疙瘩。等这姬妾回到韩府,讲起程松伺候她的恭敬样子,韩侂胄才大大高兴起来,当天就破格提升程知县为太府寺丞。过了二十天,升任监察御史。过了一个月,提拔为右正言。又过了几个月,升任右谏议大夫。可是接下来的一年里,程松再没有升迁。他怏怏不乐,于是又买了名女子,献给韩侂胄当妾,起名叫松寿。韩侂胄派人问程松,为什么这女子和他名字相重。程松回答说:“这是想使小人卑贱的名字,经常在您耳边响起,让大人不至于忘了小人。”韩侂胄动了恻隐之心,又封程松当了枢密院副使。这时,距买韩宠妾正好三年。

《庆元党禁》

钻洞尚书

南宋宁宗庆元年间,韩侂胄执掌朝政大权,阿谀奉承之徒充斥朝廷。有一天,韩侂胄过生日,吏部尚书许及之来贺寿。其他大臣都已到齐,寿礼即将开始,许及之晚到一步,看门人已经在关大门。许及之看到这情况,十分窘迫。正巧下边的小门洞还没有关严,他就赶紧低身哈腰钻了进来。从此之后,“钻洞尚书”的雅号就传了开来。

《庆元党禁》

学狗叫侍郎

南宋庆元年间,赵师﨓通过给韩侂胄的十个小妾即“十夫人”送珍珠冠,当上了工部侍郎。有一次,韩侂胄请人到南园喝酒,赵师﨓也在其中。一行人走过一个山庄,韩侂胄指着竹篱茅舍说:“这是田野间的气象,可惜是缺少鸡鸣狗吠。”不一会儿,听得小树丛里有狗叫声。连忙派人去查看,原来是京兆尹赵师﨓有意钻在里头学狗叫,逗得韩侂胄哈哈大笑。以后赵师﨓因其他事罢官,书生们写诗嘲骂他,有“也曾学犬吠村庄”的诗句,就是指这件事。

《庆元党禁》

秦桧奢侈超过宋皇

南宋隆兴元年五月三日晚,宋孝宗在招待胡铨时亲口告诉他,宋高宗在宫内开宴席,只用得一二十千钱(一千钱为一吊),而秦桧办家宴,要花费数百千钱。宋高宗和孝宗,一领汗衫都要穿一二年,而秦桧家的人,一领汗衫只穿几天就扔掉了。这一点,早就引起了宋孝宗的切齿痛恨。

《经筵玉音问答》

无事不登三宝地

从前有个秀才,与某寺僧人交好,偶尔得闲访僧不在,便自入僧房卧室。无聊之际,随便敲了一下磬,忽然有个美女从暗室推开活门转身出来。秀才大惊,转身便跑,而和尚跟着也跨步而出,顺手将房门锁闭。到了半夜,僧人进屋,斥责秀才擅自而入,最后说:“不杀你头,不能灭口,只是念及咱俩一向友好，特赐你一壶酒、一味菜，以送你终。”秀才跪拜哀求，不从；又赌咒发誓，也不听。和尚提来一把烫酒锡壶，放在桌上，命令秀才：“把这喝下！”返身出去拿点酒菜。秀才四顾一室空空如也，计无所出，急中生智，撕下衣角塞紧壶嘴，提起来试了试，好像得到一件有力的武器。和尚推门刚进来，秀才一壶打去，和尚头破血流，倒地翻滚，秀才抓壶又打两下，和尚呜呼哀哉。秀才夺门逃离这个名为禅房而实为淫窟的“宝地”。钱诵函说，这个秀才就是沈荃。沈荃，清初江苏华亭人，顺治进士，授编修，累官詹事府詹事，兼翰林院侍读学士。工书法，善诗歌，为当时著名学者、诗人、书法家。

《吴下谚联》

散　荒

民间风俗有一种很令人费解，即所谓“散荒”。新科状元夫人，把无黄鸡蛋抛到城墙下，意思是出状元的地方，福泽都被拔除了，收成必遭荒歉，要把“荒”散掉。鸡蛋黄之“黄”与“荒”谐音，去掉鸡蛋黄而抛撒其余，故谓之“散荒”。

《吴下谚联》

你叽呱我叽呱

笔者（王有光）因事路经毗陵（今江苏常州市），只听“叽呱”之声不绝于耳。向人打听“叽呱”是什么意思，当地人也大都不知道。后来问江阴巩生，巩生说：“三千年前，周太王长子泰伯与其弟仲雍避居江南，先后为王，百姓爱戴感念他们，一饮一食也不敢忘。凡你我称谓，必定提到国姓，说的是‘你姬家我姬家’（周王族姓姬）。后来因字音相混，变成了‘你叽呱我叽呱’。”

《吴下谚联》

此起彼伏

江苏华亭县丞到一位绅士家，进堂屋后见他正坐在那里打盹，不想惊醒他，便坐下等待，不久也睡过去。绅士醒后，见县丞正在打着呼噜，也不想惊动他，过了好长时间不见他睁眼，干脆凭几而卧。此醒彼睡，彼醒此睡，如此这般，轮番三次，太阳落山了。最后，县丞不辞而别。

青邑有个帮役，花了几十个铜钱买了壶酒，回家发现没有下酒菜。他儿子出去买肉干，买回肉干，他的酒已经喝光了。老婆说：“你太性急，开头有酒无菜，现在又有菜没酒了！”她拿出二十个铜钱，叫儿子去打酒。酒买来了，肉干又没了。儿媳妇又翻箱倒柜，找出小钱给公公买肉干，肉到酒光，酒到肉光，直到醉饱，而酒肉始终也没凑到一块儿。

某年发生饥荒，好心人煮了几锅粥，分给饥民。第一天，从东往西施舍，有个造化不高的人恰巧在西头，没分到。第二天，他先到东头挤在头里，主人说：“昨天从东起，西头最后没得到粥喝，今天要从西往东给。”他又没喝到粥。第三天，他跑到中间等着，主人出来说：“东起则缺西，西起则缺东，今天从两头分起。”分到中间，粥又没了。

《吴下谚联》

正话反说

宋朝包拯自奉清廉，为政明敏，百姓敬之如神明，爱之如父亲。长子早亡。庶出一子颇不听话，父叫往东他偏往西。包公只好对他正话反说，如叫他来，就说成叫他去，然后他才能来。包公生前，事事如此。临死前对他说：“我死后，要用石枕入殓，不要用木枕。”因为相传人死后，棺材中枕头烂了才能转世再做人，所以包公故意嘱咐他的庶子用石枕入殓，本意是想叫他用木枕入殓。没料到这位公子良心发现，说：“我违背爹爹之命一生，现在他老人家逝世了，临终只有一个遗嘱，必须顺从。”终于遵嘱照办，用了石枕头。

《吴下谚联》

爬　灰

王荆公（王安石）的儿子王雱死得早，他的遗孀另筑小楼居住，荆公常去看望她。儿媳妇误解了老公公的意思，城墙壁上题写诗句，其中有“风流不落别人家”这样的话。荆公看到后，用手指甲爬去壁粉，以免传扬出去有辱门风。世间“爬灰”之说，大概起源于此。

《吴下谚联》

侍郎求饶

张鹏翮，字运青，遂宁（今四川境内）人，康熙九年进士，官至吏部尚书。张鹏翮任尚书省郎官时，一天上早朝归来，长时间不入内室，他的夫人觉得奇怪，出来窥探动静。原来，张鹏翮连上早朝的衣服也不脱，就站在仆妇的床前，仆妇赤裸着身体，一双大脚架在他朝服的披肩上，两人正在淫乱。夫人见此情景大怒，手持皮鞭直冲过来，身着早朝衣冠的张鹏翮只好偕同寸丝不挂的仆妇，跪在地上求饶，接受夫人的惩罚。

《读书堂西征随笔》

女子之祸

明末农民大起义，肇始于裁减驿递。首倡裁减驿递的是御史毛羽健。羽健在京师做官时，曾经娶过一个小妾，非常宠爱。他的妻子闻讯后，乘驿车到京师，赶走了小妾，其速度之快，如迅雷不及掩耳。对此，羽健非常气愤，迁怒于驿递，于是在朝廷倡言裁减驿卒。得到科臣刘懋的附和，于是被朝廷采纳。一时间十八万仰仗驿递养家糊口的无业游民无以为生，纷纷起义。其中张献忠也是驿卒。这次起义迅速在中原地区扩展，最终导致明朝的灭亡。

《读书堂西征随笔》

寺院等于妓院

南宋时，临平的明因尼姑庵是个大寺庙。来往路过的管理寺庙的官吏，到了这里，总要招呼年轻的尼姑一起过夜。于是庵中专门辟了一处住房，把常有淫滥之事的尼姑集中在那里，以供不时之需，称作“明因尼站”。

《志雅堂杂抄》

海　井

嘉兴华亭市有个小卖铺，铺中有一件东西似桶而无底，其质料非木非竹，非铁非石，既不知其名，亦不知其用途。一连放了好几年也无人问津。有一天，一位乘海船的老商人见到此物颇露惊讶之色，摆弄过来摆弄过去爱不释手，并询问卖价。主人也很狡猾，见商人神色异常，料到他会有用处，就漫天要价三百缗。商人回价二百，遂成交，并面露欣喜之色。付钱之后，主人对商人说：“我其实不知这是什么东西，现在咱们买卖已成交，绝不会翻悔，请你告诉我这是什么东西。”商人回答说：“这是件难得的宝贝，名叫‘海井’。一般海上航行，必须载淡水供食用。现在有了这件宝贝，只要用一件大容器装满海水，把它放进水中，海水就会变成甘甜可口的淡水。我曾经听外国商人说过，但总没遇到过，今天有幸得此宝贝。”

《志雅堂杂抄》

鱼鳖献艺

我（周密）小的时候在中都（今北京市）市街上曾看到一个耍水戏的艺人，他用一个大木槽装满水，里面有鱼有鳖。艺人以小铜锣为号，一敲铜锣，喊一声名字，水槽里的各种鱼或龟鳖就会有一个浮出水面。扔一个小面具，它就会戴在头上或身上舞弄，表演完毕即沉于水里，然后再喊下一个。这虽然是艺人平日训练的结果，但龟鳖鱼类不是禽兽，不能鞭打威迫，能训练到这种程度，实在是一件极不容易的事，看后不能不使人叫绝。

《志雅堂杂抄》

梁上君子

苏州胥门外梅湾里，有位姓姚的老寡妇，抚育独生子到了二十岁，将要为他娶妻。积攒了四十多元洋钱作结婚费用，又做了银首饰，和未婚儿媳的庚帖一并放入小匣中。一天晚上，忽然没了。十几年所蓄，全在其中，一时又无法再筹措，婚期已近，老人朝夕悲泣。过了两个晚上，人们都睡了，忽听房上有人说：“姚大娘，前夜冒昧，差点误了你儿子的婚姻，今天送还，可到房檐下取它，我走了。”老太太叫儿子出去看，果然得到原物。

《耳邮》

哑丐成医

无锡有一哑乞丐，在市上行乞多年，人们都认识他。一天，他到南门内一官宦人家乞讨，看门的拒绝说：“我家主人因幼子病危，从早到晚不想吃东西，哪有吃的给你。”哑乞丐突然出声说道：“为啥不找我商量，我能治。”看门人见哑巴说话了，很惊奇，进去告诉了主人，姑且请他进去试试。切脉、处方，都有条理，吃了一剂药，有些起色，三剂，病人好了。主人喜出望外，问他生平，乞丐说："父亲在世时开药店，我虽生来就哑，但从小认识字，喜欢看医书，所以颇懂医术。父死家贫，因为哑无法施展医术，所以成了乞丐。"问他现在为什么会说话了，他也不知道。从此医名大噪，就诊者每天有千百人。

《耳邮》

一言二命

有一显宦，住在扬州，有七个女儿，女婿都是有名的士人。第七个女婿尚未完婚，年轻有才干，相貌也很好。但在去年应试时，因为误犯穆宗庙讳，被列为四等，内心深感耻辱。一天，一块到老丈人家喝酒，这五位女婿，都有口才，又诙谐，有位女婿偶然说到有个同乡岁试中考列四等，在即将遭鞭打时，他叩头在地，额血淋淋，苦苦哀求，又有同学代为求情，才免遭处罚。第七个女婿以为是有意嘲笑自己，面红耳赤不作声，喝完酒回到住所，越想越生气，竟然上吊而死。未婚妻听说后，第二天也吊死房中。其实，说话者并不知道第七个女婿考列四等的事，无心一言，竟然杀了两条人命。

《耳邮》

误食活络丹

扬州有这样的风俗，新生的婴儿，必定要服用"化毒丹"，以解胎毒。有一家姓何的，生了一个男孩，叫老仆妇到药铺买"化毒丹"。老太太是金陵人，口音和扬州人口音不一样，药店里的人听不太明白，误以为是买"活络丹"。就把活络丹卖给她了。婴儿服后，突然大病，不吃奶，数天之后竟然死了。偶然翻东西，看有蜡丸，上面刻着"活络丹"三字，才明白是用错药所致。

《耳邮》

鹁鸽化黄鹤

上海北乡有一姓黄的，妻子姓李，颇有姿色。而黄穷得不能自保，便和李商量，李说："你作男人的，竟算计到妇人头上，太过分了。没办法，请卖我吧，我给人作妾可得两百两银子，作妓女可得千两银子。"黄不同意，李说："难道要放鹁鸽吗？（假卖妻妾于人，伺机逃归叫放鹁鸽）"黄同意了。于是他俩伪装成兄妹，卖给浦东姓曹的为妾。不到三天，黄去访看，李出来见他，很冷淡。曹留黄住在家中。第二天要走，催促李出来话别，李开始不出来，过了很久才出来。说了不几句话，便厉声说："你卖我到此，就是要让我与你一块逃跑吗？我到此已没有返回的理由。你不快走，我告诉主人，绑你送官！"黄十分窘迫，踉跄而归。鹁鸽成了黄鹤，一去不返。

《耳邮》

狗　葬

通州德兴镇，有一姓毛的，在乡间仗势横行，有"土四衙"的称呼（民间把县尉称作"四衙"，因为在县令之下，有县丞、主簿、县尉，县尉排第四位，所以这样称呼)。他养了一条狗,名叫阿生。因特别喜爱这条狗,因而他们总是同坐同住。每年六月六日,相传是狗的生日,还要另备酒席,为狗庆寿。一天,狗被邻居王长林打死,毛大怒,强迫王长林准备棺材葬狗,穿上重丧的丧服,手拿讣告,榜示通衢。讣告上写:“不孝狗男王长林,罪孽深重,不自陨灭,祸延狗父阿生府君,于某年月日寿终,即日成服治丧,谨此讣告。”

《耳邮》

铜匠上当

某铜匠,住在苏州阊门外,孑然一身,颇有积蓄,然而生性悭吝。衣不蔽体,住破屋两间,屋中只有草垫子和破棉絮。一天晚上,独坐未寝。当时风雨交加,听门外有哭声,开门一看,是一位少年女子,挺漂亮。问从哪儿来,此女操江北口音说:“父母双亡被族人骗到此地,要卖给娼家。所以冒雨而逃,可我哪儿也不能去了。”说完又哭,同时拿出一支金簪给铜匠,求他帮忙。铜匠艳羡其色,又贪其财,就叫她进屋,并说:“屋内只有一张床,怎么办?”女子害羞地说:“既然到此地步,就惟君所为了。”铜匠很高兴,抱着她就睡了。天亮,女子起来替他生火做饭。好像安于这种生活似的。突然闯入几个江北人,见女子便说:“在这里呢!”并抓住铜匠说:“你诱藏良家女子,应绑你送官。”女子低头一言不发。铜匠也没法辩白。众人遍搜室内,得金簪和金戒指十六枚,洋钱数十。问女子:“这都是你带来的吧?”女子点头,于是全部攫走,挟着女子出去了。回头又要拉铜匠,一个人故意相劝,就丢下了他,哄然而散。

《耳邮》

吞珠

某人因当盐官,需在扬州停留。家藏一个大宝珠,重二钱多,放在黑暗中,有光荧荧,这就是古人所说的夜光珠。一天,一同做官的数人上门来观看,一起赞叹,看后,先后离去,只有一位姓庄的没走。盐官送客回来,姓庄的还在靠枕上吸鸦片烟。盘中珠子不见了,十分惊讶。问庄某,庄也惊讶地说:“家里没有其他人,难道是我偷了?”于是自己把所有的衣服都脱了,不留一丝,让他搜寻。庄又说:“如果怀疑我把珠子藏在衣服中,请留下这些衣服,我穿你的衣服回家也行。”盐官丢了珠子十分懊恼,然而始终并不怀疑庄某。过了一个月,庄的仆人把那个珠子送回来了。原来,庄小时候是个无赖之徒,学得吞刀吐火等幻术。那天,他乘盐官送客之机,将珠子吞入腹中,回家又吐了出来。后来,因虐待仆人,事情才败露。

《耳邮》

僧食男胎

扬州东乡十里田,有一看护青苗的人,睡在地里的窝棚内,远远看到二里之外河边土地庙前有火光,忽大忽小,或明或暗,有些疑惑,便约了几条壮汉,拿着器械一同去察看。原来是一僧席地而坐，旁边放置一个瓦锅，用石头支着，在拢柴禾烧。问他在干什么，僧人说："我朝拜南海回来，路过此地，肚子饿了，所以煮东西吃。"大伙就要返回，一个人笑着说："和尚不会吃肉吧？"开玩笑地把锅盖揭开了。一看里边煮的是两个婴儿的胎。众人大惊，争着以器械打他，僧人倒在地上哀叹道："我的命运完了，我要修炼金刚禅，需吃三十六个男胎，大道就炼成了。我仅吃了七个，就遇到你们了，我的福太薄了，快杀死我吧，别多说了！"众人极为愤恨，打死他后，把尸体扔到河中。

《耳邮》

奸尸

湖北有一靠卖柴草为生的人，姓奚，外号叫"奚呆子"，穷得娶不起老婆，却十分好色。每当到市场卖柴，遇到妇女问价，就贱价出售，不跟她们计较值多少钱。市上有位老翁，有个女儿刚刚十五岁，颇有姿色，奚一见就喜爱得不得了。从此就专门到她家门口卖柴禾。不久，这个女子死了。他夜晚掘墓，把尸体背回家中，与她交媾。第二天，锁上门出去打柴，因遗火未灭，烟从檐下冒出来。众邻人发现后破门而入给扑灭了。救火的人，见床上有人躺着，笑着说："这么喧闹还没醒吗？这是谁呀？"揭被一看，是一裸女，已死，大为惊异。有认识的人说，这是某翁的女儿。老翁来了一看，果然是自已的女儿。官府知道了，将其按律问罪。

《耳邮》

逼媳卖淫

津门流妓，多出自杨柳青、独流等地，此地淫风颇盛。刘氏媳妇也是杨柳青人，她婆婆在某氏家做佣工。某氏家的儿子知道她儿媳好看，就以重金诱使老太太招儿媳来此做针线活。儿媳开始不愿意，婆婆强迫她才来。刚来时没什么事干，针线活也少，而吃的又挺好，相安无事。几天后，某氏的儿子在天刚黑时，进入她的屋里，用言语挑逗，老太太的儿媳不从，径直上前欲强奸，女子夺门而逃，奔回家中。某氏的儿子叫老太太回去劝说，老太太告诉儿子，她儿子也认为应回去。母子二人早晚喧扰，逼她，刘氏媳妇竟投水而死。

《耳邮》

祸中见义

陈广辅、陈广弼哥俩，安徽巢县人。一天，听说天半空有龙出现，便登上城墙去观看，先有一人在城墙上，天上下雨，城墙泥泞。这个人倒在了城墙上，压在广辅的脚上。广辅抬脚，要拉他起来，不料一抬脚，那人滚落城下，头和脸破损，奄奄一息。于是守城的兵役要送哥俩去官衙。哥哥说："这确实是我的罪过，和弟弟没关系。"弟弟说："不！这是我干的，不是哥哥，应该抓我。"哥俩争执不已。哥哥说："我一时鲁莽，造成此事，怎能诬赖弟弟？"弟弟说："哥哥有家室，哥哥一死，嫂子必改嫁，我又无力娶妻，宗祀就绝了。不如我去死。"众人都称赞他们是义士。经过救治，那个人活过来了，他母亲也来了。见儿子已苏醒过来，又听众人讲了哥俩刚才所说的话，老人感动得流了泪，说："我儿子幸运而活过来了，即使不幸，我也不责怪你们，不会让你们偿命。"哥俩叩头感谢。路人感叹，认为这是三义。

《耳邮》

孙彦高拒贼

武则天时期文昌台（尚书省）左丞孙彦高，没有其他职任，性情非常愚顽。后来他到地方做定州刺史。过了一年多，突厥犯境，包围了外城。孙彦高退回宅院锁上门，不敢到厅堂里办理公务。如果是必须赶快办理完的公务，就从小窗口外递进来。后来入侵者翻过城墙四下入城，孙彦高对身边的仆人说："把门窗都锁好关严，不要给他们钥匙。"他办事都像这样愚蠢怯懦。一会儿入侵者就攻进来了，首先就把刺史住宅中的人歼灭了。

《耳目记》

阎应元骂贼

明将刘良佐降清后，率兵围攻江阴，劝阎应元投降，阎应元怒骂他说："我一个典史，死不足惜！你身为朝廷侯伯，不能以死报国，现在有什么脸见江阴父老？"于是，树起一面旗，上面大写着："留千古半分忠义，存大明一寸江山。"坚决不投降。

《鹿樵纪闻》

江阴保卫战

刘良佐率兵围攻江阴多日。一天清兵发现城中断了烟火，城门大开，便派兵进城。百姓都假装愿意投降，清将进入官署里居住。半夜，突然伏兵四起，一位壮士挥着双斧，翻过几道墙，直奔清将住处，砍下清将的脑袋，又大叫着冲杀出去。外面的明军四下合围，清将的部下全部被杀光。又过了一阵儿，城里考虑到粮食要吃完了，就悄悄打开北城门，派人护送老人孩子逃往海上。夜里在离城二十里远的江岸上挂起灯笼，上面写着："大明忠义营"。清兵一见，分兵前去袭击。到那儿一看一个人也没有，就拿着那些灯笼回营，城中趁机用绳索放下精兵偷袭清营，杀死了降将许定国和总兵。

《鹿樵纪闻》

乞师日本

南京失守后，清兵大举南下。明将黄斌卿派他的弟弟黄孝卿及冯京第，去日本请求派兵来中国抗清。他们到了长崎岛，正赶上日本因为西洋天主教作乱的事，执行驱逐外国人的命令，无法上岸，于是每天在船上放声大哭。撒斯玛王听说后，告诉了大将军，决定派日本各岛的罪人到中国支援。大将军留黄卿在长崎，派冯京第回去报告，还赠给他们几十万洪武钱币。长崎有很多官妓，都住在大宅院里，每天晚上，各宅院悬挂琉璃为装饰，比赛琵琶，色彩艳丽夺目，靡靡之音不绝于耳，在中国是看不到的。黄孝卿住的时间一长，居然忘记自己是为搬兵而来。日本人看不起他的为人，就停止了派兵。

《鹿樵纪闻》

张献忠不怕天

甲申一月，张献忠率义军攻破重庆。守将刘士奇和端王都被俘虏，张献忠走下台阶迎上前去对端王说："我的兵力比闯王的强大，殿下害怕闯王就逃离汉中，偏偏不怕我而逃离重庆，这不是命运的安排吗？"说完就要零刀杀死他，并要屠杀全城百姓。这时，大天白日突然雷电交作，天昏地暗，咫尺不见人面。张献忠抬头望天大骂："我杀人与你老天有什么相干？"命令用大炮向天上密集轰击。一会儿天晴了，就把端王和刘士奇一起处死了。

《鹿樵纪闻》

刘泽清蓄猿

明大将刘泽清，生性本来极为怯懦，一直怀着私心观望时局。后来逐渐飞扬跋扈起来，所到之处放纵士兵烧杀抢掠，百姓比怕强盗更怕他。福王当政时，他和廷臣相勾结干预朝政，奏牍纷纷，福王常常屈意顺从他的意见。他喜欢歌舞俳唱，好吟诗。他在军帐中养了两只猿，一叫它们的名字马上就到。一天，刘泽清设宴招待他过去的朋友，用金瓯装着酒，叫猿跪着送给客人。客人一见猿长得狰狞可怕，吓得浑身发抖不敢接酒。刘泽清笑着说："你害怕了？"又下令押来个犯人在台阶下打死后，剜出犯人的心脏和脑子，和在金瓯盛的酒里，让猿捧到他的面前，他连喝带吃，脸色不变。

《鹿樵纪闻》

新会食人

顺治九年，李定国攻打新会。守城将士粮绝，杀人充饥。有一个姓莫的妇女，兵丁要杀她婆婆，她叩头求代。兵丁叹道："孝妇能做到这一步吗？"便将她烹煮吃掉而放了她的婆婆。城被围之初，有几百乡下人要求入城，县令不准。兵丁说："情况危急时这是十天的粮食。"随即放入。城被围八个月，被吃掉的达万人之多。

《鹿樵纪闻》

献忠多疑杀人

张献忠怀疑成都城里一定有很多人看他打了败仗，想乘机谋害他，于是每天夜里都要换好几个地方睡觉。他挑选了一千多个亲信，称为诇事小儿，换上百姓的衣服混在他们中间。夜里，这些亲信就走街串巷地偷听别人谈话。有犯忌讳的，就用白粉在其门上画记号，天亮就派人去抓。偶然听到一句"张家长，李家短"的俚语，张献忠就非常高兴，他说："这是说我能独霸天下啊！"不久把这些人都杀掉了。他还派兵搜查荒山野地，见到人就杀。

《鹿樵纪闻》

张献忠杀和尚

张献忠的心腹严锡命进言说："陛下继嗣不多，是因为所纳的都是军中献上的女子，与陛下不般配。现在有故相陈某的女儿德才貌兼备，可以扶为正位。"张献忠就强迫陈相之女与之成亲。一天突然出告示说："陈娘娘想施舍僧人，大僧十两，小僧五两。银两用黄封柜，抬到大慈寺存放。"和尚们非常高兴，远远近近的都跑来了，一些市井无业小青年也请求和尚给他们剃头，暂时充做沙弥，答应得了银子出一半做谢礼。时候一到，张献忠命令关上寺门，把来的和尚每十个用一根绳子拴上，都拉出去杀掉了。

《鹿樵纪闻》

阮大铖奴颜卑膝

阮大铖降清之后，竭力媚悦新主人。当时战乱纷纷，清将官往往没处弄食物，只有阮大铖常常罗列鲜嫩肥美的食物，邀请清将大饱口腹。他还自己为清将演唱《春灯谜》《燕子笺》等剧本，清将听不懂吴语，他就改唱弋阳腔。有个黑内院，很喜欢舞文弄墨，学着作诗，刚能押韵，阮大铖就击节叹赏，赞他诗作的好，黑内院每天与他唱和，说："阮君是我的诗友。"他每夜坐在清将帐中长篇大论，等听的人鼾声大作了，他才回家，天没亮又进去坐。后来清将不堪其苦，他却说："我生平不知疲倦，六十年如一日。"等清将起来，他又摆设酒宴，清将都吃腻了。

《鹿樵纪闻》

诈死卖友

清将李成栋占领潮惠二府之后，用明朝官印送书到广州报告没有军情，暗中派林永茂选出三百名精悍骑兵跟随其后。腊月十五，唐王弟弟聿鐭正和苏观生一起在广州视学。林永茂率十八骑先到广州，诈称是花山来的投降的强盗，骗开城门，冲进城去，挥刀大叫。当时城内空虚，仓卒之间不能集合人马，城里一片混乱。苏观生逃到梁鍙家问他怎么办，梁鍙说："只有一死，还有什么说的。"苏观生进了东房，梁鍙进了西房，各关门上吊。观生怕梁鍙有诈，稍停了一会仔细听，梁鍙扼住喉咙发出声音，又推倒桌子，过了一阵子就寂然无声了。苏观生相信他已死，就上吊了。第二天，梁鍙把苏观生的尸体献给了清兵。

《鹿樵纪闻》

乞　儿

清世祖顺治二年五月，清兵南下进占南京，南明弘光帝仓皇出逃。有一个小乞丐题诗南京百川桥上，曰：

三百年来养士朝，
如何文武尽皆逃。
纲常留在卑田院，
乞丐羞存命一条。

题毕投水而死。

《鹿樵纪闻》

破山和尚吃肉

张献忠进入四川后，杀人很多。他想屠保宁城，有个叫破山的和尚请求他不要杀人。张献忠正在吃狗肉，就对和尚说："你吃了这肉，我就答应你。"破山和尚说："老僧为了拯救百万生灵，何惜破一回戒呢！"就吃了几块。张献忠果然没杀保宁人。

《鹿樵纪闻》

隶仆不降

顺治二年五月，清兵到江宁（南京），安远侯柳昌祚出城投降豫王，惟恐去得晚了。一个兵士哭着拦阻他说："侯爷您世代受国家恩典，此行可以缓一缓，您要有自尊啊！"柳昌祚怒骂他，他还是拉着柳的衣服不放，竭力劝阻。柳昌祚怒不可遏地举手打了他几巴掌，他还拉着不放。就这样到了中河桥，兵士捶胸顿足放声大哭说："您不听我的劝告，我就离开您死吧！"说着就跳河自杀了。

《鹿樵纪闻》

乞丐忠节

崇祯帝死后，江宁（南京）有个乞丐遇着个书生问："先生知道北都的事吗？"书生说："哀诏已经到了，崇祯皇帝上吊死了！"乞丐唉声叹气，买了酒喝完就绕着秦淮河跑，大家都以为他喝醉了。突然，他放声大哭说："崇祯皇帝真的死了吗？"捶胸顿足地跑了几十里后，向着北方磕头，然后投河自尽了。

《鹿樵纪闻》

李自成不侮人妻

明参政张国绅投降义军后，李自成让他做了上相。张国绅为了讨好李自成，就引诱了一个明朝旧官的妻子献给了他。李自成尊重那女人丈夫的名誉，立刻杀了张国绅，把那女人送归她的丈夫。

《鹿樵纪闻》

刘宗敏怒斥奸相

李自成占领北京后，刘宗敏督促官绅献饷银，不交的就上夹棍逼其交纳。大学士魏藻德被上夹棍后，献出白银万两。刘宗敏斥责他身为首相权奸误国，魏藻德说："这都是皇帝一个人昏庸无道造成的！"刘宗敏怒骂道："你从一个书生中了状元，不到三年做了宰相，崇祯有什么地方对不起你，你还骂他无道？"打了他几十个嘴巴，还夹着他不放。

《鹿樵纪闻》

御童女车

隋炀帝时期，大夫何稠进献了一部御童女车。这部车非常小，里面只能坐一个人。其中有机关可以别住女人的手脚，让她一点也动弹不了。炀帝用处女试了一次，非常满意。把何稠召来，对他说："你的巧思太神妙了。"赠给他千金。

《炀帝迷楼记》

猛药不可轻尝

清代道光年间，汤鹏少年登第，才高气盛，一时名流如曾国藩等都与他交往。因他恃才傲物，为人所忌，不断有人向皇帝上奏章说他的坏话，终于被调动官职，由御史改派部曹。他闷闷不乐，但不表现在脸面上，努力著书，对自己所著《浮丘子》颇为自负。一天，朋友在他家中集会。有人说，大黄这味药，药性最猛，不要轻尝，比如某某等都被庸医害了，误服大黄而死。汤鹏说："这种药没什么害处，过去我没什么病时也常常服用，如果你们不相信，可以当面试验。"当下就让仆人快去买几两大黄来。朋友们苦苦劝告，他坚决不听。药买回来后，大家极力制止，还是没有挡住他，一会儿工夫，已经连服五六钱，全都吞进肚里了。一位朋友急起抢夺，他又吞进去一块，而且张口骂那位夺药的朋友。于是引起一场争吵，朋友们不欢而散。傍晚，汤鹏泻肚不止。第二天，朋友们听到消息赶去探病时，才知道他已经在半夜里去世了。

《庸庵笔记》

飞来横祸

清代，有一位教私塾的先生，其教室设在一个小巷里。有一次，他偶尔到一个僻静地方小便。对面有一座小楼，楼上，一位年轻姑娘推窗下望。先生抬头见到，不好意思地笑一笑。这位姑娘脸色骤变，立即关窗。不一会儿，就听说邻家姑娘上吊死了。这位姑娘的弟弟正是先生的学生，听到消息，仓促回家探视，先生不觉拍着桌子说："唉！今天错了！"那个学生回家，把这件事告诉了他的父母。他父母便怀疑教书先生与女儿的死有关。于是，到衙门去告状。县官抓到先生，审问明白，最后竟按清代律令"凡调奸妇女未成，致妇女羞忿自尽者，厥罪应绞"，将他判处绞刑。

《庸庵笔记》

六指人冤狱

清朝嘉庆年间，浙江某县一户乡下人娶亲。新婚之夜，新郎从洞房里出来上厕所，直到半夜，全家人都已疲倦地躺下的时候，才听到他返回洞房。第二天黎明，家中人刚刚起床，发现洞房门已经打开。一问，才知道新郎早已出门了，大家也没觉得有什么异常。但接下来，新郎一连几天都没回家，家人才感到蹊跷，想到他曾在厕所里呆了半夜，便到厕所去找，结果在那里的柴禾堆底下发现了一具尸体，一看，正是新郎。大家异常惊惧，追问新娘，新娘说："新婚之夜，新郎进屋片刻，就出去上厕所，半夜才回房就寝。天要亮时，他详细询问我金银首饰共有多少，藏在哪里，我一一告诉了他。他说他生性喜欢起早，嘱咐我再多睡一会儿，说着就听到他走出门去了。现在搜检首饰，一样也没有了。"家人问他这人长相怎样。她说:"半夜三更,灯光模糊,也没能细看,只看到他右手有六根手指。"据这些情况推测,事情大约是这样的:新郎上厕所时,正好有个贼藏在里面,想乘夜深人静行窃。突然被新郎撞见,害怕他叫喊,来人把自己抓住,便上前掐住他的喉咙,把新郎扼死了。于是,一不做,二不休,干脆穿上新郎的衣服,进入洞房,当了一夜新郎,第二天早晨,将珍贵物品席卷而去。这个村里正好有一个六指人,品德恶劣,被人瞧不起。新郎家里人听了新娘的话,认定是这个人干的,当即告到官府。官府便逮捕六指人严刑审讯,屈打成招。定案后,依刑律处死。那新娘因丈夫死了,自己又受到贼人的奸污,也上吊而死。新郎的母亲只有这一个儿子,看到儿子儿媳相继丧生,随后也上吊自尽了。

过了几年,同郡某人到福建经商,在旅馆遇到一个人,一搭话才知道是同乡。那人忽然问他:"我们乡有一个新郎被杀的案子,凶手现在抓到了吗?"某人说:"早就结案了,犯人已经认罪伏诛了。"那人脸上露出高兴的神气。当时那人正在洗头洗脸,不觉藏起右手,引起某人注意,忽然发现,他正是六根手指。某人感觉怀疑,便再三追问他与杀新郎案的关系,同时宽慰他说:"早已有人替死了,现在即使告诉我真相,又有什么妨碍呢?"于是,那个贼就把真情完全吐露了出来。原来,他和新郎只隔一个村子,自从杀死新郎后,便远远逃到福建省,现在遇到同乡,就想探听一下事情发展情况。某人答应替他保密,却偷偷叫人报告了当地司法部门。那人被捕后,一审讯便认罪了。福建省督抚将此案上报朝廷,案子转归浙江省处理,最后,依法将贼人处死。原来断案那位知县因断错案子抵罪,涉及此案的巡抚、知府全部受到处分。

《庸庵笔记》

豪　宴

清朝道光年间,清江浦(今江苏清江)设有黄河河道总督,负责修浚黄河南段河道。每年所需经费要数百万两白银,实际用在工程上的不到十分之一,其余全部被文武官员挥霍掉了。一次,总督府开宴,大家都称赞猪脯这道菜精美可口。一位客人偶然起身上厕所,看到地上堆积着几十头死猪,横七竖八,便询问是怎么回事。知情人告诉他,刚才吃的那一碗菜就是这几十头猪做的。做法是先将这些猪关闭在一个屋子里,许多人手持竹竿追打它们,这些猪奔跑号叫,直到累死,这时立即拿刀割取猪背上的一片肉,每头猪一片,集中几十头猪背上的肉才够一个菜。据说猪被追得将要死去时,全身的精华集中到背部,把这块肉割下来做菜,美味无比;而身上其他部位的肉则因此而发腥发臭,失去了原来的味道,不能再吃了,只能全部扔到沟渠里。这位客人对这种惊人的浪费叹息不已。一个屠夫盯着他看,笑道:"从哪里来了这么个穷酸的家伙,眼光如豆。我到这里才几个月,亲手弄死的猪已经好几千只了,扔掉它们像蚂蚁一样,怎么还会心疼这几口猪呢?”

还有一道用鹅掌做的菜,制法是:在地面上放一个铁笼,下面架起炽热的炭火,把鹅撵上去,赶它们在上面跑几圈就死了,这样,其精华便集中在两只脚掌上,而全鹅就可以丢弃了。每一席所需要的鹅不下几十只、上百只。

还有一道菜是用驼峰做的,制法是:选取一些壮健的骆驼,把它们捆绑在柱子上,把开水浇灌它们的背脊上,立即烫死,这样,它们浑身的精华便集中在驼峰上,而整个骆驼就要抛弃了。每一席所需要的不下三四只骆驼。

还有一道菜,叫做猴脑。做法是:事先挑选格外精神的猴子,给它披上绣衣,把它按在方桌子底下,在桌面上凿一个圆洞,让猴子脑袋探出来,然后将桌子四周用木条钉上,不让它出来。接着,用刀把猴子头上的毛剃掉,把头皮剖开,猴发出惨叫声,非常悲哀。趁这时,急用热水浇它的头顶,用铁锤敲破它的头骨,诸位客人各自拿着银制的羹匙探进猴头中,舀取猴脑吃。每个客人不过吃到一两匙。

还有一道菜,是鱼羹。做法是:选取最大的河鲤鱼,要活的,倒悬在悬梁上,在鱼下面安放一口大锅,把锅里的水烧得翻开,同时敲碎鱼头,使它的血滴落水中。鱼还不死,被水蒸气熏蒸得摇头摆尾,没有一会儿宁静,于是,血流得更快。到鱼死时,血已完全流进水里,一缕一缕的红丝连绵不断。一条鱼完了,再换一条,如法泡制,约需几十条鱼,血滴够了,厨子才搅和血汤,做成羹,进献上去,而全鱼都没有用了。

以上不过是略举一两种,其他珍奇怪异的菜肴,也都与此类似。由于食品特别繁盛,所以,他们吃一次席,往往三天三夜也结束不了。这样一来,河官宴客,往往是酒喝得差不多时,人也疲倦得受不住了,各自悄悄退席,从来没有能一直喝到底的。

这仅是举宴席为例,其他方面,如衣服、车马、玩好、豪奢的情况和这都没有两样。各个官署内,从元旦到除夕,没有一天不演戏。从黎明到半夜,即使一个观众没有,演员照样在台上表演。

各官署人浮于事,有的上下级之间,过了几年,还没见过一面。如果谁带来一封朝廷贵官的介绍信,那么,总督登上高处一喊,立即可以凑出巨款送给他。

《庸庵笔记》

《江南野记》

［宋］龙　衮

《江邻几杂志》

［宋］江复休

《江阴城守纪》

［明］许重熙

《雪涛小说》

［明］江盈科

《雪涛谐史》

［明］江盈科

《稗史》

［元］仇　元

《御史台记》

［唐］韩　琬

《锄经书舍零墨》

［清］黄协埙

《拾遗记》

［南北朝］王　嘉

《雨窗消意录》

［清］牛应之

《唐语林》

［宋］王　说

《续新齐谐》

［南北朝］吴　均

《续杂纂》

［宋］苏　轼

《西巡回銮始末记》

［清］八咏楼主人

《甘宁青史略正编》

《蒙斋笔谈》

［宋］郑景望

陈处士五十娶妻

江南处士陈贶,有诗名,五十岁时才娶妻,非常高兴。他对人说:"我年轻时住在山谷里,不了解世事,不知道女人竟是这样美妙。"不久,皇帝送来钱帛召见他,有人就问:"处士您要赴召去了,您妻子怎么办呢?"他回答说:"暂时借居在师叔的寺庙里。"人家又问:"您妻子年纪轻轻,怎么不提防着些呢?"他回答说:"锁着呢。"人家又问:"锁上了要大小便可怎么办呢?"陈处士回答说:"我已经把钥匙给她了。"

《江南野记》

男女都瞒岁数

宋代,凌景阳和京城豪族孙氏攀婚姻,觉得自己年龄偏大,就少报了五岁。等成婚交拜之后,才知道女方瞒得更多,少报了十岁。凌景阳当时在翰林供职,不允许同富户结婚,谏官王素就此弹劾他,被罢官。皇帝已经知道凌景阳隐瞒岁数欺骗女方的事,听王素报告说女方瞒得更多,皇帝大笑不止。

《江邻几杂志》

三岁婴儿懂音乐

北宋时候,京城有一个婴儿,才三岁,就会表演所有曲子,节拍旋律都符合。在市集上,观者人山人海。教坊中会歌舞的艺人都称赞他表演得妙。这婴儿在母亲怀里吃奶时,还捻动手指,动作全都符合音乐节拍。

《江邻几杂志》

巴豆当松子吃

宋人吴充卿说,他父亲在江西瑞昌当县令时,见一士兵嗑巴豆吃,像嗑松籽一般痛快。巴豆是药性厉害的泻药,一般人稍吃一点都会腹泻不止。吴父问他何以能大吃巴豆而无事。原来这士兵开始时用饭一碗和巴豆两粒,研和成面吃下;接着增加巴豆成分,像吃药丸一样,接着再增加巴豆,减少饭。服用数年以后,就能纯吃巴豆了。

《江邻几杂志》

贩鳝诀窍

贩卖鳝鱼的人,常在装鳝鱼的器具里放泥鳅。原因是鳝鱼喜欢睡觉,泥鳅喜欢游动。不这样做,鳝鱼就容易因多睡致死。

《江邻几杂志》

险诈之徒偶见忠厚

北宋的奸臣丁谓,以险诈闻名,但有时也能说出忠厚长者的话。有一次,宋真宗对一朝廷大臣极为不满,再三向丁谓提起此人。但丁谓总是避而不答。宋真宗变了脸色,说:"你真可恶,问你却总不回答!"丁谓说:"皇上已经发雷霆大怒,臣子我再添上一句话,那他不是粉碎了吗?"真宗欣然同意了他的话。

《江邻几杂志》

金银盐包

明末清初之际，各地战事纷起，散兵流民不计其数。崇祯十七年，一队流兵大约一千人经过江阴境内。他们头裹红罗，把一只只小盐包卖给当地的老百姓。老百姓们回到家里，打开买来的小盐包，发现里面装的并不是盐，竟是烁烁闪光的金银宝贝。原来这是淮扬一带的豪门贵族为避战乱而藏进盐包里的，被散兵们当作盐包抢走，他们不知里面装的是金银，误把它们作为一般的盐包卖给老百姓了。

《江阴城守纪》

海猪变鼋

南京上清河岸的堤岸，常被海猪拱坍。明太祖朱元璋便问臣子："这是什么原故？"大臣们知道皇帝最讲忌讳，犯了忌讳是要杀头的，所以悄悄商议："'猪'和'朱'同音，千万说不得。如果说拱坍堤的是'大鼋'，那么大鼋和'大元'同音，皇上听了肯定会高兴。"于是，他们答道："陛下，拱坍堤岸的是'大鼋'！"朱元璋便下令将所有的大鼋捉净。不久，大鼋都捉完了，可是海猪还是照样拱坍堤岸。

《雪涛小说》

判决鼠罪

嘉靖年间有个御史，四川人，有口才。一个有权势的太监要刁难御史，就捉了一只老鼠送上，说："这东西咬坏了我许多衣服，请你判案。"御史便判罪道："这老鼠如果判为笞杖、流放的刑罚还太轻些，而判为杀头又太重，看来还是判它腐刑（宫刑，破坏生殖器）最合适。"那太监知道御史是隐隐讽刺自己，也只能恼怒在心，表面上又不得不佩服他判案正确。

《雪涛谐史》

杀庐山精

唐朝时，刘秉仁任江州刺史，从京城里弄回一只骆驼，放养至庐山之下。乡村中有个人见了这个庞然大物，很是惊怕，于是率人敲着鼓射杀了骆驼，然后到州府禀告刺史："某日，在某处捉获庐山精。"刘秉仁命把庐山精送上来观看，一看正是他所放的骆驼啊！

《稗史》

爹爹民贼

有个叫钱良臣的谏官，十分忌讳别人直呼他的名字。他儿子读书时，凡其中有"良臣"二字，都给改成"爹爹"。《孟子》中有这样一句话："今之所谓良臣，古之所谓民贼也。"有一次，他儿子读到这里，就把这句话改为："今之所谓爹爹，古之所谓民贼也。"

《稗史》

李文礼哭姐

唐代李文礼是顿邱人，喜好读书，

有文才，屡次升迁，一直做到了扬州司马的官职。但这个人性格特别迟钝，反应也慢。当时他在扬州时，有官吏从京都回来，得到长史家信，说是姐姐去世了，请示选择吉日安葬。李文礼一听姐姐去世了，就大哭起来。官吏等到李文礼哭声停歇的机会，就说："是长史的姐姐去世了。"李文礼过了好一会儿明白是怎么回事，慢慢问这官吏说："是长史的姐姐吗？"官吏说："是的。"李文礼说："我本来没有姐姐，刚才还感觉到奇怪呢！"

《御史台记》

禁屠

唐代武则天时曾下严令禁止屠杀牲畜鱼禽，官员们只能吃蔬菜，苦不堪言。娄师德作御史大夫，出使到陕西，厨师端上一盘肉来。娄师德说："皇上下禁令不许捕杀生灵，为什么还有肉呢？"厨师说："这是豺狼咬死的羊。"娄师德说："真懂事，这个豺狼。"于是就开始吃肉。厨师又端上一盘鲙鱼，娄师德又问厨师为什么会有鱼，厨师说："豺狼咬死了鱼。"娄师德于是大声斥骂厨师说："缺心眼的汉子，为什么不说是獭咬死了鱼呢？"厨师赶忙说："是獭咬死了鱼。"娄师德于是又把鲙鱼吃到肚里去了。

《御史台记》

任瑰畏妻有妙解

唐代管国公任瑰特别害怕他的妻子。唐太宗因功赐给任瑰两个侍女，但任瑰不敢往家里领。太宗召见任瑰妻子，赐给她酒说："女人妒忌，应当休掉，你如果能改过不再忌妒，就不用喝这杯酒，如果不能改过，就把这酒喝掉。"任瑰的妻子说："我不能改变忌妒之情，请让我喝了这杯酒。"于是把酒喝了。等到喝醉了回家后，就与家里人做生死之别。其实皇帝并没在酒中放毒药，任瑰妻子也没有死。有一天杜正伦嘲笑任瑰怕妻子一事，任瑰说："女人可怕的地方有三点：当初刚娶她时，她端坐在那儿，就如同菩萨一样，哪有人不怕菩萨的？生男育女之后，就如同养儿的老虎一样，哪有人不怕老虎的？等到年老了，脸上出了皱纹，样子难看如同冬瓜鬼（佛经中称吞人精气的鬼）一样，哪有人不怕鬼的？"

《御史台记》

香漏

叶映榴，小时候便成了孤儿，家中贫穷。他母亲亲自督促他读书。曾经在线香上量好尺寸，把铜线系在上面。每当晚上读书，就用火点着香，下面放一铜盘，香燃到系铜钱处，钱就落在盘中，锵然有声，借以确定时间的早晚，叫做"香漏"。后来，终于因如此刻苦攻读而成就了大名。

《锄经书舍零墨》

烧猪

广东风俗，新媳妇回门时，女婿家

以烧猪为回礼，殷富人家，往往有多到数百头的。而所馈赠的猪，不能稍有缺损。听说有因为割掉了猪耳朵，而到公庭打官司的，非常可笑。

《锄经书舍零墨》

顾蛮牛

顾某恃强无礼，喜欢搞恶作剧。人们都把他看作蛮牛。一位朋友，离他家有十余里。一天，派仆人去送礼物，顾正站在门外，仆人不认识他，就喊叫说，此处是不是顾蛮牛家。顾答应着将他引入屋内，然后偷偷地取来一块大石头放在盛酒的器具中，另外附上一封信。临行时嘱咐仆人说："此是贵重的物品，途中千万不要歇肩。"仆人本是诚实人，坚持着负重而归，喘得像头吴牛。打开信一看，上边大字写着："来人呼我顾蛮牛。罚他扛块大石头。"

《锄经书舍零墨》

盗贼之家

明代天顺八年，皇上诏示天下军民之家，凡做过盗贼的，经过审讯定案而不改的，有司便在其家门上大书"盗贼之家"四个字。

《锄经书舍零墨》

葬狗村

武林（今杭州）葬狗村，相传秦桧埋葬在这，人们厌恶他的所作所为，因此取名葬狗村。还有的说，过去有条狗用水浸湿自己来救野火中的主人，后来狗死了，人们看重义行，把狗葬在这里。葬狗村因此而得名。狗如有知，恐怕也不愿冒占丞相的尊名而被人唾骂吧？

《锄经书舍零墨》

旧板桥

郑板桥未及第的时候，游览扬州，人们没有认识他的。等成名之后再来此地，携带金银玉帛来乞求书画的，络绎不绝。于是，郑板桥自己刻了一印，上写"二十年前旧板桥"。

《锄经书舍零墨》

奸雄识见

宋绍兴年间，秦桧执掌国政时，一读书人凭借秦桧的书信，来拜见扬州太守。太守查出是假造的，便把书信和五百两白金邮给秦桧，把伪造者给拘留起来了。秦桧见信后，就召见这位做假者，并给他官做，又赠他厚礼。人们不解其意，问为什么。秦桧说："这个人胆子如此之大，若不给他一官半职，约束他，那他就会南走越，北走胡，为祸必定不浅。"

《锄经书舍零墨》

任末勤免

任末十四岁时，学习没有固定的老师，背着书箱不顾远途险阻求师。他常说："人不学习，怎么成才？"有时他靠着树林住下来，用茅草编成小屋，砍下荆条做笔，刻树汁作墨水。夜间借星光月色读书，太暗时，点起麻蒿映照。读到精彩之处，就在衣裤上记写下来。门徒喜欢他的勤奋好学，常用干净衣服给他换下。

任末所读的都是圣人之书。临终时他告诫门徒："好学之人，即使死了，精神仍在；不学习的人即使活着，也只是行尸走肉罢了！"

《拾遗记》

巨　槎

尧在位三十年的时候，发现一只巨槎（水中浮木）在西海上漂浮。槎上发出光辉，夜明昼灭。航海的人望见了这种光，忽大忽小，好像星月的出没一样。巨槎长期浮绕四海，十二年轮回一周，周而复始，名叫"贯月槎"，也称"挂星槎"。

《拾遗记》

天外来客

秦始皇喜好神仙之事。有位宛渠国的人，乘着"螺舟"来到。舟的形状像螺，潜入海底行驶，水渗不进去，另有一个名称叫"沦波舟"。这个国家的人身长十丈，将鸟兽的毛编织起来蔽体。两只眼睛看东西像闪电，耳朵从脖子上长出来，容貌像小孩子。始皇向他问起天地刚开辟时的情形，他像自己亲眼见过那样清楚。他说："我年轻时凌空倒退而行，每天能游览万里之遥，等到老朽了，可以看到天地以外的事情。我的国家距咸池日浴之处万里，日月照不到，以一万年为一夜，白昼天就从正中豁然大开，宽几百丈，过一万年还闭合，这就算做一天。到了夜里，便用'燃石'来代替月光。这种石头出自'燃山'。山上的土石都能自己放出光辉。这种石头一敲就碎，形状像谷子，一粒便能照亮一间屋子。过去炎帝开始改变生食的习俗，就是用的这种火。国民现在还把这种石头作为进献品。有人将燃石扔进溪涧里面，水流沸腾溅沫延续几十里，人们把这条水流称为'焦渊'。我的国家距轩辕之丘十万里。少典的儿子采首山的铜铸成大鼎，我事先望见那个国家有金火之气浮动，便跑过去察看，到了那里，三鼎已经铸成。又发现冀州有异气，应有圣人降生，果然有个叫庆都的女子生下了尧。又发现红云进入丰镐，跑过去观察，果然有丹雀的祥瑞应验在周文王姬昌的身上。"始皇说："这是神人啊！"更加相信仙术了。

《拾遗记》

蔓金苔

祖梁国进献蔓金苔，颜色似黄金，像很多萤火虫聚集在一起，有鸡蛋那么大。扔到水中，便在水波上蔓延开来，发出光辉，与太阳相映照，好像水上漂浮的火焰。于是，在宫中开凿水池，宽一百步，经常观赏此苔，并以之娱乐宫人。皇帝把金苔赐给受宠幸的宫人，放置在漆盘里，光辉照耀满室，称为"夜明苔"。沾在衣襟上则有如火光。皇帝怕这种宝物被外人得到，惑乱百姓，下令除掉金苔,填塞水池。到皇室丧乱时,还有这种东西留存,但都传到了胡人手中。

《拾遗记》

针 神

薛灵芸是魏文帝曹丕宠爱的美人,文帝特意为她改名为夜来。她的针工技艺极为高妙,即使处身于深帷之内,不用灯照亮,也能很恰当地裁剪、缝制衣服。如果不是她缝制的衣服,文帝是不会服用的。宫中称她为“针神”。

《拾遗记》

白 燕

魏晋易代那年,京城北阙下面有白光像鸟雀一样,不时飞来飞去。有关官员报告皇帝,皇帝下令张罗捕捉。结果捉到了一只白燕。大家都以为这是神物,于是用黄金制了一只笼子,放在宫里。过了十天便失踪了。

《拾遗记》

石崇骄奢

石崇骄奢淫侈,豪富超过当朝外戚王恺,珍宝瑰奇,堆积如粪土,看待似瓦砾。

石崇有几千个美艳侍婢,其中翔风因擅长文辞最受宠爱。石崇曾经对她说:“我死后,你必须殉葬,青天白日为证。”翔风回答:“活着相爱,死后分离,不如不爱;我如果能殉葬,死而不朽!”此后翔风更受宠爱。

石崇常常挑选姿容俏丽相似的十几个美女,衣服、佩饰大小相同,让她们一刻也不离开,总在他身边陪侍。让翔风把玉交给工人,做成倒龙佩,用金丝绕成凤冠钗。舞女们结袖绕柱跳舞,昼夜相接,称为“恒舞”。想召呼哪一个,不喊姓名,全听玉佩的声音,看金钗的颜色:玉声轻的排在前面,金色鲜艳的排在后面,编排顺序以次而进。让几十个人都口中含着异香,边走边说笑,于是口中香气随风飘扬。又弄碎沉香,细如尘粉,遍洒在象牙床上,让所宠爱的侍女用脚踏在上面,不留痕迹的,赏珍珠百琲(五百颗);有痕迹的必须节饮缩食,使身体轻弱。因此闺阁中侍女们互相嬉戏说:“你不是细骨轻躯,怎么能得以珍珠百琲?”

《拾遗记》

四孝子

江苏崇明县有位姓朱的老翁,年轻时贫穷,生了四个儿子,不能养育,都卖了。四个儿子长大成人后,都赎身娶妻,搬到了一块居住,接回父母赡养。儿子、媳妇对老人都很孝敬。老人屋中有一柜橱,里面常放钱,五十一串,老人有需要就从中拿,没了儿子再往里放。老人好赌博,四个儿子偷着把钱给亲友,让他们故意输给老头。老人赢了就很高兴,常买些糖果之类,回家给孙子们吃,以此为乐。

《雨窗消意录》

嫉富欲害反受窘

清朝某地有一个富翁生活奢侈，不与人交往，从不过问经济之事，资财却耗费不尽，一年到头也没有疾病，有时发生祸患，也意外地得到化解。他家曾有一个婢女自缢而死，乡里的一个里胥非常高兴，把这件事张扬出来报官了，官也很高兴，当日就来到这位富翁家查验。查验中，忽感到尸体手足慢慢地蠕动，大家正在惊骇之中，一会儿尸体又抬身、侧身，一会儿起身坐起，已经复活了。当官的想要以逼奸、使婢女上吊的罪名陷害富翁，用暗示的语言诱导婢女，她叩头说："主人的侍妾像神仙一样美，怎么会喜欢上我呢！如果真有情于我，那确实是我生平的愿望，怎么能自缢呢？实际是因为当官的用杖打死我无辜的父亲，有冤不能伸，所以愤恨求死。"当官的一听这话，就非常沮丧地离去了。

《雨窗消意录》

死不瞑目

福建人郑堂，善作诗，好滑稽。郡守妻子死了，将要入殓时却不闭眼。郑堂说他会祝祷，于是高声吟道："夫人一貌玉无瑕，四十年来鬓未华。何事临终含泪眼，恐教儿子着芦花（着芦花意指受后母虐待，以芦花代棉絮做棉衣）。"吟完，夫人便闭上了眼睛。郡守厚礼相赠。

《雨窗消意录》

美少年原是麻脸汉

某状元及第时，已年过四十，脸上有麻子，个头很高，腰复十围。他欲在京师买妾。有一平民百姓家的姑娘，初读弹词，词中所描述的状元都是美少年，因此，欣然愿嫁。结婚的晚上，她见了某状元的相貌、年龄，心情十分沮丧。某状元平素嗜酒，宾朋戏弄劝酒。状元大醉狂吐，污染了被子和枕头，新婚妻子十分愤怒，趁着夜晚上吊而死。有人嘲笑说："国色太娇难作婿，状元虽好却非郎。"

《雨窗消意录》

坠河而亡

丁一士，矫健有力，而且学会了搏斗和跳跃的技能，能跳三丈多高，跳远也如此。一天，经过杜林镇，遇见一友人，请他到桥边上酒店喝酒。喝得很畅快。喝完后两人共立河边，朋友说："你能跳过这条河吗？"一士纵身跳过，朋友又叫他跳回来，应声又跳回。双脚着岸后，河岸靠近水的地方已裂，一士未看见，岸崩裂二尺多，一士落入河中，顺流而去，他平素不会游泳，只是从波心跃起了几尺，能直上不能近岸，仍然坠落水中，这样跳了几次，力量用尽，终于淹死了。

《雨窗消意录》

唐临为家僮掩过

唐临生性宽厚仁爱，能体谅人。有

一次他要去吊丧，让家僮回家去取一件白色的衣衫，家僮错把其他衣服取来了，因害怕没敢递给他。他察觉到了，就对家僮说："我今天气不顺而上冲，不适宜悲伤哭泣，刚才让你拿的白衫子先别拿了。"又有一次，他让家僮熬药，没熬好，他暗中察知了这个情况，又对家僮说："今天阴天，不宜服药，可以把所熬的药倒掉。"始终不提家僮的过错。

《唐语林》

"活菩萨"与"剑"

薛调和季瓒是同一年登第的进士。薛调美貌有风度，人称"活菩萨"；季瓒才华出众，性格豪爽，人称"剑"。薛调为人宽容而季瓒为人猜忌。评论者认为世人的称呼，正合他们的天性。刘元章从江夏刺史任上解职回朝，一向以风度好自诩。一天，薛调到门求见，他竟然急得鞋也没穿好就跑出去迎接，唯恐慢待，这是因为他喜爱薛调的美貌和风度。

《唐语林》

立有常处

郑珣瑜任河南尹，每次接送朝廷派来的宦官时，都有固定站立的位置。官吏们私下观察，每次马蹄踩的地方相差超不过三五步。

《唐语林》

辨乐治病

曹绍夔是朝廷中造诣很高的一位乐官。洛阳有位僧人，房中的磬一到子夜就自己鸣响，僧人非常奇怪，忧心忡忡，因而致病。他到处找术士，想了各种方法制止房中的磬自动发声，都不奏效。曹绍夔一向跟这位僧人交好，正好这时来看望他，僧人就把磬的事告诉了他。一会儿，吃饭的钟声轻轻地响起来，磬又发出声音，绍夔笑着说："明天你给我准备一顿丰盛的饮食，我会替你除掉这个声音。"僧人虽然不相信他的话，但抱着一线希望，就准备好饮食等着他。绍夔吃饱后，从怀中取出一把锉，在磬上锉了几个地方，那种声音就断绝了。僧人苦苦追问其中的原因，绍夔说："这个磬和钟的振动频律相合，所以敲击那口钟这个磬就会与之呼应。"僧人听了非常高兴，他的病随之也就痊愈了。

《唐语林》

裴度失印复得

裴度任中书令时，官印忽然丢失。他下令举行宴会，大家都明白为什么要这样做。半夜，宴会进行到酣畅的时候，手下人说："印又找到了。"裴度不回答，直到大家都尽兴了才罢宴。有人问其中的缘故，裴度说："这大概是一些小吏偷取官印去给他们写的文书盖印。慢慢找印就能找到，求之过急他们就会把印扔到水里或火里销毁。"大家都佩服裴度处事不惊。

《唐语林》

唐宣宗不徇私

中唐时,乐工罗程擅长弹琵琶,是同辈中水平最高的,能够创制新曲调,受到唐武宗的宠爱,便仗恃皇恩,行为放纵起来。宣宗继位初年,也把他召进宫来服务。罗程知道宣宗通晓音律,更加刻苦钻研技艺。宣宗往往让他为妃子们伴奏,每当这时,他一定尽力奏出奇巧动人的音乐来打动皇帝,因此也受到宣宗的宠爱。这就使得他更为骄纵起来。有一天,他因为小小的恩怨杀了一个人。宣宗知道后,非常愤怒,当即命令将他撵出宫去,交给京兆尹处理。其他乐工因为罗程琵琶天下无双,想要借此说动宣宗宽恕他。碰巧宣宗来到乐工的园子里,他们在奏乐之前,摆设了一个没有人的座席,上面安放着琵琶。乐工们一个挨一个地走上前来,流着眼泪,连连跪拜。宣宗说:"你们想要干什么?"乐工们上前说:"罗程对不起陛下,罪该万死。然而,我们这些人觉得他演奏技艺天下第一,却不能长远地侍奉陛下,太可惜了。"宣宗说:"你们这帮人所爱惜的仅仅是罗程的技艺,我所重视的则是高祖、太宗的法度。"最终也没有宽恕罗程。

《唐语林》

以诗得妻

李郢,晚唐人,写诗很有名,是尚书郑颢的门生。他住在杭州,不求进取。将要赴京应考之前,听说邻居家的女孩子长得很漂亮,便去求婚。正好遇到另一个人也向这家求娶这位女孩,女孩的家长无所适从,便说:"你们各出一百万钱,谁先送来谁就能得到许婚。"两家都准备好了足够的钱,又都在同一天送到。女孩的家长很为难,又提出:"请你们各自写一首诗,用这个来决定你们的优劣。"这样,李郢就娶到了这位女孩子。

《唐语林》

胡姓改令狐

唐宰相令狐绹因为同姓者少,同族人凡是来投奔的,他都给予帮助或向上推荐。因此,远远近近姓令狐的都来走他的门路,甚至有姓胡的也在姓前添个"令"字来冒充。进士温庭筠开玩笑地写道:"自从元老(宰相)登庸(举用)后,天下诸'胡'悉带'令'。"

《唐语林》

葫芦贮骨灰

唐李德裕被贬到珠崖郡(治所在今广东琼山县东南),郡北的亭子名叫"望阙亭"。亭在高处,他经常登临,每次都向北眺望,非伤呜咽,题诗道:

独上江亭望帝京,
鸟飞犹是半年程。
碧山也恐人归去,
百匝千遭绕郡城。

郡里有一座古寺。一次,德裕步行游寺,来到一个老禅院。坐了很久,发现室内墙上悬挂着几个葫芦,便指着问和尚:“葫芦里面有药物吗?我走得很疲劳,希望能给点药治疗一下。”和尚叹息道:“这不是药,都是人的骨灰啊!这是您当政时,为了私恨贬到这里而死去的人。我可怜他们,因而收取他们的尸骨烧化,把骨灰收藏起来,等他们的子孙来寻找。”德裕怅然如有所失。回去时感到心痛,当夜就去世了。

《唐语林》

妻代夫死

唐李知璋的妻子郑氏,素不受丈夫喜爱。知璋当江夏县尉时,因喝醉了酒,行杖刑时失手打死了一个人的母亲。这人到李家报仇。知璋和妻子郑氏用床顶住门,复仇者推开窗跳了进来,郑氏急忙用身体护住知璋,举手承受刀刃,右臂被砍断,又伸左臂,左臂又被砍断,最后又用身体代丈夫受死。当时她正怀孕,仇人用刀刺破她的肚子,胎儿掉到外面才死去。仇人接着又杀死了李知璋和他的两个儿子。州里司法官将此事上报朝廷,为此事,有几十个人受牵连被处死。

《唐语林》

刘晏造漕运船

中唐时,刘宴任各道盐铁转运使。当时,战乱还没有完全止息,西蕃不断侵扰,国家财政空虚。他开始常将十艘船编为一组,装载着江南出产的稻谷、麦子,经淮河、泗水进入汴水,一直抵达河阴仓(在今河南郑州西北)。每船载粮一千石。扬州派军官押运,到河阴之后再由当地加派人员一直运到太原仓。如果运送十次不发生意外,负责官吏就会受到格外奖赏。汴水到黄河的一段水流湍急,负责押运的将官,走过几次之后,没有不白头的。

刘晏一开始计划造船时,议定每艘船用钱一百万。有人说:“现在国家正当贫乏的时候,应该减省这项费用,即使用五十万也还多。”刘晏说:“不对。大国不能用小道理来治理,凡是创办一项事业,必须考虑长远的利益。造船的场所既然兴办起来了,在那里管理的人员就不会总是一个人,应当有余钱使大家都得利。让大家私人生活不发生困难,那么公家建造的东西就会坚固;如果一开始计划就悭吝刻薄,那么怎么能够维持长久呢?几十年后,一定会有人认为这些造船的物资准备得太丰富而加以裁减。减省一半,还能够维持;如果再减,那就造不出好船了。造船场所一破坏,国家的大业也就毁了。”计划既定,刘晏就在扬子县创办了十处造船场所,安排了十位官员专门负责。他们经办造船业劲头很足,互相竞赛,生机勃勃。

五十年后,果然有人出来削减经费,减到五十万时,还可支持。再后来,到咸通年间有人又加减省,对造船所用的板子、钉子、油漆之类物资也都斤斤计较。结果弄得偷工减料,一塌糊涂,再也没法收拾了。

《唐语林》

唐宣宗不袒护宦官

高少逸任陕州观察使时，有一位皇宫中派出办事的宦官在硖石驿投宿，吃饭时嫌饼太黑，鞭挞驿吏，直到流血。高少逸知道此事后，将当时吃的饼封装起来，送呈宣宗。那位宦官回去也向宣宗叙说此事，宣宗生气地说：“高少逸已经将这事报告给我了。深山里有这样的食物，难道是容易得到的吗？”于是，把他贬谪到恭陵（今河南洛阳县东北）去，还让他经过陕州到洛阳。

《唐语林》

毁三龙罢祈雨

唐代宗时有一段时间久旱不雨。京兆尹黎干在当时最繁华的朱雀门街造了一条龙，召集城里的巫觋到祈雨坛上跳娱神舞。黎干和巫觋一起跳舞，观看的人感到怪异而滑稽，笑声不止。过了一个月还不下雨，黎干又请求向孔子的灵位祈祷。皇帝听到这件事，说：“对于孔子，我早就祷告过了。”于是下令毁掉已造好的土龙，停止祈雨活动。他自己则节省膳食和日常用度，等候天命安排。不久，大雨降落，百官都入朝庆贺。

《唐语林》

裴度论宰相人选

裴度当宰相时，对平民时的朋友、有恩者的子弟，该报恩的报恩，该引荐的引荐，时刻不忘。有一位重品德，少言语的大臣，忽然对人说：“我跟你们几个人都受到裴公的识拔。记得当百姓时，我们曾约定，将来谁有了职权，要互相推举。我当官已经很有收获了，然而裴公却没有实现当初的诺言，认为我不可以当宰相。”裴度听到了这话，笑着说：“我的确有负于当初的想法。”接着他向别人问道：“你看见过灵芝和珊瑚吗？”那人回答说：“这都是世上少见的宝贝。”裴度又问：“你曾经游览过山水吗？”那人回答说：“天下名山我游览了不少，只有庐山瀑布像天上的银河，世上没有第二处。”裴公说：“图画还可以悦目呢，何况是亲自观赏了。但是，灵芝、珊瑚作为吉祥物和宝物是可以的，而要建筑大厦，还必须有杞木、梓木、樟木、楠木等等；瀑布可以画成图，但却对人没有什么实际效用。如果要灌溉良田，推动碾磨，它的功效还是不如长河的流水。那位大臣的道德品质、文化修养和胸怀气度都够得上大臣的表率，望上去令人肃然起敬。但是，忠厚有余，权谋不足，又缺乏胆识，处事多疑，并不是辅佐帝王的人材，我怎么敢指望他当宰相呢！”

《唐语林》

裴宽识张建封

裴宽是中唐时期的人。有一次，他刺史任满，由汴河西归。天晚了，船停在河边，看见一个人坐在树底下，衣服又旧又破。裴宽招呼他过来，跟他说话。一番谈论，使他大为惊奇，说道：“您的才能见识应当取得富贵，为什么这样穷呢？"于是，把船上所有的钱和奴仆全部送给他，这个人也不推让。话刚谈完，他就登上船去，看到奴仆有不尊重他的表现，就用鞭子抽打，裴宽更觉惊奇。那个人就是唐代著名的张建封，后来做了很大的官。

《唐语林》

韩滉用人所长

韩滉长期镇守浙西，所录用的幕僚，都是根据他们各自的长处安排，没有错用的。曾有一位老朋友的子弟来投奔他，韩跟他说话，没发现他有什么特殊的能力。召来宴饮观察他，直到终宴，一直端端正正地坐着，目不旁视，不跟邻座的人交谈。后来过了几天，韩安排他随军，让他看守库门。韩滉派人去探察，见他每天一早就入库，端端正正地坐着，一直到晚上。无论是看守、防卫的还是官吏、兵士，没有人敢随便进进出出的。

《唐语林》

诗与人

唐宣宗坐朝办公，对于依次急步走上前来的官员，总是等他们喘息平匀后再问事。大臣令狐绹推荐李远作杭州刺史，宣宗说："我听到李远有句诗说：'长日惟消一局棋'，他一天光是下棋，怎么能治理好一个郡？"令狐绹回答说："诗人的诗句不能当作事实的记录。"接着继续介绍李远的廉洁、明察，可当重任。宣宗就接受了他的推荐。

《唐语林》

邪不干正

唐贞观年间，西域献给唐王朝一个胡僧，胡僧的咒术能使人死使人生。唐太宗下令在飞骑兵中选择一名强壮勇猛者验证胡僧的咒术，果然胡僧一念咒语，那飞骑兵就死去了，又一念咒语，那飞骑兵就复活了。唐太宗将此事告诉了宗正卿傅奕，傅奕说："这是邪法。我听说邪气不能冒犯正气，如果让胡僧对我使用咒术，他的咒术肯定不会灵验。"于是，唐太宗让胡僧对傅奕使用咒术。咒术开始时，傅奕没有什么感觉；过了一会，胡僧忽然自己倒下，像被什么东西击倒一样，再也没有苏醒过来。

《唐语林》

布被木枕当钱

阳城身为朝廷官员，家里却很穷，经常拿自己用的布被木枕做抵押，借几个钱用。人们敬重他的廉洁正直，都争着要他的布被和木枕。

《唐语林》

娄师德包容狄仁杰

狄仁杰与娄师德同时在武则天的朝廷中当宰相，狄总是排斥娄。有一天，武则天问狄仁杰道："我重用您，您知道是由于什么原因吗？"狄仁杰回答说："我是靠着写文章的本事和正直的德行进取的，不是那种靠人缘关系取得成功的平庸无能之辈。"武则天沉默了好一阵才说："我原来并不了解您，您受到重用，实在是靠了娄师德的力量。"因而叫手下人去拿出一个箱子，找到十几份荐表，拿出来送给狄仁杰。狄仁杰读过，吓得赶紧承认自己的错误，武则天也没有责备他。狄仁杰出宫后说："我真没想到自己受娄公的包容，而娄公却从未表现出一点得意的神情。"

《唐语林》

宠辱不惊

尚书卢承庆在唐高宗总章初年负责考评朝廷和地方官员。有位督运官遇到大风丢了米，卢给他下评语道："监督运输损失了粮食，评为中下等。"那位官员神色自若，没有说什么话就退下去了。卢敬重他的气度，改评道："不是人力能够挽回的，评为中中等。"那位官员既没有表现出高兴的神情，也没有说什么表示惭愧的话。卢又改道："宠辱不惊，评为中上等。"

《唐语林》

国舅有罪绳之以法

唐宣宗有个舅舅名叫郑光，他别墅中的一个私人属员非常蛮横，成为里巷中的一患，就连国税也积欠几年拒不缴纳。户部侍郎韦澳被任命为京兆尹，把这人抓起来，披枷带锁下在狱中。宣宗在延英殿召见他，问道："您拘禁郑光的庄吏，他犯了什么罪?"韦澳把事情原原本本地上奏给宣宗。宣宗又问："您打算怎样处置他?"韦澳说："我准备依法惩办。"宣宗说："郑光非常爱惜这个人，怎么办呢?"韦澳说："陛下把我从皇宫中派出来当京兆尹，目的是让我治理京城地区的积弊。像郑光庄吏这样多年为害的人如果受到法律的宽大，那就说明朝廷的法令只能施行到贫穷、低贱者的身上，我不敢接受您的命令。"宣宗说："情况的确是这样。但是郑光再三地恳求我，您看我面子，宽容他一下行不行? 不然的话，就重重地判他的刑，但求免他一死，行不行?"韦澳说："我不敢不接受您的命令，但是要允许我拘禁他，一直等到他把积年拖欠的国税全部缴纳完毕才释放，这样也可以作为其他人的鉴戒。"宣宗说："可以。因为郑光的税务扰乱乡里的治守，按法行事，应该从我身边的人做起。"韦澳从延英殿出来，径直回到官署中对郑光的庄吏施行杖刑，逼他交出几百斛粮食才放他离去。

《唐语林》

张赵斗富

康熙年间，河道总督赵世显与里河同知张灏斗富。张请赵饮酒，树林中张灯六千盏，高高下下，银河错落，兵役三百人，点烛剪煤，呼叫嘈杂，人以为豪。过了半个月，赵回席请张，加灯万盏，及吩咐张灯时，则飒然有声，万盏齐明，并不剪煤，而通宵光焰。张大为羞惭，然而不解其故，重贿其奴，方知赵用火药线，穿连于烛心之首，累累然每一线贯穿百盏，烧一线则顷刻之间百盏明亮，且用轻罗为烛心，每烛半寸，暗藏极小爆竹，爆声连天，蔚为壮观。

《续新齐谐》

画鱼捕獭

魏明帝游洛河，发现河里有几只白色的水獭，非常可爱。可是白獭见到了人就钻进水里，再也不露面了。侍中徐景山对明帝说："獭最爱吃鲻鱼，见到了鲻鱼连死也不怕，我有办法让它们出来。"于是在木板上画了两条活灵活现的鲻鱼，挂在河边上，白獭果然上当，钻出水来，成群地扑到木板前争咬画上的鲻鱼，结果全被捉住。魏明帝十分高兴，称赞道："朕听说你善画，没想到竟能达到唯妙唯肖的程度！"

《续新齐谐》

旁人气不忿

村里汉有钱，俗夫有好妻，明知道是没水平的人但科举考试却及第了，平庸的人得到好官职，看到善良人被小人、坏人凌辱。

《续杂纂》

惹人爱

初学走路的小孩，善于歌舞的小妓女，跑得快的马兼有平稳、体性好的优点，漂亮的小猫又不偷食，勤于做活计的子弟，好的仆人和侍妾，头等的字画，品行良好的公务人员，读书好的儿子。

《续杂纂》

不要立即相信

卖家索价赌咒发誓，和尚不吃酒肉，醉汉隔宿请客，媒人夸好女儿，小吏小心谨慎、畏惧，妓女与人辞别恸哭好像不想活了，敌国讲和。

《续杂纂》

学不得

神仙，天性敏捷，能吃能喝，才识过人，有胆量、有气魄，在长官面前办事快慢，临事果断。

《续杂纂》

忘不得

父母的教育，好朋友，曾经受过的厚恩，自己得意的文章，少年时记诵的经史。

《续杂纂》

悔不得

赌钱输了，难受的醉酒，失言答应给人东西，干了坏事被发觉，随便说话，少年时期没努力学习，遇到好风景没能游览欣赏，遇到可心的好东西没有买下来。

《续杂纂》

惹人爱

儿逼父死

当八国联军进入北京时，相国徐桐还在北京，他躲进了某相国的旧宅子中。开始时他并没有以身殉国的想法，但他的儿子对他威逼道："父亲庇护义和团，各国早就恨你了，这次洋兵肯定饶不了你。如果你被搜出来，全家人都将免不了遭殃，如果父亲能死，既获得了美名，又解了各国的仇恨，家里的人也许可以侥幸免遭祸殃。你死后我做儿子的也要随你到地下侍奉你。"听了这一番话，徐桐就哭着上吊自杀了，尸体悬挂在房梁上，而他儿子却抛下父亲的尸体逃走了。

《西巡回銮始末记》

闭门种菜

陕甘总督衙门的后院有一块菜地，地中有一池水。菜地上杂种着韭菜、葫芦、薯蓣、冬寒菜之类。左宗棠经常穿着短衣服在园中浇菜，神态悠闲。左宗棠在园子的门上写了一副对联："闭门种菜，开阁延宾。"左宗棠真这么有闲吗？不是的。他假托种菜，口不言兵，是为了不让外人窥测出他的动向。

《甘宁青史略正编》

草丛诗人杨朴

宋代咸平、景德年间的隐士杨朴，居住在郑州，写得一手好诗，很有名声。杨朴性情怪僻，经常骑驴来往于郑州农村，每当来了灵感，就藏身在草丛里苦苦思索，得到了佳句，就跳跃而出，遇到有人路过，就会吓一跳。宋真宗去汾阴(在今山西)祭祀神灵，路过郑州，召见杨朴，准备给他官做，问他来时是否有人做诗送行。杨朴猜到了真宗的用意，撒谎道："没有，除了老妻有一篇。"真宗让他念来，杨朴道：

便休落魄贪杯酒，
更莫猖狂爱做诗。
今日捉将官里去，
这回断送老头皮。

宋真宗听了大笑，赏赐绸缎，让他回去了。

《蒙斋笔谈》

诗人变妇人

唐代大诗人陈子昂，死后阆州人纪念他，建立了陈拾遗庙(陈子昂曾任右拾遗)。但后来语音讹传，变成了"陈士姨庙"。更不知从何时起，庙里的人像也变成了妇人装饰，相貌还十分严肃。有时祷告，似乎还很灵验。

《蒙斋笔谈》

《渌水亭杂识》

[清]纳兰性德

《韵语阳秋》

[宋]葛立方

《遁斋闲览》

[宋]范正敏

《开天传信记》

[唐]郑綮

《燕下乡胜录》

[清]陈康祺

《燕书》

[明]宋 濂

《增广智囊补》

[明]冯梦龙

《檐曝偶谈》

[明]顾元庆

《齐东野语》

[宋]周 密

《过庭录》

[宋]范公偁

《东南纪事》

[清]邵廷寀

《列朝诗集小传》

[清]钱谦益

《烈皇小识》

[明]文 秉

《水东日记》

[明]叶 盛

宋文帝之度量

宋文帝时，员上散骑侍郎孔熙先和范晔谋反，事泄被交付廷尉。孔熙先慷慨陈辞，语气不软。文帝惊异于他的才华，派人安慰孔熙先说："以你的才华，到现在还滞留在集书省，应该感到不平而生异心，这是我做皇帝的辜负了你。"又责怪前吏部尚书何尚之说："让孔熙先这样的人做了三十年的散骑侍郎，哪能不使其生二心呢？"唐代的武后见了骆宾王的讨己檄文后说："有才如此，而让他沦落别处，这是宰相的过失啊！"这二者都很有做帝王的风度啊！

《渌水亭杂识》

杜甫读《文选》

唐朝大诗人杜甫很善于化用《昭明文选》中的句子，并且经常阅读《文选》。一次，杜甫想喝酒了，就叫女仆去取酒壶，可女仆把酒壶拿来之后，却见杜甫在专心诵读《文选》，把喝酒的事给忘在脑后了。

《韵语阳秋》

花影郎中与红杏尚书

张先，字子野，以词名于北宋，宋仁宗时任都官郎中。他的词中多用"影"字，而且用得特别巧。最为得意的三句是"云破月来花弄影"（《天仙子》）；"柳径无人，坠飞絮无影"（《剪牡丹》）；"娇柔懒起，帘幕卷花影"（《归朝欢》）。人称"张三影"。宋祁也是北宋著名词人，以"红杏枝头春意闹"的名句饮誉天下。当过翰林学士承旨，工部尚书。宋祁非常欣赏张先的文学才华，于是，先去访问他。到了门前，宋祁让人通报："尚书要见云破月来花弄影郎中！"张先连忙在里面应道："是红杏枝头春意闹尚书吧！"于是，把宋祁迎进去，摆酒欢饮，畅谈诗文。

《遁斋闲览》

刘喜焚妻

宋代德州军士刘喜有气节。他曾出门到外地呆了一年，他的妻子就在家里暗地里与一富人家的儿子私通。刘喜归来后知道了这件事，就骗妻子说："你以前干的事，我都知道了。我不能默默地忍受这种耻辱，但又不忍心拆散你们的两情之好。你如果能让那富家儿子给我五百金，我就让你装作有病而死，我用棺材和随葬器具载着你，把你送到野外。你可以乘夜去投奔那个人，这样做大概可以堵住人们的口了。"他的妻子信以为真，把百金送给刘喜。刘喜就把他妻子放进棺材，即用巨大的钉子把盖子钉死，放火把棺材烧了。自己又去找郡将自首，张不疑欣赏他的气节，没有追究他的罪过。

《遁斋闲览》

长枕大被

唐玄宗对于诸位王兄王弟非常友爱，常想做一个长枕头，同兄弟们同睡同起。兄弟之间如果有人患病，玄宗就会整天不吃饭，整夜不睡觉，忧形于色。手下人劝他进食，他说：“兄弟是我的手足，手足治疗不好，我的身体就毁坏了，哪里顾得上吃饭睡觉？”玄宗在东都洛阳兴建了五王宅，又在上都长安创建了花萼楼，作为诸王集会宴乐的地方。玄宗和兄弟们没有一天不聚会。有时在一起讲佛经教义，谈理法；有时玩球，打猎，掷骰子；有时赋诗饮食，欢笔戏耍，从不懈怠。

《开天传信记》

画地为界

唐玄宗登上勤政楼和百官一起聚会饮酒，尽情欢乐，允许百姓随便观看。各种歌舞、杂技一时纷呈，令人目不暇给。观者人山人海，涌动如潮。皇宫卫士维持秩序，挥动棍棒像雨点一样，也制止不住兴奋的人群越过警戒线。玄宗皇帝有些担忧，对高力士说：“我是因为海内丰收，边境安定无事，才大办宴会，和老百姓一起欢乐，没想到下面的人竟然喧闹混乱，你有什么办法可以制止他们？”高力士说：“我没有这个能力。陛下不妨把严安之招来，让他安排人们的活动场地。依我之见，他一定会搞出点名堂。”玄宗听取了他的建议。严安之来到后，立即绕广场走了一圈，用上朝记事的手板在地上划出一条线，指给大家说：“走过这条线的人处死刑！”因他这一划线，一直到御定的五天聚会饮宴结束，一直秩序井然。大家都指着地上划出的线说：“这是严公的界线。”没有一个人敢越过。

《开天传信记》

君臣对话

超勇公海兰察一向在小事上不太注意，他与和珅有矛盾。一天，和珅在乾隆面前告海兰察的状，说他在甘肃镇压叛乱回京时收受皮张等物，皇上一听，马上说道：“海兰察能率军杀敌，收受皮张用来御寒，有什么可指责的？而你们这些人，既不能率军杀敌，又岂能谢绝别人的礼物呢？”说得和珅无言以对。

《燕下乡胜录》

越人溺鼠

老鼠喜欢夜间盗窃粮食吃。为此，越人把粮食放置在一个大罐子里，任凭老鼠去偷吃。以后，老鼠逐渐成群结队地来偷吃粮食，每次都饱餐一顿然后才回窝。过了一段时间，越人把罐子里的粮食换成水，在水面上洒了一些谷糠。而老鼠不知道粮食已被换成了水，到了夜间又成群结队进入罐中偷吃粮食，结果全都被淹死了。

《燕书》

鼠啮马鞍

曹操的马鞍放在库中，不料被老鼠咬坏了。管理仓库的官吏见到这种情景，简直吓坏了，就想把自己捆绑起来，到曹操的面前请罪。曹冲说：“先别着急，等过三天再说。”曹冲用刀把自己的单衣刺破，好像是老鼠咬后样。曹冲假装遇到了不顺心的事，面露愁色。曹操就问曹冲："你为什么忧愁呢？"曹冲说："世俗认为被老鼠咬了衣服不吉利，现在我的单衣被老鼠咬了，所以心里感到忧愁。"曹操说："这是乱说的，不要为这事难受！"一会儿管理仓库的官吏进来报告说马鞍被老鼠咬了，曹操说："我儿的衣服放在身边尚且被老鼠咬了，何况我的马鞍悬挂在柱子上呢？"于是便没有追究这个小官吏的责任。

《增广智囊补》

飞　瓦

雄山在南安，其上有飞瓦岩。相传当初在此建立寺庙时，因山伐木，寺僧恐怕山高路险，搬运砖瓦艰难，就把瓦堆积在山下，假说自己有飞瓦的法术，建造寺庙根本用不着建筑师。那一日，周围远近的人们都跑来观看，大约有几千人。这个寺僧装作一个佣人往山上挑瓦，前来观看的人急着想看寺僧是怎样不用工匠，施用法术建寺庙的，就帮着这个假佣人运瓦。不一会儿，就把一大堆瓦搬完了。这时寺僧笑着说："我所说的飞瓦就是让你们来帮忙呀！"

《增广智囊补》

宋太宗醉酒

有一天，殿前都虞侯孔守正陪着宋太宗在北园吃饭。孔守正喝得大醉，与王荣在皇帝面前议论起边功来，愤怒争吵，失去了平日的仪表。侍从之臣看到这种情景，就请求皇上下令，把他们两人扣押起来，皇上却不允许。第二天，这两个人酒醒了，深知自己失礼有罪，就结伴一起到皇帝面前请罪，皇上却非常大度地说："我也醉得很厉害，一点也记不住这件事了。"

《增广智囊补》

怕后生笑

欧阳修是唐宋八大家之一，文章久负盛名，誉满天下。欧阳修晚年，常常整天坐在那儿修改平生所写的文章，很费心力。由于年岁已高，眼花手颤，常为修改昔年旧文稿所苦。夫人心痛丈夫，就说："你就休息一下吧，何苦这样与自己过不去呢？难道现在还害怕你的老师来责怪你的文章写得不好吗？"欧阳修笑着说："并不是害怕老师来责怪我，只是担心后生耻笑我呀。"

《檐曝偶谈》

京师偷拐之技

京师为天下繁华之地，小偷的窃技、骗子的骗术有时也出人意外。我（笔者赵翼）有个同乡姓董，有一次到戏馆听戏，他占座等一位客人，随手把带来的两千铜钱横放在桌子上，忽然从外面进来三个衣着很讲究的人，共中一个好像认识董某，突然向董某作了一揖，董某连忙拱手还礼，趁这个机会，三人当中的另一个迅速地撮起桌上的钱，挂在自己的肩上。那人作完揖又问董某姓名，然后假装认错了人，还一个劲地向董某道歉。等董某回到坐位上，才发现桌子上的钱不见了，而那个偷钱的人还若无其事地站在旁边，反倒假装正经地责备董某说："到戏馆里怎么能把钱放在桌子上？你要像我这样把钱挂在肩上就不会被人偷去了。"董某眼睁睁地看到自己的钱挂在他的肩上，也不敢作声发作。

有一个少年在市上用银子换铜钱，正在讲价，忽然冲过来一个老头，从后面将少年打倒，一把夺过银子，嘴里骂道："爹都穷到这种程度，你还拿银子出来偷着换钱，还有比这更不孝顺的吗？"然后扬长而去。市上的旁观者都以为是父亲教训儿子，谁也不去多管。过了很长时间，挨打的少年才苏醒过来，看热闹的人问他怎么回事，少年哭着说道："我哪有爹呀！"但抢银子的老头却早已不知去向。

《檐曝偶谈》

茭塘海盗

广东番禺县茭塘有十几个村落，村民世代当海盗。他们使用的船叫"多桨船"。一般的海船都是趁风扬帆，唯有这些海盗使用的船只用桨，所以不管顺风逆风都可行驶，有的一只船多至三十六桨。他们行劫都在白天，远望要抢劫的目标船只有黑豆那么大，就放弃了；如果远看有鸭子那么大，就没有追不上的。追上后两头用铁钩将客船拽住，群盗持刀棒去抢劫，将船上财物洗劫一空。有时海盗船还会被别的海盗打劫。某船有一二十人，刚刚劫得一批钱物，遇到另一只船上有三四十人，就会被人多的船劫持，这类事在海上常常发生。

《檐曝偶谈》

闽俗好勇

福建百姓多聚族而居，两姓人家有时因故发生争执，常常聚众械斗，一定要死几个人。发生械斗的时候，就是岳父与女婿、舅舅与亲外甥之间也不讲情面。械斗之后，亲戚之间还像平时一样地往来。他们认为械斗是"公事"，亲戚之间的正常往来是"私情"，这样做才两不相悖。

《檐曝偶谈》

岳飞逸事

宋代抗金名将岳飞，治军极严。岳家军曾在宜兴作战，岳飞立硬寨作为根本，命亲信将领守御。岳飞某次出战不利，岳夫人心中焦急，便秘密指令守寨亲将选精锐之士，准备干粮，暗为策应之举。不久，岳飞兵还，马上到教场，传来亲将问他："你究竟要干什么？"亲将说："听说太尉(指岳飞)军小有不利，所以选敢死之士准备策应，这不过是儿女应尽的孝心。"岳飞严厉地说："我命你坚守根本，天不能移，地不能动。你今天不等我的命令，擅自动摇，这是触犯军法。"亲将十分害怕，便说出实情："这不是我要这么做的，夫人让我这样的。"岳飞知他为将而听妇人指挥更加愠怒，竟将他斩首。

《齐东野语》

野　婆

邕州、宜州以西，南丹各蛮族都居住在荒僻的山崖山谷间。那一带有一种兽，名叫野婆，黄头发，椎髻，光脚，裸体，样子很像老太婆，在山谷间跑上跑下像轻捷的猿猴。腰部以下，有重叠的皮下垂到膝部，好像犊鼻裤。力量能抵得住壮汉，好偷人家子女。然而，生性多疑怕人骂。偷了人家子女，一定回到失主家附近，暗中观察窥望，那家知道被它盗走，便邀请邻里大骂不停口，野婆往往受不住这么多人骂，又把这家子女带回来送还。野婆群体都是雌性，没有配偶，每当遇到男子，一定要弄回去求配。曾有一只野婆被一位壮汉推落深谷里，辗转咆哮，但小腿断了，站不起来，徭人集众将其刺死。一直到死，它都用手保护着腰部，不肯放开。割开腰部，发现一块一寸见方的印，晶莹如苍玉，字像符篆上所用的文字符号，没法认。字迹不是雕刻上去的，是自然形成的图纹。但始终也不知道它为什么要如此珍惜。周子功曾在景定年间出使大理国，路经此地，曾亲眼见过这方印。

《齐东野语》

金丝猴

先父(作者周密的先父)曾在鄞江地区任地方长官，属县武平素产金丝猴。大猴子难以驯养，而小猴子则被其母抱着一刻也不放下。当地捕捉这种猴子的方法是：先用药箭射母猴，母猴中箭后，自知不免一死，就将乳汁洒遍林中的树叶，好给它的孩子喝，然后落地而死。猎人这才剥取母猴的皮使劲鞭打，这时，小猴子极其悲痛，啼叫着跳下树来，束手就擒。每夜一定要小猴子睡在其母的皮上它才能安定，否则没有办法养活。

《齐东野语》

谗人害己

南宋的苏大璋专攻《易经》，颇有名声。参加乡试前，苏大璋梦见自己中了第十一名，见人就讲。快要发榜的时候，有个同治《易经》的考生出于嫉妒，到主考处报告，说苏大璋说得那么确切肯定与某考官通同作弊，假托于梦。主考官找到第十一名考卷一看，果然是治《易经》的考生卷，以为肯定是苏大璋(唱名放榜之前，主考也没有权力拆封验看考卷的姓名)，于是持卷对其他考官们："假若真像他说的那样，你们大家怎么能解释清楚呢？我看不如换掉这本卷子。"众考官都表示同意。及唱名发榜，拆封一看，补上的第十一名正是苏大璋，那本被撤换的考卷原来是报告者。

《齐东野语》

奇　缘

南宋贾涉年轻时，乘船过龟溪，见到一位女子在溪边洗衣，偶然多看了几眼，因而来到女子家中。贾问女子丈夫到哪里去了，回答说："没回来。"两人交谈愈来愈融洽。贾挑逗她说："你肯跟我走吗?”女子欣然答应。等到女子丈夫回来,贾又问他同不同意,他也没有露出为难的神色,于是把女子带回家去。后来,就生下了贾似道。过了不久,这位女子就离开了贾家,嫁给一位百姓为妻。贾似道长大一些才把她接回来。她生性极为严厉刚毅,似道很畏惧她。在景定、咸淳年间,屡次进入皇宫,隆国夫人甚至和她同寝同住,受到深厚的皇恩,享年八十三岁。

《齐东野语》

针 法

南宋信国公赵葵镇守扬州时,有一位老张总管,是北方人,精于用针,他的一个徒弟也能大致掌握他的技艺。有一天,赵信公的侍妾因脾血不调病至垂危,而张老总管因事留在外郡。赵家急忙喊张的那位徒弟前往诊治。徒弟看了病人说:“这病已经危险了,另有一个穴位也可以治疗。”于是用针刺足外踝骨二寸多的地方。但针被血气吸住,竟然拔不出来。徒弟仓惶请罪说:“穴位虽然刺中了,但针拔不出来,这非找我师傅不可,请赶快去找他。”于是,赵家派出流星马连夜出发,经过一昼夜,把老张找来了。他笑着说:“穴位一点不错,只是他还没学会我的出针法而已。”于是,另在手腕部位刺了一针,针刚进去,外踝骨那只针就自动跳出来了,当天,那位女子的病便痊愈了。

《齐东野语》

蜀娼词

蜀地的娼妓大都能为文辞,大概是薛涛的遗风吧。陆游从蜀中归来,带回一妓,置于别室,几天去幽会一次。有时,陆游因身体不适,好些日子没去,这个妓女对他有些怀疑抱怨,以为失宠于陆游。陆游作词给她,以作解释。此妓和其原韵作一词答之:

说盟说誓,说情说意,动便春愁满纸。多应念得脱空经,是哪个先生教底? 不茶不饭,不言不语,一味供他憔悴。相思已是不曾闲,又哪得工夫咒你?

有人攻击陆游曾挟蜀尼而归,就是指这个妓女。

又传有一个蜀妓写了一首送行词,也俏皮可喜:

欲寄意,浑无所有,折尽市桥官柳。看君著上征衫,又相将放船楚江口。

后会不知是男儿,休要镇长相守。苟富贵无相忘,若相忘有如此酒。

《齐东野语》

营妓严蕊

天台军营妓严蕊,字幼芳,色艺双绝,琴棋歌舞,丝竹书画,无不精通。间或写作诗词,有清新之句,颇通古今。并且善于接人待物,四方闻名。有人不远千里来求访她。唐与正守天台时,在酒宴上,让严蕊即席赋红白桃花,严蕊马上吟成《如梦令》:

道是梨花不是,道是杏花不是,白

白与红红，别是东风情味。曾记，曾记，人在武陵微醉。

众人毕称妙绝。唐与正赏之双缣。

七夕之际，郡署开宴，座中有位谢元卿，是名豪爽之士，久闻严蕊之名，于是，请她当场赋词，又要以自己的姓为韵。酒还不到一巡词已吟成，调寄《鹊桥仙》：

碧梧初出，桂花才吐，池上水花微谢。穿针人在合欢楼，正月露，玉盘高泻。　蛛忙鹊懒，耕慵织倦，空做古今佳话。人间刚道隔年期，指天上，方才隔夜。

谢元卿闻之心醉，在严蕊家逗留半年光景，把所带的钱财都赠给了她才回去。

后来，著名的大道学家朱熹以使节的身份到天台视察，要构陷唐与正，就指控严蕊与唐有不正当的关系。严蕊被关在狱中月余，备受折磨，却始终不肯承认自己与唐有染，于是免不了又挨棍棒刑具之苦。后来，把严蕊移到绍兴监狱，不断地审问她，她却始终不肯招认，此事也就无法定案。狱卒好言劝诱严蕊："你为何不早些招认呢？大不了就是挨些板子。罪又不重，何必受此皮肉之苦呢？"严蕊回答道："我身为贱妓，纵使与太守有染，也不至死罪，这点我很清楚。但是，是非曲直，必须明辨，不可颠倒，我怎么可以信口胡说使士大夫受污呢？即使把我整死，断不可诬太守。"言辞态度非常坚决。于是，再被痛打，仍系于狱中。两月之间，一再受刑，折磨近死，却始终不屈，声价也越来越高。

时隔不久，朱熹调走，新来接替他的是岳霖。岳霖很同情严蕊，命她作词自陈。严蕊不假思索，口占《卜算子》词一首：

不是爱风尘，似被前缘误。花落花开自有时，总赖东君主。　去也终须去，住也如何住。若得山花插满头，莫问奴归处。

岳霖听了，喟然长叹。当天便判她从良。严蕊自此告别了这种屈辱的生活。

《齐东野语》

岳飞治军

岳飞征讨敌军，途经庐陵，借宿城市民居，东方拂晓，岳飞军即为主人洒扫门宇，洗涤盆碗，然后整队出发。郡守设帐在郊外，为岳飞饯别，可是部队已经快走完了，还没有见到岳飞。郡守问队伍末尾的兵士："大将军在何处？"兵士回答说："已经和偏裨将校在一起走了。"岳飞治军如此严肃，在中兴诸将中可谓第一。

《齐东野语》

量刑也要合情合理

北宋时，有一年陕西大灾，有个老百姓家母亲与妻子都到外地当佣人谋生，丈夫自己在家种地，过一个月去看望一次母亲。有一个月，这个老百姓看望母亲晚去了一段日子，当妻子的不愿意，就埋怨丈夫说："我和你妈在这里吃苦，你一点也不放在心上！"丈夫因生活艰难，本来心气不顺，就同妻子争吵起来，说："你自己不会过日子，出来帮人，难道怪我？"妻子回嘴说："谁还不帮人？"丈夫以为妻子在挖苦老母，气得拿起犁头柄打过去，一下子把女的打死了。衙门审理此案，定为故杀十恶罪。但有一位熟悉法律的人提出不同意见说："虽然妻子外出当佣人，两人的夫妻关系暂时中断，但夫妻情份还在。要判故意杀人，必须有奸杀等情节。即使是那样，究竟该照夫妻论理，还是该照一般人论理？"大家都觉得他说得有道理，改判殴斗伤人罪。事情报告上级，这位提出不同意见的人受到了褒奖。

《过庭录》

"人样子"狄咏

北宋哲宗时，神宗的姑母要再婚，在士族家庭中间找配偶，找遍整个京城也不符合哲宗的心意。当时名将狄青的儿子狄咏在宫殿里当一个小官，但仪表姿容十分俊美。宦官们曾奏禀皇上，询问公主再婚要找如何人物。哲宗说："外表模样要像狄咏。"于是普天下都称狄咏为"人样子"。

《过庭录》

种师道治军

北宋名将种师道防御西夏有功。他在代州（在今山西代县一带）督运木料，调动了不少人力。有一天在山岭下，看到一个士兵扔掉所扛的木料，坐在那里。种师道问他："你是什么人，为什么停下来？"士兵说："原是华亭（今上海松江）的士卒，有病走不动。"种师道立即下令把他斩首。手下部属十分惊讶，说这士兵未必就该治罪。种师道说："杀他没有错，错的是我不该问他原因。盘问了以后，再不处决他，那么大家都会照他学样，运木料的任务还能够完成吗？"

《过庭录》

张永锡娶三姐妹为妻

宋人张永锡，贫寒时长期依靠滕县姓吉的一户殷实人家接济生活。吉氏见永锡为人淳朴敦厚，更加照顾他，并答应把女儿嫁给他，但未订婚。张永锡后考中进士甲科，京城权贵人家争着向他提婚，他都谢绝了，回到老家同吉氏女儿成了婚。可惜没过几年吉氏女就去世了，而张永锡的官运越来越亨通，官职越来越高。吉氏还有个二女儿双目失明，从未有人同她提过婚事，张永锡准备娶她，吉氏坚决谢绝，因为觉得不配。但张永锡诚恳地说："我受您的恩德由来已久，不能不报。像二小姐这样的，我如果不娶她，是不会有人要的。"吉氏被他的情义所感动，就把二女儿嫁给了他。婚后，张永锡对待盲妻，比前妻还要好。二小姐替他生了两个儿子后也死了。这时，吉氏还有个最小的女儿，年龄比张永锡小得多，这一回吉氏自作主张，一定要把三女儿也嫁给张永锡为妻。三姐妹一共为张永锡生了四个儿子，长大后都当了高官，且有声望。

《过庭录》

浙东忠烈

明末，吴邦璇、何武、朱大典在浙东金华城抵御清兵，终因寡不敌众，兵败城陷。吴邦璇匆匆赶到城中的火约库，对总兵何武说："日后已不能击杀敌兵，留这火药库是很失策的，不如把它烧掉算了。"不一会朱大典也来到这里说："两位将军怎么还不快走？"他们一齐回答："我们心意已定，愿与将军同死。"朱大典笑着说道："三人同心，还有什么可怕的呢！"说着从袖中掏出火药绳说："我们所见略同啊！"他们把全部三百桶火药堆在一起，赶走身旁的士兵，让他们择路逃命，然后，三位将军环坐在火药堆旁，把火药绳扔进火药桶，只听得轰然一声巨响，顿时灰飞烟起，人屋化为乌有。

《东南纪事》

倔强的袁景休

明代的刘子威非常自负，自认为自己的文章在国内出类拔萃，他在吴地很有权势，所以人们不敢不恭维他。而袁景休却有自己的见解，竟敢当着众人的面指出刘子威文章中的缺点，而且还嘲笑他。刘子威听到以后很生气，就向郡尉告状，郡尉把袁景休抓到官府打了一顿，问道："你还敢讥讽刘子威吗？"袁景休仰起头笑着说："我宁肯再挨一顿打也不能改变我说过的话！我才不奉承他呢！"地方官看着意志坚定的袁景休也没有办法，便把他放了。从此以后，人们都敢说出自己的实话：刘子威的文章哪里是什么天下第一呀！

《列朝诗集小传》

王宾敬母

王宾，字仲光，幼而聪慧。纵览古今典籍，融会贯通，问无不知。尤精医术。为穷人看病，常施舍药物，不肯为富贵人看病。其貌不扬，又用药将面部、腿部、臂部腐蚀成疤。进市里，像簸箕一样叉开两腿坐在道旁，露出胳膊、腿搔痒。缙绅们都知道他贤能，但没人敢举荐他。他敬奉母亲周到、细致，一生都没有娶亲。郡守姚善很看重他的才学，有一天就去王宾家拜访他。王宾贴着门告诉郡守："不要惊了老母。"王宾自己却跳墙跑出去了。姚善只好回去。另一天，姚不带众多的随从人员，独自静候在门外，王宾这才把郡守让进屋里。据说，王宾比母亲先死去，临终前还在不停地念叨着："娘，儿不忍舍娘而去。"

《列朝诗集小传》

王芾毁画

王芾，明代无锡人，非常善于画竹。性情豪爽，作起画来，意气风发，挥洒自如，但每当别人想用金钱收买他的画时，他便拂袖而起，甚至责骂人家。有一段时间，王芾在京城与一个商人做邻居，晚上商人在那里吹箫，音调悠扬、圆润，王芾听得很开心。第二天他就去商人那里，画竹赠给商人，说："我是为你昨晚的箫声而来,现在把制箫的材料赠给你,答谢你的箫声。”商人非常不懂事,就拿出一块红地毯赠给他,请求王芾再给他画一幅和那一幅配成一对。王芾大笑着把那幅刚送给商人的画夺过来,狠狠地撕了个粉碎,同时把商人所赠的地毯也还回去了。

《列朝诗集小传》

父子争女相杀

明崇祯年间,卫帅吴孟明上疏说:“最近常州有钱霖父子相杀的事,远近骇闻。”皇帝传旨:“将钱霖同其儿子尚宾抓赴京城验审。”钱尚宾为应天通判,钱霖是庚子举人,两人为争一名侍女而厮打起来,尚宾挥刀向其父刺去,刺中腋下。虽已用重贿求和,但刀痕还没有消失,没有办法进行掩饰。在押解的途中,住在德州,借宿于一间草房,半夜时,纵火焚烧草房,预先在灰烬中藏了一具尸体,于是人们以为尚宾被火烧死。回奏朝廷后,皇帝下旨让地方官查明,知府陈琯再次奏称:“尚宾确被烧死。”其实尚宾已逃入太湖中。后为武进知县马嘉植捕获。经抚按审决:钱尚宾立即处死,钱霖发配边疆戍守,陈琯削职为民。而马嘉植之所以这样做,则是因自己一向刻薄残忍,曾受陈琯讥讽,于是趁机挟怨泄私愤。

《烈皇小识》

立枷示威

明朝逆阉魏忠贤掌权时,时常用立枷刑向众大臣示威。立枷是明代最残酷的刑具。犯人直立在木笼内,笼顶枷在犯人脖子上,往往几天时间人就死了。前后死于立枷刑的人数以千计。一天熹宗皇帝看见后,问及魏忠贤,为什么用这样残酷的刑具。这时王体乾也在皇上旁边,他回答说:“这些人都是大奸大恶,是法律所不能治裁的人,才用这种刑罚。”熹宗皱眉说:“即使真的像你说的这样,也觉得太惨了,这总不是国家的体面事。”魏忠贤在一边沉默不吭声,其余众大臣都向熹宗叩头,呼“万岁”而离去。

《烈皇小识》

残杀妇女报功

明崇祯年间,副总兵赵大允驻扎在韩城,离农民起义军的大营二十里,不敢出兵进攻。士绅们强迫在他出兵。出兵回来后报斩首级五十个,查验一下,却都是妇女的首级。

《烈皇小识》

沐敬直言

明朝太监沐敬,貌相魁伟,敢于慷慨直言。永乐年间,他跟随皇上北征,一个多月也没有遇上敌兵,人马困乏,皇上却意犹未尽,进谏的人都受到谴责。沐敬却一而再再而三地劝谏。皇上生气地骂他是“反叛”,沐敬回答说:“我真不知道谁敢反叛!”皇上大怒,下令把他拉出去斩首,沐敬却毫无惧色。皇上想了想说:“我家养人都像他这样,岂不是真正有益吗!”于是便放了他。

《水东日记》

先学坐立

黄希声是明朝永乐年间的一个举人,我(《水东日记》作者)的叔祖让我哥哥从师于他,他却三天不教书,只让他端正地站,一定要达到一动也不动的程度。有的人奇怪地问他,他回答说:“读书容易,做人难,如果坐立都不标准,还指望他能干什么呢?”

《水东日记》

杨复诗讽吴恩庵

南京大理少卿杨复擅长作诗,名声很大。他的家僮常常在玄武湖边取萍藻当猪食,吴恩庵当时主持都察院事务,以玄武湖靠近官府为由阻止。杨复便写了一首小诗嘲讽他:

太平堤下后湖边,
不是君家祖上田。
数点浮萍容不得,
如何肚里好撑船?

《水东日记》

诽　谤

明朝时有位大臣上奏皇上选京师一个官宦之家的家人进行操习演练,以备非常之需,请皇上出榜昭示天下,以防流言。当时另一位大臣进言说:“是他家中有个儿子与京官府里的人斗鹌鹑没有赢,受了侮辱,心怀忿情,才上奏的。”其实那位大臣的儿子刚刚两周岁,而且远在老家,可见古人便有造谣诽谤之徒。

《水东日记》

纳新失宠

明朝的时候,都指挥马良最受皇上所宠爱。有一次他曾经在宫禁中骑马,太监把这事告诉了皇上,皇上就说:“我想让他遛遛马。”太监又说:“这事应当归御马监管。”可皇上还是一点不怪罪马良。马良的妻子死后,皇上常常安慰他。这时,有几天马良一直没有露面,皇上很关心地询问左右的人,他们回答说马良刚刚娶个新夫人。皇上问:“是谁?”回答说:“是宁阳侯的女儿。”皇上很不高兴地说:“这家伙夫妇之间的感情都这么薄,怎么会忠心侍奉我呢?”此后,借故杖打了他好几次,渐渐疏远了他。

《水东日记》

一字送命

昆山卢公武是洪武初年有名的学者,精通篆字,曾出任兖州知州。到任后,向皇上上奏书,文中的“兖”字写错了,很像“衮”字。皇上看了很不高兴,说:“这个秀才实在无礼,随随便便就提我的衮(皇帝的礼服叫衮)。”庐公武当时差点因为这一个字送了命,最后还是被连累而死。

《水东日记》

《容斋续笔》

[宋] 洪 迈

《容斋四笔》

[宋] 洪 迈

《吕氏杂记》

[宋] 吕希哲

《藏一话腴》

[宋] 陈 郁

《洹词》

[明] 崔 铣

《老学庵笔记》

[宋] 陆 游

《闻见异辞》

[清] 许秋垞

《戴无涯笔述》

[近代] 戴无涯

《荟蕞编》

[清] 俞 樾

《笑笑录》

[清] 独逸窝退士

《志异续编》

[清] 青城子

《左宗棠轶事》

[现代] 秦翰才

《墨余录》

[清] 毛祥麟

《南亭笔记》

[清] 李伯元

《赵飞燕外传》

[汉] 伶 玄

朱温三件事

唐末与五代初年，朱温以凶残著称，但也有三件事值得一提。刘仁恭为卢龙节度使，其子刘守文守沧州，朱温率兵进攻，城中粮食将尽，朱温派人劝降。刘守文回答说："大王正用大义降服天下，如果做儿子的背叛父亲，大王会怎么对待?"朱温被刘守义的义理打动，缓和了攻城的军事行动。不久撤军，朱温烧掉各营剩余军粮，在船上的则凿船使其沉没，刘守文又写信给朱温说："城中几万人口，饥饿已几个月了。与其把粮食烧成灰，沉入水中变泥，不如留下点剩余救活全城人。"朱温果然留下了部分军粮。朱温篡唐自立为后梁太祖以后，原来的唐朝大臣苏循及其子苏楷，自以为叛唐而劝朱温当皇帝有功，朱温却看不起他们父子俩卖国求荣，统统罢免回乡。后来宋州节度使进献瑞麦，以为吉祥之兆。朱温看了，极为不满，说："宋州今年水灾，百姓们饭都吃不上，要这个有什么用?"派遣宦官，严加谴责，并把首先进献瑞麦的县令撤了职。

《容斋续笔》

百姓仇恨贪官

北宋宣和年间，方腊起兵，攻陷数州，凡捕获官吏，无不割裂肢体，挖出肺肠，熬炼成油，或者是乱箭齐射，用尽拷打刑罚的残酷手段，以发泄怨恨之心。后来杭州士兵陈通造反，每抓到朝廷官员，也一律斩首。这都是为官者大多数贪残，激起了民愤。

《容斋续笔》

福建民俗诡秘杀人

南宋时，福建民俗，盛行以诡秘方法杀人。每当抓住仇家时，滥施残暴。或者用酒调锯末，强逼人喝下，使它粘着肺腑，影响痰液排泄，造成痰渴之症；或者炒热沙子掺和在蜡液里灌进耳朵，使人耳朵变聋；或者用湿草包裹身体，用布包裹卵石，再痛加殴打，看不出一点伤痕；或者按摩肩背，使皮肤松弛后用针刺入肩窝，再也取不出来；或者用小钓钩安在泥鳅肚里，强使人吞下，泥鳅在五脏内乱钻，久而人必死。这些办法，都难以检查出来，为富豪不法人家常用。颜度、洪迈在福建任地方官时曾查禁过。

《容斋四笔》

人后亦端行

宋代有位文士吴坦求，在太学读书时去拜见姜先生。先生这时正闭门谢客。吴坦求从窗缝里窥视室内，先生俨然危坐，如对贵宾。原来先生并不因为无人而放松自己，于是拜这位先生为老师。

《吕氏杂记》

曲端斩叔

宋代有位大将叫曲端，他统兵打仗

时，有位叔父一定要在他帐下为将，以图建立功名。曲端极力劝阻，叔父不听，执意要率兵出战，好以功名显于天下。曲端只好让叔父以偏将身份出战。叔父并非将才，一战即溃，败北而归。曲端一面安抚伤残兵士，一面按军法处治叔父。将叔父按军法斩首后，曲端着孝服为其发丧，又写了一篇沉痛的祭文。祭文中写道："斩叔者泾原统制，祭叔者侄儿曲端。"将士们无不畏服。

《藏一话腴》

王翱忠于职守

王翱有个女儿，嫁到京城附近为某个官吏的妻子。王夫人非常喜爱自己的女儿，常常想接回女儿小住，但每次迎接女儿时，女婿总是不让她回来。他怨恨地对王女说："你父亲执掌官吏的任免大权，如果升迁我到京城做官，你就可以朝夕侍奉母亲了，况且升迁我进京对你父亲来说就像震落树叶那样容易，可是你父亲为什么那样固执不肯帮这个忙呢?"王翱的女儿把这些话托人告诉了母亲。一天晚上，王夫人备置酒菜，然后跪在地下把这件事说与王翱听。王翱听后非常气愤，顺手拿起桌子上的器具打伤夫人，拂袖而去。过了十天后他才回家。其女婿始终不得升迁进京。

《洹词》

赵广不屈其志

赵广，合肥县人，本为李伯时(名画家李公麟字)家小童。伯时作画，经常让他在左右侍候，日久天长他便善于绘画，尤其精于画马，几乎可乱伯时作品之真。高宗建炎年间，赵广身陷金人之中。敌寇听说他善画，叫他画那些被掳掠的妇女，他毅然以根本不会画画推辞，敌寇以刀相胁迫，他也不听从，敌寇就砍掉他右手拇指，把他放了。赵广平生实际是用左手作画，战乱平息后，唯画观音大士而已。又过了几年，他才去世。现在士大夫家收藏的伯时观音图，大多是赵广手笔。

《老学庵笔记》

左手字

我(陆游)的伯父通直公，字元长。因右臂患病改用左手执笔写字，而书法劲健有力，超过一般人。与皇帝同宗的赵不微也用左手写字，然而，他是自幼学习的。梁子辅年近五十，患中风病，右臂抬不起来，便学习用左手写字。过了一年，写字胜过了用右手时。后来，他又被起用治理一个郡。

《老学庵笔记》

缺一截手指

丞相曾子宜家中，男男女女的手指都缺少指端一节，甚至外甥中也有这样的。有人说襄阳魏道辅家，世世代代手指少一节。魏道辅的姐姐嫁给了曾子宜，所以子孙与外甥家相似。

《老学庵笔记》

蔡京三代同日死

蔡京祖父、父亲蔡准和蔡京自己，都是七月二十一日死，三代同一忌日。

《老学庵笔记》

张耒得名

张文潜生下来手上就有纹，形成一个耒字，所以用来做名，而字文潜。

《老学庵笔记》

防冻药

赵挺之出使辽国，正当严寒时节。在殿堂上，辽主忽然看着赵的耳朵，表情惊愕，急忙呼唤小太监，吩咐他去办事。一会儿，小太监手持一只小玉盒子来了。盒子里装有黄色的药物，他用这种药涂满赵的两只耳朵就走了，赵感到两耳像火一样热。负责接待的官员向他拱手道贺说："大使您的耳朵如果用药晚了，将会冻裂缺落，厉害了会整个耳朵掉落而不流血。"赵叩问他盒里是什么药，他却不肯告诉，只说："这种药市上也有，价钱特别贵，一方寸匕(一寸大小的匙)值几千钱。我们这些人早朝时遇到特别寒冷的天气，就涂一点儿，小吏、士卒则另有药，用狐狸尿调和涂抹，也有效。"

《老学庵笔记》

酷嗜蜂蜜

我(陆游)同族的一位伯父陆彦远说："我年轻时认识了仲殊长老，他就是苏东坡为作《安州老人食蜜歌》的人。有一天，我和几位客人一起去看他，见到他吃的所有食物都有蜜。豆腐、面筋、牛奶之类，都浸了蜜食用。面对这样的食物，客人多不能下筷。只有苏东坡生性酷嗜蜂蜜，能和他一起饱吃一顿。崇宁年间，仲殊长老忽然上堂和大家告别。当夜，他将方丈门关闭，自己上吊而死。到火化时，发现的五色舍利多得不可胜数。"

《老学庵笔记》

下拜强身

唐安县江原人张廷老，七十多岁了，在礼仪中快步急走，下拜，起身，动作都很健爽。他自己说：每天早晨起床，定要练习下拜几十次。老年人血气流通不畅，下拜，肢体就要弯屈和伸张，使气血流畅，可以终身没有手脚的毛病。

《老学庵笔记》

山崩远坠

北宋熙宁六年，华山阜头峰发生山崩。峰下一岭一谷，居民很多，都安然不知此事。崩下的山头竟然凌越四十里空间，飞到一片平川之上，土石夹杂洒下，好像簸箕簸扬一样。方圆四十多里百姓家压死的将近一万人，毁坏的农田有七八千顷。南宋绍兴年间，严州发大水，寿昌县有一座小山，高八九丈，随水漂到五里之外。但是，小山四周的草、树、房屋，待水退之后，一点也没有毁坏。既然如此，这座山可能是从空中过去的。

《老学庵笔记》

只称官衔

宋哲宗绍圣、元符年间，章惇、蔡京等用事，打击迫害司马光（当时已死）为代表的元佑党人，并株连其子弟。有个叫马从一的人，官职为监南京排岸司。某日，转运使来到，马从一跟随众官迎拜。转运使一听到"监南京排岸司马从一"这几个字就勃然大怒，劈头盖脑地喝斥道："听说你做官很不称职，我没想查问你，你怎么不知趣快滚，还敢来见我呢？"马从一摸不着头脑，又惊又怕，自诉是湖南人，为迎亲而充任官职，谋取俸禄，哀求宽恕不已。转运使听他说话是南方口音（而司马光是北方人），便稍稍收敛虎威，问道："湖南也有司马氏吗？"马从一回答："小的姓马，官职仅仅是监排岸司而已。"转运使于是换上笑脸说："这么说，你努力干好本职工作就行了。"原来方才他将"司马从一"连到一起，以为他姓司马，名从一，必是司马光家族成员，所以要迫害他。从此以后，马从一去谒见这位转运使大人时，干脆不报"马从一"和"司"这个倒霉的字，只称"监南京排岸"而已。传闻的人都以此事之怪而忍不住大笑。

《老学庵笔记》

蔡攸善于谄谐

蔡攸以淮康节度使拜相时，徽宗赐小宴招待，宴席上对他说了一句"相公公相子"。当时蔡攸之父蔡京任太师，号称"公相"，所以徽宗说蔡相公是公相的儿子。蔡攸立即对了一句"人主主人翁"，意思是皇上（人主）是我的主人翁。他就是这样口齿伶俐，善于谄媚诙谐。

《老学庵笔记》

肃王记忆力过人

宋代肃王有一次与沈元用一块出使北国，住在燕山愍忠寺。暇日无聊，一起到寺中游玩。遇见一块唐代人写的碑，辞语全用对偶，共有三千多字。沈元用记忆力相当强，看碑文时就一再朗诵。而肃王并不注意看碑文，一边听一边走。沈元用回来时，想要表现一下自己的记忆力，就把碑文默写下来，但也有记不住的地方，就只好不写，共缺十四个字。沈元用写完后拿给肃王看，肃王看完后，就拿起笔来，把缺少的字都补上去，又把元用写错的四五处改过来，脸上一点也看不出有矜持的样子。他把笔放下后，就谈起别的话题，沈元用惭愧万分。

《老学庵笔记》

我也是个虏官

南朝人蔑称北方人"伧父"（意近野老、乡巴佬），甚至称为"虏父"（"虏"是对敌寇的蔑称）。蜀人称中原人为"虏子"，同时又称在蜀做官的北方人为"虏官"。晁子止（晁公武）任三荣知府，有个百姓状告资官县尉，说："县尉是个虏官，不通民情。”子止穷治其狱，查明告状人果然有冤屈。告状的百姓伸了冤，拜谢下堂，子止笑着告诉他说：“我也是个虏官，请你不要说虏官不通民情。”听到这话的人无不大笑。

《老学庵笔记》

火烧伪钞

大臣胡子远（名晋臣）之父，唐安（今四川崇庆县东南）人，家庭富裕。他曾让一个仆人放债，得钱引（北宋的一种纸币）五千缗（贯），后来发现全都是伪钞。胡家的人要告到官府打官司，子远说：“仆人已经故去了，哪能忍心叫他的孤儿寡妻对簿公堂！”有人出主意说，可以以半价将这些伪钞转让给别人，尚能得到两千余缗。子远不同意，说：“那样做，最终必然害人。”于是一把火把它们全烧了，他神色泰然，毫不动心。其家后来暴贵。

《老学庵笔记》

笑同夜叉

蔡元庆在人面前，笑口常开，喜形于色，即使碰见他最憎恨的对头，也能表现出亲密无间的样子。没有谁能够揣测出他这一套是真是假，大家都管他叫“笑面夜叉”。盛章做京城长官和地方长官时，以惨狠毒虐闻名于世，杀人如割草一般，而其人举止容态活像个妇女，说话一口婆娘腔，慢声细语，未开口先露出笑容，从不正眼看人，仿佛大姑娘怕羞的模样。当其置人于死地之时，一副柔顺懦弱嘴脸也跟平常没什么不同。

《老学庵续笔记》

食鳝生神力

硖石镇某百姓家养了一群鸭子，每天白天群鸭都到河里觅食，晚上回来时就少一只。主人以为是被小偷捉去了，也没太在意。后来吴六奇来到硖石，听说这件事后觉得有些怪，于是他就追随群鸭暗中观察。他发现太阳下山以后，水面上旋起一个漩涡，水涡平静后一只鸭子就随之不见了，不知水底下有什么东西。第二天，吴六奇用一根绳子拴住鸭子，把它放进水里，漩涡又起，鸭子没入水中。吴六奇急忙收绳，竟钓起一条大鳝鱼。吴将巨鳝烹食，觉得浑身奇痒难忍，命人用竹棒一天击打百遍，直到浑身出血，奇痒方止。半月之后，自觉浑身顿生神力，能敌万人。后来吴六奇投军立功，官至提督。

《闻见异辞》

断蛇复续

武原县通员镇有个姓尹的医生，一天静坐窗前，只见树上有一条小蛇坠下，落到地上摔成两截。尹医生惊奇地发现，断蛇蜿蜒爬行，到野地里衔来一棵草，吐出涎水粘到断开处，然后两段凑在一起。过了一个时辰，竟把两段牢牢地接在一起，爬进草丛中去了。尹医生后来就采这种草给人治病，效果十分灵验。尹医生后来成了接骨的名医。

《闻见异辞》

赶快造土地庙

湘军在一次与陕甘回民起义军作战时大败，死了两千多人，统领刘锦棠恨极了，想杀尽回民报仇。左宗棠说："他们也有好的呀！"刘锦棠问："哪些是好的呢？"左回答："进屋见有土地庙的，便是好回回。"刘说："好。"左宗棠连夜吩咐回民，赶快在院子里建土地庙，以免被刘锦棠屠杀。

《戴无涯笔述》

史八夫人

八夫人姓李，宛平人，是史可法夫人的妹妹，史可法弟弟史可则的妻子。可则早年去世，可法为抗击清兵，在扬州殉难。八夫人侍奉史老太太、史夫人居住在金陵(即今南京)。

浙江人厉韵伯，曾经是史可法的幕僚，身材相貌长得和可法极相像。所以他假冒史可法的威名，召集逃亡者数百人，攻破巢县，占据无为州(今安徽省无为县)。提督官率领省兵把他擒住。他仍然坚持说自己就是史可法。大家辨别不出真假，于是召来史家三位夫人相认。她们指斥他狂妄，他才吐出实情。

八夫人长得非常漂亮，有倾城倾国之貌，受到众人的觊觎。当时降将金声桓在南昌反叛，清廷派禁军前往征讨，驻扎在金陵，辽官聂三，看中了八夫人，要用她讨好某少宰，强送聘礼。八夫人派婢女出来拒绝，可聂三不听。她斥骂他，聂三依然如故，不改初衷。不一会儿，一个婢女端出一个黑漆盒，送给聂三，说："奉八夫人之命，让我告诉你，你可以为所欲为了！"聂三打开盒一看，里面有一个发髻，一个耳朵，一个鼻子，鲜血淋漓装满了漆盒。聂三惊慌失措，急忙跳下马跑了。

《荟蕞编》

张乞人

清代，永清县南门外有个穷人，人称张乞人，父亲死后，他就依靠乞讨养活母亲。他没有房屋居住，就在地上挖个洞穴居住。

有一天，天下大雪，知县魏继齐经过他的洞穴，听见从地穴里传出歌声，很奇怪。左右随从说："这是张乞人唱的。"知县把他叫出来，询问他为什么歌唱。张乞人出来回答说："今天是我母亲的生日，我唱支歌祝贺，劝她多吃点饭。"

知县命左右随从用车把他母子拉到官府。继齐母亲赠送给他母亲一些粗布和粮食。继齐送他十贯钱。张乞人跪下叩头道："知县老爷母亲赏赐我母亲，不敢不接受。知县老爷赏赐我的，我不敢接受。"

魏继齐说："这不比天天沿街乞讨残杯冷炙强多了吗？"

"不！我母亲吃残杯冷炙很久了，心里很安宁踏实，它们没有什么不干净。我是个愚昧无知的百姓，不知道这十贯钱知县老爷是从哪里接受的。我母亲已经八十岁了，我六十一岁了，希望当官的清清白白，百姓就心满意足了。”

知县魏继齐惭愧得流下汗来，不再硬要赏赐他东西，但在城内金花巷为他建造了一座房屋，要让他和他母亲居住。张乞人知道后，背着母亲悄悄地离开了，谁也不知道搬到了什么地方。

《荟蕞编》

非钱不行

郑愔为吏部掌选时，声名狼藉。当时有一个被选者将一百文钱系在靴子上。郑愔问他为什么这样做，此人答道：“当今之选，非钱不行。”郑愔听后默然不语。

《笑笑录》

下边没有

有一天散朝后，一位老太监挽留纪昀，想让他讲个笑话助兴。纪昀沉思后说：“过去有个太监……”说了这半句之后，不发一言。老太监等了好大一会儿，急着问：“下边怎么样了？”纪昀应声道：“下边一样也没有！”太监笑得前仰后合。

《笑笑录》

健　忘

明代翰林陈音，一次拜访他人回来，进门已经忘记了这是自己的家，环视四周，见到墙壁上挂有字轴，说：“这字轴特别像我家的。”忽然又见到他的儿子从内屋走出来，问：“你干什么，怎么在这里？”又有一次，他准备了酒菜要宴请客人，并预定好了时间。到了那天早晨，他已经把设宴的事给忘了，反而到那个客人家与他促膝交谈，直到中午也不提请客的事，客人只好留他吃饭。过了一会儿，陈音的家人来催促他们赴宴，陈音怀疑别人又来请这家主人，愤怒地说：“你请这家主人去，那我怎么办？”

《笑笑录》

所出同

三国时期，吴王孙权唆使太子嘲弄诸葛恪，说：“元孙(恪字)吃马粪一石。”恪回答说：“请让太子吃三百个鸡蛋。”孙权问：“太子让你吃马粪，你却让太子吃鸡蛋，这是为什么？”恪答道：“所出同也。”

《笑笑录》

狗枷犊鼻

江夏王刘义恭，生性嗜好古物，曾向朝士索要。侍中何勖已送过几件，但义恭仍索求不已，何勖很不高兴。有一次，何勖外出，在路上看到一条犊鼻裈和一个破狗脖套，就命手下人拣了回来，然后把这两件东西装在一个精致的匣子里，派人送给义恭，在信中写道：“承蒙错爱，需要古物，今特献秦相李斯狗脖套和司马相如犊鼻裈，请大王收纳。”

《笑笑录》

甲子丙子生

宋高宗时，有个厨子因煮馄饨不熟，被下到大理寺狱中。为此，有两个演戏的人装扮成读书人，互相询问对方年龄，一个说是甲子年出生，另一个说是丙子年出生，另一个演戏的告这二人到官府，说他们理应下大理寺狱中。高宗问其缘故，告状人说："饫（饼类食物）子、饼都生，与馄饨不熟同罪，所以应下狱。"宋高宗听后捧腹大笑，于是令人释放了那个煮不熟馄饨的厨子。

《笑笑录》

见屈原

唐敬宗时，大臣高崔巍喜欢装痴卖傻，敬宗让人将高崔巍的头按到水中，很久才放出来，问："有什么痛苦?"崔巍回答说："我见到屈原了。他说：'我遇到楚怀王无道，不能治理国家，所以才投汨罗江；而你适逢圣明的君主，为什么也到这里来了?'"敬宗听后，非常高兴，于是给了高崔巍十分丰厚的赏赐。

《笑笑录》

攫　鞋

郑仁凯出任密州（今山东诸城）刺史，有一个小仆人告诉他，自己的鞋已经破了，郑仁凯慷慨地说："你等着，我为你弄一双。"过了一会儿，门夫穿着鞋走进来，仁凯房前树上有啄木鸟巢，他让门夫上树捉小鸟。趁门夫上树捉鸟的时机，仁凯让那个仆人穿上门夫的鞋走了。等门夫下来时，只好光着脚，而仁凯却为此感到非常开心。

《笑笑录》

驱驴宰相

王及善为人庸俗、猥琐，神情鲁钝昏浊。他做内史时，人们便说他是一只鸠鸟落在了凤凰池里。官迁文昌右相后，没有做出什么政绩，只是下令不许令史驾双驴入台，并且整天盯着，迫使人家就范，从不放松。当时的人便称他为"驱驴宰相"。

《笑笑录》

不若阉之

北宋时，钱昂治郡有名望，任秦州（今甘肃天水）知州。当时宦官童贯刚得到皇帝的宠幸，任照河筹措边事之职，处事骄横跋扈，地方官趋之若骛，惟有钱昂没有格外的表示。钱昂身材短小精悍，年虽老而精神健旺。一天，钱昂赴天宁迎接童贯，等了好久才等到，便问："太尉为何来得这样晚?"童贯回答："我所乘坐的骡子小而难骑，一动必定尥蹶子，刚想放鞍，忽然在院中盘旋，过了好久才被制服，所以来晚了一步。"钱昂听后问："这匹骡子是雄性的还是雌性的?"答道："雄性的。"钱昂接着说："既然如此，那就难以驯服了，不如将它阉割了。"听到这里，童贯虽然怒气冲天，但无从发泄。后来，童贯利用另一件事加罪于钱昂。

《笑笑录》

干　蟹

关中地区不产螃蟹。清代，秦州(今甘肃天水)有人收藏一只干蟹，当地人对其形状感到恐惧，把它视为怪物。每当有人得疟疾时，生病人家便将干蟹借去，挂在门上，病往往就痊愈了。看来，这只干蟹不但人们不认识它，即使鬼神也不知道它为何物。

《笑笑录》

细处见功夫

王新斋有一幅《樵夫涉水图》，情景逼真，奉若宝贝。一个渔夫看了这幅图画后大笑道："这张图画得没有意思！凡是人涉水，刚出水时脚上的毫毛一定是贴在皮肤上。而画上所画樵夫脚上的毫毛，是卷曲的，并未贴在皮肤上，他并没有涉水。"这和画斗鸡，鸡脖子上的毛必然要竖立起来，画狗追兔子，狗尾巴一定是直立起来一样，细微的特点，忽略不得。

《志异续编》

某痴子

某痴子，是富贵人家的公子，每次和亲友会面，一张嘴说话，没有人不捂嘴而笑的。他娶个妻子，生了个儿子，大家都来祝贺。痴子说："儿子不是我生的，为什么要祝贺我呀？"

有些年轻人知道他平素痴呆，想借这件事戏弄戏弄痴子，便故作神秘地问道："这儿子是谁生的呀？如果你能老实告诉我们，我们作东，请你喝酒。"

痴子说："请我喝了酒，等我喝醉了，再说出来，怎么样？"

那些年轻人集资凑钱摆了一桌酒席，痴子喝醉后，说道："这个儿子，是我妻子生的。我是男人，怎么能怀孕生儿子呢？"

《志异续编》

袁枚判案

袁枚，字子才，号简斋，清代诗人，乾隆年间中进士，在上元县做县令时，遇到一个"弟兄争产"案。这对兄弟是如皋县人。他们的父亲很富有，临终时，把数万两银子当着次子的面交给长子，说："等到弟弟成家之后，分一半给弟弟。"到了弟弟娶妻后，所有的田产和房产，都平均分开，只不提平分银子。当弟弟向哥哥索要时，哥哥不认账，说根本没什么银子。弟弟连年向如皋县官起诉，历任县令都以没有证据，拒绝受理。

弟弟听说上元县袁简斋县令断案如神，便越境控告。简斋当即把他赶出衙门，拒绝受理，却暗地里派人把他叫回，藏在县衙中。当时正好刚刚破获一个盗匪案，简斋暗中叫盗匪攀扯那位受控的哥哥是同伙人。于是，修公文一封，派人到如皋县，跟县令如此这般一说，便把他哥哥拘捕起来，押到上元县，同时起出所藏银子数万两。经过审讯，哥哥不得不供认，所藏银子是当年父亲留给兄弟俩的财产，有弟弟一半，尚未分配。简斋道:“既然如此,必须把你弟弟叫来对质。”马上把弟弟叫出来,简斋又道:“你哥已经供认尚未把父亲留下的银子分给你,我现在就为你们平分,好吗?”哥哥缄口无言。

《志异续编》

宫门费

同治、光绪年间,太监得势,敲榨勒索,无所不为。凡外省官员晋见皇上,太监都要向他们索取宫门费,如果不给,太监即从中设置种种不便。慈禧以太监清苦为由,不加管束。因此,即使像曾国藩、彭玉麟这样有威望的大臣晋见慈禧前,也照样给太监宫门费。有一年,左宗棠入京晋见慈禧,太监向他索取宫门费,左宗棠大怒道:“我是出入百万军中无人敢阻挡的人,怎么会巴结你们这些鼠辈,况且我的俸禄自己都不够用,哪有金钱给你们?今天不让晋见,我就返回。”说罢就走。太监见事不好,急忙扯住左宗棠的衣襟苦求,左宗棠这才止步。从此,太监再不敢向他索要宫门费了。

《左宗棠轶事》

怕弄脏了他的衣服

有个新补的县令穿着华贵的衣服,到左宗棠那里报到,请准许上任,但左宗棠没答应。左宗棠对人说:“咱们的老百姓油水不厚,怕经不起他搜刮。况且,县令是直接和百姓打交道的官,事必躬亲,弄脏了他的衣服岂不可惜?”

《左宗棠轶事》

惩戒美食家

左宗棠任陕甘总督时,有个部下姓吴,世家子弟,点过翰林,又是左的门生。此人精于烹饪,无论环境如何艰苦,对饭菜味道的挑剔都很苛刻。吴某的下属对此很有意见,把这事告诉了左宗棠。不久,吴谒见左,左便请吴吃饭,吴不敢推辞,从早上等到中午,没有看见左宗棠准备饭菜。将近下午,在他感到很饿时才开饭。送上来的只有糙米饭和青菜,吴某饥不择食,吃了三大碗。这时山珍海味才送上来,左很殷勤地劝吴某吃,吴已经吃饱,坚决辞谢。左宗棠笑着说:“饥饿时什么都能吃,吃饱后很难吃出好味道。可见饮食的道理,食物味道并没有一定的好坏。”吴某很惭愧。自此后再也不因食物味道是否适口而责骂下人了。

《左宗棠轶事》

抬棺出征

左守棠幼年时曾患重病,遇见一个奇怪的和尚看着他说:“这病不要紧,你是安定山河的人,还有许多事没完成,怎么能突然死去?”不久,左宗棠的病就好了。他的家里人感到奇怪,又找和尚问左宗棠以后的命运。和尚便把他一生祸福境遇详细地说了出来,但左宗棠没把这当回事。后来,左宗棠哪年升什么官,哪年到什么地方都与和尚的预言相符合,这才引起他的注意。和尚的预言中有一条:“某年某月应死于战场。”

左宗棠在征讨哈密时便叫士兵抬一副棺材随行,并安排好了后事。有人认为这不吉利。左宗棠说:"大丈夫打仗只能前进,不能后退,战死沙场,就是寿终正寝,更何况战死后能装进棺材,不是强于马革裹尸吗?"然而左宗棠这次却安全归来。

《左宗棠轶事》

城隍显灵

左宗棠驻军甘肃时,见当地野狼成群,危害人畜。于是命令士兵围猎狼群,但收效甚微。有一军官说:"狼是城隍管辖的,所以人力难以驱除。"左宗棠听了大怒,命令士兵把城隍庙里的泥塑像抬出来,剥掉衣冠饰物,责打四十军棍,枷锁在辕门外。当夜,左宗棠梦见城隍告诉他:"狼子野心,我也管不了,但我知道它们的巢穴在某山某洞,如果选精悍强壮的士兵,带火器枪械去,不难聚而歼之。"第二天,左宗棠命部下依计而行,果然将群狼聚歼于某山某洞。当地狼患从此得以消除。

《左宗棠轶事》

何来照会之有

某年,左宗棠到上海,带护兵一百多人。有人告诉他:"按租界章程,凡是拿武器过租界必须先照会租界工部局。"左宗棠听了大怒:"上海是中国领土,外国人只是租借,中国军人在中国的领土上走,哪来什么照会?"命令护兵子弹上膛,军刀出鞘,堂堂正正地走过租界。外国人见此,不但没干涉,反而令巡捕沿途照应,并说:"左公是中华名将,今天因公务路过,小心别触怒他。"

《左宗棠轶事》

不能毁宝刀赔杀狗盆

魏喻义是左宗棠的部将,在广西时因擅杀了一名叫邓南金的偏将,被撤职查办。左宗棠认为他是个将才,多方为他疏通开脱,并写信给湖南巡抚的幕僚郭昆焘说项:"魏君是个老实而有才干的人,他杀邓南金虽然太草率,但邓南金吞蚀军饷,却是死有余辜。如果仅以此定喻义的罪,不是毁一把宝刀赔一个杀狗用的盆吗?"魏喻义获免后,非常感谢左宗棠,经常想立奇功报效。后来,左宗棠率兵攻打严州时,魏喻义率孤军冒死入城,为攻克严州立了奇功。

《左宗棠轶事》

相士难相己面

明代术士顾鹤鸣给人相面的技艺很高,所预言的事往往特别准确地得到验证。当时有一个无赖叫陶奇山,到顾鹤鸣那儿请求相面,顾鹤鸣就说:"你的脸上有杀人的纹路,三天之内,一定会有牢狱之灾。"语言过于直切,激起了陶心中的怒火,他突然抬手就朝顾鹤鸣脸上打了一拳,结果打中了顾鹤鸣的要害部位,当场就死了。陶奇山马上就被官府抓到牢狱中去了。

《墨余录》

奸商通盗

嘉庆年间，海盗蔡牵经常乘潮劫掠，延至内洋。江浙各水口，巡防都很严密。当时上海城中有个奸商，为利所诱，每每用食粮、火药偷偷接济蔡牵，又诡计百出，找不到理由缉捕他。一天，某商行中发挑皮蛋数千，从浦口下船，内有一个好喝酒的担夫，休息时挑担来到酒肆，打算用担中蛋下酒。于是取出一枚去掉泥巴，没想到里面都是火药，全部检查一遍都是这样。整个市里很快传遍了，被巡道官知道，马上命令县里缉拿船户。刑讯之下，船户供出与关书税行贿通，已经贩卖多次了。于是治了船户的罪。关书顾某，以及行伙徐某立即被收禁。后来顾某花费五万金，徐某刺瞎双目说是残废了，才得以同时获释。

《墨余录》

扶掖长者

嘉庆年间上海有九虎，为首的是凌鹤辉。身材短小，稍有胡须。年龄超过百岁，却像是五十岁左右的人，走路轻快，饭量也很大，像年轻时一样。他曾经在澡堂中遇到一个人，鬓发皓然，出浴时伛偻喘息不止。于是老翁便多次去搀扶他。那人便道谢说："从尧舜禹三代以来就崇尚尊敬老人，可喜你能继承古风，可是你们正在壮年，却不知老来之苦啊！"老翁便问道："老人家您高寿多少了？"那人答道："七十岁称为古稀，我有幸活到了！"于是又转头问老翁多大岁数，老翁笑而不答。再三追问，才有人告诉他说："他就是我们城中九老之首凌翁啊，今年已经一百零五岁了。"那人惭愧得满脸通红，众人都拍手而笑，老翁也为此莞尔而笑。

《墨余录》

吕州判女

有一个女人，已经嫁了五个丈夫，吕州判贪图她有遗产就娶了她。这个妇人平素暴戾，邻里都躲避她。州判死了以后，留下一个女儿，凶悍超过了她的母亲，乡里没有人敢娶她。生员杨泽隆，平素以刚强自负，而且又妄自猜想吕没有儿子肯定有许多积蓄，议婚时，就答应奉养其母。成婚后，妻子叫杨泽隆到近前说："你家有多少仆人？有多少田地？"杨如实回答。妻子马上发怒唾他的脸，说："我平时择婚为什么，怎么选了你这么一个穷酸鬼呢？"泽隆唯唯而退。时间久了，天天吵架，以致杨把图书搬到百里之外，不再过问家里的柴米油盐。等到妻子知道他的住所后，前往搜查，他又远远地逃跑了。妻子怒气无处发泄，终于毁了他的住室。场上有头牛，马上用铁锄把它打死，牛犊回顾母亲，她扑上去随手也杀了。随即上法庭控诉她的丈夫，县令熊际华判令离异。而学官竟然向上报告，说杨品行恶劣，杨泽隆从此永远被断绝了仕进之路。

《墨余录》

徐何辨症

苏州城徐秉楠，青浦何书田，都精通医术，名重一时。当时苏州有一姓刘的家里很富，可是仅有一个儿子，春天患了伤寒，病情很危险，群医束手无策。于是用重金聘请二人。徐先到，诊视了好大一会儿，认为这是两感伤寒，表症里症，一起举发，不可救药。话未说完，门人报何先生到，徐退进夹室。何进来，诊视病人后说："病虽沉重，但作为医生必须在绝处求生，两手的脉虽然奄奄一息似乎停止跳动，但是阳明胃脉一线尚存。因而想到有一线之脉，就有一线生机，反复思考，只有轻可去实一法。以轻清药品，或许可以增加他的肺气，希望能出些汗液，神志稍稍清醒，可以再图别策。勉强拟了一个药方，服了药，如果在寅卯之交时有微汗，就可望有生机了，否则就没办法了。"这时，徐单独坐在夹室中，让仆人去探听，要来药方观看，于是大笑说："这个药方能治好病吗？真这样，就将我的招牌摘去，我终身不再谈论医道了。"他的话被何的仆人偷听到了，告诉了主人。何对刘家主人说："听说徐先生也在这，很好。今晚虽然不能相见，明天开药方一定要一起开，千万帮我把他留住。"何的小船停在河沿，于是下船去住。徐要向主人辞行回家，刘氏苦苦相留。吃了药以后，到了四更天果真出了汗，体态脸色也安定了一些。天还没亮，何到，又诊视一会儿，喜形于色，说："尺脉已经跳动，可以治活了。但一定要留住徐先生，我才为公子治此病，徐若离开，我也离开。"刘氏连连答应。徐听说病人有转机，无地自容急着辞行。刘说："何先生曾有言在先，先生回去，他一定也回去。我儿子的命在您手里，希望您可怜可怜我，即使一天花几千两银子，我也不吝惜。"徐听说后，知道自己前言有失，默默无语。何先生一天登岸数次，不几天，病人已经能坐起来喝粥了。于是对刘说："现在病已痊愈，我要回去了。徐先生也已屈留多日，想必也要回去，但是前言有摘招牌一说，或者我顺道去取，或者他自己送来，希望您代我询问一下。"徐于是乞求刘氏从中周旋。刘氏设宴相劝，以至屈膝下跪，才得以消解。何回去后，正赶上一个侄子也患伤寒，病情加剧，全家慌慌张张。何诊视后，病情和刘公子相似。说："容易！"于是用同一方法，吃了一剂药，没有效果。再吃就断气了。何先生茫然若失地说："今天才知死生在命，不在药的功效，也不在医生的技术啊。"于是写信给徐先生，陈述了这件事，向他请罪。从此闭门谢客，许多年不再谈医术。

《墨余录》

火烧房契

清朝大将军年羹尧十二岁时，有一天从书塾中逃学回家，到郊外散步，见到一个老女人，倚着树根坐着哭泣，两眼都哭肿了。他问老女人的苦衷，那老女人向他哭诉了真情：她家离年家只有十几步远，她年老守寡，有四个儿子，都是浪荡子，不劳动，不治家业，整天跟乡里一些无赖子弟赌博，屡赌屡输，最后卖掉住屋抵债，已经立契约签字了，新屋主人逼着搬家，家里不得安宁。让屋不难，没有了家可怎么办？他听后也很痛心，就问新屋主是谁，一听说原来是自己的父亲，非常高兴，说："老妈妈不必担心，新屋主既然是我父亲，等我回去跟他商量，一定有办法解决。"说完，他就拉着那老女人回家，请求父亲返还房契。父亲显得很为难，他就向母亲要来那张卖房契约，点火烧了它，叫那位老女人跪谢了他父亲之后，就挥手让她离去，他父亲竟拿他没办法。

《南亭笔记》

以驴寻驴

丹徒县令王芝兰有一次乘轿出游，见到一个乡民在路边号啕大哭，身边拴着一头瘦驴。他停轿询问那个乡民是怎么回事，乡民说："我骑驴进城，暂时把驴拴在这儿，等到买了东西回来，肥驴被人换成了瘦驴。"县令叫他鞭打那头驴，那驴跑开了，乡民跟在瘦驴后面跑。乡民跟着驴穿街进巷，跑进一个豆腐店，进去一看，他的肥驴正在里边。

《南亭笔记》

一女三聘

清朝丹徒一家有个女儿，她祖父在广东经商，把她许配给广东人；她父亲在陕西客居，把她许配给一个陕西人；她母亲闲居在家里，又把她许配给家乡的一个亲戚。彼此相隔很远，消息不通。

等到她祖父和父亲回来以后，知道她已经受聘，就立刻写信给广东和陕西两家，请求退婚。两家接到信以后都非常气愤，赶来起诉。

丹徒县令王芝兰受理此案。他机智过人，善于断案。初堂传讯，三家各有婚书，有媒妁，无法定案。他只是大略查一下婚书写定的先后时间，暗暗记在心里，就吩咐退堂。

第二天复审，王县令对那女子说："你，一个女子，竟接受三家的聘婚，嫁给其中的一个就对不起另外两个，不如死了吧！"那女子只是哭泣，王县令拍案大叫："想死就死，不死不是贞烈女子！"吩咐人拿阿芙蓉膏，用汾酒调好，交给那女子叫她喝。那女子一饮而尽，便晕倒在地。王县令和婉地安慰她的祖父、父亲和母亲，并交给他们五十两银子，用红纸包好，打发他们回家。然后问那个广东人："你愿意领回尸体吗？"那人说路途遥远带棺材困难。又问那个陕西人，他的回答跟广东人一样。于是县令叫他俩都毁掉婚书。

最后县令问女子的亲戚，他也不愿意领回尸体。县令勃然大怒："你如果不领受，这女子将回到哪里？"县令吩咐人把那女子抬到她的亲戚家中，那女子的祖父、父亲和母亲都跟着去了，守在她身边哭泣。到了半夜，那女子猛然苏醒过来。人们正惊喜不定的时候，只听门外人声喧闹，问是怎么回事，只听回答："县官传令，今晚是黄道吉日，送鼓乐花烛来，让他们成亲。"人们立即给那女子梳妆打扮，举行合婚典礼，全屋欢腾起来。

原来那女子喝的是益母膏，不是阿芙蓉，因为酒醉而晕倒。第二天，另外两家知道事情的真象后，悔恨也无法挽回了。

《南亭笔记》

巡抚受谑

乌尔泰做浙江巡抚，敷文书院开课，他亲自到场监考。发卷的时候，生童们不是遵照次序听候点名，而是乱纷纷地去拿卷。乌尔泰大声制止："肄业生重(误童为重)静候点名，毋得喧哗！"一个轻薄的生童立刻应声说道："鸟(故意以鸟代乌)大人吩咐，敢不听命！"

《南亭笔记》

童生戏督学

清朝庄有恭侍郎曾经做过某省督学。他整天在考场监视，考场规矩严肃。有一个童生跟另一个童生耍笑说："你敢直接喊他的大名吗?"另一童生说："敢。"说完就假装出恭(大便)，屡次到廊檐下，督学看见后就大声训斥他，他便大声回答："童生不能无恭装有恭！"庄有恭听了一言不发。

《南亭笔记》

思友亡身

满族人桐泽，任常州知府近十年。女儿俊俏聪慧，他爱如掌上明珠。桐泽起初任苏州知府时，女儿结识了一个女友，两个女孩情投意合，形影不离。等到桐泽调到远离苏州二百多里的常州任知府时，两个女孩只好告别。告别时两人哭得死去活来。告别之后，两个女孩苦苦相思。几个月后不是常州女到苏州，就是苏州女到常州，然而终究难于往来，终于有一天，常州女竟因思念成病而死。桐知府得到常州女家中的来信后严守秘密，不告诉女儿。可是女儿因为长时间得不到女友的书信，非常疑惑，于是，坚执请求要到苏州去探望女友，桐知府只好答应了。他女儿到了苏州，得知女友已经病死，痛哭一场也死去了。

《南亭笔记》

己脚不脏

清朝的书画家胡山桥，平时最喜欢吃酱肉。从大街上走过，偶而遇见酱肉就流口水。于是买一些放在长袖筒里，边走边吃，觉得很惬意。有一次，他穿了一件新做的蜜色宁绸狐皮袍，刚穿了三天，到崇真宫桥访陆稿荐，正好碰到他所喜欢的酱肉，就买了些放进袖筒。这时恰巧遇到一个朋友，拉着他的胳膊邀请到他家去看看。二人海阔天空地谈了半天，山桥才出来，只觉得袖底粘糊糊的，汤汁流了满地，这时才突然想起酱肉还没吃，急忙拿出来大饱口福。然而价格昂贵的皮袍，已经白璧有瑕，免不了被指摘。

有一次，胡山桥深夜作画，肚子饿了，又没好点心，正好门外有叫卖大脚粽的，急忙买一些吃了，觉得味道美极了。还剩下几只不忍心丢掉，又担心被耗子吃了，就在床头拿条布巾包好。当时已脱光脚要睡觉了。第二天早晨起来穿袜子，找包脚布，竟少了一块，很觉得奇怪。回头一找，发现一个布巾，就代替包脚布。等到吃粽子时才明白包东西的不是布巾而是包脚布。有人劝他："太脏了，别吃了。"他却笑着说："人的肢体，只有脚是最干净的，比起手到处摸索，好比泾水与渭水，清浊分明；况且脚是长在身上，更可以自信，怎么会脏呢？"说完用热水一泡便大吃大嚼起来。

《南亭笔记》

吃肉尚书

清朝大臣曹秀先，很能吃，他的肚皮上有折纹十几道，都用带子捆起来，每次觉得饱了就按次序一一放折。

每当皇帝赐食，王公大臣所得的牛肉、羊肉之类，都拿来给曹公，以至他的坐轿里堆得满满的。曹公坐在轿里，把那些肉都放到扶手上，用刀切碎，放开肚皮大吃。每次返回府邸的时候，轿里的肉都吃光了，一时间有"吃肉尚书"之称。

《南亭笔记》

巧　言

清朝大臣薛忠亲王喜欢喝酒，又喜欢唱昆腔。一次，亲王召演员演剧，演的是武打戏。亲王正看戏，忽然说："你们到台下来打。"台下就是丹墀，都用锦石铺成，一翻跟头，就会腰骨受伤。演员们都踌躇不决，亲王催促得很急，并吩咐取赏银。孙菊仙在旁边开玩笑说："你们好好打，打完了，王爷不但赏你们每人一个银锞子，并且赏你们每人一贴膏药。"恭忠亲王这才大笑作罢。

《南亭笔记》

臣家秘事皇帝知

雍正做皇帝之前住在外府，常常与商贾杂处，借此深自韬晦。海湖间奇才异能之人，他都暗暗收养起来，留作日后使用。登基之后，雍正在各省都设有秘密侦探队，吏民一举一动他全知道。官员渎职便惩办，平民偶语就遭处罚。于是朝野间人人小心谨慎，不敢欺瞒。这都得力于侦探们有飞檐走壁之能，使属官们不敢欺君罔上。

刚提升为某省巡抚的一位中丞，很有政绩。有一天深夜，他处理完政务，就到上房与夫人们玩小牌游戏。没有几圈，忽然丢了张么六牌，到处找不到，只好作罢。不久朝廷传话，命令巡抚进京，不得有误。中丞立刻进京朝见。雍正帝召见，没问他什么话，只叫他回原地供职。中丞弄不明白被召见的原因。等到告别叩头而出时，雍正特意把他叫回来，慢慢地从怀中摸出一个东西交给他，说："差一点忘了，这是卿家的东西，可以带回去。"中丞一看是一张么六牌，大惊失色，大汗淋漓，衣服也湿了，赶紧出朝。从此他夜里睡觉也小心唯谨。

《南亭笔记》

吃肉尚书

钦赐吸烟

北京的达官贵人吸淡巴菰(烟草)的有十分之八九。乾隆皇帝嗜烟更厉害,以至于睡觉、吃饭也要吸烟。后来无故咳嗽,太医说:"这病在肺部,是淡巴菰造成的。"乾隆听后便向内侍下诏令,不许再向宫中进烟。不久,确实不咳嗽了,于是对吸烟深恶痛绝,告诫臣僚们不许吸烟,并作为法则。

当时纪晓岚特别好吸烟,他是翰林院编修。只有他不遵诏令,一个人坐在屋里,用大烟斗装满烟丝,张口大吸,毫无顾忌。忽然有人报告皇帝驾到,近在咫尺。急切间无法掩盖,他惶急得没了主意,就把烟斗藏在靴子里。

乾隆坐下,各位大臣参奏答问,时间不短了。一会儿只见一缕缕白烟从纪晓岚的长袍边缘出来。别人感到奇怪,就盘问他。他不敢回答,只是挤眉蹙额。皇上担心发生变乱,就命令内侍搜查他,袍穷烟斗见。脱了靴子,察看全身,没有别的东西,原来是烟斗里的余烬造成的祸事。

皇上笑着说:"嗜好对于人来说,害处足可以烧伤身体剥割皮肤,实在可怕呀!"说完命令纪写一篇文章列举吸烟的害处来赎罪,纪拿起笔来立即写成。有"裤焚,帝退朝,曰:'伤胫乎,不问斗'"之句。皇帝大笑,赐一个烟斗给他,允许他在馆中吸烟,大臣们高呼"万岁"。后来纪晓岚自述头衔,有"钦赐翰林院吃烟"。

《南亭笔记》

奉旨读书

吴县冯桂芬先生,咸丰年间以翰林编修的职务进入南书房任职。一天,偶尔碰上咸丰皇帝询问:"最近你闲暇时常用什么方法消磨时间?"冯回答:"读《汉书》。"当时咸丰皇帝读《汉书》正读到"匡衡传",听到回答很高兴,因此谈起书中说诗解颐的内容,哪曾想冯先生没读《汉书》,他惊慌失措,无法答对。咸丰帝对他的欺骗很恼火,当即命令他回到原籍读三年《汉书》再来复职。

先生回到家乡,在乡间悠闲自在地生活了三年,期满进京,心想皇上日理万机,大概早就忘记了读《汉书》的事。不久又被咸丰召见,皇上想起上次的事,就问他:"你不是奉旨读《汉书》的编修吗?"先生禁不住惊恐万状,勉强回答:"是的。"咸丰说:"那么党锢案涉及的人物你能全说出来吗?"先生硬着头皮回答:"我所读的是《前汉书》,这段历史好像在《后汉书》,一直没有来得及读。"皇上更恼火,命令他依照上次期限仍回原籍读《后汉书》。

此后先生关起门来发愤读书,通读了两部《汉书》,同时讲求治理天下的学问。限期满了又进京复职,可是皇上已经死去了。

《南亭笔记》

"照例"尚书

施纯是顺天乐宛人,官职由庶常编修升为给事中,选授鸿胪少卿。当时雍正皇帝因为口吃，每当奏问答对的时候，从舌根发"是"音非常困难，施纯就私下奏请雍正改用"照例"二字，皇帝照办了，于是口音流利，非常高兴，立即提升施纯为侍郎，一直升到礼部尚书太子少保。离登第仅十年。

当时人们都称施纯为"照例尚书"，而且为他做诗道："何用万卷书，两字做尚书。"

《南亭笔记》

假象

左宗棠生性最喜欢节俭勤劳的人。他任陕甘总督时，下属如有华而不实、奢侈的官员，没有一个不被他参劾的。一时，他的下级官员都装得很勤快，衣着也俭朴。一次，左宗棠要对一个兵营进行突击检查，但事先被营管知道了，于是营管命令士兵或作手工，或开垦荒地，或操演阵式，左宗棠见到了非常高兴，很自得地说："这班后生真勤快，务正业，没辜负我十年血战，训练成了一批好兵。"随即从兵营中破格提拔了十多人。

《南亭笔记》

荣庆出丑

清末大学堂满族管学大臣荣庆，白脸皮黑胡须，飘飘然有凌云气势，只是特别糊涂。遇事唯唯诺诺。所以一切事情都归汉族管学张冶秋尚书决断，荣庆只是领俸银，食月米。陆凤石总宪曾经用吴方言中七个字评论他："聪明面孔笨肚肠。"

大学堂派遣去日本的留学生中，有的到荣庆那儿辞行，荣庆问："先到哪儿去？"留学生回答先到秦皇岛。荣庆突然说："秦皇岛在日本何方？"留学生捂着嘴大笑而去。

俗传，秦始皇派徐福带着童男童女到海上求仙，才建立了日本国，荣庆以为秦皇岛必定属于日本国，这就是他的"博学端正"之处。

有一天，翰林院戴太史接到荣庆的帖子，看不明白上面的内容，就向学馆中的各位同僚请教，同僚们反复传阅，如读无字天书，个个摇头而去。

《南亭笔记》

随机应变

李鸿章做直隶总督的时候，袁世凯刚做候补道，因与日本失和的事使李鸿章很不高兴，所以李鸿章要参劾他"胆大妄为"。等到李鸿章将要检阅海军而进京请示时，西太后告诉他，有个袁世凯，很懂军事，可以带他一起去，或许有用。李鸿章接受西太后的指示后，又写奏章保举袁世凯，把"胆大妄为"改成"胆大有为"。

《南亭笔记》

李鸿章出丑

李鸿章去英国时，一天赴外交部大臣的宴会，到会的有三百多人，李鸿章偶然放了个屁，第二天，报纸登载了这个消息，说他"怕宴会上宾客们没有音乐娱乐，所以自鸣其鼓”等等。李鸿章读了这则消息，惭愧得无地自容。

《南亭笔记》

裕德多讳

清代有个大臣裕德一向多有忌讳。见到“崇论”二字必定怒目横眉。他任某科会试总裁的时候，阅卷考官推选好卷，批语中偶尔用了“崇论宏议”四字，裕德一见拍案大叫：“混帐！”丢掉卷子不看，答卷者因此而送掉了功名。裕德见到“户”字，也恨之入骨。当他被补选户部尚书的任命下达以后，他皱着眉头说：“这个字总得改他一改。”同僚调侃他：“这件事你不上奏便不会成。”裕德听了才满脸不高兴地作罢。裕德之所以讳户字，是因为他家与户部某君对门，裕父与某君曾结下大仇。裕德每次乘轿出入都要掩面而过。裕德所住的房间有两个门环，他出入时抖动左环，别人出入时抖动右环，不得弄错。有谁误动了左环，他一定喊人拿水来不断地洗左环。以上忌讳，徐花农最详细，常常告诫他的门生不可大意。有一年殿试阅卷，有人果然因此大受连累。

《南亭笔记》

炼尿尚书

过可学是无锡人，由进士升任布政使，后来被罢官回家闲居近十年。因为用财物贿赂辅臣，辅臣就向皇上推荐说他有奇药，皇上立刻赏给他银子和丝绸，把他召进京城。

过可学没有别的良方技艺，只会把童男童女的尿液炼成秋石，并说：“服用后可以长生不老。”雍正用它作药饵果然有效，因此晋升他为礼部尚书，兼任太子太保。后来他奉诏撰写进士题名记，这些都是靠辅臣的恩德。杭州人称他为“炼尿尚书”，并嘲讽他说：“千场万场尿，换得一尚书。”杭州话“尿”“书”二字，发音相同。

《南亭笔记》

康熙垂钓

康熙晚年，牙齿掉光了。有一次，他带着嫔妃在花园池水边钓鱼取乐，偶尔举竿钓上一只鳖，忽然又脱钩而逃。一个妃子说：“王八跑了。”

皇后在旁边说：“看样子这王八大概是没有门牙了，所以咬不住钩子。”皇妃斜视康熙大笑不止。康熙非常恼火，认为言者无意，笑者有心，因此贬废皇妃，终身不得接近皇帝。

《南亭笔记》

废腰斩之刑

雍正年间，俞鸿图做福建督学，考场关防严格，他也谨慎保持自己的操守。每当开卷的时候，他严格叮嘱仆从们分工守好考场内外，不许擅自出入，杜绝传递消息的弊病发生。可是他的仆从却作弊犯法，每当有传递消息的纸条，就贴到俞鸿图的背后补褂上，仆役们轻轻揭取，交给考生，而俞鸿图竟一点也没有觉察到。时间长了，考试更混乱，远近议论哗然。俞鸿图遭到朝臣的弹劾。朝廷派侍讲学士邹升恒取代他的职务，并下令腰斩俞鸿图。当时邹升恒担任监斩，他和俞鸿图本是儿女亲家，因为害怕皇帝的威严，不敢泄露消息，俞鸿图突然受刑，等到了法场才知道内情，刽子手对于要斩的犯人一向索取例费，得到例费可以使犯人立即死亡；得不到例费就故意让犯人慢慢受折磨而死。俞鸿图已经被斩为两段，在地上乱滚，用手蘸上血，连续写了七个“惨”字，那种宛转请求速死的情状，令人目不忍睹。

邹升恒据实上奏，皇上也很同情，于是下令封刀，从此废除腰斩之刑。

《南亭笔记》

一语丧命

雍正皇帝日理万机，闲暇时间，很少玩赏声色。有一次，看杂剧《绣襦记》院本，演郑儋打子的戏，剧曲和演员都好，雍正非常高兴，当即赏赐食物。饮食间，那位演员偶然问道：“现在常州太守是谁？”（因为戏中的郑儋是常州刺史）雍正皇帝勃然大怒，说：“你们优伶贱辈，怎么敢擅自询问太守？这种风气决不可滋长！”因此立即命令用棍杖打死。

《南亭笔记》

胡雪岩豪奢

晚清，浙江巨商胡雪岩有妾三十六人，以牙签标注其名，每夜抽签，抽得某妾名，即以某妾侍寝。有人说胡雪岩曾让这些侍妾分别穿上红蓝两色的马甲，上面各写一字，充当车、马、炮……让她们像象棋子一样站在一座一丈多高的台子两面，遥遥对峙。他与夫人伏在栏杆上，用竿子指挥，他们把这叫做“下活棋”。

有一次，胡雪岩穿了件破衣服来到一位妓女家中。妓女慢待他，一位老太太表现得很殷勤，问长问短。胡感激老太太的诚心，坐了很长时间才离去。第二天，胡派人给老太太送去两只蒲包，打开一看，全是黄灿灿的金叶子。妓女十分后悔，又让老太太上门请胡再来，胡默无一语，只是拈着胡须微笑。

《南亭笔记》

朱富赵豪

清朝初年，阳山有个朱鸣虞，是吴地首富。他的左邻是吴三桂的侍卫官，浑名赵虾子，豪横无比，常常跟朱家比富。凡是到过朱家的演员，赵虾子一定要把他们也请到自己家里。

有一年端午节，那些演员到赵府贺节。喝酒的时候都留量，赵虾子把银杯从小到大排列在众人面前，说：“诸位将要到朱家，我不强留，请各自取杯一饮而去，怎么样？”众人各取小杯站着喝。赵虾子叫人暗暗记下，笑道：“这酒是连杯一起送给诸位的。”

有一年元宵节，朱府在门上悬挂了几十盏珠灯，赵虾子见了，因为自家不能匹敌，便叫家奴去砸碎那些珠灯，朱氏不敢跟他计较。

《南亭笔记》

买妾观裸

浙江巨商胡雪岩上街路过一家成衣铺,望见一位姑娘倚门而立,身段苗条,不觉注目凝望。姑娘发觉,立即起身进屋,把门关上。胡恼羞成怒,派人找姑娘的父亲说亲,打算娶这位姑娘为妾。起初那位父亲不肯答应,后来,许给他七千元钱,婚事便议定了。于是选定嘉期,大宴宾客,将姑娘娶了过来。婚宴散后,胡雪岩进入洞房,又端起酒杯,独自饮酒,酣醉后,让姑娘脱衣服躺在床上,让仆人端大蜡烛在身边照明。胡雪岩自己则绕着卧床回环往复地细细观赏,仰脸昂须大笑说:"你前几天不让我看,现在怎么样!"然后,匆匆出屋,到其他房间睡觉去了。第二天早晨,派一位老妇告诉姑娘说:"新房里的所有财物,允许你全部拿走,可以改嫁给别人,我们家没有地方安排你。"姑娘照他的意思办,获得两万多元钱,回归父亲家中,成为当地大富人。

《南亭笔记》

舍裘取书

秀水顾退飞,贫贱却有傲骨。一次赶上天气严寒,他冒着风雪探访朋友,朋友送他一身羊皮大衣。他穿着羊皮大衣到集市去,路过旧书铺,见到木刻本阮亭诗集,喜出望外,便脱下皮大衣换了那本书。行路人围着看他,都笑他迂痴,他却边走边吟诵诗章,似乎不知道有饥寒。

《南亭笔记》

兄妹献技

白泰官仗恃自己身怀绝技,多次挫败江湖艺人。一天,走到一个地方,有一群人拦住去路,对他说:"我们奉师父差遣,特意在此请先生相会。"白泰官没办法,只好跟他们去了。

来到地方,只见兄妹二人在空场上跑马。哥哥在马上放箭,妹妹在马上接箭,十无一失。一会儿,兄妹二人下马与泰官相见,并请他献技。他明白兄妹二人有绝技,不敢应承。妹妹对哥哥说:"我俩抛砖引玉怎么样?"于是吩咐随从,拿来一升左右黄豆,两双竹筷。兄妹二人相隔几丈远,面对面站着,哥哥用筷子夹豆掷给妹妹,妹妹用竹筷把豆接回来。升里黄豆已经扔光了,没有一粒掉在地上。然后兄妹二人对白泰官说:"小技儿戏,希望不要见笑。"白泰官目呆神痴,站立好久才默默离去。

《南亭笔记》

拳师轶事

甘凤池有一个武妾,本是江湖卖艺的。当初,一个老头带着一个少女来找甘凤池切磋武艺,讲定甘凤池如果胜了就收她为妾。那女孩双腿纤小,鞋尖缀有铁叶,穿上那双鞋快跑如飞。甘凤池跟她拳来掌去打了很长时间,两双手相持之际,女孩飞起右脚,几乎踢中甘凤池的眼睛,他急忙用嘴接住,右脚轻踹女孩的左脚,女孩笑着仆倒在地,于是留下做他的妾。

后来山东一位镖客，在路上遇到一个和尚，双方交手相持了一天不分高下。镖客用飞锤掷去，那和尚接住飞锤突然立起，喊一声："师兄！"才知道他们原来都是甘凤池的徒弟。

《南亭笔记》

名师高徒

太仓人洪孟昭是甘凤池的高徒，听说昆山李公子武艺超群，就亲自登门拜访。李公子很高兴，整理衣冠出门迎接。寒暄之后升堂就座，双方行了一次礼李公子便进入内室不再出来。洪孟昭问侍童什么原因，李公子让人传话说："我行礼时，一脚跨过你的头，你却不知道，那么你的本事也就可想而知了。"孟昭说："当时我用两指抓了他的裤子，现在抓下的碎布片还在，可以拿给他看。"李公子大惊，看看自己的裤子，已经有两个小破洞，于是重新行礼，结为友好。

《南亭笔记》

咸丰节俭

咸丰皇帝刚理朝政的时候，躬行节俭。他的上书房门轴坏了，侍臣们请求换一扇门，咸丰不同意，命令找人修理。照例下到工部，招揽商家承办。修完了，报销五千两银子，咸丰大怒，要查惩主管部门罪责，主管害怕了，只好推说是五十两误写成五千两。

后来，咸丰刚刚穿上一条杭纱套裤，一不小心烧了个窟窿，有蚕豆瓣那么大。侍臣劝他扔掉不用，咸丰再三惋惜，说："物力艰难，丢掉可惜，应该适当缝补一下。"侍臣们都称颂："古代贤君所穿的衣服有经过多次洗涤的，皇上节俭的美德已超过古代贤君。"咸丰也就把这事搁下不再过问了。

第二年，管御衣的官员又把那条套裤送来，咸丰一看，虽然完好如初，但缝补的痕迹还是很清楚的。察问后才知是内务府交给苏州织造承办的。但是缝补这小小的一个窟窿，竟报销了几百两银子还不止。咸丰慨叹道："做人君的节俭都节俭不了，怎么能不奢靡呢？"从此不敢再把自己的旨意告诉近臣，唯恐又有浪费。

《南亭笔记》

阎敬铭节俭

清人阎敬铭做户部长官的时候，以善于综核名实著称。进入军机处以后，首先裁除点心钱。按旧例军机大臣退朝后，到直庐办事，茶房供给两样点心。阎敬铭认为这是浪费，就裁掉这个旧例。后来，同僚饿着肚子，他却从袖子里拿出自带的油麻花、干烧饼吃起来，旁若无人。

敬铭每顿饭都特别粗简。曾经招待新任学政喝酒，学政来了，见他所摆设的饭菜都粗劣得无法下咽。中间是一碟干烧饼。敬铭掰开一个就吃，津津有味。学政直到宴席结束也没有动筷子。敬铭硬逼他吃，他才勉强吃了半碗白饭。回去以后，他对人说："这哪里是请客，简直是祭鬼！"

《南亭笔记》

大侠甘凤池

大侠甘凤池

江宁人甘凤池，以拳术出名，俗传乾隆皇帝南下视察的时候，他穿着便服护驾。有一次，误入海盗船中，假装醉酒仰卧在船上。海盗把他扔进水里，他攀着漂木爬上岸，捡起路边的一块大石头远远地瞄准，打中船桅，船被打翻，海盗全部被歼灭。

《南亭笔记》

汉成帝窥昭仪浴

赵昭仪（飞燕之妹）夜里到浴兰室洗澡，她的皮肤温润，发出的光泽比烛光更亮。汉成帝在帏帐中偷偷看昭仪洗澡，侍儿看见就告诉了昭仪，昭仪说："围上浴巾，撤掉烛火。"这样，汉成帝再来时就用黄金贿赂侍儿，不让昭仪知道。一次贴身的宫女出来看到成帝，马上进去告诉昭仪，昭仪慌忙躲避。成帝要从浴兰室的帏帐中偷看昭仪，就得带很多黄金，逢到侍儿、宫女就贿赂她们。侍儿、宫女贪图黄金，就不断地出出入入，汉成帝有时一夜要用掉黄金百两。

《赵飞燕外传》

中华文史掌故精编

白话野史

历代野史阅读精华

（下册）

主编　颜邦逸
参编　林　宏　姜易辰　高丽华
　　　张桥议　于　红　王　枫
插图　颜海强

大连出版社

图书在版编目(CIP)数据

白话野史:历代野史阅读精华 / 颜邦逸主编. —大连:大连出版社,2007.12

ISBN 978-7-80684-584-4

Ⅰ.白… Ⅱ.颜… Ⅲ.野史—中国 Ⅳ.K204.5

中国版本图书馆 CIP 数据核字(2007)第 159765 号

责任编辑:徐 斌 李 萤
封面设计:张 金
版式设计:英 伦
责任校对:王恒田

出版发行者:大连出版社
地址:大连市西岗区长白街 10 号
邮编:116011
电话:0411-83621171 0411-83620941
传真:0411-83610391
http://www.dl-press.com
E-mail:cbs@dl.gov.cn
印 刷 者:大连天正华延彩色印刷有限公司
经 销 者:各地新华书店

幅面尺寸:170 mm×230 mm
印 张:38.25
字 数:866 千字
出版时间:2007 年 12 月第 1 版
印刷时间:2007 年 12 月第 1 次印刷
印 数:1～4000 册
书 号:ISBN 978-7-80684-584-4
定 价:62.00 元(上下册)

如有印装质量问题,请与我社营销部联系
购书热线电话:0411－83621147/83620941

目录

《广阳杂记》

［清］刘献廷

《广阳府》

［清］冯梦龙

《续子不语》

［清］袁　枚

《郎潜纪闻初笔》

［清］陈康祺

《郎潜纪闻二笔》

［清］陈康祺

《郎潜纪闻三笔》

［清］陈康祺

《郎潜纪闻四笔》

［清］陈康祺

《巾箱说》

［清］金　埴

《三垣笔记》

［明］李　清

《三湘人物逸事》

［近代］天涯孽子

《三借庐笔谈》

［清］邹　弢

《秋灯录》

［清］宣　鼎

《秋灯丛话》

［清］王　椷

《明斋小识》

［清］诸　联

《庶斋老学丛谈》

［元］盛如梓

《甲申朝事小纪》

［清］无名氏

膂力过人

清康熙年间，有一位武昌人叫陈文伟，膂力超人。他有一次在五更时分去田间，有一只猛虎突然向他猛扑过来，他两手死死抓住虎肩，用脚使劲踢虎的生殖器，终于将猛虎打死。后来，他参加会试，不料考场失火。他用右手抵住墙头，左手托住考生的脚，让他们踏着自己的肩头翻过围墙，从他肩上救出去几百人。火势越来越大，而他已精疲力尽，只好对后到的考生拱手致歉："我的力气只有这些了。"自此，他的名声鹊起，耸动天下。

《广阳杂记》

赐　妾

清朝时，朝廷赐给吴三桂四个满族妇女做妾，吴三桂感圣恩，每次行军都带着她们。这是清朝笼络异族王侯的一种手段。

《广阳杂记》

三易其主

简尔泰是云南的生员。李定国攻入云南时，他阉割了自己做了内侍。后来进吴三桂的宫中，因为他能鉴别古物而得到宠幸。云南平定，他被送到京城，一直被皇上所用。

《广阳杂记》

家奴奸狡

严嵩末年，有个分宜县令是麻城人，在京城严嵩的私宅候见，坐在侧屋里。一会儿，有家奴从里边出来，县令看见他就站起来。家奴却在县令面前磕头，县令吃惊地问："你为何行这样的礼?"家奴说："我家主人盛事已到极尽，旦夕间祸事就要到了，做奴辈的都免不掉遭殃，到时候您稍微减轻一点鞭挞就足够了。"严氏败落，分宜县令收治他的家，这个家奴也在其中，分宜县令认识这个人，特意释放了他。

《广阳杂记》

循良太守

贵州人章尔佩，字灵药，是已故丞相马士英的女婿。他从做孝廉起家，做到澄江太守，以奉公守法著称。平西王吴三桂问他："你有什么好的政绩如此赢得民心呢?"回答说："哪有什么不同，不过与民相安罢了。"州县的官吏，接触民间琐事，催租听案断案，哪能遂百姓心愿呢？即使有了的政绩，也很难得到称誉。太守与民众接触较少，如果对百姓没有大的害处，就容易显出他的好处，与民相安，人们就把他视为奉公守法的官吏了。

《广阳杂记》

笋　石

符五的船上带着三方寒沱石制的

石砚。砚石出自夷陵，石中有花纹像竹笋一样，石淡黄色，而笋则洁白如玉。如果将石横着截割开来，就会看到石中的纹理非常圆，一点都不偏斜，极像人们所画的太极图。但是石质坚硬，不受墨，不能算好砚材。

《广阳杂记》

鼠道人

采石矶临江有三元洞，洞在山腰石壁中，俯临大江。当地土著在洞中用木头建起一个阁，阁里供奉大慈尊像，面容美妙，神气高远。有几千只巨鼠在石壁里穴居。游人来时，和尚敲着石壁喊："鼠道人！"老鼠便应声而出，不怕客人，客人喂了它们饭才离开。因为人无害鼠之心，所以鼠也不怕人。过去，钱龙友曾跟我(刘献廷)说过此事，吴游也因乘船逆风在这里停留过。我入楚时，曾来到过这个洞里。看见窗户几案一片萧条。万里长江，横过窗下，佛像前灯光闪闪，老和尚已经入定，令人肃然起敬。这个地方虽然幽深，而往来的过客，因逆风停船的原因，来访的还是很多。我问鼠道人现在怎么样。和尚说："前年有客人放爆竹惊吓它们，现在已经很久不来了。"

《广阳杂记》

郴州不知名动物

郴州有一种动物，形似蛤蟆，颜色特别绿，四条腿比身子还长。爪子很特殊，能爬树，直爬到树梢。贴着墙壁向上爬像猿猴。属于虫类小动物，不知叫什么名。以前也有人见过这种动物在园子里的树梢上吃花，把它绑起来扔到水里，也能游泳。

《广阳杂记》

黄　妖

在平凉、静宁之间，有一种动物，像猫，但头更大，毛色黄，人称"黄妖"。家猫见到它就跟随而去，并在河中喝水洗涤肠胃，然后乖乖地走到黄妖面前，任它吃掉自己。黄妖先是用舌头舔家猫，家猫身上的毛随舔随落，然后将家猫撕碎吃掉。

《广阳杂记》

奇　创

杨涵斋说："嘉靖以前，世上没有白糖。闽人所熬的都是黑糖。嘉靖年间，一家糖厂正巧在熬糖时往屋上铺瓦，一团泥偶然掉落在漏斗里。一看，上面的糖像霜雪一样白，味道甘美，与平时所熬的不同；中间的糖是黄的；下面则是黑糖。熬糖的人感到奇怪，便取些泥压在糖上，百试不爽。白糖从此才出现在世上。"

《广阳杂记》

南岳飞来石船

南岳飞来石船，在祝融峰下，长几十丈。篷、桅、篙、橹，无不十分逼真。凌空架在两块石头上，昂首翘尾，俨然是一艘载重百万斛的大船，凌空乘风行驶后，暂时停泊在这里。顺治八年三月十二日夜，大雷闪电，将石船震碎。

《广阳杂记》

衡山雨雪奇景

有一次，笔者（刘献廷）在衡山云开堂过夜。半夜梦醒，听到雨声好像大水倾泻，大风撼摇，屋子都在晃动。早晨起来，主持寺院的和尚来说："夜间峰顶下大雪了。"笔者急忙走到屋后仰望。从香炉峰向上，都被白雪覆盖，好像银堆玉砌似的；香炉峰以下，依然是苍翠千重。当时风雨还未停歇，上天想必还在撒盐飘絮呢。

《广阳杂记》

黄河底清水

黄河的水，泥沙在上部，下面才是清水。靖逆侯张勇派人在兰舟桥上往下放百尺长绳，将水桶沉到河底。桶上有盖，用机关控制，桶到河底机关开张，盖子便打开让水流入，用绳子向上拉时，机关又将盖子闭上，这样混浊的水丝毫也不会和桶里的清水相混。用黄河底的水烹茶，比金山第一泉的水还要甘美。

《广阳杂记》

神医崔默庵

清康熙年间，有一位名医叫崔默庵，他是太平县人，医术高明，遐迩闻名。曾有一个年轻人，新婚不久就发疹，浑身肿胀，头大得像斗一样。请了许多医生诊治，因为不知病因，都束手无策，后来只好请崔默庵来治。默庵平常看病时，如果搞不清病情，一定要陪病人几天，反复诊视，必弄清病因才肯用药。他在给这个年轻人治病时，发现他六脉平和，只是稍有些虚症，一下子找不到病因，不免陷入苦思。崔默庵坐轿远道而来，当时已很饥饿，便在病人床前用饭。忽然，他看见病人用手撑开眼皮，在看他吃饭，就问道："你想吃饭吗？"病人回答："很想吃，只是医生都嘱咐我不要吃，不知道为什么。"崔默庵说："这种病怎么会妨碍饮食呢？"于是就给他食物吃，病人吃得很香，也吃得很多。崔默庵更感到奇怪了。过了很久，他又发现室内的桌椅床柜全是新的，锃明瓦亮，散发着一股熏人的漆气，他恍然大悟，说："我明白啦！"立刻命人将病人搬到另一个房间里，然后找来数斤螃蟹，生着捣碎，敷到病人身上。一两天后，病人消了肿，原来他是油漆过敏所致，别的医生都没想到。

《广阳杂记》

惧之以死

明朝末年，高邮有一位名叫袁体庵的神医。有一个举子乡试中举之后，喜极发狂，终日大笑不止，便去找袁体庵求医。袁体庵了解了他的病情之后，吃惊地说："你的病已不能治了，最多只能活十来天。你要赶快回家，慢了怕见不到家人。路经镇江时，一定要再找一位姓何的医生诊治。”然后让他给何氏带去一封信。那个人到镇江后，病就痊愈了。他将书信交给何氏，何氏看后又让他看，只见信上写道：“这个人喜极而狂，心窍张开而不能再合上，这不是吃药、针灸所能治疗的。所以，我用死吓唬他，让他忧愁抑郁，这样，心窍就会合上。到镇江后，他的病应当已经好了。”那个人看完信后，面朝高邮方向感激地一拜再拜。

《广阳杂记》

居要九病

身居要职的人往往容易犯九种病：看见人而不举荐，叫作“妒”；知晓坏人坏事却不抨击，叫作“比”；在是非面前模棱两可，叫作“谲”；假公济私，叫作“佞”；心存觊觎，叫做“狡”；因怕引火烧身而三缄其口，叫作“偷”（偷安）；捕风捉影，随意指摘别人，叫作“刻”；由于别人对自己不恭敬，从而贬损别人，叫作“忿”；喜欢别人奉承，从而为他护短并加以推荐，叫做“贪”。只要这九种毛病之中具有一种，就一定没有好下场。如果凡事开诚布公，这九种病不用药就可以治愈。

《广阳杂记》

取胎为药

明朝末年，郑鸿逵（郑成功之叔父）晚年得了瘫痪病，手脚都残废了。夏天的时候，必须在浴桶里灌满油，然后全身泡在里面，这才感到舒服，以致当时他驻扎的安平城里没有人敢吃油，全都拿来供应郑鸿逵使用。后来，他的病越来越重，终于卧床不起。有医生告诉他，这种病只有胎儿可治。于是郑鸿逵就命令剖开孕妇的肚子，取出胎儿做药。可是不久，他还是死了。他死了以后，郑成功命令杀死那个出主意的医生，来为孕妇母子偿命。

《广阳杂记》

至孝负母

明朝末年，有一位辽东游骑将军名叫邓子龙，他是江西南昌与丰城之间人氏，年轻时力大无穷。他家十分贫穷，但对老母却非常孝顺。有一次，他和老母在路上遇到了强盗，他背起老母就跑。强盗追上他们以后，邓子龙说：“我本想躲开你们，你们既然找来，这是你们活该找死。”于是，放下老母，与强盗搏斗，数十个强盗都不是他的对手，这才知道他的勇猛。后来，邓子龙投军，立下了大功，做了军官。退伍之后，他写下一联：“百战归来，剩得鬓边白发；千金散尽，惟留江上青山。”其风度可想而知。

《广阳杂记》

兄弟相像

张伯喈、张仲喈兄弟二人长得十分相像。有一次，仲喈妻梳妆完毕后，见到伯喈，还以为是丈夫，就跟他开玩笑说：“您看我今天妆扮得漂亮不漂亮？”伯喈忙说：“我是伯喈。”仲喈妻慌张避去。稍过一会，又见伯喈，仍错认为是丈夫，对他说："刚才闹了个大错，把伯喈当成是你啦！"伯喈不好意思地说："我还是伯喈呀！"

《广笑府》

鸟不见我

李广的射箭本领高强，即使射天上飞鸟，也是百发百中。有人向他讨教射箭绝技，李广笑着说："射东西一定要出其不意，每次搭弓欲射鸟时，总是我能看见鸟，鸟却看不见我。"

《广笑府》

相士妙计

一天晚上，镇守江南的赵王李德诚，找来几名歌女，和他年轻美貌的妻子滕国君穿戴得一模一样，排于庭前，让一位相士分辨谁是他妻子。那个相士曾说过大话，富贵贫贱，经他一看就可以分辨出来，其实相士根本没有这个本事。但他却对赵王打躬作揖道："头上有黄云的便是您夫人。"歌女们都好奇地向滕国君头上仰望。于是相士就指着她说："这是您夫人。"

《广笑府》

天女下凡

清乾隆年间，娄县(今上海松江)有道士声称能招来天女，和凡人做爱。凡请道士行此法术的，必须事先准备好华丽珍贵的衣裙首饰，供天女穿戴，因为穿着天宫的服饰无法来到人世间。天女降临，必定在初更天，要预先扫净房间，屏绝人迹，道士进内写符念咒语，天女才出现。下凡的天女容貌果然特别漂亮，异香袭人，不说不笑，与人交合，同一般凡间女子没有区别。天不亮，道士再次来到，仍然屏除人迹，写符送天女回去，衣服首饰全部带去，不留一件。与天女这样交往的人，并不招来什么灾祸，所以豪富人家都争着请道士行法术，虽耗费巨资也不在乎。时间长了，才知道所谓天女就是平常妓女。道士利用自己身材颀长，把裸身妓女捆缚在身上，用宽大的道袍作掩护，初更时天色昏黑更难以觉察，趁室内无人时让妓女出来穿戴上衣服首饰，装作天女骗人，天快亮时再用同样方法把女的带回去。用这个办法分肥那些衣饰。这是道士死后他的徒弟对人透露的。

《续子不语》

乾隆年间北京婚礼

清乾隆年间的北京婚礼，与南方不同，没有闹洞房这一说。花轿直接抬进新房，新郎带着弓箭出来迎接，对着花轿帘子射三支响箭，然后抱新娘出轿。新郎用秤杆挑下新娘头上红巾，两人不行交拜之礼，便对坐在床上。两个伴娘接着用红毡子将四面窗户封严，送上一个大饺子，里面包着上百个小饺子。新郎新娘喝酒吃饺子以后，就脱衣上床。第二天鸡鸣，老公公点着蜡烛早早起来，礼拜天地、灶神和祖庙。过五天后，才宴请客人。如果结婚当天去道贺，不要说酒，连杯茶也喝不上。

《续子不语》

郭六卖淫

清雍正二三年间大饥荒，淮镇农妇郭六，因丈夫外出要饭，在家赡养年老有病的公婆。郭六颇有姿色，邻里一些无赖青年见她家缺少吃的，就用金钱引诱她。郭六不为所动，靠做针线活挣一点钱赡养公婆。眼看生活越来越艰难，做针线活养不起二位老人，郭六就把邻里乡亲请到家里，磕着头对大家说："丈夫临出门时把公婆托付给我，如今我已无能为力，邻里能帮我就请快帮我，否则我只有倚门卖笑，请大家别取笑我！"邻居都吱吱唔唔走开了，郭六痛哭着把自己的打算告诉了公婆，从此以后公然同浪荡青年混在一起，靠做妓女维持生计。然后她又买了一个女子，管束很严，不许外人轻易见面。有人说，她是想把这个女子再贩出去，卖个好价钱，郭六也不分辩。三年多过去了，丈夫回到家里，互相问候之后，郭六就拉丈夫去见公婆，说："父母都还健在，我没辜负你的托付。"接着又引见她买来的女子对丈夫说："我身体已被玷污，不能含着羞耻伴你，所以为你另娶了一个媳妇。"丈夫十分意外，还没来得及说什么，郭六就借口为丈夫做吃的，在厨房里自杀了。

《续子不语》

飞骑救人

舒文襄在新疆获罪，乾隆皇帝颁圣旨派人送往新疆，将其就地正法。来文端公认为人才难得，伏在皇帝面前哭求，请收回成命。乾隆帝也被他哭动了心，对他说："圣旨已送走三天了，怎么办？"文端公连忙答道："如果圣上真的赦免他，我立即叫儿子飞骑去收回前命！"乾隆帝答应了，又写了赦令，交给文端公的公子。来公子日行八百里，驰奔前往，及抵新疆，前一道杀人的圣旨还没送到，舒文襄因而得救。

《郎潜纪闻初笔》

李绳武生平多逢九数

广东韶州人李绳武，本是穷人的儿子，以做买卖起家，晚年居然成为富翁。他一生多逢九数：其父四十九岁生李绳武；李绳武十九岁学做买卖，五十九岁歇业归老；他生了九个儿子，九个女儿；九个儿子娶了九个儿媳，九个女儿嫁了九个女婿，没有一个续娶和纳妾的；光绪元年正月初九，是他九十岁的生日；他有孙子孙女十九人，外孙外孙女二十九人。这也算是一件奇事了。

《郎潜纪闻初笔》

溺女婴

清代浙江金华县民间有一种陋俗：贫困的人家生下女婴常常人为溺死。阮元任浙江巡抚，为了禁止民间溺婴，捐出自己的一部分官俸作为基金。贫穷百姓谁家生下女婴，让家人抱着婴儿到府学报名，由学官负责注册登记，发给"喜银"一两，作为哺育之费。一个月后，学官按名册逐户稽查，如发现有溺婴者，予以严惩。因为一个月之后，婴儿的父母在哺育过程中对女儿产生了深厚的感情，再也不忍心杀死自己的亲生女儿了，这真是拯救婴儿的妙法。

《郎潜纪闻初笔》

张石州狂放

平定人张穆，字石州，以学行优良被选为贡生。道光十九年，张穆到京师参加顺天乡试，入场时带了一瓶酒。搜检官员发现了，喝斥道："不准带酒入场！"张穆一把拿过酒瓶，一仰脖子咕咚咕咚把一瓶酒喝进肚里，并不满地把瓶里剩下的酒底扬洒出去。搜检官火了，命人进行严搜，以至弄坏了笔，打破了砚台，也没搜出什么。张穆拍拍自己的肚皮说："我这里就是装得满满的经书箱子，你们这些人岂能搜出来！"搜检官更加震怒，又从他带的笔袋中找出一张纸来，见上面有一行字，就硬说是怀挟文字，把他送交刑部，刑部官员证明不是怀挟，但他因此而被取消了当科的考试资格。

《郎潜纪闻初笔》

陆陇其劝盗文

清代江南人陆陇其，为官颇有政绩。他担任知县时，曾作一篇《劝盗文》，派吏员到狱中向犯人通读。《劝盗文》的大意是：

"一念之差，不安生理，遂做出此等事来，受尽苦楚。然人心无定，只将这心改正，痛悔向日的不是，如今若得出头重新做个好人，依旧可以成家立业。"

犯人们听了感人肺腑的《劝盗文》，都痛哭失声。

《郎潜纪闻初笔》

破除满汉之见

雍正年间，满洲副都御史一职缺员，雍正帝让九卿秘密推荐。文端公鄂尔泰举荐许希孔，认为他忠直可用，雍正帝说："他是汉人，没有资格任满洲御史？"鄂尔泰答道："御史台是风宪衙门，为要害部门，臣主要是从朝廷得人才的角度来考虑，顾不上管他是汉人还是满人。"雍正帝准奏，一年之后，许希孔改任正职。

《郎潜纪闻初笔》

陈鹏年被参

恪勤公陈鹏年任江宁知府，清廉之声远传。总督阿山想增收地丁银银耗损充为公费，陈鹏年坚决反对，因而得罪了阿山。阿山找碴报复，说陈鹏年曾驱逐娼妓，在妓院旧址建亭，对百姓讲演皇上的圣谕，诬告他犯了"大不敬罪"，陈鹏年因此被判了死刑。有一天，康熙帝问李光地："阿山这个人怎样？"李答道："臣曾经和他同僚，知他廉能而敢于任事，他失去民心的，唯有参奏陈鹏年一事。"康熙帝听了，颁旨赦免了陈鹏年，并召他进京任用。

《郎潜纪闻初笔》

翁方纲精满文

清朝乾隆以前，凡选新科进士进翰林院，照例必挑出年纪较小者十几人学习满文。翰林院散馆考试，都以满文决定名次。翁方纲进散馆时，皇帝出的考题是让考生用满文翻译陶潜的《桃花源记》。当天中午，翁方纲试卷已脱稿，正巧皇帝驾到，考生们连忙跪接。皇帝要来翁方纲的试卷审阅，并问姓名，用满语赞道："牙拉赛音(很好的意思)。"第二天，翁方纲被钦定为一等第一名。从此以后，凡朝廷派员纂修秘籍、主持考试，没有一回少了翁方纲。后竟成为北学领袖，其受知遇实际上是从散馆考试开始的。

《郎潜纪闻初笔》

干娘干爹

清乾隆年间，某太史善于趋迎，专门媚事权贵。他的妻子开始先认于相国的夫人为母，即俗称干妈。后来于相国势衰，又往来于杭州人梁尚书家中，而且迹象亲密，秽声溢于朝野。有位朝士赋诗嘲之曰：

昔年于府拜干娘，
今日干爹又姓梁。
赫奕门庭新吏部，
凄清池馆旧中堂。
郎如得志休忘妾，
妾岂无颜只为郎。
百八牟尼亲手挂，
朝回犹带乳花香。

"百八牟尼"指清代大臣胸前所带的朝珠。传说严冬季节，天气寒冷，梁尚书早朝，某太史之妻先将梁尚书的朝珠放在自己胸前内衣里温暖，然后再亲自悬挂到梁尚书的脖子上，此诗的最后两句说的就是这件丑闻。

《郎潜纪闻初笔》

鄂尔泰警世之言

文端相国鄂尔泰曾对别人说："大事不可糊涂，小事不可不糊涂。若小事不糊涂，则大事必至糊涂矣。"此可为警世之言。

《郎潜纪闻初笔》

钱陈群少时贫寒

清代著名学者钱陈群，小时候家里非常贫寒。严冬季节早起读书，灶里无隔宿之薪，打井水洗手，手背都冻裂了口。不到二十岁，靠别人帮助，到京师谋事，以抄书糊口。冬天穿不上皮衣，花三百钱买了一对皮袖，自己缝在布包上御寒。抄书纂文更卖力气。过了几年之后，回到家乡，亲自教两个弟弟读书，读书地点设在楼上，上楼后撤去楼梯，每天从楼上缒绳接送饮食，只有大年三十才下楼一次。经过两年这样刻苦的攻读，学问大有长进，后来终于成为大学问家和一代名臣。

《郎潜纪闻初笔》

从严驭吏

清大学士张廷玉，情性宽厚，而管

理手下官吏却特别严格。他担任吏部侍郎的时候，吏部有个奸滑的吏员张某，善于舞弄文法，内外官员深受其害，人称“张老虎”。张廷玉命有关部门加重惩治他，朝里的许多显宦贵官都来说情，张廷玉毫不为之所动，终于置张某于法，当时人们称他为“伏虎侍郎”。有一天，张廷玉坐在堂上办公，一个吏员拿来一份公文，对张廷玉说：“这份公文把‘元氏’县误写成了‘先民’县，应驳回原省。”张廷玉拿过来看了看，笑着说：“如果把先民县写成元氏县，那可能是外省之误。现在把元氏写成先民，显然是书吏后添的笔画，查一查，看这是谁干的。”后来果然查出是吏部某奸吏所为，同僚们都佩服他敏锐明鉴。

《郎潜纪闻初笔》

孙承恩不肯欺君卖弟

清顺治十五年状元孙承恩，江苏常熟县人。孙承恩的弟弟孙旸，因受头一年(顺治十四年)顺天科场案的株连，被流放东北。顺治十五年殿试放榜的前一天晚上，顺治帝阅初拟第一名孙承恩的考卷，十分称赏。拆封见其籍贯，怀疑他与孙旸是一家，特派学士王熙骑马出紫禁城，到孙承恩的寓所当面询问。王熙私下与孙承恩有一定的交情，见面后以实相告，对他说：“今升天沉渊，决定于一句话，你说我怎样回复圣上?”孙承恩沉默良久，激动地说：“是祸是福听天由命，我绝不能欺君卖弟！”王熙也十分感叹，上马后又回头问：“你不后悔吗?”孙承恩毫不犹豫地答道：“虽死无悔！”王熙飞马赶回皇宫，顺治皇帝正坐在灯下等候消息，听了王熙的汇报，尤其赞赏孙承恩的诚实无欺，于是钦定为一甲第一名。

《郎潜纪闻初笔》

任葵尊执法

任葵尊担任御史时，负责巡视京师北城，宗室亲王、公侯权贵之家，都在他的管辖区域内，特别骄悍难治。有一天，他偶然外出，有一伙穿锦衣、骑骏马的人跑到他的前头。任葵尊喊手下人喝斥他们，手下的人都不敢，回禀道：“这是某王所宠爱的身价千金的旦角。”任葵尊一听更火了，亲自去追赶，眼看着那伙人进了王府，任葵尊就坐在王府的大门口呼喊，非要找这个旦角算账不可。这家王爷对旦角说：“这人罗罗嗦嗦的要干什么，你就出去，看他敢把你怎么样！”旦角真地出了大门，任葵尊立即命人将其绑了起来，打了四十大板。王爷非常生气，到皇帝那儿去告状。皇帝说：“他这不是在欺负你，而是在执行我的法律，你庇护戏子，破坏我的法律。”吓得这位王爷战战兢兢地叩头而出。有个叫马三爷的，是某国戚之弟，犯了法规，任葵尊就把他抓起来抽了一顿鞭子，并把这件事告诉了他的哥哥。他哥哥当面向他道歉，不久就算计着要整任葵尊。任葵尊在朝堂上当众揭露他，他进行狡辩，皇帝命人打了他三十个嘴巴子。

《郎潜纪闻初笔》

不为权臣写寿诗

清朝康熙时的王渔洋先生以善诗而闻名天下，同时他又是一个有骨气的人。有一天，权臣明珠做寿，刑部尚书徐元文拿来金笺条幅，想请王渔洋写上一首诗，作为献给明珠的寿礼。王渔洋当时还没有作显官，当即回绝道："曲笔以媚权贵，君子不为也！"

《郎潜纪闻初笔》

执笔不阿

《明史稿》实际上出之于陈康琪的同乡万斯同之手，而华亭人王某窃为己作。这件事一般的读书人都知道。万斯同字委，在史馆修《明史稿》，整天与朝贵打交道，但从不自卑。他的名帖上写的是"布衣万斯同"，遇到公共集会的场合，他就毫不客气地坐在首位，俨然以贵宾和师长自居。有个运粮饷的官员半路上遇到强盗，吓得逃到山里而死，死者的孙子怀藏白银送给万斯同，请求他把死者附在《忠义传》里，万斯同喝斥道："你想让我当第二个陈寿吗？"（据说当年陈寿著《三国志》时接受过贿赂）把他赶走了。后来万斯同侄子万言又参加了《明史》的编撰工作，专门负责写《崇祯长编》，明末宰相的后裔，都想用钱买通他，让他笔下留情，少写其先人的罪行。万言坚决拒绝，对他们说："你们不知道我叔叔的事吗？"

《郎潜纪闻初笔》

强项令蒋因培

江苏常熟人蒋因培，任官山东时政绩卓著。做汶上知县时，百姓都亲切地称他为"蒋公子"（蒋因培之父蒋瞻岵此前曾任汶上知县）。有一次，朝廷所派一位巡漕御史，到地方作威作福，让仆从向州县索求供给，贪得无厌，州县长官谁也不敢怠慢他。这位御史来到汶上县，蒋因培按惯例到馆驿中去参见，当他走到馆驿门口时，就听见怒骂声，他已访知其横行的情况，便站在屏风外面放声慷慨地说："您是奉天子之命来到这里的，所以我让本县的馆驿供应膳食，本县是东道主，怎敢怠慢。现在您却放任仆从如此胡闹，就是藐视法令。我蒋因培也是朝廷命官，对于藐视法令的人却厚着脸皮去事奉他，那就不是大丈夫！"立刻命人撤走所设的灯具和供应的膳食，拂衣而去，弄得巡漕御史不得不饿着肚子半夜里狼狈地离开了汶上县。后来那个巡漕御史犯了事，凡是贿赂奉迎他的官员都受到了牵连。山东巡抚把蒋因培的事上奏朝廷。皇帝用朱笔在奏章上批曰："此人可嘉之至。"因此，蒋因培强项之名也传遍了天下。

《郎潜纪闻初笔》

批抹权臣公子试卷

陈源兖字岱云，湖南长沙人。他生平以气节自高，与曾文正公（曾国藩）是密友。咸丰三年殉国于庐州。陈源兖任翰林院编修时，任会试同考官，首辅穆章阿有个儿子参加会试，十八房同考官，都属于穆章阿的门下之士。其他十七房，争着寻觅穆公子考卷，希望将其取中以讨好穆章阿。这本卷子却正好落到陈源兖的手里，以文章低劣不予呈荐。其他考官到陈源兖房中物色到这本卷子，并告诉他这是穆彰阿公子之卷，请他呈荐主考，陈源兖拿过卷子，挥笔抹为废卷，穆章阿知道了，也毫无办法。

《郎潜纪闻初笔》

孙诏成杖责太监

孙诏成是甘肃武威人，清康熙五十一年中进士，雍正初年出任直隶某县知县。雍正帝祭皇陵，中途驻跸该县，当晚下了一场大雪，行宫门外积了几寸厚的雪。按以往的惯例，宫门内外清扫的活计应由太监负责。当时跟随雍正帝的太监私自向孙诏成索以钱物，遭到拒绝，太监怀恨在心，故意刁难，特命县官来宫前扫雪。孙诏成挟着扫帚，亲自来到行宫前，对太监说："县官替天子扫雪，也不是什么丢人的事。"说完就弯腰扫了起来。太监恼羞成怒，想群集痛打他一顿，孙诏成将为首的太监引至宫门外稍远处，命衙役将其捆绑，拖到县衙当众杖责。当时，官员们都守候在行宫门外等待召见，听到这个消息都吓得不知所措，连忙把这事上奏皇帝。雍正帝看了奏章，不但没发怒，反而高兴地说："这个知县好大胆，太监滋事不能赦宥，马上交法司治罪。"立即下令召见孙诏成，并一再安慰和鼓励他。不久，提升孙诏成为知府。

《郎潜纪闻初笔》

武县令杖责和珅差役

清乾隆五十七年，权臣和珅专朝政，兼任步军统领。他常常委派差役四出刺探情报，这些特殊的差役，成帮结伙，手持兵刃，为害民间，地方官吏谁也不敢过问。有一次，他们来到山东博山县境内，酗酒赌博，任意胡为。当时担任博山知县的是河南偃师县人武亿，是个博学而又有正气的人。武知县听说和珅的差役横行不法，立即派人将他们捕至县衙，这些家伙并不把县令放在眼里，到了县衙立而不跪，并出示和珅发给他们的特殊牌子，神气十足地说："我们是提督衙门的差役！"武知县怒喝道："牌子上写的是让你们配合地方官捕捉盗贼，你们已来三天了，却不来见我，是何道理！而且牌子上写的只有两个人，其余的人是干什么的？"命衙役当堂杖责。后来武知县到底还是因这件事被罢了官。博山县的百姓如失慈母，而和珅从此以后也再不派特殊差役出京滋事了。

《郎潜纪闻二笔》

年羹尧用兵

年羹尧征青海，扎营后，忽传令军中："明天进兵，每人带一块木板，一捆草。"将士们都不知进兵带这两样东西干什么。第二天，进军路上遇到了烂泥坑，命兵士各将所带的草捆都扔进坑里，上铺木板，全军顺利通过。敌方原指望靠烂泥坑为天险，不加防备，没想到官军突然到来，攻破敌人的老窝。征西藏时，有一天晚上快到半夜，突然听到有一阵急风从西而来，刮过军营的上空，很快就停下来寂静无声。年羹尧立即命一员参将，率领骑兵三百名到西南方密林中搜索敌人，结果树林中果然有敌人想来搞偷袭，被巡逻的骑兵全歼。事后将士们问他怎么知道来了敌人，年羹尧说："声音霎时而停，我断定并不是风，而是群鸟振翅的声音。半夜时鸟儿飞动，一定是有人惊扰，距此西南十里远，有一片密林，晚上一定有许多鸟栖止在那里。我估计敌人潜伏在那里，惊动了树林中的宿鸟。"大家都佩服他料事如神。

《郎潜纪闻二笔》

"阎罗"王国安

汉军旗人王国安，康熙初年任浙江巡抚，他勤敏强记，对辖内的官吏、百姓的好坏优劣和奸猾不法分子，都有专门的记录。揭发隐秘的坏人坏事，像神一样。他每天早晨升堂理事，属官们依次参见，并引见地方的元老，逐个地询问情况和民间疾苦。退堂后，关上衙门，马上换上便服，穿行于市区，有时独自骑马出入山谷村镇间，专门探访奸诈不法之徒，回来后立即派人缉拿。因此，境内坏人都老老实实，不敢轻举妄动。遇上朝廷核议，要放弃舟山群岛，将岛上居民迁至内地，王国安上疏力争，坚执以为不可，朝廷从其议，在舟山设定海厅。浙江人都称他为"王阎罗"。

《郎潜纪闻二笔》

柴虎臣挑土修坟

仁和县人柴虎臣，明朝遗民。其父为官死在任上，虎臣求做买卖的商人用船迎回灵柩归葬，亲自挑土修成坟堆。每逢年节，前往祭奠，哭得一把鼻涕一把眼泪，以至于把坟前的草木都哭枯萎了。乡里有个人被父亲打得逃了出来，被柴虎臣遇见了，他哭着对那个人说："你有父亲打你不是什么坏事，我想让父亲打我还没有呢！"并为那个人作《游子遇》《孤儿行》。那个人悔恨得痛哭流涕，后来成了孝子。有个小偷到柴虎臣家偷东西，柴虎臣发觉小偷是自己的邻居，所以假装没发现而默不作声。当那个小偷搜捡到他的衣服和被褥时，他才小声说："你不能把这个留给我御寒吗？"小偷大吃一惊。柴虎臣于是规劝他改行，又从枕头旁边摸出一百文大钱，加上桌子上几件铜器送给小偷，小偷感动得呜咽着离开了。

《郎潜纪闻二笔》

凌曙贫而好学

凌曙字晓楼，清朝嘉庆年间江南著名的学者。凌曙小时候家里很穷，他十岁进私塾读书，由于生活所迫，一年多之后，在四部基本经书还没读完的情况下就失学了。凌曙退学后，靠给别人打杂工糊口，下工之后，就默诵已经读过的书。最使他头痛的是,书中一些生僻字词的读音和解释。他家附近有位富有的邻居,请家庭教师教授子弟,每到晚上,凌曙就趁着夜里到邻居家的门外偷听教师讲课。过了几个月,那位教师发现了,就把外面大门关上不让凌进入院内。凌曙非常气愤,便到书市上花钱买句子间点有停顿标记的旧书,自己下功夫硬啃,有时读书通宵达旦,第二天仍和过去一样去做工。到了二十岁,学问已成,就不再打工,而当上了童子教师。凌曙任教,对学生要求严格,书必熟读,字必正楷,从学者越来越多,他的收入也多了,便更多地买书。于是,博通而专精,在学问上获取了很大的成就。凌曙有个外甥叫刘文淇,其家贫不亚于他舅舅,凌曙喜欢他聪明好学,不忍心让他从事贱业,亲自教授,使刘文淇年纪轻轻就成为学问家。

《郎潜纪闻二笔》

齐台南敏悟

齐召南博闻强记,读书一目十行,读过的书终生不忘。他应朝廷征召北上时,途中去见一位县令,县令留他宿在家中。他见县令家中有异书八册,就请求借阅,主人答应了。第二天将告辞,县令拿着书出来,他却说:"我已经读过了。"主人不相信,从中抽出两册询问他具体内容,不料齐召南应口而出,一字不差。

《郎潜纪闻二笔》

廉俭著称

清朝的贤臣中,论清廉要属康熙朝的于成龙为第一人。于成龙由江防调任福建按察使时,他乘船前往福建。快要开船了,于成龙让手下人买了好几担萝卜,送行的人都感到可笑,问他:"你买这么多不值钱的萝卜干什么?"于成龙答道:"我路上供食,就全靠这些萝卜了。"从直隶到江宁赴任,于成龙与幼子同行,父子俩租了一辆驴车,途中自己掏钱住旅店,没住一宿公家的驿馆。他在江南担任总督的时候,每天净吃青菜,江南有的人因此而称他为"于青菜"。他家的仆人没地方弄到茶叶,每天采摘衙门后院的槐树叶当茶叶泡水喝,以至把槐树都摘秃了。他的儿子们冬天只穿短衣或木棉袍,没做过一件皮袄。于成龙在湖北任官时,他的大儿子要回老家,于成龙把厨房里仅有的一只腌鸭切一半让儿子拿走,因此民间有"于公豆腐量太狭,长公临行割半鸭"的说法。饥荒年头,于成龙就把糠掺到米里煮粥,全家人都吃糠米粥。客人来了,也让他吃这种饭,并对客人说:"你回家也做糠米粥,可以用省下的粮食来救济灾民。"于成龙死的时候,僚属们都去吊唁,发现他床头方形的旧竹筐里只有粗丝袍一件、靴子一双、腰带一根,瓦缸中盛有几斗米,还有几罐盐豉,这就是他的全部"遗产"。

《郎潜纪闻二笔》

达情锣

达情锣

南丰人刘衡，任四川巡抚时，在大堂之侧悬挂大锣一面，号“达情锣”。百姓有冤情，不管什么时候都可击锣，刘衡听到锣声，马上升堂审理。老百姓因此深深地感戴他，至今“刘大锣”的事迹还在四川民间流传。

《郎潜纪闻二笔》

骂不还口

清代著名学者王鸣盛，为人宽厚而有涵养。有一次，邻居家的小无赖和别人打赌喝醉了酒到王鸣盛家门口进行辱骂，王家的看门人气愤不过，要揪打小无赖，王鸣盛止住了看门人。第二天，小无赖酒醒，由其母领着登门给王鸣盛赔罪。王鸣盛很客气地接待了他们，笑着对小无赖说：“你昨天喝醉了酒，我也不怪你，但以后酒醉如果辱骂了别人，恐怕就要惹麻烦了。”那个骂人的小无赖感到羞惭，回去后就把酒戒掉了，从此后终身戒酒。

《郎潜纪闻二笔》

禁礼公告

清朝康熙年间，张伯行任江南总督，他为了禁止下级官吏向总督衙门馈送物品，特写一篇公告，文曰：

一丝一粒，我之名节；
一厘一毫，民之脂膏。
宽一分，民受赐不止一分；
取一文，我为人不值一文。
谁云交际之常，廉耻实伤；
倘非不义之财，此物何来。

《郎潜纪闻二笔》

巡抚夫人掌勺

朱高安小时候读书非常刻苦用功。有一次，老师召集全体学生会饮，朱高安也不去参加，自己坐在屋子里读书。老师见朱高安没有到场，就特地让厨子送去酒肉，放在座间，朱高安连看也不看，仍读他的书。康熙三十二年，朱高安参加江西乡试，考官宋大业执自于落卷之中，并给予“旷世逸才”的极高评价，得该科江西乡试解元。

朱高安担任浙江巡抚时，崇尚节俭，奖励廉洁。他规定民间嫁娶婚宴和其他各种宴会，桌面上不得超过五个菜，而且规定了一定的品类，浙江人称之为“朱公席”。有一天，朱高安在路上见一位妇女穿着特别华贵，一打听，原来她只是一个卖菜人的妻子。于是朱高安命人把那位妇女叫来，领她去见自己的妻子。朱高安带那位妇女来到厨房，只见众女仆正在忙着做饭，也认不出哪个是巡抚的夫人。朱高安指着灶上正掌勺的女人对那位妇女说：“这就是我的妻子。”并让那位妇女陪着夫人吃了一顿饭。那位妇女想不到巡抚大人的妻子竟会身着普通服装杂在女仆当中干做饭的累活，回去后立即脱去盛装，再也不敢洋洋自得了。这件事在当时反响很大，致使当地的风气为之一变。

《郎潜纪闻二笔》

汤斌为官清廉

汤斌字孔伯，清河南睢阳人，是著名的廉吏，死后谥号文正。汤斌担任江苏巡抚时，每天只吃蔬菜。有一天，汤斌查看账目，见账上记某日买鸡一只，吃了一惊，问仆人："谁买鸡了？""公子。"仆人叩头回答。汤斌听了，立刻大发雷霆，把儿子叫来，让他跪在院子里，教训他说："你以为苏州的鸡像河南那么贱吗？你想吃鸡，就回家吃去！哪有读书人不嚼菜根就能够自立的！"教训完了，又把儿子和买鸡的仆人笞打一顿，然后打发他俩回河南老家去了。汤斌过生日，缙绅们知道他拒上寿礼，就合制一书屏给他祝寿，也遭拒绝。汤斌后奉调朝里任礼部尚书，离开苏州的时候，汤夫人乘车出门，有一床破被掉到车下，送行的百姓们见了，感动得落泪。再看车上装的，还是初来苏州时的几个破旧箱笼，只多了一部《廿一史》。汤斌对送行的僚属们解释说："苏州的《廿一史》价钱便宜，所以我买了一部，但这样就让马受累了。"到了京师，仍十分清贫，在小胡同里租了一处住处，冬天也只穿一件旧羊皮大衣。每当入朝，卫士们不管认识不认识他，都相互小声说："这个穿羊皮袄的，就是汤尚书。"

《郎潜纪闻二笔》

太守怒

清朝大学士福康安总督四川时，擅作威福，其下人好狗仗人势，常常为害民间。有一天，福康安的轿夫公然入一户人家抢夺金银首饰，被都司徐斐撞见，予以喝斥，结果徐斐反被轿夫的同伙毒打一顿，衣服帽子都被撕碎。成都太守姚令仪闻知此事后，立即将这伙不法之徒收捕，并当堂杖毙首恶。福康安大为震怒，说："小小知府，竟敢如此放肆！"为此事诘问姚令仪，姚毫不示弱，义正词严地顶撞他。当时福康安已奏请朝廷，要提升姚令仪为东川道员，为此事恼羞成怒，连忙派飞骑追回奏疏。姚令仪虽然提职受阻，但也因此而威震西川，后来到底做了四川巡抚。同治年间，浙江文士吴仲云到四川当官，成都人为他讲述这件事，吴仲云作《太守怒》乐府诗传于世。

《郎潜纪闻三笔》

稻草缠敌船

浙江嵊县有个小村落，叫俞家庄。清道光二十二年，英国人侵入浙江，官兵不敌，越州震动，嵊县更有唇亡齿寒之忧。俞家庄的乡民自动组织起来，到海上捕鱼。有一天，发现有一艘英人的兵船停泊，于是众乡民出其不意，突入英船，夺取武器，杀死敌兵过半，拆毁其船，将船上的货物取回。他们估计英人必来报复，就驾驶十几条小船，暗藏稻草绳索，仍和过去一样在海上捕鱼。过不几天，果然望见两艘英人的船扬帆而来。等到来船靠近，乡民们各怀利刃，跃入水中，暗中把带来的稻草筐捆在轮船的两个水轮上，使船不能动。英人见轮船机器失灵，不知什么原因，正惊疑间，乡民们突然从船边的水中钻出，跳上轮船，抡刀乱砍，英人猝不及防，全部被歼。此后英人再也不敢轻易来到嵊县骚扰了。

《郎潜纪闻三笔》

赵廷臣断案如神

清朝浙江总督赵廷臣，奉天铁岭人。他审案明察秋毫，揭秘如神，最为脍炙人口的几件事，杭州人至今还能描述。

有个盲人与某屠夫有交往，一天，盲人到屠夫家中，正好屋里没有人，他摸索到盛肉的竹筐里有五百个大钱，就偷偷地揣到怀里，然后离去。屠夫发现钱丢了，估计可能是被盲人偷走了，就出门去追，在半路上追到了盲人。盲人不承认钱是他偷的，拍着胸膛对看热闹的人叫屈："天哪！我好不容易才攒下这几个钱，他怎好欺负我眼瞎而要抢我的钱那！"看热闹的人相信了盲人的话，都愤愤不平。正好赵廷臣路过，众人拦轿投诉，屠夫也哭着诉说。赵廷臣耐心听到了双方的陈述，笑了笑，命人取来一盆水，将钱投进盆里，只见水面上油星漂浮，于是断归屠夫。

有一年夏季大旱，民间传说出了旱魃，红脸红胡子，穿着红衣服，样子很凶。旱魃有时闯进人家，吓得人们四散奔逃，唯恐躲之不及。可是当人们再回到家里看时，家里的财物竟被掠一空。赵廷臣听说有这样的怪事，断定是恶人装神弄鬼，于是暗派能干的捕役，分头埋伏抓捕，终于抓住一个凶残的兵士，并将其法办。

《郎潜纪闻三笔》

因民谣获罪

"周全天下事，广积世间财"，这是清代嘉庆年间山东流行的民谣。当时，内务府大臣广兴、左都御史周廷栋奉命往山东审案，广兴贪赃营私，周廷栋替他掩饰，惹起了民愤，人们就编了这两句民谣。这首歌谣竟被嘉庆帝知道了，命审查广兴、周廷栋二人。结果广兴被处死，周廷栋罢斥永不录用。从这件事看来，不能不说人言可畏。

《郎潜纪闻三笔》

破肚将军

康熙年间的彭湖之战，福建漳浦县人蓝理为先锋。敌舰蔽江而来，蓝理在战斗中，腹部被炮弹击中，肠子流出肚皮外，鲜血淋漓。蓝理的族侄见了，连忙把流出来的肠子塞回他肚子里，蓝理的四弟蓝瑗脱下衣服为他包扎伤口，五弟蓝珠用白布腹背缠裹，蓝理生死不顾，口中还大喊杀敌。战后经一位白人医生的救治，伤口竟奇迹般地愈合。台湾平定后，蓝理进京，走到赵北口，正遇康熙銮驾，坐骑站立不动，他不及躲避，只好扔下马步行入梁园中。康熙派卫士问马是谁的，蓝理只好从园中走出，向康熙帝行礼，回话道："臣蓝理从福建来。"康熙帝问："是不是征彭湖时拖肠血战的蓝理？"蓝理回答说是。康熙帝将他叫至跟前，详细询问当时的情况，命解衣,亲自抚摸伤处,感叹良久,嗣后蓝理管理浙江,每遇康熙帝南巡,必前去接驾,康熙帝常常向随驾的诸王公讲述蓝理拖肠血战的事迹,又让蓝理入见太后,对太后介绍说:“这位就是‘破肚将军’。”

《郎潜纪闻三笔》

幼女赴京求赦父罪

清嘉庆十七年,四川重庆人佘长安因犯罪被判流放湖北,佘长安十一岁的幼女佘酬不远数千里,从四川来到北京,赴刑部哀诉:祖父母已年过八十,无人奉养,请求释放其父。刑部奏请皇上,嘉庆帝认为佘长安所犯罪过并非十恶不赦,念其幼女至孝,法外施仁,特恩释佘长安回原籍。

《郎潜纪闻三笔》

朱厚章五官并用

昆山朱厚章,字以载,文才超凡,既敏捷又缜密,兼有司马相如的精工与枚乘的迅速这两方面的长处。沈德潜尚书曾经亲眼看见他高坐在书房里,让两个人各自拿着纸笔,他自己口授,一头用四六文写一篇序,一头改友人的长律诗,而他自己又亲手用正楷书写《孝子传》。全部完成后,序与长律诗都写得华丽严整、流畅优美。所书写的《孝子传》也没错一字,没少一字。大概这就是五官并用的人了。

《郎潜纪闻四笔》

读书奇法

顾炎武先生年轻时,在乡间任教,每年利用春夏的时间温习经史。他约请文士朋友中四位声音洪亮的来到住处,设置左右座位,在他们的面前都放置经史书中的注释本。顾先生坐在中间,面前也放着书,让一个人诵读,其余四个人听着,遇到其中字句有所不同或有疑义的地方,就详细询问,并互相辨析、议论。一个人读二十张纸便另换一人,周而复始,总计一天温书一百张纸。《十三经》温习完毕,接着温习“三史”或“南、北史”等书。

《郎潜纪闻四笔》

年羹尧尊师

年羹尧大将军权高威重,气焰熏天,蔑视百僚,唯独对于聘请的家庭教师,虚心克己,极为诚恳礼敬。曾在家塾门上悬挂一副对联:“怠慢先生,天诛地灭;误人子弟,男盗女娼。”周廷燮观察曾在年家执教,这是他亲口告诉别人的。

《郎潜纪闻四笔》

奇赏

超勇亲王策凌,讨平准噶尔,威震漠北。他的部下侍卫绰克浑,一昼夜能赶一千里路,立功最多。有一天,超勇亲王和他一起饮酒,酒喝得酣畅时,绰克浑说:“请让大王的侍妾给奴才舞剑,奴才替大王唱歌。”于是便唱了一曲《朔风高》。超勇亲王非常高兴，便把侍妾赐给了他。

《郎潜纪闻四笔》

守信于盗

清康熙年间，有五六个盗窃犯将被处决，但是犯人的供词不统一，致使上报朝廷的犯人供词记录很难写定。宁台道副使赵良璧决定暂时释放这几个犯人。他对这几个人说：“你们现在可以回家看望父母妻子，但要听从我的约定，三个月后再返回这里。如果你们回来了，那么我将减轻对你们的刑罚。”到了约定的日期，这几个人都回来了。这时掌管文书的官员说：“按照法律应当处决。”赵良璧果断地说：“他们的确是盗窃犯，但他们对官府信守诺言，能如期回来。如果我们把他们处决了，官府反而失去信誉，就连盗窃犯都不如。”于是决定减免对这些人的刑罚。这件事上报到中丞制府，他们都感到惊异，召见嘉奖了赵良璧，最终释放了那五六个盗犯。

《巾箱说》

岂有定例

明朝末年，光禄大夫许誉卿娶了一个叫王微的名妓做妾，王微很有远见。朝廷南迁以后，王微病了，临死前她拿出一个布包给许誉卿说：“我死了以后天下必定大乱，那时候你再打开这个包。”后来清兵大举入侵，许誉卿想躲得远远的，就把那个布包打开来看，原来是一件破衣服和一包碎银子。

《三垣笔记》

不幸中的万幸

明朝崇祯十一年四月、六月、八月，京城火药爆炸事件屡屡发生。其中四月份最厉害，石板由平地腾起空中，有的人家酱瓿上了屋脊，而里面的酱却居然没有洒。还有一个人骑驴赶路，突然轰隆一声，人和驴飞到半空中，驴肚子被炸得稀烂，肠子流了出来，可是那个人却缓缓落到地上安然无恙。

《三垣笔记》

权重人贵

南明弘光年间，笔者（李清）出门拜访客人，经过司马阮大铖的大门，看见一个看门官就问：“你家主人在吗？”看门官回答说：“要是主人在，车马早就塞道了，怎么会这么冷清呢？”

《三垣笔记》

遂使成名

明崇祯时给谏张作楫为人老实、木讷，自从进兵部之后，只上过三次书，曾对人说自己不适合做言官。后来清兵入关，崇祯皇帝让他提些意见，因为他上的书中有“提兵十万逗留不前”这样的话，就让他指出姓名来。而实际上当时根本就没有提兵十万的人，他知道自己免不了要受处分了，就不顾一切地参劾总监高起潜放纵士兵祸害百姓，还替清军护送辎重，并且提到了司马杨嗣昌。崇祯非常恼火，拿着笔在他的书上不断地涂抹，涂到“皇上”二字时，也随手加上一个大叉。大家都以为他肯定要被当廷打死，谁知圣旨只是说从重议处，并没有要廷杖。一时间张作楫敢于直言的名声传遍朝廷内外，而实际上他本心并不想提什么意见。

《三垣笔记》

臣为君死

明朝崇祯皇帝和司马陈新甲秘密商定，用钱买平安，让清兵停止掠地攻城，于是同清人之间频频书信往来，崇祯一再告诫陈新甲千万不要泄露此事，谁知有一天清人突来信，陈新甲随手放在办公用的桌子上，他的仆从以为是边关来的塘报，就拿去送交给塘报官，于是内容就都泄露了。给谏方士亮知道信的内容后，便上书举劾陈新甲。崇祯大怒，立即要杀陈新甲。辅臣周延儒极力解救说：“论国法，敌军不迫近城池是不杀大司马的。”崇祯说：“现在清兵接连攻陷我七处封地，这不比迫近城池严重吗?”最终还是杀了陈新甲。

《三垣笔记》

始料未及

明朝崇祯年间，侍御高钦舜和张养被任命为两淮巡盐御史。张养办事糊涂，高钦舜则一船一船地往家运搜刮来的财物。结果被内臣杨显名参劾，都被抓了起来。笔者认为是张养的错，可是两个人都被判了死刑。行刑前，高钦舜想早一点了事，便贿赂了狱官，把他的名字往前提了提。上法场那天，突然讹传降下御旨，从张养往后所有犯人赦免，这时高钦舜已经人头落地了。后来，皇帝虽然怪罪临刑的御史，终于还是没有杀张养。

《三垣笔记》

反为人制

明崇祯时，庶常(官名)郑鄤刚进京，因为和辅臣温体仁不投机，怕温体仁会阻碍他进内阁，逢人就说温体仁的坏话，并说：“我一定要参劾温体仁。”但他这不过是想借机恐吓胁制对方罢了，其实并没有想真的参劾。温体仁知道后，就先发制人，参劾他“蔑视辅臣”，结果郑鄤被降了罪。

《三垣笔记》

宠不止疑

有一天，明崇祯皇帝在宫中看见田贵妃偷偷地弹琴，起了疑心，问贵妃在家跟谁学琴，贵妃说是跟母亲。第二天崇祯就把贵妃的母亲召进宫，和贵妃对弹，这才解除了怀疑，赏给贵妃母亲一些东西打发她回去了。以往明朝后妃的母亲是很少被皇帝宣召入宫的，除了孝宗外，就是崇祯宣过了。

《三垣笔记》

窘于数行

明崇祯时，辅臣郑以伟很喜欢读书，但不善于批答文件。有一份上疏中有“何况”二字，他误以为是人名，在送呈皇帝批阅的文稿上写道：“何况着按抚提问。”崇祯批驳修改后，他才明白。还有一次他批答文书，悬着笔无法落纸，不知写什么，辅臣周延儒等人就都笑话他。郑以伟叹口气说：“我读过了万卷书，却被几行字难住了，以至被后生晚辈看不起。”随后就辞职了，最后死在北京。

《三垣笔记》

君嫉臣德

明崇祯时，辅臣吴甡面奏皇上，请求减免楚地的赋税。他说：“老百姓长期为兵火所煎熬，已经十分穷困，即使想征收赋税也一定征不上来。倒不如对他们施以仁政，减免其赋税。这样就可以安定民心了，而安定民心则是剿除贼寇的最好办法。”随后他把意见写成奏折呈送给皇上，谁知皇上竟不肯把他的意见发布实施，原因是怕老百姓不感激皇帝而感激大臣。

《三垣笔记》

国亡犹调兵

明崇祯时，进士陈丹衷上书建议皇上调两广的土司兵来平定农民起义，崇祯召见他面谈，他说得头头是道，崇祯特别授给他一个御史的官，让他去调土司兵。回到宫里，崇祯对后妃们说：“我今天得到奇士，他可以不费朝廷一斗粮食、一两银子，就能调来兵马平定流贼。”谁知陈丹衷到了南方后，有人说土司兵不能空手就调来，即使土司兵听从皇上的调遣，恐怕也会一路骚扰，于是陈丹衷拖延着，不采取行动。直到明朝亡国了，陈丹衷还在南方“调兵”。

《三垣笔记》

慎莫为“盗”

明末，笔者（李清）刚到刑部的时候，正碰上司寇郑三俊获罪被发遣回家。笔者到他家去拜访他，问起刑部什么事情冤枉最多，郑三俊凄惨地说：“沾上盗名的最冤。像这类犯人，要想平反，能改判成秋后处决就很不容易了。”笔者吃惊地问：“这是为什么？”郑三俊说：“这些人都是东厂（明朝的特务机关）亲自抓捕的，司官不敢翻案，堂官用什么翻案！只好选一些确实无凭无据，罪行不实，值得同情的犯人，改判一个秋后处决，然后也许能慢慢加以解脱。”两人叹息了好半天。

每次东厂的差役抓到盗贼，一定对他们施加五刑，让他们攀扯富人，直到把他们榨尽，自己油水捞足了才罢手，然后才把案子送交厂里，东厂送批的报告都振振有词，要不了四天刑部的批文就下来了，再不过十天犯人便照文招供了，又不过四天犯人就被处决了。曾经有一个盗贼绑赴刑场时，长叹说：“我连贼都没有做过，怎么能冤枉我是强盗呢?”笔者劝刑部一个司官给他平反,司官连说:“不敢!要是翻了东厂的案子,哪天他们借题罗织罪名,我就死无葬身之地了。”

《三垣笔记》

以死赴私难

清兵南下,明朝皇帝崇祯召集群臣问计。兵科都谏姚思孝建议说:“清兵已经南下,只怕他们分兵窥视我京都,应该命令总监高起潜回守,而阻挡清军的重任就交给总督卢象升好了。”崇祯担心卢象升一个人很难担当阻击的重任,不同意这么办。后来清军进逼京都,卢象升率二千兵马回守,驻扎在德胜门外,入朝拜见皇上,崇祯赏赐给他银币以资鼓励,他也很激动地表示要以杀敌为己任。出朝门时,卢象升被阁臣杨嗣昌请到当值办公之处,劝他求和,他毅然地说:“我此来不能尽孝,也应该尽忠。”杨嗣昌听出是讽刺自己,便很不高兴,从此卢象升的军队有所请求,多受到阻挠。

卢象升的部下打仗也算卖力气,当然也有不少贪生怕死的。崇祯因为屡屡丢城失地,便屡屡催令卢象升出战。辅臣刘宇亮、阁臣杨嗣昌都请求前往督战,崇祯同意刘宇亮去,降了卢象升的官职,不久又削掉他尚书的职衔,改为侍郎领总督。卢象升知道得罪了杨嗣昌,会受到他的陷害,便急着要出战杀敌好立功自保。先是贾庄一役,以六千人迎敌败下阵来,总兵虎大威劝他暂时避一避清兵的锋芒,以后再作打算,卢象升不肯,于是奋勇作战而死。战败的消息报到崇祯那里,说卢象升穿着紫衣服提着双刀奋勇杀敌,现在不知道到哪儿去了。一些忌妒卢象升的人乘机造谣说他苟且偷生。经崇祯严厉追问,后来找到了尸体,脸上中了两箭,身上有三处伤。都谏徐耀叹着气对人说:“要是卢象升不死,第一个上刑场的就是他。”

《三垣笔记》

挟私杀官

明军在山东征剿农民军有功,崇祯皇帝打算论功行赏,但因为太监从中做手脚,以至奖赏过滥,引起了舆论的非议。山东总兵刘泽清便上书表示不要皇上的封赏,辅臣吴甡代皇帝写圣旨同意刘泽清的请求,圣旨降下去,免掉了刘泽清的封赏。为此刘泽清对吴甡怀恨在心。当时正赶上刘泽清派人行贿,刺探兵部奏章的事情暴露了,吴甡的同乡兵部给谏韩如愈上书参劾刘泽清,并奉皇上密旨提审犯事的那几个官员。刘泽清既惭愧又害怕,让人用重金贿赂韩如愈,被韩大大地讥讽了一顿,退回了贿金。刘怀疑是吴甡在背后指使的,便更加恼恨吴、韩二人。然而,韩确实不是能听人指使的人。后来有一次韩如愈奉命督饷,经过山东时被杀害了。杀害他的人骑着马,口称“为主帅报仇”。其实,这就是刘泽清派出的刺客。

《三垣笔记》

用心良苦

明崇祯时，孙慎行很喜欢读书。他的同乡庶常（官名）郑鄤为了巴结他，就买通了他左右的人，每回孙慎行读了些什么书，左右的人就赶紧跑去告诉郑鄤。过了几天郑鄤去拜见孙慎行时，凡慎行看过的书他就都能说得头头是道。为此孙慎行对他十分佩服，却不知道郑鄤已经偷偷读过了。

《三垣笔记》

离间计

明末清兵侵入关内，司马张凤翼请求亲自应战。在此前任命前司马梁廷栋为总督，廷栋从南来，凤翼自京城出，二人分头合击，清兵到了雄县才回头，一路上把京郊蹂躏遍了，又攻破了几十座城池。张、梁二人一直尾随其后。清兵出关前用刀把大树刮白，写上“各官免送”的字样，到处都是。张、梁二人估计等清兵走了，自己肯定会被降重罪。就每天吃大黄（泻药）好拉肚子。清兵撤出关不几天，两人也死了。

《三垣笔记》

尔虞我诈

明朝崇祯年间，孔有德的农民军包围了莱州，明军城防很坚固，但总督刘宇烈主张议和，派李宜扬去与孔有德商量。孔有德骗李宜扬到城下去请抚军谢琏出城接受安抚，尽管总兵杨某拼命阻止，谢琏还是领着郡伯（官名）朱万年出城去了。孔有德故意老远就下拜打招呼，谢琏很高兴，等走得再近一些时，孔有德派代表请谢琏屏退左右，声称有秘密的话告诉他。等卫兵一退，孔兵便一拥而上将谢琏和朱万年抓住了。朱万年骗他们说：“抓我有什么用，你们不如派精锐骑兵跟我去，把朱押到城下，朱万年立即对着杨总兵大喊：“我已经被抓住了，活不了啦，反贼精骑都在这里，赶快开炮轰击，我和他们同归于尽，也不算白死了！”杨总兵不忍心开炮，朱万年就跺着脚大喊，结果被杀了。杨总兵于是开炮猛轰，孔有德精骑死伤过半，元气大伤。

《三垣笔记》

“虎狼”之师

明弘光年间，宁南侯左良玉的军兵实际上一半就是强盗，非常淫毒，每次上老百姓家去索贿，都要用木板把人夹起来烤，肥胖的人甚至烤得脂油流到地上。对于抢来的妇女，则公然在街市上强奸，要是已经装上船了，这些妇女如果凝视岸上，对着父亲和丈夫哭泣，当时就会身首分家。朝廷的官吏对此也只敢怒不敢言，只有叹气的份儿。

《三垣笔记》

受贿纵敌

崇祯年间，清兵于正月十五入关放火，焚烧王府，载大批辎重北去。有人上书说敌人携带的东西很多，必定瞻前顾后，而且不肯死战，这时截击最有利。然而从济州到通州，当时却没有一支兵马尾追清军，更谈不上截杀了。崇祯皇帝严令各军不许放清军出关。抚军杨绳武亲披战袍，执旗站在关口上指挥，用铳向敌军开火，使得清兵徘徊不敢向前。后来却从分监内臣孙茂霖的守地上逃脱了。人们都说孙茂霖及部下都得了重贿，每放走一个清兵，清军就给他们五两银子，于是他们一炮不发而看着敌人跑了。皇上非常震怒，将孙茂霖开刀问斩了。

《三垣笔记》

花钱坐牢

明崇祯年间，司马傅宗龙因为连续上疏违逆皇上的意旨被判坐牢，一进监狱大门狱卒就开始要钱，等走到“天下太平”一门的时候，钱花光了，把门的狱卒就紧闭大门不让他进去。傅宗龙没有办法只好在门外踱了半天，一直到家人拿钱来才算进了牢房。而少司马谢启光则更不幸，因为没有钱贿赂把守的狱卒，竟被打了几巴掌，颜面扫地。刑部李清曾就此二事上奏皇上，其中有这样的话：“不知提牢官所司何事，而致令狱吏之贵，移为牢头之横。”

《三垣笔记》

买卖未成

明弘光时，侍御张孙振特别爱收贿赂。有个侍御想得到某个差事当面求他，屈下两个手指，张孙振以为是两千，就笑着答应了。第二天，那个人捧着二百两银子来找他，他忽然沉下脸大声说：“你敢贿赂朝廷命官，我要告发你！”吓得那个人扭头就跑。

《三垣笔记》

上门索贿

明崇祯时，给谏廖国遴、杨枝起每逢参加考选的人到京都时，他们都要上门先上去“拜访”，要是贿赂没有给够，他们就深夜去敲人家的门，不是说“某位当权的怪罪你”，就是说“某位言官要参劾你”，以致有的人带的钱用尽了把衣服腰带卖掉来贿赂他们。

《三垣笔记》

心中有数

明崇祯时，礼部都谏徐耀长得人高马大，一脸大胡子，气宇轩昂，司马杨嗣昌因此把他当作守边的人才推荐给皇上。一天皇上把他和侍御杨绳武召到殿前计议戍边一事，杨绳武对答如流，还在地上画出了地图加以说明，而徐耀却只平平淡淡地说了几句。同乡姚思孝，生平崇尚气节，当面指责他。徐耀等姚走后，对我(作者李清)说：“我是个书生，让我披甲拉弓，我确实没有那个能耐，没有那个能耐而不自以为有那个能耐，这就是我的能耐。”

《三垣笔记》

老三替老大赔钱

左宗棠率冲到新疆作战时，把军用

后勤运输当作头等大事。称脚夫为老大,老百姓为老二,自称老三。一次行军中,一名脚夫在路边的菜地里拔了个萝卜解渴,被老百姓扭住相互争吵,老百姓还拽住左宗棠的马,告了脚夫的状。左宗棠笑着说:“你是老二,应该尊敬老大,为了一个小小的萝卜不值得争吵,我老三替老大赔钱给你行了吧!”

《三湘人物逸事》

杨公临刑语

杨维斗是复社著名领袖。清兵大举南侵时,他隐藏在深山中,被巡逻兵抓住,遭到极其残暴的殴打和虐待。但他仍然顽强不屈,骂不绝口。逻卒撕破他的衣服,得到十二首用鲜血写成的绝命词,慷慨悲壮,志气浩然,词意仿效文天祥。临刑时,他仰天长啸,连呼大明。头已经落地,但口中呼叫的“大”字声,还可以听见。真是个刚烈的英雄!

《三借庐笔谈》

高念东给仆人搓背

高念东是明代的一位大官,他虽然身居高位,却从来不以官职欺压弱小。有一次,一位达官贵人派一个仆人前来相邀。这个仆人并不认识高念东。来到高念东住处附近时,高念东正与一群小孩子在河里洗澡。这位仆人下河洗澡,他叫高念东给他搓背,高念东也不计较。高一边搓背,他一边问道:“你知道高侍郎家在哪儿住吗?”一个小孩笑指高说:“这位就是高侍郎。”仆人大惊失色,赶忙在水中对高念东施礼,高念东也在水中答礼。

《秋灯录》

秦簪园让婚

江苏嘉定秦簪园先生为举人时,妻死,续娶某女。新婚之夜,女子悲啼不止,问其缘故,她说:“我幼时许配邻村李家的儿子,父母嫌李家贫穷,逼迫人家休婚,使我改嫁。我私念自己身易二姓,有背妇道,所以痛心悲伤。”秦听后悚然心惊,说:“怎不早说,差点让我铸成大错!”于是他退出洞房,叫仆人去找李家儿子。李子来到,他说明情况,又说:“今夜良辰,你俩可在寒舍成亲。”所有娶亲钱物,全都赠给他们。李子感激涕零,不知说什么好。三天后,新婚夫妇叩头谢恩而别。乾隆二十八年,岁在癸未,秦簪园考中进士。廷试时,大魁天下(考中状元)。

《秋灯丛话》

雄鸡腹内有小鸡

山东即墨县有户官宦人家,养了一只雄鸡。若干年后,杀鸡宴客,鸡被扔到地上后,腾翅而起;割断它的脖子,它又飞到房顶上站着。好歹抓了下来,剖开鸡肚子,发现里面有一只小鸡,羽毛丰满,与大雄鸡一样。其家后来也没什么不祥之事。

《秋灯丛话》

吕氏怀孕

清朝乾隆年间，山东福山县刘公村有吕氏妇人，怀孕多年，腹大如斗。临产之夜，烟气弥漫，异香满室。过了一会儿，烟消香尽，产妇肚子空空如也。

《秋灯丛话》

无核枇杷

清代朱竹坨与某一道士关系密切。道士的观中有两棵枇杷，枇杷熟了，常送给朱竹坨吃，全都没有核。朱竹坨就问道士为什么没有核，道士说："这枇杷树是仙种。"朱竹坨始终不相信。这位道士素来贪吃，尤其喜欢吃蒸熟的小猪。有一天，朱邀请道士，让仆人去买一只猪肘子回来，还故意让道士看见是才买回来的。过了一会儿，猪肉就做好了，烂熟甘美，道士非常高兴，就饱餐了一顿，吃完饭后他向朱竹坨询问使猪肉迅速烂熟的办法。朱竹坨说："果然有个小窍门，但要与你的枇杷种交换才行。"道士说："这很简单，只要在开花时，把花心的一根须子摘下就行了。"朱竹坨就说："然而，我的食物是昨天煮熟的。"

《秋灯丛话》

径寸珠

苏州人叶某，鉴别古董珍玩百不失一，北京有个典当铺商人以重金聘他为古玩鉴定人。一天，有人拿着一颗直径寸许的珠子来典当，要价五百两银子，叶某给了他。那人走后，叶某仔细一看，珠子是假货。于是他置备酒席，召请同仁饮宴，说明实情，并向大家借钱以偿典主，来人都慨然应允。他拿出珠子，让大家传看完了，说道："承蒙诸公惠助，留它何用！"当即砸碎了珠子。第二天，典珠者拿着原价银两来赎其珠，叶某收了银两而还给他珠子。珠子还是原物，那人瞠目无言，悻悻而去。原来叶某另外仿制了一颗珠子，特意当众击碎，让在场的人传扬于外，诱使典珠者来上当。

《秋灯丛话》

新尸搪塞

北京城里有个驴夫，驮一客人到西直门，因上厕所落在后边，等到追上时太阳已西下，客人僵卧道边，而驴则不知去向。驴夫彷徨无措，被巡城兵士抓住。兵士叫地保看守尸体，然后带着驴夫上衙门。次日早晨地方官来验尸，而尸体竟不翼而飞。官儿大怒，勒令地保限期寻到，否则治罪。地保等四处寻觅，连个尸影也没发现，害怕获罪，便在附近掘得一具新埋死尸搪塞官府。地方官再次来验尸，让驴夫识认，驴夫说："客人无胡须，而这人长着长胡子，不像。"当时围观的人很多，驴夫忽然从人群中拉出一个人，向地方官报告说："他就是骑驴的客人！"官员询问原因，客人说："小人素有癫痫病，中途突然发作，昏迷落地，半夜才醒过来，起身找驴夫不着，这就寻到此处。"官员验看所掘尸体，遍身不见伤痕，最后发现头顶贯下一根长钉，深入发际。立即叫来地保等严加审讯，才弄明实情：原来村中某恶霸，图财害命，地保等知情却未敢检举。官员逮捕了恶霸，将他依法判刑。这是乾隆丁丑年四月里发生的事。

《秋灯丛话》

偷儿破案

四川巴县陶生，少年美貌，同学称之为“小潘安”，潘安是晋时美男子。一年端午节，乡人举行龙舟竞渡等活动，陶生出城游观。偶见一位少女随其嫂嫂在树下休息，少女对陶生注目凝视良久。嫂嫂拍着少女的肩膀，开玩笑说：“那人是陶家小潘安。以你的才貌，如果与他相配，也算终生无憾了。”少女红着脸，微微一笑说：“只怕我命薄，没有福份消受。”当时人声喧哗，陶生没有听见他们说什么。

有个河道防汛兵卒，一向垂涎那位少女的美色，却无路可通。这天他正巧隐身树后，窃听姑嫂戏言，顿生奸计。于是，他假借陶生名义，乘夜去敲少女房门。少女问是何人，他说：“感念您所说‘福薄’话语，特来请您消受。”少女正在思念陶生，转侧不寐，一时忘乎所以，开门请进来人，遂缱绻成其好事。过了不久，少女嫁给邻村某姓后生。有一天，汛卒路过邻村，在道上碰见少女的丈夫，问他哪里去，答称到某地探望亲戚。汛卒估计他往返大约一百余里，晚上不能返归。夜里，汛卒跳墙进了女子夫家院内，用刀撬开房门而入。少女被惊醒，汛卒说了几句鬼话，她欣然不拒。两人交合正值高潮时，忽然听见敲门声，侧耳细听，原来是女人的丈夫回来了。女子吓得浑身颤抖，手足无措，汛卒安慰说：“别怕，开门不妨事。”女子开门，其夫刚迈腿进来，汛卒一刀砍下头，然后提着他的头，扔进邻家后园，转眼逃走了。

夫家的人抓住女子，送进官府。县官严加拷讯，她终于口吐实情。官府将陶生逮捕审讯，陶生茫然不知所对。县官对他屡屡严刑拷打，他痛楚难熬，只好违心招认。只是被害者脑袋未获，难以定案，县官又对陶生朝夕刑讯。陶生实在不胜毒刑，哀求狱卒说：“反正都要死，不如快些死了倒好。谁能代我找到人头，我给他一百两银子。”狱卒感到为难，却又眼馋这一大笔钱，便跟老婆商量。老婆说：“我弟弟刚死，埋在城外，你去拿他的头来顶上，白花花的一百两银子，岂不是自家囊中之物吗?”狱卒随即乘夜打开小舅子的棺材，砍下人头，另埋别外，将埋头地点告诉给陶生。县官再审讯时，陶生便按照狱卒所说的地方回答，县官派人去挖，果然得到“被害者”之首，此案遂定。

汛卒听到消息，心中偷着高兴，在酒店里痛饮一场，回家对老婆说：“你知道有件奇闻吗？我杀了人却判陶生死罪，天公地道在哪里呀！”恰巧一个小偷从他家窗外经过，听到汛卒的话，立即直奔县衙，击鼓称冤，并向县官详说其故。县官逮捕汛卒，汛卒俯首认罪。又问人头何处去了，答称：“扔进邻家后园。”捕邻人到案，邻人供称：“那天早晨起身到后园，发现了一颗人头，怕受连累，偷偷埋到郊外了。”衙役押着邻人前去掘人头，验证不误。县官问陶生供称的人头来自何处，陶说是狱卒帮忙弄到的。县官捕来狱卒一问，才知道是他小舅子的脑袋，于是将汛卒、狱卒都投进监牢，释放陶生，重赏偷儿。

《秋灯丛话》

邵公神奇断案

清朝雍正中年，河南某富翁因年老无子，以其婿经理家政，所有财产都交他掌管，女婿俨然以嗣子自居。后来，富翁的婢女生了个儿子，他可怜孩子小，又怕女婿生异心，不敢说是自己的儿子，打算等孩子长大后再分家产。不久，富翁暴病身亡，女婿撵走婢女母子。婢女向官府投诉，女婿买通亲戚，大家都做假证说孩子不是死者亲生儿子。如此打了几年官司，婢女自知敌不过女婿，儿子这时已长大，于是含愤到外地讨饭，经常抚摸着儿子流泪，悲动路人。

一天，母子俩行乞至河北清苑县，有人问明缘故，对他们说：“我们县知事邵老爷是个大青天，你们为什么不去告状？”后来邵公出行，妇人哭诉车前，邵详细询问后说：“你说的情况好像属实，可以投上状子。”好心人便怂恿妇人递上状子。邵请总督李公处理，李公认为事涉外省，不好越俎代庖，邵说：“您只管主持，泾渭可立即判明。”邵回衙门，提出狱中大盗，让他指称河南那个富翁家为窝主。安排妥当，发出公文，将富翁女婿抓来，开堂审讯，女婿大呼冤枉。大盗说：“你岳父发家，全靠我们，你家房屋多少、门窗朝哪开，我们也都了如指掌。现在你坐享其成，却让我们坐大牢吗？”女婿惶迫诉苦说：“岳父生前所作所为，我确实不知道。况且我是女婿，而不是他儿子。他那儿子不成材，长年漂泊在外，我不过暂时代他看守门户罢了。”邵公说：“他真有儿子的话，你是否还能认得出来？”女婿答称“能认出来”。邵公命令将富翁儿子带上来，女婿大叫道：“他就是岳父的亲生儿子！”邵公冷笑道：“既然儿子是真的，为什么不把家产给人家？”女婿俯首认罪，积案当场完结。李总督闻讯后赞叹说：“真是个好官！”于是推荐邵公升任通州知州。

《秋灯丛话》

瓜园藏尸

安徽歙县吴某，到外地做买卖，其妻许氏在家独住，相貌佳丽。园里结了个大瓜，有合抱大小，邻居们感到惊奇，报告官府。县官起了疑心，叫人从瓜秧下挖掘，结果掘出一具死尸，面貌如生，众人吵嚷说：“他是许氏的丈夫呀！”县官审问许氏，许口吐实情：因跟邻家某人通奸，丈夫夜里归来发觉，遂与奸夫合谋杀之。奸夫背着尸体要扔进河里，一时迷路，仍背回埋进园里，已经过了十多年了。

《秋灯丛话》

沉香木烧饭

山东登州府有位官僚，家产甚多。

后来子孙贫困，将祖传花梨紫檀木制成的精美器物毁掉，做劈柴烧饭。有人劝告他们可用此类器物换柴禾，他们认为可耻。

有人某日到邻村饮酒，忽闻异香扑鼻，寻到某已故官僚家，发现香气从灶中冒出，原来这家是以沉香木为柴火煮饭。询问原因，那家人说是祖宗留下此物很多，都长二尺左右，每逢柴草不够，便取而烧之。还剩下一块，那人用几捆柴禾将它换回。

史称西晋富豪官僚石崇家中以蜡代薪，看来不足为奇！

《秋灯丛话》

还金得金

山东掖县财主张某，祖父是个穷人，以浇菜园糊口。偶然在路上拾到一只皮囊，打开一看，里面全是金子，心知是人遗失之物，坐下等候。过了一会儿，有个人号呼而来，一问，正是失主，当即取囊还给他。失主感谢万分，想厚给金钱，张老汉坚决不要。恰巧张妻来送饭，听了这事，说："这东西我常听人说起，只是没看到它的模样。"失主解囊给她看，她笑道："原来这就是金子呀！"叫失主拿走，转身对丈夫说："我以前在野外挖野菜，看见一个土坑内满满登登有千百块，都是刚才那位客人囊中的东西。"张老汉到那坑里一看，果然不差，于是跟妻子把它们抬了回来，由此成为富家。

《秋灯丛话》

世庙斗坛灯

清朝顺治初年，北京刘某好收买旧物。一天，他到崇文门外，见一位老妇求卖一种铁制品，样式像碗，而形制也很古雅，重约一斤。刘某贱价买下，却不明白此为何物。路上遇到一位书生，看见此物便问道："这是前朝宫禁中的东西，你从哪里得来？"刘某心知有异，谎称："我本来知道。你不妨说说，看看咱们见解有什么不同。"书生说："明世宗嘉靖皇帝好道教，经常步斗礼坛，法坛点着四十九盏灯，灯盏全是金质而涂之以漆。这便是其中之一。"刘某回家将其熔化后，果然不错，于是找到那位老妇说："还有那种铁玩艺儿吗？我愿意全买下。"老妇将刘引到屋后，土坑内堆积累累，全是铁灯盏，刘全部买归。

《秋灯丛话》

婢作夫人

知府邱恩荣，湖北黄冈人。其家贫寒，其貌不扬。小时候与黄氏女儿订亲，不久女父嫌弃他，女儿出嫁时换上婢女充当新娘。婢女不敢冒充到底，晚上在洞房口吐实情。邱笑道："嘉礼已成，红绳系在我俩脚上了。你是婢女，又有什么关系！"于是成了亲密无间的一对夫妇。事后不久，邱考中秀才，乾隆庚午科考中举人，辛未科考中进士，历任官职，做到衡州知府。夫人生了四个儿子，都长大成才。黄女另嫁财主陈氏之子，陈子好吃喝嫖赌，没过几年便荡尽田产，黄女悔恨上吊而死。

《秋灯丛话》

半载不罄非丈夫

安徽有个富翁，家产不计其数，而他吝啬异常，坐无宾，厨无肉，破衣粗食，生活之苦连寒士也不能忍受。他儿子喜好挥霍，父在不敢放肆，父死后有人开玩笑问他："你爹的遗产，你能守住十年吗？"儿子挥动胳膊起身说："那些东西半年不弄它个干干净净，我就不是男子汉大丈夫！"他生性好客，经常有百余人到家聚宴，即使这样心意仍不满足，让仆人在路边等车，无论识与不识者都拦住，邀请到家入席。一日无客或者客人少了，他就郁郁不乐。夜里听着歌声才能入睡，一会儿就醒来折腾。每晚请戏班演剧，通宵达旦，听厌了就换新来的；唱得好的演员，虽然隔数百里，也一定千方百计地弄来，千金不惜。听人说有"撒金"抛扬，霞彩缤纷，金光夺目，乐得他狂喜称快。每天中午必定外出游逛，车上载有白银无数，抛到旷野里，看到男女老少你争我抢，他乐得哈哈大笑。其他挥金如土之事，都如此类。不到半年，他的家便穷得一无所有了！

《秋灯丛话》

半半斋

清初，江苏巡抚陈公视察所辖地方，偶见一药房匾额题曰"半半斋"，不解其意，即令衙役将药房主人带回来。陈回到官署，公务繁忙，一时无暇询问。过了一天，陈派人叫来那个药房主人，只见他镣铐加身，步履蹒跚。陈令左右除去镣铐，问他匾名所取是何含义。他回答说："不过是取半积阴功半济贫之义而已。"陈听后笑了笑，当即释放了他。他刚被逮捕时，衙役以为巡抚大人侦知他有什么罪行，所以对他凌逼百端；他本人也疑心是被冤家对头构陷遭逮，所以竭力出钱周旋官府内外。待到从狱中出来，其微薄家产已倾荡殆尽了。陈公听说有关情况，不觉大悔，赔偿了他的损失，并经常向人举此事以为戒。

《秋灯丛话》

严公喜占卜

明朝大学士严讷，谥文靖。他任尚书时，偶患小病，请其子同榜登科者某人前来诊断。那人凌晨到府，直等到天近中午，才看见尚书先生由两个丫环左右扶持，倒行而出，走到门坎，又转身而入。那人十分惊讶，却未敢询问。诊毕要开药方，家人递上一张红纸，严某面露怒容，其子连忙换上一张白纸，他才神色如常。不大一会儿，屋内有吵架叫骂声传出，渐近客厅，两个仆妇扭打到严讷面前，互相揪抓撕扯了好长时间才散开。而严老先生漠然视之，仿佛什么也没看见，家中上下也没有一个人对打架者呵止劝阻。来人对此又倍感惊骇，莫名其妙。等到老先生进屋后，追问其子，才知端详。原来严先生喜好占卜那一套，有关吉凶祸福一类的讲究和忌讳很多。凡起居动静种种琐事，必定推算一番而后行。这天“喜神在午”，所以他一定要等到午时方肯出来；往外走又嫌与喜神所在位相背，所以又必须倒行以迎着喜神；而且这天“日支在酉，红柬属火，有克治之象”，故用白笺，取相合之义。至于奴婢之无所畏惧，则是由于严先生一向“宽宏大量”所养成的。

过了几年，严讷得一“金瓯之卜”，命令奴婢备办酒席十余桌，却没请来一个客人。家人让他下令去请客人，他说：“客人已经在这里了。”于是遍置矮几，罗列美酒佳肴，叫所有仆人入坐。仆人们一时不知他葫芦里卖的什么药，个个惶恐，不敢近前，他硬要大家入坐，仆人们才硬着头皮吃喝，吃喝结束，严讷板起面孔说：“你们这班东西平日骄纵惯了，向来不守家里礼法，我总是以宽宏大度置之不问。但是今非昔比，倘若恶习不改，定罚不饶！能听此约束者留下，否则听其自便，我不强留。”众仆人以为主人向来宽厚好对付，都胡乱答应了一气，不久，众仆故态复萌，严讷立加惩治，毫不宽容，此后凛凛然无人敢犯其威。

《秋灯丛话》

假鬼吓师被击

某读书人教授学生，经常坚持无鬼论，学生们大都不同意，予以非难。一天深夜，这位先生偶然回书馆有事，于朦胧月色中看见一个头戴方巾身穿道袍的人，脸上好像搽着白粉，眉额间染满点点鲜血，躲在门旁站着。他不以为意。等到睡觉时，门外又有个东西，细看宛如刚才所见到的怪物。先生且惊且疑，疾步入内走到床前，又见到同一个怪物，不禁失声叫道：“难道真有鬼呀！”顺手拿起一方砚台打了过去，正中其额，轰然仆地。先生喊来书童，点起蜡烛瞧看，见那怪物头额迸裂，仔细一瞧，原来是他的一个生徒。学生们因老师坚持无鬼论过于固执，便让三个人装扮成模样相似的鬼怪，分立三处吓唬老师，不料一“鬼”丧命。事情闹到官府，官府对先生以“过失杀人”罪论定刑罚。

《秋灯丛话》

抛　白

明朝末年，沧州一带大道上经常有少妇月夜独行，作迷路状，或者在路边哀哀啼泣，假称是新守寡的人，碰上孤身旅客路过，她们便乘机引诱上钩。如果中了圈套，与女子亲热，当即便有手持棍棒的强徒窜出，连吓带诈，软硬兼施，上当者必尽丧其资财而后已。这种害人勾当，叫作“抛白”。山东福山县有个姓杜的商人，前往北京贸易，戴月早行，在沧州大道边上看见一个身穿孝服的艳丽少妇掩袖悲泣，问她哭什么，她说：“丈夫刚死，妾身无所依靠，所以悲伤难过。”杜某以言挑逗她，她也不拒绝。杜某便下马，想跟她亲热，突然跑过来几个男的，厉声大喝：“何处狂徒，胆敢诱拐良家妇女！”吵吵嚷嚷，扬言要抓杜到官府。杜某自认晦气，倾囊奉献，好歹脱身。

杜某到京后，向亲友借贷，经营一

年多,颇有所获。他出高价买了一匹骏马,朝夕驰骋,人问其故,他也不予回答。将近年末,他乘马东返,又夜过其地,远远看见一个妇女徘徊于月光之下,问她到哪里去,答称“迷路了”。杜某近前细看,恰巧正是当初遇到的那位悲泣少妇。杜某乘其不备,一把将她抓上马背,拥在怀里,策马急驰。等到众棍徒窜出来时,他已经快马加鞭奔腾十余里以外了,棍徒们没有追上。途中,杜某详细询问少妇的姓氏等情况,才知道原来是她丈夫让她打扮成那样以行骗局,近年来过路旅客受害者不胜枚举。少妇也对自己被迫抛头露面做“人饵”的营生感到羞耻,愿意跟杜走。杜回山东后即纳她为妾,不再北上了。

《秋灯丛话》

作法自毙

福建崇安人陈又昂,善于为人写状子打官司。当地有个姓邱的烟贩子与寡妇通奸,打算休了妻子,再娶那寡妇。他找陈商量,陈不同意,他又以百两白银为诱饵,陈即拟以诬称邱妻与人有奸情,为邱出谋画策。邱妻向来贞洁自爱,所以邱某也觉得为难。陈说:“欲加之罪,何患无辞! 夜里,有来买大烟而醉者,引诱他上钩,事情就好办了。”夜里,果然有人来买大烟,邱开门迎进,那人醉卧于地,邱乘机杀了他。当时邱妻听见动静,从门缝偷看,见邱将持刀而入,吓得返身从后门越墙而逃。邱寻找妻子不见,跑去找陈商量,陈说:“赶快回家把尸体埋起来再想妙策。”邱某请他帮忙,陈随邱到现场,一看就惊叫起来:“啊呀,是我的儿子呀!”邱也惊愕无措。陈说:“这是老天爷来惩罚我呀,还能怨谁!”两人抬着死尸偷偷埋掉了。邱妻告到官府,县官逮捕了他们,审明情由,即判处邱某死刑,又比照故杀子孙刑律判了陈某的罪。

《秋灯丛话》

奇侠

江南通判方鸣夏,爱好棋艺。康熙初年,他应湖北布政使伍格之聘入幕佐理,偶尔到武昌城外走访老友,碰到一位外地客人正跟其友下棋。客人布局非常高明,方鸣夏问他姓氏,回答说姓王;又跟他交谈,客人谈吐很风雅。于是方与客人倾心结交,把他请到官署。客人行装华美,而对人恭恭敬敬,诚恳实在,好像一位书生,看样子再无别的本事,人们也就没有对他注意。

有一天,衙署外面发生了火灾,王客跟着大家跑出去看,只见大火蔓延到某监司家屋,火势凶猛,监司的两个儿子被困在楼上,无法出来。监司向着众人大声号叫道:“谁能救出我的儿子,我酬谢千两金银!”王听后,耸身一跃,直入楼内,敏捷好似雄鹰,转瞬间即背着两个孩子飞落下来。监司狂喜至极,忙致谢意说:“承蒙您大恩大德,已经救了我的儿子。楼上箱子里还有一张部照,是将来任职的官券,不知能否再给出力走一趟?”王又腾身跃上高楼,冒着滚滚烈焰飞身而出,带下好几个箱子。在他腾身上楼时,人们只看见一匹白马往来冲突于烈焰中；等到他最后飞出时，楼房已经化为灰烬，而王则神色自若仿佛没有发生什么似的。大家这才知道他是个奇人，争先恐后地求他传述其神术。王说：“武昌城东数里之外，洪山脚下有座宝通寺，深广宏丽，幽静可人，诸位是否愿意请客招待我一回？我当借机略示薄技。”大家都说愿意。

伍格亲自操持此事，择了个黄道吉日，在宝通寺内外立下帐幕，宾朋一时毕集。宴会进行了挺长时间，王从袖子里取了两颗铅丸，对大家说：“诸位要看这个吗？”顺手将铅丸抛向空中，接着便有两道白光，各长一丈有余，上下盘旋，矫若游龙，而寒气侵人，谁也不敢睁眼直视。忽听天崩地塌般轰然巨响，墙壁房屋震动，睁眼看时，只见殿东南角一株数围粗大的银杏树已经截然中断了。众人相顾惊愕，白光突然消失，而王也随即无影无踪。留下白纸一张，上面写着：“与方公交半载，囊中物留以志别。”把他留下的“囊中物”算了一下，总计约值数千贯之多。

《秋灯丛话》

盗贼改行

青州有个盗贼，偶得骏马一匹，日行五百余里，经常骑着它夜出行动，凌晨即返，人们谁也未曾察觉。某夜，这个强盗半路上碰到一个老人，骑着牛慢慢走，牛背上有只布囊，看起来沉甸甸的。他当即大喝一声：“站住！留下囊中物再走。”老人不动声色，斜眼瞅了瞅他，说道：“暂且赠给你吧。”顺手扔过布囊。强盗得意非常，快鞭疾驰而归。到了家门口，却见那位老人已在那里等着哩！强盗大吃一惊，慌忙请老人进家，摆列好酒好菜招待。老人吃喝自如，旁若无人。强盗跪下叩头请罪说：“原物俱在。老先生是忠厚长者，恳望不要将此丑事传扬四方，只是我的马并不慢，而老先生的牛为什么更如此迅速呢？”老人哑然失笑，说：“路上相逢时，我的牛已走过六百多里了，因为稍稍疲乏，所以比你先到仅仅数刻罢了，怎能说是迅速呢！”强盗听罢此言，不禁心惊胆战，从此洗手不干了。

《秋灯丛话》

技不可恃

山东福山县人安某，善行走，日行可达五百余里，人们称他为“飞星”。他从来未曾买过鞋，某日外出碰见一位农夫在耕地，鞋放在地头上，即取而穿之，农夫追得气喘汗流也没追上。又有一天，安某走在通往青州的大道上，看见一双新鞋放在地头，他脚上的鞋恰巧破了，于是从容换了新鞋而去。回头看那农夫正赶着牛慢慢在耕田，好像没注意自己。走了好几里，忽听身后风声飒飒，刚刚回头，耕者转眼追到，骂道：“好小子，穿我的鞋，想上哪里呀？”安某吓坏了，脱下鞋跪着捧上，耕者伸脚让他给穿上，笑道：“我从前干过这勾当，曾被人揍过，你不自量，也作此伎俩吗？”安某常说这事给人听，可见特异技能确实不可仗恃。

《秋灯丛话》

奇　侠

于七受诲

山东栖霞人于七，明末聚众横行村邑，谁也不敢碰。有富户郑某，为儿子娶媳妇才三天，于七即率众前往贺喜，郑某勉强设宴款待，而全家上下惊慌失措。新媳妇觉得奇怪，询问原因，婆婆告诉了她。她说："这事好办，我能叫他捣不了乱！"家人厉声阻止，她不听，找机会出内室到客厅，客客气气地对于七说："久闻阁下大名，今日幸得相遇，想跟您玩玩拳脚。"于七嘻嘻哈哈说："行。"随即命令一个健儿与她角斗。新妇捷如飞鸟，转瞬间健儿败下场来。于七又选了厉害的上场，旋即亦败。于七气得七窍生烟，挽着袖子站起来，跳出席间，与新妇交手才几个来回，猛然跌倒在地。于七惊问新妇姓氏，新妇说："我是赵某之女。"于七听了，耷拉着脑袋谢罪说："我真是有眼无珠！请饶恕，请饶恕我！"爬起身来立即率众踉跄而逃，此后一直不敢经过那个村庄。原来那位新媳妇的父亲是于七的师父。(于七于清顺治五年起义，一度降清，任栖霞把总。顺治十八年复率旧部反清，与前来围剿的清军在锯齿山激战至次年，突围而出，不知去向。)

《秋灯丛话》

左耳独缺

平番县(今甘肃永登县)知事有一位仆人，体貌魁伟，而左耳独缺，仿佛被刀削去似的。人问其故，他不回答。其人性情很温驯，言行谨慎，从不与人计较，谁冒犯了他，他总是退避三舍，逊让谢罪。某日，他随主人莅任，路遇强盗，来势凶猛，众仆星散，他挺身而出，奋勇直前，纵横挥击，连毙数人，其余强盗皆抱头鼠窜。主人大为惊骇，询问他哪来如此高超武艺，他垂头丧气地说："咳，我当年也是绿林豪客。曾啸聚党羽，纵横郊野。一天，半路上碰到一位老叟，带着一幼童，各跨一匹骡子，皮囊沉甸甸的——里面肯定都是金银财宝。我心里十分羡慕，只是路上行人太多，无法下手，便尾随其后，同宿于旅店。半夜，派一人侦察老叟动静，久去不返；又派一个人去，也不返。我心里疑惑，持刀亲往。只见老叟房间的门开了个缝儿，里面灯光荧荧如豆，童子已经酣睡在床，老叟低头静坐。我刚要往里闯，老叟忽然伸掌向外，突然有一线白光从掌中冲出，转眼飞到眼前，寒彻肌髓，我急忙闪身逃避，只觉得左耳痛不可忍，一摸则斩然如削——耳朵没了！吓得我心惊肉跳，逃奔躲避，从此洗心革面，改恶从善。"

《秋灯丛话》

妻瞽不弃

山东文登知县刘元锡，祖籍山西。小时候与某姓女孩订婚，后来女孩双目失明。女方家长请求脱离婚姻关系，刘元锡坚决不同意，说："妻子失明我就抛弃了她，如果我失明又将如何？"岳父又想陪送美色婢女，刘拒绝说："娶妻为的是延续后代，能生儿育女即可，相貌丑俊不必说。"终于迎娶如礼，然后请医生治疗，妻子一目复明。刘终身不置妾，与妻子和睦相处，亲密无间。他历任显贵官职，做官直到济南知府，妻生三个儿子，都成人了。

《秋灯丛话》

因跪建桥

青浦县城东门外二十四里有个湖塘，水上从来没有桥。只有一渡船，有个姓张的卖豆腐的人，闲下来时就驾船摆渡。每过两三年，船就坏了。于是他就常到富人家请求帮助修船。有个姓方的富人，因为姓张的来的次数多了，很是厌烦。一次，正值酷暑，姓方的对姓张的说："你如果能在烈日下跪三天，我就自己出资建座石桥。"旁边还有个人说道："如果你能跪，我就用伞给你遮阳。"姓张的答应了，他按日子跪了三天，那个人果然就站在旁边给他张伞。姓方的没有食言。于是就建了一座石桥。

《明斋小识》

姐教弟

清人陈藕香小时候父亲就去世了，他体态漂亮潇洒，每次走到街上，就有妇女说宁可做陈藕香的妾，也不愿做别人的妻。少年时期，陈藕香常有轻佻举动。他母亲性格懦弱，管不住他，所以他姐就对他严加管束，从来不放松。他姐姐在家里的楼上凿了一个小孔，有客人来了，就先从小孔里看一看，如果不是什么好人，就不放进来。他姐姐又做了一套红布衣裤，趁他熟睡时偷偷地给他换上，他十分羞惭，于是就不再出门见人，只在家中学习八股文，过了一年又到学校继续学习。

《明斋小识》

认犬为父

松江地方有个富翁，以刻薄著称。他死的时候，正巧邻居家的母狗下了小崽，这个邻居小心地在狗崽肚子上的毛上边剪出了那个富翁的名字并涂了颜色，然后告诉别人说，富翁托生在某某里了。这话渐渐地传入了富翁儿子的耳中，他为了洗刷耻辱，就把那只狗崽子买了回来，每天给它喂好东西吃。后来，狗肚子上的毛掉了，又长出了新毛，原来的名字也就没有了，富翁的儿子这才明白是受了别人的愚弄，但是，他认犬为父已经有好几个月了。

《明斋小识》

庸医治病

青浦县东关一个姓吴的人的妻子，偶发寒热之病，请来医生诊治。医生说，这是受了暑热，于是按暑热诊治，但是没能治好。于是又换了一个医生，这医生说是湿病，是受了风寒，就又给她治湿治风寒，但仍没治好。这样缠绵病榻四五个月，病人的四肢渐渐地肿了，肚子也渐渐地大了起来，内衣穿不下，于是又有医生说是血气不合，体虚，应当进补，但进补后，肿仍不消退。后来，凡是城中懂医道的，都请来过，但都是束手无策，没办法，只好请来了专治鼓胀之症的医生。这位医生一看，就说道：“这是鼓胀，这么长时间都让庸医给耽误了，应当给她吃泻药。”依这个医生说的去做后，病人仍不见好。过了十来天，肚子又开始痛了起来，于是又找来前边那位医生，他又说是发痧了。这天晚上，病人生下了一个孩子，人们这才知道原来她是怀孕了。由于乱投医，时攻时补，致使母子都没能保住性命。

《明斋小识》

模仿上吊

青浦县和尚泾附近有个姓吴的人，他妻子因为一点小事和人吵嘴，乘人不注意上了吊。死者丈夫的姐姐赶来相救，没有救活。县令来验尸的时候，看到绳子那么长而房子那么低，感到惊讶，说上吊者不应当马上就死，于是就追问谁是来救的人。有人告诉说是死者的大姑姐，县令就让她模仿上吊的样子。死者的大姑姐头一勒到绳子上，嘴里就吐出了白沫，没气了，急忙解下来后，过了一刻就死了。县令一看，踉踉跄跄地走了，别的什么事也不追问了。

《明斋小识》

割阳劝夫

清人褚望亭在青浦县令任上时，有一个渔妇对她丈夫在外边乱找相好的很恼火，劝骂他都不听，于是就趁他睡觉时把他的生殖器割了下来。邻近船上的人得知此事，就向官府告发了此事，并用草捆着她丈夫的生殖器呈到大堂之上，褚县令一看，不觉大叫了一声：“好大的阳具呀！”堂上的人哄堂大笑。那个被割了生殖器的人后来竟然没有什么事，只有声音与以前不同了。

《明斋小识》

厚葬蟋蟀

清人朱素堂先生曾经养了一只蟋蟀，这只蟋蟀腿长背宽，名叫“白麻头”，在斗场上所向无敌。等到这蟋蟀死了的时候，朱氏用银子给它打了一口棺材安葬它，为它焚烧锡锭，还写了诗文祭奠它。一连几天，朱氏都闷闷不乐。

《明斋小识》

夹底棺材

青浦县角镇，某人专门做棺材出卖，他卖的棺材比别家店铺的都厚，而价钱却便宜，所以买的人很多，此人因此而发家了。嘉庆十五年春天，有人揭穿了他的鬼招。原来，他用上下两层薄板，板约三分厚，中间夹藏碎木头，做棺材板，做好后就涂上漆，所以很少有人能看出来。事情败露后，在同行中引起了公愤，想要告他。这人怕了，俯首帖耳，表示要痛改前非，于是就罚他请戏班到城隍庙演戏。

《明斋小识》

儿逆被责

清人褚望亭的父亲，家教最为严

格，褚望亭任青浦县知县时，他父亲对他还时常棍棒相加。有一天，褚望亭惹得他父亲发火了，他父亲便到处找打人的柳条，正在这时，大堂上的鼓被人敲响了，响得很急，于是褚望亭就上堂叫来告状者讯问，原来是手下的差役状告儿子忤逆不孝。褚望亭一听，生气地说："你有儿子却管教不好，来烦我干什么？"于是抽出一枝令签，让人重打了告状者一顿。第二天，褚望亭有些后悔了，于是就赏给了告状者一些钱物。

《明斋小识》

拔花种菜

某官员的父亲生性俭啬，家里的房屋从来也不修理装饰。后来，儿子把他接到官署中奉养，老屋就请亲戚看守。这位亲戚喜爱并擅长种植花草，房前屋后种满了紫荆、玉兰、牡丹、芍药之类，五彩斑斓。屋檐前还种了一架葡萄，长得尤其好，在本地很是有名。过了几年，那官员的父亲回来了，大为不满，就把它们全砍拔干净了，改种了蔬菜。那样漂亮的房舍刹那间变成了豆棚瓜圃。那位亲戚皱着眉头，认为这真是大煞风景，但又无可奈何。

《明斋小识》

鄙陋秀才

清人陈燕公晚年特别贪吃，人们都恨他总吃别人的东西，自己却从来不做东，于是就硬逼他请吃一顿。实在没有办法了，他只好答应请人家吃饭。请客那天，陈燕公家中到晚上还很杂乱，其实他根本就没有准备饭菜，因为他私下早就和夫人约好了，让夫人突然和自己口角，拾些破碗摔碎了。于是客人们都陆续离去了。过了几天，大伙又凑到一起等着陈燕公请客，但这次到的人不多。等到一更时分，陈燕公才慢慢地说："客人来得太少了，今晚先对付着用粥来充饥，等明天再尽兴地吃一顿如何？"客人们一听，又忍着饿离去了。而他每次去赴宴，都要怀揣着一些鱼肉果子糕饼之类回来，为了多装东西，还总带着一条口袋，悬挂在栅栏上。有一天晚上，他的口袋装得太满了，从栅栏的缝中拿不出去。这时，客人们都起身了，陈燕公急坏了，却又无计可施，最后只好由仆人帮他拿出来。又有一次，他喝醉了酒，倒在地上，只见他频频地用脚招呼人。仆人以为他的脚受伤了，却不知道这是因为他的衣袖里藏着蟹腿。当时，太平桥有个姓葛的，卖的熟食最干净最精美，陈燕公就经常到人家的店铺去，寒暄以后，就拿起人家卖的野味，闻一闻，又舔一舔，然后才拱手作别。

《明斋小识》

以假充真

有个姓蒋的船工，妻子被人拐走了，他到处寻访，都不见踪影。后来得知是被一个有钱有势的人家藏起来了，就想去索要，又怕是以卵击石，不会有什么结果。于是，每逢县官出入，他都要拦住轿子告状，衙门里他更是常去，但一直没有结果。后来新官温公上任，姓蒋的又像以前一样纠缠不休，于是新官严令缉捕。过了几天，差役押来了一个女的，说是姓蒋的妻子，要他认领。姓蒋的一看，说："这不是我妻子，我妻子不像她这么丑。"说完后又再请求继续寻找。新官说："你们夫妻离散这么长时间了，前任杨某在这里呆了八年，连个影子都没找到，我刚上任就找到了，假的不是也可以聊以塞责吗？你先回去吧，等我再缉捕。"后来到底也没有找到。

《明斋小识》

戒　赌

以前在赌场遇到一位客人，兴致极高，自称有赌博的秘诀，掷一下就是上百万的输赢，昼夜连续赌也不会疲倦。有人看见他中指从中间断掉了，像是刀切的，于是就探问是怎么回事，那位客人说："这是当初戒赌的时候剁掉的。"听者不觉哑然失笑。

《明斋小识》

改名作官

清人王畹香，在乾隆五十四年会试中高中了，后来在殿试中又名列第二等。后来，在选派新进士做官时，侯王大臣嫌王畹香这个名字别扭，就把他排除在外没有任用。王畹香得知后，连忙把名字改为王廷兰，结果被派任某县的知县。

《明斋小识》

老妇再嫁

有一个老妇人为她的小孙子娶媳妇，自己的心忽然也动了起来。有了再嫁的念头。正好邻居有个年轻人艳羡她有很多财产，就托媒人说合娶了老妇人，算起来老妇人比她的丈夫大五十一岁。

《明斋小识》

应试丧命

娄县人秦伦叙擅长作八股文，写出的文章比他弟弟秦珠崖还要高一筹。乾隆五十四年，他去应试，因为人多太拥挤，他的肋骨被挤折了，回到家中就去世了，文人学士们都为他惋惜。

《明斋小识》

拒贿罢官

清人邹霞轩在通州做小官，此地木商汇集，他们常向邹霞轩行贿，想让他给自己行方便，都遭到了邹的拒绝。有一天，又有一个木商碰了壁，赌气就与守门的人吵了起来。邹霞轩听到吵闹声，就叫人把那个木商打了一顿。那商人受不了这口气，于是就上告。当时的知府邹炳泰一向不庇护手下的官吏，他听信了商人的诬告，竟把邹霞轩罢了官。

《明斋小识》

剖鱼获尸

上海东门外，有条大鱼游到岸边，到午后退潮时，那鱼搁浅在岸上，被一个渔民抓到了。那条鱼嘴大肚子更大，肚子里吞下了一个人，但那人的两只脚却从嘴里露出来。那渔民怕尸体拿出来后就会使鱼的重量减轻，于是就把那两脚截掉，然后把鱼卖了。买鱼的人回去剖开鱼肚，发现了尸体，只见面部已经溃烂，于是就要买口棺材把他埋了。殓尸时，那人发现尸体腰上带了许多银子，可怜尸体肢体不全，就用草扎了两只脚，然后把尸体埋了，剩余的很多银两，也就由他享用了。那个渔民听说此事，深悔自己贪心太大，以致于失去了那么多银子。

《明斋小识》

兄弟异称

清人沈调元善于经营，晚年成为南翔地方的富户，钱粮堆积如山，人们都争先恐后地对他献媚讨好。沈调元有个哥哥，性情放荡，不循规矩，家里穷得连口粮都没有多少，因而经常受到别人的奚落。有一次，在友人的宴会上，在座的人差不多都跟沈调元亲近，连声不断地称他为“调翁”，而对他哥哥却只称“某老”。于是，他哥哥放下杯子，长叹一声说：“弟弟被称为‘翁’，做哥哥的想要被称为‘兄’却不能够。看来当年苏秦说，人生在世富贵禄位不可忽略，是一点也不假啊！”在坐的人听了，都涨红了脸，变得不自在起来。

《明斋小识》

两糕易妇

清乾隆二十年大饥荒，人们没什么吃的，遗弃妻子儿女好像扔掉破烂的鞋子。有人用三斗米买来一个媳妇，结婚才半个月，二人就一同饿死了。南门有个姓吴的，以剃头为业，还勉强可以度日。一天，他正在吃糕，有个邻居看见了就向他要，姓吴的说：“把你老婆给我，我就给你糕。”那个邻居想到自己的老婆已经骨瘦如柴了，就是卖掉也卖不了几个钱，并且自己也瘦弱不堪，无力帮她找寻买主，自己如果得到糕还可以多活几天，而老婆跟了姓吴的，或许一辈子就不会再挨饿了，于是就答应了。最后，姓吴的用两块糕就换来了邻居的老婆。

《明斋小识》

康公审案

清人康杰很有吏才，曾平反了不少冤案。一天，他审一个赌博案，抓来的人很多，他命令参加赌博的人跪在东边，没参加赌博的人跪在西边。两边都跪好了，他对参加赌博的人说：“你们犯法，但是姑且看在你们老实的份上，今天就饶了你们，如果再犯，决不饶恕！”接着，他又向跪在西边的人说：“你们没参加赌博，可为什么要到赌场去呢？那里既不是办公事的地方，也不是游览的地方。你们犯了禁令，到了公堂之上，还要把戏骗人,这怎么能够饶恕呢!"

又有一次,康公审一起乡下人斗殴的案子,双方都有伤,凶器是一把镰刀,但双方都说凶器是对方的。这时,康公说道:"斗殴是常有的事,邻里之间应当和睦相处,我特地为你们讲和,以后别再找事打架了,镰刀割稻子时必须要用,拿回去吧。"康公又各自教育了他们几句,就叫他们出去了。其中一个人拣起镰刀走了出去,康公一看,连忙叫回那人,对他说:"镰刀是你的,你怎么能抵赖呢!"于是责罚了他一顿。

《明斋小识》

误　抖

清人王毓琦参加乡试后,重阳节这天晚上,报喜的人来了,船就停在东门,于是人们都传说王毓琦考中了,都上门来道喜。王毓琦也听说自己考中了,他在桃竹枝所编的席子上激动得浑身发抖,见人来了,才趿拉着鞋出来见客,一举一动都失了常态。过了一会儿,得知考中的不是自己,而是另外一个人,王毓琦这才停止了发抖。

《明斋小识》

赌徒画家

清人纡青擅长写生,他画的写生画达到了神妙的境地。他画画儿从不用打稿,只是随手挥洒,就经常能与古人匠心相通。只是他这人有个毛病,特别爱赌博,但又常输。人们想要得到他的画,就一定要等到他输光了的时候,这时候只要给他钱,他就会答应卖画。如果不是在这个时候,即使是给他万两黄金买画,他也会连看都不看一眼的。

《明斋小识》

忍　死

青浦人庄泖客在嘉庆十六年染上了疟疾,到冬天病危。除夕傍晚,他让儿子们挂起陈忠裕公的画像,自己起身叩拜后,焚香沐浴然后就死过去了。一会儿,他又苏醒过来,说道:"我已经六十九岁了,现在是酉、戌相交之时,再忍耐几个时辰就可以说活到七十岁了,我的体力还可以支持,为什么这就去了呢!"果然,他一直"忍"到第二天早上天快亮的时候才溘然长逝。

《明斋小识》

以足作手

在苏州玄妙观外,有一个人没有手臂,肩部以外像刀削的一样平,他不断地向围观的人要钱。那人用脚代替手,他把一只皮球悬在梁上,用左脚挟弓,右脚拿箭,连发连中。他又表演纫针,针像头发一样细,针眼几乎分辨不出来,而他用两个脚趾头拈着线,一穿而过。这时,他头发蓬乱,于是把两脚伸到头上,梳理完后,又盘成发髻。总之,他双脚的屈伸运动完全自如。

《明斋小识》

爱好做媒

爱好作媒

有位徐老头爱好作媒，凡是人家生下了儿女，他都要私下打听清楚降生时间，然后记到本子上，等到男孩子长到快二十岁，女孩子快到十六岁时，就暗中挑出门当户对的，先给他们配好对儿，然后再到两家去说合，经他说合成婚的夫妻有很多。

《明斋小识》

近视眼

清人朱修庐是个近视眼，傍晚时分他到县城西边赵氏的家中，赵氏新买了一口棺材，竖立在门边上。朱修庐把它看成是开着的门了，就误走了进去，东摸西摸找不着出口，心里一慌，脚就乱了，结果一下子把棺材踩倒了。他大声喊人相救，四邻都来了，这才把他扶了出来。

《明斋小识》

夜读扰邻

清人张子白被请到千山周氏家中做教书先生，教授余暇，他就专心学习八股文，准备科举考试。经常哼哼呀呀，通宵达旦，闹得四邻都无法入睡。有个姓靳的邻居对周氏说："自从您家里请来了张先生，连夜间看门护院的狗都可以不养了。"

《明斋小识》

进士娶盲女

宋代华阴县有位士人姓吕，中了进士，他先前定过婚，未婚妻后来却因病而失明。他中举归来后，女家因女儿失明便要退掉亲事。吕不许，便娶了这位盲女子。后来，生了五个儿子都中了进士。

《庶斋老学丛谈》

齿痕判案

临安人郎某，曾任东阳县令。一次，一个妇女和他的丈夫来告状，说有一位富家子弟要强奸她，她坚决不从，于是被咬伤乳头。郎县令派人传来那位富家子弟，那人坚决否认说："决无此事。"郎县令便拿来三个炊饼，让他们三人咬，然后对其齿痕，原来竟是这个女子的丈夫所为，他们串通好了，诬告那位富家子弟。于是，郎县令便杖打这夫妇两人，赶了出去。人们都服其明断。

《庶斋老学丛谈》

滕瑞降官

南宋孝宗乾道八年天申节，光州(今潢川县)知州滕瑞上书孝宗皇帝，说他亲自书写了"圣寿万岁"四个大字，约二丈余，用绢装裱奉献给皇上。孝宗说："滕瑞不修地方政治，以此谄媚于上，特降官一级。"

《庶斋老学丛谈》

莫欺穷秀才

宋时乔孔山，东阳人，未举进士时，是一个穷秀才，每夜以四五文钱买一点油装在小油瓶里，藏于青布衣袖之中，归来后燃灯读书。本县有个押司姓周，戏要欺侮他，故意碰他的衣袖，油污了衣服。

后来乔孔山进士及第，不到十年，当了浙东帅。本县知县即上呈，请求限几日内将周押司送到帅府。周押司以为自己必死无疑，最轻也要黥面刺配。呈文到，却未见批复，再呈，仍不见批复。一个月后，乔孔山命将周押司带到申府，问周："押司近来无恙吗？"周吓得如筛糠，连乞饶命。乔孔山指着自己的座位说："此座穷秀才都有份来坐，今后休要欺凌穷秀才！"然后送他一千贯，给他压惊，把他放了。周押司感恩不尽而去。

《庶斋老学丛谈》

安住旧宅

楚昭辅因病而退休，宋太宗问他府宅情况，得知他的府宅低湿狭窄，便传旨为他扩建。昭辅启奏，恐如此会侵害邻居之地，太宗深为嘉许，又赐银万两，为他在别处另买大宅，但昭辅始终未换府宅。

《庶斋老学丛谈》

不贪藏宝

薛居正的府宅在汴京昭德坊。居正之父薛仁谦仕于后周，为太子宾客，后退休。仁谦随唐庄宗入汴时，其宅为李宾所得，后来仁谦又得到这座宅子。有人告诉他，李宾曾密藏金帛于宅后，仁谦让李宾家属将所藏的财宝统统起走后方才迁入。

《庶斋老学丛谈》

妒妇恶娠

明时，金陵有位先生叫做黄一鹏，膝下无子。黄先生的夫人是个醋坛子。因夫人不会生育，黄先生为生子纳了一妾，果然怀孕。黄夫人怕失宠，等孩子生下来后，她偷偷让一个穷女人把婴儿扔到大道上。楚人周逢泰，从湖北到金陵做生意，五更天时经过大道，望见前面有一团红光，近前一看，是个婴儿，觉得很奇怪，便抱回住处，求人为婴儿找个乳母，谁知找的乳母恰好是那个扔婴儿的妇女。这位乳母经常勒索周家。周先生渐渐无法满足她的要求，只好辞了她。

这个婴儿就是后来明末的名士黄圃庵。

《甲申朝事小纪》

少年吴三桂

吴三桂，辽东铁岭人，曾任明朝山海关总兵，后降清。吴三桂年轻时，相貌奇伟，勇略过人，长于骑射，好打猎，为他的舅舅祖大寿所器重。大寿镇守宁远卫时，用他做了中军统领，这时他才二十岁。在此后一年间，部下兵强马壮，每战必胜。

一天，吴三桂的父亲，参将吴襄领着五百骑兵巡逻途中遭遇了清军大队人马，被围住了。吴三桂哭求大寿派兵救援，大寿说：“我是守卫边关的大臣，身负重任，怎能轻举妄动，万一失利，我怎么担得起责任啊！”吴三桂知道不能强求，就自己领着二十名家丁，骑马冲进了重围，一箭把清红旗王子射落马下，上前正要砍下首级，被王子砍中鼻梁，血流不止。吴三桂撕下一块红旗包上脸，找到父亲，大喊一声：“跟我来！”领着五百骑兵拼命杀出了重围。回到宁远，吴襄对大寿说：“要不是我儿子，我们可能就再也见不着面了。”大寿十分高兴，把美女陈沅赏给了吴三桂。

《甲申朝事小纪》

黄高之争

明末，福王登基，黄得功晋升为侯爵，与高杰等分别镇守江北。高杰得到扬州，史可法担心高杰难于控制，于是迁黄得功到仪征，听登莱总兵黄蜚的将令。黄得功和黄蜚认同宗，他带领三百人前往高邮迎接黄蜚。高杰素来忌恨黄得功，于是在途中埋伏精兵截击他。黄得功行军到土桥，刚要作饭，这时伏兵四起。黄得功举鞭上马，箭像雨一样飞射过来，黄得功的马跌倒了。他又腾身骑上别的马逃走了。不久黄得功回到仪征，打算致高杰于死地，史可法令曲从直制止他。后来高杰死在睢州，他的妻子却还留在扬州，黄得功打算偷袭，卢九德劝止了他。其后黄得功被迁移镇守庐州了。

《甲申朝事小纪》

张献忠报恩

张献忠年少从军，隶属总兵王威，有一次犯了奸淫抢掠的罪应当斩首。被陈洪范全力救出，张献忠的党羽十七人都被斩首，而只有他被鞭打一百免于一死，逃到关中造起反来。张献忠天性凶狠狡黠，然而他感激陈洪范的救命之恩，每顿饭都要为陈祈祷。屡次跟他的部下说话都称“陈总兵”。还刻了陈洪范的像来供奉。后来他得知官军中有个陈将军，高兴地说：“这可能就是我的恩人吧？”经刺探后得知的确是，他就准备了美女、姜珠、文币去进见，说：“从前我张献忠承您一句话免于一死，您的大恩至今未及报答，您难道忘了这事？现在在此地相遇，乃是天意啊，献忠愿率部下投降，随马足为您效力。”张献忠投降后，由于熊文灿控制失宜，他又叛变离去。

《甲申朝事小纪》

朝官喧争

崇祯十七年五月丁未，吏部尚书张慎言上疏推荐前大学士吴甡、吏部尚书郑三俊，又分条议论曾经投降农民军后来又跑回来的大臣，斟酌他们的任用方法。隔了两天，早朝完毕，诚意伯刘孔昭在朝廷上招呼九卿科道，骂张慎言说：“举朝应该把全副精神用来雪耻除凶，防河防江，而你却今日讲推荐官员，明日讲升官，结党行私，实是奸臣误国。”御史王孙蕃责问刘孔昭说：“先帝裁减操江都御史，归属于提督操江，也未见做什么事业。”文武官员喧哗争吵，声音响彻殿宇。第二天，又各自补充上疏检举。张慎言乞求辞官回家，皇帝不允。

《甲申朝事小纪》

恶闻警报

明末，马士英以阁臣兼管兵部。大概想兵权全部归自己掌握吧。然而他却粉饰太平，厌恶听到警报。但迫于公议，就调各镇兵马入京守卫。所以左良玉由援剿总兵调，方国安由湖广总兵调，黄得功由淮阴总兵调。调遣的兵马还未聚集，清军却已经到了，最终也没有军队防御。有一天，是马士英的六十大寿。他上疏请了十天假，准备斋饭以祭奠先帝，因而招摇四方，文武百官竞相致贺，有的贡献珍奇，有的进献子女，举国若狂达一个多月。这时虽然清军已逼近江口，却谁也不敢报给马士英知道。终于导致弘光皇帝仓猝出逃，马士英也奉太后逃往浙中。

《甲申朝事小纪》

玩忽职守

明末，玛瑙山战役，张献忠的妻子敖氏、高氏被官军俘获，阁部杨嗣昌把她们囚禁在襄阳的监狱之中，和张献忠的部下潘独鳌以及先前抓获的敖氏的兄长及其养子关在一起。襄阳太守王承曾，年少轻佻简慢，每晚按簿点名，因爱敖氏和高氏的艳丽，便假借询问农民军的情况，与两人谈笑，十分欢洽。狱中很多吏卒与农民军相通，所以潘独鳌等人在狱中可以不戴枷锁，随便喝酒吃肉，来往行动不被禁止，防备十分松弛。杨嗣昌知道张献忠行踪飘忽，因此常常写信警告王承曾，而王却笑道：“这里岂能飞得出去？”不多时，张献忠攻破了襄阳，潘独鳌毁坏了牢狱的门，带着敖氏和高氏逃走了。

《甲申朝事小纪》

不认结发妻

弘光皇帝从前被封为德昌郡王，继娶的第三个妻子童氏，生下儿子夭亡了。洛阳陷落后，与王失散。等到他登基为帝时，巡按御史陈潜夫上奏皇上王妃还在。皇上却不问。童氏亲自到了巡抚越其杰的住所，仔细陈述了事情的本末。广昌伯刘良佐用仪仗卫队送王妃到都城。皇上大怒，命下到镇抚司拷问。王妃在狱中，详细写下了自己入宫的时间和与皇上失散的情景。请冯可宗替她转达，皇上却不看。刘泽清的妻子也有《上士英夫人书》营救童氏。马士英劝皇上迎童氏入宫，皇上不听，告诉刘良佐说：“妖女童氏，冒认我的结发妻子，命屈尚忠施加酷刑。”王妃在狱中咒骂，南都失陷后，王妃也不知所终了。

《甲申朝事小纪》

献妻求生

明末，有个赵吏部，是楚地人，不知

其姓名，进士出身，连续在文选司任职。李闯王入京后想要逃跑，然而刚开始把守十分严密。有个农民军将领，也是楚地人，与赵家的住所相邻，赵吏部与他的妻子商量，他考虑两人不能一起逃走，不如让妻子归依农民军将领，而自己可以赖以出城逃走。他的妻子听从了他。于是他就把自己的妻子赠给了农民军将领，并且和妻子一起同那人饮酒。那人感激他，正好有事出城，于是让赵吏部夹杂在兵卒之间逃走了。赵吏部逃走后，农民军将领又娶了一个妇人。不久，李闯王兵败，农民军将领逃走了，两个妇人一起上吊而死。赵吏部到了南京，被任用为吏部侍郎。

《甲申朝事小纪》

掠淫妇女

明末，投降农民军的太监，从宫中出来，都说李自成虽为农民的首领，然而农民军中却总有二十多人互相抗衡不相上下，凡事都是众人共同谋划。李自成入宫之后，集合诸宫的美女，每个农民将领分了三十个。农民军刚刚入城时，严禁杀戮，然而几日后就奸淫掳掠无所不至了。明朝官员有归顺农民军的，他们的妻妾都不能免于难，他们开始后悔怨恨想要逃走。总计农民军入城人数达十多万。掠淫扫女十分残暴。在安福胡同，一夜之间妇女死的数目就达三百七十多人。只有那些死难诸臣的家眷，农民军不敢侵犯。

《甲申朝事小纪》

谎称天启皇后

明末宦官魏忠贤把持国政时，进献自己的养女任氏给皇帝，被立为贵妃。李自成入京时，天启皇帝、皇后都自杀而死了。等到农民军闯入宫中时，任氏假称“我是天启皇后”，农民军不敢侵犯她。不久，她流落到民间，嫁给一个卖浆者做了小妾，民间盛传此人为天启皇后。这时宫监王永寿已削发为僧，听到此事，前往看望说：“这是任贵妃。”任贵妃斜视永寿，因惭愧而脸红了，闭上眼眼装出好像没有看见、没有听见一样。王永寿最终也没敢再说什么话。

《甲申朝事小纪》

典守自盗

顺治十八年正月中旬，新任吴县县令任维初进入常平仓，从每石粮食中出七升三合，每个粮仓考虑它米数的多少来斛量出入。等到兑换粮食时，就令贮粮在此粮仓的各户各出粮食赔偿，总计他得粮三千多石，交给县总兵吴行之卖出。

《甲申朝事小纪》

平分秋色

明末，李自成的军队入京后，各自肆意掳掠，全无纪律，李闯王有时禁止他们，他们就说：“皇帝让你做，金银妇女难道也不给我们这些人吗？”

《甲申朝事小纪》

自杀者莫如口

明末,郑鄤在被贬官削籍十四年之后,又复官入京。在他刚入京都时,拜见了首辅温体仁。温体仁问:“南方现在在议论什么?”郑鄤说:“人们说国家现在急需人才,然而却不见朝廷任用人才。”温体仁说:“不是朝廷不用人才,而是天下无人才可用。”郑鄤说:“只有任用人才,人才才能出现,如果不用人才,人才就藏匿起来了。现在防卫边界扫荡贼寇十分紧急,如果能像萧何赏识韩信、宗泽赏识岳飞一样任用人才,还担心什么不能成功呢?”温体仁假装致谢,但暗想这个人锋芒如刃,日后必定检举弹劾他,动摇他的相位,因此暗想作掉郑鄤。刚过一个月,温体仁就以诱惑父亲被剃为僧,迫使父亲杖责母亲的罪名检举郑鄤。皇帝令将其下交刑部严加审问。后温体仁以重金买通奸人许曦诬陷郑鄤奸媳致死。原来,韩不捷以郑鄤为师,两人交情最厚。不捷的女儿二岁,与郑鄤三岁的次子订婚。后来,不捷夫妇去世了,韩女就成为郑家的童养媳。一年后病死,当时只有十二岁。这是亲朋周知的事。温体仁诬陷郑鄤奸媳,始终找不到证据。后来皇帝也想释放他。温体仁又指使许曦等编造淫秽歌词,让宦官送给皇帝看,皇上这才一怒而不可挽回。崇祯十二年八月,郑鄤受磔刑而死。死前,他告诉儿子说:“世间杀人没有比得上才能的,人们自杀没有比得上口的。”

《甲申朝事小纪》

献忠屠戮

张献忠屠戳,真是千古未闻。他在四川时,在大顺三年复检各种卫军及各营新兵,年龄在十五岁以上的都杀掉。各路总计所杀卫军达七十五万还多,家口不计。新兵被杀的二十三万六千有余,家口被杀的达三十二万。从成都北凤山起,至南门桐子园,绵亘七十多里,尸首堆积像山岳。

《甲申朝事小纪》

整饬内部

大顺三年,张献忠又打算向北行军进入陕西,不喜欢他的部下太多了,曾说:“当初我在草泽起兵,跟随者只有五百人,然而却所向无敌。今日跟随的人日益增多了,前年出兵汉中却被贺珍打败,不是因为将领习于富贵不舍性命,就是因为士兵在所贪恋怀有二心,我想只留起事时的旧人,就是家口多的人也要淘汰,那就人人轻便,所得无阻了。”汪兆麟上前说:“恐怕士兵先知道就要发生骚乱怎么办,不如先立法责罚他们,各路将军都督等多设侦察的人,来监督营伍,如有在一起说话和犯小过错的人,都用法来处置他们并连坐,像这样就杀人有名,毫无察觉了。”密议已定下,诸营却还不知道,较量射箭酗酒,纵情赌搏,嬉笑怒骂,一如平常。侦察的人到了就收捕整治他们,自己服罪,还要连坐他们的家人,这一天被杀的达十多万人。于是人人恐惧慑服,没有敢说一句话的。侦察的人抓不到人，就在夜间越墙钻壁，进入别人家中伏在檐溜下和床第帏幕间偷听，只要有笑语，就跳出抓住并连坐其家人。

《甲申朝事小纪》

凶残王之纲

明末，弘光皇帝登基，重用阮大铖、马士英等人，朝政混乱。左良玉以清君侧为名举兵，驻扎在楚地。楚地百姓多受其苦。左属下有个叫王之纲的人，在武昌县尤为残忍。他喜好以人为粮，把剥光衣服的人悬绑在树干上，灌入滚沸的热水洗净人的肠胃，然后烧煮。王之纲别号“扛子”，百姓只要听到他的名字，就都吓得魂飞魄散了。楚地绅士不能逃离的，都出子女财帛，他们用来侍奉镇将的方法多种多样，只希望能免于祸事。王要起拔时，把他们四肢张开都绑在军营中，或夹在两扇门里，王之纲令强健的士兵上去踩压，索取贿赂。贿赂没有全部交入，其人已被折断肋骨拉断骨骼了。祝世英、樊维城诸君子，因居住在他的地方都死了。从前，江抚示祥与王之纲曾结为兄弟，大军出发后，刘宗祥被他掠去千余万资财，又被杀掉，连尸首都找不到。

《甲申朝事小纪》

献忠娈童

张献忠有个娈童，名叫二孩子，十八岁，武艺绝伦，曾经与靖南侯黄得功交过战。黄得功出战，二孩子箭中其手，黄得功几乎败下阵来，黄得功大怒，最后用伏兵擒住了他。黄得功爱他勇武，想令他投降，侯笑着说：“我听说献贼每夜枕卧在你腹上，也不能抚慰你，何不赶快投降？”二孩子坚决不答应，最后绝食而死。

《甲申朝事小纪》

神医陈士庆

张献忠军中有一名医生名叫陈士庆，是农民军攻取邓州（今河南邓县）时抓来的。

张献忠攻克武昌时，把楚王宫中的一个叫做“老脚”的婢女占为己有，十分宠爱。有一天，张献忠呼唤“老脚”她没有马上去，张献忠很生气，亲自提着刀去杀她。刀从婢女的胸部刺进去，然后划到腹部，豁出一个几寸长的大口子，五脏六腑一下子涌出来，流到地上。张献忠不一会儿又后悔了，把陈士庆喊来对他说：“我本来是要杀你的，你总说自己有仙术能够治病。现在你要把她治好了，我就免你一死。”陈士庆说：“哪里有肺肠都流出来还能活的呢？不过我不敢违抗大王您的命令，只有慢慢想办法治好她了。”陈士庆让人抬来一扇木板门，把“老脚”放到上面，然后把肝肠都塞回她的肚子里去，用线把刀口缝上，再敷上药。过了一天，“老脚”开始呻吟；又过了一天，“老脚”会要东西吃了；第三天在木板门上坐了起来。再过三天，她又陪伴在张献忠的身旁了，张献忠十分惊奇。

张献忠手下有一员爱将白某，打仗

的时候被明军的炮火击中小腿，忍着痛跑了回来，快要死了。陈士庆先在白某伤口上敷药止痛，然后锯掉了一寸左右的胫骨。又杀掉一条狗，取下狗脚上相同长的一段骨头来，接在白将军小腿上敷好药。观察了三天后，白将军又冲杀上阵，砍下了开炮打伤他的明军士兵的脑袋。

张献忠攻破长沙后，让人搭起一个高台，叫陈士庆登上去。陈士庆不肯登，张献忠便说："不登，我就杀了你！"然后命令几十万士兵手持弓箭围着台子，逼着陈士庆爬到台子顶上。这时，张献忠高呼一声"老神仙"，士兵们也跟着喊"老神仙"，声音如雷，震撼山谷。从此以后，在义军中只称呼陈士庆"老神仙"，没人知道他的姓名，他自己也不对别人说。

《甲申朝事小纪》

天子巧艺

明熹宗擅长手工制作，在宫里常常自己造房子，手里拿着斧锯凿削，引绳度木，运斤成风。做成的东西，连能工巧匠都赶不上。他又喜欢油漆，是手中用的器具，都自己亲自油漆。熹宗性子又急，只要想做，早上做晚上就想干完。做成后觉得好的，喜欢不了多长时间就扔了，扔完又做，从不感到厌倦。他还从不喜欢成品，不在乎会不会改坏，都要改一改，无非图一时快活。当他手拿工具施展本领，赤膊上阵时，不是一向喜欢的侍臣，不能偷看。有时有紧要大事，就让奏事的人站在一旁，他一边干自己的活，一边侧耳听奏章，待奏完就吩咐说："你们用心去办吧，我已经知道了。"每当干到得意处，不仅会忘了吃饭，冷热也浑然不觉，专心致志到这种程度。

《甲申朝事小纪》

驸马罚跪

荣昌公主是明神宗的嫡长女，光宗的嫡姐，招杨春元为驸马。公主十分骄悍，动不动就跟驸马翻脸，驸马为此气愤不平。一天驸马一甩袖子跑回家去了，公主告到皇帝那里去。神宗很生气，要重重地处罚内官和外官，认为他们不善于调解。太监陈矩进言说："这本是闺阁中的事情，却迁罪到满朝，传播远近，实在不好听。只为驸马不辞而别，派人把他召回来就行了。"等驸马回来后，神宗罚他在国子监孔子牌位面前跪下行礼陪不是，公主又与驸马和好如初了。

《甲申朝事小纪》

赌城成谶

明神宗时，宫中不知怎么兴起了一种料城的游戏。在十几步开外的地方，画一个方形的城，再在城中画一斜一正两个"十"字分作八个小城。玩赌的人写上十两、五两、三两银子，各占一个小城。做桩的人用银豆、金钱、八宝等东西来投掷，落到禁城里，就把各小城下注的钱收来。落到小城里，投的钱就被占小城的人收走。玩到戊午年，辽宁的抚顺、开原丢失了。

《甲申朝事小纪》

谁家天下

明崇祯帝一天与陈皇后一起看封官的名单。看到陈文庄的名字时，皇后用手指着说："这是我家探花呀!"崇祯不高兴了，说："既然是你家的翰林，就别想做我家的大学士!"皇后赶紧说了一些别的事情来化解。

《甲申朝事小纪》

之信消愁

尚之信，清平南王尚可喜的长子，历来受娇纵，因为不受父亲喜爱，便酗酒嗜杀，多为不法。深宫静夜，无法解酒，便用佩刀刺侍者，即使是自己宠爱的也不顾惜。又喜欢养狗，专门修了狗舍。每次出行必定浩浩荡荡，堵塞交通，老百姓都躲着。之信曾生一个养狗人的气，便命令左右割他的肉喂狗，直到割尽为止。他父亲的宫监来传命，他看见宫监的肚子大，就说："这里面肯定有奇宝。"说完就用刀剖其肚子而死。

《甲申朝事小纪》

杀人喂狗

明末张献忠攻破荆州后，召惠府几十名乐妓陪酒。其中有一个叫琼枝的，色艺出众，张献忠让她唱歌，琼枝坚持不从，说："我虽然卑贱，但不会唱歌为你这样的反贼劝酒。"张献忠用刀威逼她，她说："你的本领不过如此，我不怕死，你还能把我怎么样!"。张献忠把她剁成碎块喂狗。

《甲申朝事小纪》

养猫为导

明朝宫廷里设有猫房，并派几位皇帝身边的侍从专门看养。这些猫都有名姓，公的叫做什么"小厮"，母的叫做什么"丫头"，骟了的叫做什么"老爹"。皇帝喜欢的还封有官爵，随内宫关领赏给。明初，皇帝养猫的目的，是怕深宫之内子孙不懂男女同房之事，耽误了传宗接代的大事，让他们看见公猫、母猫相互追逐，诱发他们的情欲。另外还有鸽子房，主要也是这个意思。

《甲申朝事小纪》

《寓圃杂记》

［明］王　锜

《今言》

［明］郑　晓

《菽圃杂记》

［明］陆　容

《戒庵老人漫笔》

［明］李　诩

《苏谈》

［明］杨循吉

《松窗梦语》

［明］张　瀚

《玉堂丛语》

［明］焦　竑

《梅花草堂集》

［明］张大复

《典故纪闻》

［明］余继登

《舌华录》

［明］曹　臣

《蓬窗类记》

［明］黄　暐

《昨非庵日纂》

［明］郑　瑄

《剪胜野闻》

［明］徐祯卿

《草木子》

［明］叶子奇

《七修类稿》

［明］郎　瑛

《啸亭续录》

［清］昭　梿

捐银促亲

王玉润长于诗文，乐意在别人为难时帮助他们，自己从不向旁人说起。有张陈两家，张家儿子和陈家女儿订了婚。刚订婚时，这两家富裕程度相当，没过几年就都衰败了，一家无力娶，一家无力嫁。男方的父亲一天恳求王玉润到女方家商量结婚的日子。王玉润到了女方家后，女方的父亲一直低着头，不知怎样说才好。王玉润追问了好几次，他才慢慢说："要是能有二十两银子，马上就能把女儿嫁过去，否则，确实不能办事。"王玉润连连点头称是。回来后估计男方绝对拿不出，他就自己拿了两锭银子送到女方家，让他们准备嫁妆，但却没有泄露一个字，自己和女方商定了婚期。到了那一天，婚礼如期举行，男方家以为是女方家什么也没要，女方家以为银子是男方家出的，谁也不知道真情，两家很和好。

《寓圃杂记》

云林洁癖

倪云林的洁癖，自古以来不曾有过。晚年他搬到光福一家姓徐的家中居住。一天，倪云林和姓徐的一同游览西崦山，偶然喝了一口七宝泉的水，喜爱这里的泉水味道甘美，姓徐的就让人每天给他担两担水，前边一桶用来喝，后边一桶用来洗澡。姓徐的这一家离七宝泉五里远，徐家的人每天担水长达半年多，一点也不厌倦。一次，倪云林外出归来，姓徐的前去看望，羡慕倪云林的清秘阁，说了半天好话，倪云林才让他进去。姓徐的偶然吐了一口唾沫，倪云林马上让仆人绕过阁子去找有唾液的地方，仆人没找到，倪云林就自己去找，在一株梧桐树的根下找到了唾液，于是就让仆人抬来清水，不停地清洗大树，姓徐的非常惭愧，走了。

《寓圃杂记》

虚荣者戒

金陵人张允怀在苏、杭一带靠画梅花四处结交权贵。他为人好装饰打扮，虽然出门在外，也一定把各种器具带全。一天晚上，张允怀顺江而下，当时风平浪静，明月当空。他让船停泊在金山脚下，拿出酒壶酒杯自斟自饮，喝得半醉，吹起洞箫自娱自乐，这一切都被强盗看到了。到了深夜，强盗在江上把张允怀杀死，把所有的酒器都拿走了，仔细一看，都是铜器，只是在表面涂了一层金。

《寓圃杂记》

宣中书不爱财

明嘉定人（今四川乐山）宣嗣宗，为人性情温和，志趣高雅，淡于名利。开始任中书舍人，后来升官作礼部郎中，又任知制诰。一天，宣宗到文渊阁巡察，很高兴，把银钱扔在地上，让各随从官员争着捡，手急眼快的，捡得就多，宣嗣宗等别人都捡完了，慢慢地拿了一文。宣宗看着他说："这个秀才不爱财呀!”便赏给他许多钱。

《寓圃杂记》

题诗退金

明初,吴纳任御史。一次巡察贵州回来时,贵州都指挥使司、布政使司、按察使司派人携带一百两黄金追到夔府(今四川奉节)送给他。吴纳没有起封,在上面题了首诗,把金子退了回去。诗是这样写的:

萧萧行李向东还,
要过前途最险滩。
若有赃私并土物,
任他沉在碧波间。

《寓圃杂记》

节俭皇帝

黄门官蒋性中说他侍奉英宗皇帝快十年了,在皇帝驾前常常可以看到两个引路的银钓炉,钓炉被香烟熏得漆黑,始终也不换一个。

《寓圃杂记》

杨士奇不受馈赠

明正统年间,辅政大臣杨士奇自江西回朝廷,所经过的地方的馈送,一律不接受,耿九畴当时为淮扬盐运使,送四个鸡翅膀,一盘茄子,杨士奇接受了,并跟他携手而行。

《寓圃杂记》

含李驱巫

北京的平民百姓,多信女巫。有个武人陈五,讨厌家人笃信女巫,又说服不了。一天,他把一颗青青的李子含在口里,骗家里人说:“长了一个疮,肿得太厉害,很疼。”于是他不吃饭,躺了一整天。他的妻子很着急,召来女巫治疗。女巫降下神来,说陈五得的是疔疮,因为他从来不敬神,所以神也不救他。家里人跪在那里向她恳求,她这才答应了。陈五假装呻吟得厉害,对家人说:“必须请神师进来看我、救我才行。”女巫进去,陈五把李子吐出来,让女巫看。又拽住女巫,大打其耳光,推出门外。从此家里人不再迷信女巫了。

《寓圃杂记》

度可容人

杨翥任翰林院修撰时,住在京师。一天,邻居中的一家丢了鸡,点着杨姓大骂。家人告诉杨翥,杨翥说:“街坊中又不是我一家姓杨。”

《寓圃杂记》

盛颙焚债

无锡人盛颙从都堂的职位上辞官回到故居。在自己家一间屋子里,盛颙看见用铁链锁着几个人,把他们叫出来一问,原来都是他的邻居。盛颙又问:“你们几个为什么这样呀?”邻居告诉他说:“因为欠了债还不起利息。”盛颙说:

“竟有这种事！”于是让他们出来，给他们酒喝。他又急忙把儿孙们叫来，让他们把账簿和借据拿来。儿孙们有点不明白，盛颙说：“我要亲自看一遍，好把它交给官府。”于是儿孙们把账簿和借据都拿来了。盛颙当着众人的面，把账簿、借据烧了，说：“对不起你们几个了，希望不要责怪，麻烦你们几个在父老乡亲中传个话，从今以后再也不要账了。”

《寓圃杂记》

狱中蓄猫

太仓人（今江苏太仓）陆盏昭，为人很富于同情心，做了三十年刑官。他第一次到监狱巡视时，看见重囚犯脖子上、手上、脚上都戴着木枷，仰卧在床上，一动也不能动。晚上被老鼠啮咬，流血不止，很是怜悯他们。于是买了几只猫分别放在各狱中，老鼠的危害一下子消除了，很多囚犯都感动得哭了。从此监狱中就有了养猫的习惯。

《寓圃杂记》

宽以待人

松江人董用和在京城时，住的地方和于谦的住所隔街相对。董用和生了一个儿子，亲戚朋友送来贺礼，他定了一个日子准备请客，请帖已提前送出。到了那一天，猪也杀了，羊也宰了，酒宴也安排好了，忽然听说于谦的母亲死了，在家里举行丧礼。董用和说：“于公有丧事，而我家请客，这是不懂人情啊！”就停止了宴会，并派人告诉各位客人，请他们改天再来，人们都感到很惊奇。另有一天，董用和与在一起做官的叶盛退朝回来，并排骑着马慢慢地走。当时正是暑天，又赶上中午，董用和越走越慢，叶盛受不了，说：“你怎么不把马赶快点？”董用和问：“你热吗？”叶盛说：“我热。”董用和说：“你和我热，难道马就不热吗？”到底没用鞭子赶马。

《寓圃杂记》

风尘出侠女

京城有个妓女，名叫高三，从小就很漂亮。昌平侯杨俊见到后，很满意，就和她亲近起来。她当时还是处女，杨俊到北边守卫边疆，一去好几年，高三发誓不再接客。明天顺元年，石亨妒忌杨俊，说杨俊在明英宗困于土木堡时坐视不救，犯了不忠的罪，朝廷下令将他在市上斩首。行刑那天，杨俊的亲朋好友，过去的部下，没有一个人到场。只有高三一个人去了，身穿孝服，哭得很伤心。等行刑完了，高三用舌头舔净尸体上的血，又用丝线把身首缝在一起，买了一口棺材，把杨俊盛殓起来，接着就上吊自杀了。

《寓圃杂记》

王琦饥寒而死

王琦，字文珽，仁和人，考中进士，授汝州学正，升监察御史，以学问、品行老成出名。任山西按察佥事时，管理学校，风气大变。改任四川，不想去，请求退休，回到家乡，才五十岁。王琦以清介自持，当官时从不走后门。平生不置产业。家里很穷，遇到灾年，有早饭没晚饭，冬天下雪，每天僵卧不出门。有人送给他钱物，不是老朋友的不接受。即使是老朋友的，几次之后也要拒绝。邻居对他说："掌权的官员们很尊重你，你说一句话什么都有了，何必这样自讨苦吃？"王琦说："我要的是于心无愧。虽然又饥又寒，我也感到快乐。"天顺年间，竟因饥寒死了。杭州太守胡浚听说了，对他进行吊唁，并让杭州学校的乡贤祠祭他。

《菽圃杂记》

姚少师途遇县丞

明人姚广孝，官至太子少师。有一次，他独自出外散步，未带一个随从。这时有一县丞路经这里，小卒们在前吆喝着开道而来，姚少师也不避开。县丞发怒，就把姚少师抓住，用鞭子抽打他。而姚少师也不自报姓名，县丞就拽住姚少师让他跟在队伍后面走。这时路上行人有认识姚少师的，就说："这是姚少师呀！""县丞听罢，大惊失色，伏在地上请罪。姚少师缓缓地说："暂且送我到郡衙里再说。"第二天，姚少师对县丞说："你是秀才当官，不识世事。一位野人行路，何至于用鞭子抽打呢？我昨天的做法，只是与你开玩笑罢了。"竟然没有再追究他。

《苏谈》

府衙失火

明代，苏州府衙失火，所有文卷全都付之一炬。造成火灾的是一个小官吏。火熄后，况太守来到废墟上，把那个小吏喊来，喝令痛杖一百，然后让他回家。接着紧急上奏，把所有的罪责都揽到自己身上，一点不牵连别人。开始时，那个小吏以为自己这次必死无疑，况太守叹道："这是太守的事情，小吏怎么能担当得了呢？"后来，此事只罚了况太守的一些俸禄而已。

《苏谈》

杨稷文过饰非

明代，大学士杨士奇的儿子杨稷恶贯满盈，同官的王直把情况告诉了杨士奇。杨士奇于是请假回家乡替父母扫墓，实际是为了教育儿子。杨稷探知消息后，在杨士奇歇脚的每个驿站都安插了亲信，称誉自己，最后又扬言说："人家是妒忌杨士奇功名盛大，所以诽谤杨稷。"杨稷又亲自到几百里外迎接父亲，穿戴朴素的毡帽油靴，行为简朴，话语不多，循规蹈矩，家里除了图书，不再有其他什么家具。杨士奇于是怀疑王直确实在嫉妒自己，回北京不久，就把王直贬到了吏部。

《玉堂丛语》

严嵩争宠

明代，夏言与严嵩同时执掌朝政。皇帝左右的小太监来见夏言，夏言便把他们当作奴婢看待。见严嵩时，严嵩总是拉着手请坐，细声细语唠个没完，并悄悄把黄金放在小太监衣袖里。因此，皇上左右的人都争着说严嵩好夏言坏。有时皇帝派人来探看两人在内阁值夜班是什么状况，夏言已死沉沉地睡着了，严嵩知道底细，故意点亮灯坐着，给皇上起草青词(供皇上举行道教仪式时焚化用)。因此之故，皇帝越来越宠信严嵩。严嵩后来终于借故排挤掉了夏言。

《玉堂丛语》

朱元璋侦探臣子宴席

明初，有一次明太祖朱元璋问大臣宋濂："昨天喝酒了吗？客人都请了谁？吃的什么菜？"宋濂据实相告，把客人的姓名和上的酒菜一一都说了。朱元璋笑了，说："你举行酒宴时，我派人去看了，果然像你说的那样，你确实没对我说谎话。"

《玉堂丛语》

宰相甘做"阁老饼"

明代，内阁大学士丘浚，自己做饼，软腻适口，托宦官献给皇帝。皇帝吃了很喜欢，就命令司膳监照样仿做，结果做得味道不行，屡次受到皇帝指责。宦官们就向丘浚请教，丘浚却不告诉他们配方与做法。宦官们说："用吃食器具等献给皇上，靠这办法博取恩宠，这本来是我们太监伺候皇上的份内之事，不是宰相的事！"这件事在京师里传开了，人们专称丘浚大学士进献皇上的饼叫"阁老饼"。

《玉堂丛语》

做文章上树顶

明代文人罗玘，做文章喜欢用奇古怪险的词语。他在南京住的时候，每当写东西，总要爬上树顶，蹲在树顶上挖空心思构想。有时又把自己关在房间里，客人从门缝向里窥看，见他面容枯槁，就跟死人一样，都吓得轻轻缓步离开了。有一次少卿都穆请他为自己去世的父亲写墓志铭，铭文写好后，他对都穆说："我写这篇墓志铭，死过去有四五次了。"

《玉堂丛语》

明武宗自称大庆法王

明武宗迷信佛教，自称大庆法王。朝廷大臣都知道此事，但却没有机会进谏。有一次从宫内下来一道批文到礼部，声称有番僧要求赐给良田千亩，为大庆法王设田庄。批文署名是"大庆法王"，还附有一道圣旨。礼部尚书傅圭假装不知情，上奏说："谁是大庆法王？竟敢与皇上至尊一道签署？侮辱天子，败坏祖宗法规，是大大的不敬！"武宗并不追究，要田亩的事也就算了。

《玉堂丛语》

婢为夫人

杨士奇在内阁任职时，夫人早已去世，只有一个婢女侍候他日常起居。有一天，皇宫内有喜庆典礼，各大臣的诰命夫人都来拜贺。皇太后听说杨士奇没有夫人，便命手下人把这个婢女叫来。其他各位诰命夫人都回去后，太后见她貌不出众，衣裳也简陋，就叫妃嫔们重新替她梳妆打扮，换上了宫廷内府做的首饰衣服，才叫她回去。太后笑着说："这一回杨先生该认不出来了。"第二天，又命令有关部门按照规章制度，封这个婢女做了命妇，并说明下不为例。

《玉堂丛语》

不送礼物反升官

明代，杨溥任内阁大学士时，他的儿子从石首（今湖北石首）来京，详细说明了所过州县官吏迎送和赠礼物的殷勤状况。其中唯有后来做南京吏部侍郎的范理，当时是江陵县知县，没送礼物。杨溥听说，暗中称异。随后了解到范理确实贤明，便推荐他当了德安（今湖北随县）知府，这时范理才做了八个月的县官。

《玉堂丛语》

强盗不抢道学家

著名道学家陈献章从京城回家乡，同族弟坐在一条船上。到了广东的阳江，遇到了强盗，驾着小艇抵御，强盗把船上旅客的财物一抢而空。陈献章坐在船尾，喊道："我这里有行李，还是把我的行李拿去吧！"强盗问："你是谁？""我是陈献章。"强盗举手行礼说："我等小人不知情，惊动了君子，请不要怪罪。船上的人，也算先生的朋友了，不好意思贪图他们的财物。"于是就把抢到手的东西又都送还到船上，走了。

《玉堂丛语》

题诗触动父子情

明成祖时，大学士解缙应皇帝之命，题《虎顾众彪图》诗一首："虎为百兽尊，谁敢触其怒？唯有父子情，一步一回顾。"成祖从来不喜欢太子（仁宗皇帝），被这首诗感动了，很想念太子。当时太子留守南京，也心怀忧愁。成祖见诗后，当天派了他最亲信的臣子夏原吉，去南京接太子。

《玉堂丛语》

李希颜为帝王师

李希颜性格严峻，品行修养高，博览群书。朱元璋因人推荐，亲自书写了诏书，把他召来宫殿，选定他做王子们的教师，这些王子就是后来分封的十个藩王。李希颜执教严厉，虽然是王子，有不服教育的，照样用笔管打他们的脑门。朱元璋抚摸着王子被打的伤痕十分生气，马皇后知道原因后，说："哪里有用尧、舜的标准来教训你儿子，反教你发脾气的？"朱元璋听了这话，气才平息下来。

《玉堂丛语》

王恕断狱

明代的大臣王恕开始当扬州知府时，审理案件都能判断正确。有一老妇人曾诬告邻居是贼，王恕审查赃物，有两条衣裙，一条宽而长，一条短而窄。老妇人说是她儿媳的衣裙，邻人则说是他嫂嫂与妻子的衣裙。王恕盘问老妇道："你家一个人的衣裙，怎会有长短宽窄的不同？"由此弄清楚了那个邻居并非盗贼。还有一次，两个人争一条牛，王恕故意对他俩说："一条牛两个人争，我判给谁好？不如没收入官。"他命令左右手下人将牛拉走。争论的人，一个一声不响，一个争吵不止。王恕把牛判给了争吵的人，说："这是他的东西，所以舍不得。"众人都称王恕神明。

《玉堂丛语》

巧判农夫妻

明初，熊鼎任佥事，分辖浙南台州、温州地区。这地方原由方国珍的义军占领，刑事争讼案件有数百项之多，熊鼎都能理清是非，给予正确判决。平阳有个军校抢夺霸占一名农夫的妻子有五年之久，熊鼎扣留了农夫妻。军校害怕，抱着两个孩子来哭诉："妻子离开，孩子谁来养？请大人可怜可怜我。"熊鼎让把孩子抱到农夫妻身边，孩子避开不肯靠近。熊鼎说："这不是她的儿子，其中有诈。"一盘问，果然是邻居的孩子。熊鼎依据法律判了军校的罪，并将其妻断还给农夫。军中抢来的几百名妇女当夜也被送回，军营几乎空了。

《玉堂丛语》

惜猪岂能舍性命

王艮是明初建文二年的状元，因其貌不扬，才改成第二名，让胡靖当了状元。燕王朱棣(就是后来的明成祖)的军队攻入南京后，胡靖、解缙及吴溥都是王艮的江西老乡，住宅也相邻，都翻过墙头来到吴溥家。解缙侃侃而谈，讲述君臣大义，胡靖也慷慨激昂，唯独王艮流泪不作声。吴溥说："你们三个人最受建文皇帝恩宠，事情刻不容缓。至于我何去何从，还可慢慢考虑。"随后大家散了，吴溥的儿子吴与弼当时还小，感叹说："胡叔能坚守忠义大节，实在太好了！"吴溥说："不见得。只有你王叔一个人会死！"话没说完，隔墙听得胡靖在喊："外头太乱了，看好猪！"吴溥对吴与弼说："一头猪都舍不得，还能舍得自己的性命？"一会儿王艮家传来了哭声，王艮喝毒药死了。胡靖与解缙都归顺燕王，并亲自迎接他进南京。

《玉堂丛语》

海量状元

明永乐年间的状元曾棨，生得相貌堂堂，身材魁梧，而且很有学问。有一次，交趾国(今越南)派来两位使者，酒量过人，成祖命大臣们推荐一位有酒量的人来陪酒，有人推举二位都护，成祖不大中意，说："难道朝中就没有一个海量之人吗？"曾棨知道这件事后，自告奋勇。成祖问他："卿酒量到底能有多大？"曾棨答道："陛下放心，款待两名外国使者，臣自度不用尽量！"于是陪着两个使者喝了一个通宵，把两个交趾使者喝得烂醉如泥，惭愧而去。第二天早晨，上朝向成祖谢恩，成祖高兴地说：

"姑且不论卿的才学,只就酒量而言,你应做我大明的状元!"特赐御酒数坛。

《玉堂丛语》

李东阳巧对

明代弘治年间,北方少数民族国家派来使者。使者对陪同他的人说,有一个对联的上联,没有人能对出下联来。这个上联是:"朝无相,边无将,气数相将。"李东阳听说后,随口对道:"天难度,地难量,乾坤度量。"

《玉堂丛语》

巧言得宠

明世宗登基典礼的那一天,所穿龙袍特别长。明世宗老是低头打量自己的龙袍。大学士杨廷和上奏说:"陛下您这是'垂衣裳而天下治'。"明世宗顿时高兴起来。

《玉堂丛语》

雨水不挑地方下

明初永乐年间的大学士解缙,为人素来平易。每年求他写文章与写字的人很多,他都答应人家,从不厌倦。有人劝说他,说有的就不应该答应。解缙笑着说:"难道雨水还挑地方下吗?再说人又有谁高谁低呢!"

《玉堂丛语》

费宏妙对骂刘瑾

明代,费宏当侍郎,他的哥哥是太常少卿,官职比他低。一次公家举行宴会,按年龄长幼排座次,把持朝政的宦官刘瑾正好经过,看到这情形,就说:"费秀才以羊易牛。"费宏回答说:"赵中贵指鹿为马。"这是暗指刘瑾就像秦朝的宦官赵高一样,专门颠倒黑白。刘瑾听了,生气地走掉了。

《玉堂丛语》

忙中出错

明代宣德年间,有一次明宣宗来到大学士杨士奇家。时间已是夜里二更天,杨士奇大惊而起,穿着朝服迎接。只见满屋子都是侍从的人,香气缥缈,也不知皇帝在哪里,只好朝着北边叩头拜个不停。宣宗皇帝正在东窗靠着栏杆看月亮,笑着喊他:"士奇,我在这里!"

《玉堂丛语》

这文卿不是那文卿

明代,太常卿陈音,文章道德都不错,但为人稀里糊涂,经常弄错,大家都当笑话说。当时朝廷做官的有两个杨文卿,一个浙江人,是刑部郎中;一个山西人,是户部郎中。有一天,浙江杨文卿请喝酒,陈音却跑到了山西杨家。当时主人还在睡觉,急忙起来迎接。谈了半天,陈音不见酒菜摆出来,就说:"随便弄点吃喝就行了,不要搞得太盛大。"主人摸不着头脑,只好答应说:"是是。"转身进去告诉家人临时准备。一会儿浙江杨文卿派家人找来了,说主人都等急了。陈音这才明白过来，恍然大悟说：“原来是你家主人呀？我弄错了。”一笑而去。

《玉堂丛语》

以子之矛攻子之盾

明代，陈嗣初辞官在家居住时，有人自称是南宋著名诗人林逋的第十代子孙，以所作诗歌为礼物来求见。陈嗣初留他坐下，自己进去拿了一本书，让求见的人朗读。这是一本林逋的传记，当读到林逋“终身不娶，无子”的文字时，来访者哑口无言。陈嗣初当场吟诗一首，嘲笑说：“想君别是闲花草，未必孤山梅树枝。”冒牌的林逋后代羞惭满面地走掉了。

《玉堂丛语》

周忱巧运通州粮

明代正统末年，明英宗亲征瓦剌也先部，兵败被俘。瓦剌也先准备进犯北京，放出风声要攻占通州国库粮仓，满朝官员仓皇失措。为避免入侵之敌利用己方的粮食储备，有人建议派人去火烧粮仓。当时周忱正好在京城，提议让驻守北京的各卫军预支半年粮，命令士兵前往通州领取，于是肩背粮食的人路上不断。没几天，京城粮食储备充足，通州国库粮仓清除一空。

《玉堂丛语》

装聋作哑

明代，朝廷大臣中有一个人善于结交宦官等皇帝身边的人，所以总有人在皇帝前称赞他的才干。有一天，皇帝对大学士刘大夏说：“听说某某极有才能。”刘没吱声，皇帝怀疑他没听清楚，又大声说：“工部尚书李某，这个人你知道吗？”刘仍不吱声。皇帝明白其意，突然笑道：“我只听说这个人能干，还来不及了解他的为人。”刘大夏叩头说：“确实像皇上训示的那样。”

《玉堂丛语》

以新易旧

明代正统年间，宫殿里涂颜色绘壁画，计划用牛皮胶一万多斤，朝廷敕令以尚书衔行巡抚之职的周忱采办供货。正遇周忱为了议事赴京，走到半路接到敕令，使者请他回江南巡抚官衙办理。周忱说：“等我到京，自有办法。”到了京城，他提议先用京城仓库贮藏的牛皮，这些牛皮年代久远已朽烂变质，先拿出来熬成牛皮胶应用，待他回江南巡抚所再调拨库中剩余的稻米买牛皮，按照需要数量交纳来京，这样以新易旧，两个都方便，而且各有受益。当时宦官王振当权，很高兴地接受了这个建议，而且更加重视周忱的才识。

《玉堂丛语》

以图识谎

明代天顺初年，石亨的侄儿石彪镇守大同，派使者来报捷。内阁询问情况时，此人大谈战斗的激烈程度，并且称斩杀了敌人无数首级，都杀在森林里，没法把证据拿来。内阁大臣之一岳正拿出地图,指点说:“从某地到某地,四面都是沙漠,斩杀的首级在什么地方?”这个使者毫无思想准备,只得伏罪。

《玉堂丛语》

朱善敬老

朱善,字备万,丰城(今江苏丰城)人。明初洪武年间,由地方逐级推荐到京都,所写文章符合皇上旨意,封他做了翰林院的官,并命令他全家迁往南京,以便供职。正值他父亲生病,堵塞了几个月还没到任。皇帝大怒,把他贬居辽阳(今辽宁省内),不久又放回故乡。朱善买了一块地产,准备养老之用。正在办理过程中,发现地产主人是个老翁,因无依无靠而悲苦。朱善了解情况后极为同情,就把地契还给了老翁,并不索还买地产的一分钱。以后朱善当上了文渊阁大学士。

《玉堂丛语》

杨荣烧借据

明代大学士杨荣得到父亲去世的消息后,告假回乡。办完丧事,杨荣得知乡亲们平时向他家借钱借粮而无力偿还的情况,就把他们的借据都烧了。同族人有丧事而无钱财办理的,他都代为安葬。贫穷病弱自己生存不下去的,也都替他们安排了出路,或者收养下来,或者为之嫁娶。有因为产业造成争端的,他就把自己的产业分给他们。皇帝下诏书令杨荣回京复职时,宗族亲戚、乡里邻居来送行,都流下了热泪。

《玉堂丛语》

宋琰救亲不避难

明初,宋琰在乡里居住时,勇于行义。某年流行病十分猖獗,他姑母家尤其严重,人们都远远避开了,没有人登门。朱琰说:“照这样下去,人类就绝种了。有了患难不救助,还算得上亲族吗?”于是他搬进姑母家居住,亲自熬煎汤药,以便抢救病人。有人病死了,他就划出自己的土地予以安葬。这样一来,乡党邻里都受到了感化。

《玉堂丛语》

杨翥让贤

明代,杨翥曾在胥溪一带讲学,学生很多。杨士奇从庐陵(今江西吉安)来,遇到他后,说自己要找一个私塾老师的工作。杨翥探明了杨士奇腹中的才学,很有好感。他就告诉自己的馆塾主人:“我还配不上替你家当老师,应当请我的老师来做老师。”然后就辞职离开。主人询问他所说的“老师”是谁,得知是杨士奇,于是聘请了后者。杨翥最初与杨士奇并无交情,自己家里也贫困,完全出自道义,把讲学的好事让给了杨士奇。杨士奇很感激他,后入内阁任首席大学士时,推荐杨翥进了翰林院。不久杨翥官拜礼部侍郎,又晋升为礼部尚书。

《玉堂丛语》

拾金不昧

拾金不昧

明代，六岁的王华和儿童们在河水边游戏，看到一过路客人来河边洗脚，因为喝得酩酊大醉，结果把手里提的口袋忘在河边就走了。王华发现其中有数十两银子，心想这个人酒醒后肯定会回来寻找，他怕银子被别人拿走，便扔到河里，自己坐在旁边看守着。不一会儿，这个人果然哭叫着找来了。王华迎上前说："你是来找你的银子吧？"然后告诉他银子所在的地方，客人转悲为喜，送给他一锭银子表示感谢，王华没有接受。

《玉堂丛语》

宋濂扬善

明太祖曾召见宋濂，了解朝廷大臣的好坏。宋濂回答时只谈到好的大臣。太祖又问不好的大臣有哪些，宋濂答道："好的大臣同我有交情来往，所以我知道他们。至于不好的大臣，即使有，我也不知道。"他始终没有诋毁任何人。

《玉堂丛语》

杨翥宽宏

杨翥德性宽宏忠厚。明景帝未登皇帝大位时，他是景帝宫中官吏，住在京城，平时骑一头驴子。邻居老人老年得子，小孩听见驴叫声就受惊吓，杨翥于是卖掉了驴子，改为步行。天阴雨下个不停，邻居院墙出现了洞口，雨水都积在杨翥家里，手下人打算同邻居评理。杨翥说："还是下雨天少，晴天多，何必争吵？"金水河上建成了桥，皇帝下诏书命令推选有德行的人试从桥上走过，朝廷大臣第一个就推举杨翥。

《玉堂丛语》

宁失金杯不失亲情

明代，徐溥辞官回故乡，大办宴席，宴请所有的亲戚朋友。宴会上，有一个人偷偷拿了桌子上的金杯戴在帽子里，正巧被徐溥看见了。宴会即将结束，管事的人检查器具，发现少了一只金酒杯，赶紧寻找。徐溥说："酒杯没有丢失，不用找了。"偷金杯的人因为酒喝得太多醉倒了，帽子和金杯都掉在地下。徐溥忙转过身，装作没看见，一边又叫手下人帮着把金杯装进他的帽子里。

《玉堂丛语》

不美化死人

明代，吴希贤任检讨官，参加编写《英宗实录》。有一个权贵家的子弟姓寇，秘密地向希贤行贿，恳求他修史时能为寇姓子弟的父亲写几句好话。吴希贤拒绝了，说："如果我这样做，将来我还有什么脸面在死后去见古代秉笔直书的良史董狐？"

《玉堂丛语》

不以钱粮废法

明代，固山（今宁夏固原）的富户周

家横行不法,因私债拖欠,杀了欠债的人。御史绳之以法,周姓杀人犯请求向大同府交纳粮食三十万石,以免除死刑。当时大臣讨论一下,皇上发诏书同意了。讨论此事时,大家都没发言,大臣王强严肃地说:"祖宗先皇定下法律,杀人者偿命,贪赃者削职。凭什么贪图有钱人的三十万石粮,就坏了祖宗法规?"众人谁也不敢提出异议,最终处死了周姓富户。

《玉堂丛语》

廖钦廉介

廖钦曾官河内,德政惠民,当地百姓十分感戴他。若干年后,廖钦因故经过河内停在路旁休息,当地百姓见了,说:"这不是我们过去的父母官廖大人吗?"廖骗他们说:"我是商人,不是你们的父母官。"人越聚越多,都争着来看是不是廖大人,当大家确认是廖钦后,都跪在他面前,并拿来酒食相慰问。第二天,许多人都拿缣送给他,不大一会,竟达数百匹。廖钦辞而不受,老百姓诚恳地说:"大人对我们有恩德,我们没有法报答,现在走到我们这里,我们是来报答恩情的,请大人一定收下。"廖钦回答说:"我对你们有什么恩呢?就算你们认为我有恩德,为什么不用德行来爱戴我呢?如果我接受了你们的礼物,那不就等于过去所做的事,是希图今天的报答吗?"百姓们更加恳切地请求他接受。廖钦知道盛情难却,于是就趁晚上无人之机,丢下礼物,不辞而别。

《玉堂丛语》

曹鼐自制

明代曹鼐担任泰和(今山东泰安)典史(负责治安的官吏),在捕捉盗贼时,抓获了一名女子,女子非常美丽。曹鼐禁不住看她,心内也骚动起来。他就用一块纸片,写下"曹鼐不可"四字,用火烧毁。一会儿再写,再烧掉。像这样有数十次,一夜过去,终于没发生违法乱纪的事。

《玉堂丛语》

吴宽严己宽人

明代成化弘治年间的尚书吴宽,年轻时就有孤高耿直的操守,乡邻间都知道他的好名声。离他家一百多里路外有一户有钱人家,主人年幼,主人的母亲还在,请吴宽去当私家塾师。这家人还有个女儿。刚刚成年,偷偷见到了吴宽,心里喜欢他,就派贴身亲信丫环早晚给他送好吃的肉羹,并借此透露了自己的心意。吴宽马上另找借口,辞掉职位而去。别人盘问其中的缘故,吴宽始终只字不提。以后富家女子去世了,吴宽在晚年为了教育子孙后辈,才提到了这件事。

《玉堂丛语》

文征明不喜闻人过

明代著名文学家文征明,生性不喜欢听人说起别人的缺点过失。如果有人想对他提起,他总是巧妙地用其他话头引开,使想说的人也说不了。文征明一生都是这个习惯。

《玉堂丛语》

吴琳安心务农

吴琳辞官回家乡居住后,明太祖曾派使者调查他的言行。使者偷偷来到吴琳的住宅,看到一个农夫坐在小板凳上,一会儿便起身拔稻秧,然后到大田插秧,神态十分安详郑重。使者问道:“这里有个吴尚书,他家在什么地方?这个人还在吗?”农夫恭恭敬敬垂下手,回答说:“我就是吴琳。”使者回去把情况上报给太祖,太祖更加敬重吴琳了。

《玉堂丛语》

杨鼎拒婚

杨鼎乡试中了第一名,听说南京祭酒陈敬宗很有学问,就要求入南京国子监读书。他只身一人入南监,刻苦攻读,每天自己做饭吃,陈敬宗很赏识这位清贫勤奋的弟子。有位知府想把女儿嫁给他,杨鼎托故推辞,知府请杨鼎的同乡兵部尚书徐琦为此事找到陈敬宗,对他说:“杨鼎家境清贫,而知府富有,这不是正合适吗?杨鼎的父母知道了也会高兴的。”陈敬宗也劝杨鼎答应这门亲事,杨鼎却说:“我虽然贫穷,但知识方面却富有,知府家虽富有,在知识方面却是贫穷的,我怎敢贪图人家富贵呢!”陈敬宗听了,愈加敬重他的骨气。

《玉堂丛语》

各负责任

明代,有一次发生灾异,各部门借此机会上书议论朝政。吏部上书,请皇帝及早临朝,勤听政事,减少奢费,节省游览,停止各地方的进贡与献宝,其中指责皇上沉溺于歌舞戏曲之中,话说得尤其激烈。这些都出自吏部官员周经的笔下。以后有人追究是谁起草了这个文稿,来问耿裕。周经听后说:“应该据实告诉。”耿裕说:“我是吏部尚书,不应把责任推给别人。”当时舆论对周经和耿裕都给予好评。

《玉堂丛语》

文征明不受宁王聘

明代,宁王宸濠表面上敬慕文学家文征明,给他写来书信,并送来金币做聘礼。使者到家,文征明借口病重,躺在床上不起身,金币不收,信也不回。有人劝道:“宁王是如今天下众望所归的人,朱门大宅空出位子来请先生您去做官,您不能学枚乘、司马相如在藩王府里游乐吗?”文征明笑而不答。不久,宁王因谋反而身败名裂。

《玉堂丛语》

不以私怨抹煞长处

明代人金忠,别人有一点好的地方他都称赞。即使一直同他不合的,只要这个人别的地方不错,他也从不否定。同乡的一个人曾多次侮辱金忠,金忠任吏部尚书时，他以官员身份来北京参见，吓得脸都变色了，但金忠一样推荐任用了他。有人说："他不是和您有怨仇吗？"金忠说："我看他的才干可以派用场，为什么因私人缘故掩盖别人的长处呢？"

《玉堂丛语》

陈献章雅量

明代道学家陈献章从来不为财物同人发生争论。邻居有人侵占了陈献章的住宅地，还扬言说："陈家这小子，路上叫我遇见了，一定让他下不来台。"有一天果然遇到了，这个人反而手足无措了。陈献章说："一点点小地方，我应该让给你的。"这个邻居不好意思地走了。

《玉堂丛语》

晒太阳当烤火

明代著名文学家李东阳，冬天不生炉子。看书写字时，冷得受不了，就跑到屋外太阳底下去看书写字。阳光移动了，他的位置也跟着移动。

《玉堂丛语》

盛极当知衰即至

明代正德年间大学士杨廷和执掌朝政，当时他一个弟弟在京城当大官，另一个弟弟在地方上是重臣，姓杨的子弟在朝廷与各省当官的有许多，其子杨慎又中了状元，祝贺的人连续不断。杨廷和皱起眉头说："各位知道木偶戏吗？在木偶戏演出过程中，一个个登台亮相，等戏演完时，必定全部出场。现在可以说是我戏唱完的时候，又有什么好祝贺的？"果然不久，杨廷和因在朝廷大礼上不合世宗皇帝心意而去职，杨慎流放云南，另一杨家子弟杨惇杀人抵命，杨家声望一落千丈。

《玉堂丛语》

钱财反受累

刘大夏受贬斥流放边远地区时，有位军事官员派人给他送钱，告诉使者，如刘大夏不接受，就别离开。刘大夏说："你回去说，我老了，只有一个仆人，每天吃饭用不了多少钱，假如受了你的钱财，仆人偷了逃走，只剩下我孤身一人在沙漠，不等于陷我于死地吗？"当时与他一道流放的有位钟尚书，带的财物不少，没多久他的仆人果然偷了他的财物逃跑了。

《玉堂丛语》

金问尊兄

明代，金问的哥哥金声崇尚古典，酷爱学问，金问对待他的态度，就像对待严师一样。金声曾发热病，十分严重，医生说只有服用螺蛳才能治愈。当时，正是严寒季节，金问脱掉衣服，下水沿河寻找，捉得一百多枚，拿给金声吃下，病情这才缓和了下来。

《玉堂丛语》

黄豆黑豆

明代的徐溥在少年求学时期,性格相当沉静质朴,一言一行都不随随便便。他曾仿效古人,用两个瓶子分存黄豆、黑豆。每有一个善良的想法、说出一句为善的言语、做一件善事,就向瓶里扔进一颗黄豆;如果是不善的,就在另一瓶里扔进黑豆。开始时黑豆多黄豆少,逐渐黑豆黄豆各有半数,时间长了,黄豆变得多了。他一辈子都是这样做的,虽然后来显贵了,也没停止过。

《玉堂丛语》

不知洗马为何官

明代,杨守陈请假探望父母,当时他是洗马的官衔,是从翰林提升的,下一步就有可能升为各部侍郎。他走到一个驿站,驿站长不知道洗马是什么官职,和他平起平坐,毫无礼貌,很冒失地问他:"你的职务是洗马,每天到底洗多少马?"杨守陈随口回答说:"勤快时多洗几匹,偷懒时少洗几匹,不一定。"一会儿有人报告,有个御史到了,驿站长就叫杨守陈把好房间让出来,杨守陈说:"等人到了,再让出来不迟。"御史到了驿站,原来是杨守陈的门生,毕恭毕敬地对他行礼。驿站长见了,连御史都顾不上招呼,只管跪在台阶下百般求饶。杨公最终也没跟他计较。

《玉堂丛语》

贪官惧妻

明正统年间,工部尚书吴中,山东武城人,有才能,但喜好声色财利,有宠妾数十人,他非常害怕自己的妻子。他曾经接受皇帝的封赠命令,他的妻子让人诵读之后说:"这篇诏文是天子自己写的,还是儒臣代为草拟?"他回答说:"是儒臣代为草拟的。"妻子说:"代拟得非常适当,从头读到结束,怎么没有一个清也没有一个廉字?"吴中不敢发怒。为官不廉,竟被妇女所讥讽,真够羞耻的了。

《典故纪闻》

以利交友受损

明顺年间,典玺丞王纶在东宫服侍太子(后来的明宪宗),非常受宠,于是许多希望以后能获得官禄的人争着与他结交。侍读学士钱溥曾在内书馆教过王纶,当时尚宝丞朱奎以幼童的身份在馆中陪读,他们的关系非常亲近。当英宗身体看着快不行的时候,钱溥推断王纶一定会掌握大权,便暗地里派朱奎与王纶联系,王纶立刻同朱奎来到钱溥家中,一起痛饮,喝得十分高兴才结束。英宗死后,钱溥露出了将要入阁当宰相的喜悦,王纶也以为自己快要当权而更加骄横。这时司礼监太监牛玉进谮言,王纶被捕下狱,发往南京。那些与王纶交往的人都受连累,钱溥被贬为顺德知县,朱奎被贬为盐课提举。这件事可以作为士君子妄交朋友的借鉴。

《典故纪闻》

贿赂得官

李添瑀任官期满，经考核不称职，便借了千金贿赂内官郭聪，郭聪亲自写了帖子嘱托吏部，得以在湖广北部富庶的地方任职。事情败露后，吏部尚书王翱等人认罪。皇帝下旨："姑且宽恕他们，今后如有用帖子嘱托的人，随时上奏，不许隐匿。"

《典故纪闻》

可笑的靶牌

明洪武年间，皇帝命令全国的都司卫所轮班到京城比武艺，其射箭的靶牌高度大小与人相同，射箭的距离在三百步以外。但后来变到百步以内，而靶牌高到二丈多。嘉靖中期，有人说："射箭的靶牌这样高大，难道天下会有二三丈高的敌人吗？"真是让人发笑。

《典故纪闻》

误写姓名遭贬

明宣德间，御史谢瑶举荐人才，奏章上误把被举荐人的姓名写错，他自己要求给改正过来。明宣宗朱瞻基对吏部大臣说："古人上奏章都恭敬谨慎，石庆写马字少了一点，惧怕致死。当今举荐贤才连其姓名都不清楚，怎能知道他的才能？轻率到如此地步，怎能与御史的职位相称？"于是将谢瑶贬到交址大蛮县任知县。

《典故纪闻》

骄侈必亡

朱元璋打败陈友谅以后见到他所使用的镂金床，说："这与孟昶的七宝溺器有什么不同？"便命令毁掉它。侍臣说："没富却骄横，没贵却奢侈，因此而败亡。"朱元璋说："难道富了就可以骄横，贵了就可以奢侈吗？有骄侈之心，即使富贵怎能保持长久？身处富贵的人，更应抑制奢侈，宏扬俭约。戒除嗜欲还恐怕不能满足百姓的期望，何况穷尽天下之技巧来供奉自己呢？这导致败亡是自然的。"

《典故纪闻》

慎断亲情案

明洪武年间太平府的老百姓中有兄弟二人，相互之间攻击揭短，告到官府，刑部请求治他们的罪。朱元璋说："兄弟之间是最亲的骨肉关系，岂有互相告状的道理？只因一时糊涂，或偏向自己的妻子，争长竞短，怒气相加，才闹到如此地步。人心和天理不至于泯灭，暂且推迟断案，等到他们气忿平息，善心重新萌发，一定会自己悔过。"第二天，二人果然要求改过，于是释放他们，兄弟二人和好如初。

《典故纪闻》

强盗不劫廉官

明成化年间，都御史李纲是山东长清县人，做官廉洁耿直。他任太仆少卿时，曾在冀州遇到强盗，强夺了他的箱子，将要打开时，问他是干什么的，知道他是李纲，便说："原来是李少卿啊！这里没有钱。"没有打开箱子就离去了。

《典故纪闻》

小人失势

明成化年间，太监汪直依仗权势欺凌官员，所到之处动不动就鞭挞官吏。曾到定州，知州裴泰事先备下了酒菜招待，连仆从都吃得酒足饭饱。汪直记在心中。成化十九年六月，汪直因罪被调往南京御马监，所经之地，官员都躲避起来，汪直困乏地躺在公馆里，只有一丝微弱的灯光在闪动着。恰好裴泰因公事到这里，汪直很高兴，向他要点吃的，裴泰把随身带来的钱都拿出来，为他准备膳食，于是两人以你我相称。汪直说："我不能与以前相比了，明天能得到车马起程就满足了。"裴泰说："好吧。"到了明天，汪直快马离去，往日的声势全都消失了。

《典故纪闻》

成不忘难

明洪武元年，朱元璋对侍臣说："我常想创业的艰难，白天饭吃不安，夜里觉睡不宁。"侍臣回答："皇上日理万机，未免太操劳了。"朱元璋说："你们不知道，创业刚开始，成功不容易，守护成功之后的基业更加困难，我怎敢心情安闲而忘记艰难呢！"

《典故纪闻》

言必求简

明洪武年间，刑部主事茹太素上疏议论时务字数达一万多，朱元璋命令人多次给自己诵读，采纳其中切实可行的才五百多字。他因此感叹道："我征求意见的目的，是要它切合实事，并且有益于国家，那些浮夸的语言，只能搅乱视听罢了。"于是命令中书官员按照这份上疏中写得好的部分去做，并且将其确定为进言上书的格式，使进言者在陈述得失时，没有多余的文字。

《典故纪闻》

以贤德升迁

明永乐初年，举人王你被提拔为翰林院检讨，明成祖朱棣于是问道："检讨下边还有什么官职？"左右回答说："有博士、典籍、侍书、待诏。"又问："已经任命人了吗？"回答说："已经任命了。"又问："他们的贤德比王你怎么样？"回答说："王你刚任命，不知道他的为人，而旧博士中，都是老成文学之士。"于是朱棣叹息道："古人所谓'用人如积薪'就是指的这类事。国家用人凭借贤德和功劳，王你的贤德还不知道，功劳也没有，而让有贤德有功劳的人位居他的下面，怎么能服这些人的心？"于是命令吏部，所有博士以下的官员全都升职，与王你相同。

《典故纪闻》

擅造公房被告

擅造公房被告

明洪武年间，黄州府同知安贞因擅自建造公房和器物等，被一个官吏告发，按察司准备处理这件事。朱元璋说："安贞的目的，不是为了他自己，房屋器用等物，都是公家所需要的，如果安贞被调到别处任职，一定不会把这些东西带去。今天要是治他的罪，便助长了猾吏告讦的风气。"命令恢复安贞原职，而把告发的那个官吏押到京城治罪。

《典故纪闻》

诬告受罚

明洪武年间，丽水县两个以占卜为生的人，他求助于富户陈公望不成，就到朝廷上去诬告公望等五十七人聚众谋反，朱元璋命令锦衣千户周原前往捕捉他们。知县倪孟贤明白这件事是虚妄的，他对属下的官吏说："朝廷任命孟贤为本县的县令，只是要我安抚这里的民众，使他们安于田里。今天让善良的人得到恶逆的名声，这难道是朝廷任用我的意图吗？"便上疏一五一十地讲清公望等人的冤情，并且论明诬告人的罪责。

《典故纪闻》

不罪直言

明永乐年间，高文雅陈述时政，首先提及建文帝的事，其次谈及救荒恤民的问题，言辞非常直率，什么都不忌讳。都御史陈瑛请求治他的罪，明成祖朱棣说："没有做过官的人，不知道忌讳，可以宽恕。他所说的话中有可以采纳的，不能因为讲的直率而废弃。"又召见尚书郑赐，告诉他说："不因直言而治罪，就会忠言进，谀言退，自古以来拒谏的事情，明主是不做的。你应当体会我的心思，今后有谈论政事的，只看其能用与否。人的见解有所不同，如果有违逆之处，不可加罪。陈瑛比较刻薄，不能帮助我实行善政，你们要警戒他。高文雅可由吏部衡量其才能授任官职。"

《典故纪闻》

明宣宗亲查谗言

明宣德年间，宦官裴可力督事浙江，有一个汤千户以贿赂与他结交，依仗其势力鱼肉百姓。按察使林硕刚到浙江，依法整治，汤千户惧怕受不到宽容，便向裴可力进谗言，裴可力上奏诬陷林硕讥诽和阻碍诏书的执行，于是林硕被抓到京城。他说："我过去做过御史官，巡视浙江时，许多小人没有得到好处，今天我升任按察使，到浙江不久，没有得到我的好处的小人，便设谋造谣，试图除去我而使他们自己方便。"宣宗朱瞻基说："我本来不信，所以当面问清，今天既然搞明白了，你立即赶回去赴任，只要遇到百姓疾苦的事，全都奏报上来。我以诚心对待臣下，你不要有其他顾虑。"又对侍臣说："小人制造谣言，谗害君子，等其回来后一定治罪而不能饶恕。"

《典故纪闻》

御史借差娶妾受惩处

明正统年间,御史时纪前往陕西办公务,半路转道回家娶妾。英宗朱祁镇听说这件事后,下令逮捕时纪,把他送进监狱,又告谕三法司说:“朝廷以纪纲为首要大事,御史的职责是整顿纪纲,不能不慎重选择人。比如监察御史时纪,借出差陕西之机,转道回家,并与长垣县县丞萧节之相互拉拢勾结,凭借权势,强娶民间女子为妾,违背了礼法,有损风纪,现已交付法司问罪。今后,你们差派官员外出一定要精选懂得礼义廉耻,明达大体,没有贪污淫秽之行的人,然后派遣,还要严加告诫,希望明正纪纲,不辱朝廷的使命。如果所派遣以及在任的人有敢不遵告诫违礼犯法的,你们堂上官立即把实情举奏上来,作为降黜的根据。如果堂上官徇情庇护,导致贤愚混淆,旷职废事,将一同治罪,绝不宽恕。”

《典故纪闻》

大臣懒慢不朝受弹劾

明正统十年正月,科道官上奏弹劾公侯驸马都督魏国公徐显宗等二十八人懒惰散慢不上朝,请求治他们的罪。英宗朱祁镇说:“大臣是小臣的表率,大臣都偷安不朝,小臣又去效法谁?”命令这些人跪在午门前,让他们感到羞愧。

《典故纪闻》

技高服众

明成化年间,都督同知武忠,长得雄壮,善于射箭,曾出使朝鲜,国人请他观看兵器,又拿来弓箭请他射箭,武忠拉弓嫌其太软,同时拉两张弓,都拉断了。恰好有大雁在空中飞过,武忠拉弓就射,大雁应声而落,国人都敬畏佩服。

《典故纪闻》

王琰施杖刑

监察御史王琰巡按吴地时,施杖刑时不用荆条,而用大竹子的根部从中剖开去掉其中节子作为刑具,叫做番黄。死在这种刑具下的人甚多。即便不死,也要找人用镊子取出溃肉中的芒刺,请来医生救治,要呕出淤血数斗,躺在床上百日后才能起来。不过,这些都是有罪之人。有一天,王琰到锡山去,有一僧人躲避不及,被王看见,当即命人杖责,瞬息间就断气了。衙役告诉他,他竟然发怒说僧人诈死,又让人再打,始终也未能苏醒,这才走。后来,王琰任满回到朝廷,成为内廷臣子,因纠劾武臣不守礼仪不实,宪宗震怒,命锦衣卫将他拖到午门外杖责。按惯例,第二天,王勉强入朝礼谢,狼狈而归。又过了两天,一命呜呼,屁股上的肉都腐烂了,以致于无法成殓。

《蓬窗类记》

失期处死

朱元璋曾经下诏免收江南各郡的

赋税，到秋天，又向各郡征税。右正言周衡上奏道："陛下诏令免租，是天下人的幸运，秋后又恢复，这就是显示天子不讲信用了。"朱元璋认为他说得很对。不久，周衡请假回乡探亲，他的家在无锡，离京城很近，皇帝准他六天假，他却七天才回来。朱元璋发怒道："我失信于天下，你失信于天子。"于是下令将他斩首示众。

《剪胜野闻》

太祖勤政

明太祖朱元璋勤于政事，每次吃饭时都屡次放下匙筷。只要想到一件事，就连忙写在一张纸上，然后用针线连在衣服上。有时一次想起好几件事，衣服上就缀满了纸片，好像有很多补丁似的，上朝后则一一施行。

《剪胜野闻》

朱元璋多疑

朱元璋非常多疑，经常怀疑有人侮辱自己。有一次，杭州儒学教授徐一夔送来一道贺表，上边有一句是"光天之下"，还有一句是"天生圣人，为世作则"。朱元璋看后大怒，说："这个迂腐的读书人竟然如此侮辱我！'生'就是'僧'，这是讽刺我出过家；'光'就是无发；'则'与'贼'相近，应该以大不敬罪处治。"下令将其斩首。

《剪胜野闻》

难以回答

狱中有嫌疑犯，朱元璋要将其杀掉，太子极力争辩，不让这么做。当时正好御史良凯在旁边，皇帝便问他："我和太子的意见谁对？"良凯叩头答道："陛下要杀他，是要执行法律；太子要释放他，是心地慈善。"朱元璋认为他两方面讨好，就把他下到监狱里。

《剪胜野闻》

按带杀人

朱元璋每次上朝时，如果把袍带提升到胸前，这一天杀人可能较少；如果把袍带按到下边，满朝的人全都会吓得面无人色。太监都借此观察他的喜怒。

《剪胜野闻》

沈万三因富而罪

明代建国初年，南都(指南京)有个叫沈万三的人，特别富有。现在的会同馆是他的旧居，后湖是他的花园。京城中从洪武门到水西门，所有的建筑都是他的。朱元璋有一次犒劳军队，万三要求代替皇帝付出所需要的银子。皇帝说："有百万人的军队，你能全都加以慰劳吗？"万三回答说："每一个军人可犒劳他一两银子。"皇帝说："这虽然是你的诚意，但我不需要。"于是便要杀了他。太后知道后苦苦劝阻说："他固然富有到了能和国家抗衡的地步，然而他并没有做过违法的事，为什么要杀他呢?”皇帝这才没有杀他,但后来把他流放到云南。他的亲属们有十多家,也流放到潮州了。听说现在他们家的子孙还是很富有。

《七修类稿》

放　偷

金代与元代都把正月十六日称作“放偷”。到了这一天,各家各户都要严加防备。碰到小偷来了,便带着笑脸把他赶走。即使是妻子、女儿、轻马、宝物等被人偷了,也绝不给偷盗的人加罪。听说现在的扬州还是这样。而在河北北部地区,正月十六的夜里所谓的“走街”,恐怕也是这种旧风俗的遗留吧。

《七修类稿》

陈敬宗豪饮

明乐年间,宁波祭酒陈敬宗,极能喝酒。朝廷知道了这件事,一天把他召来赴宴。开宴之前,朝廷让内侍铸一个像陈公一样大小的铜人,铜人浑身上下,连手指头都是空心的。开宴之后,内侍随时把和陈公喝的一样多的酒倒入铜人中,待到内侍报告说,铜人里的酒已经满了时,才让陈公回家。随后,宫中派内侍跟随身后继续观察他。到家后,随从们散了,他又与内侍饮起酒来。

《七修类稿》

牛搏虎

天长县有个姓戴的人早晨外出了。他的妻子到野地去放牛。像往日一样,他家的狗随着他妻子一块到了这个地方。一会儿,狗突然跑进草丛中不出来了。他的妻子便牵着牛去找狗,没走出百步远,就看见一只老虎躲在树丛中吃狗呢!虎看见人过来了,扔掉狗而向人跑过来。这时牛看见自己的主人危险,忽然冲上前去,于是,虎又放下人而对付牛。牛虎咆哮着搏斗起来,虎用爪用牙击打,咬噬牛;而牛用两只利角撞击虎。不大功夫,虎败牛胜了,人解除了危难。朝廷得知此事,赐给他家一只牛,用来代替搏虎的那只牛去耕地,而搏虎的那只牛则再也不做重活儿,直到它老死为止。

《七修类稿》

邝朱廉俭

明朝天顺年间,兵部尚书邝野刚出任陕西副使时,做事很有声望。一次,他给父亲寄去一块红绒,父亲马上原封不动地寄还给他,并写信来责备他说:“你还没做出多少对别人有益的事,却要拿这个东西来玷污我吗?”从那以后,邝野努力自省其身,最后官职提升到最高的品位。还有一个都御中叫朱裳,是沙河(今甘肃境内)人,嘉靖时期出任浙江的布政使。他的私人住宅里不使用奴仆,而自己亲自操持家务。穿戴都是平常的衣物,饮食也是粗茶淡饭。当时的人都认为这些是常人难以做到的。后来,他的父亲来此地任职,人们不无惊奇地发现父亲俭朴的作风比其儿子更高洁。父亲的言谈举止无一不在继续教育儿子廉洁、严谨地处事待人。由此可见，邝、朱二人的廉洁、能积大成的品质，除了他们的天赋之外，很大程度是来自于严格的家教。

《七修类稿》

妇女抗暴

明正德年间，刘六所部转战山东。经过东平州（今山东东平）时，有姑嫂三人，外出逃难正往回走，被一士兵遇上，见她们姿色美丽，便把他们赶进树林中，把大姑和嫂子奸污了，接着他还要加害于小姑。小姑等他趴到自己的身上时，就用两只手掐住他的脖了。他疼得大叫起来。这时，嫂子便趁机坐到他的背上，大姑抽出他的刀子砍他的头直到把他砍死。这件事报官府后，官府批准奖赏这三个妇女。

嘉靖壬寅年，北方境外人扰害山西汶水一带。一天，有两个人来到一个村子，村中有姑嫂二人急忙躲避起来。小姑躲进枯井里，嫂子却被抓住了。他们问她："刚才还有一个女的哪儿去了？"嫂子说："在井里。"他们猜测一定是她带着财物下井了，于是一个在井上，一个到井下，用箩筐把小姑从井底托出来。他仔细一看，并没有什么好东西，很恼火，大声训斥两个女人，让她们老实地站在井旁，想奸污她们。当他又拉那一个人上来时，姑嫂二人见他正用力的当口，趁势将他推落井中，并推下许多的泥土和石头。那两人都死在井里。这件事在四面八方被人们传说着。

《七修类稿》

十七字诗

明正德年间，安徽天旱，官府的人祈求老天降雨但却缺乏诚意，当然也就没有效果。为此，有个无赖随口作了一首十七字诗嘲笑官府。诗中说："太守出祷雨，万民皆喜悦，昨夜推窗看，见月。"太守得知这件事，就叫人把这个无赖抓来了，先打了十八大板，然后说："你挺能作嘲讽诗的，是吧？"那个人不回答。太守认为这首诗不是他作的，就追问他作者是谁。那个人还是不回答。太守站起来说："你如果能再作一首十七字诗，就放了你，否则就对你施加重刑。"这时，无赖应声道："作诗十七字，被责一十八，若上万言书，打杀。"太守听了，只好把他赶走了。

《七修类稿》

写字诵经

明朝洪武年间，松江地方有个叫孙道明的，是个屠夫的儿子。他常常借别人的书坐在肉铺里，一边看一边抄写，写的都是密密的小楷字。日积月累，他竟抄写了一千多本。到现在许多人家的书本后面，都有孙道明留下的款识。

正统年间，苏州有个僧人叫道昷，凡是人间所念的佛经，他没有一篇不能背诵的。其中唯有《华严经》他需要略微翻看一下，也能背诵得像流水一样。

《七修类稿》

夏池碑

明朝成化年间，杭州有个夏棘卿，为人阴险，老谋深算。他的邻居有一座园林，池塘风光秀丽，夏便暗想占为己有。于是，他自己撰写了一篇碑文，有意制作了一块刻有碑文的断碑，然后秘密地把它沉到邻居家的池子里。过了几年之后，两家为这事打起了官司。夏说，“某年我家有一块碑，上面刻写着庭院房舍的优美之状，后来荒芜了，那块碑已经沉落到池子里了，这是可以验证的。”于是官府命人抽干了池水，果然见到了这块“碑”。读过碑上的文字，确实像是夏家的东西。据此，这座园池就判归夏家了。而夏家的邻居反倒得了个莫须有的罪名。

《七修类稿》

借誉

明人刘亨泰，凡遇到有人问他姓名时，他就回答：“我是夏少卿的朋友。”根本不说自己的真名实姓。那时还有一个叫沈循的人，与都宪钱钺是亲戚。当有人问他的名字时，他就说：“钺员外是我的表哥。”于是，好事的人就评论这件事说：“沈循只说钱员外，刘泰常称夏少卿。”

《七修类稿》

大书

明正统年间，有一个神童能写大字。人们把他推荐到京城。朝廷有意逗逗他，给他一幅一丈多长的红绸子，让他在上面直着写一个字。神童静静地思考了很长时间，然后把红绸铺在地上，接着用笔直着写了一竖，像绸子一样长，继而在大竖的右侧添上一个点，对此，人们非常惊异，天下都传诵这件事。从前宋仁宗时，契丹献上一幅字长八尺的字图。满朝官员谁也没有能力写一幅与之相当的字图酬答对方。朝廷只好发出告示，招求善写大字的人。有一个和尚来了，他请求用沙子在地面上布撒成一个“国”字，然后钩临在地上，再把图纸展开放在上面。继而他用一束捆起来的毡毛当笔，蘸上墨汁搭在肩上，人顺着临沙刻在地上的字样向前走，走完之后便脱下袈裟，把渍在上面的墨写成点。

《七修类稿》

忠直太监

明朝成化年间，林见素因弹劾继晓被关进诏狱，宪宗极为愤怒，林见素岌岌可危。司礼太监怀恩力谏说：“杀林见素，将会失百官心，失天下心，我不敢照办。”宪宗大怒道：“你和他合谋嘲弄我，要不然他怎么知道宫里的事？”说完举起砚台朝怀恩砸去，怀恩用脑袋去迎砚台，结果却没有打中，宪宗又生气地把案几推倒。怀恩脱掉帽子，解下腰带，趴在地下大声哭着说：“奴才再不能侍候爷爷了。”宪宗喝斥他出去。到了东华门，怀恩派人去对管牢狱的人说：“你们谄媚梁方，合谋害死林见素，你们也想活。”然后直接回到卧室里，声称得了中风，趴下就不起来了。过了一阵子，宪宗怒气消了，命令御医替怀恩看病，还多次派人去看望他，林见素也得以不死。

一次，一个叫章瑾的人向宪宗进献宝石，想弄个锦衣镇抚的官当，宪宗让怀恩传旨，怀恩说：“镇抚掌管朝廷诏狱，是极重要的武臣，怎么能因为得到一块宝石就授给章瑾呢？”宪宗说：“你是要违抗我的命令吧？”怀恩说：“不敢违命，只不过是怕违法。”宪宗见状便改让另一个太监覃昌传旨，怀恩说：“外廷要是有官员肯上谏，我的意见恐怕还能有用。”于是便鼓动余肃敏上奏，并说：“我会从中帮助你的。”余推辞不敢，怀恩叹气说：“我就知道外廷没有人。”朝中有一个都御史王端毅曾多次上书议事，言辞很中肯，很直率，怀恩便感慨说：“论天下忠义，就算这个人。”所以处处帮着他，使王端毅始终没有遭祸。到了弘治初年，朝廷大开言路，言官动不动就指斥内臣为刀锯之余，覃昌大怒，怀恩说：“我们这些人本来就是刀锯之余的人嘛，又何必生气呢！”

《今言》

智运粮草

明英宗北征时，命令侍郎师逵督运粮饷。师逵考虑到近道路途艰险，集中车运必然民疲粮乏，便选择了平坦的远道，每一里地设一个站堡，每个民夫运一石米，这里送出去那边接着，早去晚来，百姓因此不受困扰，粮食也很快运足了。

《今言》

惊忧而死

许绅，南京人，为人朴实厚道，不善交际，因为医术高明官至工部尚书，掌管太医院。嘉靖年间，明世宗在西苑遭宫人谋杀，生命有危险，吃了许绅的药才苏醒过来。我（吏部郑晓）曾去询问世宗病情，许绅说：“皇上这次病得很厉害，论职责不关我的事。但是想起皇上厚恩，实在应该以死相报，只好冒险给皇上服用桃仁、红花、大黄等下血药。药进上后，我自忖，如果药没有作用，我就自尽。感谢老老爷，辰时进药，未时皇上就能发声起来了，吐出好几升紫血。申时就能说话了。再吃上三四副平气和血的药，皇上也就康复了。这是天地祖庙有灵啊！”为此世宗封许绅为宫保。可是世宗病好了，许绅却躺下了，我去看他，他说：“我肯定再也起不来了，这是上次为皇上用药，担惊受怕造成的。至今神魂不宁，吃什么药都不管用。我就要死了，只要皇上万寿无疆，我就死而无憾了。”此后不久许绅就病逝了。

《今言》

愤食其肉

明朝正德年间，太监刘瑾擅权专政，残害忠良。太监张永乘西征大捷上书武宗，指出刘瑾十七条罪状，并证明刘瑾就要谋反。武宗大怒，连夜捉拿刘瑾,判谋反罪处以凌迟。三天后,那些受害者抢着上前吃刘瑾被割下来的肉,不一会便吃光了。

《今言》

死于无辜

明代宗派左少监阮浪到南宫侍候英宗(太上皇)。阮浪手下有一个内官王尧住在芦沟桥负责收取过桥税。阮浪将南宫赏给他的一只镀金梁扣绣茄袋、一把镀金结束刀送给了王尧。有一天王尧回家,顺道上锦衣指挥卢忠家喝酒,喝到半道,王尧要蹴球助兴,脱衣服时,卢忠看见那只袋和那把刀不是普通的东西,就让他的老婆把王尧灌醉了,然后解下袋和刀进入皇城报告了吏行太监(负责检查太监言行的头领)高平,认为英宗想复位,让阮浪派王尧送刀、袋给卢忠好做外应。结果王尧被凌迟处死,阮浪被打入大牢,备受炮烙烤炼,始终不承认谋反,死在狱中。天顺年,英宗复辟,高平、卢忠也被凌迟,追赠阮浪为本监太监,并为之撰文立碑。

《今言》

天网恢恢

明朝人朱宁强奸他人妻子还杀死其丈夫,遭官府追捕,结果逃入豹房,做了豹子的一顿美餐。

《今言》

触景生情

明朝洪武三年,有一天,太祖朱元璋到后苑去散心,看见喜鹊孵卵,不禁叹口气说:“谁没有母子!”回宫后就下令,群臣中有父母年老的可以回家奉养。又赐给文武百官朝服、公服,冬天还发了冬衣。

《今言》

马凤志为儿退亲

明代有一个叫马凤志的文士,他为儿子聘了一个媳妇,双方都已经议定了。没几天,他的儿子患了痿症(一种四肢软弱无力的疾病,严重者手不能握物,足不能行走),于是女方家对这门婚事颇有怨言。马凤志听说这种情况后,当即对女方的家长说:“我怎么能忍心让我的有病的儿子耽误你们家闺女的青春呢?”急忙把儿子的庚贴退回去了,连当初给女方的彩礼都没有索要。婚约退掉之后,他儿子的痿症竟又好了。

《戒庵老人漫笔》

京城下钱雨

明嘉靖六年六月十九日夜里,南京城雷雨交加。第二天早晨,东江米巷大街南李学等家在房子顶上拾到铜钱八十四文,铜钱都一一直立在瓦垅中。御史张璠写了奏文当作灾异上报,钱都存入国库。

《戒庵老人漫笔》

哑巴一忽能说话

南宋绍兴三十年,钱堪在成都转运

使任上去世，他的儿子钱仲之当时三十多岁，突然不能说话，变成了哑巴。一直哑了八年，一次因责打侍妾，愤怒中又能说话了。后来铨选得官，任江阴县尉，但未赴任就死了。

《戒庵老人漫笔》

巧制炸弹伤敌骑

明朝时，有一个叫曾石塘的边关将领发明了一种慢性炸弹，并用这种炸弹杀伤了很多敌人的骑兵。这种慢性弹外面是圆形的，里面放着炸药和一种特殊的导火线，导火线点火三四个小时后才能把炸药引爆。整个炸弹外面用各种漂亮的颜色装饰以后被放置在野外，等敌人的骑兵成群经过时，总有人会拾到这种被装饰得很好看的慢性炸弹，由于他们没有见到过这种炸弹，还以为是一种很好玩的东西，所以有许多人聚在一起赏玩。这时候，炸弹忽然爆炸，一下子能炸死许多敌人。敌人搞不清到底是怎么回事，只觉得曾石塘非常厉害，于是就都称他为“曾爷爷”。

《戒庵老人漫笔》

谈参智惩鹳鸟

明代常熟地方有一个叫谈参的人。一次，他的田插完秧后，他看到鹳鸟在田里找食吃，就想在田边轰赶，可人一离开，鹳鸟还会来。于是就想了一个办法，他把一条百丈长的细绳卷好，放在一个瓦瓶里，绳子的一头系着泥鳅鱼鳝鱼之类。鹳鸟不知道有这些机关，见到小鱼后就吃了下去。这一下细绳就进了鹳鸟的肚子里。鹳鸟刚一起飞，就被瓦瓶坠得跌到了地上，如此反复了好几回，只见那瓦瓶一会儿离开地面，一会儿在地面上滚动，那鹳鸟悲哀地鸣叫了许久，也没能解脱。从此以后鹳鸟们再也不敢来这一带田里祸害禾苗了。

《戒庵老人漫笔》

桑思玄作文章

明代，常熟地方有一个文士叫桑思玄。一天，有人求他作一篇文章，自称和他亲近，不给润笔钱。思玄对此人说：“我平生没有白给别人做过文章，这是件很败坏兴致的事。你最好把一锭四五两重的银子放在我眼前，等我兴致来了，作完文章，再还给你。”

《戒庵老人漫笔》

张仲偏爱被杀

明代嘉靖三十二年三月，松江（在今上海地区）同知张仲因偏爱他歌女出身的姓杨的年轻小老婆，残酷地虐待他的原配夫人赵氏，结果被他的妻子赵氏杀死了，整个尸体都被剁成了碎块。

《戒庵老人漫笔》

讹言征召秀女

明代隆庆二年正月十二日，民间哄传朝廷要征召秀女，由于朝廷征召的秀女生活与世隔绝，所以民间十三岁以上女孩子全都立刻结婚，以避免被征召。

当时，人们只要能弄到一个女婿就行，根本也来不及选择。更有甚者，竟有人站在家门口探看，见有穿着未婚装束的男人经过，冲过去就抢进家门，让他和自己的女儿婚配。这种情形持续好几天才停止。谁也不知道这个消息是从哪儿传出来的。

《戒庵老人漫笔》

西蠡庄园归蒋氏

明代，有一个叫胡梦竹的人。此人在他所住郡城的西郊修建了一座庄园。建这座庄园之前，他先让画工画了一幅题为“山外青山楼外楼”（宋诗名句）的画，画成之后，才让工匠们按照这幅画修造庄园。工匠们造起飞来峰，建成亭台水榭，铺设迂回曲折的道路，幽静雅致，真是别有天地。建成后，庄园的总门题名“西蠡山庄”。胡家苦心经营这座庄园二十年，花费了数以万计的钱财。胡梦竹死后，他的孙子们分了祖辈的财产，胡家逐渐衰落。西蠡庄卖给了一位姓蒋的太守，当时的成交价仅是八十两银子，这连修造庄园时给工匠们的赏钱都不够。但奇巧的是，这个蒋太守的号竟也叫“西蠡”，和他所买庄园的名称相同。

《戒庵老人漫笔》

戴文进不受重用

明代宣德年间，昆山地方有一个叫谢庭循的画师很受皇帝宠信，整天侍奉在皇帝的身边，陪着皇帝下围棋。当时钱塘地方有一个画师叫戴文进，画技非常高超，此人与同行十八人一同进京赶考，其他十七人的画技都不如他。考试时，让戴文进画龙，戴本来擅长山水画，画龙并非他的特长，平常画龙都是四爪。戴画完后把画呈交皇帝，皇帝看毕很生气，说：“我这里用不着五只爪的龙，让锦衣卫（明代的特务组织）从重处治这家伙，打十八棍子撵回家去。”其余十七人都得到了官做。让戴画龙以及龙变成五爪等事原来都是谢庭循在背后捣的鬼。一次，宣宗皇帝又问谢庭循：“还有一个叫戴文进的，听说画画得很好。”谢回答说：“这个秀才的画不太精致，是寻常百姓的那种俗画。”于是戴又没得到任用。又有一次，戴文进把自己的山水画呈献给皇帝，宣宗皇帝觉得此画画得很好，就让谢庭循鉴赏一下，谢挑毛病说：“不错倒是不错，但画上的船中有一个钓鱼的人穿着红袍子，哪有这种事？”于是皇帝又把戴文进的画扔在了一边，没有选用。

《戒庵老人漫笔》

巨著却当鞋衬纸

我（笔者李诩）家乡（江阴）定山的葛维善，素来崇尚诗礼。在成化、弘治年间，于定山之上修建园亭，共有虎跑泉等三十一景。当时缙绅名公、诗坛高士来游玩，都少不了要作些诗赋以咏叹这里美丽的风光。时间久了，这些诗赋结成了一本很厚的集子。后来，这本集子流落到了石桥地方的一个姓赵的手中，可这人却不知道爱惜。我小弟是那家的女婿，一名陪嫁的女仆回赵家探望，回来时带了一些做鞋用的衬纸，我一看，赶紧跑到赵家去索要此书，但到赵家一看才发现，那部巨著早已被损坏得不像样子，只有一篇跋还算完整，能够阅读。

《戒庵老人漫笔》

狗替人亡

明代，有一次一个学堂的生员要迎候提学（地方掌管教育的官员）前来视察他们的学堂，十几个人都围坐在一间大厅里等待着提学的到来。正当这时，有一条大蛇从大厅的房梁上掉了下来，把在场的人们都吓了一跳。有人嘴馋，就捉住那条大蛇，把它给炖了。在蛇肉快要炖熟时，看门的人报告说提学驾到了，于是大厅里的人们都不得不把蛇肉放在一边，赶快跑出去迎接提学。就在这个当儿，一条狗看到锅里正炖着东西，由于没人管，锅里的汤都溢到地上了，那只狗喝了溢到地上的肉汤。等人们把提学迎接到大厅的时候，那条喝了蛇肉汤的狗已经被毒死在锅的旁边了。于是，大家把这锅肉都埋进了土里。

《戒庵老人漫笔》

梅国光因年少落第

明代，有一个叫梅国光的少年，他年纪很小时就参加了科举考试。在初级考试中的成绩竟然很好。嘉靖四十年，梅国光参加科举考试。成绩不错，作为考取者之一，梅国光的名字已经被写在榜上了。梅国光父亲的部下在看榜时，发现了榜上有梅国光的名字，不禁喜形于色，兴奋异常。监考官问这人到底是怎么回事，那人就把实情告诉了他。可不想监考官竟因为梅国光年龄小，就把他的名字从榜上划掉了。

《戒庵老人漫笔》

治病不成反被毒死

明代，余姚地方的一个姓毛的佥事患有风湿病，久治不愈。他的一个在湖广地方当官的同乡就送给他一条蕲州产的毒蛇，以期能当个偏方治治他的风湿病。那个毛佥事就把蛇收下了，并且用它泡了酒喝，不想半个月之后，毛佥事的脑后竟长了个毒疮，并很快就死了。

《戒庵老人漫笔》

一饭丢爵位

明代，有一个叫铁舍的人，他是江阴侯的孙子。此人的肚子特别大，以致于一辈子从来没看到过自己的脚，并且还非常能吃。永乐年间，他有一次到北京城去朝见皇帝，太宗让光禄寺招待他茶饭，结果他一次就吃了重达六十斤的食物。吃完饭后，他在向皇帝谢恩时，却跪下之后就自己不能再站起来了，皇帝命令两名卫士用力相搀，才勉强把他扶起来，皇帝因此决定不让他再承袭江阴侯的爵位。因为没了爵位，铁舍家就渐渐承受不了他这么大的食量了，所以只能给他吃一些粗茶淡饭，但即使如此，铁舍仍不少吃，每天吃馒头和熟茄子时，都得整箩筐地供给他，才能抵住饥饿。

《戒庵老人漫笔》

硬当仆人

明代有一个叫马凤志的文士，家里很穷，但由于他勤奋攻读，终于在科举考试中榜上有名。回家时，一群穿着华丽的仆人围住了他，声称要侍奉他，当他的仆人。马凤志赶忙说："我还是原来的那个马凤志，家里一个应门的五尺童子还怕吃饭的人多。"尽管马凤志再三推辞，可那伙仆人无论如何也不走，马凤志只好把他们留在了家里。马凤志由于多年苦读，身心已很疲劳，于是患了病，说不出话，五天后就去世了。那些当初死活要来当仆人的家伙，由于什么便宜也没捞着，都后悔不已，很快就都离开了马家。

《戒庵老人漫笔》

谈参吃鸡蛋

明代，有一个叫谈参的吴地人，吃饭非常节省，没有什么大事决不去买肉，但他每天都要煮一个鸡蛋吃。每次吃饭时，他就在鸡蛋上弄一个刚能伸进筷子去的小孔，然后用筷子从这个小孔掏鸡蛋吃，吃完饭，就把鸡蛋上那个小孔封上，留着下顿吃。三顿，才吃完这个鸡蛋。

《戒庵老人漫笔》

贪便宜的下场

一天，有个人拿着一本装璜非常漂亮的书册来谈参家卖，要价非常便宜。谈参不肯买，他的门客对他不懂行市很是惊讶，他说："这本书册来历不明，买来之后必然会被它连累。"于是谈参就没买。而谈参的弟弟贪便宜，暗地里用低价买下那本书册，并藏了起来。后来，偷那本书册的贼被抓住，谈家也因那本书册而受到连累，花费了百两银子才算了事，真如以前谈参所预料的那样。

《戒庵老人漫笔》

武定侯无理

明代，武定侯郭勋刚镇守两广时，正是他谦恭下士的时期。一次，有个叫周广的御史因事揭发武定侯手下的怀远驿丞，武定侯就写了一封信给周广，为那个手下人说情，并为此送给了周广许多东西。周广不理武定侯这一套，而且接着又继续有所揭发和评议。武定侯为此对周广怀恨在心。为了解心头之恨，武定侯竟用花招把周广骗到了他的家里，并无视国家法度，把周广狠打了二十棒子。事后，满朝的官员们都对武定侯的蛮横无理大为不满，纷纷要求惩办他。

《戒庵老人漫笔》

徐公子娶张少华

明代，上海有位徐公子很仰慕江南

名妓张少华。他先用一千贯钱当聘礼，把张少华和她的情夫——一个姓周的很英俊的小伙子，一块接到了自己的别墅里，而且每天供给他俩二两银子。过了一年多，徐公子趁那个姓周的小伙子喝醉之后，想占有张少华，却没能得逞，还被那个姓周的小伙子严厉斥责了一顿。于是，徐公子受不住了，就暗地里招养了一个比那个姓周的小伙子更加英俊潇洒的姓沈的小伙子，让他学吹箫，然后让他与张少华会面，使之移情，张少华果然注目于他。这时，徐公子又让人假装去邀请那个姓周的小伙子，并在他赴邀的路上，把他的头发剃光，又把他的容貌用刀毁了。此后，张少华被那个姓沈的小伙子勾引，并发誓要离开她的旧情人。徐公子这一招得手之后，就在一天晚上张少华和那个姓沈的小伙子正要上床就寝的时候，派人持刀跃出，并声言要杀了张少华这个不义的淫妇。张少华为了免于一死，只好签订契约，当了徐公子的妾。

《戒庵老人漫笔》

改名献媚

宋代元佑年间，有一个名叫朱绂的著名大臣，他为人正直，绍兴初年，不幸陷入党锢之祸中。到了后来的崇宁年间，又有一个叫朱绂的苏州人，刚刚在科举考试中中榜，很有希望升官，就上书说，自己与前代的“奸人”朱绂姓名相同，由于怕后代人把他俩弄混了，影响他的声誉，要把名字改为“朱谔”。当时正是奸臣蔡京当权，看到这份上书很高兴，于是破格提升了这个声明改名的家伙。

《戒庵老人漫笔》

乞丐娱母

明代，有一个乞丐经常在苏州行乞。有一次，城中的一名绅士在一个月亮很好的夜晚从桥上路过，忽然听见桥下有唱歌的声音，他很好奇，就下桥去看，唱歌的原来是那个经常在城中行乞的乞丐。当时，那个乞丐正手捧着一碗讨来的酒，跪着进献给坐在地上的一个老太太，并且一边有节奏地拍击着酒碗一边唱着歌。那个乞丐见有人来，先是一惊，见是个绅士，就笑嘻嘻地说：“下贱人嘛，只是让母亲高兴高兴。”那绅士面对此情此景，感叹了许久才转身离去。第二天把这件事告诉别人，人们都觉得这事挺动人的。此后，又有许多人看到乞丐以同样的方式逗他母亲开心。

《戒庵老人漫笔》

为母袖中藏食

明代，浙江的长兴里地方有一个人，他性情很粗鲁，但侍奉他母亲却很有耐心，把旧产业都用来赡养母亲了，所以家境渐渐衰落，只剩下了几间房子的财产。这人的叔父很有钱，一天，他的叔父同几个亲戚一块饮酒，让这个孝子来侍陪。由于这些亲戚中很多是有钱有势的人，所以饭菜非常丰盛。孝子看着眼前丰盛的饭菜，还没开始吃就想：“有什么办法能把这样好吃的东西放在我妈的面前就好了。”于是在开席以后，他就总是不时地左顾右盼，看别人不注意他时，就飞快地把一些好吃的东西用纸裹起来塞在袖子里。没看到他吃几口，即使吃也没吃出味道，而纸已用光了，袖子里装得满满当当的了。宴席将结束时，主人拿出金杯盛酒敬贵客。贵客逃酒，悄悄将金杯放在楼檐下，用瓦盖上，跑回家去了。仆人报告金酒杯丢失，客人们都要求脱下衣服搜查。孝子怕搜，就自己承认偷了杯子，并胡乱说了一个藏杯的地方。没找到，孝子又说，可能是被别人拿走了。他叔父索赔，他答应卖房子赔偿，但要求宽限几天，等租到房子，安顿好母亲再卖房子。后来那位逃酒的贵客写来条子，说明原委，事情才真相大白。他叔父被他的孝心感动，将家产分为三份，分给孝子和他自己的儿子每人一份。

《戒庵老人漫笔》

看到鸽子就哭

明代成化、弘治年间，江苏常熟地方有一个叫徐骏的人。他少年时候，养了几只鸽子，父亲为此打了他一顿，他从此接受教训，立志要好好学习。他的父亲死了以后，他一遇到鸽子，就不觉想起父亲对他的教诲，因而总会伤心地哭一番。

《戒庵老人漫笔》

曹主簿勇捍城池

明嘉靖三十五年四月十五日黄昏，倭冠进攻江阴城，往城垛间大肆放射铅弹，城中形势十分危急。城中一位姓曹的主簿率领他的儿子奋勇杀敌，他们把城墙上的三块大石头推到了涌入城中的敌群头上，乘便用火药武器猛击敌人，倭寇只好退却。到六月十四日，倭寇从四面围攻江阴城，城北门的情况更危急，人们守城的决心有些动摇，坚守阵地的曹主簿父子和士兵，总共才十二三人。江阴的县官想把自己的家眷转移到城里的学校中，以图安全些。这时，有人劝曹主簿为自己和家人考虑一下退路，曹主簿当面叱责这人说：“江阴就是我死的地方！”说着，用刀割下了自己的一只耳朵，并想要用刀砍自己的儿子，于是，没人再敢说撤退的事了。接着，曹主簿大量收集城中的柴火，点着往城外扔，但仍然不能阻止敌人的进攻，于是，他又率人用烧沸的人粪和融化的铁水往敌人密集的地方倒，敌人才不敢接近城池，保全了城中百万生灵。在战斗期间，曹主簿有四十多天没能正常吃饭睡觉。

《戒庵老人漫笔》

姚兴誓死抗金兵

宋代绍兴年间的一年冬天，金主完颜亮率领人马在尉子桥(淮河流域一小镇)与宋军展开大战。宋军的主将王权因贪生怕死，事先逃跑了，而宋军的一个叫姚兴的统领，率领自己所指挥的四百名骑兵，与金兵六十万人殊死搏战，最后因寡不敌众，全部壮烈牺牲。后来宋朝追赐给姚兴“忠毅”的名号。

姚兴养了一匹名叫青狮的战马。平日里他这匹战马非常好，每天都亲自为它喂食，并且好像能听懂青狮的叫声的含意似的。有时，姚兴竟把一个大盆子里倒满酒，和马一同畅饮，并说："我和你齐心协力报效国家。"后来，在尉子桥那次激烈的战斗中，姚兴竟真的和他的战马一同战死于疆场。

《戒庵老人漫笔》

张居正鉴文识人

明代隆庆五年科举考试的时候，张居正以大学士的身份任主考官，王锡爵以右中允的身份任第二房考。在阅卷的时候，王锡爵发现一张试卷文章写得很出众，于是就把这张考卷上交给张居正，并很想推荐这位考生作为本次科举的第一名。张居正看见这张考卷后，却说："这张考卷的答卷人一定是一个轻狂淫荡之士，不能重用。"只取在第四十八名。后来阅卷完毕启封之后，才知道那张考卷的答者是休宁人曹诰。此人来参加考试的时候，行李里不装有关书籍，却带了满满一箱子戏锣鬼面。在同其他来参加考试的举子们一起喝酒时，他装成死人的样子，让同伴们抬着在屋里走了好几遍，并以此为乐。听说这些情况的人都非常佩服张居正识人的本领。

《戒庵老人漫笔》

严大人拔正失马案

严本任大理寺左寺正时，良乡地方的一个人丢了马，他怀疑是自己的邻居偷的，就抓住这人送到县衙告状。县丞也觉得丢马人的那个邻居可疑，在审讯过程中用刑过重，丢马人的那个邻居竟被打死了。法司因那个县丞不依法办事而判了他流放刑，并且又判了那个因丢马而告状的人绞刑。严大人知道这事后，对那个法司说："那个县丞办案时杀了人，定他的罪是对的，可那个丢马人因怀疑邻居偷了他的马而向官府告状，怎么能以诬告罪判处死刑呢！好像那个县官和告状的人各自都杀了一个人似的，这是不公正的。"于是改变了原来的判决，没有判那个丢马人的死刑。

《戒庵老人漫笔》

严大人伸张正义

莒州地方（在今山东省）有一个屯卒，因强夺别人的田地而被人家告了官，结果被按察司治了罪。此后，他就与告他的那户人家结下了仇并总想找茬报复人家。一天夜里，他偷了与他结仇的那户人家的驴，结果被人家搜了出来，可这屯卒竟说与他结仇的那人诬陷他，并把那人绑起来送到了千户孙恭那儿。由于这个千户与屯卒有亲戚关系，因而那个无辜的老百姓竟被押往官府治罪，并在押解途中被折磨死了。法司知道此事后，以办公事失职而判了那个千户流放罪。在大理寺工作的严本听说此事，出来主持公道说："用杀人来制止杀人，如果不杀那个千户，那么死者就会含冤，死也不会瞑目。"于是那个千户得到了应用的惩罚。山东人都为之称快。

《戒庵老人漫笔》

义仆阿寄

明代，淳安地方（在今浙江省）的一户姓徐的人家有一个叫阿寄的仆人。徐家的几个兄弟分家时，老大分了一匹马，老二分了两头牛，老三家守寡在家的媳妇却只分得了已经五十多岁的老仆人阿寄。老三家的寡妇哭着说："马能骑，牛能耕地，可阿寄连路都走不隐，还得吃我的粮食。哎，我可真倒霉呀！"阿寄听到这话，感叹道："主人啊，你是说我连牛马都不如吗？"于是，他开始策划生计，以显得自己有用。寡妇看到他这样，就把自己所有的首饰都变卖了，共得了十二两银子，都给了阿寄。阿寄就拿这些钱作本钱，进山去贩卖生漆，一年之后就赚了三倍的钱，于是对那寡妇说："您可以无忧无虑了，富裕的日子马上就可以来了。"又过了二十年，阿寄为主人家所赚的财产达到了几万两银子，并且为主人的三个女儿和两个儿子办了婚姻大事，每件婚事都花费了千两银子。此后又请了老师教授主人的两个儿子，并花钱让主人的这两个儿子都当上了国子监太学生，寡妇家也成了当地最富的人家。此后没几天，阿寄就得了病并且要死了，临死前，他对那寡妇说："我已经像牛马那样报答了您了。"说着，从枕头里拿出两张纸，上面将所有的财产平均分成了两份，又说："把这两份财产留给您的两个儿子，就可以世代守成了。"说完这话，阿寄就死了。徐家的几个孙子中有人怀疑阿寄私藏财产，就偷偷弄开了他的柜子，结果发现柜子中连一寸线一粒米也没有。阿寄自己只有一个老伴和一个儿子，都只穿着仅能遮体的破衣服。

《戒庵老人漫笔》

范信养旧主

明代时，昆山地方（在今江苏省）的龚去亨家有一个叫范信的家奴。龚家由于日益没落，且吃闲饭的人很多，所以造成了入不敷出的局面。于是龚家就把范信和范信的妻子卖给了常州地方的一家人。其后，几年间相互也没有联系。明正德初年，龚云亨更加贫困了，也没有谁可以去投靠。一天龚云亨碰巧路过范信的新主人家，在路上竟又见到了范信。范信看到了自己原来的主人，就哭着跪拜在地上，接着又把龚云亨请到了他的新主人的家中，并对他的新主人说："这是我原来的主人，现在流落到这儿，我真不忍心看到这种情况，希望您能收留他们。我们夫妻可以日夜干活，以供应故主的食宿。"范信的新旧两位主人听到此话，都很受感动，于是新主人就答应了范信的请求。范信在家事稍闲时，就肩背着货物，到各村去叫卖，用所卖得的钱，来供给他原来的主人的食宿。

《戒庵老人漫笔》

仁以待人

明朝张潮的太祖一天晚上回到家

里，觉得神阁里有动静，点灯一看，是一个小偷躲在里面，太祖马上大喊道："你有什么事错跑到我家神阁里来了？"然后拿来梯子让小偷下来，并告诉他不要害怕，还从袖子里拿出一些碎银子给他，开门把他放走了，张家老少常常说起这件事。

乡里有一个很横暴的人，遇事就纠缠不休，和张家有些小矛盾。一天傍晚，太祖正站在自家门前，此人蓬头赤脚地打张家过，见了太祖就破口大骂，神态非常凶恶。张家的仆人都愤恨不平，想上前打他。太祖坚决不让，一直站着听那人骂完才进门。有人问起这件事，太祖说："我要是一开始就回到屋里去，那些仆人肯定要打他，天黑大家又很气愤，弄不好就打死了。我甘受其辱，不和他计较，他也就消气了。"后来那个人后悔了，领着两三个老年人来陪罪，大家一笑之下，尽释前嫌。

《松窗梦语》

大山分崩

明代，陕西澄城县有一座几百丈高的大山。一天晚上忽然发出雷鸣般的吼声，一连鸣响了几天，于是一座山分崩成东西两部分，互相远离而去，相隔五百多里。

《松窗梦语》

轻身重财

明朝有一个叫做屠应埙的人得了重病，找来医生替他治疗。医生说弄到乳香就可以治好病。屠公问医生那要多少钱，医生说："不过一两银子。"屠公嫌花钱多，不肯让家里去买乳香，结果没过几天就死了。

《松窗梦语》

罢　镇

明武宗朱厚照在位时，重用宦官出镇各省，刺史以下都得礼拜宦官。这些宦官得到机会就劾奏府县官员非法之事，气焰嚣张，使人望而生畏。

当时张永嘉作宰相，武宗和他的关系很好，每次见面都和谐愉快。每次上殿武宗都恩赐他绣花的墩子，让他坐着。有一个宦官从殿下路过，永嘉故意收起笑容，站起来垂手侍立。武宗非常注意地看着，看了很久。

第二天，皇帝下令罢免了镇守各省的宦官，并且说："张先生都畏惧这帮人，更何况其他人呢？"

《梅花草堂集》

猫

万历八年，笔者（张大复）的先父从济河边获得一只白猫。尾巴像漆一样黑，经常奋爪出击，发声如吼，老鼠常被它吓得从壁上掉下来，被它扼住咽喉，老鼠死了，它便扔掉。先父特别喜爱这只猫，家人准备饭食，一定要先喂这只猫。即使座上有重要客人，也不改变这个习惯做法。八年后，先父去世，猫趴伏着，三天不肯见人。先父成殓之后，才有气无力地从仓房里走出来，趴伏在棺材的左侧。喂它食物,就哀叫几声,始终不肯吃东西。一共过了五天,就这样死了。

《梅花草堂集》

梦　酒

有个嗜酒的人,夜里做梦得到一壶酒,又惊又喜,急忙喊他的妻子热酒。梦中叫出了声,醒了。自己埋怨自己道:"冷喝有什么不好?"从此以后,不再喊热酒了,认为喊了影响喝酒。

《梅花草堂集》

囊　萤

有个书生因囊萤(晋人车胤家贫无钱买灯油,用白丝袋子装萤火虫照亮夜读,被传为美谈,称为"囊萤")而闻名于乡里。一个与他同里的人钦佩他的苦学精神,早晨去拜访他。他家里的人告诉这位慕名者说他有事出去了。这人说:"怎么会囊萤而夜读,早晨却去干其他杂务呢?"家里人说:"没干别的事,是去捉萤火虫,下午就可以回来了。"

《梅花草堂集》

梦竟成真

邓茂齐有了儿子后,心中时常记挂着。有一天夜里住在严中翰家,梦见儿子跌倒了,惊醒,急忙跑回家。儿子正在和奶奶玩,安然无恙。茂齐高兴地把他抱在怀里,在庭院台阶之间绕着闲走。一会儿,失手把孩子摔到了地上。

《梅花草堂集》

刘妻请死

唐庄宗要斩刘守光。刘守光贪生畏死,不停地悲泣号哭乞求活命。他的两个妻子李氏、祝氏责备他说:"事已至此,生复何益?"于是,请求先死,引颈就戮。

《舌华录》

金刚怒目菩萨低眉

隋朝的薛道衡是著名文学家,任吏部侍郎时,曾游钟山开善寺。他问寺中小沙弥:"金刚为何怒目?菩萨为何低眉?"小沙弥答道:"金刚怒目,所以降伏众魔;菩萨低眉,所以慈悲六道(也称"六趣",佛经说众生根据生前善恶行为有六种轮回转生的趋向)。"

《舌华录》

杖责宦官

唐高宗时,杨德干任万年县令。朝中有个宦官依仗皇帝的恩宠,放鹞鹰时根本不躲避百姓的庄稼。德干抓住宦官,杖打二十,又把鹞鹰的头都拔掉了。宦官流着眼泪告到皇帝那里,露出后背给皇帝看。皇帝说:"知道那人厉害,为什么还要去侵害那里的百姓!"

《昨非庵日纂》

黄豆参战

刘锜与金人作战时,命令士兵每人带一个竹筒,其中装满煮黄豆。两阵交战时，就把竹筒弄破，黄豆撒得满地都是，金兵的马闻到豆味，争相低头吃豆，脚下竹筒乱滚，人站不住脚，这样一来，敌兵与马全都被打死了。

《昨非庵日纂》

量沙退敌

刘宋时名将檀道济伐魏，粮食吃尽后，只好从历城返回。当时有士兵逃到魏国，把实情告诉了敌人。魏兵随即前来追赶。檀道济便在夜晚一边唱数，一边量沙子，用所余的极少一些米盖到上边。第二天天亮后，魏兵追到了，见此情景，以为宋军粮食有余，降者谎报军情，便将其杀掉了。宋军兵少，魏兵势众，于是道济便命士兵全都披上盔甲，自己穿便衣登车，领军徐徐而出。魏军以为对方有伏兵，不敢逼近，向后稍退。道济得以全军退回。

《昨非庵日纂》

简雍劝主

三国时，有一年蜀地大旱，刘备便下令禁酒。有一个刑吏在某人家中搜到酿酒工具，就准备按酿酒罪加以处罚。此时，简雍随刘备出游，恰好看见一个男子在道上走，简雍就对刘备说："此人想行淫，为何不抓起来呢?"刘备问："你怎么知道他要行淫?"简雍说："他有淫具，与要酿酒的人是一块的。"刘备大笑起来，下令释放了家有酿具的那个人。

《昨非庵日纂》

泣母无力

韩伯俞犯了过错，母亲用竹板子打他。他哭了起来。母亲问："往日打你时，你不曾哭过，今日为什么哭?"韩伯俞答道："往日打我时，我感到身上痛；今天打我，身上不痛，知道是母亲没有力量了，所以哭泣。"

《昨非庵日纂》

燃须无罪

韩琦任定武帅时，有一次夜间写信，让士兵举蜡烛，不小心烧到了韩琦的胡须，韩琦用袖子拂了一下，仍然像方才一样写信。过了一会儿，他发现换了个士兵，恐怕主事官吏鞭打原先那人，急忙叫道："别换人！是我让他把蜡烛弄亮了些，才烧到了我的胡子，幸好没烧到书信，这有什么罪?"

《昨非庵日纂》

汪公补银

汪一麟从知州升任刑曹，得到十两俸银，让州民赵锷为他修船，以便北行。船修好后，汪公携带家眷登舟，见船修得很坚固，便问用了多少钱，赵说用了十两银子。汪公找来修船工匠秘密查问，原来用了二十两，于是取出六两银子，还有三把扇子，三斤墨，这两样东西加起来值四两多银子。接着唤来赵锷，对他说："我知道你赔了十两银子，现在用这三样东西补偿你。"赵勉强接受了。

赵退走后，汪公的夫人对他说："既然知道缺十两银子，就应该把数补足，扇子和墨可以作为对他的酬劳。"汪公急忙又拿出四两银子，赵更加不敢收了。汪公满面通红地说："要是这样，我就连一个妇人也赶不上了，你一定不要推辞。"

《昨非庵日纂》

辞　金

杨震孤贫然而好学，人称关西孔子。大将军邓骘向朝廷推荐他，使他官至刺史。郡守门生王密乘黑夜带着银子送给他，声称无人知晓，杨震推辞不受，说："天知、地知、你知、我知。"王密惭愧退走。杨震的子孙吃的是蔬菜，出门皆步行，有人劝他们置办些产业，杨震说："让后世称他们是清白官吏的子孙，这份遗产不是很丰厚吗？"

《昨非庵日纂》

白水送别

隋朝时，赵轨任齐州别驾，被召入朝。州中父老挥泪与他作别，说："您任别驾，和百姓间连饮水、借火的联系都没有，不敢拿一杯酒送您，您清廉如水，我们只好请您喝一杯白水，为您送行。"赵轨接过来一饮而尽。

《昨非庵日纂》

郁林石

唐代陆龟蒙的老家在姑苏，其门前有一块巨石，是其远祖陆续任郁林太守时，罢官回家，因为没有行李，舟空难以过海，于是搬来一块大石头压舟。人称"郁林石"。

《昨非庵日纂》

一毫不取

宋人凌冲任含山知县时，不占一丝一毫的便宜。任期满后，收拾行装准备回归时发现一方砚台。凌冲看了看，说："我来时没有这件东西。"于是命人送还。

《昨非庵日纂》

明太祖严刑

明朝建立后，明太祖朱元璋为整治元末官吏放纵，政纪废弛的风气，特采用严厉的法制控制官员，如果稍微触犯禁令，即以重刑处罚。当时，京城的官员每天早晨朝见皇帝，必定先与妻子儿女诀别；到晚上平安无事回家，举家庆贺，庆幸自己又多活了一天。

《草木子》

生来有胡须

清太傅明珠的曾孙宁秀，出生时颔下就生有几十根胡须。二十岁时，容貌苍老，宛如四五十岁的人。不到三十岁便去世了。

《啸亭续录》

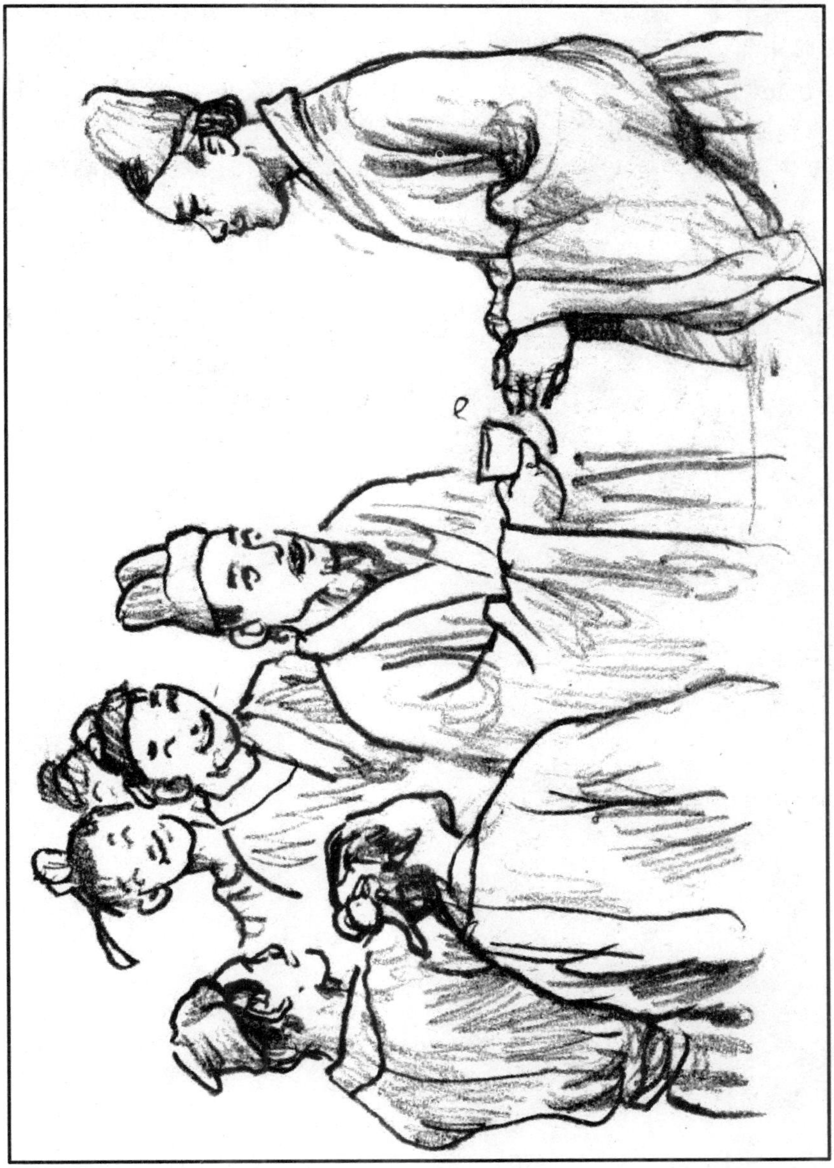

白水送别

定王救火

清代乾隆末年，定王屡次任京城治安官。有一次正阳门外我发生火灾，火势很大，一直烧到老百姓的房屋。定王亲自出马，率领士卒前去救火。附近有一妓馆也着火了，妓女们有几十人都打扮得粉白黛绿，一齐跑到街面外避火。定王不知是怎么回事，也不知这是妓馆，便问手下人说：“这是谁家，为什么生了这样多漂亮的女孩子呢？”当时人们传为笑谈。

《啸亭续录》

《涌幢小品》

［明］朱国桢

《万历野获编》

［明］沈德符

《玉芝堂谈荟》

［明］徐应秋

《先拨志始》

［明］文　秉

《制义科琐记》

［清］陶福履

《明季北略》

［清］计六奇

《明亡述略》

［清］锁绿山人

《明武宗外纪》

［清］毛奇龄

《檐曝杂记》

［清］赵　翼

《檐曝杂记续》

［清］赵　翼

《新世说》

［清］易宗夔

教授自罚

北宋元符初年，姚佑任杭州教授。堂试的时候他出了《易经》中的一道题："乾为金，坤亦为金。"福建本书籍刊印有错，实际上是"坤为釜"，漏掉了"釜"字上的"八"字，使姚佑误读成"金"。

考生们疑惑不解，就请教姚佑，姚佑竟做了望文生义的解释。考生们只好诚恳地指出刊印错误，教授愣住了，拿来官本书籍核对，果然是"坤为釜"。

姚教授立即升堂，自行宣布扣罚自己的俸金。

《涌幢小品》

舍命保税金

赵伦，字序之，号五溪，高平人，好义而家境富裕。

有一次，县令派他督运三千两白银作为边赋。出发前一天的晚上，一伙强盗闯进赵府，强迫他交出全部赋银，他执意拒交："那三千两白银是公家财物，百姓膏血，我不忍心让几千户百姓再纳一回银，重受一回罪。"

强盗们搜不出深藏的三千赋银，非常恼火，就把刀架在他的脖子上，他仍旧拒绝交出。于是强盗们杀死了他，并把他的家财抢掠一空。

县令念他义勇，亲自为他送葬。

《涌幢小品》

识人善任

明朝初年，四明人王桓与两位儒者在便殿被太祖朱元璋召见。太祖问两位儒者："你们在家是干哪一行的？"其中一个回答："我务农。"太祖又问："你务农，可知道稻子与麦子秸杆的节数有什么不同吗？"儒者说："知道，稻子三节，麦子四节。"太祖又问："稻麦本是同类作物，秸杆节数为什么会不同呢？"儒者说："稻子春天插种，秋天收获，共经历三季，所以秸杆三节；麦子经过四季才收获，所以秸杆四节。"太祖说："这是懂得种庄稼艰难的人。"当下擢升他为某州知州。

另一个儒者告诉太祖："我行医。"太祖问："你既然行医，可知道蜜有苦的，胆有甜的吗？"儒者回答："蜜蜂采酿黄连花，其蜜就苦；猿猴吃野果多，其胆就甜。"太祖说："这是懂得推究事物原理的人。"立即诏令擢升他为太医院使。

然后太祖问及王桓，王桓回答："我在乡间教书。"太祖又问："你喜好什么，憎恶什么？"王桓回答："人之善者好之，其不善者恶之。"太祖说："这是通达事理的人。"马上任命他为国子监助教。

《涌幢小品》

韩观杀人

韩观，曾任两广提督。刚到任时，有生员来迎接他。他平时不知道生员是什么打扮，见到迎接他的生员头巾衣衫跟一般人不一样，立刻命令捆起来斩了。左右侍从急忙说："这是生员。"韩观仍不理睬，只是说："生员是强盗。"朝廷知道这事，高兴地说："韩观善于应变，让他在生员中留下威名也好。不然如果军令发出没人执行，那不是有损他的威严吗？”

韩观杀人太多，御史想揭发他，韩观就把御史请去喝酒。他故意用人皮铺在椅子上当坐褥，人皮上耳、目、口、鼻都清清楚楚，头发披散垂到坐褥上，头披在椅子后面。菜肴端上来，盘中放着一颗人头。韩观拿起筷子夹了两个眼睛吃，然后说：“其他禽兽的眼睛都不能吃，只有人眼睛味道最美。”

韩观凑近御史坐着，时而命令绑来一人杀掉，也不回头瞅一眼。片刻间，血流满院，韩观说：“这种人跟禽兽没什么两样，杀了他，跟杀虎豹一样。”御史吓得战战兢兢，手足无措，只是说：“韩先生真是神人啊！”最终还是不敢揭发他。

《涌幢小品》

舍己救父

黄岩县有位孝女叫夏阿九，年方十五岁。有一天，阿九跟着父亲和一个邻居到山里砍柴。父亲走在前面，遇到一只老虎，那个邻居非常害怕，急忙爬到树上逃命。阿九眼见父亲被老虎叼走，边喊边冲边上前，拿起柴棍打虎，一边打一边哭，全然不顾自己。那虎走了十来步远丢下阿九的父亲，回头把阿九吃了。

《涌幢小品》

奇　竹

剡山有一种人面竹，直径将近一寸，近根二尺像树，竹节特别短促，四面参差不齐，竹皮像鱼鳞而且凸起，很像人的面部。

崇阳县有一种龟纹竹，只有宝陀岩出产，而且只有一株。用它做扇子非常珍奇。听说现在也绝种了。

高潘有疏节的竹子，六尺一节。

黎母山有一丈一节的竹子。

瓜州有无节的竹子。

罗浮有龙公竹。

临贺有十抱粗的竹子。

濡州有扁竹。

占城有藤竹。

员丘有船竹。

东方有弓竹，像藤萝一样弯曲，遇到树就倚靠上去。

南方边远地区，有一种沛竹，可以长百丈。

澄州出产一种方竹，形状像刀削成的，可以做竹杖。

溱州出产一种通竹，一直长上去，没有节子，中间是洞穿的。

成都有一种竹子，青黄交错，人称“黄金间碧玉”。

辰州有一种龙孙竹，高不满一尺，只有针那么粗。

交广有一种思摩竹，竹笋从竹节里长出来。竹笋长成竹子后，到春天，竹节里还长竹。

墨竹像藤子，长一丈八尺，颜色像铁一样黑。每节长二三寸，名叫观音竹，出于占城国。

《涌幢小品》

经劫草

茶陵州云阳山有一种草，高三十丈，一株发出一千枝，一枝有一万片叶子。每一百年开一次花，花开后不凋谢，阴天收卷，晴天舒放。形状像芭蕉，名叫经劫草。

《涌幢小品》

睡　草

桂林有一种睡草，谁见着就让谁睡觉。手里握着它，就会睡得很久。它另有一个名叫"醉草"，还叫"妇箴"。

《涌幢小品》

长指甲

翠娥秀是娼妓家的孩子，以处女之身嫁给松江管军副万户薛彻都为妾。薛去世后，她小心谨慎地保护自己的指甲，不肯再嫁，一生守节。她活到八十多岁，死时，指甲有一尺多长。

《涌幢小品》

高低眼

赵方任京西帅，容貌古怪。两眼一高一低，一只眼看天，一只眼看地。人们一望他的相貌就害怕。

《涌幢小品》

长　人

宋孝宗淳熙年间，苏州有一户姓唐的人家，兄妹两人都是一丈三尺高。每天要吃一斗米的饭。走累了就倚在市场的房檐上，坐在檐上像坐在矮墙上一样。他俩不能出门，一出来就引得整个市上的人围观。皇帝下诏供给他们衣食。殿前司德寿想见见他们，让他们到北宫来见面，怕他们引动百姓聚观，便让他们躺在船上从河上来。

《涌幢小品》

非马非羊的动物

明成化二十三年，浙江屏风山出现了成群的奇异动物。样子像马，大小如羊，白色，数以万计，首尾相衔，从西南石牛山上浮空而去，从中午到下午三四点钟才消逝不见。当地居民男女老幼没有没见到的。老人梁秉高说，正统年间，也见过这种异常现象。

《涌幢小品》

小白鹿

明万历三十六年七月十五日，嵩山马峪居民获得一只小白鹿，通身如雪。眼睛周围一圈红得像丹砂，而瞳孔黑亮如漆。居民把它献给了县官。县官畜养了二年，看它将要生角，便把它带到玉柱峰下放归自然了。过一个月，朝廷派来了使者，没要到这只鹿，也就算了。抱朴子说："鹿千年白，五百年黄。"这只是一种说法。现在这只白鹿刚刚露出角，显然是只幼鹿。可见又有珍奇的鹿种，不能用年岁来论了。

《涌幢小品》

犬知虎迹

王日就，字成德，分水县人。年轻时以侠义和胆气自负。一次，夜间出猎，带人骑马而出。他所畜养的一只狗，呜呜叫，叼着他的衣服，打也不松口，拖着他往回走。他感到很奇怪，便跟着狗回家了。第二天回去看夜里所去的地方，虎迹纵横。他叹息道："狗，是人豢养的畜生，它尚且懂得爱护主人；我承受了父母的遗体，不知自爱，怎么可以呢？"于是，遣散追随者，专意读书。

《涌幢小品》

豕　金

明万历初年，浒墅关王序三家中喂养的一口猪，忽然叼着主人的衣裾往外走；主人感到奇怪，便跟着它走。猪用嘴拱地，起出埋藏的银子一千两，王家因而大富。从此用饭喂猪，用清泉给它洗澡，给它披裹绵织品，铺垫毛毡。一共供养了十年，待遇完全比得过牛。远近都来观看，称这家所得的银子为"豕金"。

《涌幢小品》

胎生鸟

隆庆、万历年间，缅甸有一种鸟，四只脚，肉翅，有鹅那么大，鸣声似鹤，能飞起来，但飞不远。雏鸟胎生，鸟飞时把雏鸟背在背上。这种鸟不作践庄稼，不吃虫子。

《涌幢小品》

百舌鸟

四川山谷之间，有一种百舌鸟，羽毛色彩翠碧。蜀人多有养这种鸟的。它另有一个名称叫翠碧鸟，善于仿效其他鸟的鸣叫，一共有几十种，这不是东方所谓的百舌鸟。往往喜欢咬斗，斗起来直到死也分解不开。

《涌幢小品》

越王鸟

越王鸟出于新州，像鸢而长了一个勾形的嘴。喙中可以容纳两升，南方人拿它做酒杯。这种鸟不踩地，不饮江湖中的水，不吃百草虫鱼，只吃树叶。它的粪像薰陆香，可以治疗杂疮。

《涌幢小品》

驯养天鹅

工部徐谧，是兴化县人。他养了一只天鹅，他到什么地方去，天鹅一定跟着。有时入朝，天鹅就在天空盘旋，等徐谧退朝它才落下来。人们都利用天鹅来判断徐的去向。他家有个亭子，名叫"问鹅亭"。

《涌幢小品》

百万蛤蟆

明世宗时，一年正月十五前三天，

出现了几百万只蛤蟆，大的背着小的，从高邮蛤蜊坝经过，人都无处插脚，不能走路。蛤蟆进入兴化县界后，散开找不到了。背负着走时，蛤蟆爪子深入皮肤之中，人用手劈不开。

《涌幢小品》

黑壳虫

辽东、广宁等地，狂风大作，白日昏暗。有很多黑壳虫落在地上，像苍蝇那么大。时间久了，都钻进土里。又过了几天，从土里钻出来，飞走。嗡嗡的像蝗虫。

《涌幢小品》

衔尾蛇

万历十八年夏初，在乳源前江，出现很多蛇互相衔着尾巴，从下往上爬行，进入燕口岩山洞里。经过一昼夜才爬完，见不到了。有人打蛇，也没出现什么问题。

《涌幢小品》

龙盘村妇怀中

广西左州模村有个岩洞，进洞二十步，便是一片昏暗。洞里有野龙潜伏，村里妇女想见龙的，就好好打扮一番进洞，唱当地民歌引逗，龙就会出来，盘在村妇的怀里，过很久才离开。男人来游览，龙则潜伏不出。

《涌幢小品》

巨　蛇

明万历四十四年，建昌县百姓某人进山打柴，逢见一条巨蛇。此蛇头上长着一只角，六只脚像鸡爪，见到人不咬，也不惊慌。这人召唤很多人去看，大家也不敢伤害蛇。蛇慢慢爬进深林里去了。

《涌幢小品》

蚁　虎

有一种动物像小乌龟，土色，混在灰土里生存，蠕动速度很快，喜欢呆在柱基下或墙壁下，从软土下面钻进去，害怕被鸡吃掉。生育繁茂。到冬天，挖掘地面能找到它，春、夏、秋三时都散在各处。不知道它以什么为食，人们传说它能吃白蚁，直到吃尽。

有一个叫李辅的人，路过抚州金溪，在饶泉大户郭家住宿。发现地不干净，便让仆人扫净。正安排床榻时，主人来了，再三告诫，同时告诉他这种动物的形状。然后说："我们家新盖的住宅，没想到被白蚁咬坏了，梁栋内部已经蛀空，没有办法。有人教我到四川去找这种动物放到柱基下的灰尘里。到现在几年了，白蚁全部被吃尽。敲击屋子的栋梁，屋柱发出中空的蓬蓬声。现在已经没有一只白蚁存在了，您如果叫人扫地，遇到这种动物，一定要保全它，不要伤害它。"

能吃白蚁，一定是奇物，也是虫类，大不足一寸，呆着不动，能钻土出来，名叫“蚁虎”。

《涌幢小品》

磬　石

宝庆府东五里康济庙有一块石头，大约长五尺、宽一尺四寸、厚一寸五分。中间穿空成窍，用铁索悬架起来，当做磬石。敲击它发声嘹亮，传到五里之外。石上有两道线纹。相传过去有一家渔民，哥哥在江中打鱼，得到了一片金子拿回家，兄弟为分取金子争吵起来，金子便变成了石头，因而一起抬到庙里来了。

《涌幢小品》

照天烛

范致虚丞相家住东田朝山。山上有一块石头，尖尖的耸出很高，夜里常常发射光芒，被称作“照天烛”。

《涌幢小品》

水中石从天上来

明正统十三年秋，南城县举行丁祭。当夜三更，从天空飞落石头，都是长期浸在水里的石头，还长着水中的绿苔，大约有四五斤重。

《涌幢小品》

三色雪

明神宗万历四十四年正月，下了一场大雪。无锡的雪有红、黄、黑三种颜色。在屋子的瓦上，无论大小人家都有巨人足迹。

《涌幢小品》

穆宗仁俭

明穆宗朱载垕在位不长，但仁俭成性，为人所称。有一次，他想吃果饼零食，便向近侍询问。很快，尚膳监和甜食房便各自开列了买办松榛食糖等物的清单，价值数千金。穆宗看完，笑道：“这种果饼只需花五钱银子，就可以在东长安街勾栏胡同买一大盒，哪儿用得着这么多金钱。”内臣都缩着脖子退了下去。原来，皇上在外面住的时间较长，所以熟悉其价。又有一天，穆宗想吃驴肠，近侍便请求将驴肠增入御膳食谱。穆宗说：“这样的话，每天都要杀一头驴，以备上用了。”终于没有同意。

《万历野获编》

黑气化为石

弘治十年二月，河南修武县发现一团黑气，落地后便化为石头。发出声音像雷鸣，形状像羊头。

《万历野获编》

空中降鹅卵石

明正德八年二月，有两颗火星，落到浙江常山官署里，大如鹅蛋。七月，浙江龙泉县有两颗赤色石弹从空中落到县厅上，外形有鹅蛋那么大。又流到老百姓家中，跳跃着，好像两颗石弹在互斗，过了很久才消失。

《万历野获编》

裂塔复合

云南姚安府大姚县西有座白塔，上面留有“唐尉迟监造”字样。明弘治年间，大姚县发生地震，塔的中部受震裂开一道口子。不久，地又震，裂口又合拢了，与原来一样。又听说大理府城中有三座塔，遇到大地震，三座塔都出现了二尺左右的裂口，人们都以为塔非倒不可。第二天，地又震，裂口又都闭拢，连一点痕迹都没留下。

《万历野获编》

观字得子

曾为明成祖朱棣出谋画策，夺取天下的道衍和尚，本姓姚，成祖赐名广孝。朱棣赐他两名宫女，令他蓄发还俗，他坚决不肯。太湖一带发生饥荒，成祖命他前往赈灾。一天，他偶然发现一家酒店的酒帘上写的字格外奇伟。一询问，才知道是里中少年所写，便召见此人。一见面，非常惬意，便将他过继为子，取名姚继。后来承荫为尚宝卿，官至太常少卿。

《万历野获编》

因书法得官

元代著名画家、书法家赵孟頫一次看到一家酒店的酒旗上写的字，惊奇地说：“当今天下只有我的书法最高，现在这字比我写的还好，这是怎么回事？”后来，得知此字是李溥光的手笔，便急忙令人用轿子把李抬来。原来是个和尚，两人谈得很融洽。因此，赵把李推荐到朝廷中去，使之官至昭文馆大学士，加荣禄大夫。

《万历野获编》

竹子里的活鱼

明隆庆年间，云南陇川一对夷人夫妇进山砍竹子。剖开一根竹子，中里有水，水时有活鱼六七条。他们就拿回家煮着吃了。

《万历野获编》

群猴败倭寇

明代名将戚继光当年到江南去征讨倭寇，在山林之中训练军队，让兵士们习练施放鸟枪、火鼠之类的火器。树林中有一群猴子见了，出于好奇，也暗暗地摹仿人的动作，趁兵士们休息的时候，就从树上跑下来摆弄火器。久而久之，猴子们不但掌握了火器的施放方法，而且其施放技术竟超过了人。有一天，大批倭寇来犯，戚继光兵少，估计如果与敌人正面交锋必不利，于是伏精兵于隐蔽之处，而以少数精锐之兵挑战，又故意败北以引敌人上钩，预先把许多火器放置在猴子们经常出没的山岙里。当倭寇追到山岙里时，群猴见倭寇个个光头赤足，横行山林，与它们平日所见的人不大一样，以为是一群恶魔异兽，要来吃掉它们，所以非常害怕，个个争燃火器，一时间树上树下，鸟枪齐鸣、火鼠乱掷。倭寇受到猴子们的意外攻击，大吃一惊，吓得狼狈逃窜，死者相枕。戚继光发出信号，伏兵四起，追击倭寇，明军大获全胜。

《万历野获编》

破旧绿头巾

嘉靖年间，吴县缙绅中有三兄弟，文章有名气，又都考中高第。因修建住宅，出来慰劳木工，顺便要笑木工说："你太辛勤了，我应当去买一方绿绢，给你做头巾裹头。"木匠辞谢说："哪敢烦劳您替我制做新头巾，只要能得到主人翁所戴破旧的相赠就心满意足了。"这家缙绅素来因此受人议论，至此，竟惭愧得对不上话。

《万历野获编》

母大虫

万历二十三四年之间，京城之南，霸州、安文一带，忽然出现了一个专事抢劫的健妇，外号母大虫。这人三十来岁，容貌不丑，双脚纤细，善于骑马使长枪。把一颗豆子摆在地上，她跑马经过，一枪就能把豆子劈成两半，再跑再劈，豆子就会劈成四份。武艺就是这样精熟。突然遇上，别人都不知道她的技能，如果跟她格斗，一定会被她杀掉。她横行了三四年，先后有过几个丈夫，稍不满意便亲手杀掉。有个安徽人名叫王了尘，善用铁鞭，听说这位妇女武艺过人，拼死与之搏斗，打了半天，难解难分。这个女人便住手讲和，留下了尘当丈夫。没曾想，王了尘有嫪毐的能耐，二人相见恨晚。后来，王看到这个女人杀人太多，官兵正在计划逮捕她，害怕自己也同时落入法网，便偷偷跑进了京城。这个女人气坏了，带了几个最精干的随从入京追寻。京城治安人员发现这一行人行为特异，急忙调集精兵前往捕捉，她便跑到城外，结果在城郊被追上，她领这几个人杀了一个追兵。但官军愈来愈多，女人所带的几个人都逃散了，她被生擒，最后受磔刑而死。

《万历野获编》

自阉

明代，莆田人王继祀年轻时为性欲苦恼，不能专心读书，便自己把睾丸割掉。又听说嘉靖末年，福建人户部主事柯维麒因编写《宋史新编》，要杜绝男女之事专心致志完成事业，也演出了一段太史公下蚕室的故事。

《万历野获编》

妇女长胡子

元顺帝至正十一年正月，京城齐化门东面一位妇女长了一尺多长的胡子。本朝（明朝）弘治十六年，湖广隋州应山百姓张本华的妻子崔氏，长了三寸多长的胡子。鄱阳一位妇女有美髭，人称为三须娘。

《万历野获编》

无头胎儿

明弘治六年,一位妇女一胎生下五个男孩、三个女孩,都没有头。其中两个女孩的肚脐下面各有一个口,借助它发出哭声。几天后,都死了。

《万历野获编》

双胞胎记录

明嘉靖年间,有一对双胞胎,一个叫顾联璧,一个叫顾合璧。他们同时在嘉靖三十七年应乡试中举。联璧登进士第,任嘉兴府同知,最后死于任上。合璧官佥事,最后死在家中。他们的父母一共生了四胎,共生了八个男孩子。

我(沈德符)过世的祖父治理上川南道时,有一位姓时的雅州医官,精通药方与脉理,医术也在当时流行。每次遇见祖父时,都要提到衣食的艰难。询问他,他说家里有三十二个孩子,问他有没有侍妾。却说只有结发妻子一人。一共生了十六胎,就得到这么多孩子,没有一个夭折的,所以生活如此艰难。祖父认为他是胡说,后来,询问州里其他人,都说的确如此。

唐代,淮南程干的妻子茅氏,连续八年,都生的是双胞胎,共生了十六个男孩子。

《万历野获编》

男女同川而浴

粤中有男女同河洗浴的习俗。沈继山任番禺县令时,因为常居官署,一直没有见过,所以并不知当地有此习俗。后来,他被贬官闲居,发现每次饭后,家中奴仆都结伴而出,一直到晚上才回来,每天都是如此。沈继山十分生气,就用鞭子痛打他们说:"你们也要学那些弄权的奸臣,想抛弃我而不顾吗?"可是,他们仍然不改,依旧饭后外出。有一天午饭后,他悄悄观察,发现他们又一个个溜了出去,便尾随其后。来到城外河边,只见男女老少全都脱衣下水,洗澡游泳,十分开心。河里的人竟望不到头,在河边看热闹的人里三层,外三层,像一堵墙。沈继山这才知道他们宁可挨打不愿呆在家里的原因,此后,他不仅不再惩罚他们,每逢饭罢,他反而比他们还先出门,也跑到河边瞧热闹去了。

《万历野获编》

欢喜佛

明万历年年间,内廷有欢喜佛,有的说是从外国进口的,有的说是从元朝遗存下来的。两佛都精心妆扮,饰有璎珞,互相拥抱,双方生殖器凑合,作男女交接状,内有机械,可使之运动。据太监说,每逢帝王大婚时,必先引入此殿,礼拜完毕,让他抚弄其隐处,默会房事之法,然后再与皇后行合卺之礼。这是让常居深宫的年轻帝王了解"人事"。在民间市场上也有卖这种欢喜佛的,制作精巧,不像中国所产,价格也不贱,但体积较内廷里的为小。京城敕建寺庙里,也有从宫内赐予的欢喜佛,但僧人多不肯轻易让人看。

《万历野获编》

宠妃比皇帝大十七岁

史书记载，万贵妃生于宣德五年，四岁选入皇宫，服侍圣烈慈寿皇太后。十五岁，在青宫服侍皇上。宪宗在正统十四年被立为太子，当时刚三岁，而万贵妃已经二十岁了。后来，到天顺元年，宪宗恢复太子位，年仅十一岁，而万贵妃已经二十八岁了。宪宗即位万贵妃就专宠。这年七月宪宗大婚，生子，未满周岁就死了。万贵妃进封为贵妃，从此便不再怀孕了。此后，又进封为皇贵妃，宪宗对她的宠爱一生不断。她死于成化二十三年正月初十，计算一下，已经五十八岁了；而宪宗是这年八月去世的，仅仅四十一岁，万贵妃整整比宪宗大十七岁。

《万历野获编》

契兄契弟

明代，福建人特别看重男色。无论贵人贱人，丑人俊人各自找同类交结，年长的是契兄，年少的是契弟。契兄到契弟家里去，契弟的父母对契兄像对待女婿一样抚爱。契弟将来的生活和娶妻费用都要依赖契兄。那些互相爱得深的，年过三十还像两口子一样双宿双飞。双方感情深，没法如愿结合，就互相抱着，缚在一起跑进水里自尽也时有发现。这些都是年龄相貌接近的。竟然还有称契儿的，那是壮年汉子，喜好纵欲，常拿出很多钱，娶容貌佼好的小伙子，自己以父亲自居。

《万历野获编》

山　裂

明正统十四年，陕西某县山鸣三天后，迁移几里地。山崩压毁了几十户人家。

明嘉靖二十六年，陕西澄城县界头岭，连续几昼夜吼声如风，最后，山崩裂四散，散落之远，东西各有五里，南北各有十里。

明弘治十年，云南师宗州有一座马者笼山，高峰插入天上。距此山二十里的阿定乡有一座小山。一天晚上，小山移到了马者笼山旁边，有三棵大树随山迁移，都是直挺挺的，没有受到摇动。当地土著夜里只听到风雷震撼，第二天早晨起来看小山原来所在的地方，已经变成了平地。

《万历野获编》

江水变成浓浆

弘治十四年十一月十一日，四川马湖涡江水色忽然变白，明亮晶莹，可以照见人影。第二天又变得浑浊如浆，溅到两岸沙石上，凝干后像粉一样。十七日，又变清澄了。

《万历野获编》

巧装瓷器

明万历年间，鞑靼、女真及阿拉伯

诸国来华进贡，回国时则携带中华物产满载而归。别的器物不说，只瓷器一项，就多至数十车。瓷器轻脆，极易损坏，怎样才能安全运到万里以外呢？仔细打听之后才明白，他们买到瓷器以后，先在每一瓷器中装一点土，再放入少许豆麦，然后将瓷器一一摞起，数十个捆绑成一体。把捆好的瓷器放到潮湿的地上，并不断地往瓷器上洒水。时间长了，豆麦会发芽，芽茎相互缠绕，将瓷器牢牢固定住。这时，再将一捆捆的瓷器扔到比较坚固的地上，如果不损破，这才放到车上。最后驾马装车时，又将瓷器从车上往地上扔几次，那些坚韧如故，一点也不损坏的，才最后装车上路。这种装运瓷器法是京师北馆馆夫发明的，因为工序复杂，故工钱是平时装一般货的十倍。

《万历野获编》

京城俗对

明时京城人好以城内外街道景观、风物特产，三教九流为对，特别让人发笑。如臭水塘对香山寺，奶子府对勇士营，王姑庵对韦公寺，珍珠酒对琥珀糖，单牌楼对双塔寺，象棋饼对骨牌糕，棋盘街对幡杆寺，金山寺对玉河桥，六科郎对四夷馆，文官果对孩儿茶，打秋风对撞太岁，白靴校尉对红盔将军，诚意高香对细心坚烛，细皮薄脆对多肉馄饨，椿树饺儿对桃花烧卖，天理肥皂对地道药材，香水混堂对醽醁酒馆，麻姑双料酒对玫瑰灌香糖，旧柴炭外厂对新莲子胡同，奇味薏米酒对绝顶松萝茶，京城内外巡捕营对礼部南北会同馆，秉笔司礼佥书太监对带刀散骑勋卫舍人。

《万历野获编》

嘉兴虐语

嘉靖年间，嘉兴一带不少缙绅大户遭受大祸，以至穷窘受辱。当时，乡中士人编了顺口溜来讥讽他们，反古语以示新意。顺口溜道："书中自有千钟粟，汤通判家啜薄粥。"此句讲的是汤某被罢官后，家中甚贫。"书中自有黄金屋，赵主事被和尚打得哭。"这句是说赵甬江任郎官时，曾因夺占寺庙宅基地，而被僧人殴打。"书中有女颜如玉，陈进士被徐秀刖了足。"这句是说陈某登第后请假归乡，与徐氏通奸，并密谋杀害其夫徐秀，后事发未遂，反被砍断了一条小腿。"书中车马多如簇，钱举人独身走踯躅。"这句是说钱举人家道没落后，家贫不能备车马，又因腿瘸不善走路。

《万历野获编》

名实相违

明代京城一向流传着这样的谚语："翰林院文章，武库司刀枪，光禄寺茶汤，太医院药方。"这是嘲讽这些部门名实不符，官员白食俸禄。然而，名实相违者远不止此，如儒生之曳白(指交白卷)，无如国子监；官马之驽下，无如太仆寺；历学之固陋，无如钦天监；音乐之谬误，无如太常寺；帑藏之空乏，无如太仓库；士卒之老弱，无如三大营；书法之劣俗，与画学之芜秽，无如制诰两房、文华武英两殿。真令人扼腕长叹。京官称职者少，他们除了政事之外，只有拜客赴席是日常工作。但他们也确有不自由处，一进衙门，前后左右都是绍兴师爷，他们如傀儡被操纵在这些人手中，指东则往东，指西则往西。偶而其中有个别人想改革此弊，自己主政的，绍兴师爷们就会拿出一些搞不明白的疑案，或引一些久远不行的律例，使他头脑混乱，弄得焦头烂额，最后还要遭到上司谴责。这些弊端已积重难返，决非一二人所能挽回的。

《万历野获编》

皇上家法

万历皇帝眷宠郑贵妃，对她礼遇虽高，但防范却极严。有一个内臣名叫史宾，因为写得一手好字，且能诗善文，而知名于内廷。此人早已贵显，蟒衣玉带，侍奉御前的时间也很久了。有一天，文书房缺人，皇上偶然想到史宾可补此缺，郑贵妃也从旁边表赞同。不料皇上震怒，令鞭笞史宾，并将他赶到南京。郑贵妃吓得浑身战栗，等候罪谴。时间很长了，皇上才放下此事。史宾在南京住了十多年，才被召回。

《万历野获编》

三丑状元死于非命

明嘉靖二十年辛丑科状元沈坤，是直隶府太和卫人，曾任国子监南祭酒。后丁忧家居，适逢倭寇犯边，朝廷将吏争相逃命。沈坦率领壮丁保卫家乡，曾以军法处置过作战不力的人。后来，他的家乡虽得以保全，但也得罪了不少人。有些儒生之流趁机编造谣言诬陷他，南道御史林润向朝廷弹劾沈坤。沈坤当时任北祭酒，皇上命令将他捕入诏狱，严加拷问，最后病死狱中。又三十二年癸丑科状元陈谨，福建闽县人，因为丁忧归居乡里，冒犯了当地的戍海士卒，被他们聚殴而死。又四十四年乙丑科状元范应期，浙江乌程人，曾任祭酒，后罢官归乡。其子不肖，因经商牟利得罪了乡人。巡按御史彭应参恨及范应期，收买奸徒攻击他，当地一些无赖豪绅也乘机百般凌辱他。范应期不堪受辱，自缢而死。这三丑三状元都死于非命，而且都受人诬陷，也都未能为自己辩白。

《万历野获编》

选科不用选文章

明成化、弘治年间，进士逃避任外官的，大多想在三法司谋职观政。几年后刑名精熟，即可授御史；那些监生做事久了，也可授御史。这时，再将他们拨到各衙门观政。因为没有定规，那些投机取巧的人往往被破格任用。但一般是先授试职，一年后再考核，不称职者则调到别的衙门。后来，渐渐不是这样了，在选取给事中时，竟至专选取那些姿貌雄伟的人。编修张元桢曾建议，六科选任不一定非得拘泥于体貌长大，应当以器识、学问、文章为主，但无人采纳。所以当时流传着这样的顺口溜：

"选科不用选文章，只要生来胡胖长(即胡须漂亮，身材高大魁悟)。"

《万历野获编》

因名受恩遇

明世宗极重命名，如取甲辰状地时，适逢他做梦闻雷，于是便钦点秦鸣雷为状元。己酉年，严嵩独掌相权，请求增加阁员，当时推举了数人，俱不合皇上心意，恰好数日前言官有所陈述，以"重治本事"为开头。皇上若有所思，遂点茶陵张文毅、余姚李文安二人。原来张文毅名"治"，李文安名"本"。李当时是祭酒，名字在名单最后，忽然承蒙皇上特选，举朝上下大惊。过了很久，才知道其中的缘故。

明孝宗时，丙辰殿试后，皇上拆阅进呈的试卷，发现了有一个叫朱希周的，就对首揆(宰相之首)徐文靖说："此人与国同姓。"徐也急忙附和道："其名希周，周朝八百年，可谓吉利。"于是，钦点朱希周为第一。

《万历野获编》

致仕与荣辱

"致仕"就是官员退休。唐、宋士人以致仕为荣，例如白居易致仕后写诗自贺，陆游致仕后也接受人家的贺礼。不只臣子以为幸事，就是皇上也优待致仕官员，所以，唐时让致仕官朝参时位居本班之上；宋时则发给致仕官半俸。而明代中叶后则不是这样，那些年迈体弱的、身体有病的、遭人议论的、得罪稍轻的，都命"着致仕去"，结果，人们反以致仕为耻了。原刑部尚书孙植致仕后，不久故去。其家人求笔者(沈德符)的祖父为他写碑文，篇中有"致仕"二字，结果在其家人刻石时抹去，可见习俗之变化。

《万历野获编》

袖金发财

明嘉靖年间，很多御用文人常因撰写皇帝修炼道术用的青词而得到皇上的眷宠。其中以袁炜、董份最中皇上的意，然而，都是阿谀之言，如世上所传的对联："洛水玄龟初献瑞，阴数九，阳数九，九九八十一数，数通乎道，道合元始天尊，一诚有感；岐山丹凤两呈祥，雄鸣六，六六三十六声，声闻于天，天生嘉靖皇帝，万寿无疆。"此即袁所撰，当时最为脍炙人口，其余可想而知。

每次请僧道设斋坛祈神，门匾楹联都用金粉书写，研金为泥，可装数十碗。那些操笔书写的中书官，往往预备很多大官笔，饱蘸金粉水，故意做出笔不管用之状，于是揣在袖子里。再换一管，又如法炮制，有时竟一气换数十管笔，而藏在袖中的金子也不下数十铢了。所以每次仅耗费的赤金即达数千两。

《万历野获编》

假尼昏官

江右人周孔教在乙巳、丙午年间任江南巡抚。当时，吴中发生了一起假冒尼姑偷情通奸的案件。这位周大人就将所有的尼姑全都找来，不鞭打，也不驱逐，只是让用秤称量她们的体重，然后比照猪肉之价，卖给鳏夫。光棍得妻，快乐异常，此事一时竟传为佳话。

《万历野获编》

内廷豢畜

明代内廷除了畜养虎、豹等奇兽之外，还有百鸟房，海外珍禽无所不备，猫尤其受到皇上宠爱，这些受圣眷的猫以及后妃各宫所畜养的猫，甚至加到管事职衔。而且它们的称谓更奇，母猫叫某丫头，公猫叫某小厮，已经骟过的猫则叫某老爹，至于那些有名封的，则直接称某管事。猫性最喜腾跳，有些未长成的皇子，偶或碰到两猫打架或相诱而嗥，往往被吓得惊厥抽风，奶妈又不敢明说，有很多都夭折而死，这都是内臣亲口说的。

《万历野获编》

驸马挨打

明代公主出嫁，照例遣老宫人随嫁执掌家事，名为管家婆。这些管家婆不仅视驸马如奴隶，就是公主的一举一动，也要受她们牵制。神宗的爱女寿阳公主是郑贵妃所生，选冉兴让为驸马，二人相欢已久。有个月夜，公主宣驸马入宫。当时，管家婆梁盈女正与相好的宦官赵进朝酣饮，公主来不及向她禀告。结果，冉兴让来时，梁盈女大怒，乘醉撒泼，对冉驸马大打出手，想把他赶走。公主闻讯出来劝解，梁盈女连公主也一起痛骂起来。公主悲忿不已，痛不欲生，第二天就去找母妃哭诉，不料梁盈女恶人先告状，添油加醋说了公主和驸马很多污秽的话。母妃听后大怒，拒不接见公主。

冉兴让具疏入朝，准备奏明此事，不料昨天与梁盈女酣饮的宦官已结党聚众数十人，在内廷截住冉兴让，打得他衣冠破烂，遍体鳞伤，狂奔出长安门。冉兴让的仪从车马，也被宦官们打散，他只好蓬头赤脚回到府第，正想再草疏上告，皇上圣旨已下，严厉诘责驸马，褫蟒衣玉带，命送至国学反省三个月，不许再奏。而那个梁盈女，仅仅受了个取回另差的处分。至于内官群殴驸马一事，皇上连问都不问了。

《万历野获编》

万通妒死

明宪宗成化年间，锦衣都指挥使万通，是万贵妃的弟弟。他的哥哥万进、弟弟万喜都仗势无赖，而万通尤为凶横。他的父亲劝他谨慎持重，以免招祸，但屡劝不改。其父死后，万通愈益恣意妄为。有一个叫徐达的人，其妻美艳，万通很喜欢她，想攫为已有，于是，便收徐达为家人，并纳其妻为妾。不久，万通让徐达携带巨资，去淮上买盐。徐达从两淮回来后，适逢万通抱病卧床，便与自己原来的妻子调笑。万通躺在床上，听到他们互相调情的声音，不觉妒火中烧，气忿不堪，竟哽咽而死。

《万历野获编》

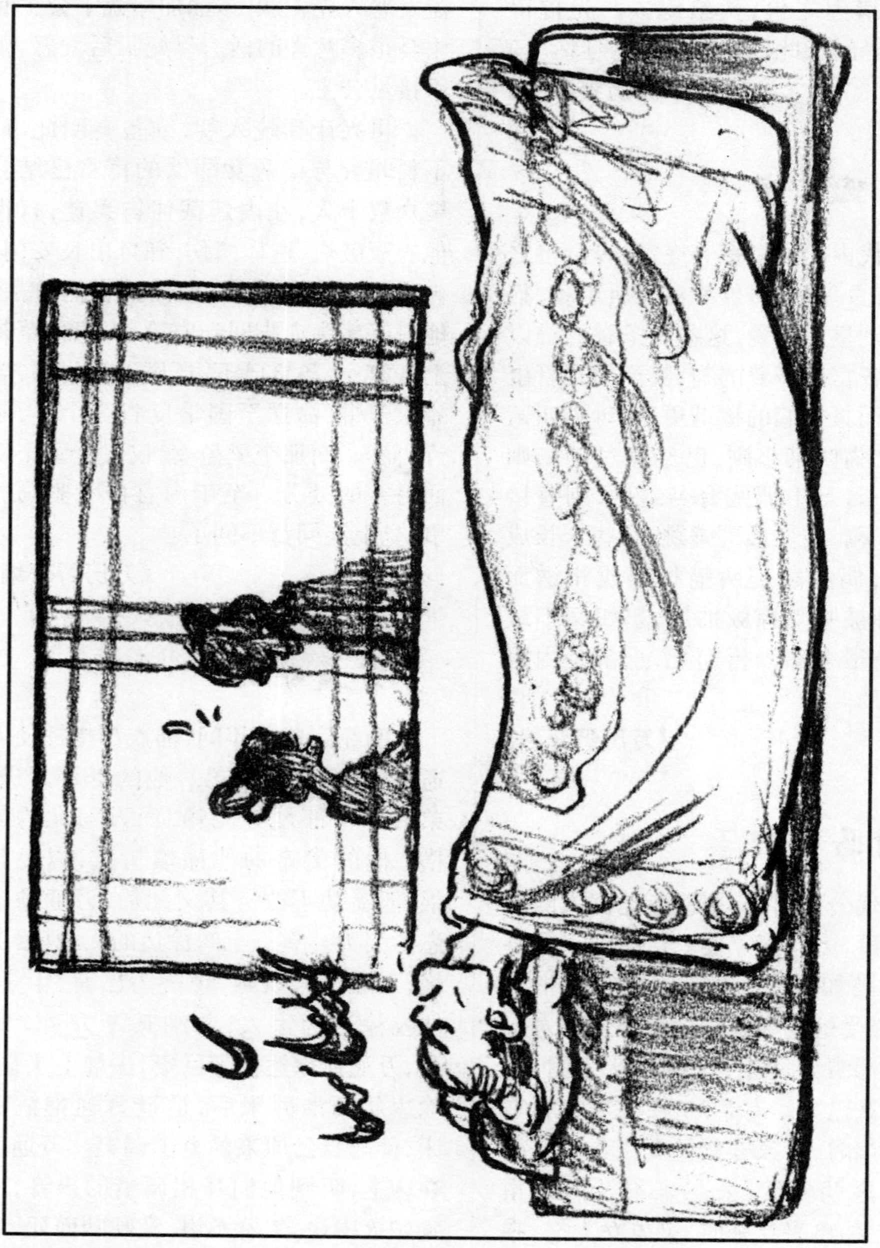

万通妒死

雅士粗令

陈留人刘际明是癸未进士，先任御史，后为太守，为人倜傥不拘小节，莱阳人高孩之戊戌进士，任曲周县令，其貌不扬而有才情。二人是莫逆之交，经常在一起喝酒，喝得兴起往往说一些市井的淫言秽语互相开玩笑。经常陪酒的还有一位别驾，曾因酒令与高孩之发生过争论。有一天，他们又聚在一起饮酒，别驾提议行一个新酒令，即要使用偏旁相同的字，说不上来的罚酒。他首先出令说："左手相同绫绢纱，头上相同官宦家。不是这官宦家，如何用得他许多绫绢纱。"这个酒令实在鄙俗，高孩之很不高兴，便接口说道："左手相同姊妹姑，头上相同大丈夫。不是我大丈夫，如何弄得你许多姊妹姑。"别驾一听，勃然大怒，骂座而起，刘际明一看二人翻脸，忙续一令说："左手相同糠粃糍，头上相同尿屎屁。不吃这些糠粃糍，如何放出许多尿屎屁。"他本想不偏不倚，为二人调解一下，不料高孩之愈觉不平，酒宴不欢而散。

《万历野获编》

弟子鸩师

宗名世是杨州兴化人，任工部侍郎时因受官吏谤议而去官，归居乡里。他的长孙已经二十多岁了，但无心向学，终日漫游虚度。宗名世偏偏对他期望甚高，请来了丹徒名士陈肖给他授课。陈肖急于求成，对宗名世的孙子督责过严，陈肖听说后大怒，用棍子狠狠教训了他一顿。宗孙于是心生歹意，买来了砒霜，掺在肉里送给肖吃，当天夜里，陈肖狂躁不安，连呼要水，最后死于书塾中。他的儿子诸生陈观阳告到官府，江都知县姚祚端命伍伯依法验尸，用片银放在尸体口中，不久就变黑了，如同墨染。当时，宗名世用金收买，与陈家已达成协议，准备私了此事。姚知县知悉后坚决不允，上报巡抚，将宗孙逮捕入狱。

《万历野获编》

唐都绝交

明弘治年间，解元唐伯虎被处分革去功名，终身困厄不堪。据说，事发于唐伯虎的同乡都元敬。都也有博学之名，平素与唐伯虎交往甚密。后来，他认为唐瞧不起他，便油然而生报复之心。后正碰上程篁墩泄露科考试题一事，都元敬乘机中伤害伯虎，终于致使唐被问革职。唐伯虎罢归之后，发誓不再与都元敬来往。有一天，都元敬看到他在楼上独坐，便悄悄去拜访他。都元敬正登楼梯的时候，唐伯虎回头发现了他，于是就从上跳下去，几乎摔死。从此以后，二人绝交，终身不再来往。

《万历野获编》

诗友与诗仇

明万历年间，王百谷颇有诗名，他的诗风格纤秀，为人们所爱，但也偶有受人讥讽的时候。他写的《初入京度内阁紫牡丹》诗中有一联:“色借相公袍上紫,香分天子殿中烟。”为袁元峰相公所激赏,二人遂因此成为知己。而王百谷的同乡周幼海,比王大十岁,平素仇视王的诗才,便将这一联中的“袍”改为“脬”,“殿”改为“屁”,以此来嘲笑王百谷,二人因此结为深仇。

《万历野获编》

诡计讹财

皦生光本名杨本,是文安县的庠生,因品行不好而被斥。他面貌丑陋,性格阴险。他曾与铁岭李如松有过交往,后来李如松战死辽左。当时,李父宁远伯李成梁,以故帅的身份留在京城,皦生光就备办了一些鸡黍等祭品去李府祭奠。开祭后,皦生光不住声地哭了一整天,李成梁感到很奇怪,就出来安慰他说:“你的情意确实感人,可是我儿子与你的交情恐怕不至于此。你姑且节哀吧!”皦生光说:“我不是哭令子,而是哭我命薄。令子曾经答应我,他一旦夺得天下,便让我当通侯。现在人死事空,因此我才悲不自制啊!”李成梁听了,不禁大惊失色,急忙送给他千金,并嘱他切勿外传。皦生光的无赖相,由此可见一斑。

《万历野获编》

进诗献谀得罪

明嘉靖十三年,朝天宫道士张振通作《中兴》颂诗二十一首,另外还写了歌颂“金台八景”“武夷九曲”和“皇陵”的诗,一些所谓“祥瑞之兆”如瑞露、白鹊、白兔等一一夹杂进诗中,然后献给世宗,乞求皇帝恩赐序文。结果,皇帝不仅不赏脸,反而以“僭越狂悖,希图进用”的罪名,命令法司逮捕讯问。张振通原想歌功颂德,献谀邀恩,最后反而遭谴。

无独有偶,嘉靖二十六年,百官朝觐事毕,皇上发布御旨,敕谕天下入觐官员。这不过是朝廷惯例,谕旨皆为套话。可是,给事中陈棐却将敕谕发挥推衍,作成《箴诗》十章献给世宗,想借此献谀拍马。不料,皇上大怒,认为陈棐是舞弄文墨,妄将此诗比同天语(即皇帝的话),甚为狂僭。陈棐诚惶诚恐,急忙服罪,最后被降调外任,可谓求荣得辱了。

《万历野获编》

白金尿盆

宋、明权臣家藏之富,令人咋舌,往往在他们犯法被籍没查抄时,才得以大白天下。相传元载家有胡椒八百斛,蔡京有蜂儿三十七秤,王黼家黄雀鲊堆满了三排房子,童贯家调剂成的“理中丸”有上千斤,而贾似道家的果子库内,光是糖霜就有数百缸。这些还仅仅是指食物。明嘉靖年间,严嵩被籍没时,家中的碧玉、白玉围棋就有数百副,金、银做的象棋也有数百副。所藏书画中竟有《清明上河图》这样的珍品。最奢侈的莫过于尿盆,乃是一白金美人,以其阴接尿,见者无不哂笑。

《万历野获编》

阴差阳错

嘉靖己丑年六月，三吴大旱，吴江县令赵瑞有命主簿下乡视察荒情。主簿到了一个村落，投宿于车溪寺中。寺中有一年轻和尚叫传衣，看到随主簿而来的门役眉目清秀，便引诱他夜里为欢。门役故意骗他说："我的床在房里的南窗之下，你到时候可来找我。"可是，门役却悄悄地与主簿喝得醉醺醺的，躺倒便睡。更深之后，传衣也喝得酩酊大醉，乘着酒兴入室内，摸到南窗下，又摸到了主簿的屁股，便迫不及待地行事。主簿年岁已高，梦中受到创痛，不免大声疾呼，传衣吓得穿衣狂奔而去。诸和尚也被惊起，主簿大怒，命令将他们都捆绑起来，声言要告诉县令，毁寺治罪。和尚们吓得不得了，乞哀求免，并尽数拿出积蓄的钱财，因不满数，又用粮食抵足。主簿这才罢休，满载归县。吴江人为此事做对道："老主簿巧献屯田，荒岁贡粮加倍入。痴和尚误钻库穴，祖传衣钵尽情抛。"其中以"屯"为"臀"，以"库"为"裤"，纯属取笑而已。

《万历野获编》

"虎掌"风波

李时珍(明医药学家)原来是一个普通的农家子弟，只是对一些草药感兴趣。有一次，一个姓庞的人来找李时珍，因为他的妻子吃了从药铺里抓回来的药以后，病更重了。李时珍查来查去终于找出祸根：原来在旧的本草书中，一味草药"虎掌"的名字与另外的一味草药"漏篮子"相混，药铺的老板抓错了药。经过了这件事之后，李时珍便决意整理出一本新的本草，尽快结束这种混乱，减少病人的危险。

《玉芝堂谈荟》

艳　遇

北宋，京城一位年轻人出来游玩，傍晚，从一家缺墙边经过，觉得不太高，便借着兴致翻墙进去了。原来里面是一座大花园，花木繁茂，路径交叉，不知不觉就走进了深处。天渐渐黑了下来，望见红纱笼罩的烛光向自己这边移动过来。惊慌寻路躲避，迷茫间辨不清路径，急忙躲进道东的亭子里。发现地上有一个洞，往里探看，有一个壮汉趴在里头。壮汉见有人来，惊慌地逃走了。这位年轻人就钻进洞里藏了起来。一会儿，烛光走近了，原来是十几个打扮漂亮、服饰华丽的女郎。她们很快走进亭子里，争着掀开地毯，看见这人，吃惊地说："又不是那一个了！"有一位女郎细看他几眼说："也可以。"于是，她们拉着他的手走出去，这人什么也不敢问。她们把他领到一间深邃隐蔽的房子里，大家一起和他饮酒交媾取乐。直到五更天才罢休。这人疲惫不堪，连路都走不动了。女郎把他装进一只大筐里，抬起来用绳子缒到墙外。天快亮了，他怕被别人发现，强撑着站起来，东扶西倚地回到家里。后来，又找到那个地方，才知道是蔡太师(蔡京)的花园。

《玉芝堂谈荟》

女人长胡须

唐代，大臣李光弼的母亲长有几十根胡须。

宋徽宗时，有个酒保的妻子朱氏，四十岁的时候，长出胡须，有六七寸长。

《玉芝堂谈荟》

怪　嗜

唐剑南节度使鲜于叔明（即李叔明）喜欢吃臭虫。每当凑够三五斤时，就用微热的水浸泡漂洗一下，去掉臭气，加上酥油五味，或煎、或熬、或蒸，当做天下最高级的美味享用。

唐福建盐铁院官权长孺，喜欢吃人的指甲，眼睛一看到，嘴里就流口水。

《玉芝堂谈荟》

贵公子好杀猪

明代，驸马都尉、京山侯崔元的儿子喜欢杀猪。他把家中金鱼池的水放干，每天捆几十头猪在里面杀，欣赏猪血喷涌、涂洒的情景和凄厉的叫声，以此为欢取乐。

《玉芝堂谈荟》

片叶寄情思

侯继图尚书当平民时。有一天他在大慈寺内倚栏而望，忽然一阵秋风袭来，一片桐树的叶子飘然飞过，落在地上。他捡起那片叶子，叶子上有一首诗：

拭翠敛双蛾，为郁心中事。
搦管下庭除，书作相思字。
此字不书纸，书向秋叶上。
天下有心人，书解相思死。

侯继图将它收藏到箱子里。过了几年，他娶任氏为妻，偶然翻出了那片收藏着的叶子，妻子拿过来看，惊异地发现那正是自己几年前题过诗的桐叶。

《玉芝堂谈荟》

昼睡夕起

华元郡王允良性情怪异。他喜欢白天睡觉，一直睡到傍晚。然后起来洗漱，点起灯开始处理家事，喝酒请客，一直到第二天的早晨才散席。然后又开始睡觉，直至晚上。这样的日子总是循环下去，他的家人也和他一样白天和夜晚颠倒过来，都是昼睡夕起。

《玉芝堂谈荟》

洗鸟御史

汉代的檀长卿，贵为九卿，却为了向帝舅许伯献媚，在大庭广众之中，装成猴子的样子与狗打斗。宋时韩侂胄过生日那天，有个叫高似孙的人献上九章诗，每章里用一个锡字，以寓言九锡（古代帝王赐给有大功或有权势的诸侯大臣的九种物品）之意。又有个叫彭孙的人给武信军留后李宪洗脚，一边洗一边说："您的脚为什么这样香呢！"李宪用脚蹬了一下他的脑袋，说："你这个奴才太会谄媚了！"郭忠恕寄住在内侍窦神兴家里。有一天,他把自己的长胡子全都剃光了。窦神兴见了,问他这是为什么,他答道:“我这不过是想仿效您罢了!”唐时,赵元楷为交河道行军总管,侯君集为元帅,侯的马在脑门上生了一个疮,赵元楷用手指头沾了一些脓血,用鼻子来闻。唐代张岌向薛怀义献媚讨好。双手擎着薛的黄头巾,跟随其后。还伏在马旁的地上当马镫用。

明代,倪进贤因大学士万安年老阳痿,用药水替万安洗生殖器,因此当上了庶吉士,得以出任御史一职。当时,人们称倪进贤为“洗鸟御史”。明正德年间,一位大臣向刘瑾上书,自称门下小厮,称对方为“恩主老公公”。嘉靖年间,一位礼部官员拜见翊国公,自称为小而又小的小学生。

《玉芝堂谈荟》

以珠代烛

南唐陷落之时,李后主的一个宠姬被俘获囚禁起来。到了晚上刚点灯,她便马上把眼睛紧紧地闭上说:“烟气熏人眼睛。”换上了蜡烛,她仍然闭着眼睛说:“烟气更多了。”人家问她为什么这个样子。原来她在宫里的时候,晚上从来没有点过蜡烛,只是在屋子正中悬挂一个很大很大的宝珠,珠光便辉映整个屋子,像中午的太阳一样明亮,当然也就没有什么烟气了。

《玉芝堂谈荟》

为郡四尽

南梁鱼弘,以奢侈闻名。他有一张睡榻,是用名贵的蹙柏做的。床的四周都用银丝镂金而成,床脚是用金角雕饰的“福”“寿”两字,做工极为精巧、细致。他自己曾经对人说:“我为郡有四尽——水中鱼鳖尽,山中麋鹿尽,田中米谷尽,村中人庶尽。”

《玉芝堂谈荟》

周日万

明代吏部尚书周应秋,是由御史升任的。他为人极为贪得无厌,他做了宰相时,索价卖官,每天都要勒索够一万两银子,手段也凶狠毒辣,所以京城人给他取了个外号叫“周日万”。

《先拨志始》

木匠皇帝

明熹宗喜欢骑马,又喜欢在水中游戏,所做种种机械,出人意外。他还特别喜欢盖房子,凡是动斧子之类的活,他都亲自来干,他的手艺比能工巧匠还高一筹。魏忠贤每次要决定什么事情时,就派王休乾等人先探伺,专等皇上正在做木匠活的时候在旁边奏请。每当这个时候,皇上听完上奏,就会说:“你们用心去做吧,这事我知道了。”这样,实际上君权就下移了,所以魏忠贤等人才得以随心所欲地操纵朝政。

《先拨志始》

丑宴盖妻

明代给事中陈维新曾经上书参劾

王允成,举荐张我续。于是皇上下旨:“王允成由抚按查办追赃,张我续候缺起用。”张我续有一百余个妾,其中有一个是魏忠贤的侄女,因为长相极为丑陋,所以张对她十分厌恶,而到了这个时候,就对她极为尊重,使之凌驾于嫡妻之上。接着,张我续又带着三万两银子为礼物,去拜见魏忠贤,口称“侄婿叩头”,使魏大为高兴,就让他拿五千两银子捐助殿工,以图起用。陈维新得知此事后,又一力保荐张我续。

《先拨志始》

不信天命的唐皋

明朝江南文士唐皋在郡学读书时,自己常常说要得状元,虽然屡试不第,但仍志气不减。同乡人赋诗嘲笑他说:

徽州好个唐皋哥,
一气秋闱走十科。
经魁解元荷包里,
其奈京师剪绺多。

唐皋听了,毫不在意,反倒更加发奋。他在书舍的墙上写了一副对联:

愈读愈不中,唐皋其如命何;
愈不中愈读,命其如唐皋何。

又在墙上挂了一幅《渔翁网雨图》,图上所题的诗是:

一网复一网,终有一网得。
笑杀无网人,临渊空叹息。

明武宗正德八年,唐皋终于考中了举人。第二年进京应试,果然夺得了状元,这时他已五十八岁了。

《制义科琐记》

厕所活鱼

明万历四十三年,江南乡试贡院的厕所里发现了活鱼,曾轰动一时。因为这是一种极少见的怪现象,所以就产生了各种各样的迷信说法。有人说,鱼是水族,水是干净圣洁的东西,现在鱼出现在厕所的污水中,又见于贡院,是文明失位的象征。第二年京师会试,发生了一场舞弊案,第六名赵鸣阳替同乡沈同和捉刀代笔,使沈同和中了会元,案发均判除名。有人把这件事与厕所活鱼牵强联系,说赵、沈都是江南吴县人,吴属水国,厕所里发现活鱼就是他二人倒楣的前兆。

《制义科琐记》

卢解元

明顺六年,浙江东阳县人卢楷,为仇家诬陷,身系囹圄,到了八月初六晚上才被释放。算一下时间,要参加乡试已来不及了。不料当晚大雨倾盆,河水暴涨。第二天早晨发船,初八日即抵达武林,在考场关门之前赶到(清代乡试第一场为八月初八开始)。卢楷兴奋异常,在朝天门书诗一首:

昨从和步拔船开,
午过兰江晚钓台。
今日浙江楼上望,
半千里路似飞来。

及榜发,得了第一名。

《制义科琐记》

一人破一城

明末，农民军攻打吉安城时，只派一个人骑着马来到城下，城门牢牢地关着，守城的人登上城头，见只有一人，颇不以为然，大家都聚过来观望，竟毫无防备。当时，有一棵树从城墙半腰里长出，那人早已观察到了，便飞奔到树下，用铁钩钩着，一跃便上了树，大声喊杀，只杀了一个，其余的便都吓跑了。那人便下了城墙，杀掉守门人，其他人都逃跑了，这时农民军的大批人马已经赶到城下，他便开门相迎，不一会儿，又城门紧闭，农民军把城中居民召集起来，勒令投降。两天后，城内安定下来。这才把城门大开。一人破一城，其英勇令人赞叹。

《明季北略》

女人无故失衣

明代天启年间的一天，一个女人坐在轿子里从北京城的圆弘寺街上经过，忽然一声巨响，这个女人所乘轿子的顶部被掀开了，她的衣服也都一下子不知去向，这个女人赤身裸体地坐在轿子里，身体却安然无恙，没受任何伤害。后来，有人竟在距北京城很远的西山的一棵树上发现了那个女人的衣裙。

《明季北略》

神秘的大爆炸

天启五年五月初六日上午九十点钟，天色皎洁，忽然，从东北方向逐渐传来吼叫似的声音；京城西南角灰气涌起，房屋动荡，不一会儿，一声大震，天崩地塌，像夜一样昏黑，千家万户平地沉陷。东自顺城门大街，北至刑部街，长三四里，周围十三里，屋子几万间，人两万多，全部碎为齑粉。王恭厂一带尤其糜烂得厉害，僵尸重重迭迭，臭气熏天。瓦砾满空而下，官署、街道、门窗都无从辨别。震动之声南自河西务，北到通州，北自密云、昌平，所报情况都相同。城中房屋建筑无不震裂，满城人都在狂奔，象房也倾塌了，象都跑了出来。遥望云气，有的像乱丝，有的像五种颜色，有的像黑色的灵芝，冲天而起，经过一个时辰才散。

《明季北略》

天赤如血

崇祯元年三月二十日天未亮，陕西天赤如血，照射进窗缝里都是赤红色。五月，西安府城内夜里从空中坠下几十团火球，大的像碾盘，小的像斗，不时出入百姓住宅。

《明季北略》

彩色巨鸟

开封府禹州紫金里有座大隗山，离城四十里。天启元年十月初九日午时，飞来一只大鸟，停在山上。大鸟高六七尺，浑身彩色，头上有竖毛一撮。大鸟一来，立即有不计其数的大小飞鸟相随而来，四面回旋缭绕，东西占三里长，南北停满一山。直到十月十二日申时，这只巨鸟才飞走，所有的鸟仍然追随而去。人们都说这是凤凰。

《明季北略》

人头鸟

崇祯十年，在浦口西北伏龙山一带发现人头鸟。数量有一万多，身形腿脚都像鹤，缩着头不伸开，胸前有一道黑色的纹理好像人的面部形象。歇了三天后，便不知哪里去了。有人又说，这种鸟头部像人，披散着头发，胡须很长，乡下人见了有吓死的。

《明季北略》

一尺长的道姑

崇祯十三年六月初三日下午，有一乘轿子在街坊中募求财物。其中有一位特别小的道姑，身高只有一尺左右，盘腿坐在一只盘子里，大头、大脸、大手。盘子托在一位道婆的手里。见到的人都感到怪异。问他们来历，他们自己说是从浙江来的。

《明季北略》

殉葬人笑死

明末，李自成攻取楚、豫各省，常掘陵求宝。一天，掘开一座陵墓，发现两位美人，是新殉葬尚未死去的宫妃。美人重见天日，高兴过分，出了墓穴之后，大笑而死。这是因为长久被锁闭在暗处，阴风土气沁入她们的肌骨，饿着肚子，身体虚弱，一遇到风日，阴气便散了。

《明季北略》

饥民吃小孩

明代崇祯二年，延安府闹旱灾，饥荒情况十分严重，以致城市里的小孩儿凡独行者，只要一出城就没了踪影。城外人拿人骨头当柴烧，肉当饭吃。但凡吃过人肉的人，也不能幸免于死，他们一般都会在吃过人肉的几天以后，眼睛和面部发生红肿，并且体内燥热异常，最后痛苦而死。

《明季北略》

杜松大意遭败绩

明朝后期，将军杜松有一次率领明军去进攻建州部落。在率军渡浑河的时候，杜松先派人去查看河的深度，发现河水连马肚子都没不了，而且河里还有几十只小船，杜松觉得这简直是天赐的渡河良机，于是下令明军立刻渡河。可明军刚渡过去七成多，河水便忽然暴涨，明军被淹死了数千人。原来，这是建州人事先在河的上游蓄水，等明军过河时便放水淹了明军。渡过河的明军刚刚列好阵势，天就黑了，这时建州军马举着火把忽然出现在明军面前，明军大多数还没来得及抽出刀或张弓搭箭，就早已成了刀下之鬼。建州人利用火光认出了杜松将军，都争着用弓箭射击杜松，杜松顷刻间血肉横飞，死于战场。

《明季北略》

势不可免

崇祯末年，京城的人有“只图今天，不过明朝”的想法，无论贫富贵贱，都各有打算，常说：“鞑子、流贼到门，我马上开城请进。”不只是百姓私下里这么想，而且公开也有人这样说，已形成土崩瓦解的形势了。崇祯十五年至十六年间，清兵侵入，京城戒严，皇上拨出数万内库的钱，分给各营千总每人几千钱，分给守城的兵士每人二十钱。兵士们领钱出来后，用手指弹着钱说：“皇上要保性命，让我们守城，可这些钱也就够买五六个烧饼的。”不久皇上不再发钱，让京城中的富户出钱养兵，如有百金的就出银五钱，养有妓女的人家也出五钱。皇上认为：“谁家会没有两三个妓女？每家都应该出五钱。”于是人心越来越离散，局势日趋恶化。大家都议论说：“皇上想征收妓女的银子来保住天下，时局结果可以知道了。”后来李自成攻破京城后，夺了十七库的银两而去。

《明季北略》

贺世贤报功

明代，有一个叫贺世贤的明军将领，在一次上报朝廷的战报中，只字不提明军的伤亡情况，却反复强调自己部队的“战功”：杀了一个敌人，缴获了敌人一个头盔，四匹马。他还想以这个“战功”申请朝廷的奖赏。此事一时成为人们的笑谈。

《明季北略》

贺世贤守沈阳

明代后期，总兵贺世贤驻守沈阳。一次敌人的骑兵来攻城，贺世贤登上城楼一看，当即被吓坏了，在敌人离城还有四里多远的时候，他就命令士兵发射火炮，结果把火药都打完了，一个敌人也没伤着。后来，沈阳城很快就被敌人攻破了，贺世贤也被俘虏，接着又当了叛徒。

《明季北略》

铜钱随便拿

明朝后期，满清建州部落从明朝统治地区掠夺了大量的铜钱，可由于建州部落内部并不使用铜钱作货币，所以抢来的铜钱虽堆得像小山似的，但并没有什么用处。于是，他们就告知那些被他们俘虏而想要回家的汉人，只要他们交三两银子，就可以随便拿铜钱回家，想拿多少就拿多少，而且还命令沿途的建州人供给这些回家的汉人饮食。这样一来，那些想回家的汉人们都拚命地多背铜钱，有的把腰都给压断了。

《明季北略》

舍命不舍财

明末，张献忠率军攻打蕲水，当地有个姓饶的乡宦，张献忠还没到时，蕲水的官府想招募乡兵守城，饶坚决不同意，说乡兵只会扰乱百姓。战事紧急时，官兵要求每个乡宦养三个士兵，饶说:“我是个穷乡宦,养不起兵。”不久城池陷落,张献忠把城中商人、绅士、官吏召集到一起全部杀掉,饶夫妇两个跪下求情,想交出二十万金以免于死。张献忠搜查了他家,得到了三十万金,最后还是把饶杀了。

《明季北略》

驰马帝前

明代天启年间的一个春天,宦官魏忠贤竟在熹宗皇帝面前骑着马跑来跑去,熹宗皇帝对此十分气愤,立即张弓搭箭,射死了魏忠贤的坐骑。而魏忠贤不但没有马上跪在皇帝面前请死,反而在向皇帝道歉时,竟神色傲慢,并且在皇帝赦他不死退出去后,口出怨言。

《明季北略》

努尔哈赤设计囚弟

明代后期,建州部落首领努尔哈赤被明朝封为“龙虎将军”之后,怀疑自己的弟弟对自己不忠诚。一次,他假装请弟弟来家里喝酒,等把弟弟骗进自己的卧室后,突然用铁锁链将他弟弟手脚锁上,然后放到一间屋子里,用铁水把屋门和窗户都灌注死了,只留下了两个洞,一个洞用来往屋里送酒饭,一个洞用来往外送粪便。

努尔哈赤的弟弟还有两名随从,都是建州部落著名的武士。这两个在帮助主人扩展自己的势力时,出了很大的力,努尔哈赤因此而对弟弟的这两个仆从怀恨在心,就假托弟弟的命令把两个人招到自己的家里,这两个人刚一进门,就被拦腰剁成了两截。

《明季北略》

李如伯借敌杀异己

明代后期,明军有一次分路进攻建州部落,明军将领李如柏素与另一名将领杜松合不来,出兵前,他先假装在誓师大会上与杜松洒泪拜别,并借口想把创敌的头功让给杜松,让杜松先出击。杜松是坦荡磊落的人,不知是计,便一口答应了。在杜松率军出发之后,李如柏竟暗地里用卑鄙手段把杜松出师的消息告知了建州的人,并给杜松派了一个向导,还事先嘱咐这个向导如何把杜松和他的部队引入敌人的伏击圈。结果杜松果然中计,全军覆没。

《明季北略》

崇祯察迷魂香

明崇祯皇帝初继位,奸宦魏忠贤送给崇祯皇帝四个绝色美女,崇祯皇帝开始想拒绝,但转念一想,这样反而会引起魏忠贤的怀疑,导致祸乱,于是,就把这四个美女收下了。等到这四个美女被送进皇宫之后,崇祯皇帝命人仔细搜过她们的身,结果别的没有发现什么异常,只是在她们的腰带头上发现了一种如小米粒大小的“迷魂香”,这种香虽小,但人只要一触到,便会欲火中烧,神魂颠倒。崇祯皇帝当即命令以后禁止使用这种香。

《明季北略》

杨涟受酷刑

明代熹宗皇帝在位时，宦官魏忠贤及其党羽把持朝政，作恶多端，忠臣杨涟因上书熹宗揭发魏忠贤奸党的罪行而被魏忠贤陷害入狱。魏忠贤把杨涟投入监狱后仍不罢休，还派他的爪牙许显纯到狱中严刑拷打杨涟，而且每隔五天就给杨涟用一次刑，打得杨涟骨断肉裂，死去活来。虽然如此，杨涟始终没有屈服。一次，许显纯又提审杨涟，一开始，许显纯就朝杨涟的头部乱打，杨涟的牙齿和面部皮肤都被打脱了；此后，许显纯又用钢针做成的刷子在杨涟身上刷来刷去，把杨涟浑身的肉都刷成了一缕一缕的，杨涟在这些酷刑的折磨下仍对魏忠贤之流大骂不止。许显纯又用铜锤猛砸杨涟的胸部，使杨涟的肋骨都断成了小截儿，在杨涟马上就要咽气的时候，许显纯仍把一个大铁钉钉入了杨涟的头顶，杨涟终于被折磨死了。

《明季北略》

李自成杀妻

明代后期农民起义军的著名领袖李自成在参加起义队伍以前，娶了个叫韩金儿的女人为妻，这个韩金儿长得很漂亮，但非常淫荡。她早在十四岁时就曾嫁给了西安城中的一个老年绅士，给人家作小老婆，后来因为行为不轨而被赶出了家门。随后，她又当了延安城中一个监生的小老婆，很快又被抛弃了。她后来又第三次嫁人，才当了李自成的妻子。一次，李自成去延安办事，刚离开家半个月，韩金儿就又淫性大发，与一个叫盖虎儿的小流氓勾搭成奸了。李自成从延安办事回来，黎明时分到家的时候，正好碰上了韩金儿和盖虎儿在一块睡觉，李自成一看，气愤已极，举刀就冲了上去，盖虎儿用一件袍子抵挡了一下，得以侥幸逃跑，而韩金儿却躲闪不及，被李自成一刀砍死了。

《明季北略》

长沙奇女

明末，有个不知名的女子，住在长沙城里，刚满二十岁。当农民军攻到城下时，守城官兵都逃走了，那女子却执戈登上城墙，与攻城的敌人搏斗。城被攻破，敌军入城，女子还拿刀战斗。敌人说："大家都不守城了，你一个女子有什么用？"那女子说："我是来羞辱天下那些男子的！"那女子长得很漂亮，敌人想调戏她，她大骂不止，挥刀杀敌，最后被敌所杀。

《明季北略》

铜带清香

蔡懋德，明末昆山人，曾任江西提学副使，又曾任济南道长官。泰安州知州平素贪财受贿，凶暴不法，闻知懋德来，害怕自己受到查处，于是在懋德生日那天，带着金制袍带、绸缎衣服，恭恭敬敬地献给懋德，为之祝寿。蔡懋德提了提自己所束之袍带笑着说："我十多年一直束此铜带，近来愈来愈感觉它自有一股清香味呢！”送礼之人自觉惭愧没趣。第二天，泰安知州自动解除官职而去。从此之后，懋德所到之处，贪官污吏望风引避。

《明亡述略》

目谏崇祯帝

文震孟在御前讲席为明崇祯皇帝朱由检讲读经史，讲《尚书》到“为人上者奈何不敬”时，频频以目视崇祯帝，因为当时崇祯帝正把脚放在膝盖上。他发现文震孟的目光，连忙下意识地用袍袖遮住脚，然后慢慢地将脚放下。

《明亡述略》

女丈夫

秦良玉，明末石柱宣抚使马千乘之妻。千乘死，秦良玉统领千乘所属军队。为人善骑射，兼通诗词文墨，仪容贤淑，风度高雅，然管束部下严峻，军中纪律整肃。曾大破奢崇明之军，绵州陆逊之至秦良玉军营为之贺功，席间戏扯拽良玉之袖，良玉当即拔出佩刀割断袖袍，陆逊之为之大惊失色，惭愧无地。

《明亡述略》

性如石冷

黄道周，明天启二年进士，官至礼部尚书。为人严肃冷峻。他的家乡漳浦山间有孤岛名叫“铜山”，山中有石室，黄道周曾读书其中，故自号“石斋”。小时曾被同学强行用酒灌醉，然后喊来妓女与之同床共卧，及黄酒醒后，发觉身边有一女子，看了看，转过身去又睡，鼾声如雷。天明后妓女出对人言：“黄公真是圣贤之人啊！”

《明亡述略》

火焰火

明武宗即位后，每年宫中都要张挂灯笼取乐，所花费的银两数以万计，库里存的黄蜡不够，就让主管部门买来补充。明武宗九年，宁王朱宸濠献上几百盏新式样四时灯，都极为精巧，并且还派人进宫来悬挂。灯的式样不一，但大都挂在墙壁或柱子上，从而创造出新异之感。皇上又在楼阁之间靠着栏杆搭起毡房，内里贮存着火药，结果一不小心，造成火灾，蔓延到了宫殿，从二更时分一直烧到第二天天亮，乾清宫以内都成了灰烬。当火势正盛时，武宗看着烈焰腾空，就笑着说：“真是一棚火焰火啊！”

《明武宗外纪》

猪倒楣

明武宗出征，所到之处，禁止民间养猪，于是几百里内，猪被杀光了，农家有刚产下的小猪崽，全都扔进水里。这一年，祭祀中一律用羊替代了猪。

《明武宗外纪》

醉汉皇帝

明武宗特别爱喝酒，走到哪里都要

带着酒杯。左右的随从们都想趁皇上醉的时候自行方便,所以就带很多的酒。这样,皇上每到一个地方都会喝酒,酒醒了以后接着再喝。

《明武宗外传》

喜穿旧衣

仁宗崇尚节俭,本于天性,尤其喜欢穿洗濯干净的旧衣。天色未明时,仁宗要穿衣服,嫔妇宫女往往偷着换成新衣,仁宗发现后马上推掉。衣服随破随补,都快补遍了,仍不肯换。身边人指着仁宗衣服相告,偷偷窃笑,仁宗并不在乎。当时,这种俭约之风不仅盛行宫中,一般贵族妇女也以盛饰为耻。

《明武宗外传》

马璟两中鼎魁

清朝乾隆十七年,山西人马璟中武探花(武举殿式一甲第三),授侍卫之职,后出任福建参将,因事与同僚相争以至相骂,被福建总督参奏革职,流落京师,在九门提督衙门当兵。乾隆二十四年,改名马全应武乡试,又中武举。第二年会试联捷,殿试以技勇超群,夺得武状元。一人先后两列鼎甲(一甲),这在科举史上是绝无仅有的,因而被传为奇闻。

《檐曝杂记》

程景伊遭遇

程景伊任礼部侍郎时,在同僚中没有什么突出的地方,他自己甚至担心侍郎一职不会久长。有一次,圆明园失火,朝里的大臣都去救火,程先生踉跄地跑去了,正巧遇见皇上坐一乘小轿往外走,先生连忙跪在道旁给圣上请安。先去的和后去的都没碰上皇帝,皇帝单单认识了先生。第二天皇帝赐救火大臣钱物,特命给先生一份。从此以后,他得到皇上的特殊待遇,先后提拔他为吏部尚书、大学士,为一时贤相,这些都始于救火那一天。

《檐曝杂记》

趋势吊丧

清朝乾隆年间,傅妃的弟弟傅恒任内阁大学士,权倾朝野。有一次,傅恒随乾隆皇帝到承德避暑山庄,他的哥哥傅成在京去世,傅恒得到消息,立即请假回京为哥哥办理丧事。傅成家已遍告亲友,治丧三天,接待吊唁。傅恒在治丧的最后一天到京,前两天竟没有一人来吊丧。傅恒一回京,政府各部院的大小官员没有一个不来吊丧的,就连与傅成素不相识的人,也因傅恒的关系前来送献丧礼,到灵前叩头致祭。吊丧的人所乘坐的车马从傅成家门前一直摆出几里远,后到者不得不下车步行而入。

《檐曝杂记》

善于邀宠的高士奇

清康熙朝的宠臣高士奇,初到京师时穷困潦倒。传说当年他是自背行李卷到北京的,靠教授明珠相府看门人的儿子读书混日子。有一天，明珠有急事，要写几封书信，一时找不到人，看门人介绍高士奇。高士奇入相府，操笔立就，受到明珠的赏识，当即聘他为相府掌书记。后来明珠又介绍他任职翰林院，值南书房，逐渐得到皇帝的青睐。高士奇才能超人，又居要职，家里也渐渐富有起来。他利用钱财结交皇帝的近侍，以掌握皇帝的起居情况。内侍每向他报告一次情况，他就以金豆一颗作为酬劳。每次入朝，荷包里都装满金豆，傍晚出朝，荷包里的金豆就发光了，所以宫廷里发生的事他没有不知道的。有时探知皇帝正在看什么书，他回家后马上找出书来翻阅。这样如果皇帝偶而问起书中的内容，他就能随时应对，所以越发受到皇帝的赞赏和宠幸。他原来靠明珠之力发迹，到后来有关宫廷的事情，明珠也不得不到他那里探听消息。

《檐曝杂记》

状元夫人

某状元出身的翰林修撰出任广东学政使，在潮州主持秀才考试毕，乘船回广州。时值夏季，他不知道自己所坐的是绿篷船。晚上刚刚就寝，忽然天下起了大雨，船仓顶棚漏水湿了枕头。他连忙喊叫仆人，但仆人都到妓女船上去了，没有答应的。忽然，船仓后面一位漂亮的裸体女郎拿着蜡烛走来，只穿一件红绡抹胸，肌肤洁白如玉，掀开帷帐来看漏雨的地方。修撰见了诱人的美女，不觉意马心猿，于是二人苟且燕好。这只船在路上每天只走二三十里，过了十几天才到惠州，那位女郎一直跟到广州。将要分手时，女郎非要修撰娶她不可，非常诚恳地说："长时间地沦落在妓院里，现在遇到了贵人，正像脱脱凡骨变成仙人一样。如果再回到那种地方去，我只有一死而已！请你带我到家里，即使给夫人做婢女我也心甘情愿。"说完泪如雨下。修撰怎么说她也不走，最后赠给她五百两白银才好歹把她打发走了。修撰哪里知道这个妓女正是用这种办法索取钱财。她回到妓院之后，身价顿涨，嫖客如不出厚资别想见到她，人们都称她"状元夫人"。

《檐曝杂记》

奇法捕猛虎

宜兴山里人有善于捕虎的，用粘胶撒抹在乱草上。老虎来了，一定会在乱草上打滚，草都粘到老虎身上，越滚粘的越多。老虎性急不耐烦，滚打得更急，常常哮喘吼叫而死，这真是前所未有的妙方。

《檐曝杂记续》

徐一鸿不畏虎

清人徐一鸿在灵鹫山读书，夜里登上北峰望月。山间有老虎怒啸，山鸣谷应，一片恐怖气氛。同来的人劝他躲避一下，他笑着说："老虎虽然是猛兽，但它怎么能吃人呢？只因人害怕老虎，所以老虎才能吃人。"他神色泰然自若。

《新世说·雅量》

徐一鸿不畏虎

狗肉换字

郑板桥擅长书法，自成一家，有某盐商求书，希望以百金来做酬谢。郑板桥天性高傲，根本不是利禄可以打动的人，对盐商的请求唾弃不理，盐商也没有什么办法。郑板桥特别爱吃狗肉，一天出城游玩，天要黑了才回城，忽然嗅到狗肉的香气。他找到狗肉飘香的那个地方，看见竹篱茅舍，柴门半开，于是走了进去。主人很惊讶不速之客的到来，郑板桥说："我是郑板桥呀！正闻到狗肉香，不知不觉就走进来了，唐突了主人，很是过意不去，还希望您能让我尝一尝异味。"主人听了特别高兴，说："久闻大名，邀请您还恐怕不来呢！今天光临，我就很荣幸了。"主人将他让入屋内，他坐在桌边大吃大喝，然后拍着肚子叫吃饱了。主人就引他到书房喝茶谈话。书房四壁都悬挂着名人字画，书案上画轴琳琅满目，纸墨铺陈。郑板桥知道主人也通书法，就对他说："吃了你的好菜，请让我给你写幅字做酬谢吧！"主人微笑着点头同意了，郑板桥持笔狂书，直到腕子没劲了才离开。一天，郑板桥偶然到盐商那儿去，看见所悬挂的条幅都是以前他在城外某个地方写的，特别吃惊，问商人，商人把实情告诉了郑板桥，并叫出一个仆人，说："先生还认识这个人吗?"郑一看，顿时愕然，原来正是前些日子请他吃狗肉的那个主人呀！

《新世说·假谲》

待仆宽厚

钱纶光暗中积德。有一次，他家在院子里晒麦子，老仆人偷走一些，家中小孩看见了，就向他报告。纶光说："他把我家的东西当做自己家的东西，不过是偶尔拿一些回去喂喂鸡鸭罢了，怎么能说是偷呢？千万不要说出去。"老仆人知道了这件事，感动得流出眼泪，自己来承认了过错。纶光好言好语安慰了他一番。

《新世说·德行》

李明性孝敬父亲

清代，李明性以纯孝著称。他的父亲已是高龄，每天要吃五六顿饭。明性带领妻子儿女鸡鸣起床，洗漱后便去问安。每顿饭都双手捧着献上去，自己却连吃糠咽菜都不能保证。他曾经护理父亲养病几个月，夜夜不解衣带。父亲死后，服丧期间，不近酒肉，不进家里的中门。每天早晨，起床就上坟头去号哭，六年如一日。学者们私下谥他为孝悫先生。

《新世说·德行》

体贴下人

清人雷翠庭在朝廷中忠正耿直。他的气量也是别人赶不上的。有一次，他家中来了客人，他喊仆人泡茶，喊了好几次，没有人应声，他依然态度安详，丝毫没有怒气。有人问他为什么这样宽容,他说:“这些人在我家里干活,给他们的待遇非常差,他们自然懒得为我奔走了。”

《新世说·雅量》

执法杀权贵子弟

清人彭玉麟相貌清瘦,像闲云野鹤一样。说话声音又轻又细,几乎听不见他在说什么。然而,每当他盛怒时,见到的人都会不寒而栗。一次,他巡察长江水军到了安徽。当时,合肥李家正是势焰熏天的时候。李鸿章相国的侄子某人,一向不守法令,经常跑出来强抢人家的财物和妻子、女儿,当地官员不敢过问。有一天,他又把一位乡民的妻子抢走了,乡民向彭公告状。彭公让手下人拿自己的名片去把人请了来,问道:“乡民告你抢了他的妻子,有这件事吗?”这人肆无忌惮地答道:“是的。”彭公大怒,下令用竹板打他,打了不计其数的板子。当地府县官员都来了,战战兢兢地哀求他手下留情,他一概不理。不一会儿,苏州巡抚拿名片求见,彭公让手下人请进来接待,悄悄地嘱咐官吏说:“快去把那个家伙杀了。”巡抚的脚才登上彭公的船,而官吏已经拿着那人的头回来报告了。于是彭公给李相国写了一封信,信中说:“您的侄儿败坏了您的名声,您想必也会感到遗憾。我已经替您做了处理。”相国回信表示感谢。

《新世说·方正》

慈禧豪华

慈禧太后垂帘听政以后,把持朝政好几十年,接受贿赂好几千万,一切饮食和穿的、用的,都奢侈到极点。每次吃饭没有固定的地方,每顿饭大约有精心炒制的菜肴一百五十多种,列成长方形,大碗小碟相间排列,另有两张案几,放果盘,大都是糖、莲子、瓜子、核桃等干鲜果品,以便饭后随意吃的。所食用的米饭都用玉田出产的稻米,长能有一寸,此米在民间有“胭脂”“碧粳”等名。平常的饭一定准备粥,竟达到十多种,稻、粱、菽、麦,无所不有。常穿的衣服是黄色缎子做的袍,上面绣着粉红的大牡丹花,满头珠光宝气,左耳垂戴着珠串,中间所盘的粉红牡丹,都是宝石配成,脖子下的披肩形状像鱼网,用三千五百粒珍珠镶缀,每粒大如鸟蛋,圆滑又发光。两只手各戴一枚玉镯,右手三指、五指都戴金护指,左手两指戴玉护指,每个长三寸。又戴宝石戒指好几枚,鞋上也有珠串装饰,镶有各种颜色的宝石。她宴请外宾时,衣着更加华美,衣服上用孔雀毛织成凤凰样图案,每一凤凰口中都含一串珠串,大约长三寸,只要一走动,前后左右都放出异彩。头上戴的凤冠、披巾以及鞋上都绣着凤凰。

《新世说·汰侈》

宰相祭祀

王子雍祭墓时不用猪、牛、羊,用蔬菜、果品来代替。有人说他太吝啬,王子雍回答说:“现在我以宰相的身份祭祀,祭品是太朴素了,可如果以后子孙辈都是平民的话,祭祀时也容易操办,将来,死去的祖先也不至于因享受不到祭祀而挨饿了。”

《新世说·俭啬》

阎敬铭俭朴

阎敬铭生性喜欢俭朴,当山西巡抚时,自身穿布袍子,他所穿的靴子下面是缎子做的,上面是布做的。他的夫人在大堂之后纺线,属僚们凡是前来拜见的,都能听到暖阁旁边织机声轧轧的声响。他冬天穿上紫袍,给幕僚们看,说:“这里面的棉花,都是我妻子亲手弹制的。”

《新世说·俭啬》

智卖假书

有个富翁姓詹,是个小吏的儿子。有人讥讽他不学无术,于是詹某就花钱买书,不几年,所藏之书就赶上汉代藏书的东观和明代江苏的西园了。不过,他只是以象牙做书签,锦缎做书套用来摆门面给人看的,詹某根本没读过这些书。他有个同乡,在郡中用五十金买下抄本书一百卷,希望卖个好价钱,詹某看也没看,就把书原封不动地退了回去。同乡很窘迫,就和詹某的亲戚全某商量,全某略通文墨,问那人想卖多少钱,回答说:“能卖五百金就行了。”全某说:“既然这样,那就应该卖千金,给我四百金,还有一百金分给他家管书的。这本书先借我看一看,七天后你来取。”詹某的同乡诺诺连声,七天的时间到了,全某另换了一个人拿书去詹某家卖,并告诉了他应该怎样说,然后说:“如果按我教的去做,就能得到这个价钱。”因詹某本来没有翻阅过,所以也没有怀疑,就把书放在书架上。过了一天,全某到詹某家,翻阅书籍,随手拿起那本书,立刻佯装吃惊地说:“这本书是从哪儿得来的?”詹某回答说:“是一个想卖书的放在我这儿的。”全某又问:“要多少钱?”詹某说:“还没有问。”全某说:“马上和卖书人商量价钱,晚了恐怕就被识货的拿去了。”詹某问:“是什么书这么令人惊奇?”全某回答说:“这书出于前代,从来没有刻版印刷过,世上只有两部,一部藏在内府,一部散落在民间,前朝有个相国悬赏万金求购也没得到,没想到今天落到商人手里了。”他又从书架上取下《四库全书》提要,指点给詹某看,果然像全某所说的那样。詹某大喜说:“我花费万金用来藏书,如今屋子里装满了书,惟一惭愧的是没有秘本,现在果真得到了。”没过多少时间,某人来取书,詹某问他书的价钱,某人说:“事不凑巧,这书是郡里一个官宦人家的藏书,被他的不肖子孙所窃,昨天已经有人追踪到这里,急着要收回这本书,不能卖了。”詹某说:“既然不想卖,为什么要来我家?我有规定,凡来送书却不出售的,要照书价的一半罚款,这本书值多少钱?”某人乞求免罚,詹某坚决不允许。某人说:“这样下去,一定要打官司了,到时候事情就会一发而不可收拾呀!”当时全某也在场,他很从容地说:“偷书的人肯定不敢再回去,现在姑且厚厚地贿赂来人,只说没看到书的影子。”詹就派某人前去商量,价格不用考虑多少。某人再次回来，说没有千金不行，全某劝詹某给钱。詹某得到书后，全某对他说："这是大官家的东西，如果轻易地拿出来给别人看，一定会牵扯上官司。"于是詹就把这套书秘密地收藏起来，因此全某的计谋也就始终没有泄露。

《新世说·假谲》

黄均太吃蛋

黄均太是两淮八大盐商之首，早晨起来吃燕窝，喝参汤，另吃两个鸡蛋。一天闲着没事，翻阅记事的本子，看见两枚鸡蛋的字下注明每枚纹银一两，就很惊诧，说："鸡蛋即使贵，也不能贵到这个地步呀。"就叫厨师过来，责备他冒领钱，厨师说："每天进上的鸡蛋不是市场上买的鸡蛋所能比的，每枚一两银子，价格还不算贵，主人要是不相信的话，请另换一个人，尝尝他做的鸡蛋味道如何。"说完就走了，黄就另选人做鸡蛋，感觉味道果然和以前所吃的大不相同，再换了好几个人，都是这样，于是心里很不高兴，仍叫以前的那个厨师做饭。第二天，吃鸡蛋跟以前的味道一样，于是就问："你是怎么让鸡蛋的味道变得这么好吃的?"厨师说："小人家中养了好几百只母鸡，所喂的饲料都是人参、苍术、黄芪、枣等，把它们研成碎末喂鸡，所以鸡蛋的味道鲜美如此，主人可派人到小人家中看一看，就知道真假了。"黄派人去厨师家一看，果然是这样，于是就重新重用这个厨师。

《新世说·汰侈》

盐政之奢

嘉庆时两淮盐政以阿克当阿最为奢侈，当两淮盐政十几年，人称"阿财神"。对来往的客人应酬没有少于五百金的。阿所藏的书籍字画价值三十万金，金玉珠玩价值也在二十到三十万金之间，花卉和食品、桌椅价值十万金之多，衣裘车马价值三十万金，僮仆有上百个，幕僚和朋友也是几十几十的。吃饭时菜肴罗列一丈见方。除非是国家的忌日，否则家中很少不演戏的。单一个品种的鼻烟壶就有三百多件。没有百金以内的东西，红红绿绿的色调，漂亮得叫人目不暇给。用碧犀翡翠做配件的真伽楠朝珠，每挂都值三千到五千金，都滑软柔腻得像泥似的，不涩手，芳香能飘到半里以外的地方。管书籍的仆人就有八个，随时装潢修补书的又另有其人。宋元时期的团扇多到二千多把，每把都值十余金。全唐文馆就是他奏请圣上开设的。吴谷人、吴山尊、孙渊如、黄仲则、石琢堂、洪桐生等名人都是他家的常客，极尽一时风雅之乐。饮食精美，其他的不说，鲥鱼刚上时，一定派几艘小艇在焦山的急流中张网捕捞，艇上放着锅和柴禾，抓到鱼就扔到锅里，用双浆快速划艇，到平山堂前刚煮熟，和亲自在焦山做着吃没有两样。

《新世说·汰侈》

尚之信凶残

尚之信酗酒嗜杀。每次出行都要

带着酒杯、酒壶和弓箭、大刀、长矛、剑戟之类的东西，坐下来就像牛饮水一样喝酒，醉了就必定要杀人。在宫廷静室，无法解除他酒醒后所感到的困惫，就拔出佩刀刺他的仆人，即使是宠爱的仆人和姬妾，浑身也遍是伤疤。尚之信喜欢养狗，给狗建窝，派人当狗监，狗监还管几十个强壮的汉子，每隔十天，一定带狗出去逛，凡是经过肉案子的时候，按照老规矩都给狗猪肉吃，于是街上人狗塞路，走路的都吓得躲到一边。一天晚上，尚之信听到狗互相斗架的声音，急忙叫狗监去看，狗监在道上遇见疯狗便吓跑了，不敢再去。尚之信特别气愤，叫手下人割狗监身上的肉喂狗，肉割没了才停止。又找来民间十五岁以下的小孩，替他演玩竹竿的游戏，两个竹竿又长又粗，都是筼筜竹做的，把竹节磨得很光滑，几乎能照出人的影子，叫小孩们在上面爬上爬下，在竹竿头上盘旋舞动，尚之信手里端着酒杯看着取乐。那些技术不熟练的小孩，很多都摔下来，有的被豁开了肚子，摔断了胳膊，尚之信毫不介意。

《新世说·汰侈》

察颜观色破旧案

黄益斋在道光年间曾做过江西义宁知府，看到一个富绅举止鲁莽，说话粗野，感到奇怪，认为和他的身份很不符合。等到他家里，看见家中字画、典籍和古玩摆放得杂乱无章，就更奇怪了。过一会儿，醒悟到这人一定是强盗。于是打扮成普通人的样子步行到富绅家宅附近，看见一个妇女抱着婴儿站在门口，面带忧色，黄就用当地土话问：“大嫂的冤气为什么这样深呀?”女人一听，脸就变了色。黄又接着问：“我知道如何相面，您的来历特别奇怪，允许我说出来吗?”妇人忽然朝屋内看了看，面色如土，眼泪流了出来，几乎要哭出声来。黄又接着说：“请不要多说，否则就败坏了你的大事，我走了。”第二天广召宾客，富绅也被邀请在内，将他特别请到一间屋里，当面问他：“你家中挂的某个对联特别好，落款是某君，你们之间有什么交情?”又询问：“你家藏书中某本书是旧版本，不容易得到，上面所盖藏书小印，是你的什么人?”富绅支支吾吾，不能回答。黄叫来壮士把他抓了起来，又马上叫人把妇人接来，一审问，事情就真相大白了。原先有一个广东籍的官员请假探家，在过鄱阳湖时遇上了强盗，家中人都丧了命，一个女儿也失踪了，老仆人曾往星子县报案，很长时间不能破，至此，已经十八年了。这个富绅就是那个杀人的强盗，那妇人则是官吏的女儿，由于父母兄弟都死了，就蓄志报仇，所以忍辱负重让强盗霸占了。上公堂出证这天，她把怀中所抱的婴儿扔到石阶上，当时就摔死了。此时，宾客正交杯接盏，瞬间案子就破了，大家都惊讶，继而叹服不已。

《新世说·捷悟》

陈公裁纸

陈榕门当宰相时，属下的官吏每天都呈送文折，陈榕门把文折没有写字的地方都裁下来。当时正在修订政令条例，每卷批驳的小纸条都用裁下来的纸条。又有外边的僚属书写禀文，都用红纸手版，陈批示完后，把他们的官衔、名号裁下来退还，剩下的纸留做他用。当时人认为他很有晋时陶侃积贮竹头、木屑的遗风。

《新世说·俭啬》

邵基清贫

邵基做江苏巡抚时，妻子不穿绫罗绸缎，身边也不设置姬妾和侍女，有客人来，就用简陋的菜饭招待。当时人们都说他装穷。等邵基死后，皇上派来祭奠的使者来到邵基家住的巷子，竟狭窄得容不下抬轿子进去，使者只能步行进去。房间很矮小，不具备容纳酒席宴宾的规模，于是就在房檐下祭奠一下了事。

《新世说·俭啬》

彭公勤俭

彭雪琴极力推崇俭朴，偶尔扮成平民出去私访，一定要穿粗布衣裳和草鞋，看打扮和乡间的老农没什么差别。彭巡视长江时，每次到营官所住的地方，营官都急忙把厅中所陈设的古玩以及华丽的铺设统统撤掉，才敢请彭公进来。某个副将花费千金买了个玉钟，听说彭雪琴到了，急忙用双手捧着玉钟朝内室快跑，结果在半路上把玉钟打碎了。彭雪琴看到后，微笑着说："可惜呀！"副将恐惧地跪在地上不敢抬头看彭公一眼。有一次，他到朋友家吃饭，看见山珍海味就皱紧眉头，直到席终也不下筷子。彭公特别好吃辣椒和豆酱。有人曾在西湖退省庵拜见他，见他身上只穿茧绸袍，外面罩上件羊皮褂，褂子上都裂了好几块，帽上的红缨也已变成黄色，屋里除了笔墨以外，只有两个竹簏。两人谈话的时间很长，彭雪琴叫人备饭，都是菜园中所种的很平常的菜，只在当中摆着一盘肉。

《新世说·俭啬》

胡雪岩做狗皮膏药

胡雪岩靠经商而致富，骄奢淫佚。他住在杭州城元宝巷时，家中姬妾极多，于是就造了一条很长的巷子，让妻妾们依次住进去，每个人占一间房屋，就像皇宫里的永巷似的。胡雪岩不记她们的姓名，每天晚上由侍女端着银盘，盘中的牙牌无数，胡随手拿一牌，侍女就按牌上所刻的姓名呼唤一人进来侍寝。胡又喜欢微服出游，路过街市，看到有长得漂亮的，就叫手下人问清她的住址、姓名，然后派人去游说，对身价的多少向来不放在心上，并且允许让她的家人得到一份美差，于是，那些没有志节的妇女无不唯命是从。胡雪岩在各地的营业所里所用的人，大多数倚仗着内宠，干些抢夺诈骗的事，终于导致家境败落。胡雪岩由于长时间荒淫靡烂，精力便不如从前，有个人献京都狗皮膏药给胡，胡大喜，因为其他的秘方或是煎剂，或是药丸，服用时间长了，容易导致其他疾病，只有狗皮膏药，贴在脚底的涌泉穴处，药性不经腑藏，所以比其他药好，胡雪岩就每年派人持数万金钱入京，专门监制狗皮膏药，以便准备一年的所用。

《新世说·汰侈》

不荐私人

清人沈荷桢生性刚直，当朝权贵没有敢为私事求请他的，即使有人敢这样做，他也不会加以理睬。他有一个亲如骨肉的好朋友李次青。当他任两江总督时，李曾推荐自己一位亲戚到他那里求职。他留在官署里几个月，忽然，召见这个人，询问他家中有几个人，每年需要多少钱的开支。那人回答他说："只要一百两银子就足够了。"沈公当即取出一千两银子资助他，送他回家。直到最后，也没有给他一个官职。

《新世说·方正》

宽待小偷

一天晚上，清人柴绍炳的家中进了一个小偷。他发现小偷是自己的邻居，便没有声张。看到小偷一样一样地拿东西，他始终保持缄默，后来，拿到他的衣服和被子了，他才说："你就不能留下这点东西给我御寒吗？"小偷大吃一惊，不敢再动了。于是，他好言劝导小偷改恶从善，同时，把枕边的一百个钱和桌上的一两件铜器都赠给了小偷。小偷感动得呜咽着离开了。

《新世说·雅量》

沈起元揽过

沈起元身材高大，额头宽广，留有一部漂亮的白胡须。管理台湾府时，到任那天，当地土著犯人越狱逃跑，前任刘某说："监狱的钥匙还没交给你，责任在我身上。"起元说："我已接了官印，这是我的责任。"两人争着向上级报告自己失职。上级欣赏他们的谦让精神，对两个人都不追究责任。

《新世说·德行》

心平气和

清人李天馥任吏部副职时，有一位学士韩慕庐与他常在一起议事。韩有所不满，就对李声色俱厉。李微笑着说："您何必这样呢？无论有什么事情都可以平心静气地商量嘛！我自己一开始也是像您那样好运气，后来经过的事情愈来愈多，一切都见惯了，也就心平气和了。"韩不仅为此改变了态度，而且很信服他的话。

《新世说·雅量》

曾国藩忍让

晚清，曾国藩未显达时，在岳麓书院读书，和一位书生住一间屋子。这个书生心胸狭窄，性情急躁。他的书桌离窗户有几尺远，曾把自己的书桌挪到窗子跟前。书生发怒说："我桌上的光全让你给遮住了。"曾说："那么，你让我把书桌放到哪里呢？"书生指着床边说：

"可以放到这里。"曾按他的话摆好了书桌。到半夜读书时,书生又发怒说:"你白天不读书,这时却来打搅我睡觉。"曾因此放低声音读书,这才相安无事。

《新世说·雅量》

宗母晓义

宗定九小时候伺奉母亲在家,正赶上荒年饥月,吃不饱,穿不暖。但宗母从不让儿子向家族中的富贵者借贷,宗母说:"饿死是件小事,派十岁的小孩羞惭得脸上出汗去求人,使他从此不知有廉耻、品行事大。"这句话在当时被奉为名言。

《新世说·贤媛》

五易其稿

清代学者顾炎武著《音学五书》时,《诗本音》卷二的稿子两次被老鼠咬坏,他抄写了两次,没露出一点怨气。有人劝他熏鼠拆墙,消灭这些丑类。他说:"老鼠咬坏我的稿子,实质上是勉励我。不这样的话,书稿存放在那里安然无恙,我怎么会五易其稿呢?"

《新世说·雅量》

无一字重复

东亭侯珣曾在大司马桓温手下当官吏,有一次到官署办完事后,桓温叫人偷偷拿走了他的呈文。王珣立即在官署里重新写,没有一个字和前一个文件重复。

《新世说·文学》

由笔迹见人精神

清人傅山,擅长草书。有一天他喝醉了,写了一篇狂草,写过就躺下睡着了。字放在桌子上,他的儿子傅眉偷偷地用自己的字替换了父亲的字。傅山醒来一看,叹息说:"我昨天醉后偶然写字,现在看来,内在的生气已经继绝,大概死期将近了吧!"听到父亲说得这样严重,傅眉急忙上前讲明此事。傅山说:"如果是这样,那么你的寿命就不长了。"后来,果然是这样。

《新世说·捷悟》

饭中稗粒

晚清曾国藩驻军安庆。有位亲戚从农村来,行李简陋,衣服褴褛,在人面前说不出话来。曾很欣赏他,准备给他个职务。一天,他们在一起吃饭,饭里有稗粒,这人先把稗粒挑出来,然后再吃饭。曾看在眼里,当时默不作声。不久,便为这人准备行装,要打发他回家。这人请问原因,曾说:"你吃饭把稗粒挑出来,你平时既不是豪富,又不曾到外面作客,放下农活来到军营才不过一个多月,竟然有了这种举动,我们乡里人难道是这个样子的吗?我是怕你将来见异思迁,惹出祸事,连累到我啊!"

《新世说·规箴》

德馨藏壶

德馨喜欢收藏鼻烟壶,有一千多

种，这鼻烟壶以前是用五色玻璃做的，后来改用套料，有的一套就有四五种颜色。雕刻特别精巧，壶底题有“古月轩”的最有名。后来又用美玉、宝石、水晶、象牙、瓷、黄杨木、椰树等东西做，可是鉴赏家仍把以前用玻璃做的当成上品。德馨所藏的玻璃壶，大都价值千金以上。有最精奇的，是用金色的琥珀做成，其中有一个蜘蛛，头、脚都有，活灵活现。

《新世说·汰侈》

潘汪比富

潘梅溪是苏州城里的巨富，家财能和他相比的，在苏州只有枫桥一家姓汪的。潘梅溪曾拜访过汪，去时穿着貂耳绒做的外褂，汪不认识，问潘，潘告诉他，脸上露出很得意的样子，汪特别气愤。潘梅溪走后，汪便叫他的仆人到各处巨富之家搜购，又悬下高价，每一件貂耳绒外褂，给钱千金。一个晚上就买了八件。等到第二天早晨，写封请柬邀请潘饮酒，潘到时，看到汪的八个仆人站在大门左边，身上穿的和潘梅溪穿的一模一样，潘觉得面上无光，就退了出来。

《新世说·汰侈》

叶天士救死诊活

乾隆年间叶天士由于医术高明而名声响亮。他从十二岁到十八岁，换了十七个老师，听到某人善于治某种病，就前去给人当徒弟，学会了治病的方法，就走了。一生不留下著作，流传于世的《临症指南》医案十卷，都是他的徒弟根据他治病的药方、治法和效验，分门别类，汇集而成的，所加的论断，并不是叶天士的本意。一天，叶天士坐轿经过市场，看见一户人家正在送葬，棺材底下还淌着几滴鲜血，急忙叫停下来，问死了多长时间了，人们回答说：“昨天晚上。”“是男的，还是女的？”“是没生产的孕妇。”叶天士说：“马上回家，可以治。”女人的丈夫叩头后哭着走在叶天士的轿后，围观的人特别多，到那人的家中，开棺抬出尸体放到床上，褪掉衣服，按右手的脉，说：“可救。”取长针一枚，解开胸前的衣服，照着心口扎了一针，听见哇的一声，产下一子，产妇也有叹息声了，围观的人都赞不绝口。有人问叶天士：“先生真是妙手回春，可是你怎么知道产妇并没有死呀？”叶天士说：“没有别的，只是刚才看见滴出来的血鲜艳而不衰败，所以知没死，号脉又知道是腹中胎儿的手抓住了母亲的胞络，胞络接近心脏，心痛故晕过去了，所以用针刺小孩的手，小孩怕痛，手一缩，所以就生下来了，儿子生下来，母亲也就没有死的道理了，这里有危险的只是扎针的分寸罢了。”叶天士的话还没有说完，人群中一个少年伸出胳膊请叶天士看病，叶天士看他很长时间，然后说：“应该马上回家，今晚你一定死。”围观的人都特别吃惊，有人问原因，叶天士说：“这人看上还很健康，可是号脉发现他的肠子已经断成一寸一寸的了，怎么能不死？”这少年本是产妇对门卖店的伙计，听到众人齐口称赞叶天士的医术，心中愤愤不平，午饭后就从柜台里跳出来，从人群中挤到屋里，本想和叶天士开玩笑。没想到饭饱后不宜跳，跳则肠子断裂，当天晚上店伙果然死了，于是众人纷纷传说，叶天士能知死人为活人，活人为死人，从此以后，叶天士名声大振。

《新世说·巧艺》

和珅食珠屑

和珅贪赃枉法，僭越朝法，世人大都知道。相传和珅每天早晨起来时，把珍珠碾成粉屑当早餐，服用珠粉后，心窍开朗，凡事都很清楚地浮现在脑海中。已经失去光泽的或穿孔的珍珠都不用，即使用了也没有上述效果。当时珠价特别贵，一粒珍珠值两万金，差一点的也值万金。

《新世说·汰侈》

智斩叛将

曾国藩带军时，午饭后一定邀请幕僚下一盘围棋。一天，忽然有告密的人说某统领将要叛乱，这个告密者就是某统领的部下。曾国藩听了就骂道："你诬陷官长谋反，论罚当斩。"就叫人把他杀了，以警戒其他人，然后下棋如故。过了一会儿，某统领来谢曾国藩，曾把他召进来，某统领磕头说："幸亏曾公您了解我，否则我就死了。"曾国藩面色大变，叫左右的人马上把统领杀了。幕僚都纷纷劝谏，说某统领果真谋反的话，那么告密的人就不该杀，既然知道是诬告而杀了告密的人，为什么又要杀某统领呢？曾国藩笑着说："这并不是你们所能知道的呀！"马上叫人把该统领杀了，然后对幕僚们说："告密人说的都是真的，可是不杀告密人的话，某统领就会马上叛乱，我那样做是为了引诱他来好杀了他呀！"那个统领本是从捻军那儿投奔过来的。这一做法虽然过于残忍，能够如此敏捷地悟透事情的关键，也有值得称道的地方。

《新世说·捷悟》

卫荣光待客

卫荣光做浙江巡抚时，以节俭而名闻于世。他的衣服除官服外都差不多打着补丁，有一件毛皮衣，毛都脱尽了，只剩光板子，但即使这样也还是穿它会客，不肯更换。晚上在签押房批阅公文，桌上只放一盏竹灯，灯光像黄豆粒般大。曾招待客人用晚餐，只做了三盘菜。客人已经出门了，才呼唤仆人点灯送，仆人回答说没有蜡烛，客人只好走了。一天，他的仆人买了两大盘烧饼、油条，幕僚问是怎么回事，回答说："今天是夫人的生日呀。"

《新世说·俭啬》

善于用人

清人方观承，最懂得怎样用人，与人见一面，谈一次话，就能够知道这人可以用在什么地方，把事情交给这人去办，没有不恰当的。方公去世后，有名的督抚如周元理、李湖等，总共有十几个人，都是他过去从知州、知县、县丞、县尉里面选拔出来的。直隶是天下的中心地区，复杂、混乱，不好治理，皇帝每年都要驾临这里，一来一往，需要很大的花费和供给。又遇上大军征讨伊犁和缅甸，军队屡次过境，又是一番周折。方公任直隶总督二十多年，各项储备充分，从不缺乏，而老百姓也没有受到格外的干扰和搜刮。

《新世说·政事》

纳妾有道

清人王壬甫有个亲戚娶小老婆，别人劝他说："现在国家形势危急，正是志士枕戈待旦的时候，您不应该沉溺在女色之中。"王壬甫说："这事儿好办，你就把小老婆取名叫'戈儿'，用这个来表示你不忘危难好了！"

《新世说·规箴》

老头子

纪昀在翰林院任职时，与同僚聚在一起谈话，正逢清高宗便装出行来到院里。时节正值盛暑，纪昀体胖不耐热，当时赤身露体，不敢在皇帝面前露面，便藏进了夹墙。呆了很久，听不到人说话声，纪昀就亮出臂膀，钻了出来说："老头子走了吗？"其实，皇帝并没有走。他一照面，感到非常尴尬。高宗问他"老头子"是什么意思，他跪在地上回答说："万寿无疆叫'老'，头高出一般东西叫做'头'，天的儿子叫做'子'。"皇帝这才高兴起来，说："好！"《新世说·言语》

智救亲家

卢雅雨任两淮转运使时，好结交朋友，所以其家常常宾客盈门，因此开销特别大，乃至于动用了国库里的钱。朝廷知道了，决定抄他的家。纪晓岚和卢雅雨是儿女亲家，他经常在内廷值班，私下里听到这消息，就暗地里派人骑快马送去一封书信。不写信，空信封里只装有茶叶，少量的盐，外面用浆糊牢牢地封好。卢接到信，立即领悟到这里面隐含着"查盐空"三个字，很快将家财寄放到其他地方。等到抄家时，家中所剩下的钱财已寥寥无几了。

《新世说·捷悟》

郑板桥当知县

清人郑板桥，任山东潍县知县时，正遇上连年歉收，每斗米价值千钱。板桥想了个救民的办法：他大兴工役，召集远近饥民修城挖河，以工代赈，给了饥民一个以劳动换取报酬的机会。又劝城里有钱人开粥厂给饥民煮粥。对于那些囤积粮食的人则给予处分，责令他们平价卖出。遇到民事纠纷，总是抑富济贫。穷苦百姓靠他得以生存的不计其数。

《新世说·政事》

腹有诗书气自华

韦人凤这个人，精神健朗，面容清瘦。穿布衣，不吃肉，整夜拥着棉被端坐不睡觉，读书直到第二天早晨，以此为常。他高洁、简朴、淡泊，就像枯坐山岩参禅的僧人。和别人交谈，恨不得把整个肺腑都掏出来。从不炫耀自己，俗人看到他，羞愧地自动离开。

《新世说·容止》

张香涛读书

张香涛身材短小，面瘦如猴。他的生活习惯和其他人大有差异，曾经整天不吃饭，整夜不睡觉，可一点儿疲倦的样子也没有。不论冬夏，睡觉时都不脱衣裳。每次看书时就睡眼迷糊，或两三个时辰，或一昼夜，仆人们都悄悄地围绕他站着，一会儿也不敢离开。姬妾们也在这个时候上前服侍，其他的人则反关上门，远远地侍立。

《新世说·容止》

目力极佳

齐召南举止安详，目力超出一般人，眼仁极小却能望远。曾经和朋友登山，看得清江中船里的人数以及船里人所穿衣服的颜色，即使是酒杯酒壶，也一件件地可以数得出来。下了山后，到船停的地方一看，船特别大，所看到的东西一点也不差。

《新世说·容止》

《池北偶谈》

［清］王士禛

《香祖笔记》

［清］王士禛

《香乘》

［明］周嘉胄

《觚剩》

［清］钮　琇

《坚瓠集》

［清］褚人获

《巢林笔谈》

［清］龚　炜

《茶余客话》

［清］阮蔡生

《履园丛话》

［清］钱　咏

《归田琐记》

［近代］梁章钜

《归潜志》

［元］刘　祁

《虞初新志》

［清］张　潮　编

《虞初广志》

［清］姜泣群

《虞初近志》

［清］胡寄尘

《虞初支志》

［清］王葆心

《虞初续志》

［清］郑澍若

《虞初志补》

［清］陆　采

王璟以德报怨

王璟为生员时，夜里读书，有怨家持枪隔窗刺他。他逃开了没被刺中，王璟在月下已认出这个人是谁，但过了三十多年从未说破。后来王璟作了大官，那个人因急事求救于王璟，王璟毫无难色，满口答应，只是笑着对他说："你那天晚上要是把我刺死，现在谁来救你，以后可不要再害人了！"那人感动地流着泪向他谢罪。

《池北偶谈》

御　风

康熙十五年五月一日，京城刮大风，白昼昏暗。有人骑驴过正阳门，被风卷到空中，到崇文门才落地，人和驴都未受伤损。又有人在西山皇姑寺前，等到风停时，身体已经在京城内了。

《池北偶谈》

臂上生石

高阳一个百姓家的孩子，才十几岁，忽然胳膊上长了一个大瘤子，又痛又痒，难以忍受，医生都看不出是什么病。一天，忽然自己溃破，从中掉出一个圆蛋，一会儿就变成了石头。刘罷用一两银子收购下来，用它治膈病有神效。

《池北偶谈》

石　镜

湖南祁阳县浯溪，有一块镜石，高一尺五寸，宽二尺五寸，石的颜色黝黑如漆，光亮如镜，隔江的竹子、树木、田埂都清清楚楚映现其中。曾有人将其偷走，石镜变得昏暗不清，看不见有什么东西在上面映现。后来将其归还，又恢复了原来的面目。

《池北偶谈》

石壁鱼

四川内江县县学后面，有一道石壁，非常奇特。辉县人翼应熊顺治末年任成都知府，好写大字。有一天，他到内江县拜谒文庙，来到县学后面，喜爱石壁的奇特，便大字品题，叫人刻在石壁上。镌刻时，石头被凿破，发现里面有一泓潜泉，十几条鱼在泉中游泳。见风之后，泉水干涸，鱼都变成了石头。

《池北偶谈》

鸟　死

康熙十年冬天，有成千上万的大雁从益都县颜神镇城上飞过，全部堕地而死，远远近近，四处山间都落满了大雁。同样的情况在康熙十三年又发生了一次。

《池北偶谈》

吃　石

我(王士禛)家仆人王嘉禄，年轻时

住在劳山里。独坐几年，达到了不食人间烟火的境地。只吃石头当饭，口渴时便饮涧水，浑身长出寸把长的毛。后来因母亲年老才回家，渐渐地进食熟食，体毛便脱落了。然而，还是常常以石为饭。每次拿起一块石头，都要对着太阳看一看，这样就能知道石头苦辣甘咸的味道。

《池北偶谈》

儿媳变女婿

红尘驿驿卒庄某死后，妻子带着一个女儿过活。女儿已许配了人家，十二岁时，忽然变成了男的。女儿含羞不好意思说出来，母亲和未婚夫一家都不知道她的这种变化。直到新婚同房，她丈夫才发觉，并将此事报告了官府。于是，女方将聘礼退还男方，听凭男方另外娶妻。而男方的母亲很欣赏这位由女变男的小伙子温婉可亲，又把自己的女儿嫁给了她。

《池北偶谈》

一胎生七子

明天启年间，大名府一个百姓的妻子一胎生了七个孩子，都长大成人了。每次患病都是七个人一起患病。王令年轻时寓居天雄，还赶上见到过他家第三个儿子。

《池北偶谈》

糖树酒树

方亨咸侍御的《怡亭杂记》说：缅甸有糖树和酒树。酒树所结的果实像椰子，剖开后，里面都是酒。颜色莹白而味甜，能醉人。糖树叶子细，树干柔软。用刀刺破树干，树汁就会涓涓不绝地流出来，经过一昼夜才停止。颜色和味道都像糖。以此为食，可以饱腹。

《池北偶谈》

松树之上长兰花

我（王士禛）的门生汤右曾翰林曾经在湖南永州道路上见到过几万株古松。那都是宋代的刺史柳开栽植的。这些古松绵延了几百里。其中一株古松的枝杈处寄生着一棵兰花，延伸的空间有一丈，枝叶繁茂，四下伸展。汤见到时，正在开花，香气飘散，远近都能闻到。那个地方就叫“奇兰铺”。

《池北偶谈》

黑牡丹

曹州牡丹品类特别多。我（王士禛）的先父曾去那里买到黄、白、绿几种。独有长山李家得到一丛黑牡丹。即使在曹州，也只有诸生某姓家有黑牡丹，也是不可多得的。

《池北偶谈》

冰　山

康熙七年，我家所在县城（王士禛的故乡山东新城）北部锦秋湖里，冰像山一样立起来，有几丈高。岩洞、树林、山峦都具备，千峰万壑，宛转通连。远远近近的人都跑来观看。走上去的，好像进了深山，里外透明很像水晶玉石。经过十天才消融。

《池北偶谈》

玩物忘饥

严感遇，乌程（今浙江吴兴县）人，年轻时，豪爽放荡，行为与一般的人不大一样。他曾养过一只白色的喜鹊，走到哪儿带到哪儿，后来喜鹊死了，他哭了好几天。年老贫穷，居住在偏僻的山沟里，饿着肚子赋诗。有一天，无米下锅，朋友给了他一个银饼，让他买米。他来到市上，见到一个精巧的玉器，就买了回来，整天玩弄，饿得昏倒在地上，差点儿送命。

《池北偶谈》

引经断案

浙江德清县人陈凝，字端，顺治六年进士，初仕任新城县知县。此人生性仁义厚道，每杖责犯人，他就对着挨打的人流泪。县内有个王秀才，家里的房子被人强占，很长时间不给钱，没有办法，只好告到县里。陈凝竟无法断这个案子，和颜悦色地对王说："《毛诗》上说'维鹊之巢，维鸠居之'，王秀才就不能当一次鹊吗？"听的人没有不发笑的。

《池北偶谈》

继母护子

左光图字翼宸，应州（今山西应县）人。小时失爱于继母薄氏，但他对继母却克尽孝道。左光图后中举人，任嵩县县令。李自成起义军攻嵩县，左光图竭力拒守，城破被捕，将要处死的时候，其继母薄氏以身蔽之，哭着说："我是他的继母，我儿非常孝顺我，愿以我的老命代我儿。"当事者非常受感动，立刻释放了左光图。

《池北偶谈》

兄弟友爱

清朝时，四川达州民间有兄弟二人非常友爱。弟没娶亲而他出，哥哥便卖身卖得十二两银子，以此为弟弟聘了媳妇。弟弟回来娶亲，得知是哥哥卖身所得，于是二人抱头痛哭，弟弟随即让妻子回娘家把原聘金取来，以此为哥哥赎身。

《香祖笔记》

珍宝之异

湖广土司彭九霄的母亲，有一只玉条脱（古代臂饰），玉中有一只蚂蚁，看得清清楚楚，还能够自己蠕动。

杭州金编修家里有一块猫眼宝石，石上的眼睛到正午时就细成一条线，过了正午又逐渐变圆。

《香祖笔记》

微雕白玉笼

清代，高陵县令朱某有一只白玉笼。高、宽都是二寸多一点。四面都是连琐格子，上下是卍字文，笼外有一个小孩低头向里面窥望，笼子里有一只猿，坐着向外仰视，意态栩栩如生，钮琇在秦地做官，曾亲眼见过。

《香祖笔记》

珍禽异色

我（王士禛）奉朝廷使命到广州时，屡次见到红色的鹦鹉，还见过五彩的，尤为珍奇美丽。姚旅说云南有很多红色的斑鸠。又说过去宫廷里有黄鹦鹉。

《香祖笔记》

进贡鹞蝶

康熙四十七年，皇帝驾临塞外。喇里达番头人进贡彩色鹞鹰一架，青翅蝴蝶一对。皇帝当时就在临时驻地询问贡品的特异之处。对方回答说："鹞鹰能够擒虎，蝴蝶能够捕鸟。"

《香祖笔记》

兽皮如画

山水豹，遍身花纹都像山水，所以叫这个名字。

万历四十三年，上高县有人捕到一只老虎，身上的花纹都是飞鸟走兽的形状。

《香祖笔记》

薛涛棺

《漱石闲谈》说：成都有个耕田的人，找到了薛涛的墓葬。棺材在石洞中央，四周用彩色的笺条环绕，不下几万张，颜色鲜艳。洞中一进风，彩笺全部化为尘雾。

《香祖笔记》

刘泽清杀表兄

明人刘泽清，为人阴狠惨毒，别人对他哪怕有一点点的冒犯，他都要给以报复。当时曹县（今山东境内）士大夫中很多人都遭受到他的毒害。刘泽清在江淮县（今江苏安徽交界处）有一座旧居，已无人居住。一天，有十几个书生租用他的旧宅子聚会喝酒，其中有一个人在内屋捡了一只锦鞋，于是众人传看玩赏。其中有一人借此开玩笑，被刘泽清知道了，派壮汉按名把这些书生抓到淮阴，全部杀掉。刘泽清有一个表兄，过去曾说过有悖于刘的话，刘派人去叫他来，表兄十分害怕，于是向刘泽清的母亲祈求救助，刘母委婉地向刘泽清求情，而刘泽清在母亲面前假装答应了，并对表兄以礼相待，但在辞别母亲回去之后，刘又立即派壮汉把表兄从途中拉来杀死了。

《香祖笔记》

"潜龙"

后汉时有个人叫马略，他闭门静心读书，以至十年不出门，每三天吃一顿饭。因而乡里人把他称作"潜龙"。

《香祖笔记》

家妓

周光禄家中蓄养家妓众多。妓女们早上梳头,鬓角上抹郁金油。敷面的粉,用龙消粉,衣服上喷洒沉香水。每月月终,给这些妓女每人各赏一只金凤凰。

《香乘》

香似茅根

唐高宗永徽年间,终南山龙池寺和尚智棱,在山谷中闻到一种香气,不知这香气是从什么地方发出来的,感到很惊奇。后来发现香气是从涧底沙子中发出来的,就拨开沙子看,发现一物形状很像茅草根,外边有沙子裹着,形成了一个甲壳,智棱和尚用手扒去沙壳,用河水洗净,此时整个山谷皆馥香怡人。他将此物拿回龙池寺,供奉在佛堂上,极香。

《香乘》

廷式再现

项城人韩云门与戚氏女定亲。不久,戚氏女双目失明。戚家父母说:"韩郎能作文章,以后必成大器,配以盲女不相当。"他们想毁婚让女儿终身在家,韩云门的父母想要赞同这么做,但云门坚决不同意,依照礼节来戚家迎娶。戚家父母不得已,过意不去,以美丽的婢女陪嫁。云门说:"人见欲则动情,不如不见以成全我们夫妻生活和美。"于是打发美婢回戚家。后来在壬子年他被地方上举为拔贡,外调为教谕,云门带着妻子一起去赴任,夫妇亲密无间。豫(今河南省)州人称颂其诚笃的言行,都认为是宋朝的刘廷式再现于今世。

《觚剩》

塔影

松江城内,原有四座塔,名叫普照、延恩、超果、兴圣。夏监运家在四塔的东面,但小屋内有一个塔影,长约五尺,倒映在西南墙壁上,不知从哪里来的。

昆山徐大司寇的宅子也在城内,宅后新修了一府憺园,园子里楼台参差,桂竹郁茂,屏障重重,又离山还有五六里地,但是山上的塔影却从园子西面的小池子里见到了。浮着水藻的波面和石堆小山之间宛然一座小塔出现在那里。因而,就在池边修建一座小亭,名叫塔影轩。这座园子的其他水池和其他园子的水池里都见不到塔影。

《觚剩》

琥珀桌

首相巴公被抄家时,宝货不可胜数。其中有一个书桌,通体全用琥珀雕琢而成,表面镶嵌着水晶,二尺见方,下面有抽屉,高约三寸,也是用水晶嵌在里面,贮水养着数条金鱼,朱鳞碧藻,金鱼仿佛浮在空中。看到这个书桌的人都赞叹说它是一件奇器。

《觚剩》

呼名批颊

佟凤彩中丞任河南巡抚时，已届老年。每天五更起床，点烛批阅文书。有时坐累了，合眼打盹，一会儿，惊惧地站起来，自己喊着自己的名字说："佟凤彩，你是朝廷大臣，封疆重任，担负在你的肩上，怎能老不任事呢！"像这样，一边喊，一边伸手连连打自己的脸颊。身边的侍者因此都战战兢兢。中丞在河南很有政绩，如论罢修河夫役协助柳梢和调剂西征大军等。他自己对百姓秋毫无犯。很多河南人感激他的恩德，画了他的像在家中供奉祭祀。

《觚剩》

近　视

曹溪金孟常眼睛近视，看东西离开一寸远就模糊不清。但是离近看则能明察极为微细的东西。年龄已经七十多岁了，还是见到人家生疥就替人家寻找其中的小虫。他说，疥虫有雄有雌，雄的颔下有须，可以数得清。也有老少，少的颜色白，只是嘴稍稍黑一些而已。

《觚剩》

水　树

喇嘛国僧人来到京城，他们所经过的都是塞外荒寒之地，连月找不到泉水。道旁有一种树，极为高大，僧人渴了就用佩刀割树，树里的水就倾流出来。喝起来清甜可口，骆驼、马匹也靠这种水解渴。把刀抽出来，树皮便合拢。不知这种树叫什么名。

《觚剩》

诗债未了

吴东里先生名叫宗潜。崇祯末年当生员时，很有名气。明被灭之后，他隐居下来以行医为生。有中秋家宴诗云："大烹豆腐瓜茄菜，高会荆妻儿女孙。"诗的句法极为奇特而有创造性。康熙二十五年时，东里先生已经八十多岁了。在他弥留之际，忽然起身坐起来说："我还有诗债没了！"急呼孙子，口授《挽沈介轩长歌》，命令他写下来，随意挥洒用了数十韵，诗作完后才闭目而逝。

《觚剩》

好汉把门

明太祖朱元璋初定天下后，在凤阳建皇陵。丈量地界时，主管的官员上奏，认为在旁边的民家坟墓都应该迁走。太祖说："这些坟里埋葬的都是我家的旧邻居，不必迁移。即使在皇陵的区域内，春秋祭扫时，也应该听从老百姓的随便出入，不要有什么禁令。"

南京孝陵城西有孙权墓，修建金陵城时，也打算迁除，太祖说："孙权也是一条好汉，就留他把守城门吧。"所以，孙权墓没有被毁掉。

《坚瓠集》

土　产

云南大理出石，当地的地方官常常劳民伤财，采石做屏风，当礼物送人，还说是“一点土产，请收下”。明代李邦伯反对这样做，他在送行诗中写道：“相思莫遣石屏赠，留刻南中德政碑。”

河南的土产是麻菰线香，地方官常拿来送人。于谦巡抚河南，只有他一点也不收受这所谓的“土产”。他写诗说：“手帕麻菰与线香，本资民用反为殃。清风两袖朝天去，免得闾阎话短长。”

《坚瓠集》

却金亭

明英宗正统年间，王胜任福建都司，博学能文，清廉耿介。出巡时日用食品都自己带着，人们把他叫做菜王。有一天有个千户官向他进献银子，他拒不接受，下令用这笔资财在卫北建造一座亭子，命名为却金亭。

《坚瓠集》

山中宰相

梁代陶弘景隐居在华阳（此处指安徽宣城峻岭中），下决心一生不做官，人称山中宰相。梁武帝萧衍亲自去拜访他，问他说：“山中有什么呢？”陶弘景回答说：“山中何所有，岭上多白云。但可自怡悦，不堪持赠君。”后来朝廷多次召聘他出山做官，他都不答应。他在自己住屋的墙上画了两条牛：一条在水草之间闲散地漫步；另一条戴着金笼头，有人拿着鞭子与棍杖驱打着它。

梁武帝说：“这个人大概是想学曳着尾巴的乌龟，宁可在泥沼中爬，也不愿到朝廷当个大官。怎么能把他招来呢？”

《坚瓠集》

端明不爱钱

司马光自己经营了一个花园，取名独乐园。春季来了，园中姹紫嫣红，草木秀茂，司马光就准许人们入园观赏。

凡入园观赏的人都给园丁吕直一些钱，叫做茶汤钱，吕直把这些散碎的钱积攒到一千钱时，就交纳给司马光。司马光说：“我哪里缺少这一点钱？”吕直说：“天地间只有端明（指端明殿学士，资望极高，司马光曾带此衔）不爱钱。”于是他就用这些钱在大路边建了一个井亭，好给来往行路的人提供方便。往来的人给吕直一些钱，吕直依旧不入私人腰包。

《坚瓠集》

诗赠盗

明代，江苏吴中地方，有个教书的老先生名叫沈文卿，家里非常穷，只靠教几个学生勉强维持生活。一天晚上因天冷睡不着，看见一个贼进来，到处找东西找不到。沈文卿从容地说：“穿墙的君子，白白地麻烦你到我家来，作一首诗送给你吧！”说完就念道：

风寒月黑夜迢迢，

辜负劳心走一遭。
架上古诗三四束，
也堪将去教儿曹。

那个贼含笑退去。

《坚瓠集》

天　眼

当时人都说王阳明是神童，但有人不信。他十一岁时过金山寺，许多游客都感叹景色美妙，只是饮酒，想作诗却作不成。王阳明在一旁说：

金山一点大如拳，
打破维扬水底天。
醉倚妙高楼上月，
玉箫吹彻洞龙眼。

游客大惊，又指着薇月山房让他作诗，他开口便说：

山近月远觉月小，
便道此山大于月。
若人有眼大如天，
还见山小月更阔。

《坚瓠集》

洗儿诗

宋代苏东坡聪明一生，在才学上可谓旷世，但一生一而再、再而三遭贬。他写了一首《洗儿诗》：

人皆养子望聪明，
我被聪明误一生。
但愿生儿愚且鲁，
无灾无难到公卿。

《坚瓠集》

多少箴

箴这种文体寓意深远，能让人懂得道理，知道戒律。但是《多少箴》是什么朝代什么人写的却无人知道，在明末清初此文流传很广。

"少饮酒，多啜粥。多吃菜，少食肉。少开口，多闭目。多梳头，少洗浴。少群居，多独宿。多收书，少积玉。少取名，多忍辱。多行善，少干禄。便宜勿再往，好事不如没。"

《坚瓠集》

忍字箴

陈宪章写了一篇《忍字箴》，其中论述了忍的重要性。他说：

七情（喜、怒、哀、乐、悲、恐、惊）之发，只有怒最急；很多使人发怒的事一起来到，只有一个忍字是对的。怒是火炎，忍是清水。只能用水来制火。忍了再忍，愈忍愈有进步。忍过一百次的人，遇到大事就不会乱，而且对办事有益，如果不忍，立即会失败。

《坚瓠集》

俗　僧

李德裕镇守南徐（今江苏省镇江一带），甘露寺老僧很有操行。李将自己珍藏着的一枝大宛出产的方竹手杖赠给了老僧。日后李又至甘露寺，问方竹杖是否还在。老僧说："我非常珍爱它，已经将它修成圆棍，还涂上油漆了。"李感叹多时。

以后，张表臣游甘露寺，在庙院墙上题词一首，由此使甘露寺更是远近闻名。

唯有老僧摇头说："刚刷出来的一堵好墙，又被写污了。"

《坚瓠集》

伍　氏

杨伯博任山南县丞(县里的副职)，他的妻子陆氏，是名门闺秀。县令朱某的妻子姓伍。

有一天诸官的夫人在一起饮宴，席间伍氏请问县丞夫人贵姓，回答说："姓陆(六)。"接着问主簿夫人贵姓，回答说："姓戚(七)"。伍氏勃然大怒，回里屋去了。诸夫人不知是什么原因，就都要回家去。朱某闻讯，进屋去问夫人为什么生气，伍氏说："县丞夫人说姓陆(六)，主簿夫人说姓戚(七)，分明是嘲笑我姓伍。其余的夫人幸好我没问，若要问，肯定说姓八姓九。"朱某大笑，说人各有姓，不是嘲笑你，又令夫人伍氏重新出来主持宴会。

《坚瓠集》

桐江鸡卵

明代，桐江人宋应昌，有口才，喜欢占卜、算命。任山东巡抚时，正值倭寇侵犯朝鲜，十分紧急。宋应昌便出文告，让登州、莱州两府收鸡蛋数十万，说是等倭寇战船来时，就用鸡蛋打它，船一发滑，就站不住，就可以全部擒住他们。听到的人，都传为笑谈，把宋应昌叫做鸡蛋巡抚。

《坚瓠集》

翠　妃

明代，宁王朱宸濠的宠妃非常多。紫妃，住紫竹宫，穿紫衣；素妃，住素英宫，素妆；翠妃，住绿英宫，首饰全用绿翠，能吟诗善书法，特别受到宠爱。

翠妃的绿英宫里，宫内四面墙壁全安装着大镜子，光照莹明。宁王每次与翠妃宴饮、狎爱时，四面镜中照出影相，妖媚百出。又在阳春书院叠石成山，掘地数十亩，做大池。夏季芰荷芬芳时宁王与诸妃在画艇中终日宴饮。

宸濠事败后，翠妃被一知县掠去。

《坚瓠集》

割股放生

宋神宗时，封王安石为荆国公，作宰相。每到他过生日时，朝中官员献诗祝寿。当时光禄卿巩申，提前买了许多雀鸽，在笼子里养着，在王安石生日这一天，他用笏版将笼门挑开，每放一只雀一只鸽，便说一句祝寿词："愿相公一百二十岁。"

当时有位边帅夫人病了，下属虞侯为了讨好边帅，竟把自己大腿上的肉割下来，献给他的夫人吃。当时的人们讥刺他们说："虞侯为夫人割股，大卿与丞相放生。"

《坚瓠集》

桐江鸡卵

门贴福字

明太祖朱元璋曾经在正月十五夜间微服私访。当时民俗喜欢隐语,互相猜来取乐。有人画一个妇人光着脚抱着西瓜,大家看了都大笑。太祖凑过去看,心里就明白了。这幅画说的是淮西(怀里抱着西瓜)妇人好大脚。太祖以为这是有意在嘲笑他。因为他的妻子马氏是淮西人。于是就派人在安分守己的居民家的门上偷偷地贴上"福"字。第二天召集军士闯入门上没有"福"字的人家中,大开杀戒。

所以后来,每年除夕之夜,家家门上都贴上福字。

《坚瓠集》

凤　死

杜大中,行伍出身,做了丞相,对任何人都无情。人们称他为杜大虫(老虎),即使妻子有过错,也拿棍子打她。

他有一个爱妾,有才有貌。大中向朝廷奏上的笺表,都是她代笔写的。有一天,大中正在睡觉,妾在书案前看着纸和笔都很好,就写了一首《临江仙》,其中有"朋凤随鸦"四个字。大中醒来看见,就说:"鸦来打凤。"于是先打她的脸,后折断她的颈项,立即就死了。

《坚瓠集》

笔　祸

宋代番阳人张彦实掌管制诰的起草工作,和杨原仲一起在中书省。杨所拟的诏书多是张替他润色。工作之暇,张游戏笔墨,写了一首题为《毫笔》的绝句。诗云:

包羞曾借虎皮蒙,
笔阵仍推兔作锋。
未用吹毛强分别,
即今同受管城封。

杨原仲以为是讥笑他,心中大怒,于是就向秦桧诉说,秦指使言官弹劾张。没有多时,张彦实便被罢官。

《坚瓠集》

家字从豕

明太祖朱元璋微服私访。看见一个民妇喂猪,就微笑了一下。随从小太监误认为是皇上看中了这女人。回到宫内,孝慈皇后问皇上今天的事情。小太监就把他看见的事情说了。皇后赐给他金帛,把那妇人取来侍候皇上。皇上看了又看说:"这女人好像见过。"皇后说:"这是前天在村里喂猪的,我以为皇上喜欢她,所以就让人取她进宫侍候皇上。"皇上笑着说:"误会了。我看到这妇人喂猪,就明白了古人造字的意思。'家'字,从'宀'从'豕',就是说无豕不成家,应该家家养猪。我就为这事笑了,不是为这妇人笑。"于是赐给妇人很多东西,送她回去了。

《坚瓠集》

曾偶然

明代永乐十九年,朝廷会试。有个

叫曾鹤龄的书生和几位浙江举子坐船去赶考，都是些年轻的狂生，在船上大家说东道西，议论纷纷，只有曾鹤龄闭口沉默，于是大家就把书中的疑难问题提出来问他，他态度很谦逊地说不知道。大家偷偷地笑着说："这个男人，是想要碰碰运气，偶然来参加考试的。"于是，大家便称他为"曾偶然"。不久，大家全都落第了，只有他独居榜首，成了状元。当时传出一首诗：

捧领乡书谒九天，
偶然趁得浙江船。
世间固有偶然事，
岂意偶然又偶然。

后来大家就把这位曾状元叫曾偶然。

《坚瓠集》

续诗得官

朱元璋得天下后，经常微服私访，察看民情。一天登上一个寺庙的高楼，正好下起雨来，于是就作了两句诗："微微细雨洒斑竹，阵阵轻风吹落花。"吟诵数次，续不成全诗。旁边有个文人接着说："独依阑干闲眺望，乾坤都属帝王家。"朱元璋大喜，问他的履历，得知是落第的举人，便领回宫去，命吏部任以要职。

《坚瓠集》

司牧千户

明太祖朱元璋初定天下后，在金陵钟山的阳坡建造孝陵，因山中鹿多，禁止人们猎杀，在山下设孝陵卫，置牧马千户所。这是取义于鹿马，希望它们繁殖起来。千户所已经设置了，却还没有找到守卫的官员。有一次他微服私访来到陵地，归途遇雨，住在一个老百姓家，问他叫什么名，回答说名叫董茂。高皇想"董"字就是由千里草组成的，正适于马鹿，于是就命他做司牧千户，子孙世袭这个官职。

《坚瓠集》

进　茶

明太祖朱元璋到太学视察，厨师进茶，很称他的心。朱元璋高兴地赐给他冠和带。一个老太学生听说此事，非常感慨，就吟了两句诗："十年寒窗下，何如一盏茶。"朱元璋听说后，便说："他才不如你，你命不如他。"

《坚瓠集》

遗尿夫人

明嘉靖年间一对新婚夫妇拜堂，新娘子忽然在红毡上撒了一泡尿。婆家退婚，把姑娘送回了娘家，从此再没有人来求婚。可是这姑娘貌美端庄，而且从来没有遗尿的病。有一个读书人便登门求婚，娶为妇。此后他在科举考场中两次联捷。二十余年，升到大学士，妻子被封为一品夫人。万历初年，皇帝大婚，按惯例要用夫妇原配而没有小老婆的主婚。于是便招这位夫人主持大礼。她在宫中，晚上小便时，宫女进上七宝珊瑚溺器。恍惚之间，忆起当年拜堂时遗尿，好像就是看见了这个溺器。

《坚瓠集》

皇后不认父

后唐庄宗李存勖的皇后姓刘。刘后小时候因为兵荒马乱和父亲失散了，父女不能再见。后来，刘氏成了皇后，备受恩宠。

她的父亲就在深山里背着筐采药，人们叫他刘山叟。他听说女儿做了皇后，就到宫门请求相见。当时嫔妃们都争着比看谁的出身高贵，刘后常常因自己家庭贫寒感到耻辱，这时竟然说："我离开家时很小，刚记事儿。父亲不幸死于战乱中，我守着死尸哭，之后就离去了。现在这是哪里的乡下佬，敢到这里来冒认！"于是下令在宫门外鞭打刘山叟。

以后庄宗李存勖常常在宫中做游戏，他穿上破衣服，挎着筐，装扮成刘山叟，说是来寻访女儿的，刘后便追打他，与之嬉戏。

《坚瓠集》

应履平

明代应履平任德化县令，任期满，到吏部考核时，文章优秀，但因为相貌不好，不能列为上等。

应履平便在吏部府门墙外题了一首诗：

为官不用好文章，
只要胡须及胖长。
更有一般堪笑处，
衣裳浆得硬绷绷。

诗后不写姓名，官吏们呈报给宰相，宰相说这一定是应知县写的，于是便提高了他的考核成绩。

《坚瓠集》

三笑事

明嘉靖十九年，杭州流传着三件可笑的事。

第一，有个接生婆专门给别人接生，可是她自己却把孩子生在一个产妇家里了。

第二，有个大夫，专门给别人看病，可是他自己得了急病却死在一个患者家里了。

第三，蔡仓官暂代巡捕，反而遭强盗抢劫，他一时害怕，吓得直管强盗叫爷爷，强盗因为他平时作威作福，就使劲打了他一顿。

人们将这三件事传为笑谈，并且作了一首诗：

稳婆生子收生处，
医士医人死病家。
更有一桩堪笑事，
捕官被盗叫爷爷。

《坚瓠集》

集福庵

苏州城有座集福庵。这座庵堂在吴匏庵尚书家宅之北，在施肤庵知州家宅之西。明弘治年间，皇帝下诏毁掉滥设的祠堂。地方官想把集福庵给吴尚书府做宅后园圃。吴说："这是和尚庙，与我家几代为邻，不忍心毁了它，更不忍心归我所有。”官府又想将它给施知州做别墅，施知州说：“为什么不送给吴尚书偏来送给我呢？”官吏诉说了与吴尚书交谈的情况，施说：“我难道就不能当吴尚书那样的人吗？”也推辞不肯接受。于是集福庵竟然保存了下来。

过了三十多年，到嘉靖初年，又有诏令要拆毁集福庵。知府伍畴中出了价钱要这块地盘，都御史毛贞甫也出了价钱要租这块地。姓伍的说离他家近，姓毛的说原来这就是他家的地方，老辈施舍给庙里了，现在应该收回来。伍毛两家争执不休打起官司来，互相告状。要知道这两家还是不久才联姻的儿女亲家呢！

民间有歌谣说：“昔日吴与施，官送犹逊辞。今日毛与伍，讦告到官府。”

《坚瓠集》

蜂　叟

明太祖朱元璋微服私访，到村里见到一个养蜜蜂的老头，问他生辰，年、月、日、时都和自己一样。问他养了多少蜂，回答说十五桶。朱元璋心中想：我有京国，他有蜜蜂；生月日时，他又和我相同。太祖又问他一年到头割几次蜜，老头说：“春夏花多，蜂酿蜜容易，秋后花少酿蜜就不易。但是我总是只割十分之三的蜜，留七成给蜜蜂自己吃。我卖蜜换吃穿，量入付出，平平安安度过五十年了。不像那些养蜂户常常把蜜割尽，蜂都死了。他们的生活都不如我。”太祖心中暗想：他有蜂我有民，必须让民有余，才有人交税，要用蜂叟养蜂这法养民，否则民穷、国亡。

《坚瓠集》

苏东坡判案

北宋大作家苏东坡被贬到地方时，判了许多公案，其中一个案子的判词流传至今。

灵隐寺有一个和尚法名了然，和妓女李秀奴相恋。为了表示自己衷心不变，和尚在胳臂上刺字：“但愿生从极乐国，勉教今世苦相思。”后来和尚将自己的衣钵卖光了，所有的钱全荡尽了，妓女李秀奴不再跟他来往。了然大怒，一下子打死了秀奴。这个公案由苏东坡判决，苏的判词是一首《踏莎行》词：“这个秀奴，修行忒煞。云山顶上持戒，一从迷恋玉楼人，鹑衣百结浑无奈。毒手伤人，花容粉碎，空空色今何在。臂间刺道苦相思，这回还了相思债。”于是，将和尚押赴市曹斩首。

《坚瓠集》

须虱颂

北宋王安石和王珪都在朝中作官。有一次两个人上朝。一个虱子从王安石的衣服领子里爬出来，顺着领子边爬到他的胡须里，皇上看见了，什么也没说，只是笑。王安石自己什么也不知道。退朝以后，王安石问大家皇上为什么笑。王珪用手指着他胡子里的虱子告诉他。王安石命侍从去掉，王珪说：“这个虱子可不能轻动，请让我称颂它一句。”王安石说：“怎么说？”王珪说：“它曾多次在宰相的胡子上旅游，又经过皇上龙目观看过，不能杀掉。”有人说：“那就把它放了吧！”众人大笑。

《坚瓠集》

豆腐的属性

明代余宗汉说豆腐有十种属性。

水豆腐，是柔的属性。干豆腐，是刚的属性。没有什么地方没有豆腐，是广的属性。不服水土，有了病，吃了豆腐可以好，是和的属性。一个小钱就可以买到豆腐，是俭的属性。在徽州一两银子买一碗豆腐，是贵的属性。给孩子吃奶的妈妈吃豆腐，可以补身子，是厚的属性。衣服上有脏点，用豆腐可洗掉，是清的属性。投进脏东西，做不成豆腐，是圣的属性。建宁的糟豆腐，是隐的属性。

《坚瓠集》

山　气

唐代有位名妓，名叫李季兰，俊美而有才，曾在乌程开元寺和当地贤人才子聚会。在座的刘长卿有小肠疝气，李季兰吟陶渊明诗句：

山气（疝气）日夕佳。

刘长卿立即接着吟陶渊明另一句诗：

众鸟（指男性生殖器）欣有托。

举座笑倒，称赞二人皆有才。

《坚瓠集》

谷谷谷

明华原县令崔思海口吃，常与表弟杜延业互相戏弄。

有一次杜延业对崔说：“小弟能够让哥哥学鸡叫，只是问哥哥什么，哥哥必须立即回答。”旁人都很惊奇，与杜私下打赌。杜抓了一把谷子给崔看，问：“哥哥，这是什么。”崔回答说：“谷——谷——谷——”

旁人大笑，把赌输的东西给了杜延业。

《坚瓠集》

月　夜

《拊掌录》中记载，许义方的妻子刘氏，一向说自己行为端庄雅洁，是遵守道德规范的女子。

许义方外出，经过一年多才回来，对妻子说：“你独自居住，很无聊，常常和邻居亲戚家的老妇们交往谈天吗？”刘氏说：“自从你外出之后，我的脚都没有踩过房门的门槛。”许义方非常感动。又问妻子：“用什么来自我娱乐呢？”答：“只是经常做些小诗抒发感情。”义方感到很欣慰。向她要诗稿看，开卷第一题就是：《月夜招邻僧闲话》。

《坚瓠集》

布袋和尚

明洪武年间，政治统治非常森严，天下百姓都非常害怕，一提起朱元璋，大腿就哆嗦。有一次,朱元璋到一个寺庙里,令随从都不要进去,只见香烟缭绕,却不见一人。墙壁上画一个布袋和尚,墨痕还没有干,旁边题了一首偈:

大千世界浩茫茫,
收拾都将一袋藏。
毕竟有收还有散,
放宽些子又何妨。

朱元璋知道这是讽刺自己统治太严,马上派人追捕写偈的人,却找不到。

《坚瓠集》

皇甫氏

明代嘉靖年间,在江苏吴中地区,有一个复姓皇甫的家族是最富贵兴旺的,皇甫先生治理家族一向很宽厚。

皇甫先生寿辰时,杨南峰在献寿图上题了一首诗:

皇甫先生,老健精神。
乌纱白发,龟鹤同龄。

皇甫先生特别高兴,命人将其高挂在大厅中。有个聪明人告诉他:"这首诗是骂你的,四句头上的字合在一起看是'皇老乌龟'!"皇甫仔细一看才明白,赶快取下这个条幅。

《坚瓠集》

鹦鹉形山茶花

《庚巳编》载:明正德四年春天,都元翁和一位朋友一起游青山寺。寺院中山茶盛开,僧人拿出一朵花给客人观赏。花朵的样子宛如鹦鹉的腹部,两条花须垂下来像两只鸟爪,而花蒂横生成为鸟头,两旁还有黑点像眼睛。僧人说,这就是此间树上开的花。

《坚瓠集》

酒活命

《拙庵杂组》载:史百户号松所,擅长画龙虎。喝醉时构思运笔更妙。想求画的人,一定要用好酒将他灌醉,然后才肯下笔。因此,他每天都在酩酊大醉之中。有一次迎接巡按,因喝醉了,趴在地上说:"百户要禀报事情。"实际上,他并没有什么话要说,让巡按白白等待了好长时间。指挥何某为他打圆场,禀报说:"百户有癫病。"这才把他扶出来。何某喊来史百户的父亲,让他给儿子戒酒。史父愤怒地责备儿子,断绝饮酒一个月,致使他病重不能起床。请来医生王维纲治病,王说:"命脉已经断了,没法治。"当天晚上果然病死。亲属哭过后,他的母亲哀怜他说:"他活着时嗜酒,现在因菜酒而死,死不瞑目。"于是,让儿女撬开他的嘴,拿一杯酒灌给他喝。酒流进喉咙里发出声音,便又灌进一杯。这时感觉他又有了呼吸,再灌进一杯,嘴唇动了,呼吸通了。母亲问他:"感觉怎样?"他答道:"好喝。"于是又喝进一杯,便完全清醒过来了。第二天早晨,他家派人去告诉王医生,并求药。王不相信,又将详情告诉他。他说:"既然这样,那可不是药的效力,而是酒的功效。还应该再让他喝酒。"于是,又让他喝了六七次。喝完,他推开枕头便站起来了。又过了十年他才去世。

《坚瓠集》

小吏多子

《近事存疑》载：康熙年间，江南某府有一位姓郑的府吏。他为人忠诚朴实，受到郡守的信任，格外给予他优厚的待遇。有一天，郡守升堂喊他，看到他衣服破旧，叱责他说："我对你另眼相看，你为什么连件衣服也不做，如此装穷？"府吏说："我是真穷，没有虚假。"郡守向他询问贫穷的原因。他说："我生养了三十六个孩子，光是吃饭穿衣也会穷死。"郡守笑着问道："你怎么会有这么多婢妾？"府吏说："我家只有夫妻两口人。孩子都是妻子所生。"郡守又笑着问："你年纪不到四十，难道三四岁就养儿子吗？"府吏说："我十八岁结婚，一年一胎，都是双胞胎。所以今年三十六岁，有三十六个孩子。"郡守问："孩子都成活了吗？"回答说："现在都在。"郡守让他领来看看。府吏回家，让大儿抱幼儿，中儿抱小儿而来，拥挤满堂。郡守笑得止不住。从府库里取出一百两银子赏给他。又将他的情况行文上报给抚司，抚司也对他有所馈赠。

《坚瓠集》

指甲珊瑚

《异识资谐》载：浙江有位读书人，忽然一根手指隐隐作痛，痛不可忍。他中指指甲间生出一枝珊瑚，高二寸，血色。出气缕缕，幻成海市，有人物、城郭、戈矛，他自己和别人都看见了。这人嗜饮烧酒，医生说这是火气所吐出的幻景。给他服食大黄，异象稍有衰减，久服大黄，异象终于消灭了。

《坚瓠集》

夫妇食量大

《闻见厄言》载：嘉靖年间，仁和有个人，饮食量大异常，每天都要吃一斗米的饭。街坊邻居都感到惊异，没人敢于聘娶。儒生钟某家贫没有娶妻，女子的父母同情他，答应把女儿嫁给他。钟就在这年应试考中，将她娶了过来。钟进士及第后，到广东做地方官，建立府署。钟也善吃，刚到任那天，部下供下马饭，当时坐在旅馆中，慢慢独饮，吃尽了一百多件器皿中的菜肴。当地百姓观看的，都敬畏慑服，以为他是神。直到他任满离职，当地人没有敢闹事的。

《坚瓠集》

吴都异人

吴都过去有一个人，两眼都瞎了，以算命为生，身边没有助手。每天在苏州城内行走，不出一点差错。街坊巷陌，没有不知道的。

还有一个人，眉、目、鼻、耳都没有，脸像被剥掉了似的。只有一张嘴，还不大。每天在阊门市上吹笛子，讨钱度日。

还有一个人，一只脚蜷缩着伸展不开，只用一只脚踩地，像麻雀一样跳着走，每天却能走二三十里路。

还有一个人，两只手都没有，用脚趾和人赌钱，收钱时，即使手快的人也没有他快当。

还有一个妇女，一只手，没有十指，在机房缫丝，极为灵活轻快。

《坚瓠集》

飞毛腿

成化年间，临清张成以善于走路出名。他一天可以走五百里。长官派他进京，他来回只用了七天，好马也跟不上他。他脚上有长毫，晚上睡在圆形的容器里。每当走得兴起，脚停不下来，要抱住树木才能停步。吴地有个举人来到临清，知州跟他是旧交，留他住宿。他想吃萧县大梨，知州便叫张成去买。晚上走，第二天早上已经把梨拿回来了。知州疑心他是在近处弄到的，派人去查验，果然是萧县的梨。原来，一百多里路，他只用黄昏的一个时辰就可以跑完。

《坚瓠集》

许志仁奇遇

宋代，四川人许志仁到京城临安求官职，寄寓在袁家汤店。淹留了几年也没求到职，所带的资财眼看就消耗光了。每次遇到士丈夫便打躬作揖。人们可怜他穷困，都会稍稍赠他一点钱物。

一天晚上，孝宗皇帝和曾从龙参政微服出行，进袁店喝汤，志仁向他们作揖，极为恭敬。孝宗见此人如此恭敬，有些感动，也有些疑惑，故意留下一把扇子给他。志仁随即追赶上去奉还。孝宗问："你是哪里人？在这儿干什么？"志仁说："我是四川人，在这里等待授职，等的日子久了，便陷入了穷困的境地。"孝宗又问，得知他的出生年、月、日、时都与自己吻合，便说："曾参政说缺一个阆州太守，明天给你写一封信，推荐你去任职。"说完，又给他二十两黄金当路费归乡。志仁大为感激。孝宗又拿志仁的生辰八字给人推算，算命老翁说："这是主上的命。"孝宗说："这是四川姓许的士人的命。"算命老翁说："如果真是这样，那他眼前也遇到了大贵人，超格提升。"

孝宗回宫后，亲笔写了一封信，让志仁交给阆州知州；又拿了二十两金子，让曾参政密封起来送给他。志仁不知道他遇到的是当今皇帝，带着信和金子回乡去见阆州知州。知州拆开信一看，是皇帝亲笔所写，命令原来的阆州太守改任利州西路提刑官。于是，志仁谢恩上任。

《坚瓠集》

生吃河豚鱼

河豚鱼斑纹如虎，没煮熟吃了一定会死。饶州有一位吴生，家资丰足，夫妇和睦，从无嫌隙。一天晚上，吴生喝醉酒回家，倒在床上，妻子替他解衣脱鞋，捧起他的脚，他醉中乱动，误踢到妻子的心口，妻子突然摔倒而死去，他自己还不知道。后来，他妻子的娘家告他殴打致死。官司打了一年，都认为实有其事。他被囚在监狱里，只等朝廷的批文了。吴生的亲属怕批文一到，就要执行死刑，因而送了一些不熟的河豚鱼脍给他吃，想让他自己死，免受刀砍之苦。然而，吴生吃了肉之后，安然无恙。像这样吃了几次，竟然一点不受伤害，身体反而更加壮实。正好又遇到大赦被释放了。回家之后，子孙繁衍，活到八十岁的高寿才死。

《坚瓠集》

以婢代妻

《钩玄》载：江西毕某，中年无子，很是忧虑。然而，与妻子极为恩爱，不忍心娶妾。他每次喝醉之后，与妻子交媾，醒后多不记得。他的妻子暗中让婢女代替自己与他同房。婢女怀孕了，妻子让他知道，他感到奇怪，表示怀疑。生下儿子后，他还想要弄死。妻子将详情告诉了他，他才将婢女纳为妾，想试试看。第二年，又生下一个儿子，这才完全明白事情的真相，同时，非常感激他的妻子。后来，这两个儿子相继都考中进士。大的叫毕济川，小的叫毕济时。

《坚瓠集》

奇　仆

唐萧颖士有个仆人叫杜亮。颖士鞭打起他来，非常残酷。有人劝他另找个主人，他回答说："不是不能离开他，我只是爱他的才学渊博深奥罢了。"

甄琛好下棋，通宵让奴仆为他拿着蜡烛照亮，打瞌睡就鞭打。这个仆人说："郎君辞别父母来到京城住店，如果为读书替你执烛，甘心受罚；现在却因下围棋的缘故，对我横加鞭打，不是太没有道理了吗！"甄琛听了他的话又愧又悔，于是，发愤读书。

《坚瓠集》

纳妾奇闻

《碣石剩谈》载：倭寇侵扰浙江，某参将率兵镇守沿海一带。当地有一个大家巨室的主人，五十多岁，膝下只有一个女儿，日夜忧虑，唯恐倭寇打来。见政府军队驻扎在这里，十分庆幸，以为可以依靠，不必再怕倭寇了，因而将参将请进家门，令女儿出来拜他为义父。当时，参将部下有人见到富翁女儿极美，便劝诱参将娶她做小老婆，而富翁不肯答应。

事情拖到第三天，夜里二更，忽然传说倭寇到了，参将急忙率兵迎敌而去。到三更天，人们看见无数军马将村子里的房屋烧毁残尽。富翁夫妇也都被杀死，只剩下这个女儿。于是参将顺顺当当地把她娶回去当小老婆。自始至终，人们没有见到一个倭寇。

《坚瓠集》

缝锁阴门

亳州有一位士人，和他家的婢女上床。他的妻子极为妒恨，将蒜捣烂塞进婢女阴道，然后用线绳将阴门缝死。婢女痛苦万状，邻居都为此气愤不平，集体到官府去控告。主管官大怒，下令拘拿妒妇，并召唤来几个皮匠，携带着推子、绳子等器物，准备缝上妒妇的阴门。这位士人害怕家门蒙羞，竭力请求免缝。主管官说：“现在城楼将要坏了，你如果真能替我重新建造，那差不多还可以免责。”士人倾尽家财，勉强完成了这项工程。至今当地人对这座城楼的称呼，还是与这件事有关。

顺治年间，毗陵某位官员，偶然跟家中一个奶妈发生了性关系。夫人知道后，竟然用锥子在奶妈的两阴唇上扎眼，然后用锁锁上，并把钥匙扔进井里。奶妈号叫，要死要活。人们不得已，找来铜匠，用铁丝将锁拨开，才救下奶妈。至今常州人还有“锁阴奶妈”的称呼。

《坚瓠集》

戏咒真死

听说有个太学生在学舍读书，偶然白天睡着了。同学们开玩笑用白纸书写他的姓名做成灵位，安置在桌子上，又置办了纸钱香烛摆列在前面，将门反关上，从外面偷看。这位太学生醒后，擦擦眼睛细看，大惊道：“我难道死了吗？”便呜咽流泪，又重新睡下了。过了很久还不起来。大家进屋一看，他已经真的死了，急忙收起那些开玩笑的摆设而隐瞒了这件事。

《坚瓠集》

息讼奇法

明代宣德、正统年间，松江太守赵豫当官存心慈善，每次见到诉讼的，只要不是急迫之事，就告诉来人说：“明天再来。”开始，大家都讥笑他，于是传出了“松江太守明日来”的民谣。这些人不知道，来诉讼的人往往是一时气愤，经过一宿，气也就平了，再加上大家的劝解，很多人经过一宿就不再诉讼了。

《坚瓠集》

断奸奇法

《耳谈》载：成都郡守鲁永清，是蕲水人，善于断案，处决如流。他在衙门盖了几间房子，锅灶齐备，诉讼者来了，让他们在这里寓居，他看一看便可以做决断，不等人家吃第二顿饭。正好有因奸情诉讼的，一方说是“和奸”，一方说是“强奸”。按察使无法决断，便交给了鲁永清，也是想测试一下他的断案能力。鲁公命令找一个力气大的皂隶剥掉那个女人的衣裳。所有的衣服都撕扯下来了，唯有内衣，女人抵死坚持，皂隶也无可奈何。鲁公说：“女人如果为了守住贞节，连衣服都扒不掉，何况更进一步的侵犯了。”当即那女人就承认了和奸，于是此案就结了。

《坚瓠集》

香　猪

《珂寻斋柿录》载：万历三十八年冬天，我（袁中道）的邻居邓星，获得一口偿债的猪。这口猪几天不进食，邓正在磨刀，想把它杀了。忽然闻到满屋都是奇异的香味，到处找也找不到发出香味的物体，仔细闻，才知道香味是从猪身上散发出来的，特别是耳、目、口三处更香。我听说后，很惊异，也跑过去看。那口猪正在门口，很驯顺，我用手摸一下，香气酷烈，像零陵香。摸过猪的手，到第二天早上还弥漫着浓郁的香气。于是有感而作《香猪赞》。香猪到万历四十二年十月间死去。用火焚化，异香飘出去很远。

《坚瓠集》

畜禽斗虎

《马氏日抄》载：宣德年间，曾经让牛与老虎在皇帝的禁苑西面海子旁相斗。牛当老虎跨过来时，把头俯伏在地上等待，老虎极为愤怒，开始就连连扑过来三次，都没有得手；接着又攫掠了三次，力量用尽了。牛这才正面迎上去直抵老虎的腹部，老虎便被豁破肚皮丧命了。

上书又载：皇宫中，御马监里有一头骡子，身高五六尺。询问饲养者才知是“斗虎骡”。相斗时，站在老虎的身前，以尾部对着虎。等虎扑到身前，扬蹄踢虎。虎几次扑骡，骡也几次踢虎，于是，老虎便败下阵来。

《天都》载：成化年间，宦官刘马在西番买了一头黑驴献给皇上。这头驴能够日行千里，善于斗虎。皇上在虎圈里选取一只雌虎与这头驴斗，驴一蹄子便将老虎踢死了。又跟一只雌虎斗，三蹄子也将老虎踢死了。后来跟狮子斗，被狮子折断了后脊梁而死去。

《虎荟》载：辽兴宗在秋山打猎，遇上三只老虎，便放狗去斗虎，这些狗也是善于和老虎搏斗的。

《挑灯集异》载：湖广某地的一位里长，坚决拒绝了一位甲长杀鸡款待而离去。路上遇到一只老虎，老虎正在放肆逞凶，忽然飞来一只鸡对着老虎的脸面、眼睛一阵乱扑乱啄，虎眼受伤，鸡也力尽而死，里长则保全了生命。

《坚瓠集》

千里驴

《湖海搜奇》载：陕西一个百姓家中，畜养了一头驴。这家的女婿把驴借去走远道。一个多时辰，往返一百里路，像飞一样快。女婿心里非常喜爱这头驴。回家后，岳父问他为什么回来得这么早。女婿骗他说：“驴太差，只走了十里路就趴下不肯起来了，硬把它牵回来，耽误了我往返的时间。”岳父相信了他的慌话，讨厌这头驴，便把它杀掉，煮了吃肉。女婿听说他要杀驴，急忙制止说：“我是开玩笑的。”然而，驴已杀掉，皮都扒下来了。惋惜很长时间。检看驴的腹腔，见到腰中有六只肾贼，原来是只千里驴。岳父气得和女婿断绝了关系。

《坚瓠集》

义猫

皇陵附近住着一家普通百姓，因欠官租，全家外出躲债。家里只剩一只猫，催租的将猫带走，卖给了一家安徽铺子。安徽商人很喜欢这只猫，常逗它玩。过了一年多，一天，猫的原主人从铺子前面经过，在嘈杂的人群中，猫忽然跳进他怀里。铺子里的人看见，又抢回去了。猫便悲鸣起来，不停地回头看原主人。这人晚上睡在船里，听到船板上有声音，一看，就是这只猫。它嘴里还衔着一条绫巾，巾内包着五两银子。这人非常贫困，得到银子十分高兴，第二天早上看到有卖鱼的，便买了鱼喂猫，喂个不停，结果猫吃多了，伤腹而死。这人哀泣着埋葬了这只猫。

《坚瓠集》

养老鼠

宋代钱处和参政是杭州人，喜欢喂养老鼠。他每顿饭都要剩下一些饭粒，敲三声盒子群鼠便累累而至，吃完才走。后来到朝廷任职，以及到闽、越当地方官，直至退休还乡，老鼠都和起初一样来吃他喂的食。到钱去世后，老鼠才不再来。

苏州的张家，居住在都宪行台的东面，每天都聚集一群老鼠，观看的人纷纷而来，常常扔下钱。这家很穷，借此稍为宽裕一些。后来，有个无赖带了只猫来，当群鼠听到呼唤出来时，他将猫抛了出来，吃了一两只老鼠，余下的都惊慌地逃避，此后再也不出来了。张家的衣食也断绝了来源。

近来，京城菜市口熟面店里，墙壁之间养着老鼠。有人想要观看，店小二就用筷子敲桌子，老鼠也会成群出来。给它们瓜子、核桃吃，吃完就走。

《坚瓠集》

孔府粮仓巨鼠

《湖海搜奇》载：衍圣公粮仓中，有一只巨鼠肆虐，被它吃掉的猫不可胜数。一天，有一位西域商人带了一只猫来。这只猫外貌也和普通猫一样，但要价五十金。商人说："保证替您杀掉这只巨鼠。"衍圣公不相信。商人坚持写了文契再放猫。他说："能克鼠我就要钱，不能克鼠不要钱。"衍圣公这才答应试试。猫进入粮仓，在米中扒洞藏身，只露出嘴来。老鼠走到猫旁边，觉得异常，便伸着鼻子闻，猫突然跃起，咬住了它的咽喉。老鼠哀叫跳跃，上下屋梁几十次，猫更加用力地咬住不放，终于咬断了老鼠的喉咙。猫也用尽了力气，两个都死了。第二天早上，人们来验看，老鼠重三十多斤。衍圣公这才按约将酬金付给商人。

《坚瓠集》

冰雷绘梅

顺治十年，我（褚人获）叔父同雄县赵臣斋年伯巡按福建。正月十六日经过邯郸。路上的人哄然而动，说是去看梅花。赵派人去问花在哪里，回答说在吕公祠里。叔父和大家一起去看，看见祠里有左右两个池子，里面都凝结着坚冰。右边池子的冰上绘成了一株老梅，花朵茂盛，枝干扶疏，像是一棵古树。

后来见《异识资谐》载：苏州城的韩某，夏天坐在家中堂上，让理发工人给自己理发，忽然，雷电绕着屋柱，迅猛地回旋冲击，经过几刻时间才消失。韩某被惊吓得昏死过去，又活了过来。看见堂中石砌上面，绘上了一枝梅花。这梅花纹理精致，经久不灭。

《坚瓠集》

巨　蝶

《岭南异物志》载：一艘海船，航行中，人们发现有一个像帆一样的东西从海上飘过来，快到船上时，大家急着抛掷东西打它。破碎后，降落下来，原来是只蝴蝶。割掉翅膀，还足足得了八十斤肉。吃起来极为肥美。

《坚瓠集》

蛤蟆游行

康熙二十八年三月，杭州城外出现了很多蛤蟆，其中一只最大，形状像块匾。大蛤蟆一走，身后几万只小蛤蟆成群地跟着走；大蛤蟆一停，小蛤蟆也停下来环绕簇拥着他。像这样持续了三天，几乎走遍了各家门前。

《坚瓠集》

旁不肯

《史册拾遗》载：元丰年间，庆州境内生出一种虫子，人们称它为“子方”。正在秋收之前，吃庄稼几乎能全吃尽。忽然又生出一种虫子，人们称它为“旁不肯”，形状类似土狗，嘴上有钳子。它们从地里涌出来，遇上子方虫就用钳子去镊，全都镊成两截。十来天，子方虫全部消灭，这年获得大丰收。

《坚瓠集》

巨　蚁

万历年间，马绪被谪到潮州。弄到一只巨大的蚂蚁，长一尺多。他用盐腌起来，北归后，向北方人夸示。见《紫竹轩杂缀》记载。

笔者的舅舅王漆园在广州见到过一只蚂蚁，有猫那么大，被人用小链子系着要把戏。

《坚瓠集》

压　油

盖州有一种虫子，名叫“压油”，样子肖似水鸭子。每到暮春时节，它就会从水里出来，自己喊自己的名字。人们因此将它捉住，拿重物压在它的身上，便会有油源源流出。油流尽后，仅仅剩一张皮。再扔进水里，还会活过来。

《坚瓠集》

蛇吞鹿

有人游瞿塘峡。当时已是冬天，草枯叶落，野火烧着了峰峦，漫山遍谷，红焰冲天。忽然听到悬崖峭壁之间“轰”的一声，停步看去，见到一个大圆仓一样的东西落在平地上。走近细看，原来是一条蛇，便剖开蛇腹验看，蛇竟然吞了一只鹿在肚子里。它是受野火驱赶才落到山下的。所谓“巴蛇吞象”，的确真有其事。

《坚瓠集》

县令好蝶

明末,江苏如皋县县令王岫特别喜欢蝴蝶。他办案时,凡是有罪需鞭笞的,如果答应送他蝴蝶,就能免罪。每当他召集饮酒的时候,就把蝴蝶放出来取乐。当时的人都说:“隋堤萤火灭,县令放蝴蝶。”

《巢林笔谈》

施世纶貌丑

清朝时,漕运总督施世纶,相貌奇丑无比,大家都叫他“缺不全”。刚任知县时,他拜见上司,上司中有的人就捂着嘴笑他,施公严肃地说:“你们认为我相貌丑吗?有的人长着人面,可心是兽心,这是应该厌恶的;像我,虽长着兽面,却有着人心,面丑有什么妨碍呢?”

《巢林笔谈》

形丑心美

张和,明正统四年参加廷试,已定为第一名,因为一只眼瞎而降为第四名。张自己说:“我已经废了一只眼睛,肩膀又一边厚一边薄,手一大一小,脚一长一短,所有美而不丑的地方,只有这颗心了。”当听到有人议论别人的得失时,他一定严肃地说:“人应当在有过错中求得无过失,不应当在无过错中找过失。”

《巢林笔谈》

雪里拖枪

明朝,徐阶的儿子任锦衣卫指挥,因骄贵养成怪癖,每当大便的时候,不管寒暑,必定到城墙上去。有一天夜里,他冒雪登上了城墙,有一个家僮扛着矛跟随着他。当时已经是三更了,天很冷又下着雪,嘉靖皇帝认为巡逻的士兵一定懒得出去,就派宫内的侍从去查看。巡逻的士兵果然大都互相枕着大睡特睡。侍从远远地望见城墙上有拿矛的人,就叱喝他,拿矛的卫士说:“徐指挥正在城墙上巡逻。”侍从把此事告诉了皇帝,皇帝很高兴,第二天早晨,皇帝在朝上宣布,破格提拔徐锦衣的官职。人们称之为“雪里拖枪”。

《巢林笔谈》

同夕误娶

嘉定有两家同一晚上娶媳妇的,在接新娘的途中,抬轿的人醉了,两家互相争道,把轿子扔在道旁。由于闹得很厉害,把灯给撞灭了,两家匆忙中抬错了轿子。婚礼完毕后,大家都散了,互相谁都不知道抬错了轿子。第二天,两家互相探望,见面互不相识,才大吃一惊,告到县官那里,县官因为婚礼已成,虽然误娶了,也只好将错就错,只是命人将抬轿的好一顿责打。最后,对他们两家的嫁妆等物进行察看,竟不相上下。

《巢林笔谈》

林茂之耐贫

清人林茂之老年贫寒，住在金陵(今南京)。一个冬夜他做了一首诗：

老来贫困实堪嗟，
寒气偏归我一家。
无被夜眠牵破絮，
浑如孤鹤入芦花。

夏季，他家里没有帷帐，有人送给他一顶，他又用它换米吃了。施愚山说："夏天没有帷帐用，比寒冷没有毡盖还苦，你却都能忍受得住，我要给你想想办法。"林茂之笑着说："应当让老虎看守我。"后来，施愚山从豫章寄来一顶苎麻帐并附了一首绝句：

北窗高卧岂知贫，
料理偏愁白发人。
苎帐亲题林处士，
草堂常伴百年身。

《茶余客话》

奸雄多工书

古来奸雄多数工于书法。如李斯、赵高、曹操、钟会、刘曜、王敦、桓温、刘裕、刘毅、桓玄、郄超、朱温。再往下看，农民军首领也有擅长书法的。梁虞和《论书表》说："卢循素来善于书信，尤珍名重西南，豪士都倾慕他们。豪强竟然也娴熟这种文雅之事，真奇怪！"

《茶余客话》

两头蛇

人们都说见到两头蛇的人一定会死。乾隆八年秋天，我(笔者阮葵生)在湖南沣州见到一条小蛇，颜色微红，长约七寸，尾端有一个头，两个头并排前行。当时我正上厕所，便把所有同伴都召集来看。杭州人陆敬存用烟筒将蛇杀了。围观的几十个人都没出毛病。

《茶余客话》

异　鸟

乾隆二十三年，我的弟弟紫坪在西泠做客。三月末，游凤凰山，访宋代的御教场故址。忽然见到一只异鸟，有鸽子那么大，头红尾青，两目炯炯，有如金玉闪光。翱翔在丛林间，宛转鸣叫，过了一整天才离开。询问当地人，都说没见过这种鸟。即使博物家也不认识。

《茶余客话》

义犬救主

京城火炕烧煤，往往熏人中毒，多有因此致死的。仪真陈定先殿撰，冬天和他的妾同寝，到屋里都被煤气熏昏。室内再无一人，家人都睡着了，没人知道。家里养了一只大狗，忽然咆哮不安，做出种种反常举动。家人被闹醒起身，狗朝着主人窗外又刨挖又跳跃，窗纸都被它弄碎了。大家急忙呼唤主人，但没有应声。破门而入，发现他和妾并头昏死过去了。经过急救才苏醒。

《茶余客话》

乡试之异

乾隆十五年，浙江举行乡试。八月

十三日夜，在低矮的室内听见传来一阵轰隆隆的声音，很像突如其来的江潮声。举子们都奔向考场门不停地叫喊，连监考官也禁止不了，可是外面却格外寂静。第二年的三月十五日下了一场大雪，读书人冻得受不了，可天空中却雷鸣电闪，像夏季似的。

《茶余客话》

一生不服药

唐东江一生不服药，也从来没生过病。活到九十七岁才去世。他六十岁以后，总有少女陪睡，年龄大一些就打发走，另换年轻的。这些少女离开他后，都是完好无瑕的处女。古人所谓用美丽的少女为老年人暖身子，当作如是观。

《茶余客话》

鹅骨噎死

梁邓差，南郡临沮人。非常富有却悭吝。一次走路，见到两个商人。摆列着珍美食品，招呼他一起喝酒。他说："你们跑买卖，显然是不富足才出来逐利，为什么吃得这么好？"商人说："时光值得珍惜，人生一世只为这一个身子一张嘴罢了，一旦病死，难道还能进食甘美的食品吗？我们怎么也不会效法临沮的邓生。我们活一辈子不想当守财奴！"他一听，非常吃惊，没报自己姓名就走了。回到家，感叹自己过去的吝啬，宰了只鹅子吃。把鹅骨都咬碎了咽下去，结果卡在喉咙里噎死了。

《茶余客话》

因梦改名

忠节公叶映榴，是叶有声的儿子。七岁时，梦见一位老人赠给自己一首诗，诗云：

君是王魁身后身，
桂英翻作石榴裙。
一枝遥寄西江上，
双美贻来南淮云。
致主有怀同贾谊，
请缨无路等终军。
知君不久登瀛矣，
莫负香罗帕上人。

醒后告诉了他的老师，因而改名叶映榴。后来在西江当官。在武昌为国殉难。听说叶公年轻时有位侍婢名叫香姐。向来受他宠爱，被其他侍妾中伤，自己上吊而死。到叶公殉难前一天夜里，他梦到那位侍婢来说："夏逢龙造反了。"他惊醒后告诉了夫人，第二天便遇难了。

《茶余客话》

粒米惊梦

史震林札记载：金沙有个人，悭吝之极而且善于计算。愿意借东西给别人，人们都称颂他的恩德。后来才知道他给人一粒芥子，一定要拿回一颗珍珠；给人皮毛，一定要换回人家的骨髓。有一天，在寺院见到他，同床而眠。这人生性发呆好说梦话，睡梦中忽然大声喝斥，跳起来瞪眼睛。喊他问他都不说话，便骗他说："你说出来就吉利，不说出来就不吉利，一定会遭到大损失。”他这才告诉说：“我梦见自己量米时掉米粒，正在拾取而鸡却来啄食，急忙驱赶。”

《茶余客话》

佛法如灯笼

元朝不鲁罕皇后的儿子死了。她责问法师说：“我们夫妇拿你当大师对待，我们只有这么一个儿子，你为什么还不能保护他？”法师答道：“佛法就像灯笼一样，风雨来了可以遮挡；如果是蜡烛燃尽了，那么灯笼也没什么办法了。”

《茶余客话》

进士年老多须

清朝顺治年间，皇帝召见新进士杨廷镜。他胡须很多，已到了老年，皇上破格赐给他翰林学士官职。第二天，又在瀛台召见他，杨廷镜将胡须稍稍剃去一些，皇上见了很不高兴。当时国家有取士依据才能不依据年龄的诏谕。乾隆四年沈德潜被召见，皇上称他为老名士，也是赐他翰林学士官职。国家取士就是这样不论年龄，不拘成法。那些凭借年纪轻而自矜，薰香衣服，剃光脸面，甚至靠涂抹脂粉来取悦于人的，很难不被人像嘲笑戏子、侍童一般嘲笑。有记载说宋初有个叫何朝宗的，萍乡（今江西萍乡）人，十八岁考中进士。太祖赵匡胤说：“这个人没有胡须，恐怕不够老练，不应让他及第，还是让他先读书去。”这样，到了太祖末年，何朝宗才考中。

《茶余客话》

明太祖藏书室

明初，太祖朱元璋在后湖建了一所房子，用来收藏全国的户口册籍。他问进见的众位年高有德的人：“这房子应朝哪个方向？”一位老人说：“应是东西向的，这样早晚人都有阳光照晒，户籍册就不会受潮了。”朱元璋很高兴，问老人姓什么，老人回答说姓毛。朱元璋接着说：“你说的很对，我命你看管书库，让这书库里没有老鼠。”于是，就把老人活埋在室中。朱元璋这样做，仅仅是因为毛和猫的读音大致相同。

《茶余客话》

王　掞

清人王掞进山养病，告诫家人不要暴露自己的姓名。路上遇到急雨，就把船驶到乡里躲避。可乡人不接纳他，并要赶他走。王掞就对乡人说：“我是好人，不要怀疑我。”乡人笑道：“好人怎么能在六月天出门远行？”王掞听后也惊悟似的说：“他说的对呀！”

王掞生性喜欢菊花，收藏了许多名种。杜醒陶来拜访他，突然看见白剪绒，不觉走入花丛中，忘记了与主人见礼。王掞说：“你喜欢菊花的程度不亚于我呀。”就把花赠给了他。

王掞曾在六月间散发赤足蹲坐在地上，亲手给菊花捉虫子。邻居老人不知他是王掞，还以为是园丁，叫他也不答应，就开玩笑地踢了踢他，王掞说："您也喜欢菊花吗？"又把菊花赠给了老人。

王掞有件古瓷器，价值连城。一天，李榕村向他索要观看，就令家奴捧给他。家奴上台阶时失足跌倒打碎了瓷器，李榕村不禁失声惊叫，王掞却神态安然，不为所动。

《茶余客话》

成衣匠

清代京城的成衣匠都是宁波人，其剪裁水平相当高超。有一次有人拿着一匹帛让成衣匠剪裁，成衣匠不问尺寸，只是详细询问要做衣服人的性情、年纪、状貌、何年考中科第等。这人感到奇怪，就询问成衣匠到底根据什么裁衣服。成衣匠说："少年考中科第，其性情高傲，胸膛一定挺起来，这就要求前襟长而后襟短。老年得科第的人，因用功过度，后背一定已伛偻了，这就要前襟短而后襟长。肥胖的人肥宽，瘦弱的人身体狭窄。性情急躁的人衣服要短一些，行动迟缓的人衣服要长一些。至于尺寸，是有定式的，又何必问呢？"人们听后，都佩服这个成衣匠的见识。

《履园丛话》

大龟有灵

乾隆五十九年六月，太仓浏河口有个姓沈的人，以做鱼货生意为业。某日于海中网到一只大龟，长一丈二尺，用车拉到一家姓梁的人开的鱼行，几十个人才把它拽上岸。这个姓沈的人估计龟腹中必有明珠，就要两千两银子的高价，很久没有买主。过了二十三天，龟不饮食，前来看龟的人塞满了鱼行，鱼行的主人实在受不了连日的喧哗，就骗他说："官府来查讯此事了，你赶快把龟弄走。别连累我！"姓沈的人害怕了，费了好大劲才把龟拖上船，放到海中。刚放龟的时候，龟还老实不动，船就返航了，约走了三里左右，只见龟头一伸，放出三丈多长的白光，悠然而去，排空大浪，左旋右转，海水为之沸腾。这才知道这只龟以前任人捕捉、拖曳、观赏，又被装上船再放掉而一动不动的原因，是怕伤了人，真是个灵龟啊。

《履园丛话》

杨第五

贵州定远县人杨沂秀，清朝嘉庆十九年中进士。杨沂秀小时参加秀才考试，县试、府试、院试皆名列第五。后来参加乡试、会试也都是中的第五名。中进士授官，挑选陕西鄠县知县，抽签又抽得第五名，人们给他送了个绰号叫"杨第五"。

《履园丛话》

贼癖

有个开当铺的富翁，每到当铺的库房中去，一定要趁没人时偷窃几个零碎东西以为得意。伙计们都知主人有这个毛病，此项开销就向女主人索还，已经习以为常了。还有一件事，是虎丘的杜开周说的，有个做道员的人，每天必偷别人的东西一两件。一天，看门的仆人有件皮马褂放在签押房，被道员偷去了，仆人不敢问，就求杜开周去要。杜开周就去要，道员开始推说不知此事，但见他一再要求，才笑着说："早知是你的衣服，我就不拿了。"以上两人，一富一贵，都犯有贼癖，不知是什么原因。

《履园丛话》

刑场上的怪事

两江总督噶礼虽有才干，但作威作福，又贪婪不法。康熙五十年，江南科场作弊事发，他袒护作弊者，收受贿赂银数十万两，又暗纵奸商运米出洋去卖，造成米价腾贵，军人、百姓怨声载道。康熙帝秘命江苏巡抚张伯行去查办噶礼，但由于噶礼权势很大，反诬张伯行，使之几乎被革职。康熙帝素知张清廉，加恩免议。罚噶礼去督修热河城，以补前过。谁知他不识好歹，不思悔过，心存怨恨，懈于督办，以致延误了工期。五十一年九月，康熙帝令将噶礼拿交刑部。正赶上噶礼的母亲到都察院告噶礼下毒要害死她的事，经讯问确有此事，于是定为凌迟处死。康熙帝命先将噶礼眼珠打出，又割掉两耳，籍没家产。妻子同谋，也杀头。他母亲又要求将噶礼处死后焚尸扬灰。割耳后，康熙帝动了恻隐之心，赐帛让缢死他。可他又买通了执行绞刑的狱卒，在他还没被绞死的时候就放下来，马上装到棺材里。监绞的官员等到半夜，见无动静，以为噶礼已死，准备回去复命，突然，棺材里传出说话声："人走了吧？我可以出去了。"听到声音的人吓得不得了，急忙劈开棺材，噶礼忽地坐了起来，因他耳目都没有了，不知该怎么办，只是呆坐着，监绞官急中生智，一斧将噶礼劈倒，然后连棺焚化，这才办完了噶礼的终身大事。

《履园丛话》

虐食一种

山西省城外有晋祠，人来人往，商贾云集。那里有个酒馆，所烹驴肉最为香美，远近闻名，因此来饮酒者每天以千计。人们都称之为"驴香馆"。其做法是取草驴一头，养得极肥，先用酒灌醉，在地上钉上四个木桩，绑住驴的四脚，又用一根木头横在驴背上，捆住头尾，让驴动弹不得。再用百滚汤烫驴的身上，刮净驴毛，然后用快刀零割。要食前后腿、肚子，或者是脊背，或头尾肉，各随客便。当顾客下箸时，驴还没有全死。这个酒馆已经延续十余年了。到乾隆四十六年，长白的巴延三做山西方伯(布政使别称)，闻知此事后命地方官查办，才知道以此为业者有十几人，押送到按察司治罪，按谋财害命的例子，为首者处斩，其余的充军到边远地区，又立了永远禁止的石碑。这件事是张味石大令(知县的别称)说的。

《履园丛话》

蝎子太守

雍正初年，有一同知晋见，没想到

帽中藏有蝎子,当皇帝面又不敢乱动,想摘帽放出蝎子更是不可能。结果头被蜇得不得了,疼得涕泪交流。世宗(雍正帝)很奇怪,询问他为什么如此,他如逢大赦,连忙摘下帽子连连叩首,撒谎说:"臣感念圣祖仁皇帝(康熙帝的庙号)六十一年深仁厚德,臣家两代受恩深重,于是情不自禁涕泪横流。"雍正帝感叹着说:"这人还有良心!"就记住了他的名字,不久提升他为知府,但后人多称此人为"蝎子太守"。

《履园丛话》

搏虎奇事

康熙二十六年,纪昀家乡的扬名、开化两乡之间有虎患,夜行昼伏,一时人心惶惶。报到县官那里,县官命令猎户捕捉,一直没有下文。到了康熙三十二年三月,忽然在石坞发现了老虎,老虎卧于草丛中,威风凛凛,一时无人敢上前。正巧此时有个叫沈二业的少年卖柴碰到了这个场面,操起一个硬木棍冲上去猛击虎头,老虎大吼一声跳了起来,一口咬住他的左臂,少年右手托住虎腮,抬膝猛击虎的咽喉,将左臂从虎口中挣脱出来,又大声呼救,猎人赶来后,用鸟枪打死了老虎。少年用草药敷臂上的创伤,不到十天就好了。还有一件事发生在康熙二十八年,有只老虎闯入了董坞居民区,咬伤了一个行人。有个叫宋伯卿的人,手持鸟枪随着众人追打老虎,想取得独自擒伏老虎的利益,就挥退众人,挺身而追。老虎被追急了,回身扑来,朱伯卿没法放枪,被虎扑伤面额,他急中生智,举枪刺入虎口,与虎较起劲来,以至枪都弯了。老虎疼痛难忍,哀号着跑掉了,血流满面的朱伯卿却没事似的大步回家去了。

《履园丛话》

制棺自省

苏州府城隍庙住持袁守中,居于月渚山房,因而以此为号。笔者曾借寓其斋,见案头放一具紫檀木小棺材,长三寸左右,有一盖可开可合,就笑他说:"您做这个小东西想用来干什么呢?"袁守中说:"人生必有一死,死了就装在棺材里,我很奇怪世人中只知富贵功名利欲嗜好,忙碌一生而不知有死的,比比皆是。所以我每有不如意的事,就看一看它,可使一心顿释,万事皆空,所以我把它当作严师训诫、座右铭来看待。"

《履园丛话》

清客十字令

清代京城清客最多,但也要才能人品大致兼有才能自立,有人编为"清客十字令":一笔好字;二等才情;三斤酒量;四季衣服;五子围棋;六出昆曲;七字歪诗;八张马钓;九品头衔;十分和气。后来又有人在每项后面续上两个字,成为:一笔好字——不错;二等才情——不露;三斤酒量——不吐;四季衣服——不当;五子围棋——不悔;六出昆曲——不推;七字歪诗——不辞;八张马钓(即麻将牌)——不差;九品头衔——不显;十分和气——不俗。如果能注意到后面几点，做清客替人帮闲就更顺利了。

《归田琐记》

无赖将军

金朝大将纥石烈牙忽带，因好用卢鼓椎击杀别人，故别号卢鼓椎。他出身于皇帝亲军，勇猛剽悍，镇守金朝南部边境重镇宿州、泗州多年，屡次击败宋兵，很有威名。好结交小人，然而飞扬跋扈，不受朝廷节制，甚至诽谤谩骂宰相。他尤其不喜欢文人，僚属有人穿长衫，就取刀截短。又喜欢欺凌使者，凡是朝廷使者到，必定以酒食为难使者，有的人推辞说不会饮酒，就连饭食也不让使者吃，让他饿着而去。又有一次会餐，诸将及其妻子都在座，一起吃猪肉包子，有一大将妻子说不吃猪肉，纥石烈牙忽带命令手下人换掉又端来一盘，不一会那个妇人便吃尽了这盘包子。牙忽带问道："你吃的是什么肉?"妇人回答说："承蒙大人换以羊肉，味道甚美。"牙忽带大笑说："你不吃猪反而吃人肉吗?"你吃的不是羊肉，而是人肉。"那个妇人一听便呕吐不止，大病卧床数日不起。又有一次，御史大夫合住因事路过宿州，牙忽带设宴招待，歌妓于堂上轻歌曼舞，到了晚上，歌妓侍寝，第二天合住将走之时，牙忽带让歌妓向合住索要酬金。合住很是惊愕，牙忽带强拆开合住的行李包裹，留下所有缯帛送给那位歌妓，并说："岂有官家使人而不给钱的道理?"

《归潜志》

万夫雄打虎

泾川有个叫万夫雄的人，很有膂力，以拳勇著称。他有一个莫逆好友姓范。有一天，两个人正走在深山之中，突然从林莽中窜出一头巨虎，衔起范就跑。范大声呼叫："万夫雄救我!"万夫雄一时不知所措，然后摇晃一棵树，竟把它拔了出来，把它拿在手里就去追虎。追了一里多路，他一声暴喝，老虎吓得连连后退，范趁机脱困。万夫雄用树干击虎，正好打在它的脖子上。受伤的老虎凶相毕露，想上前抓他，但是脖子痛得抬不起来。万夫雄乘势再击，一下子把老虎打死了。这时，母虎和虎子寻到这里，万夫雄见此事不能轻易了结，又鼓起平生之勇，奋力格斗，二虎相继都死在他的手里。

《虞初新志》

温 石

高丽有温石，什么时候都是温和的。接近石头的地方，也觉得温和之气盎然。现在，有人在温石边上建了一座房子，里面房间很多，供远客落脚。无论盛夏还是隆冬，走进这座房子，总是像春天三月的气候一样，这都是温石的作用。

《虞初新志》

勇 妇

直隶省束鹿县快捕王吉的妻子郑

氏,生来魁伟壮硕,有勇力。因家中世代精通武艺,她也善于使用双刀,继承了父兄的雄风。但平日却温柔和顺,低声下气。康熙二十六年二月,有十二个强盗乘夜攻打她家。王吉被打倒在地,郑氏手持利刃出来自卫,抢过强盗一把刀,并将其杀掉。随即把丈夫抱出来,安置在草场上。然后,挥动双刀驱赶强盗。强盗全都惊慌逃走,又把她的公公捉走。郑氏随手牵来厩里的马,来不及安马鞍子、马络头便腾身骑上去追赶。不到三里,强盗又都回身搏斗,郑氏立时杀死八个人,仅逃出去四个。又保护她公公回家了。

《虞初新志》

甘　泉

高丽有甘泉,共两处,都在井里,相距很远。井泉异常清洌,舀出来喝,甘甜如蜜。有人汲泉煎食物,可以代替糖。

两泉互为消长,这个泉干涸,那个泉就盈满;那个泉干涸,这个泉就盈满。这个泉水多一分;那个泉水就要少一分,好像是一气相连的。

《虞初广志》

杀人灭口

吴三桂性情猜忌,一些举动常出人意外,如果有人抖出他的隐私,就会引起他刻骨的仇恨。当皇上撤藩的诏令下达时,吴三桂让幕僚们拿主意,是听从还是不听从,幕僚们争相献计献策。其中有个姓胡的幕僚,是山阴地方的名士,一人坐在墙角,默默无语。第二天,吴三桂设宴,叫来几个人喝酒,酒过数巡,那个姓胡的忽然肚子要裂开似的痛起来,他起身上厕所,结果却倒地而死。大家都以为他是得了暴病,都不知道他的致死原因。后来,吴三桂败亡,他的侍从中有人说出了此事的真相:吴三桂早就有叛逆之心了,他怕姓胡的知道他的隐情,所以才用毒酒毒死他,来达到灭口的目的。

《虞初广志》

吴三桂计杀部下

吴三桂养了很多亡命之徒,其中有个叫陈魁虎的,身手异常矫健,能手捉鹰鸟。一天,陈魁虎陪吴三桂喝酒,喝到兴头上,夸口道:“我想杀人,干别人没干过的事。”吴三桂一听,脸色为之一变。过了不到十天,忽然传闻陈魁虎深夜闯入府中,图谋奸污宫女,被抓起来送到司法机构,不久就被处死,尸体示众。临刑前,陈魁虎大呼冤枉。有人说是吴三桂设计引诱他,给他加上恶名,杀掉了他。从此以后,吴三桂的部下有很多人离去了。

《虞初广志》

黔阳婚俗

古代,黔阳一带的土著,以六月六日为换裙带的日期。到那天,成群的女孩子裸体在溪涧中洗澡,男人如果肯临近观看,并赠给裙带,她们就会非常高兴。有的女孩因长相丑陋,得不到男人所赠的裙带,回家后,父母以此为耻。

男老(情夫)也以多为荣。与一个男子发生了性关系,发髻上就蒙一方斜叠的红头巾,头巾叠得愈高愈得意。有积累到几十层的,有的同伴便会啧啧称叹羡慕。

《虞初广志》

龚氏恶毒

象山人李氏,十七岁时嫁给了慈溪城中打鱼的金某作继妻。接连三年,金因替人打鱼而长久不能回家,金母龚氏与当铺的汤某早就相好,汤艳羡李氏的姿色,就贿赂很多银两给龚氏,意在让她诱惑李氏。龚氏诱使再三,最后李氏哭了,毅然切断左手中指拿到婆婆面前,说:“您说的事就像这手指一样,可断不可成!”龚氏听了大怒,就脱光了李氏的衣服用木棍打她,直到把木棍都打断了还不罢休,又暗地里挖了个地窖,地面铺些碎石子,让李氏光着身子下到里面去,旁边放了一些不干净的食物,让她用手抓着吃,每隔一昼夜,就烧红铁钳烙她的身体,使她全身都烂了。这样从五月折磨到八月,李氏终不屈服,龚氏就逼她死。前一天是中秋节,龚氏想用开水烫死她,正赶上有一个寻作佣工的女人住在她家,这女人为李氏说情,又恰在这时天阴下来,雷声隆隆,龚氏有些惧怕才停了手。那女佣把这件事告诉了邻居,邻居把龚氏哄骗出去,又召集了几个老妇人一起打开地窖,看到李氏在窖中痛得翻来覆去,遍身都是蛆在蠕动着。大家慰问她。她说:“我为了不辜负我的丈夫而弄到这样,这是命啊!”邻居们为她洗干净了,给她穿上衣服,用门板抬到县令那里,县令近前看她,她呻吟一声就死了。

《虞初近志》

王孝女之愚

王孝女,是天津人王枚的女儿。王枚曾与张希哲这个人一块儿中了进士,因此王就把女儿许配给张的儿子。后来,恰好王和张都先后出任兰山县的县令,因仓库亏缺之事发生争斗,王枚丧生。这时,孝女哭着说:“许嫁张氏,是父亲的心愿,不可舍弃而另择他姓;但若嫁给张家,每天侍奉人家并叫仇人为‘公爹’,我决不忍心这样做。”家里的人听出她话中之意,便四下里看守着她。过了几天,看守的人稍一松懈,孝女就趁机上吊了,当时还不到二十岁。

《虞初近志》

马贞女

同治十一年五月十六日,金匮县马廷灿的女儿因不甘受污辱,被她舅舅的儿子范金杀害。

当初,贞女的母亲范氏早丧,他的父亲清贫而老实,长期住在市镇里。贞女跟随姨妈生活,并把姨妈看作亲妈一样。这年,贞女十八岁,许给包文炜,已定了出嫁的日期。她舅舅的儿子范金向来无品行,每次到她姨妈家来,总要通过姨妈送给贞女衣物,贞女见到后总是立即毁掉这些东西，从没留下一件完整的。范金为此很沮丧。过了一段时间，范金的父亲病了，姨妈要前去探望，想和贞女一起去，贞女推辞不去，姨妈不高兴，以舅舅病危来胁迫她，她才勉强跟着去了。在舅家住的时候，她晚上常常合衣而睡。每次登上阁楼之后，必定把梯子撤掉。后来，范金果然心怀歹意，攀登进屋里，径自上前胁迫贞女。贞女奋力抵抗，而且大声呼叫，范金用被子堵住她的嘴竟把她闷死了。第二天，范金到贞女父亲那儿，反诬告贞女无礼，父亲轻信范金，果然一气之下不前去探视，就急急草草地入殓下葬了。又用金钱收买漆工，叫他们别说出去。漆工劳累而睡着了，忽然看见贞女披头散发站在面前，回来之后，又见到她。于是漆工就出去把这事告诉别人了。恰巧这时范金的堂叔范庆喝醉了酒而骂范金，就把这件事的真相全部泄露出去了，人们听了大吃一惊。至此，马廷灿和包氏首先告到县里。这时，范金已外逃三天了，他每天失魂落魄不知到哪里去，最后坐在县府旁边的茶楼上，自己诉说着那件事。衙役感觉这个人可疑，一追问他，他忽然学作女子的声调说："我死得好苦啊！"于是把他抓起来，一审讯他就服了。然后又去抓贞女的姨妈，而姨妈自杀了。范金的父亲病情已经很重，听说这件事，也死了。贞女死后十天，她的冤案昭雪了。第二年，范金伏法于苏州。

《虞初近志》

王氏凶暴

湘阴人陈本衷的母亲得暴病而死，本衷悲痛得茶饭不思，夜间不眠，什么事也不能做了，他的父亲常常怒而打他，他强忍着，然后才起身。过了几个月，他的父亲续娶了王氏之女。别人都说这个女人凶暴，而父亲听不进。等到王氏进门之后，果然对本衷不好，而本衷更恭谨地尽儿子的职责。第二年，王氏生了一个儿子，便越来越想除掉本衷。后来，她趁本衷父亲外出的时候，就用毒草煮了些水当作茶摆在桌子上。父亲回来了，看到茶中有碎草叶，便责问是怎么回事，而王氏假装才察觉到的样子说："这是毒草啊！本衷为什么要杀害父亲呢？"父亲听后大怒，把本衷痛打一顿，而王氏故意从旁说风凉话："白费，打也没有用！"父亲更是怒不可遏，又用大木棍打他，差点把他打死，幸亏有邻居救助才免除危险。

《虞初近志》

李氏遭遇

李氏，山阴人。父亲的名字叫凤祥，贫穷而且早年丧妻，就把李氏许给了当地林家的儿子。但因李氏年岁还小，所以未成婚，林家对李氏故意贬低，而且李氏的婆婆原来就是个娼妇，许多低级下流的年轻男人，每天在她家往来不断，婆婆性情阴狠狡猾，对尚在幼年的李氏极尽虐待，等到李氏长得有些姿色了，婆婆知道自己无法满足那些下流男人的恶欲，而且那些男人又胁迫李氏听从。于是，他的公公、婆婆在一起密谋，先把李氏仔细打扮起来，然后逼她侍候这些不认识的人饮酒，而李氏不肯，于是公婆就越发怂恿那些人肆无忌惮地戏辱她。李氏大哭，不想活了。公婆却大怒，每天用鞭子抽打她，接着又不给饭吃，一定要让她顺从才算完，李氏在邻居老妇的同情帮助下，连夜跑回父亲的家，而父亲已外出去杭州卖饼去了，于是她就躲藏到了亲戚家好几天。林家刺探到她的去处，直接多次前来说好话让她回去。李氏临走前慨然对亲戚说："我没有家，出去将到哪里去？虽然如此，但不能连累你们。我知道死的地方了。"然后跟林氏回去了。回去便被关闭在屋里，用荆条抽得她更苦，身上没有一块完好的皮肤，别人稍一劝慰，她便说："想让我顺从吗？如果那样我马上就死。"公婆气愤之极，就在夜里用布绞死李氏。李氏脚击地，震震有声，鼻子出血，没叫一声就被绞死了。当时为咸丰二年九月十九日，李氏十六岁。

《虞初近志》

报仇人

某人有父母而没有兄弟。他的父亲有生财之道，颇有产业，因某是独子，故非常喜欢他。他的妻子李氏，粗野而不守礼节。起初，他管不了她，有时还庇护而放纵她，致使她由开始时对公婆质问、呵叱渐至大骂、诅咒起来。别人问他，他也不以为奇，父母多次忍气吞声。一天，李氏打骂婆婆，婆婆不堪忍受，便对天嚎啕大哭，李氏听到了，又对此十分恼火。平日里骂婆婆已成了家常便饭。婆婆的吃用什么的，她不闻不问。一天，她虐待公婆，直到忍无可忍的地步，婆婆愤愤地说："我不怜恤生命，但我不能忍受耻辱。"于是要到官府告状，想乞求官府对李氏绳之以法。婆婆走出了村子，李氏随后生下了一个男孩儿，公公急忙追赶婆婆，远远地呼喊她回头来，但婆婆愤然不听，于是公公大声疾呼："你回来吧！你回来吧！老天爷已为你我生下一个报仇人了。"听到这儿，婆婆才返回来，从此以后就叫这个孩子为"仇娃"。但李氏到底还是恶习不改，邻居中了解"仇娃"含义的人们，都私下谈论说："报仇人什么时候才能长大啊！"后来，丈夫和他的父母都去世了，独独留下李氏抚养一个女儿和称为"报仇人"的这个孩子。"报仇人"渐渐长大，渐长渐凶，根本不把李氏当母亲看待，而把她当牲畜一样奴役。到他娶妻子之后，更是变本加厉地对李氏呵叱打骂。凡稍不合他意，随手就打；惹他生气更打，甚至于只要见了面就打，不管木棒铁棍都用，常常打得他妈疼痛难忍，呼天号地，邻居们都耳不忍闻。一天，他说："如果打你时，你再呼号，就把你绑到屋里。"以后，他在屋子里打她，就说："你看，上边没有天了。"他曾用拉车的铁索打他妈的脖子，很多人见此都上前阻止他，他却说："她有疯病呢！"他还曾用刀切开他妈的脚腕剔去大筋，说："叫她不能走路。"天启二年春，他妈被打得体无完肤而死。最后，他也因此被逮捕,死在监狱里。

《虞初支志》

小老虎吃人

某地有一农夫,看见田间有鸟和蛇在争斗,就在它们争斗的地方挖下去,结果挖出了二锭银元宝。他把银元宝揣回家,就觉得自已暴富了,关门闭户再也不去干活儿了。家里人催促他时,他就说:“有了银元宝这个壮胆物,哪里还用得着我去出卖劳力呢?从今以后是别人必须求助于我,而我怎么可能再求人呢?”于是,从此他就把银元宝称作“小老虎”,闲暇之时就拿着它玩,有时故意把它抛向空中来取乐。有一天,他一不小心,银元宝正好落在他自己的头上,由此他便得了疯病,很快就死了。从他用药治病到买棺入殓,正好把银元宝用完了。

《虞初支志》

太湖王氏

太湖王氏,小字勉,嫁给种田人刘生,事奉丈夫继母能尽孝心。婆婆年老性欲强。和一个商人有淫私。那商人因看见王氏年轻貌美想占有她,因此才与她婆婆淫乱。王氏婉言规劝婆婆,婆婆认为王氏是在讽刺她,十分恼怒,因而多次打王氏,几乎把她打死。王的丈夫心痛妻子,就私下里对她说:“我母亲现在已达到这个地步,你规劝她也不会回头了。与其如此,不如你改嫁到别人家去吧,我宁愿孤独一生来保全你的性命。”王氏听了,不答应,她说:“我愿和你过贫穷的生活白头偕老。婆母打我要让我死,就是真的死了,死在婆婆的手下又有什么可以埋怨的呢?”婆婆又一次差点儿把她打死。她的父母气愤地把她抢回娘家。住了将近一年时间,她的丈夫也到外地做买卖去了。王氏哭着对父母说:“我嫁出去一年了,不能孝顺婆婆,像这样恋着娘家,是违背妇道的,希望你们让我回去吧。我打算供养服侍婆婆,以免婆婆长久埋怨。”父母答应了她。于是她回去了。这时,她的丈夫仍然出门在外。她的婆婆正和商人喝酒。看见王氏回来了,商人对她的姿色垂涎三尺。这天夜里,商人与婆婆密谋定了一个计。于是,商人窜入王氏的屋子,婆婆随后关上门,商人逼王氏就范,王氏大声呼叫,声音传到屋外,婆婆害怕别人听见,也进入屋里来,用布巾勒紧王氏的脖子,王氏一声痛哭就断了气。商人逃跑了,在路上被蛇咬死,尸体被虎狼吃掉了。王氏死时才十九岁。她死后好多天,脸上的颜色都没变,好像生前一样。她的丈夫从外地回来,痛哭欲绝,但因为母亲的原因,不敢向外说。

《虞初支志》

大伯嫂毒计

清朝道光年间,奉天宁远州西乡有一家姓陈的。他家兄弟二人住在一起,弟弟娶妻不久就死了,但他的妻子已有了身孕,就招来一个邻居的妇女为伴。弟媳的大伯嫂子看着她的钱财眼红,就暗地里对邻妇说："如果她生了男孩儿，你就把她害死，我一定酬谢你五千串钱。"邻妇开始有些为难，但最后终于答应了。待到弟媳生产时，果然生了一个男孩。邻妇就用大针扎进孩子的肚子，孩子就没气了。这经过产妇不知道，邻妇直接对她说："你的孩子死了，应当用绿色的带子，白色的布包起来埋到山坡上。"过了些日子，弟媳的娘家心痛自己的女儿惨遭丧夫又失遗腹子的不幸，就让弟媳的哥哥把她接回家住几天。车路过埋儿子的地方，还有几十步远，忽然有一条狗奔跑着前来挡住车的去路。弟媳吃惊地说："这是我们家的看门狗。一个月前，它生下了好几条小狗，但有一天它不见了，小狗们断奶都死了。现在，它为什么在这个地方，而且喝斥它还不离开呢？"弟媳的哥哥拿鞭子打它，它急忙跳上车辕咬产妇的衣服做出让她下车的样子。她的哥哥非常害怕，说："你有冤，可在前边走，我跟着你。"这时，那狗低下头就跑了。产妇的哥哥跟着狗到了一个地方，稻草和树叶堆积成一个草堆，狗扒开这些盖在上面的草，一个孩子在里面哭。产妇的哥哥抱孩子到车前，产妇仔细看了看包在孩子身上的布片、带子，不禁失声痛哭，说："这是我的孩子。为什么会死而复生呢？"于是就和哥哥一起返回婆家。大伯嫂见到孩子，说："这孩子是从哪抱来的？"于是他们告诉她来龙去脉，大伯嫂开始表现出很惊讶的样子，接着又好像很高兴。等到打开巾带，看见肚子上皮里肉外横插一根大针，人们才明白这是大伯嫂的毒计。为此，弟媳的哥哥告到官府去，官府审查后把大伯嫂和邻居妇女都抓起来了，而且指责大伯哥不能正家。这个孩子从埋到山上到抱回来已经隔十多天了，之所以没死，就是那看门狗用奶哺育的。

《虞初支志》

骗奸杀人

河南某一家穷人有两个女儿，大的已出嫁，小的还没有婆家。这小女儿特别能做家务。一天，父母都去武当山进香，二女儿留在家，只有一个耳聋的婢女作伴。她家的邻居中有一家是屠夫，还有一个姓王的书生，他们向来常来常往。王书生在屠户家进进出出，二女儿看见了。就对屠夫的妻子说："我若能嫁给王秀才就心满意足了。"屠妻就把这话告诉屠夫了，于是屠夫就在夜里冒充王书生跳墙进去，与二女儿发生了关系。第二天，二女儿的姐姐和姐夫因为父母出远门而来家探望妹妹，但屠夫不知道。晚上，她的姐姐和姐夫就睡在二女儿的床上，二女儿到别的屋子去睡了，屠夫也不知道。这天晚上，屠夫又一次越墙而入，在黑暗中他摸到床上有两个人，顿生妒火，气愤已极。他怀疑二女儿又有了别的情人，就急忙回家取来屠刀，切断二人的喉咙，把两人的头都砍下来了。这时，这两个头就好像要跟着屠夫。屠夫仓皇无所措，就用衣服把两个头包起来越墙跑了。这时夜已三更，正赶上墙外一个卖年糕为生的人听到狗叫，开门出来。这个人素来和屠夫关系最好，因此屠夫慌忙告诉了他，正进屋密谋怎样安置这两个头时，又正好有一个卖枣的人这天夜里在卖糕人家里过夜刚醒。屠夫担心自己的事泄露，于是就和卖糕的人密计，把贩枣的人用锄头给打死了。第二天早晨，二女儿发现姐姐姐夫死了而且尸体上都没有头，就报告了地保，继而上报到官府。官府把二女儿传讯去后，问其父母出门后有什么人来过她的家，二女儿回答说，王书生来过。于是，把王书生抓去了。这时，二女儿竟然辨别不出是不是他。于是，王被判死罪。官府由于两个人头终究没有下落，所以天天刑讯王书生，他为此极为痛苦，坐了一个多月的牢之后，他只盼马上受死刑而解脱。于是，他嘱咐家人，变卖全部家产，得钱全部给了一个老吏，老吏弄来两颗人头交上去。于是，这案子就了结了。屠夫漏网以后，一天傍晚，他喝醉了，就和妻子谈起往事，被一个小偷听到了，于是这事就在邻里中间传开了。人们对王书生坐牢不平已经很久了。因此，官府把屠夫抓了去，屠夫没什么说的，只能认罪。追问他把头放哪去了，他说在卖糕人的灶下；抓卖糕人来，跟着他到埋头的地方，果然挖出两颗头，还有一具尸体。审讯他，他说出了用锄头打死贩枣者的罪行；再究王书生所拿来的头，原来是老吏因看中八十金的利益，把自己家的一个书童和一个女仆杀了的结果。

《虞初支志》

图财害命

吴地有个大户派他的仆人去收租。他租没收到，就把佃户的狗带回来了。在船上，他正想把狗杀了吃的时候，一个同船的客人不忍心，就自愿出钱免狗一死。这客人打开钱袋时，那个仆人斜眼看了钱袋里光闪闪的银两，不禁心为之一动，对客人说："这岂不是你行仁义而我得好处了吗？"于是他买来酒，有意识把那客人灌醉了，又用两个口袋把客人装进去，然后把他扔到水里去，继而把客人的钱财全部拿走了。客人连同口袋沉到水里，那条狗也随即跳进水中拽着那口袋一直拽到一块陆地上，沿着堤岸望去，有两个农夫在一起耕田，正脱下衣服在休息呢。狗跑过去叼住了他们的衣服就飞快地跑回了那块陆地。农夫跟在狗的后面一直追到那里，自然看见了那装着人的口袋。于是把口袋解开了。那客人因为喝酒的缘故，所以虽然被水淹了一下，但还昏昏然微微动弹没死。慢慢地，他苏醒过来，农夫问他，才知道事情的原委。两个农夫看着他发笑，而那客人却大哭起来，说："天哪！没有这条狗，我早就葬身鱼腹了。"但他不知道那个仆人的主人是谁。正在这时，他们发现那口袋上清清楚楚写着主人的姓名。于是，这客人就拿着口袋到主人家告状。主人见了大吃一惊，他先把客人隐藏在一个屋子里，等待仆人的归来。再说那仆人以为那客人肯定早就死了，于是回来的时候好像没事儿一样。主人问他收租的情况，他胡编乱造一通用以应付，问他："口袋哪里去了？"他说："忘了。"主人说："口袋已经在这儿，只不过是浸透了水罢了。"仆人愣住了，这时，主人急忙叫客人出来。

那仆人被依法惩办，并退还了客人的财产。客人把狗带回家，精心喂养。

《虞初支志》

剖心救母

南丰河东人赵希乾的母亲得了疟疾病，病很重。赵希乾的父亲就死于疟疾，所以他非常恐慌。赵到算卦的人那里算了一卦，算卦的人急忙安慰他，并笑着说："你的母亲危在旦夕，只有你的心，煮了给她吃，才能救她的命。"在场的其他人听了这话，都不相信，怎么至于吃人的心呢？但赵希乾却在心中记着算卦人的话。他回到书房，半夜起来，先对神做了祷告，又写了遗书给叔父和弟弟。而后取刀坐在床上，割下胸前的一块肉放在小桌子上，就在这时，忽的一阵大风把门刮开，赵希乾以为家里人知道了这件事，过了一会，见没有动静，他就继续摸自己的心，找不到，而后又继续剜胸前的肉，肠子大量流出来了，还是没有找到心。没有办法，他就割下几寸长的肠子，把其余的肠子塞进去，撕些棉絮堵住伤口，叫醒弟妹，连小桌子上的肉一块煮了送给母亲去吃。这时天已大亮，他的叔父见了以为他割股献母，又看他流血的地方，并且昏倒在床上，就大声喊叫起来，以为他已经死了。过了许久，赵醒过来以后，取了截竹子放在肚子里，竹筒上弄上眼系上绳子挂在脖了上通便，这样才活了下来。

《虞初续志》

孝节妇郑氏

闽县人林国奎的妻子郑氏，在丈夫死后，决定以死殉夫，上吊没死成，就又投了门前的井，她的婆婆在井边救她，说："替我抚养两个没爹的孩子行吗？"郑氏听后，勉强活下来，但不迈出家门一步。过了一段时间，两个儿子出天花，其中一个死了。郑氏考虑一个儿子婆婆可以照顾，就又去投江寻死，被打鱼的人救出送回家。没过多久，她的婆婆得了重病，郑氏剖胸剪肝和糜肉放在一起煮给婆婆吃。

《虞初续志》

家贞女堕楼

家贞是祥符知县会侯的女儿，许配给林渭仁的儿子奕昭。奕昭久病，长途赴婚，病情加重，勉强完成婚礼，婚后三天就死了。临死前，奕昭哭着说："我怎能以三日害你终身呀！"家贞说："你没有读过《芣苢》这首诗吗？诗中女子的丈夫有恶疾，虽未结婚，她也不忍离开。况且我们还做了三日夫妻。"奕昭死后，家贞不肯吃饭，在父亲的强迫下，勉强吃点。她小时候，吃蒸羊差点送命，很久就不敢吃了，丈夫死后，她突然又吃起来，以为这样可以快点死。家中有二婢日夜守护着她。婢女稍有松懈，她便捂被痛哭。康熙二十年三月六日晚，她上楼叫婢女拿着蜡烛随后，使婢女不起疑心，走到窗户跟前，跳下楼去，楼高二丈，下铺石块，未死。身体也未摔坏，只是口吐一些瘀血，眼珠黑白浑浊了好几天。

《虞初续志》

孝子施察

施察是直隶宣城人，精通《诗经》《孝经》，对《孝经》更是笃志励行。每天早晨起来，一定要点上香拜读《孝经》。他常对人说，人志在《春秋》，行动则要遵循《孝经》，这是天经地义的事。他循规蹈矩，见父母脸色稍有不快，连忙跪下请求斥责，一直到父母脸色变好，方才起来。结婚那天晚上，客人争着给他灌酒，他因为不胜酒力，推辞不喝。父亲认为他怠慢了客人，用眼神提醒他，他立刻跪下请罪，待客人离开后，继续跪在卧门口，一直到夜里十二点，父亲用手拉他起来说，婚姻是大事，你做得太过了。父亲死后，他为父亲守灵，不吃不喝。由于贫穷，不能安葬，他便早晚哭泣，每天按时摆上供品，三年没有离开守丧的地方。待将父亲安葬后，将父亲牌位供奉在睡屋，事无大小，全要在父亲牌位前告诉后才去做。算卦的人说他母亲只能活到五十岁，他日夜忧虑，常常在夜里做恶梦大叫而起。他到华山求神，愿减去自己的寿命为母亲增寿，他母亲活到八十岁才去世，而他自己死的时候才三十七岁。

《虞初续志》

客、魏害皇后

客氏和魏忠贤怨恨皇后不肯依附他们，这时有个叫孙二的河南人，犯了重罪押在狱中，魏忠贤用重利引诱他，让他说皇后是自己亲生的，犯罪以后才送给张国纪为养女。客、魏二人又在宫中暗地传播流言，并且向皇帝进谗言，说罪人的女儿，不宜玷辱后宫，应当赶快再选贤淑女子为皇后，并且治张国纪的欺君之罪。这样，皇帝也怀疑起皇后来，几乎想要废掉她。

《虞初志补》

皇子夭折腹中

明天启三年，张皇后怀孕，客氏和魏忠贤把不是自己心腹的宫人都赶走，全部用自己的心腹来侍候皇后。一天，皇后的腰部偶然疼痛，叫来宫人给自己捶一捶，宫人暗中想要损伤胎儿，捶得过猛，竟然使皇上的第一个孩子夭折于腹中。

《虞初志补》

客氏傲横

明熹宗的奶妈客氏，为人狡猾凶悍，极为放肆，残害嫔妃们，挟持皇后，又与魏忠贤相勾结，狼狈为奸。客氏过生日，皇上亲自前去祝寿，还让大宦官和嫔妃们一同前往祝贺，大宴三天，歌舞喧闹。到了十月初六皇后生日，宫中却一片静寂，按惯例进行的赏赐都一概停止。每天御膳房中络绎不断地供给客氏和魏忠贤酒、茶饭等，而等到皇后索要时，却往往不能及时供给。

《虞初志补》

客氏忌妒

明熹宗的奶妈客氏，年已三十，长得极为妖艳，很能迷惑皇上，被封为秦圣夫人。皇上选后妃时，客氏在一边评头品足，她一看见后来的皇后张氏，就大吃一惊，忌妒起来，于是就皱着眉头说："这女子才十五岁就这样了，等将来成年，一定更加肥胖，缺少风度意趣，这样的人怎么能当正宫娘娘呢？"她指着另一个女子王氏说："这个女子很是苗条。"皇上早就中意于张氏，于是就请熹宗的赵选侍为决定。赵说："这入选的三个人都美艳绝伦，就是古代的王昭君和杨玉环也超不过她们，如果说端庄稳重而有福相，贞洁而不轻佻，则张氏又在另两个之上。"于是皇上就选张氏为正宫娘娘。

《虞初志补》

《浪迹丛谈》

[近代] 梁章钜

《啸亭杂录》

[清] 昭梿

《两般秋雨庵随笔》

[清] 梁绍壬

《冷庐杂识》

[近代] 陆以湉

《子不语》

[清] 袁枚

《金壶七墨》

[清] 黄钧宰

《畏庐琐记》

[近代] 林纾

《十国春秋》

[清] 吴任臣

《清波杂志》

[宋] 周辉

《清代吏治丛谈》

[近代] 伍承乔

《清人逸事》

《清代野史》

《竹叶亭杂记》

[清] 姚元之

《扬州十日记》

[明] 王秀楚

《江变纪略》

[清] 徐世溥

只识后背

相传陈玉方侍御在刑曹时,一日司厅门外车夫喧斗,追问其主人是谁,都指说是江西陈老爷所役使。拘至堂中,交侍御自行处置,侍御熟视半晌说:“此人我不认识。”车夫说:“小人伺候主人多年,为何不认识?”侍御不得已,令转其背视之,然后说:“是我的车夫。”一时传为笑柄。原来,车夫整日控马,但见其背,未觉视其脸面。

《浪迹丛谈》

写　真

相传明朝永乐年间,戴文进初到南京,将入水西门,转盼之际,行李被一个脚夫挑跑,不知去向。文进遂向酒家借来纸笔,追画其像,召集众脚夫辨认,其他脚夫都认出是谁,同往其家,果然把行李追回来了。

《浪迹丛谈》

神画治病

蒲延昌于后蜀广政年间进画,授予翰林待诏。当时福感寺有一和尚正在墙壁上临摹宋代展子虔的狮子,延昌看见后说:“只得其模样,未得其笔意。”于是自己画了一张狮子图献上,当时正值王昭远公的一个爱妾患疟疾,把这幅画就悬挂在她的卧室内,其病顿减。

《浪迹丛谈》

宋漫堂善鉴赏

宋漫堂善鉴别书画。合肥许太史家藏画鹑一轴,陈章侯题曰:“此北宋人笔,不知出自谁人之手。”宋公看过之后,定为崔白画。座间有人嗤笑,以为他是随便说说而已。一会儿,拿着画在太阳下晒,于背面一角,映出图章,文曰:“子西”。子西即崔白的别号,众始叹服。后来此事传至黄州,司理王俟斋还不太相信,一日宴请客人,厅堂上悬挂一画,宋公从门外轿上,辨别出是林良的画,待下轿一看,果然如此,俟斋为此衷心佩服。

《浪迹丛谈》

高士奇侍帝有方

清代高士奇情性乖巧,不管遇到什么事一定要事先揣摸好对方的心情再做,所以他侍奉皇上很能符合皇上的心意。有一天,皇上到御猎场去打猎,马不听话,差一点把皇上摔下来,皇上很不高兴。高士奇听说这件事后,就故意用污泥涂抹自己的衣服,来到皇帝身边侧立一旁。皇上感到奇怪,就问道:“你怎么把衣服搞成这样?”高士奇说:“我刚才陪皇上打猎,从马上落了下来,正好落在污泥中,衣服还没来得及洗。”皇上听后大笑说:“你们这些江南人,原来这样懦弱,我的马刚才多次不听话,我也没有落马。”皇上的心情这才渐渐地好了。

《啸亭杂录》

禁止宰猪

明武宗南下扬州巡视的时候，兵部左侍郎王抄接到钦差总督军务、威武大将军总兵官、后军都督太师镇国公朱（武宗自称）钧贴，上面写道："据调查，养猪宰猪，本是寻常之事，只因为猪是本爵的本命，而且姓氏字不同读音相同，再加上吃猪肉之后必长疮疖，这是极为有害的。为此通告地方，除了牛羊等家畜不加禁止之外，猪，不许喂养，不许交换，不许买卖，不许宰杀。如果有谁胆敢故意违反，罪犯及其家小，发配到极边远的地带永远充军。"

《两般秋雨庵随笔》

蛤蟆给事

南宋绍兴年间，曾发生大旱灾，朝廷下令禁止屠宰。谏议大夫赵霈进言说："从来屠宰，只禁止猪羊而不涉及鹅鸭，请一起禁杀。"从此以后人们称他为"鹅鸭谏议"。

明朝有个给事官姓沈，也因为当时发生旱灾而向皇上进言禁止捉蛤蟆，汤若士称他为"蛤蟆给事"。有人对汤若士说："这岂不是太轻慢他了吗？"汤若士说："我正想让沈公永垂不朽，并与'鹅鸭谏议'成为一对呀！"

《两般秋雨庵随笔》

侮由自取

明朝嘉靖年间，有一个宦官到浙江去执行公务。这位宦官与掌管北关的南户曹、掌管南关的北工曹等人一起喝酒，他想借机侮弄当地缙绅，就乘着酒兴提议对对联，并且矜持地出了上联："南管北关，北管南关，一过手再过手，受尽四方八面商商贾贾辛苦东西。"

这位宦官原来地位很低下，曾经管过宫门，在座的工部官员对此很了解。他听了上联后便说："我应该作下联回答，只是不许瞪眼睛才好。"然后道出下联："前掌后门，后掌前门，千磕头万磕头，听了几声万岁爷爷忍受站立左右。"

宦官恼羞成怒，伸手要拔刀自杀，掌管南北关的两位官员竭力劝阻才算平息。

《两般秋雨庵随笔》

"圈信"谑解

从前，有一位妓女给她心爱的人写了一封信。那位情人收到信后，打开一看，没有一个字，信笺上先画一个圈，再画一个套圈；又连续画几个圈，再画两个圈；然后画一个圆圈，再画半个圈；最末画了无数个小圈。

那位情人看了这封圈儿信，百思不得其解。

后来有一个好事者为这封圈儿信题词作注："相思欲寄从何寄？画个圈儿替。话在圈儿外，心在圈儿里。我密密加圈，你须密密知侬意：单圈儿是我，双圈儿是你，整圈儿是团圆，破圈儿是别离；还有那说不尽的相思，把一路圈儿圈到底。"

无中生有，令人忍俊不禁。

《两般秋雨庵随笔》

寿星观剧

杭州有个乡民叫赵振鲸，嘉庆十九年已经一百岁了。他蒙受皇恩赐六品顶带，于是山舟学士为他题了一副对联："身历四朝，太平黎庶；寿登两甲，荣盛耆英。"

赵振鲸带着六十三岁的长孙去答谢山舟学士时，从江边乘船进城。船停泊在盐桥，他就步行到竹香巷。这时他仍是走路不用拐杖，跪拜依然四肢动作灵活。

赵振鲸身材矮小，不长须髯，喜好看戏。进入竹竿巷以后，正赶上里社演剧，他就挺身挤入人丛。突然有一个人拍了拍他的肩头说："老弟不要用力挤，我老年人筋骨受不了揉搓。"赵振鲸一回头，看见一位须发皆白的老人，就问道："老人家多大岁数了？"那老人回答："八十三岁了。"赵振鲸听了笑道："这么说来，你跟我大儿子同岁了。"周围听了这话的人顿时议论哗然。

这位赵振鲸活到一百零九岁，无病而死。

《两般秋雨庵随笔》

河豚赝本

北宋书画家米芾好用自己临摹的书画作品调换人家的原作。杨次翁任丹阳太守期间，米到郡中去看望他，他做羹给米吃，说："今天为您做一盘美味河豚。"米竟然疑心忡忡不敢吃。次翁笑着说："这其实是别的鱼，老兄请不必疑心，它只是河豚的赝本罢了。"

《两般秋雨庵随笔》

梁诗正奏语

梁诗正在政府里任职时，接引很多名臣，如太仆陈句山、通议孙虚船等人，都是同期有名望的老臣。有人向皇上报告，说梁诗正庇护同乡官员。

一天，皇上召见梁诗正，对他说："有人说你庇护同乡，以后有则改之，无则加勉。"梁诗正叩头回答："臣领皇上无则加免之训。"

当时朝臣们都佩服他说话得体。

《两般秋雨庵随笔》

父子异趣

曹操杀孔融，孔融文章被禁，但曹操儿子曹丕志趣却与父不同，通令天下，有献上孔融文章的，则赏金奖帛。北宋丞相蔡京立党人碑，禁苏轼和黄庭坚文字，他的儿子蔡绦却偏以苏黄文字作为阐述自己观点的依据。赵明诚（宋金石学家）的父亲赵天夫憎恶苏轼、黄庭坚等人，明诚撰金石录，每当遇到苏黄的片纸只字必定要收录珍藏，因此而失爱于父亲。父子之趣大不相同。

《两般秋雨庵随笔》

讳

宋代，赵宗汉是皇帝的本家，非常忌讳别人冒犯他的大名，故意称"汉"字为"兵士"。有一天，这位赵大人的妻子正在向罗汉顶礼膜拜，他的儿子正在读《汉书》，宫人传话说："今日夫人供十八阿罗兵士，太保请官点兵士书。"一时，京城里引起了轰动，大家争相传为笑话。

《两般秋雨庵随笔》

厨　娘

明朝末年，冒辟疆打算在水绘园大宴天下名士。准备酒席之前请来一位著名的厨娘，主管问厨娘需要备办哪些物品，厨娘说："宴席分为三个等级，不知主人想办哪一等级？"主管摸不着头脑，问各种等级有什么不同，厨娘回答："上等宴席，需要五百只羊，中等宴席需要三百只羊，下等宴席需要一百只羊，别的物品也与这三个等级相称。"

冒辟疆知道后说："上等太浪费，下等过于简陋，还是按中等备办吧。"仆人们按照主人的旨意，分头购置各类物品，也都想看看厨娘怎样设计。预定的宴会日期到了，厨娘也来了，后面跟着百十个厨子。厨娘身著艳服，头戴珠玉，花枝招展，端坐高台，指挥各位厨子。各位厨子按照厨娘的吩咐，穿梭般奔走忙碌。厨娘命令先取三百只羊，每只割下一片唇肉备用，其余的全部丢掉。有人不理解，问厨娘为什么这样做，厨娘回答："羊全身的美味都集中在唇上，其他部位腥臊不堪，无法食用。"人们听了这话，个个目瞪口呆。

《两般秋雨庵随笔》

以貌取人

太仓人王掞任浙江学政时，在科举中录取士人很公正廉明，因而被人称为"穷通翁"，意思是说他录取的都是很有学问而又善于写文章的穷书生。后来湖北人李某接任浙江学政，他不喜欢典雅庄重的文章，喜欢短小的文章，长相英俊的书生被录取为前几名，而其貌不扬的人虽已够条件，他也要挑他们文章中的毛病而剔除他们。所以，当时有两句顺口溜说："文章应当浅淡、干燥、短小，人却忌讳胡子、麻子、黑大胖。"

《冷庐杂识》

县令淫威

明朝的卢楠因为触犯了县令蒋某，蒋某就借工匠在施工中被压死这件事，逮捕了卢楠，并且判他死罪，抄没他的家产，幸亏有谢榛到京城为他鸣冤，才免一死，被关押了十五年才放出来。冯舒因为议论税收和劳役的事，触怒了县令瞿四达，于是县令就罗织罪名把冯抓进狱中，不久冯就死在了狱中。

《冷庐杂识》

赐书加点

侯景将要出去镇守河南时，向高欢请求道："我现在到远方去带兵，朝廷中的奸邪之辈很容易干出欺诈之事，大王您如果赐我书信，请与写给别人的有些区别。"高欢答应了。从此，每次给侯景写信都另外加上细微的点子。这事连高欢的子弟也不知情。到了高欢病重时,太子高澄假借高欢的名义召见侯景。侯知道是假的,害怕遇祸,便投降了梁。

隋文帝钟爱他的儿子汉王杨谅,跟他约定:如果有诏书召见,要验看明白,是真的诏书,字上一定加了点,同时又与印玺符合,这样才可以启程赴召。

《冷庐杂识》

诗赋奇格

韩愈《南山诗》用"或"字五十一次,用"若"字三十九次,用"如"字七次。

欧阳修《庐山谣》二百九十六字,只押十三个韵,这都是诗中的奇格。

舒元舆《牡丹赋》用"或"字十二次,有"如"字二十四次,这是赋中的奇格。

《冷庐杂识》

医生以种竹为酬

明代,嘉善县人孙询,精通医术。治好了病人不接受酬金和赠礼,只要求在他的宅旁种棵竹子。日久天长,他的宅旁成了竹林。他自己的题诗中有"活人种竹不种杏"的句子。高风雅韵,世上难求。

《冷庐杂识》

小本书

小开本的便携书,肇始于宋代。可以见到戴埴的《鼠璞》,最近书坊里刻印的更多。而且错字多。道光三十年,考试学官。诗题是"山雨欲来风满楼",用"阳"韵,这是许浑《咸阳城东楼》中的诗句。小开本的书把"咸"字错印成"戊"字。结果,因沿袭这个错误而被黜退的人有一百多。

《冷庐杂识》

完颜亮狂傲

金主完颜亮私通堂姊妹莎里古真。莎里古真又在外面和其他人淫乱。完颜亮听到后,非常生气,对她说:"你爱贵官,有比天子还高贵的吗?你爱人才,有兼备文武之才像我这样的吗?你爱与男人行乐,有丰满高大超过我的吗?"

《冷庐杂识》

同姓名又同字

古今同姓名的人不可胜数,但同名又同字的人,我(陆敬安)所知道的仅有三个。典籍所记载的恐怕还不止这个数。现在姑且记录下来,以待续补。

王承,字安期,一是晋人,王湛的儿子;一是梁人,王俭的孙子,王暕的儿子。

张先,字子野,一是宋天圣二年进士,开封人,官做到亳州鹿邑县令,享年四十八岁,是欧阳修替他作的墓志铭;一是宋天圣八年进士,乌程人,官做到都官郎中,寿至八十多岁,善作诗词,被称作"张三影",被欧阳修称为"桃杏嫁东风郎中"。

陈凤，字羽仙，一是上元人，嘉靖十四年进士，累官至陕西参议；一是无锡人，嘉靖时的平民。

《冷庐杂识》

改　姓

有的姓是去掉偏旁改成的。鄫改为僧，由来已久。王莽末年，疏广的孙子疏孟达因避难，去掉了姓中的足字旁成为　。王审知占据福建时，百姓因避他的讳，去掉沈字的水旁成为冘。文彦博祖先本姓敬，因避讳改姓文。金履祥先辈姓刘，因避吴越王的讳才改姓金。如此之类，不胜枚举。

《冷庐杂识》

拜跪挨罚

张咏讨厌人家见他时行拜跪礼，他让接待人员事先告诫来客免除这种常礼。对那些不听告诫，硬要拜跪的人，就让他们拜个不停，以示惩罚。有时故意高傲地坐在上面斥骂这些卑躬成性的人。

《冷庐杂识》

犬　门

官府的案情文书，有的更改一字，则轻重相差悬殊，许多官吏常借此营私舞弊。唯有礼部尚书通州胡长龄的父亲改了一个字，救了十几条人命。胡父做州吏时，承接了一桩盗窃案，案犯供认"纠众从大门入"，已定案。胡父知道众犯因为贫苦，偶尔行窃，不是真正的大盗，便对主管此案的官吏说："他们到案后就承认了罪行，必定不是惯盗。现首犯和随从都拟斩，似乎不大合适。"官吏以上司催得紧迫、来不及更改为托辞。胡父请在"大"字上添上一点，变成"自犬门入"，并且说这并不是营私舞弊。官吏明白了，听从了。一举笔，便救了十多条人命。

《冷庐杂识》

秦大成殿试夺魁

江南嘉定人秦大成，对母亲十分孝顺。其母因事稍不高兴，他就长跪请罪。他家里很穷，平日自己吃粗食糠菜，却让母亲吃好的。秦大成丧妻，又续一房，结婚那天晚上，新娘子一个劲地哭泣，秦大成询问其故，原来她已经和一个情投意合的男子订婚，父母嫌男家太穷，逼她嫁到秦家。秦大成弄清原委后，立即把那个男的找来，让他们当晚成婚，并把自己结婚置办的东西都赠送给他们。乾隆二十八年，秦大成通过了会试，阅卷的房师（同考官）戴第元见秦大成的字写得太差，就对他说："你的字殿试只可得三甲（末等），赶快练一练也许会得二甲。"秦大成听了，昼夜练习书法，进步很快。等到殿试对策时，字写得更好。文正公刘统勋阅殿试卷，已拟定江南长州人褚廷璋为第一名，秦大成被排在十名之后。将要把前十卷送呈御览时，褚廷璋有个同乡也参加阅卷，他和褚廷璋有私怨，于是就对刘统勋说："我们取的鼎甲（也称一甲，状元、榜眼、探花共三人)，外间已传开了，他们现在都做好了迎鼎甲的准备。”刘统勋一听火了，说：“难道我有私弊吗！”于是撤掉拟好的前十本卷子，把十一名到二十名送呈皇帝，秦大成竟得了状元。

《冷庐杂识》

卖秘方

杭州吴山有卖秘方的，有个人以三百钱买三条，据说有此三条持家必发，饮酒不醉，生虱断根。那人将秘方封得很严，郑重地给了买者，还说这秘诀特别灵，千万不要随便传给别人。回到家打开一看，写的是：勤俭、早散、勤捉。买者特别后悔，但所讲道理是对的，终究没法诘难。

《冷庐杂识》

袁枚不信缸神

清乾隆四十七年，著名诗人袁枚游浙江天台山。天台县衙门中，空出三间屋来，供着一只缸。相传此缸为前朝遗物，颇有灵验，能知人祸福。县官到任，必行三跪九叩大礼进行祭祀，否则就要作怪。如县官要升迁，缸先凭空而起；如要降职，缸先下陷于地。平时缸离地寸许，从不着地。袁枚颇不相信，到县衙门一看，不过是一只鼓大的黄沙粗缸，中有一小洞穴。用扇子一敲，声音还算宏亮。看看缸底与地面的距离，连竹片也塞不进去。可见传说全是虚言。领着参观的人大惊，袁枚神色自若。

《子不语》

高僧营救恽寿平

谛晖是清代杭州灵隐寺的高僧。他有一个好朋友姓恽，是常州武进人，逃难外出当兵，将七岁儿子卖给了杭州驻防都统为奴，谛晖有心救他出来。二月十九日是观世音生日，杭州满汉士女都去天竺山进香，经过灵隐寺，无不来拜见谛晖。谛晖道行高，达官贵人、士人男女前来膜拜的上万计，他从不答礼。都统夫人带着几十名奴仆来拜见时，他探知瘦而纤细的就是恽家的孩子，就突然起身跪在孩子面前，拜个不停，并连声说：“罪过罪过。”都统夫人大惊，问这是为什么。谛晖说：“这孩子是地藏王菩萨托生，专门了解人间善恶。夫人把他当奴隶，已是大大失礼，听说还经常鞭打他，更加罪孽深重，眼看大祸就要临头了！”夫人惶恐，急忙求救，谛晖说：“无法救。”夫人更加害怕，转告都统。都统亲自来到谛晖面前，长跪不起，恳求佛门大发慈悲。谛晖这才叫都统用鲜花清水把“地藏王”送入灵隐寺供养，以便慢慢为他们两人忏悔。都统大喜，布施百万钱，把孩子交给了谛晖。谛晖教他读书学画，并取名寿平。这就是清代著名画家恽寿平。

《子不语》

小偷急智

清朝时，有个小偷光天化日之下潜入别人家里偷画。正在卷好画卷准备离开的节骨眼上，主人回家来了。小偷窘迫间跪在地上，递上画卷说："这是小人家祖宗画像，穷得实在没办法，想换几斗米。"主人大笑，嗤笑小偷太愚妄，连连挥手喝令他滚蛋，看也不看画的内容究竟是什么。小偷走后，主人进了正室，才发现墙上悬挂的元代大画家赵孟頫的名画不见了。

《子不语》

毕竟不是真包公

清代福建仙游县令宋某，为官比较清正严刻，他也常自比包公。该县某村有个王监生，和佃户之妻勾搭成奸，讨厌佃户在家碍事，就买通了算命的，让算命的把他支到四川去做生意，他一去三年，村里人以为他已被王监生谋杀。宋县令听说此事，打算为佃户雪冤。一天在村头一口井中发现一具男性腐尸，宋县令认为即是佃户，于是拘捕王监生和佃户之妻严刑拷问，两人都招认杀害其人，随后被法办了。宋县令由此名声大振，县民都称他"宋龙图"(包公曾任龙图阁大学士)，还把此案编成戏本，沿村演出。其实井中男士并非佃户。又过了一年，佃户从四川回来了，一进城就看到戏台上在演王监生的故事，方知妻子已含冤死去，于是向上司控告。最后宋县令以故意致人以死而抵罪。

《子不语》

骑虎难下

清代，云南大理县南乡农民李士桂，家里养着两头水牛。有天夜里，有一头水牛没回来，李士桂去寻找。月色昏黑中，见田里有牲畜躺卧，酣声雷鸣，以为是自家的牛，开口骂道："畜生，这时候还不回家！"随即骑了上去，想抓牛角，但只见毛茸茸的两只耳朵，浑身也是黄黑条斑，才知道是虎，急切间又不敢下来。虎被人骑在身上，惊醒后腾身跃起，咆哮叫跳。李士桂只得竭尽生平之力，紧抓双耳，以致把耳轮都抓穿了。虎性暴烈，腾山跃水，被棘荆刺伤，第二天早晨，力尽而毙。李士桂也僵卧在虎背上，气息奄奄。家里人寻找，才把他救回。两只脚被虎爪抠掉肉，露出了骨头，医治一年多才康复。

《子不语》

滇秀才半世女妆

四川人滇谦六，富有而无儿子——妻妾多次生儿子却都夭亡了。有一位星相家教给他厌胜(以诅咒制服人或物的一种巫术)之法，说："足下子孙两代，命中照临的星宿都是雌宿，即使生了男孩，也没法长大成人。只有生下男孩而当作女孩养活，才差不多可以补救。"不久，绵谷出生了，谦六让他穿耳、梳头、裹足，扮女妆，取小名为"小七娘"，给他娶了个不梳头、不裹足、不穿耳的女子做妻子。绵谷果然长大成人，并考入地方学校读书。他妻子生了两个儿子，偶然用男孩名字来命名，儿子就死了。于是每当生了儿子，也当作女孩养活。绵谷相貌清秀，没有胡须，颇以女人自居，有《绣针词》流传于世。袁枚的朋友杨潮观刺史与滇绵谷交好，是他讲述了有关绵谷之事。

《子不语》

一咳万金

清朝时，商邱杨县令，查明某一案件后上报，文书里有“卑职勘得毫无疑义”等文字。省里负责司法的官员读后大怒，认为结论下得太专断，太自作主张，反复下文件批驳，并提交有关部门，要对杨县令进行枷责。杨县令得知后，急忙改成“似无疑义”，再次申报，这才得到了批准。但往返路费及衙门各处的打点，已用去千金。汶上县县令参见巡抚时，因偶感风寒，咳嗽了一声。巡抚极不满，要参劾罢免此县令。县令托人送了巡抚万金才算罢休。当时人们对此当笑话相传：“一字千金，一咳万金。”

《子不语》

换钱奇骗

清代骗术，越出越奇。南京有一老翁拿了银子到北门桥钱店换钱，故意跟人家计较银子的成色，呶呶不休。有人送来老翁儿子的信，并附一锭银子。老翁装作眼花，请店主读信，信里说：“捎上银子十两，给父亲开销。”老翁就对店主说：“别计较那些银子成色好不好了，就用我儿子捎来的银两换钱吧！”店主接过银两一称，有十一两三钱。老翁却只照儿子信上说的，当十两银子用，要求按当时惯例换九千钱。店主贪图一两三钱银子的便宜，就换给了他。老翁走后，经别人提醒，才发现银两内部是铅。好不容易经人帮助，在汉西门外酒店找到老翁，老翁正和一伙人在喝酒。店主要老翁交还九千钱，老翁根本不承认，说：“这假银两不是我的。我换的是十两一锭的银子，这锭银子可不止十两，不信就称称看！”一称，果然银两重十一两三钱。于是众人反过来责骂店主行骗，把店主打了一顿。店主有苦说不出，只得懊丧而回。

《子不语》

未殉国难先成“人虾”

清初，有一个明朝遗民，姑隐其名。他有意一死以殉国难，但又不肯死在刀斧绳索或水火之下。他想到，最快乐的死法，莫过于像战国时期信陵君那样，用醇酒美妇来自杀。于是仿而效之，娶了众多的姬妾，终日荒淫。像这样过了几年，最终没有死掉。但精气已竭，头弯背驼，伛偻着就像一只熟虾，匍伏着身子走路，大家都戏称他“人虾”。他就这样又生活了二十多年，活到八十四岁才死。

《子不语》

白灌粪汁

清朝御史蒋用庵，同四位朋友在徐兆潢家集会饮酒。徐兆潢精于烹调，尤其擅长做河豚鱼，宴会上准备了这道菜。六个人虽然贪河豚味美，各举筷大嚼，但河豚内脏血液有毒，处理不干净容易中毒身亡，一边吃一边心里又不免犯嘀咕。突然有个姓张的客人倒在地上,口吐白沫,说不出话来。大家都以为河豚毒发作,连忙用解毒的粪汁替他灌下,但姓张的仍未苏醒过来。于是大家害怕起来,觉得与其等待发作,不如先预防为好。五个人急忙灌下一杯粪汁。过了一段时间,姓张的醒过来,告诉大家说他患有羊痫风,刚才又发作了。五个人才明白自己白白灌下了粪汁,一边漱口,一边呕吐,狂笑个不停。

《子不语》

剑侠铲除受贿人

清初,桐城姚文然任刑部尚书时,山西省有某人因谋杀案将被定罪。此人用十万金贿赂姚公之弟姚文燕,要求从宽判刑。姚文燕答应了他,但怕兄长为人方正,不敢明说,希望侥幸得到宽大,自己可以私吞贿金。有一天晚上,姚公在灯下审理案子,忽然从房梁上跳下一男子,手持匕首。姚公知道他是为山西某人来的,就告诉他,根据法律不应宽大,如果随便宽大,国法大坏,自己没有脸面立于朝廷之上,不如一死。说完,姚公指着自己脖颈,说:“你来取我的头颅吧!”刺客说:“你既然认为不能宽刑,为什么你弟弟收受了贿赂?”姚公说:“我不知情。”刺客说:“我估计你也不知情。”说毕,腾身而出,只听得房瓦上如疾风扫落叶的声音。当时姚文燕正在离京赴外地知府任的道上,姚公急忙派人通知他,但姚文燕已丧命在去德州半路的车上。事情发生时,车子走了几里路,只听姚文燕喊:“好冷风!”手下人急忙送上棉衣,一看,头颅已不在,只见鲜血淋漓而已。

《子不语》

卖蒜老汉

清代,南阳县的杨二相公以拳术高超闻名。他能用两肩把装满粮食的船扛起;几百名旗丁用竹篙刺他,只见竹篙寸寸断裂。他在常州教习武艺,每当领徒弟们去演武场传授枪棒时,观众像墙一样。有一天,有个卖蒜的老汉,老态龙钟,弯腰曲背,咳嗽不断,却在一旁讥笑挖苦。杨二相公得知后大怒,把老汉喊过来,只见他一拳打在砖墙上,拳头陷入墙内一尺多,问道:“老头,你能这样做吗?”老汉说:“你能打墙,却不能打人。”杨二相公更加暴跳如雷,骂道:“老奴才能受得住我打吗?找死!打死了可别怪我手下无情!”老汉笑着说:“我都快死了,这条老命如能成全相公的大名,死又何惜!”于是请了很多人作证,立下契约文书。让杨休养三天。三天后,老汉让人把自己缚在树上,解开衣服露出肚皮,杨二相公有意在十步开外地方取势,用足全身力气扑上去一拳。老汉寂然无声,只见杨二相公双膝跪下磕头求饶说:“晚生知罪了。”原来他的拳头陷入老汉的肚腹,怎么拔也拔不出来。苦苦哀求了好久,老人把肚皮一松,杨二相公已跌出一座石桥外面去了。老汉不慌不忙背起大蒜回家,旁人无论怎样打听,他都不肯说出自己名字。

《子不语》

淫　乱

唐太宗娶弟弟的妃，高宗收父亲的妾，唐玄宗夺儿子的媳妇，这些宫闱中的乱伦关系，已经成为千古所讥讽的对象。更有荒淫之极的，是北燕皇帝刘守光，前赵皇帝刘粲都和他们的庶母通奸。宋废帝娶他的姑妈，奸淫他的姐姐，西魏孝武帝有三个堂妹不出嫁，跟他在后宫鬼混。后梁朱温有八个儿媳妇入宫侍寝。闽王王延钧立父亲的侍妾陈金凤为皇后；延钧的儿子昱立父亲的侍妾李春燕为皇后。至于金主完颜亮，杀死宗族一百五十人，把他们的妻妾都纳入后宫，就是他的那些堂姊妹，也不放过。淫乱到这种地步，世界还有天日吗？北齐高洋命令妇女在自己面前乱交。南汉刘玢观看欣赏男女裸体互相追逐为娱乐。刘玢的弟弟刘晟，也杀死兄弟十二人，把他们的女儿都纳入后宫。这都是禽兽的行为！

《金壶七墨》

嗜　好

南朝刘宋苍梧王，嗜好偷狗。萧齐郁林王，喜好观看鄙戏。唐德宗在后宫里，开集市，买卖东西。唐敬宗嗜好捕捉狐狸，唐僖宗善于击球。晋出帝喜好调养训练老鹰。明熹宗精于木工的斧凿和刷油上漆等事。嗜好就是这样不同。

后唐庄宗自称“李天下”。宋徽宗自称教主道君。明武宗学习印度梵语，自称是大庆法王，后又学回语、番语、蒙古语。他随时改称，最喜欢威武大将军这个称号。他给自己加的头衔非常多。而且很不正统。

《金壶七墨》

赵芥堂

赵芥堂，钱塘人，任长州县令时，处理政务多施仁爱。有一年冬天，有个农民担着一担粪过街市，不小心把粪水洒在一个成衣店门口。店主大怒，认为很不吉祥，非剥他衣服擦干净不可。农民哀求，左右行人劝解，店主都不听，赵芥堂恰好路过遇上，斥责农民道：“你自己太不小心！叫你用自己的衣服擦干净，是对的，如果不擦，一定要加重处罚！”

当时风雪交加，天气非常寒冷，那农民脱下衣服，裸露上身，伏在地上战栗着擦洗地上的污秽。在旁边围观的人窃窃私议，都很同情农民，责备县官帮着富人欺侮穷苦人。

擦干净之后，赵芥堂问店主满意不满意，店主高兴地致谢。赵芥堂说：“这个穷苦农民没有衣服穿，冻死怎么办？”

店主回答道：“大人说怎么办就怎么办。”

赵芥堂马上让那农民从店里的衣架上拿一件衣服穿上。农民局促不安地拿下一件衣衫，赵芥堂说：“单衣不能御寒，应当换一件。”

农民换了一件棉衣。

“棉不如皮袄暖和。”说着赵芥堂亲自拿了一件羊皮袄，价值十多两银子，给那农民披在身上，让他担起粪桶先走。店主眼睁睁地看着农民远去的背影,无可奈何地低下头,走进成衣店。

《金壶七墨》

真假马总镇

徐中丞镇守苏州时,曾经议论过,如果起义军攻来时,城郊要坚壁清野,但没有施行。

四月里的一天,有个马镇军来到苏州,不知道他是从哪里来的。他一到就提议,马上烧毁城外民房。徐中丞认为不可以这样做。马总镇说:"野不清,城不可能守住。我给二万两银子,做为清野费用。"

当时城外还在着大火,马总镇又命令军卒纵火焚烧,而他自己却不知道去哪儿了。然后,天下起大雨,气候异常寒冷,百姓中传说起义军已经打来了,便从水火中踉跄奔跑。军卒们在道路旁边,把逃跑的壮汉都抓了起来,送进城里守城。那些妇女儿童有的落水投河了,有的被践踏途中,死的不计其数。

大火烧了两昼夜,才渐渐熄灭。而真的马总镇才蹦蹦来到城下。守城军卒以为是假的,冲出城竟把他杀了。

《金壶七墨》

人　妖

厦门有一老寡妇,十七岁出嫁,十八岁丧夫。有一尼姑传授给她采精之术,寡妇就告别了婆家和娘家,用不多的钱开了一个鞋店。聚拢了乡间的少年来这里学艺。寡妇从中选择健壮的与她通奸。不几年,家业大发。到辛亥革命之前几年,已积累家资百万了。她九十八岁时,看上去像四十多岁的人。鞋店工匠有几十人,而学艺的少年共二十八人。老寡妇每晚上与四个人私通。第二天必以佳肴款待,同他们一起进食。这些少年七天进去侍候她一次。到二十五岁后,就给他们每人三百两银子打发走,都没有病弱的毛病,这些人对此都很满足。听说老寡妇还在,已一百多岁了。

《畏庐琐记》

脱袜落职

有一位训导官,有怪癖,喜好脱靴去袜,用五指抠脚上的污垢。一天,文宗(提学或学政)到任,训导和同官到驿亭迎接。等来等去,文宗迟迟未到。于是,大家围坐一起闲谈。这位训导又偷偷地将靴袜脱掉,与人兴致勃勃谈天说地。无意中顺手将靴袜系在桌脚上,边谈边系,竟然打了数十个结。忽然,吵吵嚷嚷,说文宗到了。训导想穿靴已经来不及了。文宗见此情景,十分生气,将他撤了职。

《畏庐琐记》

二客争伞

彭光藻在福建做官时,兼任抚民同知,有德政。一天,天下小雨,他坐轿经过闹市。食品店中有两位姓陈的人在争伞。伞把上刻有陈字,双方都指着这个陈字,作为证据,说是自己的,围观的人都没法辨别。彭光藻了解情况后，把他们带到官署之中，判定将伞劈为两半，一人一半。观看的大都大笑不止。两个人各持半个伞走了，彭叫手下人暗暗跟随其后，观察他们的行为。一个人在途中笑着把伞扔了，另一个则气得破口大骂。彭让役人将二人叫回，对笑的那个人说："你得伞不用，笑着把伞扔了，还认为我糊涂，这是你欺诈的凭证。而他因为无故将自己的伞弄破，愤怒得骂我糊涂，这是人之常情。你现在拿钱还他的，再打你四十大板，以惩罚你的欺诈行为。"看的人都很佩服。

《畏庐琐记》

两心二口

王懿德、吕荃孙是前清咸丰时福建的督抚。这两个人都激起了百姓的不满，于是，有人在鼓楼之上大字书写这样一副对联："总督王懿德，名藏两心，一心害民，一心误国；巡抚吕荃孙，姓有二口，上口食银，下口食烟。"

《畏庐琐记》

狗　样

有位读书人喜好鄙薄别人写作方面的学问，每当得到他人所作八股文，没读完便说"狗样"。无论书画，一旦经他过目，稍不当意，就以"狗样"骂它。一天，请一画师为他父亲画像。过了几天，画好之后，拿给这位读书人过目。他嫌画得不像，也说："这狗样啊！"听者失声大笑。

《畏庐琐记》

醋　误

前清某部郎夫人，十分妒忌却没有孩子。丈夫纳妾在潘家河沿另住，门上题写着部郎的姓。而有一位与部郎同姓同官的人，也纳了妾在此另住。好忌妒的部郎夫人，听说丈夫背着自己纳妾，醋意顿生，带着婢奴驱车而来，误入另一部郎的家中。看门上写着同官同姓，大吵大嚷，径直闯入。另一位部郎的妾正在对着镜子梳理头发，他们不由分说，便拳棒交加。这位小妾弄不清为什么挨打。这时正好她的男人回来了，看此情景知道他们弄误会了，便说："我纳妾而你来争，那么你做我的妻子吧。"命人将门上锁，不许出屋，要拉她同睡，她十分窘迫。时间不久，她丈夫听说了，上门谢罪才了却此事。

《畏庐琐记》

乘牝马

大凡到关外旅行的，都要找匹马代替步行。当选择马匹的时候，总要先看看是公马母马，以选公马为好。软弱无能的游客不知道，就会被人愚弄，租给你母马骑。途中遇见公马，立时便腾起与它交配。这样骑客可能就会被推予马下，情形十分危险。有位带兵的人，依仗自己善于骑马，偶然骑了一匹母马过沈阳。有一公马追奔过来。这位带兵人立刻用鞭子打母马，但最终还是被公马追上了。他正伏在马鞍上，公马就合上前蹄，按住了他的两条大腿。他趴在鞍上，任凭公马为所欲为。公马所溅的液沫弄了他一背，衣服全湿了。正值酷暑，路途又遥远，十分难闻的腥味冲鼻而来。入城的时候，讲给别人听，人人都捧腹大笑。

《畏庐琐记》

泉州海寇

泉州一位姓陈的书生，他家有大船，在海中行驶时遭劫，贼都跑了，货物一空。船上的人检点剩下的东西，忽然听舱底传来鼾声，原来是一盗贼吸了鸦片，抱着烟枪酣睡。于是将其送至官府，杀头示众。

明末状元陈于鼎和海寇私通，下狱。正当新年畅饮，就枕后酣睡不醒。次日，日头升得老高了才起来。当时是辛丑年正月。起来一看，狱中空无一人，门已反锁，便大声惊叫。门外面的人非常惊讶，说："昨天夜里三更天，恩诏大赦，犯人都放了，当时宣布诏书的官员来回喊了三遍，怎么没见着你呢？"大司寇为他上疏，皇上大怒，立时将陈于鼎处死。一时之酣睡，竟遭致杀头，与海寇是同样的不顺利。

《畏庐琐记》

误用虚字

用虚字出现错误，不单单是不通顺，有时简直令人喷饭。有人给哥哥写信，写了这样几件事：同屋病死了一个人；肉市中肉价大涨；佃户不足，又雇了一个人；嫂子即将分娩。这些琐事，写来很容易，但他弟弟好用虚字，闹出了笑话。信中说："同屋死了一个人，其肉卖到一百七八十；家中新添了一个佃户，嫂嫂所以肚子又胖了。"他哥哥见了大为惊讶，马上回信说："家丑不可外扬，人肉岂容乱卖。"哥哥冒失，弟弟荒谬，令人大笑不能自持。

《畏庐琐记》

吃门钉

饭馆中蒸小馒头，中间包上馅，叫做"门钉"。笔者（林纾）很喜欢吃。一天，沈逸民对笔者说："某相国也非常喜欢吃门钉。"笔者漫不经心地答应着，认为吃门钉是平常之事，何必牵扯到相国。沈说："相国所吃的不是这种门钉。"笔者问："门钉还有什么不同吗？"沈说："相国好色，而不挑选人如何。常常找肥硕的农村妇女十二个人，袒胸露腹并立一排。相国挨个摸二十四个奶头，叫做吃门钉。"人们都认为相国形象高大，名声庄重，没想到嗜好在这方面。

《畏庐琐记》

伪君子

刘举人，自我表白对妻子忠诚不二。他妻病死后，刘写诗道："来世因缘休再误，此生梦寐倘相逢。"夜晚则抱着刻有妻子名字的祭祀木牌而睡。还另做了一个小祭祀木牌，用象牙做成小阁，系在衣襟上，每当说话必谈及夫人。时间一长，人们很不愿听，刘某自己也感到没趣。一天，他 朋友突然去做客，认为刘衮偶必定自己睡觉，打开门直接走到床边，却看见刘正与女佣人盖一床被一块睡，祭祀妻子的木牌也丢在了床下。友人大笑而去。

《畏庐琐记》

杨定真从容胜敌

杨定真，作楚武穆王马殷手下的静江军使。梁太祖开平初年，淮南将领刘存等人率兵进犯，军容非常壮观。武穆王马殷非常恐惧，杨定真却祝贺道："我军胜了。"武穆王问他何故，杨定真说："作战，恐惧就会胜利，骄傲就会失败。现在淮南军队直接冲向我们的城池，这是骄傲轻敌的表现；而大王心中恐惧，所以我知道我们一定会胜利。"后来果然俘获了刘存，将他杀掉。武穆王佩服他有预见。

《十国春秋》

思觐死谏

丁思觐是楚文昭王马希范手下的牙将。积功升官，做到天策副都军使。当时中原大乱，而文昭王却奢侈腐化，大力营造宫室。思觐便上书直言极谏："先王出身行伍，出生入死地征战，才占有荆襄这个地方，倚仗朝廷来抵御邻敌。国家传了三代，国土数千里方圆，养兵十万。现在皇帝逃亡在外，蒙受风尘，朝廷无人主持，真是想成就霸业的人建立功勋的时候啊。如果能率全国军队，出荆襄而夺取京城，向天下首倡大义，这真是如同齐桓公、晋文公一样的霸业啊。怎么能大兴土木，耗费国力来跟妇人女子取乐呢？"文昭王听后大怒，削去了丁思觐的官职和爵位。丁思觐怒目而视，说："你这小子终究不可教育！"说完就掐自己的咽喉，自杀了。

《十国春秋》

李昪敬父

南唐开国皇帝李昪，字正伦。小时被吴国丞相徐温收为养子，改名徐知诰。他天资聪颖，侍奉徐温力尽做儿子的孝道。常常跟徐温外出，徐温每不如意，就用棍棒抽打他，把他赶走。等到徐温回来，他便在门前恭敬地迎接，徐温惊奇地问："你怎么还在这儿？"他便说："做儿子的，离开父母去哪儿呢？父亲发怒就到母亲身边，这是儿子的常情。"徐温因此喜爱他。

《十国春秋》

周本烙伤

吴太祖手下的淮南马步军使周本，舒州宿松人，是东汉南郡太守周瑜的后代。周本年轻时，孤苦贫穷，但体力过人，常单独与虎搏斗，将虎杀死。开始时做宣州节度使赵锽手下的将军，勇冠军中。吴太祖打败赵锽，周本也被捉获，而后被释放，隶属在太祖帐下做牙将。每次战斗，他都奋勇争行，攻坚破敌，被弓箭和石块所伤，体无完肤。战斗结束后，周本就自己烧红烙铁烙伤口，吃喝说笑泰然自若。

《十国春秋》

靠裙带当丞相

北宋末年，宰相蔡卞(蔡京之弟)的妻子，人称"七夫人"，读过不少书，会写诗词。蔡卞每有朝政大事，总在枕头边同七夫人先商议妥当，再在朝廷上宣布。当时执政的其他大臣彼此都说："我们每天奉行的事情，都是七夫人的唾沫星星罢了！"蔡卞任右丞相的那天，家里举行宴会，表演歌舞节目，艺人们演出时公开扬言："右丞今天被任命为宰相，全靠夫人裙带提携！"消息传出，京城里外都当作笑谈。

《清波杂志》

奇花异木皆"芭蕉"

宋徽宗宣和年间，朝廷钧天乐部的艺人焦德，以擅长诙谐逗趣得到徽宗宠爱，但也经常借此机会对皇帝进行劝谏。有一天跟徽宗去皇家御花园游览，徽宗指着花草竹木向他询问名称，焦德说："全是芭蕉。"徽宗不明白，焦德解释说："御花园这些花木，都取自四方，路途很远。巴望到皇帝花园，已经焦枯了。"徽宗听了大笑。原来焦德用谐音的话，讽刺徽宗劳民伤财，糟蹋物力。可惜宋徽宗全无心肝，只觉得好笑。

《清波杂志》

考生赋联骂巡抚

道光年间，旗人乌某出任浙江巡抚。有一次，乌某去境内一座书院去视察，院里的学生正在考试，按规定中午由院里供给饭食。乌某见学生们吃饭时你抢我夺，感到十分可笑，说："这简直像一群老鼠！"等他回到公案前，只见案上放一纸条，打开一看，是一副对联：

鼠无大小皆称老，
龟有雌雄总姓乌。

《清代吏治丛谈》

徐甫破镜重圆

清同治元年状元徐甫，官翰林院修撰。徐甫是江苏人，未显贵之前，有一次在战乱中与新婚的妻子失散。徐甫流落到江西，在一户富有的绅士家里收徒执教。他学问渊博，文名远播，从学的门徒很多。有一次，一位弟子新婚，徐甫和几位朋友前往庆贺，弟子就在新房里招待徐甫等人。同去的人都高高兴兴，在酒桌上猜拳行令，开怀畅饮，唯有徐甫愁容满面，一口酒也没喝，出门后泪流满面。同去的人感到奇怪，问他这是为什么，徐甫说："刚才我看到新娘，很像我的妻子，我这是触貌伤情。"同去的一位朋友连忙回去，把这件事告诉了新郎，新郎也觉得有些蹊跷，就进一步询问新娘的身世，新娘答道："妾身本是江苏某县人，原来的丈夫姓徐，因战乱与丈夫走失，不知丈夫死活去向。当时妾身年纪还小，被一位长者救起，认为义女，所以才嫁到你家。"新郎听了，大吃一惊，连忙禀报自己的父母和女方的兄长，说："这真是老天的安排，幸亏我们还没正式入洞房，不然，我将成为天地间的罪人了！"当即把所有的结婚物品都送给了徐甫,使徐甫夫妇当晚就在新房中重饮了交杯酒。

《清代吏治丛谈》

华亭令戏惩武秀才

清代江苏人崇尚文学,习武的较少,但武科也不能罢废。每当武科岁试之年,就搜罗人充数,常常连数都凑不足,在这种情况下,有的不学无术的无赖子弟趁机钻空子,想方设法弄个武秀才当当。这种人不求上进,平时横行乡里,为害平民,连地方官有时也拿他们没有办法。江苏华亭知县徐去梦,为官以清明廉干著称。有一次,一个武生揪扭一个乡下人到县衙告状,徐云梦讯问其故,原来那个乡下人是个挑大粪的,不小心粪桶碰了武生,弄脏了他的衣服,过路的人代为求情,让乡下人负责把武生的衣服洗干净,武生还是不肯答应,非要痛打他一顿不可。徐云梦弄清了原委之后,把公案一拍,怒喝那个乡下人道:"你这个乡下佬好大胆,为什么这样粗心,弄脏了秀才的衣服,依法应该重责!"乡下人吓得跪在地上求饶。徐云梦过了一会儿又口气缓和地说:"看你是乡下人,不懂城里的规矩,这件事情本县从轻发落,你给秀才叩一百个头陪罪,就饶了你!"说着,让武秀才坐在大堂之侧,命乡下人给他叩头。当叩到七十多个时,徐云梦突然喝止,问武秀才:"我刚才忘了,你是文秀才还是武秀才?"回答说是武秀才。徐云梦显出很懊恨的样子说:"错了错了,文秀才应叩一百个头,武秀才叩一半就行了,现在多叩了二十多个,怎么办呢?这样吧,你还给他吧!"然后让乡下人坐在武秀才的位置上,命武秀才还叩。武秀才这才醒悟过来,知道县太爷是在捉弄自己,死也不肯给乡下人叩头。徐云梦立即变了脸,命衙役们强摁他的头,逼着叩还了二十多个头后才放他离去。武秀才羞愧难当,怒冲冲地走出了县衙,徐云梦拍手大笑,堂上堂下及衙外围观的百姓更是笑得前仰后合。

《清代吏治丛谈》

不媚权贵的刚正之士

湖北人士张大维善楷书,任工部主事。嘉庆元年,张大维参加殿试,当时权臣和珅兼管工部,扬言说工部今年要出状元。张大维听了,殿试时答卷故意违犯规定。和珅找到他的考卷看了之后,生气地说:"真是没有出息的东西,快快再抄一遍!"张大维以有病为托词,竟没有重抄,这件事曾风传一时。及和珅倒台,皇帝特地召见张大维问道:"你就是连状元都不要的人吗?"人们无不佩服他的刚正之气和远见卓识。

《清代吏治丛谈》

阎敬铭怒惩恶奴

阎敬铭是清末一位名臣,官至户部尚书。他担任湖北布政使时,湖广总督有一恶奴,狗仗人势,青天白日闯入城郊民家强奸妇女,民女不从,竟被他用刀环活活砸死。女家告到官府,州县官员畏惧总督权势,不敢追究,致使凶手逍遥法外。阎敬铭听说恶奴躲进总督衙门，非常气愤，立即乘轿来到总督衙门，要求面见总督，总督久闻阎敬铭刚正之名，知道来者不善，就称病不出。阎敬铭从轿中拖出早就准备好的行李，在总督衙门的官厅里一连住了三天，非逼着总督交出恶奴不可。总督无奈，竟亲自出面为恶奴求情，阎敬铭假意应允。总督又让恶奴向阎敬铭长跪求饶，阎敬铭突然变脸，命手下健卒揪恶奴下阶，逮捕法办，总督也对他无可奈何。百姓们奔走相告，拍手称快。

《清代吏治丛谈》

儒林护法

清同治元年状元徐郙，担任江西学政使时，境内有位才子，风流倜傥，不拘小节。当时南昌知府有个女儿，美貌无比，艳名远传。有一天，知府的女儿到万寿宫去拜神，许多人慕名而来，都想一睹这位小姐的芳容，结果把万寿宫堵得水泄不通，那位多才不羁的青年人也挤在人群中观看，跟随知府小姐的门丁挥鞭驱赶围观者，那位年轻的才子挨了打，同去的朋友们不忿，奋拳痛打门丁。门丁吃了亏，跑回去告诉知府，知府大发雷霆，当即上告学院，要求将那位青年秀才的功名革除，徐郙不答应，给知府复信说："秀才虽小，资为上进之阶；门丁虽大，究属下流之役。妇女入庙，例亦难宽；文士游观，情所难免。贵府自行黜革，卑院安敢异同！"信中的"卑"字，故意写得特别大，表示对知府的轻藐，知府竟毫无办法。徐郙亲自送那位年轻的秀才进了乡试考场，榜发，他竟夺得了第一名解元。当时这件事被传为佳话，士子们都称徐郙是"儒林护法"。

《清代吏治丛谈》

彭玉麟禁烟

晚清人彭玉麟，字雪琴。为人刚正绝俗，死后被谥为"刚直"。他有一个弟弟，早年客游陕西、河南一带，因世乱隔绝二十年，不通音信。彭公任安徽巡抚时，其弟从邸报上见到彭公姓名，才辗转寻到军中。兄弟相见，痛哭失声。自此，同食共寝，爱护备至。其弟在外，染上了吸鸦片烟的恶习，而彭公军中正在严厉禁烟。弟弟把实情告诉彭公，彭公大怒，立即打了他四十军棍，斥逐出门，并告诉他："不断烟瘾，死也不跟你见面。"其弟又愧又恨，决心戒烟。经过三天三夜濒死的挣扎，终于根除了烟瘾，不再服用。彭公这才与他恢复了原来那样的兄弟关系。

《清人逸事》

"起用檀道济"

光绪甲午年冬天，中日关系正紧张时。一天早朝，福山人王文敏公在午门外和同僚谈论军事，叹息道："事情危急了，非起用檀道济为大将不可！"他这是用刘宋时期名将檀道济指当时名将董福祥。这时，有一位满人御史站在旁边听到了，认真地询问檀道济三个字怎么写。有人写给他看。第二天，他就向皇帝上奏，请求起用檀道济。

《清人逸事》

❀皇后过生日

清朝乾隆十六年十一月二十五日，是孝宪圣皇后的生日，由西华门到西直门外的高梁桥，到处设经棚剧场，不绝于路。各省供奉的东西都极其美好，尤其以粤、鄂、浙这三省贡献的东西最为出色。粤送来了翡翠亭，高有三丈多，宽有二丈，全部用孔雀尾装饰而成。鄂送来的是黄鹤楼，形制全都模仿武昌的真黄鹤楼，有千门万户，不用一土一木，全都用五色玻璃砌成，太阳光一照，光辉映照几里地。浙送来了镜湖亭，用一个大圆镜，直径将近二丈多，镶嵌在藻井之上，四周用数万小镜砌成墙壁，人置身其中，就成为成千上万个人。

《清代野史》

❀生食驴肉丝

清朝山西人王亶，官殿中丞。王中丞喜欢吃驴肉丝，他的厨房里有专门饲养驴的人，专门饲养几头肥大的毛驴供食用。当他想吃驴肉丝时，就让厨子从活驴身上膘肥的地方生生割下一块肉，拿到厨房为他做驴肉丝，用烧红的烙铁把驴身上的割肉的伤口烙焦以止血。他还愿意吃鸭肉，但必须是填鸭。他家养填鸭和食鸭的方法也很有特色：将绍酒坛去底，把活鸭装进坛子里，用泥封上，让鸭子的头颈伸出坛口外，每天用油脂和饭喂鸭子。坛子后面凿一孔，好让鸭子拉屎。用这种办法六七天就把鸭子喂得肥大可吃了，鸭肉像豆腐一样鲜嫩。每当他要吃豆腐时，就杀两只鸭子熬汤，然后用鸭肉汤炖豆腐献上去。正因为这样的奢靡，所以他没得到善终。

《竹叶亭杂记》

❀妇婴受难

清兵攻进扬州后，大肆杀掠，妇女婴儿也不放过。扬州人朱书的两个妾和几十个男女一起被清兵抓住，他们披头散发，衣不遮体，脚陷在烂泥里。一个妾还抱着一个女孩儿，士卒用鞭子抽她，抢过孩子扔到泥地里，清兵把这些人像赶狗和羊似的赶着走，一个士兵提着刀在前边走，一个士兵横端着槊在后边赶，一个士兵在中间，或左或右地防止人们逃跑。谁走的不快，就打一顿，或者杀掉。妇女们都被长绳子拴着脖子，串在一起，一步一踉跄，遍身都是泥土；满地都是婴儿，有的被马踩了，有的被人踩了，肝脑涂地，无处不是哭声。这些人赶到一所院落，男人们被杀，女人们被强迫脱下湿衣，完全赤裸，隐私尽露，羞涩欲死。当众让量长量短，选择鲜艳衣服换上。又被强迫陪清兵喝酒，供他们玩乐。

《扬州十日记》

❀扬人受刃

清兵屠扬州城时，扬州到处是杀声，刀环响处，号呼四起。有时几十个人或者是一百多人一起喊饶命；遇到了一个清兵，也不管有多少个扬州人在一起，却都低头趴到地上，伸着脖子等清兵杀，没有一个敢逃跑的。至于那些孩子和女人，就只能一起大哭，哭得惊天动地，更不用说反抗了。

《扬州十日记》

小巷隐语

清兵入关攻打江城，城内守军外无援兵，内无粮草，情势非常危急，渐渐地人们把城内所有的马匹都杀光了，连草根、树皮也已扒光吃尽。最后，出现了人吃人的惨相。人们不凑上十个五个谁也不敢在小巷子里走。当时，为了抓人来吃时避人耳目，形成了种种奇怪的隐语。比如“雄鸡”指男人，“伏雌”指女人，“有翅”指带着刀的，“无翅”指不带刀的，“有尾”指一群人。如果看见“无翅无尾”的，就会蜂涌而上把人抓来杀掉，到了最后关头，竟然父子夫妇相互残杀而食。

《江变纪略》

《清稗类钞》

[清]徐　珂

谢家泰勇替兄死

清代乾隆年间，湖南省境内的苗民石三保起义反清，麻阳地方(湖南境内，与苗地相接)的富户谢家瓒拿自己的家资数十万招兵买马，组成了一支部队与石三保对抗，把三保的兵杀了无数，因而三保非常仇恨他。一次，家瓒率兵离开家乡高村到溪口驻守，石三保得知之后，便乘机率众包围了家瓒的家乡，并扬言：只要交出家瓒，就可以赦免全村的人。家瓒的族弟家泰听说这个情况，便挺身而出，向全村的父老乡亲说："他们抓不到我的哥哥，咱们村的人就不可能幸免。"于是径直来到石三保的军中，大声宣称："我就是谢家瓒。"由于家泰和家瓒是兄弟，长得有些相像，因而石三保竟信以为真。石三保命人把家泰绑起来之后，亲自拿着刀子划开了家泰的胸膛，进而又剥了家泰的皮，家泰至死面无惧色，大骂不止。

《清稗类钞》

杨重英气节如苏武

清代乾隆中叶，杨重英当云南按察使时，率军驻扎在云南、缅甸交界处的新街城。在一次战斗中，杨重英不幸被缅甸人俘虏了，缅甸人就把杨重英当作人质留在了缅甸，而把同杨重英一起被俘的几个地位较低的官员放回了中国。乾隆皇帝知道此事后，觉得这有辱中国天朝大国的尊严，于是就命令把被放回来的两名官员在国境外凌迟处死，不准尸体进入国界，并且告诉云南省的都督说，如果以后杨重英被放回国，也以同样的方法来处治他。杨重英被缅甸俘虏之后，始终不进缅甸的都城，缅人把他安置在新街城。在被囚禁的过程中，缅甸人百方劝说，想使杨重英投降，杨重英始终坚强不屈，不为所动。被囚新街长达二十五年之久，他没迈出过囚室一步，他的家属也被关在囚室里。乾隆三十四年，缅甸请和，又值乾隆七旬寿辰，杨重英才被释放回国，可回到国内后，他却又被云南总督根据以前乾隆皇帝的命令戴上了桎梏，又派人急速向皇帝报告。这时，乾隆皇帝年事已高，对当年给予被俘后归国官员那么严酷的刑罚一事很后悔，现在听说杨重英回国了，并且也了解了他在缅甸的高洁表现，于是就下诏表奖他的忠心，称他"节过苏武"，并命令云南总督用驿马把他送到京城。可是，圣旨才传到云南，他已病死了。

《清稗类钞》

万履安舍身救人

清朝时，有一个叫万履安的人，他原为明朝孝廉，清军入关后，便闲居在家。有一次，他到岭外去，坐船回来时，同船的毛汧是他的同年，得了一种急性传染病，马上就要死了，船上其他人都主张把毛扔到水里，可万履安却坚决反对这样做，并亲自为毛喂药，还和他同起同卧。后来，毛活了过来，万履安却因此而一病不起。

《清稗类钞》

代人流放边地

清代，如皋小城中有一个姓王的义士。当时清兵基本控制了中国，强迫全国人都把头发留成满族人的式样，王义士所在城中有一个叫许德溥的人很有民族气节，誓死不改发式，结果被杀，此人的妻子也被判流放边地。王义士深为此人的大义所感动，于是就四处活动想把那人的妻子解救出来，可几经努力都没有成功。一天晚上，他正为不能救出那人的妻子而整夜叹息，王义士的妻子就问他为什么如此，王义士开始觉得妇人无法理解这种高尚行为，就没有告诉她。可在妻子的一再追问下，只好如实以告，想不到他的妻子听完他的讲叙后竟说："你这样干是豪杰之举，我作为你的妻子，想代替那个烈士的妻子去流放边地。"王义士听说此言，马上跪地向妻子拜谢。后来，王义士夫妇做了一些手脚，真的一同代替那位烈士的妻子服了流放刑。他们的义举感动了如皋人，便募捐把他们赎回来了。

《清稗类钞》

不弃贫主

清代，安徽省歙县有一个叫张三爱的人，他是一户人家的仆人，年已四十还没有娶妻。张三爱的主人家很穷，有人就劝他说："你到别人家去干不行吗？"张三爱每听到这种劝告，总是坚决地回答说："不，只要主人还健在一天，我张三爱就决不会去侍奉别的人。"张三爱的主人年老了交不起官府的赋税，总被县官判处打棍子的刑罚，张三爱每次都替主人去县衙挨棍子，累计被打了上百棍也不怨恨。张三爱身体修长，体力强健，种了很多蔬菜，拿到城里出售，总是把所得的钱都带回交给主人，并且还不时地买些衣服和肉带给主人。人们问他何必如此，张三爱回答说："我的主人年岁大了，我不忍心让他一天没有衣服穿，没有肉吃。"

《清稗类钞》

蒋尔直背主尸骨还乡

清朝顺治年间，有一个叫蒋尔直的湖南人，作为仆从，同主人一起客居在广东省。尔直的主人死后，留下了三百多两银子的遗产，尔直建议携主人的尸骨和遗产还乡，好对主人家有个交待，而另外三个奴仆却暗地里打算着把尔直杀掉，然后均分主人的遗产。然而，三个图谋不轨的同伴的意图被尔直察觉了，于是他带着银子先躲了起来，等那三人散去后才回来，背着主人的尸骨，拿着主人的遗产，跋涉千里回乡，把主人的尸骨和遗产都交给了主人的儿子。

《清稗类钞》

高宗爱民

清高宗关心农事，每年都要让各地官吏向他报告田地的旱涝情况，如果哪一个地方遭了灾，立即下旨开仓济民，还要减轻租税，如此六十年如一日。甘肃省的巡抚有一次谎称灾情冒领救济而被办罪。日后甘肃又传闹灾，有人就提起上次发生的事，高宗说："我宁可听信谎报，也不能让老百姓饿肚子。"

《清稗类钞》

沈葆桢三次请奏

清代沈葆桢任两江总督时，因为水灾奏请皇上减免钱粮，调发财物赈济灾民。第一次请奏，未能得到批准；第二次请奏，接到圣旨，严厉告诫不准；沈葆桢仍然上书直言，第三次请奏，终于求得皇上的恩准。沈葆桢的奏章中有一句很有名的话："朝捧雷霆之诏，自省愆尤；夜闻风雨之声，难安枕席。"

《清稗类钞》

烧车谢御史

清代，湘乡人谢香泉，在他任台谏官时，以正直称著。当时，奸臣和珅当权，气焰嚣张，谢香泉一直寻思着找机会损他一下。当时，和珅有些宠奴经常坐和珅的车出来，看见的人都连忙避开它，没有敢追问的。一天，谢香泉巡城，恰好在路上遇上这种事，谢大怒，命令部下把车上的宠奴拉下来打一顿。宠奴说："你敢打我吗？我是乘我主子的车，你敢打我！"谢更加怒不可遏，不仅痛打宠奴一顿，而且随手点火烧了和珅的车，说："这车哪里还值得再乘坐呢？"各条路上的行人都聚过来围观，并欢呼说："这真是个好御史。"为此和珅怀恨谢香泉，他终于用别的事为借口削了谢的官职，让他回家了。

谢香泉善于作诗为文，名声传扬一时。他喜爱山水，离官后遍游江浙一带，所到之处，人们争着送给他手杖、鞋子以表欢迎之情。他和大家一起饮酒赋诗，名望更高了，人们称他"烧车谢御史。"

《清稗类钞》

俸金以外都是赃

清人李嶟任福建将乐县县令，当春秋两季他去乡村行饮酒礼时，总是对乡民们问寒问暖。村中牧童、妇女都围坐在他周围，他引导他们向善，诚恳得就像是一家人。他出任仅一年，全县的人都受到感化，他管辖的范围内竟然没有盗贼，法庭内也几乎没有了鞭扑声。李嶟刚上任时，就对家里人立下规矩，他说："只要我在官位上，那么俸金以外都是赃，你们不可以有丝毫的巧取而影响我的名声。"官府的院子里有两棵桂花，在花苞刚刚开放时，李就指着桂花说："这也是官家的东西，擅自折花的人必定受到惩治。"从此，他家里的人不敢戴桂花。有一次，他外出执行公务，随从的仆人摘了路边的一个橘子，李嶟回头发现了，斥责说："岂能容忍从你开始破坏法规！"说着，下马把那仆人打了一顿，并命令他偿还橘子钱。他在将乐县住了三年，有个上司向县里索要馈赠，他没法照办，于是辞官回家了。

《清稗类钞》

郑板桥书画要现银

号称清代书画"扬州八怪"之一的郑燮(郑板桥),曾经卖书画贴补生活。他标的价码是:"大幅六两,中幅四两,小幅二两,书条对联一两,扇子、斗方五钱。凡送礼物食物,不如白银为妙。因为您送的不一定是小弟我喜欢的。如果送现银,我心里高兴,做的书画肯定都好。礼物很麻烦,赊欠更怕赖账,本人年老神倦,不能陪各位说无益的话。"他还写了一首诗附在后边:"画竹多于卖竹钱,纸高六尺价三千。任渠(他)话旧论交接,只当春风过耳边。"

《清稗类钞》

左宗棠首倡借外债

光绪初年,清廷出兵收复新疆但军费不足,左宗棠倡仪借洋债。这是政府第一次借外债,委道员胡光塘具体负责办理。消息传到上海,外文报纸对此发表了各种议论,说借外债募兵不是好办法,又说两国开战,第三国不宜介入。这些议论看来似乎有理,其实这次借款协定中规定:"必须用一部分款买债权国的军火。"所以,债权国得双重利益,非债权国则有些嫉妒。稍后,中文报纸也鹦鹉学舌。左宗棠很不满意,在给朋友的信中说:"浙江文人无耻,以报馆主笔为最。"

《清稗类钞》

黄腾鸿负创杀敌

清代道光二十一年,英国侵略军进犯定海城,清将郑国鸿带兵镇守晓峰要塞(属定海城),由于英军二十倍于清守军,所以清军虽然英勇抵抗,但仍渐渐支撑不住了,守将郑国鸿派黄腾鸿去镇海求援,但镇海主将为保存实力,竟拥兵不救,黄腾鸿无奈,愤而归城。要塞被英军攻破之时,守军在郑国鸿的率领下持刀出战,黄腾鸿冲在最前面。在战斗中,一个英军用刺刀正要刺中郑国鸿时,黄腾鸿急忙用后背护住了主将的身体,结果背部被刺中,鲜血汩汩流下,染红了衣甲,但腾鸿仍奋力挥刀御敌,在主将国鸿身旁护卫。后来,国鸿头部中弹身亡,腾鸿带着重伤,手持国鸿用过的战刀,砍杀了十多名英军,后由于精疲力竭,倒地昏死,而在他最终咽气之前,竟又忽然站起来大喊一声:"我已经报效了国家!"说完之后,仆地而死。

《清稗类钞》

阿里玛勇力无穷

清朝初年,清军有一员骁将,名叫阿里玛,他能抓着自己的头发把自己提起,还能举起重达千斤的石狮子,且战功显赫。清朝定都北京后,阿里玛屡犯国法,清世祖顺治皇帝想把阿里玛绳之以法,但又怕阿里玛难以制服,于是就派勇力次于阿里玛的巴图鲁占去逮捕阿里玛。巴图鲁占到阿里玛的家后,先假装和阿里玛交谈,然后乘阿不备,忽然抓住了阿的手指，企图制服阿里玛。阿见巴鲁图占这样，很是生气，用力一推，就把巴抛到了屋外几十步的地方，并骂道："你是什么东西，敢和我打架。"巴图鲁占见力擒不行，便向阿里玛宣布了皇帝的逮捕令，阿里玛听后笑着说："好男儿怎么能怕死呢？何必骗呢？"于是束手就擒。乘车到市上行刑，囚车走到宣武门的时候，阿说："死就死吧，我是满洲人，总不能让汉人看到，在门内杀我就可以了。"就用脚勾住城门外的月城上，使囚车欲前不能，行刑官只好按他的意愿当下就行刑。阿里玛引颈受戮，可他的脖子坚如铁石，竟割不断，后来阿里玛自己要求巴图鲁占用佩刀割他的脖筋，才终于被杀死。

《清稗类钞》

舒穆禄箭射太和门

清朝初年，豫德亲王下江南，王铎、钱谦益等迎降。亲王派都统舒穆禄、谭泰去查看真伪。舒穆禄驰马到了南京城的太和门下，看到城门紧闭，上面还包裹着生铁皮，非常坚厚。舒穆禄张弓搭箭，一箭射中城门，而且箭力奇大，竟把包着生铁的城门射穿了，明军见此情景，惊奇得以为是神。后来直到清朝嘉庆、道光年间，那支箭仍插在南京城门上。

《清稗类钞》

周振国臂力过人

清代，思州地方的一个叫周振国的千总臂力过人，能扛起五百斤重的东西。有一次外出，忽然遇到了一只饿虎。饿虎见着人，张口便咬，周振国手疾眼快，乘老虎张嘴之际，一下子用双手顶住了老虎的上下牙床，使老虎不能闭嘴，紧接着又命令随从用刀枪猛戳老虎的肛门，老虎由于嘴被周振国用手撑住了，不得开张，故对人们的进攻无法还击，一会儿便被周振国及其随人打死了。此后，周振国背着老虎的沉重的尸体往回走，边走边哼着小曲儿，竟连大气儿都不喘。

《清稗类钞》

褚库巴图鲁缝脖子

清朝初年，清军中有一个叫褚库巴图鲁的将领，此人勇冠三军，战功显赫。在攻打宣化城的战斗中，褚库巴图鲁第一个登上了宣化城头，虽然脖子被明军砍了一刀，但他左手捂着伤口，右手仍持刀砍杀了好几个明军。城破之时，褚库巴图鲁已僵躺在城边，仅剩一口气了。军医看过褚库巴图鲁的伤势之后，说他的喉咙还没断，如果找个妇女用嘴做人工呼吸，还能活。于是清兵找了个妓女照军医说的给褚库巴图鲁吸气，并让军医把他脖子上的伤口缝了起来。褚库巴图鲁果然又活了。后来，顺治年间，褚库巴图鲁有一次跟随皇帝去南苑打猎，不小心跌下了马，脖子又被折断了，终于死去。

《清稗类钞》

勇比健男

清时，广西富川县地处偏僻，多崇山峻岭，群盗以此为巢穴。有一个村妇，生来勇健，有胆识。一次，她只身一人路过此地回娘家。突然跳出一个恶人堵住她的去路欲行不义，这位村妇长跪在地，请求把自己的钗环给他了事，但那个人不肯。村妇又说："那就把我身上所有的钱物都给你，怎么样?"那人答应了。于是他放下刀，打开村妇的包裹，整理所有的东西。过了半天，村妇又说："我解衬衣，请你背过去。"那人信以为真，急转过身去，仍然料理那些财物。村妇乘机拾起刀来，奋力一砍，砍中脖子，那人随即被砍死了。村妇收回她的东西，急急赶回去。但一边走一边想，那人的尸体扔在路旁，可能会累及不相干的人，所以，这件事不能不说明白。于是自己到县署投案，诉说了事情的经过。县官王甲荣听后，赞扬她能除恶人，更对她以礼相待，赠送她匾额，上面写着"勇比健男"四个字。这是宣统三年的事。

《清稗类钞》

花木兰第二

清代，多隆阿从楚地率军过荆紫关，招募兵员。有位姓陈的孤儿应募从军，分配他做饭、养马。渐渐长大了，颇为勇敢强健，便成为作战部队的战士。每次战斗都奋勇争先，多隆阿很喜欢他。功劳越积越多，他便被提拔为军官，率领五个营的士兵。多隆阿死后，历任总督也都对他信任如故。到左宗棠任陕甘总督时，陈的部队驻扎在兰州。安徽人朱紫光给陈当秘书，年轻而白皙，陈待他非常好。有一天，陈召他同睡，第二天，同事们发现朱黎明时从陈的营帐里走出来，都在暗中发笑，以为朱是陈统领的娈童。其实，陈统领是个女人，多年来扮男妆。不久，陈统领的肚子大了起来，跟朱商量，朱教他把这事原原本本告诉左宗棠，让左为他们拿主意。左宗棠非常吃惊，跟幕僚们商量，大家都认为这事经历了很多年，人们一点也没有察觉，而且现在官位也达到了极高的地步，如果现在据实上奏皇帝，恐怕要以蒙骗朝廷获罪，不如让姓朱的娶了陈统领，就让朱袭用陈的名字、地位，继续当统领。于是，姓朱的突然尊贵起来，而陈则郁郁寡欢。朱又不尊重陈，陈非常愤怒，跟朱闹翻了，自己带着资财回到陕西。朱于是就请求恢复原姓，不再姓陈了。陈住在陕西时，穿戴不男不女，经常领着三五个健壮的青年男子到郊外打猎取乐。生下的一个儿子也夭折了。后来，不知结果如何。听到这件事的人都称之为花木兰第二。

《清稗类钞》

胡迩光用铜筷子

清朝顺治年间，江苏无锡地方有个叫胡迩光的秀才，不但书读得多，而且精通武艺，尤其善用铜筷子。他的铜筷子有大有小，大的长达两尺，一指多粗，是打仗时用的；小的只有一尺来长，比手指还细，是平时应急时用的。一半藏在袖子里，一半露出指端。一次，胡迩光上街时，看见一个和尚在一家店铺前讨钱，胡迩光说："看这个和尚面貌，不像好人。"那家店铺的老板因此没有给他钱。那个和尚脸上流露出怨恨的神气，胡迩光念他是个僧人，就没答理他。后来，胡迩光到武当山拜佛，途中在一家寺院里借宿，无意间觉得招待他的和尚有些面熟，对他很殷勤。晚饭后听到了磨刀的声音，方有些警觉。一看，房门已上锁了，才想起这次招待他的和尚像几年前在城里街上碰到的那个讨钱僧。拜佛时，照例不准带兵器。仓猝之间，到哪里去弄铜筷子。他急中生智，发现桌子上的一双吃饭时用的筷子还没有收起来，于是就把那双普通筷子收在袖子里等候。不一会儿，那和尚果然开门持刀来杀胡迩光，叫骂道："你还记得某年的事吗？"挺刀直砍过来。胡迩光先用筷子抵挡，一会儿击中了那和尚的手腕，刀也掉在了地上。那和尚一看胡迩光非等闲之辈，连忙跪在地上叩头求饶，胡迩光说："咱们从今往后不再结怨，我就放你活命，怎么样？"那和尚连忙答应，第二天一早胡迩光又如期上路了。

《清稗类钞》

褚复堂除害

清代，有一个叫褚复堂的人，明末曾任伏波营游击的官职，精通武艺，且有侠义之气。一次，人们请褚复堂收拾一个叫张擎的为害乡里的恶棍，复堂没有当即答应，而只是说："先看看他的武艺再说吧！"于是人们便假装宴请张擎，同时也请了褚复堂。席间，张擎不时大吹自己的勇力，并且借着劲还挽起袖子，演练一番。褚复棠只是用筷子慢慢点了点他的胸口，说了声："坐。"结果，张擎此后呆坐不语，直到宴会结束。第二天，张擎竟全身发青而死。后来人们才知道，原来褚复堂在宴会上用筷子点张擎的胸口时，已暗中用气功伤了他的要害之处，只是张擎和众人当时都没有觉察到罢了。

《清稗类钞》

智海和尚掷铜钱

清代江苏省无锡地方有一个环秀庵，庵中管香火的和尚叫智海，此人曾在年羹尧部下当材官。当时，不是特别勇敢的人是当不了材官的。年羹尧倒台后，他的旧日同事们散在四方，往往去为商人当保镖，护送商船航行，独有智海当了和尚。他当年的同伴护货运行，不论走水路陆路，乘车乘船，都插上旗帜做标志。当知道智海在环秀庵当和尚时，货船路过这里没有敢不降下旗帜表示尊敬的。一天傍晚，一个不认识智海的年轻保镖押船经过，没有降下自己的镖旗。智海在登上庵中的小阁楼时发现了这艘船，于是他拿了一枚铜钱，朝此船的亮灯处猛力一掷，阁楼和船的距离虽然很远，可智海所掷的铜钱竟一下把那船上的灯打灭了。那个年轻保镖见此大惊，停船登岸，向智海谢罪。智海说:“老僧只是想跟你开个小玩笑罢了。”那年轻保镖说:“您老人家是想跟我开玩笑,可我当时差点吓破了胆呀!”

《清稗类钞》

许子逊发辫上指

清朝康熙年间,有一个叫许子逊的退休知县正在家里闲居,忽有一个山东老和尚前来拜访,说是要与他比试武功,许子逊说:“咱们俩都这么大年数了,比试起来伤着谁也不好,咱们还是换个方式赛赛吧!”于是,两人先比试箭法,结果都正中靶心,不分胜负。接着两人又比试举重,所举的重量也相差无几。虽然如此,许子逊暗中观察发现,这个老和尚确有胜过自己之处,于是他就和老和尚商定,每人各自表演一个绝招,以决胜负。许子逊置办了一桌酒席,请了一些宾客作陪,席间,许子逊忽然默坐运气,只见他的发辫(清代男人都留辫子)竟上翘起来,直如竿棍,而绑辫子的头绳飘拂不定,好像红樱枪上的红樱。老和尚没有辫发,敬谢不敏,竟甘心服输。

《清稗类钞》

楚二力大

清代,无锡地方的环秀庵里的智海和尚教出了许多高徒。这些徒弟中楚二的武术最精,力气最大。楚二有一次和一个朋友进城,正巧碰上城里的城隍庙在演戏,楚二的朋友想去看戏,可又嫌人多怕挤。楚二就对他的朋友说:“没关系,我护着你去。”到演戏的地方后,楚二让他的朋友站在他前面看戏,而他张开双臂站在朋友身后,为朋友防挤。当时看戏的人极多,出出进进非常拥挤,楚二张开双臂,独自稳立于人群中,纹丝不动。等戏散了之后,他的朋友转身一看,楚二的脚竟把铺地的砖踩了一个深没脚踝的坑。

《清稗类钞》

甘凤池推牛打虎

清朝雍正、乾隆年间,江宁地方(在今南京一带)的甘凤池是当时最负盛名的武士。一次,甘凤池出门办事,看到道上有两头牛在争斗,气势极凶,众人都不敢到近前,甘凤池却上前用手慢慢把两头牛分开了,那两头牛竟都在田里陷下去了好几尺深,无法动弹。牛的主人哀求甘凤池帮忙,甘凤池才又把那两头牛拽出。又有一次,甘凤池在一个夏日喝完酒之后,路过一个山岗,由于发困,便在一块山石上睡起觉来,睡着睡着,他忽然觉得耳边腥风骤起,睁眼定睛一看,发现一只白额猛虎正从山林中跃出,向他扑来,凤池举臂迎击,只一拳,那只老虎就被打得流血如注,顷刻毙命。

《清稗类钞》

白太官力劈凶僧

清朝雍正、乾隆年间,与甘凤池同时有十大著名武士,其中第一高手是一个和尚，处在第十位的叫白太官，此人武艺虽然不及前九位高强，但有能腾飞半空的绝招。这十个人中，那个和尚荒淫凶恶，已达极点，所在地方的民众倍受欺凌，大家都想除掉这个祸害，约定日期，一起去找他。凶僧听说此事，并不害怕，只是在开战的当天吃了三个人脑，以长精神。开战之时，凶僧挥动一个重三四百斤的铁杖，上下翻飞，众人全力迎战。正在双方难分胜负之际，不想白太官忽然从空中飞下，持刀直劈凶僧的脑袋，凶僧从头到颈竟被从中劈成了两半，但凶僧的身体仍和众人苦斗了半个时辰才死。

《清稗类钞》

金飞以剑砍豆

清朝雍正、乾隆年间，蜀地有个名叫金飞的剑侠，他早年在甘肃一带学习剑术，曾得到高人秘传。金飞回到蜀地之后，办学传授剑术，当时有上千人登门求学，但金飞只传授给这些人练眼力和练臂功的方法，每天金飞只来检查一次，不过是督促他们努力练功而已。如此练习，一晃三年过去了，金飞却并没有教给徒弟们新的招数，于是门徒大多难耐寂寞，离他而去。最后剩下了几十个人，而这几十个人也对金飞到底是否有真功夫持怀疑态度。一次，这几十个人要求金飞给他们表演一下剑法，金飞就叫他们每人拿一把豆子，且把豆子涂成红黑两色，用豆子向金飞投掷，金飞以剑击豆，等这几十个人把豆子扔完后，金飞身上连一点颜色也没沾上。金飞叫徒弟们去看地上的豆子，徒弟们惊奇地发现，地上的豆子竟无一没有剑痕。至此，徒弟方知金飞的剑术确实高明，于是纷纷向金飞请教这种剑法。金飞说："这难道可以越级而进吗？你们的眼和臂的功夫都还没到家，教给你们这种剑法你们也学不会的。"徒弟们此时方知金飞让他们三年来一直练眼功、臂功的用意了。

《清稗类钞》

达拳师过山东

清代雍正、乾隆年间有一位姓达的拳师在全国很有名气。有一次，他办事路过山东省地界，正在路上走着，忽然碰上一个小孩用小车推着一个少妇在他的前面走，那少妇对小孩说："达老爷来了，还不赶紧让开道?!"那小孩儿一听此话，只用手把小车一提，小车和车上的少妇便都移到了路旁，达拳师一见此景不禁大惊。天黑的时候，达拳师住进了一家小店，店主正是白天碰到的那个少妇。各自意会，没有说话。第二天早晨，达拳师交店钱时，把钱数好了放在桌子上，又用手一按，钱币竟都嵌进了桌子里。那少妇见此并不惊慌，只见她走到桌前，用手往桌面上一拍，嵌进桌面的钱币又都进了出来。此后，那少妇又慢慢把钱放进了一个竹筒，当她逐一把钱币投入竹筒时，那些钱币竟都像钉子一样立着钉在了竹筒底儿上。达拳师一看，完全慑服了，于是离此而去。

《清稗类钞》

汪瑚踏水拾斗笠

清代，宜都地方（在今湖北省）有一个叫汪瑚的人，此人小的时候以卖菜为业，每天早晨起来，他都先把菜担子担到佛寺里寄存，又急急忙忙地跑回家，然后再从家中跑回到市上卖菜。寺院里的和尚问他急忙跑回家去干什么，汪瑚说是买饼回家给母亲吃。和尚为之感动，于是把武术、丁甲、任遁等秘术传授给他。汪瑚学成之后，有一次他乘船渡河，一不小心，他戴在头上挡雨的斗笠被风吹到了河里，汪瑚不慌不忙，飞身入河，竟在水面上行走自如，就像在陆地上走路一样，踏着水面把斗笠取回来了。

《清稗类钞》

精武樵子

清代，著名拳师甘凤池在南京城开馆授艺，门徒很多。一次，甘凤池带着徒弟们在南京的大街上闲逛，街上人很多，一个担柴过街的樵夫不小心用柴担把甘凤池的一个徒弟的衣服给剐破了，那樵夫见了，很害怕地朝被剐者道歉，可甘凤池自恃武功高势力大，得理不让人，冲上前去就打了那樵夫一个耳光。那樵夫生气地说："这是不小心所致，我道歉也就行了，你还打我耳光干什么？"甘凤池平时打别人耳光时，别人一般都会被打得立刻仆地，而这个樵夫被打之后不仅不倒下，还和他顶嘴，甘凤池因而更生气了，于是举拳朝樵夫猛打过去。可拳头还没挨着樵夫的身体，甘凤池反倒先摔在地上，这一下甘凤池那帮先前气势汹汹的徒弟们，没一个人敢上前了。樵夫却神色坦然地教训了躺在地上的甘凤池几句，然后重新担起柴担，悠然地走了。

《清稗类钞》

才伯伯斗陈三

清代乾隆年间，有位才伯伯。此人姓冯，年龄六十多岁，外表虽老态龙钟，但武功精深、勇猛绝伦。一次才伯伯所住的地方来了个服流放刑的囚犯，此人名叫陈三，因脑门上有一绺白头发，故又称"白脑门"，他以勇武自诩。陈三对才伯伯的武功颇不服气，两人素来不和。偶然因事口角，冯把陈摔倒在地上，陈心中怀恨更深了。一天晚上，陈三发现才伯伯出门未归，便拿了一个大铁尺埋伏在才伯伯回家时必经的一座桥头。二更后，才伯伯过桥回家，陈三冷不防冲上去朝才伯伯猛击一铁尺。不想铁尺脱手飞出去几十丈，直落到某当铺三层更楼的瓦上。才伯伯心知是陈，只远远地说了一句："黔驴伎俩，想跟你爹较量还得再去把你的武艺练精一点。"陈三听了，非常气愤，在家中闭户不出，寒暑不间断，苦练三年，自觉武功长进很大，足能打败才伯伯了。于是，陈三又找机会。在一个雨天，才伯伯脚穿木屐，一手拿伞，一手托了一盘面，步履蹒跚地走过茅桥，正好和陈相遇。陈飞身出击，才伯伯见有人暗算，只把面盘往空中一掷，一挥手就把陈三打倒在地上，然后又从容地把面盘接住，走过了小桥。陈三从此再也不敢来找才伯伯的麻烦了。

《清稗类钞》

唐阶元运气

唐阶元是才伯伯的徒弟，清朝乾隆年间的人。此人五十岁上下，短小精悍，非常精于气功。他每次运气的时候，气到身体某部位，那地方就会隆起一个硬块，如核桃大小，能刀枪不入。还有人见他运气时，常常用锋利的匕首尖锋顶着他的喉咙，让一个健壮的人用力向前拍打刀把，铿然有声，旁观者吓得腿直打哆嗦，可唐阶元的喉咙却安然无恙。

《清稗类钞》

十个一字

清高宗乾隆皇帝南巡时，看见一条渔船飘荡而来，就叫纪晓岚作诗一首，要求诗中有十个“一”字，纪晓岚当时就做了一首七绝诗，诗云：“一篙一橹一渔舟，一个梢头一钓钩。一拍一呼还一笑，一人独占一江秋。”

《清稗类钞》

张某赡养夏士友之母

清代，江夏(在今湖北省)有一个叫夏士友的人，以孝顺母亲而闻名当地。有一年夏士友忽然得病身亡，他的七十多岁的老母亲日夜号哭，伤心之极。这时，有一个姓张的山西人迁居到江夏，正好与夏家比邻而居，他听到邻居家总有老妇人的哭声，便打听是怎么回事，当地人就把事情的原委告诉了他。这个姓张的山西人了解了实情后，不禁感叹道：“世上确实有孝子其人吗？世上确实有孝子的母亲得不到赡养的事儿吗?！我来赡养这个孝子的母亲，这样我就能够和孝子成为兄弟辈了，太幸运了!”他立即来到了邻居家，跪拜在那个孤苦的七旬老妇人面前，当了她的干儿子。此后，每月按时给老妇人送去柴米，直到老妇人死去。

《清稗类钞》

淫荡致祸

清朝，某县有个秀才，在外地教书，长年不回家。他的妻子俊俏艳丽，独处家中。村中有一座尼姑庵，尼姑与秀才妻子交往密切。同村有个武孝廉跟尼姑私通，被秀才妻子的美貌打动，就请求尼姑把他的艳羡之意转达给秀才妻子，想跟她私通。尼姑说：“这很难用言辞说通。想达到目的，就必须把她骗到庵中，用酒把她灌醉，你的目的才能达到。等她酒醒已经晚了，再用婉言劝导，可以长期跟她往来，肯定不会有差错的。”

过了一天，尼姑把秀才妻子骗到庵中，摆酒畅饮，秀才娘子喝醉了，尼姑把她挟进卧室旁边的屋里，孝廉偷偷出来，奸污了她。等她醒了酒，又劝她，她也就勉强顺从了。

时间久了，秀才知道了这事，回来

后对妻子说:“听说你被尼姑诱骗,遭到孝廉的奸污,这不是你的罪过。今晚我假装回学馆,藏在家里,你约孝廉来,咬掉他的舌头,我就不责怪你,不然,我是不会饶过你的。”妻子答应了,夜里把孝廉约来,抱住他,把舌头伸进他口中玩闹,乘他不备,突然咬下了他的舌头。孝廉大叫,丢了舌头出去了。秀才连夜拿着刀跑进庵中,杀了尼姑,把孝廉的舌头放进她口里,就回家了。孝廉因为丢了舌头疼痛难忍,狂奔乱闯,被人发现,告到官府,官府判孝廉为尼姑抵命。

《清稗类钞》

淫母杀子

清代,山东有个方山民在外地经商,妻子在家跟人私通。儿子九岁,一次,半夜醒来,见肩旁有一只脚,就问他母亲:“父亲回来了吗?”母亲开始讨厌儿子了,同时告诫他:“你如果泄露了我的事,就零刀切了你!”

小儿子早晨到了书塾,中午时不敢回家吃饭,到了傍晚仍不敢回家。他的老师一再追问,他就把母亲的告诫告诉了老师。老师硬逼着把他送到家门口才返回。第二天,孩子没上学,老师去喊他,他母亲说:“昨天没回来,正想去找老师要孩子,为什么你把孩子藏这么久呢?”老师明白了原因,就把孩子的话告诉了大家,于是向官府起诉。县令不信,催逼老师交出孩子。老师回去以后,就带着学生们登上那孩子母亲的妆楼到处查找,没找着,将要下楼,已经下了几级楼梯,忽然发现妇人床底下有两个缸,血腥逼人,搬出来一看,孩子被剁成碎块放在里面。这样,案情也就真相大白了。

《清稗类钞》

兄妹不同房而孕子

清人王成,是沂州的县吏,家住在离县署二三里的地方,由于公务繁杂,经常在外住宿。家中只有妻子和妹妹两人。她们一向和好,做饭、缝衣等事,两人轮着做,从不计较。一天王成奉命到郯城去出公差,顺路回家,进门后看见妻子正在院子里淘米,妹妹正在屋子里裁衣服。王成拉着妻子进入卧室,由于很多天没有同房,两人情不自禁,立即上床交媾。这是夏季的一个白天,她妹妹看见哥哥外出回来,准备做点好饭菜款待,便放下手中的活计,从井边把嫂子淘的米拿进厨房,然后跑来找嫂子,商量饭菜怎么做。进屋一看,那两人赤身裸体,正在行事,她憋住没有喊出声,默默地退了出来。王成和妻子行房之后,饭也没吃,就急急忙忙地走了。姑嫂把饭做好,饱餐一顿。小姑拿刚才所见情景询问嫂子,嫂子毫不隐瞒,全告诉了她。小姑刚刚十五岁,才到议婚议嫁的年龄,却已经是一位情窦初开的少女了,听了嫂子的话,心领神会。嫂子又因为王成匆匆而来,草草完事,没能尽兴,便把小姑带进卧室,脱光衣服,现身说法。于是,王成的精液就从嫂子的外阴流进了小姑的生殖器。过了几个月,小姑的肚子渐渐大了起来,怀孕了,后来羞惭万分地生下了一个浑身柔若无骨的婴儿。当时，姑娘已许配给同乡的陈某，因此引起诉讼。幸好遇到一位精明廉正的县官李化龙，看了婴儿，问明情由，做出了合情合理的判处：婴儿归王成抚养，姑娘仍然嫁给陈家。从此，两家再无异议。

《清稗类钞》

禁卫之严

乾隆皇帝南巡经过扬州，地方上办皇差的官员常在运河两岸的支港汊河、桥头村口各设卡兵，禁止民船出入。龙船所经过的左右两岸都设有纤绳，称为龙须纤。每条纤道长达一里，中间设站兵三处。到了龙船驶来之时，只允许村镇妇女跪伏瞻仰，男的一定要回避。有一天，御舟过平望，两岸市街栉比鳞次。一个妇女开始做饭，正在楼上用石头打火，这时龙船上御前侍卫看见火光闪烁不定，以为有人蓄谋要暗害皇上，就拿起一支箭向那女人射去。结果那个妇女应弦而死。

《清稗类钞》

太后闲游

慈禧太后在庭院里散步时，脚步很快，身边的侍从也只得尽力地紧跟在身后，谁也不敢说累。太监们还要扛着黄缎椅子跟在后面，以备太后疲倦时小憩用，还有一只狗跟着。太后喜欢在雨里走，如果不是很大的雨就不打伞。随行的宫眷太监都带了伞，下起雨时也没有人敢用。太后每天晚膳后都要在寝宫前后走一圈，然后关上门回去休息，宫里的太监称之为“绕弯子”。

《清稗类钞》

张廷玉以谦留笑柄

清时，桐城有个官员叫张廷玉。张公晚年用谦抑来求自晦，言谈举止形成了一种习惯，每当下属有事请示他，他总是说：“好！好！”有一天，官署中有个小官吏来向他请假，张问他有什么事，对方回答说：“刚刚接到父亲去世的讣告。”张听后也习惯性地说道：“好！好！”在场的别人都忍不住捂着嘴，而张廷玉却对自己的习惯毫无觉察。

《清稗类钞》

白太官杀亲子

清代，有个叫白太官的著名武士，此人能一跃数十丈，但生性严刻，忌妒胜过自己的人。有一次，他出了趟远门，好几年之后才回家，在快要到家的时候，发现了一个不满十岁的小孩正握着小拳头，猛击道旁一户人家门前的石狮子，火星都爆出了几尺远。白太官惊惧地想，这个小孩小时候就能这样，长大后我就制服不了了。他便冲上前与那小孩格斗，小孩当然打不过他，很快就被白太官打成了重伤，变得奄奄一息了。临死之前，那小孩儿大哭道：“白太官爸爸呀，你为什么还不回来呢？你的儿子已经要被人打死了。”白太官闻此大惊，但小孩的伤势过重，已无法抢救，很快就咽了气。白太官只好背起儿子的尸体，哭泣着走回了家。

《清稗类钞》

家有钱财爱行乞

清代有一个姓王的人，他是华亭人，家里很富有，是相国文恭公项龄的曾孙，幼文员外的孙子。他却爱行乞。在街市中行乞是他的乐趣，并不是为了讨要钱财。他每次行乞都要朗诵一篇八股文，而不唱莲花落。商店街市上的人们大都认识他，即使给他钱，他也一定朗诵完才收下来，去往其他地方。他的乐趣就在行乞的过程中。他的父亲把他关闭在家里，他偷偷地把门打开，即使把他用绳子捆绑起来，他也要把绳子挣断逃走行乞，夜里就睡在街市中的石头上。

《清稗类钞》

发冢开棺

清朝，丁宝桢做福建巡抚时，某县发生一起掘坟开棺剥取尸身衣服首饰的案件。县官助手老奸巨猾，他知道要使县令避免处分，就一定要避开“发冢开棺”的字样。他在上报呈文中这样写道：“经查某处有厝棺一具，棺材后壁凿有一个洞，圆径一寸三分，据尸体亲属某某供称，尸身头上失去一支金簪。显然是该贼由孔洞伸手入内，拔取金簪，取赃脱逃。本县除悬赏捉拿外，理当查明详报。”丁宝桢在呈文末尾批注：“以圆径一寸三分的孔洞，竟能伸手入内，天下无此小手；棺后伸手，拔取尸身头上金簪，天下无此长手。该县令太不晓事，应该立即撤职，等候司选员接管官署，另行审查。”

《清稗类钞》

赃官断案

光绪年间，直隶省枣强县有个寡妇年轻貌美，他的小叔子见她有千金遗产，就逼迫她再嫁，她拒绝了。于是她小叔子就到县府告状，说她不贞。县令是桐城人方某，他把寡妇传来，对她说：“你小叔子告你不贞，这的确是错误的，但是跟他总住在一起也不是个办法。你现在年轻，又没有子女，可以改嫁。”寡妇说：“改嫁后家产怎么办？”方县令说：“这不用担心，他不会剥夺你的家产。”寡妇谢了县令。

方县令当即传来一个裁缝，吩咐他当面跟寡妇说：“你们二人可以相配。”寡妇和裁缝都同意了。于是县令命令在县府大堂举行婚礼，二人叩头而去。方县令立即打发仆役去把寡妇的妆奁物品拿到县衙门，千金遗产的契据也拿来了。县令花言巧语地说，这笔遗产应该归官。

《清稗类钞》

粪桶妙计

道光二十二年，粤海戒严，果勇侯杨芳任参赞职务，慑服于英舰大炮的威力，他下令搜集粪桶和各种污秽物，想用巫术击退英军，但后来和议成了，没有起作用。有人做诗嘲笑说：“杨枝无力受南风，参赞如何用此公？粪桶当年施妙计，秽声长播粤城中。”

《清稗类钞》

错配鸳鸯

清代，江西某县令慈惠爱民，但性格古板。有位私塾教师替两家安排婚礼，这是偏僻的乡村，缺少读书人，两家的婚书都出自他一人之手。甲家是年轻人娶一位俊美的女子，乙家则是一位白发老翁找一位五十多岁的老太太做配偶。那位教师写好婚书后交给甲乙两家，直到男女双方都已交换了婚书以后，才发现错把甲的妻子写给了乙，乙的给了甲，那位老翁年龄虽大，却极其好色，只不过没有力量搞到年轻美貌的罢了，现在一看婚书搞错了，非常高兴，认为这是天降姻缘，死死地把着婚书，不肯更改。这事自然引起了诉讼，县令断案说：“老夫得到年轻妻子，老妇得到年轻丈夫，合于经书上的说法，还有什么可反悔的！”终于强迫这两家成了婚。

《清稗类钞》

仿书惑己

清代陈随贞，很小就中了进士，点了翰林。后来他因病辞归，闲居乡里。诗酒之余，好挥洒笔墨，师法董香光（著名书法家）。常常掷笔自赏，叹为神似，便署上董香光的名字。十几年之后，他到京都去游访，见到一副董香光的字帖，非常喜欢，便花五百两银子买了下来，以为这是董香光最好的字帖。回来后仔细玩赏，才发现原来是自己写的。

《清稗类钞》

雍正资助书生

雍正当皇子（清世宗）的时候喜欢微服出行。有一次到杭州游玩，刚出涌金门，看见一个书生在卖字，精于八法，世宗就让书生为他写一副对联，奇怪的是对联中的一个“秋”字的左右偏旁写颠倒了。他问书生：“你是不是写错了？”那个书生就举出很多名帖都是这样写“秋”字的例子，证明自己没有写错。世宗又问他：“你为什么不参加科考而在这里卖字呢？”“我曾考过举人，只是家里太穷，还要养活妻子儿女，只能靠卖字度日，还怎么敢奢望富贵呢！”世宗拿出几块马蹄金递给他说：“我做买卖赚了些钱，不如给你一些做科考的费用，只希望中选之日不要忘了我就行了。”书生很是感激地收下了。后来那位书生果然考场连捷，点了翰林。那时雍正已经即位当了皇帝。有一天偶然间看到那位书生的名字，很快就想起以前的那件事，便命人把他召进宫来，写个“和”字，把字左右两边颠倒。书生说这个“和”是讹字，皇上却笑而不答。第二天，皇帝下诏命书生做浙江巡抚，他接到诏书，打开一看，是命他仍在涌金门前卖三年字，然后再上任。书生这时才明白其中的原委。

《清稗类钞》

光绪有小友

光绪做皇帝时，才四岁，刚进宫时，

由于奶妈没有跟去，就大哭不止。按照当时老规矩，没有官职的不得进入宫门。慈禧太后就赏赐奶妈四品官衔，召她进宫，光绪才停止哭泣。第二天早晨又哭，慈禧太后问是什么原因，奶妈告诉说："原先皇帝在醇亲王府时，府中有个赶车人的儿子，和皇帝的年龄差不多，白天晚上在一起玩，极其融洽，这是因为赶车人的儿子没有来才哭呀！"于是赏赐赶车人的儿子四品官衔，召进宫中，跟皇帝以前一样玩耍。

《清稗类钞》

吴某娶和珅妾

清代，休宁吴某在京城布店当伙计，积攒了几十两银子，准备回乡娶妻，雇了一辆骡车驶出彰义门。在饭店里住宿，遇到一位年轻人，慌慌张张。这位青年问吴某要到什么地方去，吴某如实告诉了他。半夜，这位青年又来找他，一直走到床前，悄悄地告诉他说："我实际上是一个女人，是和珅的侍妾，朝廷籍没和珅家产时，我乘机逃了出来，带了很多珠宝，愿意跟着您过一辈子。"她拿出两袋子给吴某看，里面都是珠宝。吴喜出望外，带着她一起回乡。路上，怕泄密，仍旧着男装，到家后，才换成女装。从此吴某成了巨富。妻子生了一个儿子，她活到六十多岁才去世。

《清稗类钞》

请上坐泡好茶

清代阮元曾经在休假时到扬州的平山堂去游玩，正赶上僧人在做楹联。阮元布袍葛履，站在一旁观看，僧人以为是乡村的老头儿，随便招呼道："坐，喝茶。"写完后，问他的姓，阮元告诉了他，和尚以为是阮元的族人，急忙加礼道："请坐。"并叫人泡茶。坐下后，问他字号，阮元如实告诉了他。和尚惊慌失措，急忙打扫炕，请他上坐，马上叫人泡好茶，一会儿，又用已经备好的纸墨乞求阮元写字。阮元拈笔沾墨，靠着几案，沉思道："没有好联啊！"过了一会儿写道："坐请坐请上坐；茶泡茶泡好茶。"

《清稗类钞》

华秋岳卖画

清朝道光年间，华秋岳在北京卖画，可是很少有人知道他的画。一天，有人向他兜售名人字画。他看了看，见没有什么好画，正要还给对方时，突然看见包画的纸也是残破的画，好像很不错，他觉得有些奇怪，拿过来一看，原来是自己的画。他感慨万千，于是毫无留恋地离开了北京。

《清稗类钞》

清宣宗遣妃

清宣宗非常勤勉，常常批阅各地送来的奏折到半夜。有一天，宣宗的一个很受宠爱的妃子把奏折拿出撕碎了。第二天她就被遣出宫门，可也没有再加她什么罪。

《清稗类钞》

赐水晶烟管

清圣祖康熙不喝酒，尤其厌恶吸烟。溧阳史贻直、海宁陕西省元龙都抽烟成癖。康熙南巡时，暂住在德州，听说两人的嗜好后，特意赏赐给他们水晶烟管，借此进行讽喻。二人用烟管抽烟，火苗上升，在唇边爆烈，二人害怕，不敢再用。于是，康熙传下圣旨，禁止天下人吸烟。

《清稗类钞》

娄德纳谲谏

清圣祖康熙废弃理王时，揆叙、王鸿绪等人怕他复出，于是造出各种谣言来到处传播。康熙皇上听了很生气，想要置理王以重罪，众大臣都知理王冤枉，但不敢劝谏皇上。领侍卫内大臣娄德纳年岁已高，但善于理解皇上的心意。有一天，康熙皇帝从畅春园回宫，想公开颁发诏书，娄德纳先在傍晚时朝见皇上说："听说护军统领某人得了病，瘦得只剩一把骨头了。"这个人一向体胖，是出了名的。第二天早晨，这人佩带着刀侍立在神武门边，仍然像以前一样肥胖壮伟。皇上质问娄，娄笑着说："从这件事可以看出，人说的话，不一定都可信呀！身体的胖瘦，是显现在外面的事情，还能讹传到这种程度，更何况弄不清楚的事情呢！"康熙皇帝点头表示同意他的话，立刻撤回了诏书。

《清稗类钞》

婆母诬媳

光绪初年，徐次舟做广东陆丰县知县，以善于断案著称。一次，一个老太太来告她儿媳忤逆不孝。徐知县讯问详情，老太太把儿媳不孝的细枝末节都说出来了："今天是我的生日，她故意做些低劣饭菜端给我吃，自己却在屋里喝酒吃肉，我再也忍不下去了。"徐知县又审问她的儿媳，儿媳只是哭泣，一句话也不说。徐知县感到疑惑，对老太太说："媳妇不孝顺，确实可恨，我作为父母官，没能调教好她，非常惭愧。现在我给你祝寿，让你们婆媳和好，怎么样？"老太太叩头谢恩。

徐知县吩咐人在公堂上摆下长案，让婆媳俩就坐，给她俩每人一碗面条，面里放了别的东西。她俩吃完了，徐知县故意审理别的案子，对她俩不立即发落。过了一会儿，婆媳俩都呕吐不止，大家一看，老太太吐出来的都是鱼肉，而儿媳吐出来的都是青菜。徐知县立刻训斥老太太："现在怎么样？你竟敢在公堂上胡说八道，那么平时也就可想而知了。这次姑且原谅你，因为今天是你的生日，诬告儿媳没有反坐之理，你回去吧，以后不要认为本官容易欺骗。"老太太非常羞愧地回去了。

《清稗类钞》

贤媳受诬

清朝，某乡有个老头，儿子外出贸易，留下儿媳在家。儿媳一向贤慧，每天织布补贴全家饮食,老头坐享其成,无所事事,常常跟村里人一起赌博,输了就向儿媳要钱,习以为常,儿媳也不计较。

有一天,儿媳患小病,没能织布,对公公说:“我靠手工收入有限,供粗茶淡饭勉强可以,供赌博输钱远不够用,以后您能不能稍微控制一下赌博呢?”公公默不做声。这一天下小雨,吃完饭,公公带着伞就走了,到晚上也没有回来。儿媳着急了。已经过了三天,公公还没回来,儿媳更是忧心如焚,就把情况告诉了邻里,嘱托邻里代为寻找。

当时正赶上连日阴雨,河流暴涨。有个邻居来告诉儿媳:“刚才河里有一具浮尸,身旁有把破伞,你怎么不去看看?”儿媳急忙去察看,是一个六十来岁的老人,果然是公公,大哭大号,痛不欲生。旁观者同情她,代她捞出尸体殡葬。当时邻里有个监生,是个戴着人帽子的老虎,他想借机诈钱,就向大家提议:“这事能不报官就私了吗?”然后写状给官府,告儿媳逼公公跳水。官府逮捕儿媳,严刑拷问,儿媳受不了酷刑就假认了“罪状”。

处死儿媳那天,她公公正好从外面返回,仍带着伞。路上听说儿媳将要冤死,急忙跑到法场,可是已经来不及了。于是痛哭不已,到官府说明实情。

《清稗类钞》

嫁祸于邻

乾隆年间,交城县有个姓燕的吊死他的妻子和兄弟媳妇,却诬告邻居逼死了她们。知县庄绳祖察看现场,见两个女人在一条绳上吊死,脚离土床二尺左右,旁边放一个矮木几,就突然问那姓燕的:“木几不是原来就放在这儿的吧?这样说来,两位妇人是你害死的,为什么要诬赖邻居呢?”那个姓燕的拒不承认,庄知县又说:“这很容易弄明白,如果是自杀,必定有垫脚的东西,这不正是逼迫着叫他们上吊,然后抽去木几又是什么?”那姓燕的说不出话来。

原来那两个女人行为不端,姓燕的逼她们吊死,他又跟邻居有隔阂,就诬赖邻居。

《清稗类钞》

樵者释讼

清朝,满州人鸣泰兼代昆明知县的时候,听讼断案聪明敏捷。有一天,他正在公案前办公,有个秀才扭着一个樵夫来到公堂,告他误碎了自己的眼镜,要樵夫赔偿八两银子。

当时,秀才正在路上,樵夫挑着柴担,市人拥挤,来不及躲避,柴枝将眼镜挂到地上跌碎了,秀才要樵夫赔偿,樵夫不答应,所以秀才就来到了县令公堂告状。鸣泰知道了这一切之后,就开导秀才说:“一个樵夫,能拿出多少银子赔偿?”秀才坚决不接受。鸣泰很恼火,吩咐杖打樵夫三十板,并用笔在樵夫手掌上写了数字,告诉他:“可以用这几个字做凭证,立即到某钱庄拿十千钱来,我替你偿还。你一路上要紧握你的拳,到了钱庄,才可以张开手掌看字。”

樵夫按照知县吩咐去钱庄,到了钱

庄,默默地看手掌,手掌中用朱砂笔写的四个字是"走避"。樵夫非常高兴,飞奔而逃。

太阳西斜了,鸣泰对秀才说:"你暂时等一下,我想樵夫该回来了。"然后跟秀才谈论书史,娓娓不倦。等到二更天,樵夫始终没回来,吩咐差役去找,差役回来告诉樵夫已经逃了。鸣泰笑着说:"村夫如此狡猾,你先回去,等抓到以后,加重惩罚。"秀才无可奈何,悻悻而去。

《清稗类钞》

蜥蜴毙人

清朝,郑州有个平民结婚多年,夫妻和睦。妻子因为母亲去世回家奔丧,几个月不返回,丈夫多次打发人催促她,可是妻弟始终借故推辞。又过了一个月,丈夫亲自去催她,她没办法,于是跟丈夫一起走。临行时,妻了跟她弟弟窃窃私语,好像十分依恋。丈夫非常疑惑,回家以后,把妻子跟她弟弟私语的情形全告诉了家里人。

过了些时候,妻子的弟弟叫人送羹汤来,丈夫喝了,过了一天就死去了,全家人大惊,怀疑媳妇和她的弟弟私通而谋杀丈夫,就告到官府。官府派人把媳妇和她的弟弟抓来审问,姐弟俩坚决不承认,用严刑逼供才认罪,当时被判斩首。

行刑的日子快到了,正赶上原州官调离,新州官上任以后,查阅此案,认为判刑没有证据,又提审,问媳妇:"你家里有特殊东西吗?"回答:"没有。"又问:"羹送来马上就喝了呢,还是在别的地方放过而后喝的呢?"回答:"羹曾经在碗橱下放过。"又问:"橱下有毒物吗?"媳妇恍然大悟,就哭着说:"橱下原来多有蜥蜴,大概是中了它的毒。"

州官马上到她家去察看,又开棺验尸,发现两个小蜥蜴在她丈夫的肚里。察验结果上报以后,姐弟俩无罪释放。

《清稗类钞》

偿钱得米

清人段光清做鄞县县令时,以廉明著称。有一天,他出门,看见一群人围站在一家米店门口,正在争辩不已,就命令两个差役去看看,一会儿差役带来两个人,跪在轿前,一个是乡民,一个是米店店主。乡民供称,因为父亲有病进城请医,路过这家米店,不小心踩死了一只小鸡崽,店主要九百文钱,可是他衣袋里只有二三百文钱,不够赔偿,因而互相争执起来。段县令说:"鸡崽值多少钱,竟要九百文赔偿费呢?"那乡民说:"店主说,鸡崽虽然小,它的品种却特殊,饲养几个月,我也没法对付他。"段县令对店主说:"乡民的话确实吗?"店主回答说:"确实。"段县令对店主说:"乡民的话确实吗?"店主回答说:"确实。"段县令笑了:"店主要的赔价不算多,你走路不小心,踩死了人家的鸡崽,还有什么话说?应该立即照赔。"乡民说:"我不是不赔,只是衣袋里钱不够。"段县令说:"你可以把衣服典当了凑足钱;如果还不够,本县替你凑足。"这时周围的观众啧啧连声,骂县官太糊涂,因为一个小鸡崽，竟判赔偿费九百钱，哪有这种道理，但是谁也不敢反问。乡民当场脱下衣服，当了三百文钱，加上原来身上带的钱，共六百文，段县令给补上三百文，交给店主，笑着说："你真会做买卖，用一只小鸡崽换了九百文钱，这样的好手腕，不愁不致富。"店主面带笑容，叩头称谢，拿好钱袋起身就走。

段县令突然叫店主回来，乡民也跟着回来，都跪在轿前。段县令说："你的鸡崽即便饲养了几个月后能长到九斤，但现在还没长到九斤。有句谚语说：'斗米斤鸡。'就是说，长一斤鸡，必须喂一斗米，而你的鸡已经死了，不用再饲养了，这岂不是省了九斗米吗？鸡死了得到赔偿，又省了米，这太便宜你了，你应该把九斗米还给乡人，双方才算拉平。"店主说不出话来，只好服从判决把九斗米给了乡民，那个乡民背着米走了。

《清稗类钞》

傅青主醉酒书画

清代傅青主擅长书画，但从不轻易替人挥毫。曾经有一个朋友向他求画，傅青主说作画虽然是末等技艺，但必须用笔来弥补大自然的不足。自己每次作画，都要先选好时日，不遇良辰不下笔。这次就答应老朋友的请求，约定中秋节晚上兑现，到时如果天气晴爽，风定月明，就请准备纸笔。中秋那天果然天气晴爽，朋友大喜，知道他嗜酒，便设宴与之痛饮。从午后到日落才罢宴，傅青主让侍者替他研好浓墨，再把两张茶几拼在一起，在上面铺上一丈多长的玉版纸，又拿来铁界尺压住纸的四角，说要等月亮东挂时，点上蜡烛画。过了一小会，月亮出来了，他兴致一下子高起来，让侍者拿来一大钵研好的浓墨，放在案几旁，然后叫大家退下，自己一个人在那里运笔。那位朋友站在远处偷偷地观察，只见他手舞足蹈，样子像是发狂，朋友赶紧跑到他身后，用力抱住他的腰。他狂叫着，叹气说："小子败了我的清兴，真没有办法！"然后扔下笔，将纸一搓不画了。朋友见他满头都是墨，汗如雨下，赶紧用水替他洗干净，然后派人把他送回家。

《清稗类钞》

项维仁不轻作画

清代项维仁，浙江永嘉人，善于绘画。他嗜酒，性情孤僻，不喜欢和别人交往。别人要是请他作画，他就大怒，有时还会喋喋不休地骂人。他作画不学习哪个门派，每逢大风雨天，他便喝得烂醉，然后光着脚戴着破斗笠，登上屋后的山顶。一到山顶他就蹲在地上，一边拉屎，一边观看那溟濛的山峦，迷离掩映的云树，然后拍掌狂叫。看得差不多了，他便疾奔回家，趴在桌子上奋笔挥洒，画得濡染淋漓，烟气弥漫。画完后，他便把画挂在墙壁上，又拿过大杯的酒来，边喝边欣赏。看了老半天后，他突然大哭，当即把画撕得稀巴烂，扔进火里。过了几天，赶上大风雨，他又这么来一次，谁也不知道为什么。

项维仁平生不轻易见人，温州协任守备钱大勇也好喝酒，和他要好了好几年，也没敢向他求幅画。一天下大雨，钱大勇来看项维仁，项正趴在桌子上画画，画完后，起身上里屋拿酒，钱大勇便赶紧把画卷起揣进怀里。项维仁出来后，见画没有了，知道是钱大勇揣起来了，便笑着说："我知道你很想要我一幅画，可是那画还没有署名，我得补上。"钱大勇不肯给他，说："我有画就行了，用不着署名。"

《清稗类钞》

任伯年懒作画

清代任伯年作人物画，在当时很有名气。他长期住在苏州，向他求画的人很多，但他很懒，又好抽鸦片烟，有时额发长到一寸也不理。别人给他加倍的酬金，他也懒得动笔。一天，戴用柏、杨柏润经过他家门前，看见一个学徒倚在门上哭。戴用柏问他为什么哭，学徒说："店主让我送画钱给任先生，请他作画，已经好几个月了，任先生也没给画，店主说是我吞了画钱，所以才拿不回画去。今天又让我来取画，说如果拿不到，就要打我。现在任先生还没有给我，所以我才哭。"戴用柏生气地说："名士可以这样吗？拿了人钱，却不给人画画。"然后和杨柏润闯进任家。任伯年正躺在烟榻上吸烟，戴用柏说："你拿了人家钱，却不给人家作画，让人家小孩在你门口哭，是为什么？不赶紧画，我一定打你。"任伯年不得已，只好起来画。戴与杨一人替他铺纸，一人替他调颜料，任伯年挥笔就画，不一会儿就画出了两把扇子，戴用柏拿去给学徒，学徒谢过戴用柏，欢天喜地地走了。

《清稗类钞》

钱少不画

清朝光绪年间，华亭（在今江苏）胡恭寿的画名噪一时。有一年，松江府知府派差人拿着银子来请他作画，胡恭寿见拿的银子少，就说："谢谢你的主人，我不知道什么官不官的，付够钱我才给他画。"差人回去后，如实告诉了知府。过些天，知府加了一些银子，又让差人送来，胡恭寿这才替他画了。

《清稗类钞》

王小能五岁出妙语

清人王丹麓病刚好，十分怕冷，每当雪夜总是闭门关窗而避风。他的第五个儿子王小能才五岁，当时正坐在他的膝盖上，说："爸爸您冷，所以怕风；可是您知道风也怕冷吗？"王丹麓问他为什么这样说，他回答："如果风不怕冷，为什么总是喜欢向人的怀里扑来呢？"

《清稗类钞》

君在臣何敢死

宣统三年八月十九日，武昌革命爆发，皇帝贵族纷纷逃出都城，逃到天津、上海、青岛、大连等外国人的租借地内，一时租借地内房屋租价猛涨。有好事者在一家门上写道："君在，臣何敢死；

寇至,我则先逃。”

《清稗类钞》

君恩臣节

明人钱牧斋降清后,曾在门上张贴一副对联,上写:“君恩深似海,臣节重如山。”后来,又有人在联下各添了一个字,写道:“君恩深似海矣!臣节重如山乎?”

《清稗类钞》

设计赚字

清代,京城打钟庵落成。庵里的和尚仰慕傅青主(著名书画家)的盛名,想请他给此庵题写匾额。傅青主觉得和尚品行不好,便没有答应。和尚知道某人跟傅青主关系不错,就给他不少钱,让他转求。某人不敢直接向傅青主提此事,又觉得没有什么可以报答和尚的,便想了一个办法。他买了好酒,请傅青主来赴宴。事先让人写好了一首五绝诗,把“打钟庵”三个字夹在里面。宴席上,甲乘着微醉,自己拿着笔写那首诗,屡次写,屡次撕了扔掉。傅青主在一旁看着笑了起来,这人赶紧解释说:“我家有一个屏风,想写首诗刻在上面,可是我又不擅长书法。”这时傅青主已经醉了,就说:“我替你写怎么样?”这人大喜说:“那样当然好了!”傅青主便马上要过纸来,一挥而就。这人又请求说:“既然已经替我写了,就请您署个名吧。”傅青主笑着答应了。事后这人把那三个字剜下来,给了和尚,和尚便将字移到了庵门的匾上。一天,傅青主偶然经过庵前,突然看见庵门上署着自己的名字,十分吃惊,仔细看去,确实是自己的笔迹。他想了半天,一下子回忆起前一段时间替那个人写的那首诗里面有这三个字,这才明白自己被他出卖了,于是和他断交。

《清稗类钞》

新嫁娘知偷儿

清时,苏州有个人家的女儿出嫁,嫁妆非常丰厚,婆家也是豪富人家,所以来看热闹的人很多。有个偷儿见这家如此富有便垂涎三尺。婚礼这天晚上,客人散去之后,新郎因疲倦睡着了,新娘子也卸装准备入睡。无意中忽然瞥见床下有人,她开始怀疑是闹洞房的人。因这个地方有闹洞房的风俗,新婚三天以内,亲朋好友都来欢宴,甚至还可以隐藏在内室帷幔间或床底下,以偷听新人的私房话当笑料。可是,后来新娘见床下那人用刀子剖地上的榛栗,便断定他是偷儿,于是撩起帐子对丈夫说:“我想撒尿但便器渗水,怎么办?”丈夫说:“夜已经深了,明天设法修补吧!”新娘又说:“你去看婆婆睡了没有,如还没睡,我想去看看她。”丈夫听从了她的话,新娘就让丈夫拿着蜡烛出来,而后把门在外面扣上了。等到了公婆面前,新娘细说了刚才所见的情况,并说:“这个偷儿能藏在内室,必定有接赃的人在屋外,现在可偷偷地告诉家里的仆人。”于是,迅速组织全家强健的仆人拿着家伙冲到屋内,那偷儿来不及防备,立刻被抓住了，其同伙也一起被捕获送到官府。

《清稗类钞》

于公捕盗

顺治年间，于成龙刚做罗城知县时，有一天到邻县，早晨路过城外，见到两个人用床抬着一个病人，蒙着大被，头发在枕上露出来，插着一股凤钗。那病人侧躺在床上，旁边有三四个壮汉夹随着，不时地轮流用手掖被，叫病人把被压在身底，好像怕风吹进去似的。一会儿，在路旁歇肩，另外两个人换着抬。

走过以后，于公叫仆人回去问他们，他们说是自己的妹妹病危，要送回他丈夫家。于公前行了二三里路，又叫仆从回去看看他们到哪个村。仆从尾随着那几个人，到了一座村屋，见出来两个男人把壮汉迎进屋去，便回来向于公汇报，于公问本城知县："城里有没有劫盗?"知县说没有。

于公回到住处，叫仆从去访查，果然有个富户被强盗闯进家门炮烙致死。就把富户的儿子叫来，询问情况。他却坚决不露实情，直到于公说明强盗已经被捕，他才顿首哀求为父报仇。于公于是面见该城邑宰，派勇健捕役四更天离城，直接到那个村屋，抓来八个人。一审问，八个人全部招供。又审问病妇是什么人，才得知那几个强盗作案的当天夜里在妓院中，特意跟妓女合谋，抢来的银子叫妓女抱着躺在床上，到了窝主家才瓜分赃物。有人问于公为什么能知道这些人是强盗，于公说："这事很容易看破，只是人们不注意观察罢了。岂有少妇在床上，却容许别人把手伸到被子下面去的？再说换肩而行，势必很沉重，大家交叉用手防护，就可以看出其中有贵重东西了。如果有病的妇女昏昏然地来了，一定会有妇人在门前迎候，现在只见男子，而且不惊慌，不询问，所以我就确定他们是强盗了。"

《清稗类钞》

武疯子以火绘竹

明末清初有个武疯子，名恬，先祖因军功封在云南做官。武疯子对于游艺杂技一类的东西，都能过目不忘。云南出产一种细竹，很坚韧，可以用来做筷子，武疯子常用火在筷子上绘出禽鱼、花鸟、山水、人物、城郭、楼阁等图案，其技艺巧夺天工。当地人都很稀罕他的筷子，花几百文钱争着买他的一双筷子。于是武疯子的亲戚朋友便都借以图利，但武疯子比较矜持，自己从来不卖。每绘完一双筷子，他就把玩不已，爱不释手。有时喝醉了酒，他会放声痛哭，然后一把火将绘好的筷子都烧掉，等酒醒了之后，他又觉得后悔，便又绘制一批。他从不轻易把筷子送给别人，有的好事者就请他喝酒，他一请就来，一喝就醉。等酒喝到酣处，旁边的人便上火和筷子，放在他面前却不说话。他卷卷袖子，一会儿工夫就给你绘出几十双，然后一扔就不管了。谁要是在他没有兴致的时候跟他提绘筷子的事，他会一生气拂袖而去，再也不和你来往了。有时候碰到一些穷书生向他求援，他能一下子绘上几百双筷子而不知疲倦。云南的士大夫都拿他的筷子做重礼相互馈赠。

有人见过他绘着凌烟阁功臣图的筷子，画的线条细得像发丝，呈深绀色，渗入竹子中像刻的似的。他绘筷子时，先把几十根炭削成笔状，然后放进烈火中，再打满一壶酒放在一旁。等炭的末端红得像一把锥子时，他便左手拿筷子，右手拿炭，开始绘制。那炭烧着竹子发出嗤嗤的声响，就像虫子吃树叶似的。他的动作快若风雨，而且一边干一边喝酒，酒喝光了就停下来，添上酒后再接着干。喝酒从不用杯子，而是就着壶嘴喝。也从不挑剔酒，喝醉了就躺在火炉旁，有时哭有时高歌。了解他的人都说："这人不是疯子，是狂人。"

《清稗类钞》

笆斗为证

忠若虚治余姚县的时候，一天端坐公堂，有两个人扭打在一起来公堂打官司：米店的人告面店的人吞没了他的笆斗。面店的人说："这本来是我的东西，他强词夺理诬告我。"米店的人说："他当初来借用，时间长了不还，意思就是要吞没。"忠若虚听了笑道："这是笆斗的罪过。"命令把笆斗扣压在台阶下，叫差役们给笆斗打板子，亲自下座监视。杖打了几百下，忠若虚忽然升座，喝斥面店的人："这笆斗是米店的，你怎么能吞没它呢？"面店的人大喊冤枉，忠若虚就指着扣笆斗的地方叫他自己看，并说："开始敲打的时候，敲出来的是面麸，面麸不断敲出来之后，糠屑出来了。这不证明笆斗原来是米店的，后来才被你借用吗？还说什么是诬告你呢！"

双方听了，都折服，遵从知县的判决离开公堂。

《清稗类钞》

蒙古医生

清代，照例总要选一些精通疗骨法的蒙古人做医生，称作蒙古医士，隶属上驷院。宫中要是有太监跌伤了，就由他们来治疗，并且限定时间治好，过期就惩治他们。天台齐息园侍郎从马上掉下来摔伤了头部，很痛苦，蒙古医士用牛脬蒙上他的脑袋，结果马上就不痛了。还有一个人也是从马上摔下来的，没有别的痛苦，就是两脚想向前走时却往后退。请来蒙古医士替他治疗，蒙古医士也不用药，而是喊来两个壮健的男子，在一个空院中来回地抛掷那位病人，抛了几十下后将他放下来，那病人竟行走自如了。他请教什么原因，蒙古医士说这是因为摔得太重，肝叶翻个了，吃药没有用，只能这么来回抛，让肝叶再翻回来。乾隆年间最著名的蒙古医士是觉罗伊桑阿。他靠正骨起家，以至巨富。他教授徒弟的方法是，先把笔管削断好几截，然后让徒弟用纸包上断笔，摸索着让断端相接，如果纸没有被戳破，那就让他们照着这个方法去接骨，居然很管用。

《清稗类钞》

傅青主善医

清代傅青主不仅以书画著称于世，而且还很精通医道。他的同乡王尧到北京去串门，突然头疼，请了很多人看都没有用，最后跑到太医院去就医，御医替他掐完脉后告诉他："你只能活一个月了，赶快回家料理后事，迟了恐怕就来不及了。"王尧很丧气，赶紧往家赶。正好傅青主入京，二人在道上相遇，傅问他为什么回家，他告诉傅青主说有病，傅说："太医院有个医生是国手，你应该请他看看。"王尧叹口气说："我回家，就是那位太医的意见。"于是把前后事情都告诉了傅青主，傅大惊道："如果是这样，那怎么办？我再替你看看吧！"傅青主替他按了很长时间的脉，然后叹气说："那人真是国手啊，他的话一点不假。"王尧知道傅青主的医术不在那位太医之下，就哭着说："依您说的，我就真的没有求生的希望了。您的医术久负盛名，难道就不能令我死而复生吗？"傅青主想了很久，对他说："按理说你的病是绝没有活的希望的，不过我想到一个办法，你要是治好了不算我的功劳，要是治不好也不要算我的错，试一试怎么样？"王尧大喜，问他是什么办法。傅青主让他回家后，找上十几顶健康儿童的旧毡帽，煎成浓汤，再做成膏，早晚服用。王尧回家后，依言而行，病果然好了。他到北京去找到傅青主，高兴地告诉了他，然后他又去拜谒那位太医，太医吃惊地说："你还没有事吗？"王尧把傅青主教给他的方法详细告诉了太医，太医感慨地说："傅君真是神医，我不如他。我起初替你诊断的时候，见你是脑髓亏损，按照古方，只有用活人脑子才能治疗，但那是根本不可能的事。谁知傅君却用小孩的旧毡帽来代替，真是神手啊！要不是傅君，你尸骨都已经寒了，那不就叫我给害了吗？医道虽然是小术，但钻研不精，那简直就是拿人的生命当儿戏呀，我不敢再以此为业了！"太医送走王尧后，便闭门谢客，从此绝口不提医字了。

《清稗类钞》

俞嘉言善医

俞嘉言以医道闻名于世，一天他的朋友钱牧斋上亲戚家赴宴，从轿子上摔下来，回到家后，忽然得了一种怪病，站着的时候，眼睛就直想往上翻，头想往后仰，如果躺着就不这样了。请来医生替他治疗，丝毫没有效果。此时，正赶上俞嘉言到别的郡治病去了，家里人赶紧让仆人去找他。过了好几天，俞嘉言才回来，问了问他得病的原因，立即说："这个病好治，不用怕。"然后对管家说："去请几个有劲、能走的轿夫来。"轿夫来了之后，他让他们吃饱喝足，对他们说："你们要尽量吃饱，那样你们就会玩得开心了。"然后他让轿夫站在院子的四角，先让两人一组扶持着钱牧斋从东到西、从南到北地一阵猛走，一刻也不停。钱牧斋实在受不了啦，要求停下来，俞嘉言不但不同意，反而让轿夫们走得更快了。过了一会，俞嘉言让轿夫停下来，钱牧斋居然就好了。旁边的医生问俞嘉言这是什么道理，他说："这是因为他从轿子上摔下来时，有一叶肝抽搐成折造成他的病情，我让轿夫扶着他快走，抖擞经络，这样肝叶就舒展开了，肝叶一复位，气顺畅了，脑袋、眼睛也就都安适了，这是用药治疗所办不到的。"

《清稗类钞》

俞嘉言行医

清代名医俞嘉言家居常熟北城外，那儿有很多破房子，经常停放灵柩。一天，俞嘉言看见那儿停了一副新棺材，棺材底缝往外像滴水一样淌着血，他大吃一惊，问邻居这是谁家的棺木，邻居告诉他不久前某邻居的老婆死了，临时停棺在这里。俞嘉言赶紧找到那个人，对他说："你老婆还没死。死人的血是黑的，活人的血则是鲜艳的。我看你老婆棺材底下滴的血很鲜艳，你赶紧打开棺材救她。"那人一听，赶紧打开棺材。俞嘉言替她摸了摸脉，果然还没有断气，便在她的胸脯上扎了一针，针还没有拔出来，就听到呱的一声，孩子落地了，那妇女也活了过来。那人谢过俞大夫，背着老婆，抱着孩子欢天喜地回家去了。原来，那个妇女临产时，昏迷了一天一夜，他丈夫以为她死了，就把她盛殓了。

常熟有一个大官，退休回乡居住，他的夫人已经五十岁了，突然呕吐起来，不想吃饭。很多医生开了药，都没有效，便把俞嘉言请去了。俞嘉言一把脉，歪着脑袋沉思了半天，然后走到门外，拍一拍那位大官的肩膀说："您如此年高还有童心啊！您夫人是怀孕了，不是生病。我所以沉思，是想判断一下孩子是男是女。根据脉相，孩子肯定是男的。"不久，果然应验了。

俞嘉言看病，对穷人特别用心，经常在药里面放上三四星银子。遇上穷人来看病，他就会对病人说："回家后，要亲自检查一下药再煎。"病人照他的话办，结果在药里面发现了银子，便以为是天赐的，药还没有吃，病就好了一半。这是俞嘉言在对病人进行心理治疗。

《清稗类钞》

孙翁有神针

清代阳城东郭有位孙翁，善于针灸。一天，他在家门外踱步，看见一个过路人，鼻子上长着一个瘤子，像大肚酒盅一样，孙翁便问他："你为什么不把它去掉呢？"那人说："那当然愿意啦。"孙翁说："我替你试试。"那人问："用刀割吗？"孙翁说："不是，"那人又问："用药线吗？"孙翁说："不是。"他让那人赤足踩在一根针的针鼻上。过了一会儿，孙翁问他："你是不是觉得有一股气从脖子上往里灌？"客人回答说："是的。"又过了一会儿，孙翁又问那人："你是不是觉得瘤子那一带痒而且有湿气往里灌？"客人说："是的。"再过一会儿，孙翁拔掉针，那瘤就不见了，只剩下铜钱那么大一块疤。

《清稗类钞》

俞嘉言行医

俞嘉言巧治病

清代名医俞嘉言，一天乘船经过某村，看见一个少女在河边洗衣服，他看着看着，突然让船夫停船，然后对一个壮实的仆人说："你上岸，悄悄地靠近那个女孩，从身后猛然抱住她，没有我的命令，不许撒手。"仆人照着他的话去做了。那少女怒骂大喊，她父母闻声出来，要打那个仆人，俞嘉言这才在一旁说话："我是俞嘉言，刚才看见你女儿将要患危症，所以来救她，没有恶意。"那少女的父母久闻他的大名，便没有动手。俞嘉言问他们说："你们的女儿没有出过痘吧?"他们回答说："是的。"俞嘉言便说："几天后她就要发闷痘，那就没救了。我之所以让仆人激她发怒，是为了乘她还没有发病时，先发泄她的肝火，让病势稍微减弱一些，然后药力才有效。到时候，你上我家来取药，千万不要耽误了!"过了几天，忽然有人晚上敲俞嘉言的门，一看是那位少女的父亲，说女儿得了热病，烦躁不安。俞嘉言问他有没有痘影，他说有。俞嘉言便安慰他说："你女儿有救了!"然后给他拿了药。那人拿回家给女儿服下，痘很顺畅地就发出来了，少女安然无恙。

《清稗类钞》

叶天士治痘症

清代名医叶天士有一个外孙，刚一岁，痘症出不来。他的女儿抱着外孙回家，求他治疗，叶天士却说治不好了。他女儿十分生气，用头撞着门说："父亲曾经说过痘症不会致死，只有您的外孙不能活吗？那女儿我先死吧!"随即拿起剪刀要自杀。叶天士不得已，低着脑袋想了很久，然后把外孙的衣服扒光了，锁到一间空房子里，自己出去玩麻将去了。她女儿想看看儿子，可是门锁着打不开，好几次让人去喊父亲回来，可是叶天士玩得正起劲，根本不理，女儿哭得死去活来。深夜，叶天士才回来，打开一看，外孙出了一身水痘，一粒粒像珠子似的。原来空房子里蚊子多，他是借蚊子叮咬皮肤来诱发痘症。

木渎有一个富人的小孩，也是痘症发不出来。他想只有叶天士才能救活他儿子，但是路途太远，怕叶天士不能来，他听说叶天士好斗蟋蟀，就买了几十盆蟋蟀，并且贿赂了跟叶天士关系很好的一个人。那个人用蟋蟀引诱叶天士来，抱出孩子求治。开始，叶天士不肯看病，那个朋友说："你要是能替他治好儿子，这些蟋蟀就都给你了。"叶天士一听很高兴，便让富人赶紧准备十几张又新又干净的大桌子，然后把孩子光着身子放在桌子上，用手来回地翻，这个桌子热了就换那张，这样十几张桌子都翻到了。到了晚上，那小孩麻痘怒发，得以不死。

《清稗类钞》

叶天士善治奇病

清代名医叶天士，一次替人看病，那人得了肺痈，病体支离，就要死了。叶天士说："除了外治没有别的办法。"

于是把那人反绑上，让人端来一盆冷水，照着那人当头淋下，然后再用刀刺那人的心坎，一股浓血顺着刀口流了出来，大约流了一斗多，接着又在伤口上敷上药便好了。后来有人问其中的道理，叶天士说："肺在心的上面。这个人得了肺痈，肺下垂包住了心，所以用冷水惊吓他，使心上提，然后乘隙用刀刺肺去痈。"

还有一个人刚娶了亲，老婆就昏迷不醒了，请叶天士去治疗。叶天士捂着鼻子进了房间，一看病情就说："这个容易治。"他让人把那妇女抬到大堂中间，又让人抬来几桶大粪，围着妇女放下，然后搅动，一时间臭气熏天，那妇女却醒过来了。叶天士告诉她丈夫说："她的病是麝香闭气导致的，所以我用臭气来解治。新房中的香物撤掉了，人才能进去，如果要再发了，恐怕就没有救了。"病家照他说的做，果然痊愈了。

某省总督的儿子，二十多岁了，自小生活优裕。一年秋天公子乡试中举，贺客盈门，突然两眼红肿，痛不可忍，请来叶天士为他治疗。叶天士说："你的眼睛好治，不用担心。只是眼病痊愈后七天，你的脚心肯定会长痈毒，一发作，就治不了啦。"公子听了这话，很害怕，赶紧向叶天士求救，叶天士又说："现在不着急吃药，应该先拟个方子散毒。要是七天后不发，那时候再说。"公子又赶向他求方子，叶天士告诉他："你要安心静坐，用左手在右脚心上擦三十六遍，再用右手擦左脚心，也是三十六遍，每天做七次，过了七天后，再来看。"公子便照他说的做了七天，然后请叶天士去看。公子说："我的眼睛像先生说的那样，已经好了，不知道痈毒还会不会发了？"叶天士听了笑着说："我上次说你会发毒，那是骗你的。因为公子是大富大贵的人，事事如意，惟一害怕的也就是死了，也只有拿死来提醒你，你才能隔绝其他念头，一心注意脚，你一个劲擦脚，于是心火下行，眼病自然就好了。"

《清稗类钞》

蒙医疗断舌

清朝乾隆四年，京城有一个大官因为强奸仆人的老婆，被那妇女咬掉了舌尖，家人赶紧请来一名蒙古医生替他治疗。蒙古医生来了后，先让家人杀一条狗，然后割下狗的舌尖，带着热血镶在那大官的舌头上，告诫他百天之内不要出门。后来那位大官见皇上时，又能对答如旧了。

《清稗类钞》

曲膝虚坐

张之洞任两广总督时。有一天，接见各州县官，进见的共有八位，而客座却只有八张椅子，除主人的座位外仅剩七个座位，而仆人疏忽，没有增设椅子。有一位客人便弯曲膝盖，做出坐着的样子。时间久了，疲惫后有些忘记了，略一转动，便仰面跌倒在地上，满座客人都惊得呆住了。

《清稗类钞》

饰喇嘛入宫

纳兰容若名性德，一名成德，是康熙朝丞相明珠的儿子。他曾经热恋一位少女，是一位绝代佳人。两人已有婚约，少女却被选进了皇宫。容若立誓一定要再见她一面。正好遇到国丧，按惯例，喇嘛在此期间每天都要进宫念经。容若买通了喇嘛，披上袈裟，夹在一群喇嘛中混进宫中，果然见到了那位少女。但是宫禁森严，始终没有办法说上一句话，只好就这样惆怅地退了出来。

《清稗类钞》

陈氏女有洁癖

海宁陈家有一位寡妇，富而有洁癖。曾乘船到邓尉去赏梅。走了几里路，在船窗里望见别的船往河里倾倒粪便，自己乘的船正从河里汲水做饭，她便下令返航。婢女和仆妇极力说明自己的饭是带来的雪水做的，而且早已做熟。她不听这些，到底还是回家了。

她平日饮食清淡，所有的腥鱼腻肉从不沾唇，嫌这些东西污秽。最恨接生婆，老远望见就往回跑，等人家走后，一定要找出被用过的茶杯扔掉。

她所用的器物有时被其他妇女跨过，便扔弃不再使用，认为已经污秽了。有时偶然把这件器物放到了那件器物上面，则又大声呼喊，说是脏东西碰上了脏东西。她早晨起来，洗脸用的手巾不用布制的，她认为纺织时经过了妇女的胯下，不能再用在头部、面部上，她洗脸是用竹纸擦拭。她每天只吃莲子、山药和香稻米粥等食物。这是康熙、雍正年间的事。

《清稗类钞》

纪昀不以粮为饭

文达公纪昀生平从不以粮为饭。米不进口，麦饭则偶然尝一点。进餐时，只有煮肉一盘，煎茶一壶，再没有其他食物了。每次宴请客人，菜肴也很精致洁净，但作为主人，纪昀只是在旁边举着筷子请客人多吃而已。有一天，纪昀正在和人闲谈，有人送给他几斤火腿，他拿过来就吃，当时就吃尽了。

《清稗类钞》

蔗虫下酒

甘蔗虫性凉，杭州人特别看重它。出水痘出现险象时，要依赖这种虫“助浆”，然而，不可多得。潮州蔗田相连，往往有蔗虫，形状像蚕蛹而稍微小一些，味道极为甘美，当地居民常烤熟了下酒。

《清稗类钞》

鼠肴

粤菜有所谓“蜜唧烧烤”的，就是老鼠菜。豢养老鼠，让它生崽，当鼠崽的白毛长到一分来长的时候，便浸泡在蜜里。吃时，主人斟酒，侍者将这道菜分送给每个客人。入口时，还“唧唧”有声。然而，如果不是上宾，便不设这道高级菜。至于那些像猫一样大的鼠，则晒干做肉脯。

《清稗类钞》

一人三头

宣统二年，黄坡农民周立茂的妻子生下一个男孩子，有三个头，中间的头较大，一个头吃奶，另两个都哭。立茂带着妻子，抱着孩子来到汉口。美国人卡立脱想出三百金将孩子购买下来送到纽约博物院，周没有答应。

《清稗类钞》

四足人

宣统三年三月，奉贤孙某的妻子怀孕一年多生下一个男孩子。这孩子头上生有两只角，面部像老虎，有四只脚，每只脚只有三根脚趾，指甲尖利，能够攫取食物吃。他不吃奶，也不哭叫，一个多月就饿死了。

《清稗类钞》

身长一丈

徐树仁中丞手下有一个巡捕官，是通州人，身长约有一丈。中丞外出，他做前导，没有马能驮得动他。换骑强健的骡子，被他压死了七头骡子，从此便改为步行。左宗棠任福建总督时，手下多是提督和总兵，站在身边侍候的人动不动就有几百；而徐中丞的随侍只有这一个，但见到的没有不吃惊而被震服的。这人后来因在武举考试中通关节作弊而被斥逐，终于饿死了。

《清稗类钞》

钱谦益记书

钱谦益记忆力强。幼年时，曾与人比赛，看谁能举出四书中含“口”字最多的文句。有人举“人知之亦嚣嚣，人不知亦嚣嚣”二句，共有十八个“口”字；谦益举“讴歌者不讴歌益，而讴歌启”，共有十九个“口”字，因此获胜。

《清稗类钞》

刘璐十岁不会说话

刘璐，字石渠，是沈邱人。他的父亲刘学向是顺治年间的进士，在浙江当知县。刘璐的大哥、二哥都很聪慧却早早夭亡了。当时，刘璐已经十岁了，还不会说话，样子像痴呆。他父亲为此而忧虑。有一天，刘父独坐长叹，刘璐当时侍立旁边，问道：“父亲叹息什么？”他父亲因为他忽然间会说话了，特别高兴，说：“家门不幸，你哥哥夭折，而你又不会说话。现在你会说话了，我也没有忧愁了。”从此，教他读书，过目成诵，好像带有前世的智慧。

《清稗类钞》

两岁背诵归去来辞

宁都魏昭士，名世效。出生才二十几个月，实足年龄是两岁，他母亲口授《归去来辞》和《九歌》一两章，时间久了，就能背诵。他的叔叔曾抱着他，拿果品引诱，让他唱，歌声悠扬好听。

《清稗类钞》

幼儿画出客人相貌

仁和章谷，字言在，幼年跟着家塾老师学习。老师出门去了，有位朋友来访。等老师回来后，这群孩子告诉他有客人来访，却忘记了那人的姓名。老师生起气来，呵斥孩子们。章说："老师您别生气，我还能约略记得。"因而拿笔画出来客颧骨、额头、胡须、眉毛的特征，栩栩如生。老师见了笑着说："这不是××吗？"后来去看那个人，果然是他。

《清稗类钞》

阎百诗先鲁后敏

阎百诗幼年时口吃愚钝，读书要读千百遍才能大致流利。又常生病，母亲不让他苦读，他就不出声地默读，像这样过了十年。当他十五岁时，一次冬夜读书，有一处窒碍不通，他久坐沉思，心中忽然开朗。从此，异常颖悟。大概是长期苦读精思积累的结果。

《清稗类钞》

过目不忘

毛奇龄曾与朋友骑马入市，默记两旁招牌上面的文字，回家后写在册子上。第二天，朋友拿着册子到市上核对，一字不差。

《清稗类钞》

饮食奇少

丹徒大学士张玉书，相貌古朴清瘦。每顿早饭只吃两片山药，喝一杯清水，可以维持一天不饿。

《清稗类钞》

酷暑无汗

钱塘高士奇生来禀赋特殊。身着盛装，即使正当酷暑，也连一点汗都不出。他还可以整天不去大小便，因此，他出入皇宫从容自然，从不失礼。侍从皇帝的各位大臣都比不上他。

《清稗类钞》

日饮四百杯

铁保侍郎出任两江总督。有一天，司道请他到园里赏花，顺便宴请了他。他喝了二百杯绍酒，没有醉意，藩司说："黄酒劲小，换上烧酒怎么样？"铁保点头同意，又喝了二百杯，于是有了"铁酒缸"的称号。

《清稗类钞》

体　香

乾隆年间，桐城姚家生了一个女孩子，浑身散发兰花一样的芳香，人们把她称为"香姑"。长大后，嫁给了张家的孩子，这家是文端公张英的后代。

俄国有一个农民的孩子，相貌与普通孩子没什么不同，只是身体散发一种特殊的香味。天晴时香气浓郁，天阴时略微减弱。有位医生听说此事特意跑去看，也没找出原因。

《清稗类钞》

九岁背诵十三经

太平军中有个叫洪大全的人。幼年聪慧，九岁能背诵《十三经》。屡次应童子试，未能考中。于是更加狂放，去谒见洪秀全，并和他联了宗，认作同族，于是加入了太平军。

《清稗类钞》

老道士养小动物

康熙年间，交趾（越南）老道士某人在潮州的金石宫墟盖草房居住，年龄到了一百岁。他养的动物都比正常的同类动物小。有一只鸡，像幺凤（又名桐花凤，羽毛五色，体型比燕子小）那么大，放在枕头里面，一啼鸣他就醒。有一只小猴，像蛤蟆那么小，用线绳系在桌子上。有一只乌龟像铜钱那么大，放在金盒子里。

《清稗类钞》

墨猴

阳朔县出产墨猴，有拳头那么大，毛呈金色，两眼闪闪发光，能蜷曲着在笔筒里睡觉。放在书桌上，想让它磨墨时，就敲几下桌子，墨猴便会很迅速地奋然跳出，跪在砚台旁边，用两只前脚捧着墨磨。让它停它就停。发现桌上有蜡蚁，它便捉来吃掉，一个也跑不掉。而且它还能在花盆里拔草捉虫，搜索剔除得干干净净的。

墨猴生性喜欢喝水，到了夏天，只用水果饲养。有人把特别辣、特别涩的东西泡在水里，然后强迫它喝那些水，它就会挖口磨舌，惊扰烦躁，连续几天都不安宁。从此以后，再见到水就闭上眼睛，摇头不敢喝了。

《清稗类钞》

香鼠

福建老鼠种类很多，有的专吃枣栗等果品而不吃肉，有的专吃肉类而不吃果品。还有一种香鼠，与普通老鼠略有不同：两眼极小，尾巴又短又粗，有十几根长毫。它发出的气味很像麝香，所以被称为“香鼠”。福建人把它视为神明。他们说，人类之所以能够吃上谷物，就是因香鼠从天上盗取了谷种，所以人如果侵犯它，应该受到天的惩罚。

《清稗类钞》

月鱼

月鱼，一名香鱼，身长四寸，细鳞像鳊鱼。每月长一寸，到年底，能长到一尺二寸长。味道鲜美不腥，是温州雁宕山的珍品。

《清稗类钞》

人鱼

道光初年，广东南海郭某到外洋谋

生,同治年间回到广东,当时已经五十多岁了。他曾说自己在北美洲某艘帆船上充当厨役。一天过午,阴云密布,远远望见两个人裸体并肩,一起在惊涛骇浪中行走。大约过了半小时,两个人渐渐走近帆船,大家看出他们肚脐以上具备人形,肚脐以下是鱼类。两个人都立在水面上,用尾巴拨水而行。当时海浪奔腾,帆船随波上下颠动也像波浪一样。船上强健的水手设法将人鱼捉住,船主把他们盛装在大盘子里,其中注满了水。人鱼长约三尺,短头发蓬松着,耳、目、口、鼻、手、乳都跟人没有区别,只是浑身有粘液,滑溜,腥不可闻。这是一雌一雄,在盘子上表现得相当亲爱。人们都聚集起来观看他们,他们却一点儿也不惊慌,还不时地微笑,只是口中不能说话。有人扔给他们面包,也知道取来吃。过了几天,把他们放回海里,悠然而逝。

《清稗类钞》

大麻哈鱼

每年八月,大麻哈鱼从海里倒溯入江,往往积累的数量极为巨大,有人竟然曾踩着鱼背渡江。宁古塔、黑龙江的土著把这种鱼烤成鱼干,积攒起来当粮食用。

《清稗类钞》

洪景融有洁癖

钱塘洪景融,因文雅渊博而闻名。但他有洁癖,每天洗脸,总是从早上一直洗到中午还洗不完。名士陆丽京和陆偎胡一起去看望他,洪景融神气高傲,旁若无人。

《清稗类钞》

马葵好洁致死

清朝道光、咸丰年间,京都阜成门外三里河地方有个马葵,相貌俊美,生性好洁,衣着没有一丝灰尘。每天夏天,他一天就换几次衣服来避免身上有汗垢。他喜欢吃瓜,卖瓜的人如果衣服清洁,筐篮整齐,马葵无论好坏必定买他的瓜尝尝。他鳏居无偶,自己料理家务,所用器物从不让别人沾手,如果有的被人触摸了,他就放在一边不用了。他偶尔去市上喝酒,必定要求酒铺的人先洗酒杯和筷子、刀勺之类器具,座位要远离别的座客,而且要独坐一桌。有的人在旁边吐一口唾沫,他就丢开筷子不再吃了,目炯炯,口喃喃,随后拂衣而去。有一天下雨之后,他去厕所,看见那里粪水流淌出来,而且有蛆虫蠕动着,看着就要呕吐,但是又因肚子痛,急想屙屎,仓促跑到村边,又见到处都是烂草和泥泞,他急忙中瞥见旁边邻家一段短墙,上面长着绿草,非常可爱,于是就登到上面拉起屎来。这时正赶上邻家老翁在墙下种豆,低头铲土,忽然"蹦"的一声,粪便淋漓拉了老翁满头。老翁大惊,抬头一看是他,便用镰刀戳他的屁股。马葵感到很痛,摔到墙外,老翁把他痛骂了一顿。这时,衣服鞋子满是脏污,他蹒跚自归。

马葵好洁成癖,饮食衣服都比普通

人花费得多。这样时间长了,家财荡尽,于是只好设法加入绿营军,依靠微少的军饷来养活自己。但是,杂处同伍的人中间,又憎恶他们肮脏,很合不来。不久,就退伍了。邻居老妪可怜他,经常送饭给他,他也嫌人家脏而不吃。一天,他仰天叹息道:“污浊世界,我能和谁在一起呢?别人不可怜我,我也不想让人可怜,不如死了吧!”刚想投河,却见河水浑浊,于是凄然说道:“我虽然要死,但怎么能让污水玷污我呢?”河边有一个古墓,墓地上青松像伞盖,绿草如茵,野花送香,快人心意,于是他高兴地说:“这才是我的葬身之地啊!”随后选择一棵好树,上吊死了。

《清稗类钞》

鼻出烟虫

咸丰初年,祁宿藻任湖北臬台。这时吸鸦片烟的风气刚刚兴起,禁烟也很严,署中没有人敢暗自吸烟的。唯独司刑的徐某,年岁大,吸烟成瘾很久了,仍然像原来一样吸烟,他养了一只猴子,冬季能给他温暖被子,夏季能摇扇子,徐某很喜欢它。徐某吸烟时,猴子常蹲在床边闻烟味。后来徐某因为公事外出,猴子烟瘾发作,很疲惫,躺了五天后就死了,它鼻中有黑色的东西游出,大概是烟虫。徐某回来,剖开猴腹察看,看见腹中有数百条虫子,蠕蠕而动。肠胃都被咬穿,从鼻中游出的烟虫仅是从旁溢出爬上来的。有人对徐某说:“你不戒烟,鼻中也有烟虫。”徐某因此而醒悟,立刻戒烟,然而疲病像猴子一样。祁命令用猴腹内烟虫数条,烧焦研成粉末,放入药中,让徐某服下,不几日,烟瘾竟然戒掉了。

《清稗类钞》

吸鸦片烟之始

鸦片进入我国,大概一百多年了,流毒遍及各省。吸食发端于乾隆时广东的富妇。富妇年轻的时候丈夫死了,因此出家当了尼姑,她娘家为她修建了尼姑庵供她居住。郁郁寡欢几十年,逐渐地得了瘫痪病,两条腿像木头一样,不能起坐。娘家怜悯她孤苦,于是多方给她娱乐。她家本来是世代显贵的家族,亲戚朋友也大多是豪富,不时地送来一些珍奇的玩物。有一个人是十三行富商之一,赠给她西方人手执的竹制油棍一枝,花露水一瓶,跳舞会所用灯一盏,还有一瓶鸦片膏,那时候是用来做药的。这个尼姑因为没有事干,便经常在帐中点灯玩。偶尔拔下头上的簪子挑鸦片膏放在灯火上,总是发起很大的泡,尼姑觉得这东西讨人喜欢,因此经常烧它来玩。一天偶然拿出瓶棍玩弄,误将棍子的末端插到瓶里去了。她就拿棍子挑着瓶摇着,把这当做游戏。瓶子触到了木棍上,正好穿了一个孔,她就将鸦片膏涂在那个孔上。忽然闻到一股香气刺鼻,她就像开玩笑一样趋向灯,用吸旱烟的方法吸食它,感觉烟进入腹中非常舒泰。吸完了,想要稍微侧转一下身子,感到两条腿忽然像好腿一样,她惊异地起来坐着,以前所有的病一下子都消失了。第二天病还和原来一样,又试着吸鸦片,则立刻就能起来,这样就天天吸它。她走出去到亲戚邻里家,大家都惊异她的病好得奇怪,询问她怎么回事,她照实告诉大家,人们无不以为奇。亲戚邻里中有患气喘病的,有患肝炎病的,胃脘痛的,都试着效仿她服鸦片,没有不马上好的,于是,鸦片作药的灵效就传遍天下了。

《清稗类钞》

设局弄赌

设局弄赌,是一种设陷井把人们的财物全部榨尽的赌博。京城、天津都有,上海尤其厉害。这些人以此为生,每年的衣食都从这里获取。他们大多是楚地人,口齿伶利,衣着华丽,能取得别人的欢心,使人很容易上当,上海人称他们为翻戏党。他们常以茶楼烟馆为巢穴,党羽非常多,见有外来的有钱的鄙贱之夫,就合伙引诱他,诱饵就是狎妓、饮宴、看戏、游园,务必要投其所好,以常能聚会为宗旨。熟悉后,就强让他一起赌,用三个人来愚弄这个鄙贱之夫。而且赌博的手段非常多,赌博用的器具也不一样,都根据这个人而施用。开始赌博时,一定要让这个人胜,这三个人都从兜里掏出现金给他。玩到三四次,这个人有胜也有负。这个人如果胜了,那三个人仍然给他钱,不让他稍有疑心。久了,这三个人就像狮子搏兔一样用尽全力,这个人就会大败,输的数目一定很大,现金不够,有的当即被逼着写借据。他们所得到的,一定比他们前几次所输的多五倍。他们办法非常多,简略地说,有翻天印、倒脱靴等名目。光绪二十七年,山阴的王寿卿因做买卖到上海,曾被他们所愚弄,不到三个月,所带购货的银币三千八百元荡然无存。

《清稗类钞》

女总会

光绪末年,上海有女总会,是妇女赌博的地方,类似吴中的花赌。赌博的喝呼声此起彼伏,一下子投下千金,参与这种赌博的都是豪门家的闺秀。她们在夜里赌而不在白天赌。太阳下山了,车马聚集在门前,不到一顿饭的工夫,蜡烛和席位都摆好了,赌起来不到天亮不停止。

《清稗类钞》

忌讳

广东人好赌,因此平时有一些普遍忌讳的字,如牛舌就叫做牛利,因为舌字粤音接近息,与折阅(减低售价)之折字同义,听起来不吉利,所以改为利,取利市三倍的意思。还有猪肝叫做猪润,因为肝与干同音,人如果到了盛物的袋子都干了的地步,没有什么比它更不吉利的了,所以忌讳肝而改为润,取时时润色之意。其他与此类似的非常多,不能一一记载。

《清稗类钞》

过百龄之弈与博

国初,无锡的过百龄因为下棋而得

名，每次出游，得数百金，随即都在赌博中输掉。亲戚朋友责备他，百龄说："我原来家里空空的，只有四面墙壁，今天这些钱，都是下棋得到的。从下棋中得到，在赌博中输掉，有什么可遗憾的！再说人生贵在顺心如意，不停地追逐名利有什么用？"

《清稗类钞》

以博失园

康熙时，无锡的王氏有一座巨大的宅院，临近小河，上有魁星阁、重阳阁，阁后有园子，园子里有五老峰。五老峰是五块太湖石，嵌空玲珑，形状像五个老人，高过苏州留园的冠云峰。咸丰、同治年间，太平军惊扰无锡，五老峰被毁了四座，屹立于荒烟废池之畔的仅剩一座。园左有一个很大的屋，是王丰亭县令所筑，丰亭任雩都县令四年，因得罪了上司，弃官回乡，回来后营造了这个宅第，庭堂构建焕然生辉。他死后，后人沉溺于赌博。当时邑中秦氏最强大，两家为中表亲，秦家看中了王家的宅院，王家相中了秦家的侍妾，于是相约用赌博来决胜负。王家胜了就领着秦妾回家；秦家胜了，就是王宅的主人了。结果一赌王家输了，大好园林结果被秦氏占有了。

《清稗类钞》

以博得妇

宛平的周之俊好赌博，在外边做买卖。他的媳妇李氏长得很美，正当青春年华。而周之俊常常与客人在外游玩，一年到头在家呆不上一个月。邻村有个叫寿思明的人，垂涎李氏很久了。一天傍晚，将要到市上去，经过她的家门，李正倚门而立，寿与她搭话，不到半个月，就熟悉了。从这以后两人就随时来往。一天，两个人正在喝茶闲谈，突然听见叩门声。打开门一看是周之俊从上海回来。寿慌张地想要逃跑，周说："不要走，我们做邻居已经很久了，半年不见，正想和你说说离绪别情。并且还有新买的赌博用具，这是从上海卖来的，何不稍微多留一会儿，一块消遣消遣呢？"寿说："你刚回来，况且还没有换下行装，不如定个时间以后再玩。"于是就定在明天，相互告别。到了第二天，寿来拜访周，来到时已经摆好了坐席，纸牌陈列在桌子上。寿家属小康之家，也好赌博，一赌就输。周想他这次一定会输，说："你可要好自为之。你胜了，我的媳妇归你；我胜了，就在赌博得到的之外，你再拿十亩田来赠我。"寿听他这么一说，非常情愿，认为美丽的女人一定会归自己所有。就这样商定好了，于是开始赌博，赌到傍晚，寿获胜了。他就要领着媳妇走，周很不高兴，寿于是对周说："我按照约定做，你为什么怨恨！现在就当作你胜了，我拿出十亩田赠给你作为聘资，可以吗？周答应了。

《清稗类钞》

以妻作赌注

某甲赌博输尽了家里的钱财，但兴致还没有减弱，于是要拿他的老婆做赌注，赌徒们答应了。赌博之前，他再三祈求神灵保佑，希望这次一定能赢。结果一赌便输了。遇到严州的一个到杭州经商的人某乙，正谋划要娶小老婆。就给了八十金买下某甲的老婆，并在他家结婚。一进门见到她原来的丈夫某甲，某甲骗他说自己是女人的哥哥。已经就寝，某甲登上床，某乙发觉，大怒，问他怎么回事，某甲很坦然地说："本来这是我的妻子。你占据了反而羞辱我，明天我要上告官府整治你。"某乙非常害怕，走了，再也没有回来。

《清稗类钞》

延师教博

莱阳的宋某，是按察使宋琬同族兄弟的儿子。他家里很有钱而没当官。有两个儿子，赌博成癖，千方百计惩戒也不听。因此拿出很多钱，访求江、浙一带精通赌博术的人，聘请到家中，让两个儿子跟他学习。一年多，就掌握了赌博的全部奥妙。从这以后赌博一定都赢，人们没有和他们赌的，竟然根绝了赌博，而保全了他的家业。

《清稗类钞》

戒赌妙术

有个姓何的老头，不知道他的名字，是江南人。他的祖上以贩盐起家，积累的资金有数十万，家业传到他手里就更加富有。老头四十岁时才生了一个儿子，从小就溺爱他，有什么要求都答应他，长大了就品行不端，酷爱赌博。开始输不过数十金、百金，不久市上的无赖看中了他家有钱，千方百计引诱他赌，即使是输掉千金，也能立刻拿出来毫不犯难。私自蓄存的钱用完了，就典当衣物，逐渐地偷卖田宅。老头知道了这些事，责备他叫他改悔，最后还是不听，于是把他关在空屋中好几个月，但放出来后还是和原来一样的赌。老头于是就扬言说："有谁能教育好我的儿子的，我要用家产的一半来酬谢他，以免儿子赌博倾尽全部家产。"于是，老成博学的读书人争着来教诲老头的儿子，都教他大道理，有的用古人的遗训规劝他，都没有效果。一天有三个人来，自己说能教育公子戒赌。这三个人光着头，赤着脚，衣不蔽体，相貌粗鄙，说话油滑，看门的不让进。其中一个说："尽管去禀告你们家主人，不要害怕。"看门人这才去禀告老头，老头觉得这些人有些怪异，便说："让他们进来试试。"进门后，问他们从哪里来，回答说从京城来，问从事什么职业，回答说："从事赌博。"老头出声地笑着说："从事赌博的人，还能劝人不赌吗？"其中一个人说："这就是所说的以毒攻毒。"老头说："冒昧地问一句，这是怎么说的？"回答说："我们三个人，都是赌博场里的名手。居住在京城里有数十年了，从事赌博获取的钱财不下数十万，没有哪一局不赢的，赢得的钱没有不用千金计算的。后来京城的人看见我们三个人来，老远望见就离开了，没有人愿意和我们赌，以前所得到的钱财，都是到手就花光了，现在没有人与我们赌，就不能以这个为生了。正好听说你有这么个差使，所以来拜见，想用我们的绝技教公子，公子逢赌必赢，自然没有人敢和他赌，那么赌就不戒自戒，家产就可以保住了。”老头高兴地说：“好，就这样做。”命令儿子跟着学。三人又叫老头立下了字据为凭证，许愿公子绝赌而用家产的一半来酬谢，老头立刻照办了。三人住在他家里，早晨晚上教公子赌诀。二年后，让他出去与人赌，没有敢和他赌的。公子于是不再赌博，三人就领取了应得的财产离去。

《清稗类钞》

郭节与子博

万安县有个卖酒的人叫郭节，好赌博。没有事就和他的三个儿子整天赌博，争吵起来声音很大，没有家里人之间应有的礼貌。有人问他，回答说：“和孩子戏乐，否则他们和别人赌将败了我的家产。”

《清稗类钞》

郭节与客赌

郭节以长者著称。有一位客人口袋里装着重金经过这里，遇上大雪不能行路，听到郭节的名声，就跑到他那去寄宿。雪接连下了好几天，郭每天招呼客人一起赌博，拿赢得的钱买来酒和肉一同吃喝。客人输的时候多，私下不满意说：“他是什么长者？既然我已经输了，又大吃大喝。”雪停了，客人偿还赌博所输的钱，要走，郭笑着说：“主人难道能拿客人的钱买酒肉吗？天非常冷，不说赌博，客人就不肯大吃大喝。”于是取出客人所输掉的钱，如数还给他。

《清稗类钞》

杭董浦好赌

仁和杭董浦带着编修的职衔在家乡居住时，好赌博，携带着数百钱，与巷中的少年在望仙桥下赌博。当时，武进人钱维城到浙江视学，他是词馆中的晚辈。一天访问杭董甫，前面的人过了桥下，钱维城已从车中远远看见了杭，见他披着短葛布衣，拿着芭蕉扇，与那些少年赌得正酣畅。钱维城快速走出车，作揖说：“前辈在家里？”这时杭董浦正用扇子挡住自己，到了这个时候，知道不能够遮掩，就回过头来回答说：“你不是已经看见我了吗？”钱维城说：“正要到前辈家去拜见。”回答说：“我的屋舍非常小，容不下你的随从人员。”

《清稗类钞》

赵菁衫嗜博常胜

赵菁衫任观察使，才学出众，是道光、咸丰年间一代文章大家。但是，他爱好赌博成癖，赌术也极为精湛，常胜不负，弄到人都没有敢与他赌的，他就借钱给人与他赌，输了再借，也不要求偿还。一天不赌，就好像扛着重物一样。他从小就是这样了，他的母亲很为他担忧，害怕将来败坏了德行，毁坏了家产，只因他从小没有父亲，不忍心严厉责备他。有人对他母亲说：“如果赌博而不影响读书，就不要阻止他。时间久了赌术精湛，就不害怕他毁坏家产。如果赌术疏浅而好赌，那么留下的后患就大了。”他母亲因为听信了这种说法，才让他赌博，他读书更加发愤，年轻轻的就在科举考试中取得了很高的名次，家产也得以安全无恙。他自己说赌博之道，和《诗》《书》是相通的，它的要义就在大《易》“变动不居，周流六虚”二句。

《清稗类钞》

赌输三百金

咸丰时，太平军进攻湖南，攻破长沙城一角。当事的人就传令，有能搬一砖一石的人，赏银一两。不久就填平了缺损的城角。当时江南提督李朝斌响应招募当兵，因为腿脚快，获赏银三百两。于是与大家赌博，团团围在屋檐下，拨动铜钱让它转，再用帽子把它覆盖上，押其正反。不一会儿李朝斌的银子输光了，起来看，蜡烛还没有烧残。

《清稗类钞》

苗沛霖善赌

苗沛霖善于赌博，曾经路过扬州，访查得知一个大户家设局聚赌，他拿着巨额金钱进场。赌博已开始，苗用千金做赌注，输了就加倍，最后达到用一万六千两银子做赌注。他的对手慌忙之间不知所措，苗伸出胳膊对他说：“可爱的孩子你快点来！”说完话，苗果然赢了，掀动胡须大笑，目光四射好像闪电。那个人闭口说不出话，收捡起钱来给了他，一点也不少。从这以后，再没有人敢和他赌了。

《清稗类钞》

以赌为业

步军的统领，俗称九门提督，缉捕盗贼和赌博是他们的专门职责。然而赌博遍及九门，每每知道有人这样做却故意放纵，因为每年这些人都要向他们进项。如果侦察到了有富家贵族在家聚赌，就领着差役前往，他们去总是在半夜，围住这家的前后门，抓到赌徒就给戴上脚镣和手铐押到警署，关进班房，照例到明天早晨等候步军统领传讯。被抓的人就贿赂差役，写一个字条，在上面写上差役要的数字，约定日期前去取钱。差役到这时便用盛宴招待，等他们吃饱了、喝醉了，就任随他们回家。桐城县的姚敦布曾经在湖南巴陵做过知县，革职后闲居，嗜好赌博，每赌必赢，于是就以赌为业，每天到赌场，一定大胜。场主害怕他，愿意长久奉献金钱给他，阻止他赌博。于是姚每月都能得到千金，但是不在赌场赌却在家中赌。一天，差役逮捕贵人家仆，姚也被捕。贵仆照例交纳贿赂，受到盛宴款待。姚假装醉了躺下，睡着了，发出鼾声。一个差役告诉他那些人都走了，姚说：“你本来说明天等着候审，怎么释放了呢？我一定要等着堂讯。你们今夜所得到的，也要告诉官。”差役吓唬他，姚说：“你们也知道我是干什么的，今天你们敢这么做，等官到的时候我就要喊冤枉了。”差役吓得发抖，求他不要声张。姚说:“你们非慰劳我不可。”于是拿着千金回去了。

《清稗类钞》

骰子之博

骰子,是赌具,古代叫掷樗蒲。现在用骨头或者象牙做成,成正方形,六个面分别刻着一、二、三、四、五、六。投下,有四这个数的是红色,其余都是黑的,把它投到盆里,看它转到停止的时候是什么颜色,根据颜色定胜负,所以也称色子。相传是三国的曹植所创造的。本来只有两个,叫做投子,取投掷的意思。质地用玉石,所以又叫做明琼,所说的投琼就是指的这个。唐的时候加到六,改成用骨制做,开始有骰子这个名。温庭筠的诗“玲珑骰子安红豆”说的就是这个。

《清稗类钞》

慈禧太后好雀戏

慈禧太后常常召集诸王的妻子和女儿一起打麻将赌博。庆王的两个女儿常常入宫陪侍。每次出牌,必定有宫人立在太后的身后打手势,如果太后牌中有中发白诸对,那些陪侍赌博的人就打出牌来让她和牌。等和了牌后,必定离开座位庆贺一番,输了很多,也一定起来叩头请太后收下。直到把所有的钱都输掉,再也没有可偿付的钱财后,就跪下来请求司道这类肥缺,所获得的比赌博输掉的钱财十倍还多。牌都用上等象牙制成,宽一寸,长二寸,雕刻精巧细致,看见的人都怀疑这精巧的技艺不是人工所能做出来的。

《清稗类钞》

大二三浑蛋

宣统时,王治馨担任奉天巡警局总办,局员中有彭某等三人,依靠他的权势骄纵专横,同事们都畏惧他们。一天,王总办从局里回来,正好有两位客人来到他的住所,想打麻将,但却少一人,这就是俗语所说的三缺一。于是,王总办命令左右的人打电话招呼他们,说:“叫大浑蛋。如果已经外出,二浑蛋,三浑蛋都可以。”两位客人很吃惊,询问是什么人。王总办说:“我们局里多浑蛋,都嗜好赌博,这三人乃是浑蛋中突出的,所以用大二三区别他们。”

《清稗类钞》

压宝压叉

压宝的人把一枚制钱放到一个封闭的盒里,分青龙、白虎、前、后四个方位,用钱压得宝字的人就算得胜。压叉的人从高处扔下铜钱,让它旋转,等它将要停止时,用手把它按住。也分四门,两阴两阳,叫做前叉,得阴的叫后叉,压得者为胜。每一种玩法都要推举一人坐庄,所挟带的财物必须是别人的五倍以上,才可以与大家对敌,叫做开当,主持胜负出纳的钱数。压宝不限人数,可以容下数十人。光绪中期士大夫大多数都喜欢玩。 《清稗类钞》

广东花会

广东的花会，是用三十六个人的名字，任人投押。早晚二次，每次开一名。得彩的人，给他三十倍的利。潮州有一个老年妇女，一年到头押一个人的名字，从没改动，始终没能得彩，已经要倾家荡产了。一天她愤怒地说："我明天把三十六名全押上，还能不得彩吗？"第二天，果然带着三十六封银子来了，和馆主约定，说不能在未开押之前先打开她所押的包来看。于是点数，忽然发现少了一封，她感叹地说："这一定是丢失了。今天押三十五名，应当不至于正好是丢失的那一名吧。"馆主暗暗地派人去找她所丢失的那一个封包，果然在她走的路上发现了，打开看里面的名字，就是平时所押的那个人，非常高兴。这天开彩，馆主就点这个名。这个女人听到消息就跑来了，打开来看，三十五封的名字，都是那个人。馆主知道被她愚弄了，没办法只好给了她三十倍的利。

《清稗类钞》

敲　诗

敲诗，是用四五寸长的纸条做成，也叫做打诗宝。摘录七言或五言的诗句，在句中隐去一字，写在纸的后边，用封套罩住它。随即在诗句的旁边，另外写大意相通的四个字，加上纸后边的原字，一共是五个，再摊一张方纸在桌上，划分成五部分，把钱压在它的上面。压对了的，一钱赔偿三钱，这五个字当中最不通的，大概就是所隐去的那个字。输赢的钱本来不多，并且托名风雅，但也是赌博的一个派别。

《清稗类钞》

怀为鼠窝

江西新建县的勒方锜没有显达的时候，吸鸦片的嗜好很深，常常整天躺着不起来，在枕边略吃一点东西，也不大小便，并且不翻身。像这样有时三五天都习以为常。一天，有朋友前来探访，正逢上他已躺了三天三夜。叫他，不起来，勉力拉他，伸直他的身体，怀中有东西掉到地上，噗哧一声，急忙低头去看，见一只大老鼠受惊而跃，几只小老鼠则在地上蠕动——原来老鼠在他怀中生崽子他都不知道。到后来他做了官，早起早睡，不再像这个样子了。

《清稗类钞》

巡抚喜演杨玉环

乾隆末年，国泰做山东巡抚，只有二十来岁，风姿姣好，酷爱演戏。在山东时与藩司于某在衙门中演《长生殿》。国泰扮杨玉环，于某扮唐明皇，每演到"定情""窥俗"各出时，于认为自己面对的是当官的上级，显得比较拘谨，不敢过于狎亵，只是按照剧中要求的动作和道白，草草演完。结束后国泰严肃地批评于，说："你怎么这么迂腐，这里并不是山东巡抚的官厅，为什么要用官场的礼节来拘束自己，误了我们的正事？'做此官行此礼'是什么意思？你怎么一会儿聪明一会儿糊涂?”于只得“是”“是”地答应。从此配合默契,演起来极妍尽态,不怕冒犯西施了。国泰很高兴,说:“论理本来就该这样。”后来国泰被钱沣参了一本,高宗就命令钱随和珅前往勘核。两人到达济南时,衙门中的剧才演到一半。国泰听到报告后,慌慌忙忙地卸了装来参见,脸上的脂粉还隐约可见。

《清稗类钞》

姐弟同谋

清末光绪年间,安徽怀宁县王家有姐弟俩,姐姐丽芙十九岁,弟弟树屏十八岁,母亲年迈多病,父亲在京城做官,早已去世。姐弟俩抽上了鸦片烟并通奸,外面议论纷纷,母亲却一无所知。姐姐嫁给姓梁的官宦人家以后,弟弟树屏日益憔悴,母亲托人说媒,跟富贵人家的女儿倪玉贞定了亲。由于准备婚事忙碌,女婿又在读书,母亲就把女儿接回来。一天,姐姐丽芙到树屏屋里说:“从今以后你但见新人笑,哪闻旧人哭?跟你约定,你如果跟新媳妇和谐伉俪,我就用白绫吊死在你面前,魂灵必定在你夫妻床上环绕。”树屏低头不语。洞房花烛夜,丽芙把树屏叫到密室叫他不要跟玉贞同床。树屏答应了:“可是怎么才能让你相信呢?”丽芙说:“我自有办法。”于是她用几缕红线缝在她亲手给弟弟做的内衣裤上,说:“自管去吧,早晨来让我检查。”第二天早晨,树屏急忙去见丽芙,脱下衣裤让她检查,丽芙高兴极了,从此便取代了玉贞。时间久了,玉贞察看树屏举止恍然大悟,言语中谤讥丽芙,于是杀机便潜生了。

光绪十二年五月六日,父母按习俗接玉贞回家。傍晚,玉贞由娘家回到婆家,略带酒意。树屏忽然找丽芙商量杀死玉贞的办法:“她喜欢喝酒,再灌她,等她大醉以后我扼她的咽喉,你用罗带勒死她,然后告诉她家里是暴病而死。”丽芙答应了。树屏含着笑到玉贞卧房,对她十分亲热;又叫婢役设筵备酒,夫妻相对,觥筹交错,玉贞醉得不醒人事。树屏吩咐收拾盘盏要睡觉,一会儿丽芙来了,树屏问:“带绳子了吗?”话没说完,听见窗外有窸窣声,丽芙叫树屏出去看看,许久,树屏说:“一条蛇在蕉叶上爬来爬去。”丽芙喊他:“抓来。”树屏把小蛇放近玉贞口边,丽芙用剪子剪断蛇尾,蛇痛不可忍,钻进玉贞腹内,玉贞在床上翻滚几次,死了。天已破晓,树屏叫丽芙出逃,自己喊侍婢们,说玉贞暴死,并派人去玉贞娘家报丧。玉贞娘和嫂子赶来,见玉贞惨死,愤愤不平,向官府报安,县令带人勘查,见腹部已经肿胀,叫人剥下衣裤细察,没见伤痕,就想怪罪倪家。嫂子察看玉贞下部大叫:“结婚快一年了,小姑还是处女!这是怎么回事!”树屏吓坏了,县令审问树屏,树屏供了,于是被关进了监狱。

《清稗类钞》

海兰察之肉欲

清朝乾隆时,海兰察因屡建军功而升到公爵。他在军队里,须为他准备直径一寸大小的蜘蛛一百只,还有蜈蚣、蝾螈、蝎子等物，一一去掉它们的钳爪，然后海兰察就把它们生吃了。吃完这些之后，再拿来两条一丈多长，像玉爵那么粗的巨蛇，他拔刀切成一寸长短的碎块就大嚼起来，看样子好像嚼甘蔗一样香甜。吃完之后，入后室，屋内早有身胖体壮的八个村妇裸体在等待他。这些女人都年仅二十左右，海兰察一个接一个地与之交接。他沿途所至的供给，必须如此，否则就整天闷闷不乐，鞭挞部下，无所不至。后来，他在新疆带兵作战，经过戈壁滩，这里常常是数百里无人烟，故村妇难找，就用肥壮的水牛来代替。因此，军中多带水牛听候使用。他每天和四头牛交合，牛不能使他满意时，他就随手拿刀从牛身上割下肉来生吃。

《清稗类钞》

和尚霸占美女

江苏通州官署所在地的南面，有座紫琅山。山上的僧侣世世代代侍奉泗洲大圣，这个神灵出没于江淮一带，春秋两季的好日子，男男女女到山顶祭神的非常多，每年得到的香火钱差不多超过万金，都被这些僧人给分了，于是这个寺庙的富有，远远超过了其他地方。山上僧人原来有七间房子，每间房子各有十几个人。僧人平时从不理经诵佛，只是轮番供奉香火，和附近村子里的人家来往，有的构香巢、有的设烟窟，村里的妇女因为僧人富有，也想方设法谄媚他们。这些僧人中艳福最大的，首推海月，他还有一个名字叫百炼金刚；其次是宽裕，附近山村和他结识的妇女共有十二人；再其次是愿持，都以渔猎女色而闻名于光绪年间。愿持在旧蒲塘有山田一块。田被佃户尹某租种着，愿持每年过去收租子。尹有一个女儿，相貌长得很可爱。愿持垂涎三尺，就乘收租之便，而与她暗中结下不解之缘。女的也是一个钟情的人，夏季，她每天都以拜佛求福之名，一定要登山问讯一次，这也成为习惯了。一天，女的到了山上，愿持为其他事出去了。宽裕见了她强拽到佛床上，模仿海和尚与潘巧云的故事。等愿持回来，看见这个女的鬓蓬钗乱，心里知道是有事，问这个女的，女的坚决不承认。愿持于是拿一个西瓜给她，女的吃了它，肚子突然痛起来，回来没有几天就死了。愿持后悔没有什么报答她，于是请宽裕去蒲塘料理后事，答应这个女子的母亲以后每年不用交租金，又多给了一些香火钱，作为给她妈的赡养费，这个女人的母亲不得已而答应了他。

《清稗类钞》

男人为尼

潮州普济庵有个尼姑叫妙姑，长相是南州一百八十庵中最漂亮的。客人来访问妙姑的天天都有，来人往往要费数十金，但是她对客人却非常冷淡。一天，有一个绅士到庵中做功德，夫人喜欢妙姑漂亮聪明，送给她一块黑绢，让她经常到自己家里去，从此她就与他们相来往。绅士垂涎她的美貌，坚决要求他的夫人收她做女儿，妙姑不答应。这些被恶少侦察到了，渐渐地这些话就被传到普济庵，妙姑听说，蹙着眉头说："世上的人竟没有可以与他说情字的？人生怎么连水与花都不如，而一定要把肌肤之欲当作情。"于是不再接待客人。绅士疑心妙姑的这番话是对自己说的，催促夫人每天到庵里去一趟。当时的太守是一个湖南人，听说过妙姑的名声，授意某一个县令，派车把她接进衙署，说如果她反抗不听，就以卖淫罪把她绳之以法。县令接受命令前去，妙姑对他说："我早就仰慕太守，如果能到衙署里作一个侍候文牍的婢女，我一定要竭尽全力做好这一工作。但是希望太守能够穿着便服来一趟，为庵里留下一段佳话，那么你说什么我都照办。"县令告诉太守，太守很高兴地来了，但是绅士已经先到了，相互见面感到很惊异。妙姑叫人设斋，殷勤地劝酒，后又拿来两只玉杯敬酒说："请喝了这杯酒，我要献上一句话。"两人都饮了，妙姑于是站起来说道："我实际上是男的而装扮成女的。"太守奇怪地看着绅士，绅士嗫嗫着说："当真是不得已，太尊应当也会原谅你的。"妙姑说："我也知道他会原谅的。"说完，从床头拿出两张像，一张照的是锦衣玉带，冶容修度，年龄十三四岁的人；另一张是僧衣素鞋，头发一半覆盖额头。妙姑指着穿锦衣的人说："你们记不记得当时翠凤班上有小芬这么个人？"又指僧衣者说："光绪庚子年皇帝向北逃难，唱戏的人都走散了，小芬于是当了尼姑。"接着又说："情欲是所有的人都免不了的，现在当了尼姑想要保全自己的贞操。过些日子将要回到吴地，找一个山塘娶一个佳人作伴侣。"第二天，就听说妙姑到岳麓山去了。

《清稗类钞》

泰山有姑子

泰山姑子，在同治和光绪年间很有名。姑子就是尼姑没有裹过小脚，喜欢修饰打扮，狎妓者争着找她。来向泰山致敬的佛教徒，下山时也一定去一次，叫做开荤。朝拜泰山时都吃斋，到了这里就可以享受山珍海味。客人到了，庵里主持的老尼姑先出来，妙龄尼姑依次出来侍候，酒喝到最后，可以选择一个陪着睡觉。光绪末年，泰安县县令派人查禁，驱逐了那些人，使她们都迁到其他地方，把庵封了做学校，时间长了，学校也废弃了，只有一名老尼姑独自住在这里。

《清稗类钞》

真佛种子

圆明寺是女尼修行的场所。有个尼姑叫做解无，读《楞严经》，见摩登伽用幻术摄住阿难，说："她是娼妓之流，天天用皮肉作生涯，以金钱的有和无为转移，不管人格的高低，这就是所说的淫。否则从一而终也和夫妇的道理是一样的。"于是就和一个方丈大和尚姘居。经常自称为摩登伽，而叫和尚为阿难。日子久了，暗暗地怀孕了，竟然生下一个儿子，人们开玩笑称这个孩子为真佛种子。

《清稗类钞》

南浔镇之尼

乌程县管辖的南浔镇，有钱的人家很多，有“九牛、十二虎、一百二十阉狗”的谚语，比喻富人之多。这些致富的人，有的做丝绸买卖，有的经营盐业，拥有资金有的超过一千万。纨绔子弟姿意妄为嬉戏游乐的地方，也有尼姑庵。这里院宇深邃，陈设华丽。幼尼第一次接客，必须数千金，费用也够大的了。名流雅士聚集在这里，饮酒赌博都很相宜。善于做食品，饼类食物做的尤其精美适口，至于她们应酬的周到，就是上海房老也赶不上。

《清稗类钞》

富翁父子

吴兴(今浙江吴兴县)某村，一老翁很富足，他命儿子去金陵(今江苏南京)贩卖价值千金的蚕丝。儿子眷恋一个妓女，久不归家，老翁探知此事，就赶往金陵妓女家中寻他。妓女的家人说：“你儿子确实在这里，不过他正在外边游玩，你可以等他一会儿。”老翁等到晚上，儿子仍未返回。妓女家拿粗劣的食物给他吃，让他住外屋。第二天他儿子还没回来。第三天将晚，一个老太太出来对老翁说：“您等这么久了，坐等很难受，何不入内观花呢?”老翁欣然跟她进去，到中堂举目一看，满眼湘帘翠幌，清池小山，花木掩映于朱栏曲槛间。一位浓妆艳抹的少女上前对老翁盈盈下拜，并引他进入昏暗的房间，用金樽向老翁敬酒，用珍奇的食物来款待他，他不觉陶陶然竟醉了，于是与此妓相狎。巫山梦见而红日下帘，刚刚起床，就进饮食，而他的儿子恰在这时回到妓女家中，父子相见，默然无语。吃罢饭，儿子请求回家，好半天老翁才说：“你可先回，我取完拖欠的货物就回去。”于是老翁单独留在这个妓女家中一个月，钱财耗尽，才孑然一身返回。

《清稗类钞》

京官四人食鱼翅

清朝光绪时，有福建籍的京官四人，举行了一次吃鱼翅的盛大宴会。这次鱼翅的吃法是，用一百六十两银子买一些上等鱼翅，然后在其中选了再选，把选好的鱼翅平铺在蒸笼里，等鱼翅被蒸得极烂之后，又用精选的四条火腿、四只鸡，火腿去爪，去滴油，去骨，鸡去五脏、翅和爪子，煮到极度融化时，只漉取其汁，然后再用火腿、鸡、鸭四只，用前头煮好的火腿鸡汁煮它们，并撤去油使汤极清肥，这时才把蒸烂的鱼翅放入汤中。鲜美的味道，是普通的汤所无法比拟的。制作这道菜所耗费的各种物品以及制作的过程中的工钱加起来计算，约三百两银子。吃鱼翅的这四个京官是翰林院编修林贻书、商部主事沈瑶庆、候选道陈某，还有另一个人姓名无法考知了。

《清稗类钞》

以豆芽为奢侈品

清明京城里有一个贵人，一天去亲

戚家作客，亲戚留他吃午饭，餐桌上有一个豆芽菜。这个亲戚过去曾向他借过钱。这时，贵人斥责他说："你多次说你穷，可你吃的饭菜为什么这么奢侈？"这个亲戚极力解释说豆芽决不是贵重的东西。而贵人说："这种菜是我常吃的，每盘需花费一二钱银子呢，还能说是不贵重的东西吗？"他的亲戚赶忙把一些没有烹炒的豆芽拿给他看，并说："它们的价钱实际也就值二三文吧。"这时候，贵人才明白他的厨子欺骗了他，回来后就想解雇他。厨子听说之后，把豆芽剪掉须子，用辣椒丝盖在上面，又调上点麻油酱油；又另外拿了一些没剪须子的豆芽在盐水中浸了一顿，全部盛在盘子里拿上来。厨子指着未剪须的豆芽说："这是不值钱的东西，即使三文钱也嫌贵，而您所看到的就是这种。像您平日里所吃的那种，的确是贵重的物品啊！"贵人听后，也辨不出厨子的诡诈，于是又继续留用这个厨子。

《清稗类钞》

江浙之尼

光绪、宣统年间，嫖妓猎奇的人，常常啧啧称赞江、浙尼姑庵，在山东泰山尼姑庵之外，别树一帜。吴江震泽的尼姑，装束与苏杭不一样，与嘉兴的差不多。虽然也号称剃度，但是只在头顶心剃发一圈，而前后都有头发覆盖在四周，留在后面的正好与颈齐，从少年时代起到三十多岁，没有不是这样的。衣服裙子、副衣、前襟也都与老百姓的装束一样，衣边装饰得非常华丽，唯有衣领不是圆的而是直的罢了。至于什么荤素肴馔，也有烹饪非常精美的，颇似吴中的船菜，一席的费用，大约四五金。拿素餐来说，有用豆豉、面筋做成鱼肉鸡鸭形的，惟妙惟肖，口味绝佳，香积风味，已经在世间很有名了。

盛泽这个镇子以出产绸子著称，位于江、浙之间，风俗淫靡。尼姑在当时很有名，名流宴会，总是租赁一座禅宇。一席的费用常常要数十金。这里的素食非常精美，她们制作的素燕菜、素鱼翅、素海参、素鸽蛋等，总是用嫩鸡、火腿熬取清汁，而把形象很相似的物品投放其中，浸淫时间长了，肥浓鲜美，味道远远胜过真的。尼庵的教育，除梵唱之外，烹饪实为专科，所以能做出非世俗美味佳肴中所能够有的美食。

《清稗类钞》

好吃不厌

袁世凯喜欢吃填鸭，而饲养这种填鸭的方法是每天把鹿茸捣成碎末，与高粱拌在一起喂养它。还喜欢吃鸡蛋，每天早晨吃六个，佐以一大杯咖啡或茶，几片饼干，午饭又吃四个，晚餐再吃四个。袁世凯年轻时，每顿饭吃四个重四两的馒头，还有菜肴助餐。

《清稗类钞》

白痴贪吃

丹阳胡姓人家有个儿子名叫金胜，是个白痴。快到二十岁了，还不分豆和麦，却非常贪吃。原来，他的祖母特别怜爱他，抚养而不教育导致这样。金胜小时候跟祖母一起睡，早晨醒来便用枕边所藏的饼类食物喂他吃。等到起身时，则吃一大盆粥，又配上四个糍粑、两个油灼烩。

《清稗类钞》

呼云酹月

周思南，名元懋，鄞县人，生性喜欢喝酒。他屋中存放的都是酒器，大大小小层层叠叠，数都数不过来。屋子外面平坦的田地所种植的，都是用来酿酒的粘高粱。屋旁有厨房和储物库，里面没有别的东西，所陈列的，都是坛、瓶之类用于盛酒的容器。平日生活不问家庭的事，宾客来了，先通报姓名，他问的问题，是客人能不能喝酒。如果客人说能，便又问他能不能长时间地留在这里喝酒。有时几天之间，没有相陪的酒友，便派人去招呼。有人因为有事推辞，周思南就亲自前往强拉人家来陪他喝酒。有时遇不到，周思南就一直寻到对方所有能去的地方，找不着则四处走动，再另外找别人。实在找不到合适的酒伴了，则不管是砍柴的、放牧的还是打鱼的，都拉来与之同饮。被拉来的人喝醉了，自己还感到没有喝够，就招呼天上的云并洒酒敬它，他饮酒的规矩就是这样。有时半夜想喝酒，仓猝间没有陪酒的人，则不论家童婢女都拉来同饮。家童婢女有的不会喝酒，就用大酒杯强灌。如果还没有喝够，就招呼月亮敬酒，这就是他的夜生活。有招呼他喝酒的，周思南都不去，有人带着酒过访他家，则又必定询问对方是什么人然后再让他进门。从顺治三年以后的五年里，每日每月都在醉乡之中度过。

一天，周思南坐在屋子里，忽然大量吐血，笑着说："这是我从载酒的车里酝酿而成的神膏，不是病。"吐血不止，喝酒也不停止，一边喝一边吐血，就这样死去了。

《清稗类钞》

以酒强人

清朝刘体仁性情旷达，在京都的时候，曾经于慈仁寺的松树下摆酒，遇到游人来。不论认识不认识，一定挽住对方让人家喝酒。游人中有受不住酒力的，刘体仁必定强灌他，直到对方大醉呕吐才罢手。

《清稗类钞》

呼酒痛饮

清朝嘉庆、道光年间，杭州有个叫高林的人，是位生员，旷达而不拘小节，没有庄严的容貌举止。他与赵宽夫是同学。赵宽夫性格方正严肃，没有人敢用话语戏弄他。高林故意说错经书的意思以激怒他，赵宽夫认真与他争辩，他则大笑着欺骗羞辱他。高林家里很穷，一无所有，却爱喝酒。喝酒必定要喝醉，醉了就躺在集市的水沟中。别人请他写诗写文章，他总是信口作成，都写得美妙而有超俗的情趣。一天，高林进城应试，听说他的朋友病重，跑回去一看，已经入殓，于是大哭，投入水中。

他的妻子也关上门窗上吊了。邻居将两人救下来，都活了。高林反而大笑，呼酒痛饮，别人猜不透他的所做所为。不久饮酒沉醉，终于死去。

《清稗类钞》

以买米钱买醉

清朝张云骞年轻豪迈，不问家中的生计情况。喜好喝酒，喝一石也不醉，然而时常有吃不让饭的忧患。一天，他的妻子拔下一支钗当了三百文钱，将要用来买米，放在桌上。张云骞见了，就用当票裹了钱，拿起来走出门去，到酒店买酒喝了。半夜，大醉而归，钱花光了，当票也丢失了，无处可寻。

《清稗类钞》

碎坛取酒

儒学教官吴敏树喜欢喝酒。曾经旅居江苏江宁，半夜忽然想喝酒，因为有贮藏的酒，所以不必到集市上去买。吴敏树命仆人打开酒坛，而封泥很坚固，仓猝间不能打开，吴敏树口干得很，非常想喝酒，于是大声呵斥，叫仆人离开，自己用棍子击破酒坛。酒坛碎了，满地都是酒的酒。于是他伏在地上喝起来。

《清稗类钞》

李倩为吃鸭尾

南海县秀才李倩为，喜欢吃腌鸭尾，每顿饭都必须具备。家人奉上鸭子时则割下鸭尾而丢弃其余的部分。遇到亲戚朋友设筵相邀，没有鸭尾便认为对方对他不敬，则必忿忿地告别而去，即使珍贵的食物摆满面前也不肯下筷子。佛山镇有一富豪之家，时常宴饮，烹饪杂乱，所用的腌鸭每天几十只。厌恶鸭尾的膻味，还未下锅时就命家人割下来扔到墙外。李倩为听说了，叹息道："把明珠放到粪土里，把珍贵的璧玉扔到污泥中，天下竟有这样违背人性的鄙贱之夫！他人不珍惜宝贝，我不忍它们被扔到地上。"于是搬家与富豪为邻，以便天天享受他家的鸭尾。

《清稗类钞》

酷　食

上海叶映榴喜好吃鹅掌，把鹅放在铁楞子上，用文火烧烤，鹅跳叫不已，用酱油、醋给鹅喝。一会儿鹅死了，仅剩下皮肉和骨头，鹅掌大如扇子，味美无比。

《清稗类钞》

庆年嗜甲鱼

清朝，庆年曾任两广总督。他喜欢吃甲鱼，几乎每顿饭都得吃，馈赠敬献的人络绎不绝。有个县令知道庆年喜欢吃甲鱼，一天，正值渔人献上一只巨大的甲鱼，比一般甲鱼都大，县令见了大喜，于是用极大的瓷盂郑重封好，派专人疾驰送往。庆年不知道所赠是什么珍贵东西，看上面的标题，郑重写着"两广总督部堂庆"的字样，揭开一看，是一只甲鱼。庆年以为是侮辱自己，大怒，严厉斥责了他。县令惶恐不安，献上一大笔钱，才免于治罪。

《清稗类钞》

蛇佛寺

清朝康熙年间，淄博人有被派往开封的，寄住在蛇佛寺。寺里僧人摆上晚饭，座中的客人很多，肉汤很鲜美，但每段肉都是圆的，像鸡脖子。客人感到疑惑，问寺里的僧人杀了多少只鸡才得了这么多鸡脖子。僧人回答说："这是蛇段。"客人大为惊骇，有人跑到门外呕吐。已经躺下准备睡觉的客人忽觉胸上有东西在蠕动，一摸是蛇，顿时起来惊叫，僧人起来说："这是常事，不足为怪！"于是用火照看墙壁间，只见大大小小的蛇爬满了墙，床上床下也都是。第二天，僧人领客人进入佛殿，佛座下面有口巨大的井，井中的蛇粗如大坛子，探头到井边而不出来。点火向下看，则蛇子蛇孙有几百万条，都聚居在里面。

《清稗类钞》

日役六十人运水

云南宁州（今安宁县）有温泉，水质极好，用它洗澡可以医治风湿之类的疾病。清朝初年，云贵的一个总督和他的姬妾们，洗澡一定要用这温泉水，每天就需要三十斛，为此，知州特意派人制作了大批的密封式木桶，并雇用六十个人专门轮番运水，使温泉水运回来时温度尚暖，可以浴用。《清稗类钞》

吴三桂宴会颁赏

吴三桂奢侈无度，后宫中的姬妾将近一千人。每当公事之余，他便身着便服，召集幕府中的名士一起饮酒。每当喝到酣畅时，吴三桂就奏起笛子来。姬妾们便随着笛音高唱入云。一会儿，吴三桂就宣布颁赏，于是把大批的珠玉金帛堆放在面前，让姬妾们随意争抢，吴三桂就以观赏这个为乐。

《清稗类钞》

以米易须

清人顾威明生性喜欢赌博，又特别喜欢看剧。由一个穷人，突然拥有大批金钱，于是他去聘四方伶人来演汤显祖的《牡丹亭记》。有一个老人，他已留胡须了，正好要扮演杜丽娘，他进言道："俗话说'去须一根，赏米七石'，如果你不吝啬的话，我才从命。"顾威明听后拍手大笑道："这只不过是小事一桩罢了。"于是就叫来一个仆人在旁边数他的胡须，一共削刮了四十三根胡子，马上取来三百石上等好米送到他家。

《清稗类钞》

盐商起居服食之奢靡

清朝康熙、乾隆兴盛时期，成批运盐的组织遍天下，而以江苏的扬州盐商为总领。当时，盐商们不遗余力地在奢靡上比高低，无论婚嫁丧葬之事，凡是关系到屋室、饮食、衣服、车马的费用，总数不下十万金，其中有一个盐商，每顿饭厨师都要为他准备十几桌酒席，临吃饭的时候，夫妇二人并坐堂上，服侍的人把酒席放在他们的面前，无论茶点、面食、荤菜、素菜，凡他们不想吃的就对它摇一下头，服侍的人看他们的表情，便更换别的种类。喜欢马的盐商则专养几百匹马，每匹马每天要耗费数十金，早上群马从城中出，傍晚又从城外入，马的身上五花灿烂，使观者目炫。喜欢兰花的盐商，从街门直到内室，处处放置栽培的兰花。还有的盐商，用木头作成裸体女人，通过控制能做人的动作，把“她们”放在各个房间里，在座的客人往往因此而惊慌躲避。

《清稗类钞》

争奇斗异

清朝扬州有一个盐商，想在一个时辰内花掉万金，于是就派门客用金钱把城中的金箔全部买光，运到镇江金山寺塔上，让它们随风飘扬，一会儿就散尽了，塔周围的草树之间，到处都是。还有一个盐商，用三千金买下苏州城内全部的不倒翁，然后全部倒到水里，水道因此而堵塞。有喜欢美貌的，就从管家、门人至厨子、女仆，都选用十几岁的面目清秀的人；有的则反其道而行之，全部选用奇丑无比的人。因此有的人为能入选，自己对着镜子照照，觉得不够奇丑，就毁其面容，用酱抹在脸上，然后在烈日下暴晒。更有大盐商用铜作成一个小便器，足有五六尺高，夜里想撒尿时，就站起来凑近了使用它。一时争奇斗异，不可胜计。

《清稗类钞》

总商之侈

清朝时，两淮盐务的一个总商的父亲死了，送终的仪式上物品应有尽有，丧礼的花费也豪侈无度，其中最过分的是用白布搭成天棚遮盖所经道路。出殡之前七天，总商便派人预先在出丧必由之路的上空全都拉上布幔，望去满眼都是白色。沿途所经过的地方，如节孝坊上的“圣旨”二字，下马碑的“奉旨”等字，寺院额上的“敕建”“御赐”等字，都用白幔遮盖上了。送葬那天，观看的达万人之多。

《清稗类钞》

沙三预雇大小船

太平年月，苏州虎丘一带的繁华在国内第一。酒楼歌榭，画舫灯船，留连其中而倾家荡产的败家子不可胜计。

有个叫沙三的人，虽富但不大出名。一天，他和朋友一起前去看热闹，租船时却没能租到，原来游人们都在三日前把船预约完了，而当日一只空船也没有。沙三很败兴，愤愤而归。第二年端午节时，当官员、富绅们前来租船时，船主们都说“沙氏已经订了”。他们又想租小船，而小船也是一样。原来沙三在去年就遍招长年持篙撑船的人，预先付给他们资金，约定第二年一律不准载别的乘客。节日到了，沙三就在所有的船上摆设酒席，招来歌妓，一家家地招集亲戚朋友，虽然只有一面、一揖之交，也都请来。结果，大小游船，上上下下数以千计。歌舞盛况也超过往年，在此观看的人没有一个不是沙三的客人。

《清稗类钞》

日挥千金

清朝荣禄没有儿子，于是抚养一个侄儿作为自己的继承人。然而，这个继子好声色，每天挥霍千金却不在意。荣禄死了之后，慈禧太后念他生前有功，就赏给他继子四品京官。此后，继子越发挥霍无度。他畜马是京城里最多的，出门时身前身后簇拥着十多匹马，望上去毛色都一样；而改日外出时，就又换一群马，其毛色又完全是另一样的。像这样更换多次，而马的毛色可以不重复。

《清稗类钞》

粤女缠足

在没有倡导女人天足之前，广东富贵人家的女子一定都要缠足以表示她们是高门大户。而缠足的形式，讲究短圆而不喜欢尖瘦，大约脚长二三寸的，就让脚宽也是这个尺寸，相传广东最上等的小脚，能站在小碟子里，所以缠足的人需要人扶着才能走路，否则就寸步难行。

《清稗类钞》

因病借寿

淮安居民每当生病求医用药无效时，亲密的亲戚朋友便有借寿的举动。于是自愿结成团体，到城中的城隍庙拜神祈祷，各自都自愿借一年寿命给病者，来祈求延长病者的生命，希望他立刻就能痊愈，能够继续治理家政。据说这一举动必须有十人，并且一定都要出于借者自愿，如果是由病家请来的，或是由别人劝说来的，这个举动就没有效了。

《清稗类钞》

滇中小儿之丧

云南的风俗，基本上和内地相同，但也有特殊的。凡是没满七岁的儿童死时，当地的人认为他比他的父母先死，把他看作是不孝顺的，于是把他的尸体放在没有盖的棺材里，挂在树上，任凭鸟儿啄食。另外，普通人的习惯，照例必定要把棺材放在野地里晾晒，三年后再举行葬礼，因此尸体被豺狼野狗叼得到处都是，他们也不管。

《清稗类钞》

三年役于师

江浙间，凡是学手艺的人，必定三年学成。学成后，为他的老师服役三年，不取报酬。所以俗语称之为学三年，帮三年。六年之后，随便他到哪儿，如果师父还想留用他，必须得给他报酬了。

《清稗类钞》

背爷过年

陕西人到了除夕，必定走出家门，到十字路口高喊：“爷爷，我背你回家过年。”于是把两只手向后，作出背东西的姿势回来，到了中堂所供的牌位前慢慢放下。再去，背他的奶奶，像前面一样。往返这么几次，将新鬼旧鬼依次背回。

《清稗类钞》

食瓜祈子

中秋节的晚上，衡州有送瓜的风俗。凡是娶了婚妇而多年不生育的人，亲戚朋友就一定会来给她送瓜。提前几天，在菜园中偷冬瓜一个，必须不让园主知道，用彩色在瓜上画出人的面目，用衣服包好，推举年纪大的人抱着，敲着锣鼓放着鞭炮，送到她的家里。年长者把冬瓜放在床上，用被把它盖住，口中念道：“种瓜得瓜，种豆得豆。”接受瓜的人设盛筵款待大家，好像办喜事一样。这个媳妇得到瓜，就把这个瓜剖开吃掉。

三月初三这一天叫上巳，如果这天正赶上是清明，江宁一带妇女当中急切盼望生孩子的人，就用野菜和瓜一起煮着吃。甚至说寡妇、没结婚的女孩子吃了它，也能生孩子。上海就和这个不同，所吃的是南瓜，并且夫妻必须同吃一个瓜。

《清稗类钞》

偷莴苣生子

广东妇女结婚后难以生孩子的，往往在夜间偷人家的莴苣吃，说吃了之后能生孩子。所以广东人称莴苣叫生菜。

《清稗类钞》

贺人生子之奇俗

河南开封人喜欢早婚，尤其盼望能早早生孩子。如果生个男孩，一定把鸡蛋、鸭蛋赠送给亲戚、朋友，在蛋壳上画上龟或者是便壶，用来表示家里添了男孩。亲戚、朋友接受了之后就前来祝贺，用五色油涂在新生儿父亲的脸上，并且要拉着他游街，让大家都知道，这叫做有儿子光荣。

《清稗类钞》

朱红染牲毛

青海蒙族妇女回娘家，如果和女婿一起走，就一定带朱红染料，染遍牲口的毛。白天干不完，晚上接着干，一定要染得无一遗漏，这一年牲口才能安然无恙。岳父这才认为女婿能干，便把一对羊染红，送这夫妇两人回去。

《清稗类钞》

打天斋

萍乡居民假如偶尔患了皮肤病，如跌打，损伤、肿痛、糜烂，以及种种外科病，如果到了十天还不好，就请亲戚朋友提一个筐，背一个袋子，沿户乞讨米粒，多的有给一升的，少的一碟一瓯不等，此外还有线香若干，根据贫富来分多与少。就这样多日，米粒可积攒到三四担，以至十几担，用它的一半或者三分之二磨粉，制成汤圆，放置锅中，稍煮到半生半熟时，藏在竹器里，选择几个健壮有力的人，站在房屋上，向四面抛掷，附近的男男女女都来抢拾，叫做抢天斋。投掷完了，大家一哄而散，据说有病的人从此可以获得再生了。在抢拾的时候，如果精神疲倦者，不敢插身人群中，那么所得的就非常少，其数不满二十五以上的，一定要把这些抛弃，说得到它反而要招来病，把这叫做打天斋。

《清稗类钞》

打菩萨

萍乡居民如果患感冒而至于呕吐、头痛、头晕、四肢寒冷、全身发热，以及病中说胡话的，面目红肿经过很多天不好的，就到寺观中迎接杨四将军的像到家中，放在堂屋中。再请一个道士，穿着花衣戴着纱帽，口里叨念着“齐东集”，跪着叩头。就这样过了半天。太阳落下之后，让两个健壮有力的人，肩上担着将军左右簸动，任意播弄，口中学牛叫，呼叫不停。此外，夹杂着铜锣声，并携带一个小水缸，徒步走出家门，到水边上有枯树的地方，道士对着缸做法术，当火光照亮天空的时候，凡是看见有飞蛾虫蚁等，就捕拿一两个，放在缸中，说这是病人的魂魄。结束后，还要喧嚷着返回家中。只是一起去的人要互相提醒不能回头看，说往后看魂魄来了又会回去了。把这称做打菩萨。

《清稗类钞》

疲于奔“宴”

光绪二十四年，汪穰卿在上海办《时务报》，主笔者是梁卓如，汪穰卿则主持对外的交涉，早晚应酬，没有一刻空闲。饮酒吃饭，你招他请，很是烦杂，他常常为之烦恼。一天傍晚，在汉口路遇到与他同榜登第的陆介卿，陆介卿叫住他，想和他站着说话。汪穰卿说：“我今天晚上非常忙，要去赴十四处晚宴，明天早晨一定在报馆相候。”说完匆匆一拱手，就告别而去。第二天早晨，陆介卿前往报馆与汪穰卿见面，刚坐好就问他十四处晚宴的地址。汪穰卿依次说出，有酒楼九处，长三、么二妓院五处。其中提前到达，仅仅道个歉的有七处，稍坐一会儿，端起酒杯，仅仅以酒沾唇的有四处，有两处则大吃大嚼。像这样疲于奔命，实在是怕有一处不到而得罪了朋友。宴会的苦处，不是个中人不会知道，因为吃喝有固定时间，正饥饿的时候吃不上，吃得太多又伤人身体。

《清稗类钞》

南雄饮皮

广东南雄县遇到有女子私奔的事，亲属就跟在后面捉奸。如果她的奸夫很穷没有钱，就虚张声势来吓唬他，或者说把他扔到海里，或者说削下他的骨头熬成胶。最后若是一点东西也交不出来，就对他施以鞭挞的刑罚。如果奸夫是富有钱财的，就估量他的家产进行处罚。罚完之后就没事了。得来的款项则归入祖宗祠堂，用来购买猪、牛，自己宰割，佐以其他的食物。家产比较少的，则买来猪、牛等肉，并配以红薯、芋头之类的东西。赴宴的人，无论儒生中的长老还是私奔女子的长辈及其兄弟，都傲然自得，人们把这称作“饮皮”。

《清稗类钞》

出题获谴

雍正年间有一次开科取士，突然一个省的典试官因一件小事遭到严厉谴责。当时朝野间正盛传着一个秘闻：圣祖病重弥留之际，曾在张廷玉掌中写下“传位十四皇子”六个字，而鄂尔泰迫张廷玉改“十”为“于”，那六个字就变成了“传位于四皇子”，即后来的雍正皇帝。雍正帝御名胤祯，那位典试官所出的题是“或问禘之说”一章。雍正帝认为题中“禘”字作“示”旁皇帝解，“以”指其掌，作张廷玉掌中诏命解，认为这是辱谤自己，所以十分恼怒，重谴了那位典试官。

《清稗类钞》

风卷九十里

清朝，有一年五月十日刮大风，昏天黑地。江宁城韩家的姑娘被暴风卷到了铜井村，离城九十多里路。第二天，铜井村人送姑娘回家。这位姑娘已许配给李秀才的儿子，秀才疑心大风怎能把人吹得那么远，必有奸情，因而告到县衙门。知县袁枚告诉李秀才：“古代有女子被风卷去六十里的，你知道吗？”秀才不信，袁拿出元代郝经写的《陵川集》给他看，并说：“郝公是一代名臣，难道能说假话吗？只是当年风吹吴门女，最终嫁了宰相，只怕你的儿子，没有那样的福气吧。”秀才读了集子里的诗大喜，与女家婚好如旧。

《清稗类钞》

漏网之鱼

清朝嘉庆年间，杭州考场中有个童生请人顶替考试而名列第一。不久被人告发，学使十分恼火，当即除名，并且要治他的罪。不料，那个童生逃了，于是命令仁和、钱塘两县县令派人捉拿。那个童生有几个朋友在西湖读书，他就去投奔朋友。朋友担心外屋有人往来，就把他藏在厨房里，以为这样就可以避开搜查者的耳目。当时浙中一带正悬重赏捉拿要犯朱毛里。有位钱塘县幕友租赁了童生朋友隔壁的几间屋子安顿家小，一天，仆人婢女们开窗遥望，忽然发现一个衣冠楚楚的人在下面跟厨房的人在一起，疑心是朱毛里，就告诉了幕友，幕友偷看一下也以为像朱毛里，就报告了县令。县令认为关系重大，如果拖延了恐怕要犯逃跑，于是请求发兵连夜出城，包围了那个屋子，把那个童生抓到县衙门。那童生并不知内情，开始还支吾其词，掩饰真情，后来突然听说要他承认自己是朱毛里，吓得目瞪口呆，只好吐露了真情。于是冒名顶替参加科考的案子得以了结。

《清稗类钞》

贼喊"有贼"

周某家有菊花，一天，他闲步到庭前赏菊，忽然听见大叫"有贼"声，那叫声低沉，像牛在盎中鸣叫，全家人惊骇异常。过一会儿，叫声连连不止，他仔细谛听，那喊声传自于廊屋下的炉坑内。于是他请来巡逻的人启炉查视，就看见一个饿得十分颓丧的人。那人昂头直身跪着，自己供出是前晚乘夜暗暗溜入，藏在这个地方，打算夜深时出来行窃，不料二更落了小雨，有人移入两坛腌菜放在坑板上，他因此无法出去。本乞望雨晴移下菜坛，但两天没有移动，饿得他难以忍受，自认为出去被捉住不过杖打，不出去最终就会成为饿死鬼，因此他反而作声自呼"有贼"了。

《清稗类钞》

浮梁黑店

长江下游匪徒很多，经常听说白天强取夜晚打劫的事，陆路上尤其多黑店，和山东没有差别。江西浮梁县(在今景德镇北)某镇，是行人往来的大路，有强盗夫妇二人开黑店，一天，有个收账的贩猪客在客店投宿，衣裳虽然褴褛，但身藏的银钱很多。某晚，一个与贩猪客熟识的贩灯草客也去投宿，住在楼上，贩猪客住在楼下。初更刚过，各自就寝，只有贩猪客睡不着。于是他到贩灯草客的屋里，说："我今晚不知什么缘故，老是心惊，半夜还睡不着。"朋友说："你一定厌恶住楼下，因此有这种现象。如果你想同我更换住处，也无不可。"贩猪客听从了他的意见。夜未过三更，店主夫妇持刀进入贩草灯客的卧室(即贩猪客原住的卧室)，猛砍数刀。贩猪客在楼上听到楼下有声音，偷偷一看，恐惧万状，天明，径直赶往县衙控告店家。

《清稗类钞》

误会被捉

光绪十九年夏秋之间，京城兵马司指挥范某乘车走在道上，忽然看见有几个人把他的车夫推下去，赶着他的车快速前行。范某惊问原因，那些人说："某二爷命我们请您去一下。"某二爷是某公爵的儿子。指挥大惊，在车中高呼，却没有人回答他。路过某街时，有一个坊官喝问，他们就回答说："他是某公府所要的人。"坊官不敢诘问，过了很长时间，到了某二爷的府第，众人立即将他拥入，安置在一间屋子里。他一见有人经过，就哀求那人放了他，来往的人都说："二爷有命，我们不敢参与。"第二天，他听到窗外有人喊道："二爷来了。"果然有一个人进屋与他相见，态度很是恭敬谦谨。那人上前致词说："您不是湖北人范某吗？只因万岁寿辰之日将近，我们拿不出钱物敬献皇上，想向您借一二十万两银子，希望不要推辞。"范某大惊说："我其实是兵马司官，不是湖北人范某，况且我是一个穷官，从什么地方筹集这么多钱？"二爷说："我已打探准确，因此敢于请你到这儿来，请你不要推托。”范某说：“我确实不是湖北的范某，有文书可以证明。”他即刻从靴中取出文书给他看，二爷见到文书，立即顿足说：“错了，错了。”便起身离去。范某茫然不知所措，哀求府中的人放他出去，府中的人都说：“二爷只说错了错了，没别的话，我们不敢擅自放你。”第二天，府中的人见到二爷请示此事，二爷才说：“都是厨子耽误了我的事，随他便吧。”范某这才被放出，当时范某的父亲正要将此事告官，见范某被放，才作罢。

《清稗类钞》

盗　棺

严禁鸦片之后，奸商们常把烟土放在棺木中，穿着白衣呼号哭泣，伪装成扶灵柩还乡的人。宣统二年，厦门某关卡有扶灵柩经过城门的人，神色怪异，关吏疑心他们私运鸦片，于是反复盘问。那些人说话支支吾吾，表现得非常恐惧不安，关吏启开棺盖查视，见棺中躺着一个老人，鼻息尚存，不一会儿打个哈欠伸个懒腰说：“我真的醉了吗？如果有醇酒，我还能喝十几斗。”他瞪目四顾说：“我怎么到这个地方来了？这不是做梦吧？”关吏大惊，知道其中有异，把他们送交官府详细审问。原来老人是一个富家翁，纵情饮酒后醉死过去，被埋葬在附近的某山，扶灵柩的人原是盗墓之人，因为棺木坚固难以开启，不敢在那个地方多停一会儿，怕被人看见，于是抬着棺木返回，要将它从容地打开，心想即使是废弃的棺木，也可以做柴薪，谁知事情竟然败露呢？

《清稗类钞》

太守之父

齐云有个轿夫，操北方口音，他的同伴也不知道他从哪里来，问他，原来是旗人，住在齐云有二十多年了。正逢有位旗人出任徽州太守，侍奉太夫人到齐云进香，到达山腰时遇到这个轿夫，问讯间得知他是自己的父亲，于是迎接回家奉养他终其天年。

原来轿夫二十多岁时，体力正强，负气不肯屈于人下，与别人斗殴，几乎将对方打死，轿夫害怕获罪而暗自出逃，逃窜于长江南北各寺之中，后来到了齐云，便停留下来。轿夫出逃时，不知妻子已有身孕，过了八个月，生下一个男孩，就是后来的徽州太守。被轿夫所打的那人遇良医，没有死，轿夫因此得以从轻论罪，他自己也不知道。后来过了二十多年，轿夫之子从奴才到进士到知县连续提升到徽州太守，常以得不到父亲的消息为痛事。太夫人长年素食礼佛，一天，到齐云进香，为丈夫祈求死后之福。在山脚下休息时换了上山乘坐的轿子，而太夫人的轿子正巧是那个轿夫所抬。当时已经仲春，气候转暖，众轿夫因为登山劳累，汗流浃背，都打着赤膊，而那个轿夫因为抬的是太夫人的轿子，不敢脱下外衣。太夫人在轿中察见他的容貌，感到很惊讶，听其同伴的话语，似懂非懂，只是因为在行路当中不便询问。回去后太夫人对太守说："你的父亲出逃很久，生死未卜，即使还活着，声音笑貌也记不清了，然而他的左肋下有一撮黑毛，实是一个暗记。昨天见到齐云的那名轿夫，不知什么缘故而动心，你可慢慢辨认他。"于是太守赶快命令手下将轿夫唤来，太夫人垂下帘子坐在里面，太守站在堂上等候，轿夫来到后，太守命他不用跪下，又赶忙让衙役脱去他的外衣。轿夫站在堂下，大为惊惧，抖得十分厉害。等到脱去外衣，露出肋下的黑毛，太夫人急忙走到帘外。先问他的旗籍祖先，又问他的妻族父母，还问他为什么到了这里，犯了何罪出逃。轿夫屏息不敢出声，太守走下堂来安慰他说："不要害怕，有话可慢慢讲来。"轿夫神色略定，于是按次序回答，话未说到一半，太夫人流泪道："是了。"太守抢上前去跪在轿夫面前，轿夫也跟着跪下。太夫人指着太守对轿夫说："他是你的儿子啊！"轿夫浑身发抖，不知该如何回答，太夫人挽着他走上堂来，说："还认不认识我？"这时的轿夫已呆若木偶，或推或挽，茫茫然不知道该怎么做。太夫人挽着他走到里边，让他梳头洗澡，换了鞋帽出来，太守扶着他上了堂。一会儿，丝竹齐奏，水陆所产的各种食物也摆了上来，轿夫飘飘然如羽化而成仙。

《清稗类钞》

《维止录》致祸

据说查嗣庭写《维止录》有诋毁满洲的内容。雍正皇帝登基后，有位满族人一心想得到书稿。有个商人买通查嗣庭的侍者，可是半年没有得到一页书稿。一天，查嗣庭关好书房写作，侍者从门缝中见到他手拿卷册，秉笔疾书，写完了架起梯子把书稿藏到屋梁上。等他出去以后，侍者偷出书稿交给那个商人，商人又把书稿献给满族人，于是查嗣庭遭到揭发。当天夜里三更天，查嗣庭正醉眠，遭到围捕，全家十三口人，没有一人幸免。

《清稗类钞》

虐婢致死

光绪二十四年正月，四川候补知县倪子和的妻子把一个婢女活活打死，婢女家属告到成都太守刘心源府衙。刘太守派人查访，查到死者的坟墓，叫差役开棺验尸。察验尸身共有十七处伤痕，阴部有烙伤，是用火筷插入致死的，除一靴尖踢伤是倪子和所为，其余都是他妻子造成的。刘太守禀报藩司之后把倪子和抓来，并传讯他妻子。他妻子因为刚生孩子，没有到案。刘太守就把倪子和交到发审局，勒令他交出妻子，并说："等她到案，用她杀死婢女的方法治她"。倪子和怕妻子到案受辱，极力承认是自己杀死的，后来他妻子投了天主教，幸免一死。

《清稗类钞》

吟诗杀身

清朝雍正皇帝有一次穿着便服走游街市。他走到书摊前翻阅书籍，当时微风吹拂，吹得书页上下翻飞不已。一位书生见此情形便高声吟诵两句诗："清风不识字，何必来翻书。"雍正以为那书生讥讽自己，立即下令杀死那位书生。

《清稗类钞》

弑父欲食

睢宁县有粮差张小三，性情凶恶，喜欢吃人肉。常常叫人到荒野里捡来小孩尸体，蒸熟了蘸着醋吃，也有时买乞丐杀了吃。他父亲专给人拉车，像奴仆一样候侍小三，稍不如意就遭到斥骂和鞭打。有一天，张小三到乡间催收捐粮，父亲驾车前去。回到半路，老人饥饿无力，车走得慢起来了，小三喊他快拉，老人也没有反应，就倒在了路边。小三大怒，举起棍子打他胸部，老人当时就死了。小三把他拖到车上，用芦席盖上，推车回家。走到南关，有个捕役感到疑惑，问："车上是什么东西？"小三坦然回答："是野猪，载回去做美味佳肴。"捕役更觉疑惑，就开了个玩笑："能分尝一块吗？"小三拒绝他。捕役揭开芦席一看是具尸体，就把他扭送到衙门。审讯时小三招供了，后来囚死在监狱里。

《清稗类钞》

族谱株连

乾隆皇帝由段昌绪评点吴三桂的檄文而联想到彭家屏。彭家屏曾在长江下游的西部地区任地方长官，因为编纂族谱称《大彭统记》触怒了乾隆。乾隆认为"大彭"二字类似国号，指斥彭家屏罪状为狂傲悖谬而罢免他的官职，遣归家居。现在，乾隆又怀疑他，并且因为彭家屏曾经参奏汴梁巡抚图南炳讳灾，于派人一并查抄他的私宅，搜出明末野史好多种，因此对彭家屏判处大辟之罪，同时也杀了他的儿子。

《清稗类钞》

钦命难改

清朝道光年间，涿州有个富豪人家，妻子与外人私通，用木器压住丈夫的咽喉使他气闭而死，然后用丝带拴到他脖子上，伪造成自缢而死的样子，报告官府。县官前去查验，他根据《洗冤录》中"凡自缢者血瘸直入实际，八字不交"，分析死者喉间勒痕跟自缢大不相同，怀疑另有死因。后来查到奸夫的姓名便抓来审问，奸夫招出自己平时跟死者妻子的奸情以及谋杀经过，于是以绞勒定案，依法处罪。

刑部郎中满人耆龄正总管秋审事宜，详细查阅案件，认为勒死的八字必交，而所勘察的伤痕却跟绞死的不同，疑心此案有误，很想借平反表现自己的才能。而当死囚明白可以逃脱罪责时便誓死抵赖，并重重贿赂宗亲长辈。宗亲长辈们连连到都察院上告，都说死者妻子品行贞洁，全力请求给她雪冤。刑部向朝廷奏明，道光皇帝正想革除断案中的积弊，就特意奖赏耆龄顶戴花翎，并勉励刑部司员向耆龄学习，对初审此案的官员给以不同的谴责贬降。把死者妻子说成良家节妇惨遭诬蔑，特意降圣旨要主管部门为她建坊旌表。耆龄从此以断案公允神明而名闻天下。

没过几年，涿州人都传扬着被旌表的节妇跟她的奸夫私自配成夫妻，全部占有死者家产的事。死者的婢女仆人们也说出旧主人被害死的情形，于是大家完全清楚此案初断是正确的，然而此案最后是皇帝钦定的，谁也改不了。

《清稗类钞》

悲喜黄三

黄三演京剧中的奸雄角色最像。他曾在皇宫内侍奉，与谭鑫培同演《骂曹》。黄三演到给黄祖写信的一场，慈禧太后就传下旨意用杖打他，打过之后，又重重地赏了他，说："这个戏子演奸雄演得维妙维肖，不得不打；而演戏竟能如此聪明，又不得不赏。"

《清稗类钞》

皇帝挨饿

光绪帝被慈禧太后所控制，即使是吃喝的东西，也不让太监进献新鲜的。一天，光绪觐见慈禧太后，委婉地说所奉上的都是粗劣的食物，慈禧太后说："为人长上的人也讲求吃喝这些不重要的事吗？怎么能违背祖宗的遗训！"说话时声色俱厉，光绪于是不敢再说。光绪二十四年，皇上被拘禁在瀛台，每顿饭虽然有几十种食物，离座位稍远的饭菜却有一半已经腐臭，原来是连日呈进，摆样子看看而已，没有更换过。其余的食物也又干又冷，很不可口，因此每顿都吃不饱。偶而想让御膳房换一样，御膳房必然奏明慈禧太后，慈禧太后就以俭德责备皇上，皇上终于不敢说什么。

《清稗类钞》

受"宠"若惊

光绪帝有一天去拜见慈禧太后，慈禧太后正在吃汤圆，问光绪帝说："你吃过了吗？"光绪帝不敢回答已经吃完了，于是说："还没有。"慈禧太后就赐给他几枚汤圆吃。又问光绪帝："已经吃饱了吗？"光绪帝答道："还没有。"于是再赐给他吃。像这样多次，光绪帝肚子饱胀不能都吃下去，于是暗中藏在袖子里。回去后满袖都是汤圆，汤汁淋漓弄了一身，于是命太监找件衬衣，可是光绪帝的衣服都被慈禧太后搜检去了，因此只好就这样狼狈不堪地穿着。后来太监从外边辗转弄来一件衬衣，光绪帝才得以换上。

《清稗类钞》

石仑森冤

康熙初年，平定三藩之后，诏令减免丁粮，楚中一带曾经是战场，应当减免丁粮十几年，银谷累计千万。可是地方官阻止皇恩下达，征敛如故。当时天下刚刚安定，百姓害怕官吏和法律，谁也不敢说话。石仑森愤怒地说："这是重蹈亡明的覆辙，圣世怎么会这样呢！"当即到京城，去找台部，台部谁也不敢替他上达，石仑森就怀揣状纸等候皇帝车驾出来，跪伏路边喊冤。皇上看了他的状词，交刑部审讯。刑部查问后用驿车把他送到武昌命令督抚查办，事实得以澄清，石仑森从此名震天下。后来武昌夏逢龙造反，湘抚便借交结叛党的罪名，叫湘潭县令杨笃生把石仑森关进监狱。儿子石观去探望父亲，官吏把石观抓起来一并论斩。商人们非常愤慨，聚集几百人，想劫狱救出石仑森，官府竟然在城下处死了他。不过石仑森在听说武昌变乱以后，从蜀地回湘潭途中，所经之处都题名记下日月，被捕后，以此伸辩，官府难于给他罗织罪名，所以虽然杀了他却无法拟出罪状，便封锁消息。后来部选石仑森任学官，官府就重重贿赂他的家人，指令写状上报石仑森病故，杨笃生竟因为杀石有功升为知府。

《清稗类钞》

助产雪冤

雍正末年，麻城县涂如松娶杨氏为妻。夫妻不和，杨氏每次回娘家都不愿返回，如松不满意却没有立即发泄出来。不久，他母亲病了，杨氏又回娘家，如松又打了她。杨氏便离家出走，不知哪去了。两家到县衙门打官司，杨氏弟弟五荣怀疑姐姐被如松杀害了，就到九口塘一带查访。有个叫赵当儿的一向狡猾，随便说了一句："早说是他杀的。"实际是戏弄五荣。五荣大惊，就拉赵当儿到县衙门作证，告如松和他所亲近的人陈文等一起谋杀了杨氏。汤应求知县审不出证据，无法定案，赵当儿的父亲因为儿子无赖胡说，请求知县免除株连。应求访求五荣的背后指使人，找到生员杨同范，这是一个戴上帽子的老虎。于是向上级请求，剥夺同范的功名，追缉杨氏。先前，杨氏曾经是王祖儿的童养媳，祖儿死后，杨氏跟祖儿的侄子冯大通奸，她为了躲避如松殴打，在冯大家藏了一个多月。冯大的母亲怕惹祸，想报告官府，冯大害怕了，去告诉五荣，五荣告诉了生员杨同范，杨同范贪慕杨氏姿色，说："我是生员，藏了她，谁敢来抓人！"于是把杨氏藏在自家夹壁中，另一面照旧告如松。一年后，一个姓黄的乡民把家僮埋在河滩，滩浅，尸体被狗扒出啃咬。地保请知县去察验，正赶上风雨雷电交加，中途返回。杨同范听到这消息大喜，跟五荣商量假认尸体为杨氏，贿赂验尸官李荣，让他报告知县那尸体是女的，李荣不肯。过了两天，汤知县去验尸，已经腐烂无法辨认，只得把尸骨装敛起来。同范、五荣率领几十个同伙当场起哄。

这事闹到总督迈柱那里，迈柱就委托广济县令高仁杰重验。高仁杰是试用县令，想窃取汤知县的位置，便派一个姓薛的去验尸，受了同范贿赂之后，竟上报那是女尸，肋骨有重伤。五荣等人于是诬告如松杀妻子，汤知县受贿，李献宗写假案情，李荣谎报案情。迈柱信以为真，参劾汤应求，专门委派高仁杰拷问。如松等被打得两踝露骨头，还是不招。仁杰又让如松等人跪在烧红的铁索上，肉烟不止，焦灼有声，即使哀求仍不免除严刑，都受不住痛苦屈招了，李荣当时死于板杖之下。然而那尸体本来是男的，没有头发，又没有脚趾骨，没有血裙裤之类。逼迫如松交出赃证，如松胡乱指认，麻城无主荒坟被掘开的有几百座，仍一无所获。如松的母亲见儿子求生不能，求死不得，便剪下自己的头发，摘去花白的；献宗的妻子割臂出血染了一条裤子一条裙子，劈开自己死去儿子的棺材，取了脚趾骨，凑齐“罪证”，自己埋在河滩，带着差役去挖。于是定案。代理黄州县令蒋嘉年了解到案中作假的情况，不肯转报，召其他县的验尸官再验，都说尸体是男人。高仁杰非常害怕，诡称尸骨被人掉换了，请求再审讯。不久，山水暴发，连尸骨都冲走了，也就不再验核了。迈柱竟上奏拟处如松等人斩绞之刑。麻城百姓都知道冤情太重，个个在路上愤愤不平。

不久，同范妻子早产，婢女急请在家老太太接生。杨妻因难产而大叫：“三姑救我！”杨氏不知详情，突然从夹壁中闯出来，悔之不及，便跪下求产婆别泄露真情；同范也给老太太十两银子央求。老太太回家就嘱托儿子带上贿银到县衙门告发。县令陈鼎久知此案有冤情，闻报立即报告巡抚吴应棻。吴令报告总督。总督还是迈柱，闻讯认为这是干蠢事，很生气，又没法发泄，姑且让陈拘捕杨氏。陈暗想，动作稍缓，消息泄漏，杨氏可能被藏到他处，或被杀掉灭口。于是，借口访寻同范家中畜娼之事，亲自率快手直入，毁了夹壁，找到杨氏。几万麻城人欢呼着跟随到公堂。召杨氏到公堂认夫，杨氏想不到丈夫焦烂不堪，大哭：“是我连累了你！”

《清稗类钞》

有恭获咎

番禺县庄有恭曾任学使。有一天外出，一个叫丁文彬的从道旁献上书札，有恭知道这人平时有神经病，也就不加追查。等到他升任巡抚，此事已过了五年，而丁氏的书札被人检举。乾隆皇帝大怒，下严旨给庄有恭，责令他献上那份书札以供观览。有恭复奏说找不到了，乾隆说：“丁文彬指斥本朝，妄加诋毁，而庄有恭的想法是惟恐献上此书札罪责暴露，所以借口说找不到，为的是避重就轻。对其中大逆不道的话，哪有曾经过目而不在意之理？一定是听到查出的消息私自毁掉了。庄有恭蒙受皇恩，不应该如此狡诈，使用鬼域伎俩。他的罪过不在任巡抚期间而在任学政期间，那时他是想保全学政的俸禄和养廉费。那么，就按照他在学政任职期间所得的俸禄和养廉费数额，加罚十倍。”

《清稗类钞》

疑案七年

代州姓酒的娶媳妇一个多月以后，新媳妇的弟弟接她回娘家。姐弟俩进了村，姐姐突然不见了，弟弟大惊，反诬告那姓酒的耍诡计。官府把姓酒的老父亲关进监狱，时过七年案情未能了结。一天，协助岢岚牧甘某办案的蒋坚从太原回来，侍从官指着前面的树林说：“这就是酒氏家园。”蒋坚心里一动，打马进了山坳。有人关起家门正在赌博。蒋暗中察看，一个小孩发觉有异，拍着一个长须髯的人肩膀告诉他，众人都惊叫起来："是鬼吧，人怎么能来这里!"蒋坚急忙返回，告诉甘某派人去山坳抓人，经审讯，新媳妇果然是被那位长须髯的人掠去了。

《清稗类钞》

福建亏空案

乾隆末年，福建亏空案被揭发出来，州县官员二十多人受到制裁：藩司因为受惊吓而死；臬司因为冤杀七条人命被检举，当时他刚升任陕西藩司，已经起程前往赴任，又接到部文，被追回正法；道府官员均被革职；总督伍拉纳、巡抚浦霖一起被押到京城审讯。乾隆皇帝十分光火，廷讯时动用大刑。过了一天，总督、巡抚就被押赴刑场，当时伍拉纳两眼有光，还能左观右看，而浦霖右腿已被夹断，横躺在囚车里，奄奄一息。当时总理清查局政务的是田凤仪，他生性苛刻，核查支出及收入的库银，全凭现存和亏空为准。又因为此案审断急促，其中哪些应该核算，哪些应该抵销的，都来不及详细严谨地分清。清查局撤审之后，核算一下库款，竟超出了几十万两银子。其中有一位古田县令塔伦岱，由满洲孝廉起家，亏空项目都有款项可以作抵押，来不及查清，就判了绞刑，而死者不能复生。

此案实际上由福州将军魁伦造成。当时福建省吏治极坏，仓库全空虚了，魁伦长期镇守福建，了解详情，他的幕友林樾亭的参奏又陈述得极其详尽。皇帝阅了奏章大为震惊，当即提升魁伦为福建总督，要他把此案查清，于是就造成了这场大案。

《清稗类钞》

郑魁冤狱

清朝汉中营卒郑魁因把砒霜放到馍馍里杀人而判死刑，卖砒霜的、卖馍馍的以及邻妇当旁证的都全了，案子已成定局。陕西巡抚邓廷桢怀疑此案，暗中把卖馍的找来讯问："你每天能卖出几个馍?"回答："几百个。"又问："每人大约买几个?"回答："三四个吧。""既然这样，那么你每天接触到一百多人了。""是的。""一百多人的长相、姓名、年龄，你都能记住吗?""不能。""那么你怎么单记住了郑魁在那一天买你的馍呢?"那个卖馍的惊呆了。邓廷桢一再追问，他就回答："我原来不知道，县里衙役来告诉我，说官府审讯的杀人犯已经招供了，只缺一个卖馍的证词，你何不为他做证?"邓廷桢又讯问那个做旁证的邻妇，邻妇所说衙役叫她做证的话跟卖馍的所说的一样。只有卖砒霜的证词真实。邓廷侦终于查清了冤案的真相：原来死者曾经跟郑魁有争执，他被疯狗咬死，嘴唇青黑，家人诬告被郑魁毒死。郑魁确实卖过砒霜，那是用来毒鼠的。

《清稗类钞》

草菅人命

山东肥城县黄崖山一向没有居民。咸丰、同治年间，江浙一带人为逃避太平军与清军的战乱而进山定居。首先移家定居的是张积中,相继而到的逐渐达到八千多户。他们修筑寨栅,购置守备用具,只是为了长久安居,没有别的想法。只是依附者太多,又保持了一些诡秘习气,不知收敛,致使官府怀疑他们是山贼。

同治四年,潍县县民王小花全家迁居黄崖山,县令靳昱感到奇怪,抓来王小花审问,并报告上司。山东巡抚阎敬铭委派肥城县令邓馨到黄崖山查访,见张积中须眉皓然,没有造反的形迹,事情也就搁下了。第二年九月,益都冀宗华等人准备反叛朝廷,走露了风声被抓了起来,供述同党时,说张积中为首领,约期攻打济南,然后攻打青州,都藏在城里。官府一调查,果然有防守的武器,后来又接连抓到同党,供词相同,于是就报告了上司。

当时丁宝桢任布政使,派唐文箴与长清县令陈思寿进山叫张积中到济南自首。唐文箴等人进山后正跟张积中大弟子吴某谈话,一个人拿着帖子慌慌张张跑进来,那个大弟子一看帖子,神色俱变,催唐文箴等人快走。唐文箴等人骑马远驰,追杀的人杀死他的随从;邓馨等人刚进城,听到城中炮响又返回,马夫也被杀死。当时阎敬铭在东平,听说这事有些纳闷,传令张积中在山东做后补知县的儿子张绍陵跟丁宝桢所派的官员一起进黄崖山请张积中到济南,不料张绍陵已经事先请假进山了。他哭着劝父亲,父亲说:"说我造反是没有根据的,如果去了,就证实了这种说法,你们害怕,自己去吧!"妻儿跪了一圈请求他,仍然不答应。阎敬铭后来又传令到山里寨外张贴十几次文告,并派道员潘骏文招见,张积中仍不予理睬。

过了四天,丁宝桢来到长清,派吴兴侯补县令林某进黄崖山,受到阻挡。这时长清县令陈恩寿已派快马飞报朝廷了。于是,皇上下令派出参将、游击、知府、副将、千总等武将文臣率领大队人马进山围剿。十月,寨栅被攻破,张积中全家自焚而死,全寨一万多人被杀。但是,始终没找到造反实据。阎敬铭自感不安。责令知府王成谦等三人说:"你们都说谋反是实,现在为什么没有证据?如果三天得不到证据,我就把你们都杀了。"这三个人急了,命令手下细细搜查,查得一箱演戏用的衣服。便派营中的七个裁缝加以修改,便作为张积中造反的证据。因此,参与其事的都按剿匪之例得到保举升迁。七位裁缝后来也被杀掉灭口。

《清稗类钞》

以死图诈

清朝咸丰年间,苏州有位妇女因为躲避太平天国与清军的战乱带着已经出嫁的女儿到了上海。战乱平息后她女儿不回家乡,另外找了个姘头,老女人贪图钱财而不加制止。当时,在苏州的女婿并不知情。后来所姘的男人钱花光了,她女儿就到富户家做工养活自己,但仍旧跟那个男人相好。时间久了,老女人因为那个男子没钱而讨厌他,扬言女婿从苏州来了,要带她女儿回去，就收拾衣物上船。船还没开，老女人有事上岸去，正好那个男子找来了，就带着女儿逃了。老女人丢了女儿，就去诈骗富户，说富户藏了她女儿，目的是讹钱，因为一无所获就服了鸦片再去，毒发，便死掉了。案发后县官判定：那老女人因为女婿要带走她女儿以及因为女儿奸情而死，定女儿女婿死罪。上报以后，臬司怀疑，就暗中吩咐吴县县令提审老女儿的女婿，女婿一无所知。于是最后判定：老女人以死诈钱，她的女儿按奸情论罪。

《清稗类钞》

嫁祸于人

东流县年轻的王三衙和建德县年长一倍的黄孔英结为忘年之交。太平天国战乱后王三衙不知去向，他年轻貌美的妻子萧氏因为失去丈夫而跑到建德县投奔黄孔英。黄孔英见她年少貌美，就想把她卖一大笔钱，于是诳她："王家已经被寇杀光了，你也回不去了，何不改嫁呢？"萧氏信以为真，没办法就拜黄孔英为义父，改嫁了建德县一个姓陈的。王三衙当时已经回到东流县，却不知妻子在黄家。后来那个姓陈的到东流县办事，萧氏嘱托他顺便打听一下娘家人的下落。姓陈的到东流县以后在一座破庙里找到了王三衙的弟弟，弟弟知道了详情以后马上去告诉哥哥，王三衙于是跟姓陈的一起到建德县张家镇，当面问黄孔英，黄孔英又愧又害怕无言以对，就叫家人设酒席款待王三衙，自己则乘机躲进屋里喝毒药死了。黄孔英的儿子恼恨王三衙，找人把尸体载到山里，并指路旁丢下的车为证，告到官府。诬王殴打其父致死，而以车载尸体抛弃此地。建德县孙县令害怕验尸，派县尉代验，县尉受了黄家贿赂后，报告是殴打致死。孙县令相信了，于是用酷刑迫使王三衙招供。东流县百姓到郡府替王氏喊冤，周郡守派林福祚查办。林福祚细细想来，王氏既然打死了人，把尸体载到山里又丢下车，这不是自我暴露吗？而且没有找到车夫怎么能凭着一辆车定罪呢？就派人先查找车夫，那车夫竟然是王氏的本家兄弟，黄死的第二天他正在镇里看戏，黄孔英的儿子找到他，就说他是载尸体进山的车夫。经审讯，那车夫供认：当时王氏家族的一个叔叔在镇里开个铺子，突然得病，家人用那辆车来接，车到了病竟好了，车也就没有马上返回。车夫没事出门看戏，被黄孔英的儿子诬告上了。周郡守很恼火，驳回再审，林福祚不同意，周便拿别的事参纠威胁他。林福祚到省里极力请求开棺查验黄孔英尸体，当时开棺验尸是大事，安徽省几十年没有先例。后来江督沈葆桢请了一个八十多岁的验尸官查验，案情才真相大白。

《清稗类钞》

杀婶疑案

光绪中叶，常熟书生徐福孙因婶娘被杀而受到常熟县衙门逮捕审查。县令朱文川是个酷吏，声称证据确凿，应当判逆伦罪抵命。福孙不招供，他就严加酷刑，福孙实在熬不过重刑就按县令的意思胡乱招供。招供后被押送省府复审，到了省里他就喊冤不止。旧例：只要罪犯翻供就送交原审官重审，朱县令恼恨徐福孙，酷刑加倍，于是福孙又屈招了，等押到省里他又翻供了。像这样县审则供，省审则翻，屡供屡翻，折磨了三年，福孙死在狱中。死时手臂、小腿全断了，全身没有一处好地方。临死前哭道："招供必死，不招供也活不成。只是招了供，死后还背着杀婶的罪名。我本来没杀婶娘，再说被杀的真是我的婶娘吗？我怎么会有这么个婶娘呢！"

福孙居住的常熟某村，村子偏僻，只有十几户人家，多半务农。只有福孙一个学子，福孙家境又富足，全村首屈一指，性情吝啬高傲，跟邻居不和。不过村民们都知道他是冤枉的，只是怕受株连而不敢挺身做证。福孙的前婶早死，留下一女巧珠。继婶前夫是太平军头目，她弃夫来到徐家后，福孙曾说过："叔叔还是叔叔，婶子却不是我的婶子，我是清白丈夫，发誓不跟贼妇说一句话！"叔叔知道这话就跟福孙分一宅为二，各立门户，一墙隔开，二十多年相安无事。案发前一天，叔叔因有事要在外地过夜，他担心后妻孤寂，临行前把嫁到前村的巧珠叫回家作伴。第二天早晨叔叔回家时太阳已经老高了，门还没开，他用力敲打，无人答应。破门而入，见后妻脖子断了死在床上，却找不到巧珠。后来听到屋后有呻吟声，急忙去看，见巧珠肩上有刀伤，血流不止。问她，她说："昨晚睡梦中忽听院中有落瓦声响，吓醒了就喊：'谁？'话刚出口，刀就砍到我的肩上，晕过去了。醒来后恍惚听到继母喊叫：'有什么对不起你的，却要杀我？'接着听到床上打斗声很急，过了很久，一切都静下来了，心想继母遇害了。我伤痛起不来，也不知凶手是谁。"听了这些话，叔叔有点怀疑福孙。一查，箱里二百两银子不见了；屋角有一把皮匠削皮刀，正是昨天福孙雇用的那个皮匠的；墙下有碎瓦，墙外就是福孙的院落，靠墙的梯子还没撤；福孙家女佣说："今早为主人洗衣时，衣服上有斑斑血迹。"四证俱在，县令便据此断定福孙是凶手，不容置辩，威逼成供。但是，村民们知道，福孙的继婶的前夫曾多次乘叔叔不在家去要钱，那人跟福孙的继婶交谈时用粤语，谁也听不懂。案发当夜，有人见那人在福孙家墙下蜷伏一团。显然，那人是黑夜跳墙，误入福孙院内的，捡到削皮刀，搭梯越墙，踩落瓦片，听到喊声，砍了巧珠；继婶不给他钱，二人争吵起来，他杀死了她，窃银而逃。

《清稗类钞》

求宿受冤

大同府西城外有个道士夜间赶路，到一个村里求宿，主人不肯留宿，他就请求暂时在门外车棚里住下，主人答应了。第二天，主人家里发现丢了珠宝和一个女人，急忙寻找道士，到处搜查，终于在几里路以外的枯井边发现了血迹，叫人下井察找，在井里找到道士，只见道士身旁身首两断的女人正是失踪者，就把道士抓送官府。道士受不住酷刑，就招供是他杀的。官府定了案，认为不会有疑议。新邑宰到任后查阅此案，没发现赃物记录，疑心人不是道士杀的，便三番五次提审道士，道士只说前生欠她的命，无话可说。反复审问，道士才说了实话：那天夜里他投宿后，寂坐未睡，突然看见主人家墙角出现一个长身大汉，左手拉着个女人，身上背着珍宝包裹，走上了大路；道士疑惧被主人怀疑，就趁夜黑逃了，迷了路跌进枯井里，不料那个女人也在枯井中，已被杀死。

邑宰就派干练的官吏到村里查访。有个老太太听说城里来了人，却并不知道是官吏，就问："那个道士杀人案怎样了？"官吏诳她说："昨天已经在街市处死了。"老太太失口说了声："冤枉了！"官吏觉得话中有话，就追问老太太，她说："现在要是抓到那个窃贼，会怎么样呢？"官吏说："案犯已经处决了，即使抓到真凶也不敢再审了。"老太太说："看来说也无妨了，那女人是我儿亚三杀的。"官吏访清内情，就逮捕了亚三，起出赃物。案子了结后道士被释放了。

《清稗类钞》

游僧利金

仪征县有位少妇长得俊美，一个商人的儿子见到后就喜欢上了，找了个老太婆牵线，少妇就答应了，约定一个夜晚在少妇家幽会。商人的儿子给少妇一包银子，说："见面那天晚上给我备好酒菜。"到了约期，少妇的丈夫离家回避了，少妇打开门，点亮蜡烛等着。商人的儿子没来，她就上床休息一下。剩余的银子放在蜡烛旁边，包皮破了，银子露了出来。有个游僧沿途摇着大铃路过少妇家，见房门开着感到奇怪，进屋一看，为那银子心动了。到厨房一瞧，没人，只是菜蔬、果品、酒肴俱全；又看见一把刀，于是拿了它，把少妇杀死在床上，然后吹灭蜡烛，拿了银子，提着少妇的头走了。接着那个商人的儿子赶来了，上床一摸，血淋淋的，摸到肩部，大吃一惊，立刻跑掉了。他跑回去，家里大门已经关上了，再三拍打才进了家门。

第二天早晨，少妇的丈夫回到家里大吃一惊："喜欢并得到了她，为什么又杀了她呢？我何不去问个明白？"于是他就到商人家去，大门还没开，门上还有血掌痕迹，他就大喊："商人的儿子杀了我的妻子！"然后到官府报案。官府把商人的儿子抓去审讯。商人私下问儿子，儿子告诉他实情，商人说："只是没有找到死者的头，找到就会放你的。"然后商人到处拜访捕役，贿赂他们，重悬赏格招募能抓凶手的人。过了很久，一个打渔的献上一个女人的头，很新鲜，是他妹妹的头，原来那渔夫杀了妹妹来应募领赏。官府查明后即打死了渔夫。过了一阵子，有人告诉商人有个和尚杀了人，把头扔进了枯井。和尚立即被抓来，从枯井里找到男女人头共五六个，但一个也不像。官府把和尚依法处死，而商人儿子仍然囚在狱中。

一个村子里新住进一个和尚，谁也不知道他从哪儿来，他跟乡里人很亲近。有个村民从城里回来，说起被抓起来的和尚杀人的事，这位新来的和尚神色慌张，后来说："如果杀人太多，老天不会饶恕，我这辈子只杀过一个人。"那个村民问他，他说："一个女人，我贪她银子而杀了她，把她的头扔进了枯井。"那个村民把这话告诉了商人，商人把和尚抓来，在少妇家仅几丈远的枯井中找到了少妇的头和那把刀。游僧被处死，商人的儿子被释放了。

《清稗类钞》

囚徒高中

清朝吴存义任浙江督学的时候，曾经到嘉兴县视察。当时海盐县有一个童生无罪而被关进监狱，遭受了残酷的刑罚折磨。吴督学察知他的冤屈，点名点到那个童生的时候，故意问提调官那个童生在哪儿，提调官回答关在狱中。吴督学大声训斥他："秀才有罪，应该交由学使详审之后除名，而今不经学使详审除名竟擅自关进监狱，这是什么规矩！今天这位秀才如果不能来参加考试，老夫就停考参奏。"提调官吓坏了，立刻通知县令把那个秀才从监狱里放出来。那秀才被带来了，蓬头垢面，俨然是个重囚，吴督学叹息不已，抚慰他说："你如此蓬头垢面，都是老夫教规不严造成的。"提调官和县令面面相觑，很难为情，一句话也不敢说。发榜以后人们得知，那位秀才以优等成绩考中了。

《清稗类钞》

公捐知县

清朝自从开了捐官先例以后，花钱买官的人越来越多。一个县令，每年收入几千两银子的算是瘦缺，肥缺多达十万两，敢于受贿的多达几十万两。山阴县的蒋渊如此早已垂涎三尺，只是苦于捐官费用太大，只好找他的朋友们商量，聚资上捐，采用最新花样以求最优班次的候选知县。他和四个朋友约定：由他任县令，唐文卿任刑幕，陈柏生任钱幕，王平斋任钱漕，吕少川任门稿，这样可以避免巨利被他人分享，而他们之间则按捐资多少分配赢利。商量妥当又在神前歃血定盟。几个月后，他们得到了某县，是个肥缺。到位后，五个人按照先前的约定各司其职，舞文弄法，狼狈为奸，每年榨取民脂民膏达二十多万两银子。三年考绩，蒋渊如因为贪赃被革了职，但是，他跟唐、陈、王、吕四人已是满载而归了。不料，回乡途中唐、吕二人染上瘟疫死在旅馆里；蒋、陈二人回到乡里第三天，对饮大醉，厨房起火，宅院烧光，死于非命；王平斋回家以后，查明妻子跟别人通奸，天天叫骂不止，一天，碰到妻子的情夫在屋里，大怒，就拿出刀来砍死了妻子，不久因为后悔而自杀了。

《清稗类钞》

科场贿卖

康熙五十年，江南乡试，正主考是左必蕃，副主考是赵晋。九月九日张榜，解元是刘捷，苏州郡中举十三人，舆论大哗，认为赵晋与噶礼总督一起贿卖关节。二十四日，一千多名生员在玄妙观集会，推举廪生丁尔戬为首，让人抬着五路财神像进入府学。府学遍布告示劝谕，众人拒不接受，他们被关押在明伦堂，争作歌谣联语嘲讽此事，很快传遍街市。有一联最妙：“左丘明有眼无珠，赵子龙浑身是胆。”还有人用纸把贡院匾额糊上，改写“贡院”二字为“卖院”。噶总督见人情汹汹，情知众怒难犯，不得已而报告朝廷，并把丁尔戬等人监禁起来，准备用诬告反坐之罪处罚他们。圣旨下达后，派钦差阁部张鹏翮会同督抚严加查办。而张鹏翮因为儿子是安庆府知府却偏袒噶总督，想隐瞒事实真相。由于江苏巡抚张伯行深究严察，不怕革职，噶总督一伙才被剪除。

《清稗类钞》

治清获释

乾隆中叶，湖南有个高治清，在乡间教书，很喜欢著书立说。有位巡抚大人听说他的事，心想，清朝以“清”字为国号，而高氏却取“治清”为名。因而怀疑他跟曾静、张熙等有瓜葛，便派人去逮捕他，抄了他的家，抄出了高氏所著的《沧浪乡志》。差役们献上书后，巡抚大人开始翻阅，觉得书中很有些讥刺时政的话，于是罗织罪状，以“大逆不道”的罪名呈奏皇上。只有布政使叶佩荼怀疑此案，他详细翻阅全书，认为确实没有诋毁词意，而且书中有“圣德涵濡，恩周薄海”之类歌功颂德的话，只是没有提行书写，就在此处贴上标签进呈皇上。乾隆皇帝阅后传旨：“书中并无谤讪谋逆之词，其颂扬语漏未抬头，自系乡曲陋儒，不知著收体例之故，不得以是为罪。”这样，高治清才被无罪释放。

《清稗类钞》

藏祖诗遭杖徒

乾隆四十七年五月，安徽巡抚谭尚忠参奏歙县生员方国泰藏匿他五世祖父方芬所著的反叛诗集《涛浣亭》，并奏请将方芬“刨坟戮尸，将方国泰按照知情隐讳大逆罪，立即斩首”。乾隆皇帝在谕旨中说，诗集里“征衣泪积燕云恨，林泉不共马蹄新”，“乱剩有身随俗隐，问谁壮志足澄清”等句子，虽然隐约其词，有厌清思明之意，但不过是书生遭遇战乱，流离转徙，发泄心中不平而已，并未公然毁谤本朝；方芬一生老于贡生，抑郁不得志，借写诗发牢骚也是有的，但如果判他大逆不道之罪，那么杜甫诗集中穷愁潦倒的话最多，即使孟浩然也写过“不才明主弃”的诗句，难道能一概视为大逆不道吗？乾隆认为从前查办河南祝万青家祠匾额对联以及湖南高治清所刻印的《沧浪乡志》，一味追求字句，惩办太过分，屡次降旨通告各位总督巡抚，难道谭尚忠不知道吗？此案交刑部核实上奏。刑部核查上奏，认为方国泰“收存违禁之书”，“大逆知情不首”，“照律量减一等，杖一百，徒三年”。

《清稗类钞》

赓芸自缢

乾隆年间，李赓芸在福建任汀漳龙溪道员，当时龙溪县发生械斗案，黄县令庸懦，无力解决。当时有位候补县令朱履中，外表和善，内心奸狡，李赓芸却并不了解这一点。就请示上司调朱履中去龙溪赴任。朱履中到任已经好几个月了，竟也没能解决械斗案。李赓芸升任藩司后认为朱履中无能便降了他的职。朱履中曾经亏空盐税五千两银子，漳州太守毕所说曾经接受过朱履中的贿赂，李赓芸的仆人又曾因为修船缺钱而私自向朱履中借过银子，到朱履中被降职的时候，朱履中无法发泄气愤，就向两院揭发，说亏空的五千两银子是被道府勒索去的。总督汪志伊记起旧怨，撤了李赓芸的职，同时授意福州太守涂以辀，让他对李赓芸严加审讯，逼迫李赓芸当堂对质，李赓芸气愤不过，自缢而死。士民在门前哭祭喊冤，这事被朝廷知道了，皇上派侍郎王引之查办这事，朱履中伏法抵罪，总督、巡抚等官员也都受到不同的处罚。

《清稗类钞》

朋党相蔽陷无辜

咸丰年间，四川合州七涧桥有家姓鞠的，公婆、儿子、儿媳居住在一起。一天夜里，婆婆向氏一觉醒来不见了丈夫，起来一看大门房门都开着，急忙叫醒儿子出去看看。儿子去了很久也不回来了，向氏大惊。天亮出去一看，儿子、丈夫都被杀死在大门外几十步远的道边，立即报告合州衙门。但是很长时间查不出凶手，太守催逼很急，知州荣雨田担心期满查不出凶手受处分，就跟刑幕策划消灾对策。刑幕叫他找老于世故的刑吏陈老伦谋划，知州就以赏银五百两和升官为条件叫陈老伦办理。陈老伦因为官司与向氏认识，到向氏家看了很久，回来后偷偷找个媒婆去说服向氏让儿媳妇改嫁。向氏为缓解家中拮据和攀附公门打官司就让儿媳改嫁了陈老伦。

儿媳嫁给陈老伦后生活安逸，不再劳作辛苦，只想久安，不再思念前夫。陈老伦诱骗她说她丈夫和公公是被向氏和奸夫谋害了，并要她出庭作证。第二天，向氏又催逼州官尽快破案，州官大怒，拍案道："已经查明，是你和奸夫谋杀了丈夫和儿子，奸夫已经抓到，还敢抵赖！"向氏大惊，大喊冤枉。知州吩咐带奸夫对质，差役带上一个壮年男子，那男子详细述说与向氏通奸和谋杀经过。向氏拒不承认，受到残酷拷打。州官又叫向氏儿媳作证，向氏惊呆了，熬不过酷刑折磨便屈招了。衙门内外和民间都知道向氏冤枉，谁也没有办法。向氏有个弟弟想为姐姐伸冤又不敢，只好写出讼词给九岁的外甥女，引导她上告，但州府朋党为奸，无法伸冤。一天，九岁女孩在路上喊冤喊到了四川总督黄宗汉轿前，黄总督打发女孩回去。他将此事批交按察使处理。后来他偶然到臬台衙门，发现按察使等人在刑讯女孩，逼她自认诬告。女孩不肯，竟被打得脸颊上的肉都脱落了，衙役们还是殴打不止。他建议别光打女孩，也应审讯别的案犯，按察使只好叫审那"奸夫"。而那奸夫却肤色鲜肥，根本不像囚犯。黄宗汉吩咐用刑，板杖刚刚打下来，奸夫就实招了刑吏买通他冒充奸夫的始末，众人大惊。但是找不出真正凶手，还是无法结案。黄宗汉开始了私访，并让县令李阳谷亲自去查，李县令乔装打扮到了七里涧，在旅馆里听到隔屋一男一女狂欢高谈，才知道凶手当时偷了鞠家的被，鞠氏父子前后追出被他砍死，然后远逃了，现在以为万事大吉了。结案时州官、刑吏都受到惩处。

《清稗类钞》

讼媳取辱

清朝有个讼棍孙振斋晚年休业在家。有一天，突然跟寡居的儿媳口角起来，跑到县衙门控告了儿媳。他当时以为女人好对付，而且自己是长辈，必定胜诉。哪曾想审讯时他详细述说了儿媳的过失之后，儿媳一言不发，只是一个劲地哭泣。县官感到奇怪就审问她，她说："家内之丑怎么能在大庭广众面前宣扬呢？他对我欲行不轨。"县官大怒，训斥孙振斋无耻，叫他滚出去。他指着儿媳骂道："恶妇，想不到我一世英名竟败在你手下！"儿媳笑着说："你儿子已经死了，我继承你的衣钵，你骂什么呢？"孙振斋愤愤地回去了。

《清稗类钞》

姑太太被杀

江宁县训导季广文有个妹妹远嫁外地，有一次到广文家，广文让她单独住一个屋，家人都称姑太太。过了几天，一天快到中午了姑太太还没起床，广文叫女仆去看看。女仆去了，见房门大开，姑太太躺在血泊里，是被人刺死的。箱柜都被盗光了，腕上金镯子也不见了。女仆吓坏了，跑去告诉广文。广文吩咐把府邸大门关紧，不许训导署中任何人出入，并到各处搜查。查到厨房，见厨师身上有血迹，就误认厨师是凶手，其实他身上的血迹是为姑太太杀鸡鸭沾上的。季广文对他私刑拷问，然后送到上远县衙门查办。县令曾经跟广文有隔阂，审讯时暗示厨师借机诬陷广文。厨师明白他的意思，一想最终自己也是个死，不如同归于尽，于是供认："姑太太被刺死，我作帮凶是真的，但主谋是季家三位公子。他们贪得姑太太钱财，叫我杀她，我也曾分了一份钱财。"县令听了假装愤怒，拍案大骂："胡说！"吩咐用刑，厨师又说："我的话句句是实情，求您明察。"县令马上带着衙役亲自到广文的公署面见广文，并故意问他有几个儿子，广文回答有三个。县令说："何不叫来一见？"广文把三个儿子都喊出来，县令却要告退，并对广文说要他三个儿子到衙门跟厨师对质。广文刚想争辩，县令指挥衙役押走兄弟三人。不久传令将兄弟三人跟厨师一起关进监狱。当时广文已经八十多岁了，由于痛心妹妹死于非命和儿子进了监狱，就在公署吊死了。县令仍然用酷刑逼供，按所招罪行分别处罪。过了几年有人到安徽省卖赃物，一打听才知道他是姑太太的本家侄儿，因为借钱不成就杀死了姑太太。

《清稗类钞》

❀ 儿媳诬翁

江苏木渎镇有个富户陆翁，开了个酱园，掌管园务的是他的儿子。儿子不到三十岁死了，于是一切园务都由儿媳汪氏掌管。汪氏年轻守寡，跟邻居的一个青年私通，有时夜间那青年来了，就藏在她的卧室。日子长了婆婆知道汪氏有私情，只是不知道男的是谁，想找机会捉奸，又因为疼爱儿媳而不想让丑事公开，就用委婉的语言暗示她，让她自己了断。

汪氏一向自称贞洁，听到婆婆的话很羞愧，就谎称公公跟她私通。她公公虽然年老，却很风流浪荡，没有一天不涉足娼家，家里人全知道。婆婆听了儿媳的谎话，相信了，就骂道："老蠢才污辱了我的儿媳，败坏家风，辱没祖先，怎么做人？我一定要他无地自容。"当晚陆翁回家，老伴就大声斥骂他，陆翁极力辩白，老伴始终不信他的话。陆翁气愤极了，就想捉奸自解，于是日夜监视儿媳。汪氏担心败露，预先防范，使陆翁捉不到。半年后，汪氏怀了孕，想方设法堕胎却没堕成，到了日子就生下来了。婆婆大惊，一再追问，汪氏哭着咬定："公公连累了我。"婆婆火透了，把陆翁叫来大骂，陆翁极力辩白，汪氏硬是一口咬定。几天后，这丑闻传遍全镇，洁身自好的人都瞧不起陆翁，有人甚至讥笑他。陆翁气愤不过，把事情的始末都写在遗书上然后吊死了。过了一天陆家人才知道这一切，婆婆也终于明白被儿媳欺骗了。搜查儿媳卧室发现了一张照片，才知道奸夫是邻居的一个青年。派人去抓他，他正好因为有事到外地去了，于是把汪氏捆起来送到官府，官府到处抓不到那个青年，就结了案，把汪氏判了绞刑。

《清稗类钞》

❀ 叔诬侄媳

遵义的伍子衡家境贫困，教书为业，父亲双目失明，母亲年老体弱；妻子性情慈善，能守妇道，纺织勤勉，被邻居称为贤妇。有个当官的掌管文书的老同学知道他贫困，就写信叫他去。过了几年，伍子衡音信全无，家境更困。一场瘟疫，父母相继去世，子衡的妻子因无钱安葬公婆而守着尸体痛哭。邻居知道了就劝她去求叔叔，而她叔叔一向吝啬，不但不肯帮忙，而且说了许多难听话。邻居中有个青年很恼火，跟那位吝啬的叔叔争吵起来，后来又倡议其他邻居，凑钱安葬了伍家二老，不料那位吝啬叔叔却到伍家辱骂，众人非常气愤，都想揍他，他狼狈而逃。

又过了几年，伍子衡回来了，妻子把家里发生的一切都告诉了他，他很受感动，就去向四邻道谢。后来遇到他叔叔，叔叔说子衡妻子跟邻居的那个青年私通，子衡心里明白，就没说什么。几天后的一个深夜，一个盗贼闯进伍家，子衡被惊醒就去追赶，结果被盗贼杀了。妻子号哭不止，邻居们都跑来，并替她报案捉拿凶手。子衡的叔叔也去报案，告邻居那个青年因为奸情杀死了伍子衡。县衙把那个青年和子衡妻子抓去审讯，不招供就酷刑拷打，二人受不了酷刑，屈打成招了。于是判了死刑。一天，有人在张家忽然发现了伍子衡曾经佩戴的玉扇坠儿，非常疑惑，察看一下张家，有很多赃物，其中也有伍家的东西，于是人们议论纷纷，聚众到县衙告状。经审讯得知，就是姓张的杀了伍子衡。案情上达后判处姓张的和伍家叔叔磔刑。

《清稗类钞》

“羽士”之死

清朝末年，宁德县杨绍煊家境富实，住宅后面有座幽静阔大的花园，花园旁边有大池塘。有一天夏天，一个羽士到杨府乞讨，给多少他也不满足，杨绍煊赶羽士走，羽士就骂他，家人一气之下又鞭打了羽士，那羽士就装死躺在农田边上。过了许久，羽士踉跄而去。第二天，人们在池塘中发现一具尸体，穿着羽士服，村民不敢隐瞒就告诉了里正。里正过去曾经跟杨家打过官司打输了，一直想找机会报复。而且听人说过他家鞭打羽士的事，于是到县衙门告杨绍煊把羽士打死在池塘里。县令得到消息，立即派人把杨绍煊抓起来整天拷打，替他辩白的也遭到同样下场。杨绍煊受不了酷刑，屈打成招。

定案那天，正好那位羽士又来到宁德县，里正知道了，怕事情败露就给了他些钱打发他快走，人们并不知道这回事。后来县里把案情上报到郡里，郑郡守素来清廉正直，见了案情疑惑不解，便派人挖出尸体察验。发现后背有盆那么大的一片伤痕，好像是椎击而死。当时里正在场，吓得脸色灰白就强辩不已。郑郡守认为，如果是杨绍煊鞭打致死，那么“羽士”的后背不会有椎伤，其中必定另有原因，他怀疑这事是里正干的。于是，审问里正，里正矢口否认；用刑拷问，里正仍旧拒不承认。郑郡守了解到里正一向迷信鬼神，就叫人夜里到里正家假说鬼话，里正吓坏了便说出了真情：死的那个人并不是羽士，而是里正的朋友，里正曾借他不少钱，那天他向里正讨债，里正还不出钱，就椎死了他，并给他穿上羽士服扔进了池塘里。这样，郡守就释放了绍煊，依法判决里正。县令和那些做伪证的人都受到处罚，羽士从此逃之夭夭。

《清稗类钞》

恶人告状

有一天，一个乡下老人王义到连江县衙门大堂前喊冤，说他的继子王质向禁烟委员林道委诬告他私种罂粟罪，县令郑赞园一听，立即吩咐备车前去，叫王义随后跟着。车子走近王家祠堂，见乡民聚集在一起，围住祠门，车子挤不进去，郑县令只好步行进入祠门。他见林道委、王质都在，就坐下，林道委表情非常愤怒，告诉他：“王质告他叔叔私种罂粟，我想去看看，可是乡民们却堵住祠门，不许出去，不严惩为首的，以后各乡都不能去了。”说完想起身出去，郑县令笑着制止了他，对王质说：“你叔在这里，你为什么不当着我的面证明你叔私种了多少亩罂粟？有我在，你叔不敢报复你，而且我还将重重赏你，你可以得赏而回。”王质说：“我叔刚愎自用，我多次劝阻他也不听，我现在是怕受连累才来禀告，不是为了奖赏。”郑县令又问：“你能带我去察看一下吗？”王质回答：“我叔同伙太多，门外都是帮我叔的人，我要是出去，必定被他们围起来刁难。”郑县令就对王义说：“你如果没犯法，那又为什么要众人阻拦朝廷官员而不叫他们散去呢？我要先治你违抗罪。”王质听了这话非常高兴。王义却气愤地出去了，郑县令叫警卫跟着他，偷偷安慰他。王义到祠门外喊道：“各位乡邻暂时回去，让县官出来，县官明察，将为我雪冤。”众人不信，王义就走近其中一个年岁大的乡邻，跟他耳语了好一阵子，年岁大的那个人又告诉大家，众人才散去了。

到了田间，王质指点着哪些田块是王义种罂粟的。过了很长时间，郑县令突然问：“你家住哪个屋？”王质变了脸色，没有马上回答；郑县令大声催问他，他就指了指粮仓旁边的小屋。郑县令立刻站起来，叫林道委一起走进王质的小屋，见到一个妇女神色慌张，正用手摸灶下，到跟前一看，是一捆罂粟种，有的没破开，有的已经破开，床下放着一个鸦片烟盘，还有烟膏以及烟具等，一切俱全。郑县令叫人拿出这些东西，王质见事情败露，脸色十分难看。王质还想狡辩，郑县令叫人搜查。把王质押到县衙门后，许多人纷纷告他陷害叔父，邀功取赏，盗牛偷菜，无恶不做。寻检旧案，有王义告王质抽大烟，荡尽产业的卷宗，有一尺厚。于是王质被关进了大狱。

《清稗类钞》

学师误改御制文

有一位狡黠的学生不尊敬官学老师，老师多次告诫他，他总是假装成很吃惊害怕的样子。把文章都拿给老师请求批阅，老师相信了他的诚意，给他评改，改动了很多地方，不料这些文章都是皇帝做的。学生便以擅自改动皇帝的文章为由控告了老师，使老师几乎遭到不测之祸。于是老师拿出大量钱财贿赂各有关人员才平息了这件事。

《清稗类钞》

某侍郎倒拜门

某侍郎家中本来富有，每年的收入又很多，他做官，没通过科举考试的途径，却好当别人的老师。正式算做他的弟子的人很多，大家都互不相识，交纳金钱作为学费，这就是习惯上所称的拜门。再说，他不计较学生向老师致送的礼物的多少，因此许多人都拜他为师。光绪元年秋七月，某侍郎到了汉口，刚开始住在旅馆。后来因为他的妻子从京城到此，于是在后花楼某乡里租了一间屋子，和他的朋友居住在一起，只不过租赁了楼下一间简陋的屋子罢了。汉口的豪强、士绅、富商只知道他是达官贵人，都争着想送见面礼到他的门下。有一个姓周的人，居住在城里，起初也想让他的长子拜他为师，为将来的出路做好准备。求人介绍说，需用一百元银币作为见面礼。某侍郎听说这件事非常高兴，认为已有成约了。不久，周某听说他居住的地方很简陋，不是宽广的屋子和细毡，就怀疑他是江湖游客自我炫耀职位和品级来诈骗钱财的，于是犹豫不决，没有前去。某侍郎昼夜玩乐，正为缺乏钱财而发愁，天天盼望着这一百元银币来补不足，便让中间人催促他。于是约定日期，由中间人带领周氏长子到某侍郎居住的地方，完成弟子拜见老师的礼仪。然而等到了期限，竟然失约，某侍郎彷徨不知如何办，于是和中间人商量，让中间人带他进城，亲自到周某家，让中间人进入他家内室，用威胁的口气要挟他，迫使周氏长子出来拜师，匆匆忙忙完成拜师礼节，怀揣着百元银币回来了。有知道这件事的人都称此为"倒拜门"。

《清稗类钞》

青帽党

上海有青帽党，不论人家有喜事或丧事，必定结伙去勒索，不能满足他们的欲望，就想方设法损害对方，有放水灯、竖烟铳等名目。强者或许能侥幸逃脱，弱者只有忍气吞声，即使遭受损害，还是害怕他们报复，闭口不敢说话。

《清稗类钞》

七十人命文字狱

明朝相国朱国桢曾经编写明史，已刊印发行部分称《史概》，未刊印部分是《列朝诸臣传》。明朝灭亡以后，朱家衰落，把书稿卖给庄廷钺。朱家很富有，就用自己的姓名替换了原书作者，变成自己的作品，补写崇祯一朝史实，刻印出版，其中有许多指斥清朝的词语。康熙二年，归安知县吴之荣被罢官，谋划告发邀功，借此以图东山再起。他向杭州将军松魁告发此事，松魁询问巡抚朱昌祚，朱昌祚吩咐督学胡尚衡查究。庄廷钺得知后对这些官员施以重贿而幸免，把书中指斥朝政的话稍加修改后重新刊印。吴之荣一计不成，又施一计，专门购买到初刊本交到主管部门，于是案情传到了上面。

朝廷派刑部侍郎主审此案。这时庄廷钺已经死了，刑部就派人暴尸戮骨，并杀了他的弟弟庄廷钺。前礼部侍郎李令皙曾经为书作序，也遭到杀戮，他的四个儿子无一幸免。吴之荣平时跟南浔一个富户朱佑明有私怨，于是嫁祸于他，并指名作证，朱氏及其五个儿子一起被杀。松魁被革职，他的幕僚被斩首，朱昌祚、胡尚衡委过于督学官而幸免，归安、乌程两府督学被斩首。这个案子，受牵连而被处死的有七十多人，这些人的妻女也都被发配到边疆。

《清稗类钞》

补"天"遭诛

乾隆五十二年十一月，新昌府王泷南揭发举人王锡侯删改《康熙字典》，另刻《字贯》来补充字典的不足之处，并认为这本来就是当时文人们所嫉恨的事情。乾隆查阅进呈朝廷的《字贯》，第一本序文凡例中，把圣祖、世宗庙讳及御名开列出来，实在是大逆不道。当即命令把王锡侯铐起来押解到京城，交刑部审讯。审讯结果，对王锡侯及其子孙都重刑处死，毁掉书版，禁止出售。同时有很多人被牵连治罪，对两江总督高晋、江西巡抚海成、布政使周克开、按察使冯廷丞等以失察罪革职查办。

《清稗类钞》

"一柱楼"诗案

东台县举人徐述夔著有《一柱楼编年诗》，多半吟咏明末时事，其中《正德杯》诗里说："大明天子重相见，且把壶儿搁半边。"还有"明朝期振翮，一举去清都"的诗句。乾隆四十二年，东台县令上奏此事，朝廷当即传旨说："'壶儿'就是'胡儿'，暗含诽谤意味；借'朝夕'的'朝'作'朝代'的'朝'；故意不说'列清都'而说'去清都'，显然有兴明朝去清朝的意思，其他许多话也违背圣朝规定，实在罪大恶极。"当时徐述夔已经死了，朝廷就将他连同刻印他遗诗的儿子徐怀祖一起戮尸。徐述夔的孙子徐食田、徐食书以及担任过校对的徐首发、沈成濯和江苏藩司陶易之，改稿幕友陆炎均被斩首；陶易及扬州太守谢启昆，东台县令涂耀龙均被革职；皇上还因为沈德潜曾为徐述夔作传，赞美他的品行文章而大怒，一并免去他的官爵封谥，毁掉他的祭葬碑文，撤掉他的乡贤祠的牌位。

《清稗类钞》

著书遭横祸

博野人尹嘉铨由举人开始做官，做到京卿。乾隆四十六年，以布政使的官衔退休。乾隆皇帝南巡时，嘉铨叫儿子送上奏章，为父亲尹会一侍郎请求谥号，并请列于孔庙祭祀。乾隆大怒，派英廉、袁守侗两位大臣检查尹嘉铨所著各书，发现有悖谬之处，下谕旨道："朋党为奸自古以来是天下大患，先后世宗曾有过这方面论述，从世道人心考虑，作了明确训示。可是尹嘉铨书中竟有'朋党之说起，父师之教衰，君亦安能独尊于上'的语句，简直是颠倒是非，公然违抗先生教诲，而且书中'为帝者师'的语句，俨然以师傅自居。且不说从群臣大义来看不该如此胡言乱语，即使就学问而论，朝廷内外群臣百官也各有公论，尹嘉铨能做我的师傅吗？从前韩愈曾说过：'自度世无孔子，不当在弟子之列。'尹嘉铨把我当成什么样的皇帝呢？还有，他所著的《名臣言行录》中，把本朝大臣诸如高士奇、高其位、蒋廷锡、鄂尔泰、张廷玉、史贻直等全部罗列出来，用本朝的人来品评当代人物，将来子孙后代的怨恨就会由此而产生。此外，他在山东任藩司官职期间，曾当面要求赏他顶戴花翎，竟敢在我面前自述他对妻子说过的话：如果不能得到赏赐，没脸相见，等等。当时他一点也不觉得羞耻，我非常瞧不起这个人，实际上是从那时开始的。至于他借口说梦中神仙告诉他是孟子转世，理应传孔子之道，以及我撰《古稀说》，而他却自号古稀老人,还娶了年过五十的处女为妾。所做的种种荒唐事,正像少正卯一样,言辞虚假诡辩,行为怪诞固执,势在必诛。先前,他经我保全退休回乡,本来应该安享晚年,却如此恶贯满盈,自我暴露,这真是天理昭彰,可以做为天下盗窃虚名胡言乱语者的警戒!"命令将尹嘉铨立即处以绞刑。

《清稗类钞》

白昼遭劫

有一个姓张的人长年在外地经商,因突然患重病而想回家,却又不能骑马、步行,于是租了一辆手推车,带着五千银两,两个脚夫载着他上路了。走到新郑城,两个脚夫到市上去吃饭,那姓张的一个人守着银两躺在车里。一个人从车旁路过,看着那姓张的身边没有别人,便抢了银钱就跑。姓张的无力抵抗,费尽力气挣扎起来,远远地尾随着那个人。进了一个村子,再跟上去,见那人进了门,自己却不敢进门,只好在短墙外偷看。那人放下银钱,一回头,见到姓张的在偷看,恼火地抓住他,说他是贼,捆起来送去见石县宰。石县宰问那姓张的,病人详细陈述了冤情,可是石县宰认为查无实证而把他轰出去。那姓张的嘟哝着"官府黑白不分"。石县宰置若罔闻,想起那个先告状的人赋税没有交上,只派衙役严加追索税银。过了一天,那人交来三两银子,石县宰问他哪来的银子,他说是当了衣服卖了器物所得,并一一指名道姓为他作证。石县宰从交税人中找到那人的一个邻居,问他能否证实,邻居回答不知有此事。那人害怕了,看着邻居说:"我当的衣物,卖的器具,你难道没听说吗?"那邻居说:"对对,本来听说过。"石县宰大怒,吩咐取刑具,那邻居吓得魂不附体,只得实话实说:"他的确抢了那个姓张的银钱。"于是释放了那位邻居,让那人把银子还给了姓张的。

《清稗类钞》

随马寻盗

康熙年间,京城里有个姓武的,带着钱财,驾着一车一马到南花园贩米,投宿到董之贵家。董之贵贪慕他的钱财就杀了他。当夜用他的车载他的尸体,驱赶着他的马,拖到别的地方去了。那位姓武的父亲后来在路上发现了儿子的尸体,在一个姓刘的家门口找到了马,于是拉住姓刘的进官府打官司。办案的是刑部汪蛟门和主政懋麟,他俩说:"杀了人竟把人家的马放到门前,这不合情理。"二人暗中到南门外察访,放马前行,二人尾随马后,那马到了董家,奋蹄跃入。于是,把董之贵抓来审讯,董之贵一一招供。

《清稗类钞》

库丁资银

清朝户部有三库,每年御史奉命稽查。库丁担心纠察出积弊,给御史的馈赠十分丰厚,此风长期蔓延,即使有清正廉洁不受贿赂的好官,也难于揭发积弊。道光二十三年,发生了一起库丁盗银的大案。张诚保当银库库丁，哥哥张亨智在正阳门外开万泰银铺，为儿子张利鸿捐纳知州，为几个朋友报捐，准备了一万几千两银子，嘱托族亲周二、张五运送户部银库。当时周二在库门外看守银车，叫张五陆续送银入库；张诚保在库内上秤报数，乘捐生拥挤的时候谎报二平为三平，七平为十平，一次共盗银四千两。正好有来不及交上的捐生银两，都从库门外运回，因而顺便盗出。银铺有个伙计叫张益生知道内幕，要求分钱，张诚保不答应，于是跟几个同伴向官府控告。案发后张诚保被斩首；张亨智发配戍边，家产没收；周二等人也被判了轻重不等的罪，库官全部撤职。又命令侍郎维勤清查银库，共计少了九百二十五万二千多两银子，历任银库官员、查库御史共三百多人都受到了谴责及追赔的惩罚。

《清稗类钞》

巡抚被杀

徐之铭做云南巡抚时，纲纪废弛，回族人与清军串通作恶，他一概包庇不问，逐渐反受其挟制。他的亲信副将何有保党羽一天天多起来，势焰嚣张，做恶多端，他竟无可奈何。云南大小官员升调病休出境时，其财物无一例外地被何有保一伙追劫罄尽，能逃得性命算是万幸了。好几年，有保等倚此为生。咸丰十年邓子久赴任贵州巡抚时，行李马驮等中途被劫，邓子久当时声称到京参奏。咸丰十一年，邓子久调任陕西巡抚。路过曲靖县借宿衙门公署，何有保听说邓有“参办”的话，暗中唆使党羽史荣、戴不堂夜间率领众喽罗闯入公署，杀死邓子久，并把他所带的衣物旅费抢劫一空。而徐之铭上报案情时故意推脱罪责。朝廷屡次降旨，先后派总督刘源灏、张亮基等查办。直到同治元年才将史荣、戴玉堂抓获正法，将何有保戮尸，结案时徐之铭竟以不知内情而无罪获释。

《清稗类钞》

府署被窃

清朝末年，福建南平县发生一起府署失盗案。县令杨景濂接到举报后亲自去现场勘查。府署外面没有任何做案迹象，太守外出了，他的卧室被人砍破了窗户，丢失一千多两银子。叫人仔细察看，发现刀痕的地方有油荤，闻一闻，有油腻味。杨县令估计是厨房中人干的，只是不明说，只问厨房有几个人，必须由他带走，大家也不明白是什么原因。回到县公署，立即升堂讯问：“你们都住在厨房吗？”回答：“是。”又问：“你们夜里有起身的没有？”回答：“没有。”“听到别的声响没有？”“没有。”“曾有别人来过吗？”“有位管厨爷夜间来拿刀用。”“干什么用？”“说是砍竹子。”再问：“那位管厨爷是熟人呢，还是新来的？”回答：“是主人从京城里带来的亲信。”“平时有什么举动？”“那管厨爷好赌博，最近欠了几百两赌债。”

审到这里，杨县令吩咐把厨子们严加监押，带着健勇的衙役到府署，专找那位管厨爷。管厨爷出来了，衣服、鞋子华丽整洁，县令知道他是太守宠爱的人，不可威吓他，只说："有犯人的口供牵涉到你，去跟他对质。"那管厨爷还顽抗，仆役们为他说好话，县令吩咐健勇的衙役把他押走。进了内衙，县令婉言开导他，他拒不承认。县令大怒，吩咐剥下他的外衣裤，见内衣裤都是皱褶，说："可见荒淫。"又拍案问道："你夜里拿刀砍竹子，竹子在哪儿？"那管厨爷仍不承认，县令吩咐把那些厨子押来当面对质，管厨爷无话可说。县令吩咐用刑，管厨爷说了实话，供称那一千多两银子昨夜被他盗了去，还没用完。县令问："剩下的银子在哪儿？"他回答："在卧室的油缸下面，另一部分藏在厕所里。"当时已是五更天了，县令命令把他严密看管起来。天亮后，派人打开府署大门，直接到厨房，进管厨爷的卧室一看果然有油缸，挪开油缸，下面有砖，搬开砖就见到了银子；又按管厨爷的供词到厕所中，找到了另一部分银子。

《清稗类钞》

王克章为僧

清康熙年间，有个大盗叫王克章，行动迅速而有神力，往来荆楚两地，打劫行客，手下人特别多，纵横出没没有指定的地方，所以官府也没办法提防他。克章有胆略，善于口辩，他行劫有三不取，一不取辛苦财，二不取独身客，三不取妇女和小孩。所以他所劫的多半都是不义之财，并且也不取尽，一定会给对方剩一些财物，让人家也能生活下去，克章又不害怕人，常常到人家，流连一天，始终也没人伤害他，人没有不认识他的，但也不知道他的行踪，就这样有些年了。

一天，有一个督抚路过，装银子的袋子堆积累累，携带的东西有十几车。害怕克章给盗走，专门派了一百人护卫。宿在某站，早晨起来，这一百人都昏迷了，行装也丢失了大半。非常害怕，知道遇上了强盗，派出侦骑四处找寻，严厉命令地方官，务必搜出失物，抓住强盗。过了好多年也没有收获。忽然有人报告说附近山上有一个庙无缘无故被火烧了。这个庙本来已经荒废了，一个月以前忽然听到有人的声音，一个打柴的人偷偷地往里看，只见一个老和尚坐在蒲团上诵经。大火着起来时，乡里人都争着往里看，都暗暗地担心这个老僧的安危，但是始终不见他出来，火熄灭了，拨灰寻视，也没有尸体，才感到惊异，报告给官府。官府认为这个老和尚一定与抢劫案有关系，因此悬赏征召能找到老和尚的人。不久，这个老和尚忽然来了，要求见督抚，自己说："老僧不是行劫的人，因为弟子王克章怙恶不悛，特地来降伏他。老朽是世外人，世间的事都不过问。现在克章已经悔过，我的事就完了，从今以后永远不再同世人接触。你们的东西在一个山谷里，可到那里取回来。"说完这些话就走了。没有人敢留住他。于是派人到那个山谷中探视，只见深潭万丈，下面隐隐约约好像有东西，始终没有人敢去取，官府知道没有办法，于是不满意地走了。从这以后克章就一点消息也没有了，人们也就渐渐地把他忘了。又过了数十年，黄蘗山的一个石洞忽然出现一个老和尚，面目黧黑，默默地坐在枯枝败叶上，不说话也不吃东西。人们喧讲传说着黑和尚的神异，过了几天，无数人聚拢来观看他，问他姓名不回答，给他食物不吃，两眼下垂，不说话。有一个恶少以为他好欺负，折了一根稻草刺他的鼻子，忽然他睁开眼睛说："不要这样。我是王克章，现在就要离去了。"说完这话，又闭上了他的眼睛，只见两行鼻涕流出，已经圆寂了。

《清稗类钞》

漳州守为盗

康熙时，福建龙溪县有个富有人家，屡次丢失珠宝等贵重物品，案子很久没能侦破，官府追逼很严，捕役觉得很为难，请来了数名精干之人分路缉捕，而且嘱托大户人家帮忙巡察。某夜，时间很晚了，忽然有个持灯而来的人，身着短黑衣服，外罩一件蓝色袍子，路过一口井时，他把灯悬在井中，用袍子盖住，捕役在暗处蹑足跟在他身后。那人来到高墙下面，飞腾而上，不一会儿，背负一个小匣出来了，捕役跟踪着他，见他从漳州郡守府的后墙跃入。捕役不敢进府，命各位捕吏包围守住，天明后那人仍未出来。捕役将这件事秘密地禀告了县令，请求在清晨将府中的小吏杂役一一点名，看有没有伤额头的人。县令晋见太守，太守以有病为由辞而不见，县令说自己略懂医术，请求入内为他切脉。太守不得已，见了他。县令诊他两手的脉相没有异常，只见他用乌纱手帕裹住额头，微微渗出血迹。县令询问太守，他说："头疼。"县令非常怀疑，立即将此事禀明上级，详细地陈述了太守的情况。上级命令兵役包围官署搜查，搜出了真正的赃物，招失主认领。抚军将此事奏明皇上，皇上大惊说："知府中竟有这样的人吗?"皇上命令巡抚和制军对漳州太守严加审讯，才知道他从前是积盗。问他既然做了官为什么还这样，他说："故智复萌，情不自禁，这就是所谓经营余财没有满足的时候。"于是对他从重治罪。

《清稗类钞》

盗善走

姑苏阊门(江苏吴县城西北门)内有个大户人家，嘉庆二年的中秋之夜，忽然有三个强盗来到他家，三个人都手持凶器。他家的家奴全聚在一起，见那三个人蹲伏在屋脊上，于是他家敲锣召聚众人。三个强盗受惊而逃，一个人用肚腹贴着屋脊，像蛇一样游动，迅速无比；一个人以手代足，倒着身体而行，也很迅速；一个纵身跳跃，檐瓦无声。当时围观的人非常多，枪棍齐举，只抓住其中跳跃的那个人，不一会儿仍被他逃脱。第二天，听说下塘某个当铺的银房，被人洗劫一空了。

《清稗类钞》

家贼难防

江淮地区王某，以武科起家，官至都司，因为出事被削职，在家乡隐居，年纪还不到三十岁。他嗜好跑马，有匹马名唤雪花骢，是他做官时用千金购买的，一天能跑七百里，不出汗，很受他珍爱，即使是亲戚朋友也不借乘。王某住在山脚下，邻居非常少，他自恃有力，也不怕。很久，也没有强盗打劫。一天，来了一个妇人，四十来岁，说自己寡居数载，依靠侄子度日，侄子不学好，她不时担心挨饿受冻，希望留在他家做女仆。王某觉得她举止大方，不像其他村妇，同妻子商量，留下了她。这个妇人不随便说笑，和婢仆都合得来，针线活干得好，略懂书算，颇得主妇欢心。王某不久就让她管理财政出纳，财物的出入她都知晓。某天黄昏时分，门外人声鼎沸，王某疑心有强盗，想出门察看，这位女仆竭力劝阻，说他不应该开门揖盗，等到那些人进来后再做防御，到那时，主客不同，攻守异势，强盗就可以擒住了。王某认为她说的有理，就没有出去。不一会儿，强盗破门而入，王某持短棒守在睡房门口，当时妻子婢仆都躲走了，在他左右帮忙的只有女仆一人而已。强盗力攻不能破门而入，正相持的时候，王的腰部陡然巨痛，似乎有人从后面袭击他，他疼得支持不住，被强盗抓住了。强盗绑了他的手脚横放在地上。接着轮到女仆，她说："我是女仆，绑我有什么用处！我的主人并非吝啬给你们财物，放了他，你想要什么都行。"强盗问王某，他的回答同女仆一样。于是放了他，强迫他交出所有的财物。他腰痛，不能走路，强盗硬逼，女仆说："随我来，不要为难我的主人。"强盗跟她进了屋，倾筐倒箧，然后乘雪花骢呼啸而去。强盗离开之后，女仆泪流满面搀扶王某上床，为他抚摩伤处，主妇藏在床榻之下，惊魂稍定，因此更加感激她。王某卧床十天，伤好了。妇人想回家探望侄子，说大约半个月可以返回，王某答应了她。王某丢了骏马之后，颇为抑郁，于是到山东访友，不遇，他怅然而归。在离家百里的地方，忽然天降大雪，无处可以投宿，忽见林中有座村落，系在篱角之处的马，酷似雪花骢，他走近观看，果然是。王某很是怀疑，等到天黑，他跃上茅屋暗中观察，就看见有六七个人，胡乱坐在一起大吃大喝，所谈的都是盗马的事，屋角有个妇人似曾相识，仔细审视，是那个女仆，王某急忙跃出，星夜奔驰回家，召集了十多个同伴，各持器械到村落里破门而入，捉住四人，妇人藏在灶下，把她拽出后，她低头不说话，追问她好长时间，她才吐露实情。她确实是强盗派来卧底的，袭击王某腰部的人是她预先藏在屋里的强盗，趁机攻其不备。于是王某把她送交官吏，将她法办了。

《清稗类钞》

子劫父

咸丰、同治年间，太平天国起兵。曾国藩在湖南家乡办团练，召募乡兵，号称湘军。湖南人王友雄应募从军。他家有一妻一子，当时他的年纪才二十多岁，儿子只有周岁。他从军后书信完全继绝。妻子含辛茹苦，靠双手自己维持生活，抚养儿子。儿子的年龄渐渐大了，因为家贫，无力就学，他每日只能跟无赖之徒游荡，习惯成自然，就沦为强盗。还时在湘、沅二江上行舟，遇到单行的旅客，就杀人劫财。母亲虽然知道这些事，却不能禁止他。王友雄在军中日久，立了很多战功，经过二十多年，被提拔为都司。然而他目不识丁，不能写信。因此从未同家人通过音讯。某年他将到兰州就任，自念离家三十年，妻儿不知是死是活，便决定回家省亲，然后带着他们一起赴任。收拾好行李，或水路，或陆路，奔驰不停。到达湖南境内，就雇船返回家乡。船夫一伙共有四人，都有好的身手，因此小船行驶得特别快。等到夜深，船驶到偏僻之处，船家持刀进入船仓，把刀放在王友雄脖子上。他跪地乞求饶命，但船家只答应给他个全尸。四个人一起抬起他沉入河里。王友雄熟悉水性，身边还有零钱，偷偷潜水登岸，购买换置新装，沿途访问，才回到家里。进了屋，妻子已认不出他。他向妻子讲了从军后的经过，妻子大喜，询问行李在哪儿，他讲述了强盗行劫一事，夫妇俩伤叹不已。邻人听说他得官荣归，也来看望他。他问儿子在哪儿，妻子告诉他儿子和无赖游混，一出去总是很多天不回来。他们正念念叨叨地说家常话，不一会儿，有几个人扛着箱子进了屋，他仔细看，都是自己被强盗劫走的行李。又有一个中年男子，昂然而入，就是小船中的强盗之一。妻子叫那人的名字，让他拜见父亲，那男子惊得不知所措，勉强拜过父亲，神色仓皇，恐惧不安。王友雄明知其中缘故，于是对他温言抚慰。过了数日，他遍召乡亲，在祖宗祠堂设宴。酒至酣处，他拿出铁索将儿子锁住，列数他的罪状，拔刀要杀他，乡中父老替儿子说情，儿子也跪地求饶。他说："我杀的强盗多了，难道家中的强盗就可以格外原谅吗？我这是为社会除掉一个害虫。"终于把他儿子杀了。

《清稗类钞》

盗设黑店

曹州多强盗，不仅出入于闹市之中，而且设置旅店来诱劫过往的行人。同治末年，江西人周平甫路过此地，傍晚，投宿在一家旅店，忽然听见急迫的敲门声，他立即开门，见是一个美貌妇人，她说："这是强盗所设置的黑店，屋子的墙壁上有暗门，夜深时你一定会被他们暗算，现在你进陷阱了。我流落此地已有很长时间，店主见我貌美，因此留下了我，我几次想逃跑，今夜请让我和你一起走吧。"说罢，两人就相随而出，强盗并未发觉此事。

《清稗类钞》

窦尔敦行恶

窦开山乳名尔敦，他哥哥大东，两人都是献县的巨盗。窦尔敦能舞长枪，让人从对面发镖，十只齐发，他能以枪锋抵挡镖锋，使它们都反射回去，十次不会失手一次。他手舞双刀，尤能压倒同类之人。窦尔敦曾经抢劫了一个富豪之家，官府搜捕得很急，察知了他藏身的地方，便追踪他。他手持双刀，刀光闪闪地舞动着前进，捕吏看不见他的人，只见前面像有一尺白练，旋转着退过去，远远望去，隐隐约约还看得见，殊不知他已远远飘到数十里以外了。捕吏们察看自己所骑的二十五匹马，发现马尾都被削去一尺左右长，才恍然大悟，感叹他的技艺之精，知道不是他的对手。窦尔敦每次在半夜进入人家，持刀直奔睡房，老少妇女，都遭他奸污，其中特别美貌的女子，一定被他裹在被褥里背挟着，越过重重墙院而去，黎明仍挟着她送回原地。凡是被她奸污的女子都不敢告官，否则第二天夜里他仍会越墙挟她离去，不再送回，因为他害怕恶名远扬。因此妇女们凡是在夜里见他来到，都叫他窦师父，金珠饰物，厚厚地赠给他。窦尔敦仗恃技艺高超，便横行于阜城、肃宁、交河、吴桥诸县。官府知道他行恶，只是捉不到他。

《清稗类钞》

兵　匪

玉溪口曾经停泊了两艘炮船，有个儒学教官带领家眷乘小船经过这个地方，傍晚在这里停泊。夜里戒严的鼓声再响，统带炮船的营官乘另一艘船出去巡逻，剩下一艘船中的士兵顿起歹意，到儒学教官的小船上行劫，持刀登上船头。教官见强盗来了，高呼炮船前来救援，兵士立刻把他杀了，还有他的一妻、一子、一女、一仆、篙师、舵工都被投入水中。于是兵士割断小船的缆绳，使小船顺流而去，等到营官返回，看到邻舟不见，便问士兵，众人说：“小船已解开缆绳驶走了。”营官着急地说：“深夜在江上行船，一定会出事，你们为什么不劝阻他们？”众人说：“劝阻了，但他们不听。”营官见桌上有翡翠条脱（臂饰）一件，仔细观察，就是邻舟女子手腕上的饰品，因此也不再说话。等到第二天鼓响，营官就将此事告知统带，捕拿船中兵士，严加审问得知实情，便砍了他们的头吊在竹竿上示众。

《清稗类钞》

康八行恶

光绪中叶，京东有叫康八康九的，兄弟俩都是强盗。他们召集族中不务正业的子弟，祸害来往的旅客。而且嗜好渔色，过路妇女稍有姿色的都被他们奸污了，有人更甚，将人虏回放在家让她充当婢妾，久了就卖给其他人。康八，当时人称为康小八，开始是农民，驾骡车载走路的客人，一年到头吃不饱，替人报仇又杀了人，他害怕刑律，便逃到山泽地带做了强盗，不时改名换姓，更换服色，出没于京津之间。一天，他到天津某理发店剃头，剃头人问他说：“客人是什么地方来的？”康八说：“刚从北京来。”剃头人又问：“你也听说过康小八这个人吗？这个强盗非常残暴，来往的旅客到了叠起脚不敢走路的程度虽然追捕他的人四处都是，但是无法捉住他。他太狡猾了。”言谈之间，十分愤恨，康小八默然不语。剃完头，康小八对他说：“你跟我去取钱吧。”他随康小八往前走，走到一个偏僻的狭巷，康小八拔出枪对他说：“你也知道康小八吗？你看我像不像康小八？”剃头人吓得不能出声，趴在地上求饶，康小八就用枪毙了他，扬长而去。

《清稗类钞》

盗墓致富

广州大盗焦四，是驻防的八旗兵。他常在白云山附近活动，以盗墓为业。他的同伙数十人，有听雨、听风、听雷、观察草色、泥痕等技艺，百无一失。一天，他和其他人出了北郊，当时刚好正午，雷电交加，焦四吩咐众人分头到四面去观察，对他们说虽然雷电交加，风暴雨急，也不能稍有后退，有所闻有所见要默记于心，然后报告。焦四稳立于山顶雷雨之中。不一会儿雨晴了，东面有一个人回来，对他说大雷雨时，隐隐觉得脚下浮动，好像听到地下有相应的回声，焦四大喜说："找到墓地了。"第二天清晨，焦四召集同伙，在那个地方建一个篷厂，日夜兴工，用力挖掘，每挖深一尺，必定要仔细辨别土质。等挖到一丈多深，突然听到崩裂的声音，一缕白烟从穴口喷出，大约有一顿饭的功夫冒尽了。于是焦四选了数十个有勇有胆的人，让他们手持火炬，坐着竹筐，用长绳悬他们下去，对他们说若有什么意料不到的事发生，以摇铃为号，等待救援。大约用了五丈多长的绳子，筐一顿止住。过了一段时间，听到铃响，他们就把下到墓穴里的人拉了上来，那些人各述所见。有人说穴底有数座大殿，有人说殿中藏有数十具棺木，有人说大殿正中有一具棺木的对面排列着铜人，高度大约数尺，焦四听后都点点头。到了夜里，焦四选了十多个人，让人手持火炬到墓穴中，只见墓穴中有三座殿堂，中间一殿有金铸的棺木，旁边排列着铜人数具，面目狰狞；前殿是享殿，宗庙礼器具备；后殿残败破旧，有棺木数十具，大概是当时殉葬的人。等到启开棺木之后，只见尸首的长须缠绕面颊，骨肉如石，叩之有声，棺中装满了珠宝无法计算。尸首躺卧的地方，铺着一尺有余的金箔，卷叠起来像席子，他立即将各种物品取出，逐渐卖出，于是致富。

《清稗类钞》

窃牛贼为犬所捕

嘉庆时，南汇有个临湖而居的人，畜养了牛狗各一只，睡在一个圈里。一晚，主人就寝之后，有个贼想偷他家的牛，狗对着主人的卧室门狂叫，并且以头撞门，主人起身察看，偷牛贼藏起来不见了，主人因而嗔怪那条狗吠影吠声，用鞭子抽了它，仍旧睡下了。小偷终于牵牛而去，到了大团镇。那只狗偷偷地尾随着他。第二天早晨，主人起床，方才叹息牛丢了，狗也逃走了。不一会儿，那只狗返回，连叫不止，并做出牵牛的样子，主人理解了它的意思，跟着他到了偷牛人的家里，终于找到了牛。于是他把偷牛贼送交官府。

《清稗类钞》

贪"杯"失"色"

平民盛心壶性情潇洒豪迈，擅长诗歌书法。有位名妓敬慕他的名声，用画着秋柳的扇子向他索取题字。盛心壶在扇上题了两句诗："腰瘦那堪迎送苦，眼枯都为别离多。"名妓读了大为叹赏，愿向他托付终身。当晚，留盛心壶住下来畅饮，喝酒用的杯子都是金制的。喝到酒酣眼热时，盛心壶把一个酒杯放进了怀中。名妓发现后，叹息良久，为他再三惋惜，想要将终身许配与他的心愿就此止息。

《清稗类钞》

无头男尸

清朝嘉庆年间，灌阳县多山，别县百姓相继到此垦山度日。王乙只身进山，盖草房定居下来。他有个族侄王大，每年都到他家三两次，每次来都在王乙家住许多天才离去，靠山居住的乡民大都认识他。有些日子人们没见到王乙，感到奇怪，到他家一看，有一具无头尸体躺在床上，大家一起看着说："惹祸了。"其中一个人说："不如埋掉。"于是，凑钱埋了他。过了许多日子，王大进山，乡民告诉他叔叔病死，大家给安葬了。王大问了一下墓址哭着走了。过了几天王大又来了，设酒宴招待山民，有人不想去，王大一再邀请，极力称道山民们的大恩大德。吃完后他把大家请到墓地，并说要归葬叔叔，大家劝阻，他执意不肯，就掘坟打开棺材，问："头哪去了？"山民们只好实说了。王大哭道："这就不能不连累诸位了。"山民们害怕，商量凑点钱给王大了事。王大所要的数目很大，山民们给不起，因而到县衙门打官司。县令叫衙役把山民全抓起来审讯，毫无线索。时间长了，有的山民经不起酷刑就屈招了，问人头在哪儿，找不到，因此两个人囚死在狱中，案子仍然无法了结。

过了几个月杜县令到任，刘世澜在他的幕府做事。刘世澜看了此案记录，反复琢磨，以为可疑。他告诉杜县令山民已经死了两个，此案不应当再从山民查起了，应当从王大查起。因为王大明明无钱归葬他叔叔，却执意要掘墓开棺，他是知道尸体无头的，而且无头怎么敢断定是他叔叔呢？杜县令召人审讯山民："你们怎么知道死的是王乙？"回答："死者的衣服是王乙的。"又问："辨验过尸体吗？"回答："匆匆忙忙没想到这样做。"第二天，刘世澜跟杜县令商量妥当，杜县令端坐公堂，几十个衙役排列堂前。叫王大跪在左边，山民跪在右边。杜县令说："此案已查明，今天不招供就用板杖打死。"衙役们立刻准备好大刑具，山民们个个心惊胆颤，王大也吓得变了脸色。县令问山民："死者头在哪里？"山民都答："不知道。"县令说："你们当然不知道。"于是对王大说："你知道！"王大瞪大了眼睛。县令又厉声呵斥说："你杀的怎么不知道？"王大低头说："没有。"县令吩咐用刑。王大于是叩头招供："叔叔还活着，在我家。"县令派人到百里以外王大家，王乙隐藏不及，被抓到县衙门。

原来被杀的男子独自赶路，天黑避雨到王乙家求宿，正好王大在场，见他口袋里有银子，就跟王乙谋杀了那人，换上王乙衣服，藏了人头。时间久了，听说当地山民将尸体当作王乙的尸体埋葬了，又想借此诈取钱财，于是才出了这桩案子。

《清稗类钞》

祸首漏网

清朝同治末年，四川东乡县县民因为县令孙定扬加重赋税而围城罢市。当时总督文格大惊失色，他不知道蜀人围城相当于罢市，以为是东乡县民叛乱，立即写文书给军营守备李有恒，让他“督兵痛剿”。李有恒接到命令便进见文格，恳切地表示反对。文格说：“快去，絮叨什么！”李有恒率领军队到东乡县，按照文格的要求大肆杀戮。四川人义愤填膺。御史参劾此事后，朝廷派钦差查处，文格害怕了，责怪李有恒，李有恒反驳道：“这是你下的命令，我不能单独承担罪责。”文格担心文书手迹在李有恒手中，于是找华阳县知县田秀栗商量对策。田秀栗是李有恒的好朋友，他事先伪造了一张文书放在袖中，又预约了一个朋友随后到李有恒家。田秀栗先见李有恒，慰问之后跟他商量对策，李有恒说：“我手里有他的文书，要死一起死。”田秀栗说：“文官狡诈，手书中有回避之言，你应当拿给我看看，我帮你辨认一下。”李有恒毫不怀疑，拿文书给他看。正指点时，忽然传报外面来了客人，李有恒出去见客，田秀栗急忙用伪造的文书换掉真文书。李有恒送走了客人回到里屋。田秀栗就说：“文才看了文书，跟你说的一样，你不会有事的。”说完就匆匆告别了。李有恒一看文书被换了，上面“督兵”二字改成“相机”，才明白被朋友出卖了，懊悔不迭。后来，李有恒受审时没有凭据，便被处以大辟之刑，而文格安然无恙。

《清稗类钞》

银归原主

有一天归安县一个乡民进城给待嫁的女儿买嫁妆。路过一个点心铺，吃完汤圆口袋里却没有铜钱交付，便告诉店主：“我进城办事，只有银子，你暂时记在账上，宽缓些时候就来还账。”店主说：“本店资本太小，再说你我素不相识，你想白吃吧？”乡民没话说，只好拿出一个银元抵押而离去了。办完了事，乡民拿着铜钱来赎回银元，店主竟不认账：“汤圆一碗值几十文铜钱，哪里用得着银元呢？”那个乡民气愤极了，找到赵讼师，讼师告诉他这里归乌程县管辖，打官司一定输，找到归安县的郑青天才成。乡民听信讼师的主意，在归安县署门前等候。一会儿郑裕国从府署回来，乡民直接上去冲犯他的仪仗和卫队，郑喝斥，乡民大喊：“我户籍在乌程，你这个官是归安县令，应当送我回乌程审讯，不应当责备我！”郑县令说：“天下官管天下百姓，事儿犯在我这里，免不了。”乡民被打了板子以后呈上状纸，郑裕国说：“这是乌程县界，你应该到该管的衙门告状。”乡民反唇相讥：“天下官管天下百姓，这是您的话。”郑青天笑了，发签传店主，店主拒不承认。他就暗中派听差找店主妻子取赃，骗她说：“你丈夫已经招供了，快交赃可免罪。”店主妻子说：“我原先劝他不要昧良心，现在怎么样!”说罢交出了银元。郑裕国获赃后告诉乡民店主不承认,“我还你吧。”乡民拒不接受。郑裕国假装恼火扔给他两个银元,乡民拿了其中一个,很惊讶地说:“这是小人的旧物,怎么在这里?”问他有什么记号,乡民说:“这个银元是女儿的聘金,上有‘双喜’朱砂字。”拿给店主看,店主低头认罪。

《清稗类钞》

逆子遇讼师

光绪元年,湖南有一个姓廖的著名讼棍,每当为人起诉或辩护,没有不胜诉的。有一天,一个闻名乡里的不孝之子打他的父亲,把父亲的牙齿打掉了。他父亲到官府告状,官府要对不孝之子治罪,那个不孝之子就让廖讼师给他想办法。廖讼师说:“你今天晚上到我这儿来,把手伸进我的窗洞里接呈词,否则官司打不赢。”不孝之子答应了。晚上,他按照讼师所说的,把手伸进窗眼,廖讼师猛咬他的一个手指,然后出来告诉他:“审讯时,你就说你父亲咬住你的手指,你因自卫,想拉出手指,所以拽掉父亲的牙齿。这样答复必定胜诉。”等到审讯时,不孝子按讼师的教唆答复,官府果然不再追究。

《清稗类钞》

如此掉包

光绪年间,江东有一个童生与同村富户是表兄弟,给富户管账。表哥夭亡,只留下一个少妇无儿无女。族人料想少妇必定不能守节,准备找机会整治她。不久,少妇果然跟那个童生私通,开始,那童生还是早晨来,晚上回去。后来干脆跟她同居。族人掌握了确切消息之后,约定佣人开门,成群结伙地闯进卧室。童生和少妇都赤身裸体,被他们连同被褥一起捆起来送到县衙门。童生之妻非常惊慌,急忙向周讼师求救,讼师说:“捉奸捉双,怎么辩白呢?如果你按我的计策行事,还有救。”那位妻子说:“死活全听你的。”周讼师就嘱咐她披发毁妆,叫一个健妇搀着她离去。当时已是三更天了,县衙的大门关上了,巡夜的衙役见到送来通奸的犯人,吩咐暂时关在班房里,等到第二天早衙再报案。于是童生和少妇被关进密室里,族人们在外屋坐着等天亮以后再说。夜深了,讼师和哭泣不止的童生的妻子一起到了县衙门。衙役认识周讼师,问道:“先生怎么深夜到这儿来了?”周讼师指着童生妻子回答:“这是我表妹,被抓来的那个男人是她的丈夫,她误认为是杀奸,丈夫已被杀死,就痛不欲生。我说,是族人把他抓起来的,怎么敢杀呢?她不信,一定要来见丈夫一面,所以我就带她来了。”说完给了衙役一些银子,衙役笑了:“既然是先生的妹妹,请到密室看吧,没关系。”健妇就搀着童生的妻子进了密室。

天刚亮,“放衙”的喊声传来,周讼师立即叫童生的妻子出来,那女人仍旧披发遮着面孔,他叫来车子送她回去。不久,县官升堂,告状的进去禀告,县官命令差衙把奸夫奸妇用帏帐遮住身并穿上衣服带上来,问:“读书人犯罪行吗?”童生回答:“夫妻同房是人伦常理,怎么不行呢?”县官又问:“被抓的是你妻子吗?”童生答:“是的。”县官又问:“你们怎么能住在别人的家里呢?”童生回答:“我的表哥死了,他的妻子年轻寡居,为了避嫌,所以我就带妻子一起到他家去住,没想被族人误捉了。”县官又叫童生的妻子答话,族人们一看她确实是童生的妻子,不是本族的寡妇,个个目瞪口呆不敢辩。县官吩咐杖打那些族人,释放童生夫妻。夫妻二人回家后重金酬谢了周讼师。

《清稗类钞》

无赖子卖嫂

有个无赖子,看到寡嫂年轻有利可图,极力逼迫她改嫁,可他的嫂子坚决不从。于是无赖子诡计百出。一天夜里,她的嫂子独坐未眠,忽见十多个壮年男子破门而入,她以为是来抢东西的盗贼,急忙大叫道:“我家贫穷如洗,什么财物也没有,请求你们宽恕我吧!”可是那些人不顾这些,不容分说把她装进轿里。轿子把她抬到一个大户人家,那里灯烛辉煌,正设盛大宴席。这时,她才知道被卖了,于是趴在地上大哭起来。大户的主人劝她,她不听,若强迫她从婚,她只求一死。主人非常害怕,就把她送到官府并要求追回聘物。

原来这家主人因大老婆没生孩子,就想娶一个小老婆来生子继宗。这时有一个媒婆上门来,说某某(无赖子)有寡嫂,愿做小老婆。于是商定派轿夫迎接,根本不知道事情的原委。无赖子知道他嫂子必定不会服从,于是买通一些打手,让他们去寡嫂家把她抢出来,又暗暗嘱咐轿夫在半道上迎接,心想这样事情必无一失。可是没想到第二天早晨他刚起床,就来了一大群衙役把他给抓去了。官府把他抓到之后,按照法律给他定了罪。

《清稗类钞》

用水碗算卦

康熙年间,江西有个用水碗算卦的人,每次到了人家,就用碗装上水,放几粒白米在里面,就能知道他家里的事。凡是祖先的名字、长相、年纪大小、寿命长短,都没有说错的,有时有一二个字错的,也是字异音同,如“之”说成“知”,“朱”说成“猪”之类的,就像有人事先告诉了他一样。但是必须得有个和他一起来的人站在门外,强行拉着过路人和他说话,说个没完,屋里的人所说的才能像看见的一样,否则的话,就什么也不知道了。

《清稗类钞》

冒充人父行劫

京城有个少年,在集市上用银子换钱,正同对方商量价钱,忽然一个老头从后面把他击倒,并大骂他说:“我穷到这步田地,你有银子,竟然私下里换钱,还有比这更不孝的吗!”于是夺过银子走了。旁观者以为这是父亲责骂儿子。少年晕绝过去,好半天才苏醒过来,说:“我哪里有父亲!”然而银子已经被人抢走，不能追回了。

《清稗类钞》

转世钱

青海有所谓转世钱，不论家产多少，要拿出它的一半来进行施舍，送给本族的僧寺，赠给过境的高僧，并且向远处投送给西藏的大寺庙。喇嘛不敢不收，替他保存起来，说："喇嘛有上天赐给的衣服，不屑于使用老百姓的钱财和布帛，来世仍然还给你们本人，一丝一毫也不差。寄存少的人来世钱就少，寄存多的人来世钱就多，不寄存的人来世就是贫民，佛爷鄙视这样的人，也不管他怎么样。"假如有病死去了，就要把家产分为三份，一份奉献给本族的僧寺，一份施舍给各位僧侣，让他们诵经及拜忏超度死者，把剩下的一份留给子孙。如果不这样做，那么大家都瞧不起他。

《清稗类钞》

冒夫行劫

有个小户人家的妇女拿着衣服到当铺当钱，她正在柜台外讨价还价，突然有个身着短衣手持竹筐，样子像买东西的男子走进门来，掴了妇人一耳光说："我以为你到什么地方去了，竟不顾家中的儿女在此当钱，到底有什么用呢？"于是他从柜台上夺下衣物，飞步出门而去。妇人异常惊愕羞愤而哭。当铺中的人说："你丈夫把东西取回也就罢了，你哭什么！"妇人说："他是什么人！我丈夫去世已经很久了。"

《清稗类钞》